기출이 답이다

[9급 공무원]

교정직

전과목 5개년

기출문제집

교정직 공무원 채용 필수체크

❖ 아래 내용은 2025년 국가직 공무원 공개경쟁채용시험 계획 공고를 기준으로 작성되었습니다.
   세부 사항은 반드시 시행처의 최신 공고를 확인하시기 바랍니다.

📖 시험방법

제1 · 2차 시험(병합실시)	선택형 필기
제3차 시험	면접

※ 교정직 6급 이하 채용시험의 경우, 필기시험 합격자를 대상으로 실기시험(체력검사)을 실시하고 실기시험 합격자에 한하여 면접시험을 실시함

📖 시험과목

국어, 영어, 한국사, 교정학개론, 형사소송법개론

📖 응시자격

구분	내용
응시연령	• 교정 · 보호직 제외: 18세 이상 • 교정 · 보호직: 20세 이상
학력 및 경력	제한 없음

📖 시험일정

원서접수	▶	필기시험	▶	실기시험 (체력검사)	▶	면접시험	▶	최종합격자 발표
1월 말 ~ 2월 초		3월 말 ~ 4월 초		5월 초 ~ 중순		5월 말 ~ 6월 초		6월 말

체력검사 종목 및 합격기준

종목	성별	합격기준	실격기준
20미터 왕복 오래 달리기	남자	48회 이상	41회 이하
	여자	24회 이상	19회 이하
악력(握力)	남자	47.0kg 이상	41.9kg 이하
	여자	27.0kg 이상	21.9kg 이하
윗몸일으키기(회/60초)	남자	38회 이상	32회 이하
	여자	26회 이상	21회 이하
10미터 2회 왕복달리기	남자	12.29초 이내	13.61초 이후
	여자	14.60초 이내	15.61초 이후

※ 체력검사의 종목 중 1종목 이상 실격기준에 해당하면 불합격
※ 체력검사의 종목 중 2종목 이상 합격기준에 미달하면 불합격
※ 악력의 측정 수치는 소수점 첫째 자리까지 산출하고, 10미터 2회 왕복달리기의 측정 수치는 소수점 셋째 자리 이하는 버리고 산출

달라지는 제도

▶ 2025년부터 9급 공무원 국어, 영어 과목 출제기조 전환

지식 암기 위주 → 현장 직무 중심
문법, 단어 → 이해, 독해, 추론

▶ 2025년 9급 공무원 필기시험 시험시간 변경

구분	시험시간(정규시간 기준)		시험과목	비고
시험시간	10:00 ~ 11:50	110분	직렬별 5과목	과목당 20문항(총 100문항)

▶ 2027년부터 9급 공무원 한국사 과목 한국사능력검정시험으로 대체(3급)

2026년 시험까지는 한국사 과목이 필기시험에 포함되므로, 2027년까지 응시계획이 있다면 한국사능력검정시험 준비를 병행하는 것을 추천한다.

2025년 교정직 출제경향

국어

전반적으로 평이한 난도로 출제되었으며 새로운 문제 유형도 인사혁신처가 공개한 예시문제 범위 안에서 출제되었다. 지문의 길이가 길어져 시간 관리에 어려움을 느꼈을 수도 있겠으나 출제 기조 전환에 대한 대비가 되어있었다면 문제를 푸는 데 큰 어려움은 없었을 것이다.

```
출제율 순위
독해 > 논리 > 국어학 > 화법과 작문
```

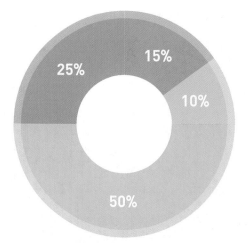

- ■ 국어학
- ■ 화법과 작문
- ■ 독해
- ■ 논리

영어

작년과 비슷한 난도로 출제되었다. 새로운 유형의 문제 자체는 난도가 낮았으나 독해, 문법 영역에서 다소 까다로운 문제가 출제되어 체감 난도는 높았을 것이다. 이와 관련해서 앞으로는 문맥 파악, 빈칸 추론 유형 문제를 중심으로 학습해야 할 것으로 보인다.

```
출제율 순위
독해 > 어휘 = 어법 > 표현
```

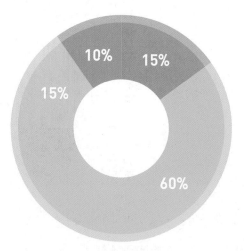

- ■ 어휘
- ■ 독해
- ■ 어법
- ■ 표현

한국사

작년에 비해 쉬운 난도로 출제되었다. 꼼꼼하게 학습한 수험생이라면 쉽게 고득점을 받을 수 있는 난도였던 만큼 작은 실수도 치명적일 수 있는 시험이었다. 사료 및 자료 제시형대 문제가 다수 출제된 점은 눈여겨볼 만하다.

```
출제율 순위
고대 > 중세 = 근대 = 일제강점기 > 근세
= 근대 태동기 > 선사시대와 국가의 형성
= 현대 = 시대 통합
```

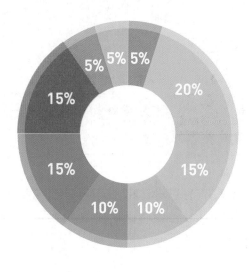

- ■ 선사시대와 국가의 형성
- ■ 고대
- ■ 중세
- ■ 근세
- ■ 근대 태동기
- ■ 근대
- ■ 일제강점기
- ■ 현대
- ■ 시대 통합

교정학개론

지엽적이고 높은 난도로 출제되었던 작년과 달리 비교적 쉬운 난도로 출제되었다. 그러나 법령에 대한 학습이 제대로 이루어지지 않았다면 어려움을 느꼈을 수도 있다. 작년에 이어 2025년 시험에서도 교정학 영역이 형사정책 영역에 비해 많은 비중을 차지했다는 점으로 미루어 보아 2026년 시험 대비에는 영역별 시간 배분이 중요한 요소가 될 것으로 보인다.

┌─ 출제율 순위 ─────────
│ 교정학 > 형사정책
└────────────────────

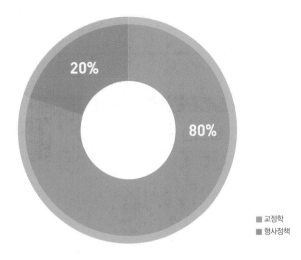

■ 교정학
■ 형사정책

형사소송법개론

작년과 비슷하게 평이한 난도였으나 생소한 지문과 최신 판례가 출제되면서 풀이에 어려움이 있었을 수도 있다. 그러나 주요 판례와 핵심 지문을 중심으로 최신 판례까지 꾸준히 학습한 수험생들이라면 좋은 결과가 있었을 것이라 예상된다.

┌─ 출제율 순위 ─────────
│ 공판 > 수사와 공소 > 서론 = 종합
│ > 상소와 비상구제절차
└────────────────────

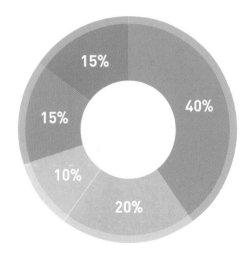

■ 공판
■ 수사와 공소
■ 상소와 비상구제절차
■ 서론
■ 종합

이 책의 구성과 특징

문제편

교정학개론 | 2025년 국가직 9급

모바일 OMR

01 손베리(Thornberry)의 상호작용이론(interactional theory)에 대한 설명으로 옳은 것은?

① 사회통제이론과 사회학습이론을 결합한 통합이론이다.

② 청소년의 비행경로를 조기 개시형(early starters)과 만기 개시형(late starters)으로 구분한다.

③ 사회적 빈곤이 일탈의 특성과 강도를 규정하는 원인이다.

④ 사회학습 요소로 차별접촉, 차별강화, 애착, 모방을 제시한다.

02 「형의 집행 및 수용자의 처우에 관한 법률」상 미결수용자의 처우에 대한 설명으로 옳지 않은 것은?

① 소장은 미결수용자가 징벌집행 중인 경우 변호인과의 접견 시간과 횟수를 제한할 수 있다.

② 소장은 도주하려가 크거나 특히 부적당한 사유가 있다고 인정하면 미결수용자의 재판 참석 시 교정시설에서 지급하는 의류를 입게 할 수 있다.

③ 미결수용자의 머리카락과 수염은 특히 필요한 경우가 아니면 본인의 의사에 반하여 짧게 깎지 못한다.

④ 미결수용자와 변호인과의 접견에는 교도관이 참여하지 못하지만 보이는 거리에서 미결수용자를 관찰할 수 있다.

03 「교도작업의 운영 및 특별회계에 관한 법률」상 교도작업에 대한 설명으로 옳은 것은?

① 특별회계는 교도소장이 운용·관리한다.

② 특별회계의 결산상 잉여금은 다음 연도의 세입에 이입한다.

③ 교도작업으로 생산된 제품은 민간기업 등에 직접 판매할 수 없다.

④ 법무부장관은 교도작업으로 생산되는 제품의 종류와 수량을 회계연도 개시 2개월 전까지 공고하여야 한다.

04 「형의 집행 및 수용자의 처우에 관한 법률 시행규칙」상 경비처우급 조정 등에 대한 설명으로 옳지 않은 것은?

① 형기의 6분의 5에 도달한 자에 대한 정기재심사의 경우, 경비처우급 상향 조정의 평정소득점수 기준은 7점 이상이다.

② 경비처우급 하향 조정의 평정소득점수 기준은 5점 이하이다.

③ 조정된 처우등급에 따른 처우는 그 조정이 확정된 날부터 한다.

④ 소장은 수형자의 경비처우급을 조정한 경우에는 지체 없이 해당 수형자에게 그 사항을 알려야 한다.

교정학개론 · ④책형

... 관한 법률」상 수용자가 ...상이 아닌 것은?

...치료감호에 대한 설명으...

...의 형에 해당하는 죄를 ...료를 받을 필요가 있고 ... 치료감호 기간은 2년을 ...

...감호가 가종료되었을 때 ...

③ 치료감호와 형(刑)이 병과(倂科)된 경우에는 치료감호를 먼저 집행하며, 이 경우 치료감호의 집행기간은 형 집행기간에서 제외한다.

④ 법무부장관은 연 2회 이상 치료감호시설의 운영실태 및 피치료감호자등에 대한 처우상태를 점검하여야 한다.

07 갑오개혁 이후의 행형제도에 대한 설명으로 옳지 않은 것은?

① 감옥규칙의 제정으로 사법권이 행정권으로부터 독립되었다.

② 형법대전은 근대 서구의 법체계를 모방한 법전이다.

③ 기유각서에 의해 통감부에서 감옥사무를 관장하였다.

④ 미군정기에 재소자석방청원제가 실시되었다.

08 「형의 집행 및 수용자의 처우에 관한 법률 시행규칙」상 자비구매물품 등에 대한 설명으로 옳은 것은?

① 소장은 감염병의 유행 등으로 자비구매물품의 사용이 중지된 경우에는 구매신청을 제한하여야 한다.

② 소장은 교도작업제품으로서 자비구매물품으로 적합한 것은 법무부장관으로부터 지정받은 자비구매물품 공급자를 거쳐 우선하여 공급할 수 있다.

③ 교정본부장은 자비구매물품 공급의 교정시설 간 균형 및 교정시설의 안전과 질서유지를 위하여 공급물품의 품목 및 규격 등에 대한 통일된 기준을 제시할 수 있다.

④ 소장은 공급제품이 부패, 파손, 규격미달, 그 밖의 사유로 수용자에게 공급하기에 부적당하다고 인정하는 경우에는 교정본부장에게 이를 보고하고 필요한 조치를 하여야 한다.

09 「형의 집행 및 수용자의 처우에 관한 법률」상 작업시간 등에 대한 설명으로 옳지 않은 것은?

① 유식·운동·식사·접견 등 실제 작업을 실시하지 않는 시간을 제외한 1일의 작업시간은 8시간을 초과할 수 없다.

② 작업장의 운영을 위하여 불가피한 경우에는 공휴일·토요일에도 작업을 부과할 수 있다.

③ 19세 미만 수형자의 작업시간은 1일에 8시간을, 1주에 40시간을 초과할 수 없다.

④ 취사·청소·간병 등 교정시설의 운영과 관리에 필요한 작업의 1일 작업시간은 12시간을 초과할 수 있다.

① 회독 CHECK

회독 수를 체크하여 반복 학습하면, 문제를 완벽하게 습득할 수 있습니다!

② 모바일 OMR

모바일 QR코드에 접속하여 본인의 답안을 입력하면 합격 가능성과 종합 분석 결과가 제공됩니다!

③ 실전 감각을 키우는 시험지 구성

문제를 실제 시험지와 동일한 구성으로 제작하여 실전처럼 문제를 풀어볼 수 있습니다!

해설편

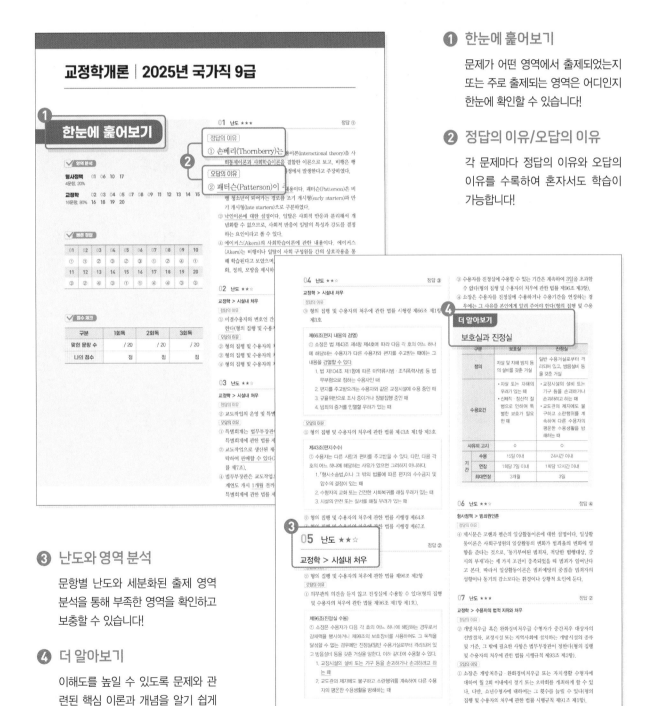

① 한눈에 훑어보기

문제가 어떤 영역에서 출제되었는지 또는 주로 출제되는 영역은 어디인지 한눈에 확인할 수 있습니다!

② 정답의 이유/오답의 이유

각 문제마다 정답의 이유와 오답의 이유를 수록하여 혼자서도 학습이 가능합니다!

③ 난도와 영역 분석

문항별 난도와 세분화된 출제 영역 분석을 통해 부족한 영역을 확인하고 보충할 수 있습니다!

④ 더 알아보기

이해도를 높일 수 있도록 문제와 관련된 핵심 이론과 개념을 알기 쉽게 정리했습니다!

이 책의 목차

교정직

부록

- 2025년 출제기조 전환 예시문제 국어
- 2025년 출제기조 전환 예시문제 영어
- 2025년 출제기조 전환 예시문제 국어 해설
- 2025년 출제기조 전환 예시문제 영어 해설

✅ 회독 CHECK 1 2 3

01 〈공공언어 바로 쓰기 원칙〉에 따라 〈공문서〉의 ㉠~㉢을 수정한 것으로 적절하지 않은 것은?

〈공공언어 바로 쓰기 원칙〉

• 중복되는 표현을 삼갈 것

• 대등한 것끼리 접속할 때는 구조가 같은 표현을 사용할 것

• 주어와 서술어를 호응시킬 것

• 필요한 문장 성분이 생략되지 않도록 할 것

〈공문서〉
한국의약품정보원

수신   국립국어원

(경유)

제목   의약품 용어 표준화를 위한 자문회의 참석
       ㉠ 안내 알림

---

1. ㉡ 표준적인 언어생활의 확립과 일상적인 국어 생활을 향상하기 위해 일하시는 귀원의 노고에 감사드립니다.

2. 본원은 국내 유일의 의약품 관련 비영리 재단법인으로서 의약품에 관한 ㉢ 표준 정보가 제공되고 있습니다.

3. 의약품의 표준 용어 체계를 구축하고 ㉣ 일반 국민도 알기 쉬운 표현으로 개선하여 안전한 의약품 사용 환경을 마련하기 위해 자문회의를 개최하니 귀원의 연구원이 참석해 주시기를 바랍니다.

---

① ㉠: 안내

② ㉡: 표준적인 언어생활을 확립하고 일상적인 국어 생활의 향상을 위해

③ ㉢: 표준 정보를 제공하고 있습니다.

④ ㉣: 의약품 용어를 일반 국민도 알기 쉬운 표현으로 개선하여

02 다음 글에서 추론한 내용으로 적절하지 않은 것은?

'밤하늘'은 '밤'과 '하늘'이 결합하여 한 단어를 이루고 있는데, 이처럼 어휘 의미를 띤 요소끼리 결합한 단어를 합성어라고 한다. 합성어는 분류 기준에 따라 여러 방식으로 나눌 수 있다. 합성어의 품사에 따라 합성명사, 합성형용사, 합성부사 등으로 나누기도 하고, 합성의 절차가 국어의 정상적인 단어 배열법을 따르는지의 여부에 따라 통사적 합성어와 비통사적 합성어로 나누기도 하고, 구성 요소 간의 의미 관계에 따라 대등합성어와 종속합성어로 나누기도 한다.

합성명사의 예를 보자. '강산'은 명사(강)＋명사(산)로, '젊은이'는 용언의 관형사형(젊은)＋명사(이)로, '덮밥'은 용언 어간(덮)＋명사(밥)로 구성되어 있다. 명사끼리의 결합, 용언의 관형사형과 명사의 결합은 국어 문장 구성에서 흔히 나타나는 단어 배열법으로, 이들을 통사적 합성어라고 한다. 반면 용언 어간과 명사의 결합은 국어 문장 구성에 없는 단어 배열법인데 이런 유형은 비통사적 합성어에 속한다. '강산'은 두 성분 관계가 대등한 관계를 이루는 대등합성어인데, '젊은이'나 '덮밥'은 앞 성분이 뒤 성분을 수식하는 종속합성어이다.

---

① 아버지의 형을 이르는 '큰아버지'는 종속합성어이다.

② '흰머리'는 용언 어간과 명사가 결합한 합성명사이다.

③ '늙은이'는 어휘 의미를 지닌 두 요소가 결합해 이루어진 단어이다.

④ 동사 '먹다'의 어간인 '먹'과 명사 '거리'가 결합한 '먹거리'는 비통사적 합성어이다.

03 다음 글의 ㉠의 사례가 포함되어 있지 않은 것은?

> 존경 표현에는 주어 명사구를 직접 존경하는 '직접 존경'이 있고, 존경의 대상과 긴밀한 관련을 가지는 인물이나 사물 등을 높이는 ㉠ '간접존경'도 있다. 전자의 예로 "할머니는 직접 용돈을 마련하신다."를 들 수 있고, 후자의 예로는 "할머니는 용돈이 없으시다."를 들 수 있다. 전자에서 용돈을 마련하는 행위를 하는 주어는 할머니이므로 '마련한다'가 아닌 '마련하신다'로 존경 표현을 한 것이다. 후자에서는 용돈이 주어이지만 할머니와 긴밀한 관련을 가진 사물이라서 '없다'가 아니라 '없으시다'로 존경 표현을 한 것이다.

① 고모는 자식이 다섯이나 있으시다.
② 할머니는 다리가 아프셔서 병원에 다니신다.
③ 언니는 아버지가 너무 건강을 염려하신다고 말했다.
④ 할아버지는 젊었을 때부터 수염이 많으셨다고 들었다.

04 다음 글의 ㉠~㉢에 들어갈 말을 적절하게 나열한 것은?

> 소설과 현실의 관계를 온당하게 살피기 위해서는 세계의 현실성, 문제의 현실성, 해결의 현실성을 구별해야 한다. 우리가 살고 있는 이 입체적인 시공간에서 특히 의미 있는 한 부분을 도려내어 서사의 무대로 삼을 경우 세계의 현실성이 확보된다. 그 세계 안의 인간이 자신을 둘러싼 세계와 고투하면서 당대의 공론장에서 기꺼이 논의해볼 만한 의제를 산출해 낼 때 문제의 현실성이 확보된다. 한 사회가 완강하게 구조화하고 있는 '가능한 것'과 '불가능한 것'의 좌표를 흔들면서 특정한 선택지를 제출할 때 해결의 현실성이 확보된다.
>
> 최인훈의 「광장」은 밀실과 광장 사이에서 고뇌하는 주인공의 모습을 통해 '남(南)이냐 북(北)이냐'라는 민감한 주제를 격화된 이념 대립의 공론장에 던짐으로써 ㉠ 을 확보하였다. 작품의 시공간으로 당시 남한과 북한을 소설적 세계로 선택함으로써 동서 냉전 시대의 보편성과 한반도 분단 체제의 특수성을 동시에 포괄할 수 있는 ㉡ 도 확보하였다. 「광장」에서 주인공이 남과 북 모두를 거부하고 자살을 선택하는 결말은 남북으로 상징되는 당대의 이원화된 이데올로기를 근저에서 흔들었다. 이로써 ㉢ 을 확보할 수 있었다.

	㉠	㉡	㉢
①	문제의 현실성	세계의 현실성	해결의 현실성
②	문제의 현실성	해결의 현실성	세계의 현실성
③	세계의 현실성	문제의 현실성	해결의 현실성
④	세계의 현실성	해결의 현실성	문제의 현실성

05 다음 진술이 모두 참일 때 반드시 참인 것은?

> - 오 주무관이 회의에 참석하면, 박 주무관도 참석한다.
> - 박 주무관이 회의에 참석하면, 홍 주무관도 참석한다.
> - 홍 주무관이 회의에 참석하지 않으면, 공 주무관도 참석하지 않는다.

① 공 주무관이 회의에 참석하면, 박 주무관도 참석한다.

② 오 주무관이 회의에 참석하면, 홍 주무관은 참석하지 않는다.

③ 박 주무관이 회의에 참석하지 않으면, 공 주무관은 참석한다.

④ 홍 주무관이 회의에 참석하지 않으면, 오 주무관도 참석하지 않는다.

06 다음 글을 이해한 내용으로 가장 적절한 것은?

> 이육사의 시에는 시인의 길과 투사의 길을 동시에 걸었던 작가의 면모가 고스란히 담겨 있다. 가령, 「절정」은 크게 두 부분으로 나누어지는데, 투사가 처한 냉엄한 현실적 조건이 3개의 연에 걸쳐 먼저 제시된 후, 시인이 품고 있는 인간과 역사에 대한 희망이 마지막 연에 제시된다.
>
> 우선, 투사 이육사가 처한 상황은 대단히 위태로워 보인다. 그는 "매운 계절의 채찍에 갈겨 / 마침내 북방으로 휩쓸려" 왔고, "서릿발 칼날진 그 위에 서" 바라본 세상은 "하늘도 그만 지쳐 끝난 고원"이어서 가냘픈 희망을 품는 것조차 불가능해 보인다. 이러한 상황은 "한발 제겨디딜 곳조차 없다"는 데에 이르러 극한에 도달하게 된다. 여기서 그는 더 이상 피할 수 없는 존재의 위기를 깨닫게 되는데, 이때 시인 이육사가 나서면서 시는 반전의 계기를 마련한다.
>
> 마지막 4연에서 시인은 3연까지 치달아 온 극한의 위기를 담담히 대면한 채, "이러매 눈감아 생각해" 보면서 현실을 새롭게 규정한다. 여기서 눈을 감는 행위는 외면이나 도피가 아니라 피할 수 없는 현실적 조건을 새롭게 반성함으로써 현실의 진정한 면모와 마주하려는 적극적인 행위로 읽힌다. 이는 다음 행, "겨울은 강철로 된 무지갠가보다"라는 시구로 이어지면서 현실에 대한 새로운 성찰로 마무리된다. 이 마지막 구절은 인간과 역사에 대한 희망을 놓지 않으려는 시인의 안간힘으로 보인다.

① 「절정」에는 투사가 처한 극한의 상황이 뚜렷한 계절의 변화로 드러난다.

② 「절정」에서 시인은 투사가 처한 현실적 조건을 외면하지 않고 새롭게 인식한다.

③ 「절정」은 시의 구성이 두 부분으로 나누어지면서 투사와 시인이 반목과 화해를 거듭한다.

④ 「절정」에는 냉엄한 현실에 절망하는 시인의 면모와 인간과 역사에 대한 희망을 놓지 않으려는 투사의 면모가 동시에 담겨 있다.

07 (가)~(라)를 맥락에 맞추어 가장 적절하게 나열한 것은?

> (가) 다음으로 시청자의 마음을 사로잡을 수 있는 참신한 인물을 창조해야 한다. 특히 주인공은 장애를 만나 새로운 목표를 만들고, 그것을 이루는 과정에서 최종적으로 영웅이 된다. 시청자는 주인공이 목표를 이루는 데 적합한 인물로 변화를 거듭할 때 그에게 매료된다.
>
> (나) 스토리텔링 전략에서 제일 먼저 해야 할 일이 로그라인을 만드는 것이다. 로그라인은 '장애, 목표, 변화, 영웅'이라는 네 가지 요소를 담아야 하며, 3분 이내로 압축적이어야 한다. 이를 통해 스토리의 목적과 방향이 마련된다.
>
> (다) 이 같은 인물 창조의 과정에서 스토리의 주제가 만들어진다. '사랑과 소속감, 안전과 안정, 자유와 자발성, 권력과 책임, 즐거움과 재미, 인식과 이해'는 수천 년 동안 성별, 나이, 문화를 초월하여 두루 통용된 주제이다.
>
> (라) 시청자가 드라마나 영화에 대해 시청 여부를 결정하는 데 걸리는 시간은 8초에 불과하다. 제작자는 이 짧은 시간 안에 시청자를 사로잡을 수 있는 스토리텔링 전략이 필요하다.

① (나) – (가) – (라) – (다)
② (나) – (다) – (가) – (라)
③ (라) – (나) – (가) – (다)
④ (라) – (나) – (다) – (가)

08 〈지침〉에 따라 〈개요〉를 작성할 때 ㉠~㉣에 들어갈 내용으로 적절하지 않은 것은?

> 〈지침〉
> • 서론은 중심 소재의 개념 정의와 문제 제기를 1개의 장으로 작성할 것
> • 본론은 제목에서 밝힌 내용을 2개의 장으로 구성하되 각 장의 하위 항목끼리 대응되도록 작성할 것
> • 결론은 기대 효과와 향후 과제를 1개의 장으로 작성할 것

> 〈개요〉
> • 제목: 복지 사각지대의 발생 원인과 해소 방안
> Ⅰ. 서론
>   1. 복지 사각지대의 정의
>   2. _____ ㉠ _____
> Ⅱ. 복지 사각지대의 발생 원인
>   1. _____ ㉡ _____
>   2. 사회복지 담당 공무원의 인력 부족
> Ⅲ. 복지 사각지대의 해소 방안
>   1. 사회적 변화를 반영하여 기존 복지 제도의 미비점 보완
>   2. _____ ㉢ _____
> Ⅳ. 결론
>   1. _____ ㉣ _____
>   2. 복지 사각지대의 근본적이고 지속가능한 해소 방안 마련

① ㉠: 복지 사각지대의 발생에 따른 사회 문제의 증가
② ㉡: 사회적 변화를 반영하지 못한 기존 복지 제도의 한계
③ ㉢: 사회복지 업무 경감을 통한 공무원 직무 만족도 증대
④ ㉣: 복지 혜택의 범위 확장을 통한 사회 안전망 강화

09 다음 글의 빈칸에 들어갈 결론으로 가장 적절한 것은?

신경과학자 아이젠버거는 참가자들을 모집하여 실험을 진행하였다. 이 실험에서 그의 연구팀은 실험 참가자의 뇌를 'fMRI' 기계를 이용해 촬영하였다. 뇌의 어떤 부위가 활성화되는가를 촬영하여 실험 참가자가 어떤 심리적 상태인가를 파악하려는 것이었다. 아이젠버거는 각 참가자에게 그가 세 사람으로 구성된 그룹의 일원이 될 것이고, 온라인에 각각 접속하여 서로 공을 주고받는 게임을 하게 될 것이라고 알려주었다. 그런데 이 실험에서 각 그룹의 구성원 중 실제 참가자는 한 명뿐이었고 나머지 둘은 컴퓨터 프로그램이었다. 실험이 시작되면 처음 몇 분 동안 셋이 사이좋게 순대로 공을 주고받지만, 어느 순간부터 실험 참가자는 공을 받지 못한다. 실험 참가자를 제외한 나머지 둘은 계속 공을 주고받기 때문에, 실험 참가자는 나머지 두 사람이 아무런 설명 없이 자신을 따돌린다고 느끼게 된다. 연구팀은 실험 참가자가 따돌림을 당할 때 그의 뇌에서 전두엽의 전대상피질 부위가 활성화된다는 것을 확인했다. 이는 인간이 물리적 폭력을 당할 때 활성화되는 뇌의 부위이다. 연구팀은 이로부터 [   ]는 결론을 내릴 수 있었다.

① 물리적 폭력은 뇌 전두엽의 전대상피질 부위를 활성화한다
② 물리적 폭력은 피해자의 개인적 경험을 사회적 문제로 전환한다
③ 따돌림은 피해자에게 물리적 폭력보다 더 심각한 부정적 영향을 미친다
④ 따돌림을 당할 때와 물리적 폭력을 당할 때의 심리적 상태는 서로 다르지 않다

[10~11] 다음 글을 읽고 물음에 답하시오.

'크로노토프'는 그리스어로 시간과 공간을 뜻하는 두 단어를 결합한 것으로, 시공간을 통합적으로 이해하기 위한 개념이다. 크로노토프의 관점에서 보면 고소설과 근대소설의 차이를 명확하게 파악할 수 있다.

고소설에는 돌아가야 할 곳으로서의 원점이 존재한다. 그것은 영웅소설에서라면 중세의 인륜이 원형대로 보존된 세계이고, 가정소설에서라면 가장을 중심으로 가족 구성원들이 평화롭게 공존하는 가정이다. 고소설에서 주인공은 적대자에 의해 원점에서 분리되어 고난을 겪는다. 그들의 목표는 상실한 원점을 회복하는 것, 즉 그곳에서 향유했던 이상적 상태로 ㉠ 돌아가는 것이다. 주인공과 적대자 사이의 갈등이 전개되는 시간을 서사적 현재라 한다면, 주인공이 도달해야 할 종결점은 새로운 미래가 아니라 다시 도래할 과거로서의 미래이다. 이러한 시공간의 배열을 '회귀의 크로노토프'라고 한다.

근대소설 「무정」은 회귀의 크로노토프를 부정한다. 이것은 주인공인 이형식과 박영채의 시간 경험을 통해 확인된다. 형식은 고아지만 이상적인 고향의 기억을 갖고 있다. 그것은 박 진사의 집에서 영채와 함께하던 때의 기억이다. 이는 영채도 마찬가지기에, 그들에게 박 진사의 집으로 표상되는 유년의 과거는 이상적 원점의 구실을 한다. 박 진사의 죽음은 그들에게 고향의 상실을 상징한다. 두 사람의 결합이 이상적 상태의 고향을 회복할 수 있는 유일한 방법이겠지만, 그들은 끝내 결합하지 못한다. 형식은 새 시대의 새 인물이 되어야 한다고 생각하며 과거로의 복귀를 거부한다.

10 윗글에서 추론한 내용으로 가장 적절한 것은?

① 「무정」과 고소설은 회귀의 크로노토프를 부정한다는 점에서 공통적이다.
② 영웅소설의 주인공과 「무정」의 이형식은 그들의 이상적 원점을 상실했다는 공통점을 가지고 있다.
③ 「무정」에서 이형식이 박영채와 결합했다면 새로운 미래로서의 종결점에 도달할 수 있었을 것이다.
④ 가정소설은 가족 구성원들이 평화롭게 공존하는 결말을 통해 상실했던 원점으로의 복귀를 거부한다.

11 문맥상 ㉠의 의미와 가장 가까운 것은?

① 전쟁은 연합군의 승리로 돌아갔다.
② 사과가 한 사람 앞에 두 개씩 돌아간다.
③ 그는 잃어버린 동심으로 돌아가고 싶었다.
④ 그녀는 자금이 잘 돌아가지 않는다며 걱정했다.

12 (가)와 (나)를 전제로 할 때 빈칸에 들어갈 결론으로 가장 적절한 것은?

> (가) 노인복지 문제에 관심이 있는 사람 중 일부는 일자리 문제에 관심이 있는 사람이 아니다.
> (나) 공직에 관심이 있는 사람은 모두 일자리 문제에 관심이 있는 사람이다.
> 따라서 [   ].

① 노인복지 문제에 관심이 있는 사람 중 일부는 공직에 관심이 있는 사람이 아니다
② 공직에 관심이 있는 사람 중 일부는 노인복지 문제에 관심이 있는 사람이 아니다
③ 공직에 관심이 있는 사람은 모두 노인복지 문제에 관심이 있는 사람이 아니다
④ 일자리 문제에 관심이 있지만 노인복지 문제에 관심이 없는 사람은 모두 공직에 관심이 있는 사람이 아니다

13 다음 글의 ㉠~㉣ 중 어색한 곳을 찾아 가장 적절하게 수정한 것은?

> 수명을 늘릴 수 있는 여러 방법 중 가장 좋은 방법은 노화 문제를 해결하는 것이다. 이 방법은 인간이 젊고 건강한 상태로 수명을 연장할 수 있다는 점에서 ㉠ 늙고 병든 상태에서 단순히 죽음의 시간을 지연시킨다는 기존 발상과 근본적으로 다르다. ㉡ 노화가 진행된 상태를 진행되기 전의 상태로 되돌린다거나 노화가 시작되기 전에 노화를 막는 장치가 개발된다면, 젊음을 유지한 채 수명을 늘리는 것은 충분히 가능하다.
>
> 그러나 노화 문제와 관련된 현재까지의 연구는 초라하다. 이는 대부분 연구가 신약 개발의 방식으로만 진행되어 왔기 때문이다. 현재 기준에서는 질병 치료를 목적으로 개발한 신약만 승인받을 수 있는데, 식품의약국이 노화를 ㉢ 질병으로 본 탓에 노화를 멈추는 약은 승인받을 수 없었다. 노화를 질병으로 보더라도 해당 약들이 상용화되기까지는 아주 오랜 시간이 필요하다.
>
> 그런데 노화 문제는 발전을 거듭하고 있는 인공지능 덕분에 신약 개발과는 다른 방식으로 극복될 수 있을지 모른다. 일반 사람들에 비해 ㉣ 노화가 더디게 진행되는 사람들의 유전자 자료를 데이터화하면 그들에게서 노화를 지연시키는 생리적 특징을 추출할 수 있는데, 이를 통해 유전자를 조작하는 방식으로 노화를 막을 수 있다.

① ㉠: 늙고 병든 상태에서 담담히 죽음의 시간을 기다린다
② ㉡: 노화가 진행되기 전의 신체를 노화가 진행된 신체
③ ㉢: 질병으로 보지 않은 탓에 노화를 멈추는 약은 승인받을 수 없었다
④ ㉣: 노화가 더디게 진행되는 사람들의 유전자 자료를 데이터화하면 그들에게서 노화를 촉진

14 ⑦을 평가한 내용으로 적절한 것만을 〈보기〉에서 모두 고르면?

> 흔히 '일곱 빛깔 무지개'라는 말을 한다. 서로 다른 빛깔의 띠 일곱 개가 무지개를 이루고 있다는 뜻이다. 영어나 프랑스어를 비롯해 다른 자연언어들에도 이와 똑같은 표현이 있는데, 이는 해당 자연언어가 무지개의 색상에 대응하는 색채 어휘를 일곱 개씩 지녔기 때문이라고 할 수 있다.
>
> 언어학자 사피어와 그의 제자 워프는 여기서 어떤 영감을 얻었다. 그들은 서로 다른 언어를 쓰는 아메리카 원주민들에게 무지개의 띠가 몇 개냐고 물었다. 대답은 제각각 달랐다. 사피어와 워프는 이 설문 결과에 기대어, 사람들은 자신의 언어에 얽매인 채 세계를 경험한다고 판단했다. 이 판단으로부터, "우리는 모국어가 그어놓은 선에 따라 자연세계를 분단한다."라는 유명한 발언이 나왔다. 이에 따르면 특정 현상과 관련한 단어가 많을수록 해당 언어권의 화자들은 그 현상에 대해 심도 있게 경험하는 것이다. 언어가 의식, 사고와 세계관을 결정한다는 이 견해는 ⑦ 사피어-워프 가설이라 불리며 언어학과 인지과학의 논란거리가 되어왔다.

〈보 기〉

> ㄱ. 눈[雪]을 가리키는 단어를 4개 지니고 있는 이누이트족이 1개 지니고 있는 영어 화자들보다 눈을 넓고 섬세하게 경험한다는 것은 ⑦을 강화한다.
>
> ㄴ. 수를 세는 단어가 '하나', '둘', '많다' 3개뿐인 피라하족의 사람들이 세 개 이상의 대상을 모두 '많다'고 인식하는 것은 ⑦을 강화한다.
>
> ㄷ. 색채 어휘가 적은 자연언어 화자들이 색채 어휘가 많은 자연언어 화자들에 비해 색채를 구별하는 능력이 뛰어나다는 것은 ⑦을 약화한다.

① ㄱ
② ㄱ, ㄴ
③ ㄴ, ㄷ
④ ㄱ, ㄴ, ㄷ

[15~16] 다음 글을 읽고 물음에 답하시오.

> 한국 신화에 보이는 신과 인간의 관계는 다른 나라의 신화와 ⑦ 견주어 볼 때 흥미롭다. 한국 신화에서 신은 인간과의 결합을 통해 결핍을 해소함으로써 완전한 존재가 되고, 인간은 신과의 결합을 통해 혼자 할 수 없었던 존재론적 상승을 이룬다.
>
> 한국 건국신화에서 주인공인 신은 지상에 내려와 왕이 되고자 한다. 천상적 존재가 지상적 존재가 되기를 ⓒ 바라는 것인데, 인간들의 왕이 된 신은 인간 여성과의 결합을 통해 자식을 낳음으로써 결핍을 메운다. 무속신화에서는 인간이었던 주인공이 신과의 결합을 통해 신적 존재로 ⓒ 거듭나게 됨으로써 존재론적으로 상승하게 된다. 이처럼 한국 신화에서 신과 인간은 서로의 존재를 필요로 한다는 점에서 상호의존적이고 호혜적이다.
>
> 다른 나라의 신화들은 신과 인간의 관계가 한국 신화와 달리 위계적이고 종속적이다. 히브리 신화에서 피조물인 인간은 자신을 창조한 유일신에 대해 원초적 부채감을 지니고 있으며, 신이 지상의 모든 일을 관장한다는 점에서 언제나 인간의 우위에 있다. 이러한 양상은 북유럽이나 바빌로니아 등에 ⓔ 퍼져 있는 신체 화생 신화에도 유사하게 나타난다. 신체 화생 신화는 신이 죽음을 맞게 된 후 그 신체가 해체되면서 인간 세계가 만들어지게 된다는 것인데, 신의 희생 덕분에 인간 세계가 만들어질 수 있었다는 점에서 인간은 신에게 철저히 종속되어 있다.

15 윗글을 이해한 내용으로 적절하지 않은 것은?

① 히브리 신화에서 신과 인간의 관계는 위계적이다.
② 한국 무속신화에서 신은 인간을 위해 지상에 내려와 왕이 된다.
③ 한국 건국신화에서 신은 인간과의 결합을 통해 완전한 존재가 된다.
④ 한국 신화에 보이는 신과 인간의 관계는 신체 화생 신화에 보이는 신과 인간의 관계와 다르다.

16 ㉠~㉣과 바꿔쓸 수 있는 유사한 표현으로 적절하지 않은 것은?

① ㉠: 비교해

② ㉡: 희망하는

③ ㉢: 복귀하게

④ ㉣: 분포되어

17 다음 대화를 분석한 내용으로 가장 적절한 것은?

> 갑: 전염병이 창궐했을 때 마스크를 착용하는 것은 당연한 일인데, 그것을 거부하는 사람이 있다니 도대체 이해가 안 돼.
>
> 을: 마스크 착용을 거부하는 사람들을 무조건 비난하지 말고 먼저 왜 그러는지 정확하게 이유를 파악하는 것이 필요해.
>
> 병: 그 사람들은 개인의 자유가 가장 존중받아야 하는 기본권이라고 생각하기 때문일 거야.
>
> 갑: 개인의 자유로운 선택이 타인의 생명을 위협한다면 기본권이라 하더라도 제한하는 것이 보편적 상식 아닐까?
>
> 병: 맞아. 개인이 모여 공동체를 이루는데 나의 자유만을 고집하면 결국 사회는 극단적 이기주의에 빠져 붕괴하고 말 거야.
>
> 을: 마스크를 쓰지 않는 행위를 윤리적 차원에서만 접근하지 말고, 문화적 차원에서도 고려할 필요가 있어. 어떤 사회에서는 얼굴을 가리는 것이 범죄자의 징표로 인식되기도 해.

① 화제에 대해 남들과 다른 측면에서 탐색하는 사람이 있다.

② 자신의 의견이 반박되자 질문을 던져 화제를 전환하는 사람이 있다.

③ 대화가 진행되면서 논점에 대한 찬반 입장이 바뀌는 사람이 있다.

④ 사례의 공통점을 종합하여 자신의 주장을 강화하는 사람이 있다.

[18~19] 다음 글을 읽고 물음에 답하시오.

> 영국의 유명한 원형 석조물인 스톤헨지는 기원전 3,000년경 신석기시대에 세워졌다. 1960년대에 천문학자 호일이 스톤헨지가 일종의 연산장치라는 주장을 하였고, 이후 엔지니어인 톰은 태양과 달을 관찰하기 위한 정교한 기구라고 확신했다. 천문학자 호킨스는 스톤헨지의 모양이 태양과 달의 배열을 나타낸 것이라는 의견을 제시해 관심을 모았다.
>
> 그러나 고고학자 앳킨슨은 ㉠ 그들의 생각을 비난했다. 앳킨슨은 스톤헨지를 세운 사람들을 '야만인'으로 묘사하면서, ㉡ 이들은 호킨스의 주장과 달리 과학적 사고를 할 줄 모른다고 주장했다. 이에 호킨스를 옹호하는 학자들이 진화적 관점에서 앳킨슨을 비판하였다. ㉢ 이들은 신석기시대보다 훨씬 이전인 4만 년 전의 사람들도 신체적으로 우리와 동일했으며 지능 또한 우리보다 열등했다고 볼 근거가 없다고 주장했다.
>
> 하지만 스톤헨지의 건설자들이 포괄적인 의미에서 현대인과 같은 지능을 가졌다고 해도 과학적 사고와 기술적 지식을 가지지는 못했다. ㉣ 그들에게는 우리처럼 2,500년에 걸쳐 수학과 천문학의 지식이 보존되고 세대를 거쳐 전승되어 쌓인 방대하고 정교한 문자 기록이 없었다. 선사시대의 생각과 행동이 우리와 똑같은 식으로 전개되지 않았으리라는 점은 매우 중요하다. 지적 능력을 갖췄다고 해서 누구나 우리와 같은 동기와 관심, 개념적 틀을 가졌으리라고 생각하는 것은 잘못이다.

18 윗글에 대해 평가한 내용으로 가장 적절한 것은?

① 스톤헨지가 제사를 지내는 장소였다는 후대 기록이 발견되면 호킨스의 주장은 강화될 것이다.

② 스톤헨지 건설 당시의 사람들이 숫자를 사용하였다는 증거가 발견되면 호일의 주장은 약화될 것이다.

③ 스톤헨지의 유적지에서 수학과 과학에 관련된 신석기시대 기록물이 발견되면 글쓴이의 주장은 강화될 것이다.

④ 기원전 3,000년경 인류에게 천문학 지식이 있었다는 증거가 발견되면 앳킨슨의 주장은 약화될 것이다.

19 문맥상 ㉠~㉣ 중 지시 대상이 같은 것만으로 묶인 것은?

① ㉠, ㉢
② ㉡, ㉣
③ ㉠, ㉡, ㉢
④ ㉠, ㉡, ㉣

20 다음 글의 밑줄 친 결론을 이끌어내기 위해 추가해야 할 것은?

> 문학을 좋아하는 사람은 모두 자연의 아름다움을 좋아하는 사람이다. 자연의 아름다움을 좋아하는 어떤 사람은 예술을 좋아하는 사람이다. 따라서 예술을 좋아하는 어떤 사람은 문학을 좋아하는 사람이다.

① 자연의 아름다움을 좋아하는 사람은 모두 문학을 좋아하는 사람이다.
② 문학을 좋아하는 어떤 사람은 자연의 아름다움을 좋아하는 사람이다.
③ 예술을 좋아하는 어떤 사람은 자연의 아름다움을 좋아하는 사람이다.
④ 예술을 좋아하지만 문학을 좋아하지 않는 사람은 모두 자연의 아름다움을 좋아하는 사람이다.

모바일 OMR

✅ 회독 CHECK 1 2 3

영어

교정직

[01~03] 밑줄 친 부분에 들어갈 말로 가장 적절한 것을 고르시오.

01

Recently, increasingly _____ weather patterns, often referred to as "abnormal climate," have been observed around the world.

① irregular
② consistent
③ predictable
④ ineffective

02

Most economic theories assume that people act on a _____ basis; however, this doesn't account for the fact that they often rely on their emotions instead.

① temporary
② rational
③ voluntary
④ commercial

03

By the time she _____ her degree, she will have acquired valuable knowledge on her field of study.

① will have finished
② is finishing
③ will finish
④ finishes

[04~05] 밑줄 친 부분 중 어법상 옳지 않은 것을 고르시오.

04

You may conclude that knowledge of the sound systems, word patterns, and sentence structures ① are sufficient to help a student ② become competent in a language. Yet we have ③ all worked with language learners who understand English structurally but still have difficulty ④ communicating.

05

Beyond the cars and traffic jams, she said it took a while to ① get used to have so many people in one place, ② all of whom were moving so fast. "There are only 18 million people in Australia ③ spread out over an entire country," she said, "compared to more than six million people in ④ the state of Massachusetts alone."

[06~07] 밑줄 친 부분에 들어갈 말로 가장 적절한 것을 고르시오.

06

A: Hello. I'd like to book a flight from Seoul to Oakland.

B: Okay. Do you have any specific dates in mind?

A: Yes. I am planning to leave on May 2nd and return on May 14th.

B: Okay, I found one that fits your schedule. What class would you like to book?

A: Economy class is good enough for me.

B: Any preference on your seating?

A: _____

B: Great. Your flight is now booked.

① Yes. I'd like to upgrade to business class.

② No. I'd like to buy a one-way ticket.

③ No. I don't have any luggage.

④ Yes. I want an aisle seat.

07

 Kate Anderson
Are you coming to the workshop next Friday?
10:42

 Jim Henson
I'm not sure. I have a doctor's appointment that day.
10:42

 Kate Anderson
You should come! The workshop is about A.I. tools that can improve out work efficiency.
10:43

 Jim Henson
Wow, the topic sounds really interesting!
10:44

 Kate Anderson
Exactly. But don't forget to reserve a seat if you want to attend the workshop.
10:45

 Jim Henson
How do I do that?
10:45

 Kate Anderson
_____
10:46

① You need to bring your own laptop.

② I already have a reservation.

③ Follow the instructions on the bulletin board.

④ You should call the doctor's office for an appointment.

[08~09] 다음 글을 읽고 물음에 답하시오.

To whom it may concern,

I hope this email finds you well. I am writing to express my concern and frustration regarding the excessive noise levels in our neighborhood, specifically coming from the new sports field.

As a resident of Clifton district, I have always appreciated the peace of our community. However, the ongoing noise disturbances have significantly impacted my family's well-being and our overall quality of life. The sources of the noise include crowds cheering, players shouting, whistles, and ball impacts.

I kindly request that you look into this matter and take appropriate steps to address the noise disturbances. Thank you for your attention to this matter, and I appreciate your prompt response to help restore the tranquility in our neighborhood.

Sincerely,
Rachael Beasley

08 윗글의 목적으로 가장 적절한 것은?

① 체육대회 소음에 대해 주민들의 양해를 구하려고
② 새로 이사 온 이웃 주민의 소음에 대해 항의하려고
③ 인근 스포츠 시설의 소음에 대한 조치를 요청하려고
④ 밤시간 악기 연주와 같은 소음의 차단을 부탁하려고

09 밑줄 친 "steps"의 의미와 가장 가까운 것은?

① movements
② actions
③ levels
④ stairs

[10~11] 다음 글을 읽고 물음에 답하시오.

(A)

We're pleased to announce the upcoming City Harbour Festival, an annual event that brings our diverse community together to celebrate our shared heritage, culture, and local talent. Mark your calendars and join us for an exciting weekend!

Details
- Dates: Friday, June 16 - Sunday, June 18
- Times: 10:00a.m. - 8:00p.m. (Friday & Saturday)
          10:00a.m. - 6:00p.m. (Sunday)
- Location: City Harbour Park, Main Street, and surrounding areas

Highlights
- Live Performances
  Enjoy a variety of live music, dance, and theatrical performances on multiple stages throughout the festival grounds.
- Food Trucks
  Have a feast with a wide selection of food trucks offering diverse and delicious cuisines, as well as free sample tastings.

For the full schedule of events and activities, please visit our website at www.cityharbourfestival.org or contact the Festival Office at (552) 234-5678.

---

10 (A)에 들어갈 윗글의 제목으로 가장 적절한 것은?

① Make Safety Regulations for Your Community
② Celebrate Our Vibrant Community Events
③ Plan Your Exciting Maritime Experience
④ Recreate Our City's Heritage

11 City Harbour Festival에 관한 윗글의 내용과 일치하지 않는 것은?

① 일 년에 한 번 개최된다.
② 일요일에는 오후 6시까지 열린다.
③ 주요 행사로 무료 요리 강습이 진행된다.
④ 웹사이트나 전화 문의를 통해 행사 일정을 알 수 있다.

12 Enter-K 앱에 관한 다음 글의 내용과 일치하지 않는 것은?

Use the new **Enter-K** app for your customs declaration.

Use the new Enter-K app upon your arrival at the airport. One notable feature offered by Enter-K is the Advance Declaration, which allows travellers the option to submit their customs declaration in advance, enabling them to save time at all our international airports. As part of the ongoing Traveller Modernization initiative, Enter-K will continue to introduce additional border-related features in the future, further improving the overall border experience. Simply download the latest version of the app from the online store before your arrival. There is also a web version of the app for those who are not comfortable using mobile devices.

① It allows travellers to declare customs in advance.
② More features will be added later.
③ Travellers can download it from the online store.
④ It only works on personal mobile devices.

13 Office of the Labor Commissioner에 관한 다음 글의 내용과 일치하는 것은?

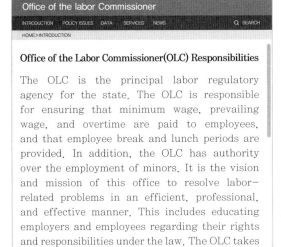

Office of the Labor Commissioner(OLC) Responsibilities

The OLC is the principal labor regulatory agency for the state. The OLC is responsible for ensuring that minimum wage, prevailing wage, and overtime are paid to employees, and that employee break and lunch periods are provided. In addition, the OLC has authority over the employment of minors. It is the vision and mission of this office to resolve labor-related problems in an efficient, professional, and effective manner. This includes educating employers and employees regarding their rights and responsibilities under the law. The OLC takes enforcement action when necessary to ensure that workers are treated fairly and compensated for all time worked.

① It ensures that employees pay taxes properly.

② It has authority over employment of adult workers only.

③ It promotes employers' business opportunities.

④ It takes action when employees are unfairly treated.

14 다음 글의 주제로 가장 적절한 것은?

The Ministry of Food and Drug Safety warned that cases of food poisoning have occurred as a result of cross-contamination, where people touch eggs and neglect to wash their hands before preparing food or using utensils. To mitigate such risks, the ministry advised refrigerating eggs and ensuring they are thoroughly cooked until both the yolk and white are firm. Over the past five years, a staggering 7,400 people experienced food poisoning caused by Salmonella bacteria. Salmonella thrives in warm temperatures, with approximately 37 degrees Celsius being the optimal growth condition. Consuming raw or undercooked eggs and failing to separate raw and cooked foods were identified as the most common causes of Salmonella infection. It is crucial to prioritize food safety measures and adhere to proper cooking practices to minimize the risk of Salmonella-related illnesses.

① Benefits of consuming eggs to the immune system

② Different types of treatments for Salmonella infection

③ Life span of Salmonella bacteria in warm temperatures

④ Safe handling of eggs for the prevention of Salmonella infection

15 다음 글의 요지로 가장 적절한 것은?

Despite ongoing efforts to address educational disparities, the persistent achievement gap among students continues to highlight significant inequities in the education system. Recent data reveal that marginalized students, including those from low-income backgrounds and vulnerable groups, continue to lag behind their peers in academic performance. The gap poses a challenge to achieving educational equity and social mobility. Experts emphasize the need for targeted interventions, equitable resource allocation, and inclusive policies to bridge this gap and ensure equal opportunities for all students, irrespective of their socioeconomic status or background. The issue of continued educational divide should be addressed at all levels of education system in an effort to find a solution.

① We should deal with persistent educational inequities.
② Educational experts need to focus on new school policies.
③ New teaching methods are necessary to bridge the achievement gap.
④ Family income should not be considered in the discussion of education.

16 다음 글의 흐름상 어색한 문장은?

Every parent or guardian of small children will have experienced the desperate urge to get out of the house and the magical restorative effect of even a short trip to the local park. ① There is probably more going on here than just letting off steam. ② The benefits for kids of getting into nature are huge, ranging from better academic performance to improved mood and focus. ③ Outdoor activities make it difficult for them to spend quality time with their family. ④ Childhood experiences of nature can also boost environmentalism in adulthood. Having access to urban green spaces can play a role in children's social networks and friendships.

17 주어진 문장이 들어갈 위치로 가장 적절한 것은?

In particular, in many urban counties, air pollution, as measured by the amount of total suspended particles, had reached dangerous levels.

Economists Chay and Greenstone evaluated the value of cleaning up of air pollution after the Clean Air Act of 1970. (①) Before 1970, there was little federal regulation of air pollution, and the issue was not high on the agenda of state legislators. (②) As a result, many counties allowed factories to operate without any regulation on their pollution, and in several heavily industrialized counties, pollution had reached very high levels. (③) The Clean Air Act established guidelines for what constituted excessively high levels of five particularly dangerous pollutants. (④) Following the Act in 1970 and the 1977 amendment, there were improvements in air quality.

18 주어진 글 다음에 이어질 글의 순서로 가장 적절한 것은?

Before anyone could witness what had happened, I shoved the loaves of bread up under my shirt, wrapped the hunting jacket tightly about me, and walked swiftly away.

(A) When I dropped them on the table, my sister's hands reached to tear off a chunk, but I made her sit, forced my mother to join us at the table, and poured warm tea.

(B) The heat of the bread burned into my skin, but I clutched it tighter, clinging to life. By the time I reached home, the loaves had cooled somewhat, but the insides were still warm.

(C) I sliced the bread. We ate an entire loaf, slice by slice. It was good hearty bread, filled with raisins and nuts.

① (A) − (B) − (C)
② (B) − (A) − (C)
③ (B) − (C) − (A)
④ (C) − (A) − (B)

[19~20] 밑줄 친 부분에 들어갈 말로 가장 적절한 것을 고르시오.

19

Falling fertility rates are projected to result in shrinking populations for nearly every country by the end of the century. The global fertility rate was 4.7 in 1950, but it dropped by nearly half to 2.4 in 2017. It is expected to fall below 1.7 by 2100. As a result, some researchers predict that the number of people on the planet would peak at 9.7 billion around 2064 before falling down to 8.8 billion by the century's end. This transition will also lead to a significant aging of populations, with as many people reaching 80 years old as there are being born. Such a demographic shift _____, including taxation, healthcare for the elderly, caregiving responsibilities, and retirement. To ensure a "soft landing" into a new demographic landscape, researchers emphasize the need for careful management of the transition.

① raises concerns about future challenges
② mitigates the inverted age structure phenomenon
③ compensates for the reduced marriage rate issue
④ provides immediate solutions to resolve the problems

20

Many listeners blame a speaker for their inattention by thinking to themselves: "Who could listen to such a character? Will he ever stop reading from his notes?" The good listener reacts differently. He may well look at the speaker and think, "This man is incompetent. Seems like almost anyone would be able to talk better than that." But from this initial similarity he moves on to a different conclusion, thinking "But wait a minute. I'm not interested in his personality or delivery. I want to find out what he knows. Does this man know some things that I need to know?" Essentially, we "listen with our own experience." Is the speaker to be held responsible because we are poorly equipped to comprehend his message? We cannot understand everything we hear, but one sure way to raise the level of our understanding is to _____.

① ignore what the speaker knows

② analyze the character of a speaker

③ assume the responsibility which is inherently ours

④ focus on the speaker's competency of speech delivery

✔ 회독 CHECK 1 2 3

01 〈공공언어 바로 쓰기 원칙〉에 따라 수정한 것으로 적절하지 않은 것은?

〈공공언어 바로 쓰기 원칙〉

• 주어와 서술어의 호응
  – ㉠ 능동과 피동의 관계를 정확하게 사용함.
• 여러 뜻으로 해석되는 표현 삼가기
  – ㉡ 중의적인 문장을 사용하지 않음.
• 명료한 수식어구 사용
  – ㉢ 수식어와 피수식어의 관계를 분명하게 표현함.
• 대등한 구조를 보여 주는 표현 사용
  – ㉣ '–고', '와/과' 등으로 접속될 때에는 대등한 관계를 사용함.
---

① "이번 총선에서 국회의원 ○○○명을 선출되었다."를 ㉠에 따라 "이번 총선에서 국회의원 ○○○명이 선출되었다."로 수정한다.

② "시장은 시민의 안전에 관하여 건설업계 관계자들과 논의하였다."를 ㉡에 따라 "시장은 건설업계 관계자들과 시민의 안전에 관하여 논의하였다."로 수정한다.

③ "5킬로그램 정도의 금 보관함"을 ㉢에 따라 "금 5킬로그램 정도를 담은 보관함"으로 수정한다.

④ "음식물의 신선도 유지와 부패를 방지해야 한다."를 ㉣에 따라 "음식물의 신선도를 유지하고, 부패를 방지해야 한다."로 수정한다.

02 다음 글을 이해한 내용으로 적절하지 않은 것은?

조선시대 기록을 보면 오늘날 급성전염병에 속하는 병들의 다양한 명칭을 확인할 수 있는데, 전염성, 고통의 정도, 질병의 원인, 몸에 나타난 증상 등 작명의 과정에서 주목한 바는 각기 달랐다.

예를 들어, '역병(疫病)'은 사람이 고된 일을 치르듯[役] 병에 걸려 매우 고통스러운 상태를 말한다. '여역(癘疫)'이란 말은 힘들다[疫]는 뜻에다가 사납다[癘]는 의미가 더해져 있다. 현재의 성홍열로 추정되는 '당독역(唐毒疫)'은 오랑캐처럼 사납고[唐], 독을 먹은 듯 고통스럽다[毒]는 의미가 들어가 있다. '염병(染病)'은 전염성에 주목한 이름이고, 마찬가지로 '윤행괴질(輪行怪疾)' 역시 수레가 여기저기 옮겨 다니듯 한다는 뜻으로 질병의 전염성을 크게 강조한 이름이다.

'시기병(時氣病)'이란 특정 시기의 좋지 못한 기운으로 인해 생기는 전염병을 말하는데, 질병의 원인으로 나쁜 대기를 들고 있는 것이다. '온역(溫疫)'에 들어 있는 '온(溫)'은 이 병을 일으키는 계절적 원인을 가리킨다. 이밖에 '두창(痘瘡)'이나 '마진(痲疹)' 따위의 병명은 피부에 발진이 생기고 그 모양이 콩 또는 삼씨 모양인 것을 강조한 말이다.
---

① '온역'은 질병의 원인에 주목하여 붙여진 이름이다.

② '역병'은 질병의 전염성에 주목하여 붙여진 이름이다.

③ '당독역'은 질병의 고통스러운 정도에 주목하여 붙여진 이름이다.

④ '마진'은 질병으로 인해 몸에 나타난 증상에 주목하여 붙여진 이름이다.

03 다음 글의 중심 내용으로 가장 적절한 것은?

플라톤의 『국가』에는 사람들이 살아가면서 가장 중요하게 생각하는 두 가지 요소에 대한 언급이 있다. 우리가 만약 이것들을 제대로 통제하고 조절할 수 있다면 좋은 삶을 살 수 있다고 플라톤은 말하고 있다. 하나는 대다수가 갖고 싶어하는 재물이며, 다른 하나는 대다수가 위험하게 생각하는 성적 욕망이다. 소크라테스는 당시 성공적인 삶을 살고 있다고 사람들에게 잘 알려진 케팔로스에게, 사람들이 좋아하는 재물이 많아서 좋은 점과 사람들이 싫어하는 나이가 많아서 좋은 점은 무엇인지를 물었다. 플라톤은 이 대화를 통해 우리가 어떻게 좋은 삶을 살 수 있는지를 보여준다.

케팔로스는 재물이 많으면 남을 속이거나 거짓말하지 않을 수 있어서 좋고, 나이가 많으면 성적 욕망을 쉽게 통제할 수 있어서 좋다고 말한다. 물론 재물이 적다고 남을 속이거나 거짓말을 하는 것은 아니며, 나이가 적다고 해서 성적 욕망을 쉽게 통제할 수 없는 것은 아니다. 그렇지만 누구나 살아가면서 이것들로 인해 힘들어하고 괴로워하는 경우가 많다는 것은 분명하다. 삶을 살아가면서 돈에 대한 욕망이나 성적 욕망만이라도 잘 다스릴 수 있다면 낭패를 당하거나 망신을 당할 일이 거의 없을 것이다. 인간에 대한 플라톤의 통찰력과 삶에 대한 지혜는 현재에도 여전히 유효하다.

① 재물욕과 성욕은 과거나 지금이나 가장 강한 욕망이다.
② 재물이 많으면서 나이가 많은 자가 좋은 삶을 살 수 있다.
③ 성공적인 삶을 살려면 재물욕과 성욕을 잘 다스려야 한다.
④ 잘 살기 위해서는 살면서 가장 중요한 것이 무엇인지 알아야 한다.

04 다음 글의 ㉠~㉣ 중 어색한 곳을 찾아 가장 적절하게 수정한 것은?

언어는 랑그와 파롤로 구분할 수 있다. 랑그는 머릿속에 내재되어 있는 추상적인 언어의 모습으로, 특정한 언어공동체가 공유하고 있는 기호체계를 가리킨다. 반면에 파롤은 구체적인 언어의 모습으로, 의사소통을 위해 랑그를 사용하는 개인적인 행위를 의미한다.

언어학자들은 흔히 ㉠ 랑그를 악보에 비유하고, 파롤을 실제 연주에 비유하곤 하는데, 악보는 고정되어 있지만 실제 연주는 그 고정된 악보를 연주하는 사람에 따라 달라지기 마련이다. 그러니까 ㉡ 랑그는 여러 상황에도 불구하고 변하지 않고 기본을 이루는 언어의 본질적인 모습에 해당한다. 한편 '책상'이라는 단어를 발음할 때 사람마다 발음되는 소리는 다르기 때문에 '책상'에 대한 발음은 제각각일 수밖에 없다. 여기서 ㉢ 실제로 발음되는 제각각의 소리값이 파롤이다.

랑그와 파롤 개념과 비슷한 것으로 언어능력과 언어수행이 있다. 자기 모국어에 대해 사람들이 내재적으로 가지고 있는 지식이 언어능력이고, 사람들이 실제로 발화하는 행위가 언어수행이다. ㉣ 파롤이 언어능력에 대응한다면, 랑그는 언어수행에 대응한다.

① ㉠: 랑그를 실제 연주에 비유하고, 파롤을 악보에 비유하곤
② ㉡: 랑그는 여러 상황에 맞춰 변화하는 언어의 본질적인 모습
③ ㉢: 실제로 발음되는 제각각의 소리값이 랑그
④ ㉣: 랑그가 언어능력에 대응한다면, 파롤은 언어수행에 대응

05 다음 글의 핵심 논지로 가장 적절한 것은?

판타지와 SF의 차별성은 '낯섦'과 '이미 알고 있는 것'이라는 기준을 통해 드러난다. 이 둘은 일반적으로 상반된 의미를 갖는다. 이미 알고 있는 것은 낯설지 않고, 낯선 것은 새로운 것을 의미하기 때문이다.

판타지와 SF에는 모두 새롭고 낯선 것이 등장하는데, 비근한 예가 현실에 존재하지 않는 괴물의 출현이다. 판타지에서 낯선 괴물이 나오면 사람들은 '저게 뭐지?'하면서도 그 낯섦을 그대로 받아들인다. 그렇기에 등장인물과 독자 모두 그 괴물을 원래부터 존재했던 것으로 받아들이고, 괴물은 등장하자마자 세계의 일부가 된다. 결국 판타지에서는 이미 알고 있는 것보다 새로운 것이 더 중요한 의미를 갖는다. 이와 달리 SF에서는 '그런 괴물이 어떻게 존재할 수 있지?'라고 의심하고 물어야 한다. SF에서는 인물과 독자들이 작가의 경험적 환경을 공유하기 때문에 괴물은 절대로 자연스럽지 않다. 괴물의 낯섦에 대한 질문은 괴물이 존재하는 세계에 대한 지식, 세계관, 나아가 정체성의 문제로 확장된다. 이처럼 SF에서는 어떤 새로운 것이 등장했을 때 그 낯섦을 인정하면서도 동시에 그것을 자신이 이미 알고 있던 인식의 틀로 끌어들여 재조정하는 과정이 요구된다.

① 판타지와 SF는 모두 새로운 것에 의해 알고 있는 것이 바뀌는 장르이다.
② 판타지와 SF는 모두 알고 있는 것과 새로운 것을 그대로 인정하고 둘 사이의 재조정이 필요한 장르이다.
③ 판타지는 새로운 것보다 알고 있는 것이 더 중요하고, SF는 알고 있는 것보다 새로운 것이 더 중요한 장르이다.
④ 판타지는 알고 있는 것보다 새로운 것이 더 중요하고, SF는 알고 있는 것과 새로운 것 사이의 재조정이 필요한 장르이다.

06 다음 빈칸에 들어갈 말로 가장 적절한 것은?

로빈후드는 14세기 후반인 1377년경에 인기를 끈 작품 〈농부 피어즈〉에 최초로 등장한다. 로빈후드 이야기는 주로 숲을 배경으로 전개된다. 숲에 사는 로빈후드 무리는 사슴고기를 중요시하는데 당시 숲은 왕의 영지였고 사슴 밀렵은 범죄였다. 왕의 영지에 있는 사슴에 대한 밀렵을 금지하는 법은 11세기 후반 잉글랜드를 정복한 윌리엄 왕이 제정한 것이므로 아마도 로빈후드 이야기가 그 이전 시기로까지 거슬러 올라가지는 않을 것이다. 또한 이야기에서 셔우드 숲을 한 바퀴 돌고 로빈후드를 만났다고 하는 국왕 에드워드는 1307년에 즉위하여 20년간 재위한 2세일 가능성이 있다. 1세에서 3세까지의 에드워드 국왕 가운데 이 지역의 순행 기록이 있는 사람은 에드워드 2세뿐이다. 이러한 근거를 토대로 추론할 때, 로빈후드 이야기의 시대 배경은 아마도 [　　　]일 가능성이 가장 크다.

① 11세기 후반
② 14세기 이전
③ 14세기 전반
④ 14세기 후반

07 (가)~(다)를 맥락에 맞게 순서대로 나열한 것은?

> 북방에 사는 매는 덩치가 크고 사냥도 잘한다. 그래서 아시아에서는 몽골 고원과 연해주 지역에 사는 매들이 인기가 있었다.
>
> (가) 조선과 일본의 단절된 관계는 1609년 기유조약이 체결되면서 회복되었다. 하지만 이때는 조선과 일본이 서로를 직접 상대했던 것이 아니라 두 나라 사이에 끼어있는 대마도를 매개로 했다. 대마도는 막부로부터 조선의 외교·무역권을 위임받았고, 조선은 그러한 대마도에게 시혜를 베풀어줌으로써 일본과의 교린 체계를 유지해 나가려고 했다.
>
> (나) 일본에서 이 북방의 매에 접근할 수 있는 길은 한반도를 통하는 것 외에는 없었다. 그래서 한반도와 일본 간의 교류에 매가 중요한 물품으로 자리 잡았던 것이다. 하지만 임진왜란으로 인하여 교류는 단절되었다.
>
> (다) 이러한 외교관계에 매 교역이 자리하고 있었다. 대마도는 조선과의 공식적, 비공식적 무역을 통해서도 상당한 이익을 취했다. 따라서 조선후기에 이루어진 매 교역은 경제적인 측면과 정치·외교적인 성격이 강했다.

① (가) − (다) − (나)

② (나) − (가) − (다)

③ (나) − (다) − (가)

④ (다) − (나) − (가)

08 다음 글에서 추론한 내용으로 가장 적절한 것은?

> 『성경』에 따르면 예수는 죽은 지 사흘 만에 부활했다. 사흘이라고 하면 시간상 72시간을 의미하는데, 예수는 금요일 오후에 죽어서 일요일 새벽에 부활했으니 구체적인 시간을 따진다면 48시간이 채 되지 않는다. 그렇다면 『성경』에서 3일이라고 한 것은 예수의 신성성을 부각하기 위한 것일까?
>
> 여기에는 수를 세는 방식의 차이가 개입되어 있다. 구체적으로 말하면 우리가 사용하는 현대의 수에는 '0' 개념이 깔려 있지만, 『성경』이 기록될 당시에는 해당 개념이 없었다. '0' 개념은 13세기가 되어서야 유럽으로 들어왔으니, '0' 개념이 들어오기 전 시간의 길이는 '1'부터 셈했다. 다시 말해 시간의 시작점 역시 '1'로 셈했다는 것인데, 금요일부터 다음 금요일까지는 7일이 되지만, 시작하는 금요일까지 날로 셈해서 다음 금요일은 8일이 되는 식이다.
>
> 이와 같은 셈법의 흔적을 현대 언어에서도 찾을 수 있다. 오늘날 그리스 사람들은 올림픽이 열리는 주기에 해당하는 4년을 'pentaeteris'라고 부르는데, 이 말의 어원은 '5년'을 뜻한다. '2주'를 의미하는 용도로 사용되는 현대 프랑스어 'quinze jours'는 어원을 따지자면 '15일'을 가리키는데, 시간적으로는 동일한 기간이지만 시간을 셈하는 방식에 따라 마지막 날과 해가 달라진 것이다.

① '0' 개념은 13세기에 유럽에서 발명되었다.

② 『성경』에서는 예수의 신성성을 부각하기 위해 그의 부활 시점을 활용하였다.

③ 프랑스어 'quinze jours'에는 '0' 개념이 들어오기 전 셈법의 흔적이 남아 있다.

④ 'pentaeteris'라는 말이 생겨났을 때에 비해 오늘날의 올림픽이 열리는 주기는 짧아졌다.

[09~10] 다음 글을 읽고 물음에 답하시오.

생물은 자신의 종에 속하는 개체들과 의사소통을 한다. 꿀벌은 춤을 통해 식량의 위치를 같은 무리의 동료들에게 알려주며, 녹색원숭이는 포식자의 접근을 알리기 위해 소리를 지른다. 침팬지는 고통, 괴로움, 기쁨 등의 감정을 표현할 때 각각 다른 ㉠ 소리를 낸다.

말한다는 것을 단어에 대해 ㉡ 소리 낸다는 의미로 보게 되면, 침팬지가 사람처럼 말하도록 하는 것은 불가능하다. 침팬지는 인간과 게놈의 98%를 공유하고 있지만, 발성 기관에 차이가 있다.

인간의 발성 기관은 아주 정교하게 작용하여 여러 ㉢ 소리를 낼 수 있는데, 초당 십여 개의 (가) 소리를 쉽게 만들어 낸다. 이는 성대, 후두, 혀, 입술, 입천장을 아주 정확하게 통제할 수 있기 때문에 가능한 것이다. 침팬지는 이만큼 정확하게 통제를 하지 못한다. 게다가 인간의 발성 기관은 유인원의 그것과 현저하게 다르다. 주요한 차이는 인두의 길이에 있다. 인두는 혀 뒷부분부터 식도에 이르는 통로로 음식물과 공기가 드나드는 길이다. 인간의 인두는 여섯 번째 목뼈에까지 이른다. 반면에 대부분의 포유류에서는 인두의 길이가 세 번째 목뼈를 넘지 않으며 개의 경우는 두 번째 목뼈를 넘지 않는다. 다른 동물의 인두에 비해 과도하게 긴 인간의 인두는 공명 상자 기능을 하여 세밀하게 통제되는 ㉣ 소리를 만들어 낸다.

09 윗글에서 추론한 내용으로 가장 적절한 것은?

① 개의 인두 길이는 인간의 인두 길이보다 짧다.

② 침팬지의 인두는 인간의 인두와 98% 유사하다.

③ 녹색원숭이는 침팬지와 의사소통을 할 수 있다.

④ 침팬지는 초당 십여 개의 소리를 만들어 낼 수 있다.

10 ㉠~㉣ 중 문맥상 (가)에 해당하는 의미로 사용되지 않은 것은?

① ㉠

② ㉡

③ ㉢

④ ㉣

[11~12] 다음 글을 읽고 물음에 답하시오.

방각본 출판은 책을 목판에 새겨 대량으로 찍어내는 방식이다. 이 경우 소수의 작품으로 많은 판매 부수를 올리는 것이 유리하다. 즉, 하나의 책으로 500부를 파는 것이 세 권의 책으로 합계 500부를 파는 것보다 이윤이 높다. 따라서 방각본 출판업자는 작품의 종류를 늘리기보다는 시장성이 좋은 작품을 집중적으로 출판하였다. 또한 작품의 규모가 커서 분량이 많은 경우에는 생산 비용이 ㉠ 올라가 책값이 비싸지기 때문에 자연스럽게 분량이 적은 작품을 선호하였다. 이에 따라 방각본 출판에서는 규모가 큰 작품을 기피하였으며, 일단 선택된 작품에도 종종 축약적 윤색이 가해지고는 하였다.

일종의 도서대여업인 세책업은 가능한 여러 종류의 작품을 가지고 있는 편이 유리하고, 한 작품의 규모가 큰 것도 환영할 만한 일이었다. 소설을 빌려 보는 독자들은 하나를 읽고 나서 대개 새 작품을 찾았으니, 보유한 작품의 종류가 많을수록 좋았다. 또한 한 작품의 분량이 많아서 여러 책으로 나뉘어 있으면 그만큼 세책료를 더 받을 수 있으니, 세책업자들은 스토리를 재미나게 부여하여 책의 권수를 늘리기도 했다. 따라서 세책업자들은 많은 종류의 작품을 모으는 데에 주력했고, 이 과정에서 원본의 확장 및 개작이 적잖이 이루어졌다.

11 윗글에서 추론한 내용으로 가장 적절한 것은?

① 분량이 많은 작품은 책값이 비쌌기 때문에 세책가에서 취급하지 않았다.

② 세책업자는 구비할 책을 선정할 때 시장성이 좋은 작품보다 분량이 적은 작품을 우선하였다.

③ 방각본 출판업자들은 책의 판매 부수를 올리기 위해 원본의 내용을 부연하여 개작하기도 하였다.

④ 한 편의 작품이 여러 권의 책으로 나뉘어 있는 대규모 작품들은 방각본 출판업자들보다 세책업자들이 선호하였다.

12 밑줄 친 표현이 문맥상 ㉠의 의미와 가장 가까운 것은?

① 습도가 올라가는 장마철에는 건강에 유의해야 한다.

② 내가 키우던 반려견이 하늘나라로 올라갔다.

③ 그녀는 승진해서 본사로 올라가게 되었다.

④ 그는 시험을 보러 서울로 올라갔다.

13 갑~병의 주장을 분석한 내용으로 적절한 것만을 〈보기〉에서 모두 고르면?

> 갑: 오늘날 사회는 계급 체계가 인간의 생활을 전적으로 규정하지 않는다. 실제로 많은 사람이 사회 이동을 경험하며, 전문직 자격증에 대한 접근성 또한 증가하였다. 인터넷은 상향 이동을 위한 새로운 통로를 제공하고 있다. 이에 따라서 전통적인 계급은 사라지고, 이제는 계급이 없는 보다 유동적인 사회질서가 새로 정착되었다.
>
> 을: 지난 30년 동안 양극화는 더 확대되었다. 부가 사회 최상위 계층에 집중되는 것에 대한 우려가 커지고 있다. 과거 계급 불평등은 경제 전반의 발전을 위해 치를 수밖에 없는 일시적 비용이었다고 한다. 하지만 경제 수준이 향상된 지금도 이 불평등은 해소되지 않고 있다. 오늘날 세계화와 시장 규제 완화로 인해 빈부 격차가 심화되고 계급 불평등이 더 고착되었다.
>
> 병: 오랫동안 지속되었던 계급의 전통적 영향력은 확실히 약해지고 있다. 하지만 현대사회에서 계급 체계는 여전히 경제적 불평등의 핵심으로 남아 있다. 사회 계급은 아직도 일생에 걸쳐 개인의 삶에 큰 영향을 미친다. 특정 계급의 구성원이라는 사실은 수명, 신체적 건강, 교육, 임금 등 다양한 불평등과 관련된다. 이는 계급의 종말이 사실상 실현될 수 없는 현실적이지 않은 주장이라는 점을 보여 준다.

───── 〈보 기〉 ─────
㉠ 갑의 주장과 을의 주장은 대립하지 않는다.
㉡ 을의 주장과 병의 주장은 대립하지 않는다.
㉢ 병의 주장과 갑의 주장은 대립하지 않는다.

① ㉠   ② ㉡
③ ㉠, ㉢   ④ ㉡, ㉢

14 (가)와 (나)를 전제로 결론을 이끌어 낼 때, 빈칸에 들어갈 말로 가장 적절한 것은?

> (가) 축구를 잘하는 사람은 모두 머리가 좋다.
> (나) 축구를 잘하는 어떤 사람은 키가 작다.
> 따라서 _____

① 키가 작은 어떤 사람은 머리가 좋다.
② 키가 작은 사람은 모두 머리가 좋다.
③ 머리가 좋은 사람은 모두 축구를 잘한다.
④ 머리가 좋은 어떤 사람은 키가 작지 않다.

15 다음 글의 ㉠과 ㉡에 대한 평가로 올바른 것은?

> 기업의 마케팅 프로젝트를 평가할 때는 유행지각, 깊은 사고, 협업을 살펴본다. 유행지각은 유행과 같은 새로운 정보를 반영했느냐, 깊은 사고는 마케팅 데이터의 상관관계를 분석해서 최적의 해결책을 찾아내었느냐, 협업은 일하는 사람들이 해결책을 공유하며 성과를 창출했느냐를 따진다. ㉠이 세 요소 모두에서 목표를 달성하는 것은 마케팅 프로젝트가 성공적이기 위해 필수적이다. 하지만 ㉡이 세 요소 모두에서 목표를 달성했다고 해서 마케팅 프로젝트가 성공한 것은 아니다.

① 지금까지 성공한 프로젝트가 유행지각, 깊은 사고 그리고 협업 모두에서 목표를 달성했다면, ㉠은 강화된다.
② 성공하지 못한 프로젝트 중 유행지각, 깊은 사고 그리고 협업 중 하나 이상에서 목표를 달성하는 데 실패한 사례가 있다면, ㉠은 약화된다.
③ 유행지각, 깊은 사고 그리고 협업 중 하나 이상에서 목표를 달성하는 데 실패했지만 성공한 프로젝트가 있다면, ㉡은 강화된다.
④ 유행지각, 깊은 사고 그리고 협업 모두에서 목표를 달성했지만 성공하지 못한 프로젝트가 있다면, ㉡은 약화된다.

16 다음 글의 ㉠을 강화하는 것만을 <보기>에서 모두 고르면?

> 신석기시대에 들어 인류는 제대로 된 주거 공간을 만들게 되었다. 인류의 초기 주거 유형은 특히 바닥을 어떻게 만드느냐에 따라 구분된다. 이는 지면을 다지거나 조금 파고 내려가 바닥을 만드는 '움집형'과 지면에서 떨어뜨려 바닥을 설치하는 '고상(高床)식'으로 나뉜다.
>
> 중국의 고대 문헌에 등장하는 '혈거'와 '소거'가 각각 움집형과 고상식 건축이다. 움집이 지붕으로 상부를 막고 아랫부분은 지면을 그대로 활용하는 지붕 중심 건축이라면, 고상식 건축은 지면에서 오는 각종 침해에 대비해 바닥을 높이 들어 올린 바닥 중심 건축이라 할 수 있다. 인류의 주거 양식은 혈거에서 소거로 진전되었다는 가설이 오랫동안 지배했다. 바닥을 지면보다 높게 만드는 것이 번거롭고 어렵다고 여겼기 때문이다. 그런데 1970년대에 중국의 허무두에서 고상식 건축의 유적이 발굴되면서 새로운 ㉠ 주장이 제기되었다. 그것은 혈거와 소거가 기후에 따라 다른 자연환경에 적응해 발생했다는 것이다.

── <보 기> ──

ㄱ. 우기에 비가 넘치는 산간 지역에서는 고상식 주거 건축물 유적만 발견되었다.

ㄴ. 움집형 집과 고상식 집이 공존해 있는 주거 양식을 보여 주는 집단의 유적지가 발견되었다.

ㄷ. 여름에는 고상식 건축물에서, 겨울에는 움집형 건축물에서 생활한 집단의 유적이 발견되었다.

① ㄱ, ㄴ

② ㄱ, ㄷ

③ ㄴ, ㄷ

④ ㄱ, ㄴ, ㄷ

[17~18] 다음 글을 읽고 물음에 답하시오.

> 일반적으로 한 나라의 문학, 즉 '국문학'은 "그 나라의 말과 글로 된 문학"을 지칭한다. 그래서 우리나라에서 국문학에 대한 근대적 논의가 처음 시작될 무렵에는 (가) 국문학에서 한문으로 쓰인 문학을 배제하자는 주장이 있었다. 국문학 연구가 점차 전문화되면서, 한문문학 배제론자와 달리 한문문학을 배제하는 데 있어 신축성을 두는 절충론자의 입장이 힘을 얻었다. 절충론자들은 국문학의 범위를 획정하는 데 있어 (나) 종래의 국문학의 정의를 기본 전제로 하되, 일부 한문문학을 국문학으로 인정하자고 주장했다. 즉 한문으로 쓰여진 문학을 국문학에서 완전히 배제하지 않고, ㉠ 전자 중 일부를 ㉡ 후자의 주변부에 위치시키는 것으로 국문학의 영역을 구성한 것이다. 이에 따라 국문학을 지칭할 때에는 '순(純)국문학'과 '준(準)국문학'으로 구별하게 되었다. 작품에 사용된 문자의 범주에 따라서 ㉢ 전자는 '좁은 의미의 국문학', ㉣ 후자는 '넓은 의미의 국문학'이라고도 칭할 수 있다.
>
> 하지만 이런 절충안을 취하더라도 순국문학과 준국문학을 구분하는 데에는 논자마다 차이가 있다. 어떤 이는 국문으로 된 것은 ㉤ 전자에, 한문으로 된 것은 ㉥ 후자에 귀속시켰다. 다른 이는 훈민정음 창제 이전과 이후로 나누어 국문학의 영역을 구분하였다. 훈민정음 창제 이전의 문학은 차자표기건 한문표기건 모두 국문학으로 인정하고, 창제 이후의 문학은 국문문학만을 순국문학으로 규정하고 한문문학 중 '국문학적 가치'가 있는 것을 준국문학에 귀속시켰다.

17 윗글의 (가)와 (나)의 주장에 대해 평가한 내용으로 가장 적절한 것은?

① 국문으로 쓴 작품보다 한문으로 쓴 작품이 해외에서 문학적 가치를 더 인정받는다면 (가)의 주장은 강화된다.

② 국문학의 정의를 '그 나라 사람들의 사상과 정서를 그 나라 말과 글로 표현한 문학'으로 수정하면 (가)의 주장은 약화된다.

③ 표기문자와 상관없이 그 나라의 문화를 잘 표현한 문학을 자국문학으로 인정하는 것이 보편적인 관례라면 (나)의 주장은 강화된다.

④ 훈민정음 창제 이후에도 차자표기로 된 문학작품이 다수 발견된다면 (나)의 주장은 약화된다.

18 윗글의 ㉠~㉫ 중 지시하는 바가 같은 것끼리 짝 지은 것은?

① ㉠, ㉡
② ㉡, ㉣
③ ㉡, ㉫
④ ㉢, ㉤

19 다음 빈칸에 들어갈 말로 가장 적절한 것은?

> 갑, 을, 병, 정 네 학생의 수강 신청과 관련하여 다음과 같은 사실들이 알려졌다.
> • 갑과 을 중 적어도 한 명은 〈글쓰기〉를 신청한다.
> • 을이 〈글쓰기〉를 신청하면 병은 〈말하기〉와 〈듣기〉를 신청한다.
> • 병이 〈말하기〉와 〈듣기〉를 신청하면 정은 〈읽기〉를 신청한다.
> • 정은 〈읽기〉를 신청하지 않는다.
> 이를 통해 갑이 [   ]를 신청한다는 것을 알 수 있게 되었다.

① 〈말하기〉
② 〈듣기〉
③ 〈읽기〉
④ 〈글쓰기〉

20 다음 글을 이해한 내용으로 가장 적절한 것은?

> 언어의 형식적 요소에는 '음운', '형태', '통사'가 있으며, 언어의 내용적 요소에는 '의미'가 있다. 음운, 형태, 통사 그리고 의미 요소를 중심으로 그 성격, 조직, 기능을 탐구하는 학문 분야를 각각 '음운론', '문법론'(형태론 및 통사론 포괄), 그리고 '의미론'이라고 한다. 그 가운데서 음운론과 문법론은 언어의 형식을 중심으로 그 체계와 기능을 탐구하는 반면, 의미론은 언어의 내용을 중심으로 체계와 작용 방식을 탐구한다.
> 이처럼 언어학은 크게 말소리 탐구, 문법 탐구, 의미 탐구로 나눌 수 있는데, 이때 각각에 해당하는 음운론, 문법론, 의미론은 서로 관련된다. 이를 발화의 전달 과정에서 살펴보자. 화자의 측면에서 언어를 발신하는 경우에는 의미론에서 문법론을 거쳐 음운론의 방향으로, 청자의 측면에서 언어를 수신하는 경우에는 반대의 방향으로 작용한다. 의사소통의 과정상 발신자의 측면에서는 의미론에, 수신자의 측면에서는 음운론에 초점이 놓인다. 의사소통은 화자의 생각, 느낌, 주장 등을 청자와 주고받는 행위이므로, 언어 표현의 내용에 해당하는 의미는 이 과정에서 중심적 요소가 된다.

① 언어는 형식적 요소가 내용적 요소보다 다양하다.
② 언어의 형태 탐구는 의미 탐구와 관련되지 않는다.
③ 의사소통의 첫 단계는 언어의 형식을 소리로 전환하는 것이다.
④ 언어를 발신하고 수신하는 과정에서 통사론은 활용되지 않는다.

모바일 OMR

✔ 회독 CHECK 1 2 3

영어

교정직

[01~03] 밑줄 친 부분에 들어갈 말로 가장 적절한 것을 고르시오.

01

In order to exhibit a large mural, the museum curators had to make sure they had _____ space.

① cozy
② stuffy
③ ample
④ cramped

02

Even though there are many problems that have to be solved, I want to emphasize that the safety of our citizens is our top _____.

① secret
② priority
③ solution
④ opportunity

03

Overpopulation may have played a key role: too much exploitation of the rain-forest ecosystem, on which the Maya depended for food, as well as water shortages, seems to _____ the collapse.

① contribute to
② be contributed to
③ have contributed to
④ have been contributed to

[04~05] 밑줄 친 부분 중 어법상 옳지 않은 것을 고르시오.

04

It seems to me that any international organization ① designed to keep the peace must have the power not merely to talk ② but also to act. Indeed, I see this ③ as the central theme of any progress towards an international community ④ which war is avoided not by chance but by design.

05

We have already ① arrived in a digitized world. Digitization affects not only traditional IT companies, but companies across the board, in all sectors. New and changed business models ② are emerged: cars ③ are being shared via apps, languages learned online, and music streamed. But industry is changing too: 3D printers make parts for machines, robots assemble them, and entire factories are intelligently ④ connected with one another.

[06~07] 밑줄 친 부분에 들어갈 말로 가장 적절한 것을 고르시오.

06

Tim Jones
Hi, I'm interested in renting one of your meeting rooms.
3:10 pm

Jane Baker
Thank you for your interest. We have several spaces available depending on the size of your meeting. We can accommodate groups of 5 to 20 people.
3:11 pm

Tim Jones
That sounds great. We need a room for 17, and the meeting is scheduled for next month.
3:13 pm

Jane Baker
_____
_____
3:14 pm

Tim Jones
The meeting is going to be on Monday, July 15th. Do you have a meeting room available for that day?
3:15 pm

Jane Baker
Yes, we do. I can reserve the space for you and send you a confirmation email with all the details.
3:17 pm

① Could I have your contact information?

② Can you tell me the exact date of your meeting?

③ Do you need a beam projector or a copy machine?

④ How many people are going to attend the meeting?

07

A: What do you think of this bicycle?

B: Wow, it looks very nice! Did you just get it?

A: No, this is a shared bike. The city launched a bike sharing service.

B: Really? How does it work? I mean, how do I use that service?

A: It's easy. _____.

B: It doesn't sound complicated. Maybe I'll try it this weekend.

A: By the way, it's an electric bicycle.

B: Yes, I can tell. It looks cool.

① You can save energy because it's electric

② Just apply for a permit to park your own bike

③ Just download the bike sharing app and pay online

④ You must wear a helmet at all times for your safety

[08~09] 다음 글을 읽고 물음에 답하시오.

Agricultural Marketing Office

Mission
We administer programs that create domestic and international marketing opportunities for national producers of food, fiber, and specialty crops. We also provide the agriculture industry with valuable services to ensure the quality and availability of wholesome food for consumers across the country and around the world.

Vision
We facilitate the strategic marketing of national agricultural products in domestic and international markets while ensuring <u>fair</u> trading practices and promoting a competitive and efficient marketplace to the benefit of producers, traders, and consumers of national food, fiber, and specialty crops.

Core Values
· Honesty & Integrity：We expect and require complete honesty and integrity in all we do.
· Independence & Objectivity：We act independently and objectively to create trust in our programs and services.

08 윗글에서 Agricultural Marketing Office에 관한 내용과 일치하는 것은?

① It creates marketing opportunities for domestic producers.

② It limits wholesome food consumption around the world.

③ It is committed to benefiting consumers over producers.

④ It receives mandates from other agencies before making decisions.

09 밑줄 친 fair의 의미와 가장 가까운 것은?

① free　　　　　　② mutual

③ profitable　　　　④ impartial

[10~11] 다음 글을 읽고 물음에 답하시오.

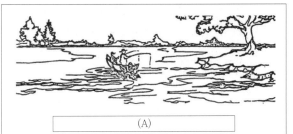

(A)

As a close neighbor, you will want to learn how to save your lake.

While it isn't dead yet, Lake Dimmesdale is heading toward this end. So pay your respects to this beautiful body of water while it is still alive.

Some dedicated people are working to save it now. They are having a special meeting to tell you about it. Come learn what is being done and how you can help. This affects your property value as well.

Who wants to live near a dead lake?

Sponsored by Central State Regional Planning Council

· Location：Green City Park Opposite Southern State College
(in case of rain: College Library Room 203)
· Date：Saturday, July 6, 2024
· Time：2:00 p.m.

For any questions about the meeting, please visit our website at www.planningcouncilsavelake.org or contact our office at (432) 345-6789.

10 (A)에 들어갈 윗글의 제목으로 가장 적절한 것은?

① Lake Dimmesdale Is Dying

② Praise to the Lake's Beauty

③ Cultural Value of Lake Dimmesdale

④ Significance of the Lake to the College

11 위 안내문의 내용과 일치하지 않는 것은?

① 호수를 살리기 위해 노력하는 사람들이 있다.

② 호수를 위한 활동이 주민들의 재산에 영향을 미친다.

③ 우천 시에는 대학의 구내식당에서 회의가 열린다.

④ 웹사이트 방문이나 전화로 회의에 관해 질문할 수 있다.

12 다음 글의 목적으로 가장 적절한 것은?

Dear Valued Clients,

In today's world, cybercrime poses a serious threat to your security. As your trusted partner, we want to help you protect your personal and business information. Here are five easy ways to safeguard yourself from cyber threats:

1. Use strong passwords and change them frequently.
2. Keep your software and devices up to date.
3. Be wary of suspicious emails, links, or telephone calls that pressure you to act quickly or give out sensitive information.
4. Enable Two Factor authentication and use it whenever possible. When contacting California Bank & Savings, you will be asked to use a One Time Passcode (OTP) to verify your identity.
5. Back up your data regularly.

Visit our Security Center to learn more about how you can stay safe online. Remember, cybersecurity is a team effort. By working together, we can build a safer online environment for ourselves and the world.

Sincerely,

California Bank & Savings

① to inform clients of how to keep themselves safe from cyber threats

② to inform clients of how to update their software and devices

③ to inform clients of how to make their passwords stronger

④ to inform clients of how to safeguard their OTPs

13 다음 글의 주제로 가장 적절한 것은?

The International Space Station, orbiting some 240 miles above the planet, is about to join the effort to monitor the world's wildlife — and to revolutionize the science of animal tracking. A large antenna and other equipment aboard the orbiting outpost, installed by spacewalking Russian astronauts in 2018, are being tested and will become fully operational this summer. The system will relay a much wider range of data than previous tracking technologies, logging not just an animal's location but also its physiology and environment. This will assist scientists, conservationists and others whose work requires close monitoring of wildlife on the move and provide much more detailed information on the health of the world's ecosystems.

① evaluation of sustainability of global ecosystems

② successful training projects of Russian astronauts

③ animal experiments conducted in the orbiting outpost

④ innovative wildlife monitoring from the space station

14 다음 글의 내용과 일치하지 않는 것은?

The David Williams Library and Museum is open 7 days a week, from 9:00 a.m. to 5:00 p.m. (NOV-MAR) and 9:00 a.m. to 6:00 p.m. (APR-OCT). Online tickets may be purchased at the link below. You will receive an email confirmation after making a purchase (be sure to check your SPAM folder). Bring this confirmation — printed or on smart device — as proof of purchase.

- **Online tickets**: buy.davidwilliams.com/events

The David Williams Library and Museum and the Home of David Williams (operated by the National Heritage Service) offer separate $10.00 adult admission tickets. Tickets for tours of the Home may be purchased on-site during normal business hours.

- **CLOSED**: Thanksgiving, Christmas and New Year's Day

There is no charge for conducting research in the David Williams Library research room.

For additional information, call 1 (800) 333-7777.

① The Library and Museum closes at 5:00 p.m. in December.
② Visitors can buy tour tickets for the Home on-site.
③ The Home of David Williams is open all year round.
④ One can do research in the Library research room for free.

15 다음 글의 요지로 가장 적절한 것은?

Animal Health Emergencies
Preparedness for animal disease outbreaks has been a top priority for the Board of Animal Health (BOAH) for decades. A highly contagious animal disease event may have economically devastating effects as well as public health or food safety and security consequences.

Foreign Animal Diseases
A foreign animal disease (FAD) is a disease that is not currently found in the country, and could cause significant illness or death in animals or cause extensive economic harm by eliminating trading opportunities with other countries and states.

Several BOAH veterinarians who are trained in diagnosing FADs are available 24 hours a day to investigate suspected cases of a FAD. An investigation is triggered when report of animals with clinical signs indicative of a FAD is received or when diagnostic laboratory identifies a suspicious test result.

① BOAH focuses on training veterinarians for FADs.
② BOAH's main goal is to repsond to animal disease epidemic.
③ BOAH actively promotes international trade opportunities.
④ BOAH aims to lead laboratory research on the causes of FADs.

16 다음 글의 흐름상 어색한 문장은?

A very common type of writing task — one that appears in every academic discipline — is a reaction or response. ① In a reaction essay, the writer is usually given a "prompt" — a visual or written stimulus — to think about and then respond to. ② It is very important to gather reliable facts so that you can defend your argument effectively. ③ Common prompts or stimuli for this type of writing include quotes, pieces of literature, photos, paintings, multimedia presentations, and news events. ④ A reaction focuses on the writer's feelings, opinions, and personal observations about the particular prompt. Your task in writing a reaction essay is twofold: to briefly summarize the prompt and to give your personal reaction to it.

17 주어진 문장이 들어갈 위치로 가장 적절한 것은?

For others, activism is controversial and disruptive; after all, it often manifests as confrontational activity that directly challenges the order of things.

Activism is frequently defined as intentional, vigorous or energetic action that individuals and groups practice to bring about a desired goal. (①) For some, activism is a theoretically or ideologically focused project intended to effect a perceived need for political or social change. (②) Activism is uncomfortable, sometimes messy, and almost always strenuous. (③) In addition, it does not occur without the presence and commitment of activists, that is, folks who develop workable strategies, focus a collective spotlight onto particular issues, and ultimately move people into action. (④) As a noted scholar suggests, effective activists also make noise, sometimes loudly.

18 주어진 글 다음에 이어질 글의 순서로 가장 적절한 것은?

Nick started a fire with some chunks of pine he got with the ax from a stump. Over the fire he stuck a wire grill, pushing the four legs down into the ground with his boot.

(A) They began to bubble, making little bubbles that rose with difficulty to the surface. There was a good smell. Nick got out a bottle of tomato ketchup and cut four slices of bread.

(B) The little bubbles were coming faster now. Nick sat down beside the fire and lifted the frying pan off.

(C) Nick put the frying pan on the grill over the flames. He was hungrier. The beans and spaghetti warmed. He stirred them and mixed them together.

① (B) - (A) - (C)
② (B) - (C) - (A)
③ (C) - (A) - (B)
④ (C) - (B) - (A)

[19~20] 밑줄 친 부분에 들어갈 말로 가장 적절한 것을 고르시오.

19

Technological progress can destroy jobs in a single industry such as textiles. However, historical evidence shows that technological progress does not produce unemployment in a country as a whole. Technological progress increases productivity and incomes in the overall economy, and higher incomes lead to higher demand for goods and thus _____. As a result, workers who lose jobs in one industry will be able to find jobs in others, although for many of them this might take time and some of them, like the Luddites, will end up with lower wages in their new jobs.

① increased job losses

② delayed promotion at work

③ greater work satisfaction

④ higher demand for labor

20

There is no substitute for oil, which is one reason _____, taking the global economy along with it. While we can generate electricity through coal or natural gas, nuclear or renewables — switching from source to source, according to price — oil remains by far the predominant fuel for transportation. When the global economy heats up, demand for oil rises, boosting the price and encouraging producers to pump more. Inevitably, those high prices eat into economic growth and reduce demand just as suppliers are overproducing. Prices crash, and the cycle starts all over again. That's bad for producers, who can be left holding the bag when prices plummet, and it hurts consumers and industries uncertain about future energy prices. Low oil prices in the 1990s lulled U.S. auto companies into disastrous complacency; they had few efficient models available when oil turned expensive.

① the automobile industry thrives

② it creates disruptions between borders

③ it is prone to big booms and deep busts

④ the research on renewable energy is limited

국어 | 2025년 출제기조 전환 예시문제(1차)

한눈에 훑어보기

✔ 영역 분석

어휘   11   16
2문항, 10%

비문학   01   02   03   04   05   06   07   08   09   10   12
18문항, 90%   13   14   15   17   18   19   20

✔ 빠른 정답

01	02	03	04	05	06	07	08	09	10
②	②	③	①	④	②	③	③	④	②
11	12	13	14	15	16	17	18	19	20
③	①	③	④	②	③	①	④	②	①

✔ 점수 체크

구분	1회독	2회독	3회독
맞힌 문항 수	/ 20	/ 20	/ 20
나의 점수	점	점	점

01 난도 ★★☆   정답 ②

비문학 > 작문

[정답의 이유]

② 대등한 것끼리 접속할 때는 구조가 같은 표현을 사용해야 한다는 〈공공언어 바로 쓰기 원칙〉에 따라 '표준적인 언어생활의 확립과 일상적인 국어 생활의 향상을 위해' 혹은 '표준적인 언어생활을 확립하고 일상적인 국어 생활을 향상하기 위해'로 수정하는 것이 적절하다.

[오답의 이유]

① '안내'는 '어떤 내용을 소개하여 알려 줌'의 의미로 '알림'과 의미가 중복된다. 따라서 중복되는 표현은 삼가야 한다는 〈공공언어 바로 쓰기 원칙〉에 따라 '알림'을 삭제하는 것은 적절하다.

③ '본원은 국내 유일의 의약품 관련 비영리 재단법인으로서 의약품에 관한 표준 정보가 제공되고 있습니다.'라는 문장에서 주어는 '본원은'이므로 서술어는 수동형이 아닌 능동형 '제공하다'가 와야 한다. 따라서 주어와 서술어를 호응시켜야 한다는 〈공공언어 바로 쓰기 원칙〉에 따라 '표준 정보를 제공하고 있습니다.'라고 수정하는 것은 적절하다.

④ '개선'의 대상이 명확하지 않으므로 목적어 '의약품 용어를'이 추가되어야 한다. 따라서 필요한 문장 성분이 생략되지 않아야 한다는 〈공공언어 바로 쓰기 원칙〉에 따라 '의약품 용어를 일반 국민도 알기 쉬운 표현으로 개선하여'라고 수정하는 것은 적절하다.

02 난도 ★★☆   정답 ②

비문학 > 문법

[정답의 이유]

② '흰머리'는 '용언의 관형사형(흰)+명사(머리)'로 구성되어 있는 합성명사이다.

[오답의 이유]

① '큰아버지'는 '용언의 관형사형(큰)+명사(아버지)'로 구성되어 있으며, 앞 성분 '큰'이 뒤 성분 '아버지'를 수식하는 종속합성어이다.

③ '늙은이'는 '용언의 관형사형(늙은)'+'명사(이)'로 구성되어 한 단어를 이룬 것으로, 어휘 의미를 띤 요소끼리 결합한 단어인 합성어이다.

④ '먹거리'는 '용언 어간(먹-)+명사(거리)'로 구성되어 있는 합성명사로, 용언 어간과 명사의 결합은 국어 문장 구성에는 없는 단어 배열이므로 비통사적 합성어에 속한다.

03 난도 ★★☆ 　　　　　　　　　　　　　　　정답 ③

비문학 > 문법

정답의 이유

③ 건강을 염려하는 행위를 하는 주어는 '아버지'이므로 '염려하신다'와 같이 문장의 주체를 직접 높이는 '직접존경' 표현을 사용하였다.

오답의 이유

① 높임 표현 '있으시다'는 문장의 주체인 '고모'를 높이기 위하여 긴밀한 관련이 있는 인물인 '자식'을 높인 것이므로 '간접존경'에 해당한다.

② 높임 표현 '아프셔서'는 문장의 주체인 '할머니'를 높이기 위하여 신체의 일부인 '다리'를 높인 것이므로 '간접존경'에 해당한다.

④ 높임 표현 '많으셨다고'는 문장의 주체인 '할아버지'를 높이기 위하여 신체의 일부인 '수염'을 높인 것이므로 '간접존경'에 해당한다.

04 난도 ★☆☆ 　　　　　　　　　　　　　　　정답 ①

비문학 > 추론적 읽기

정답의 이유

㉠ 1문단에서 '그 세계 안의 인간이 자신을 둘러싼 세계와 고투하면서 당대의 공론장에서 기꺼이 논의해볼 만한 의제를 산출해낼 때 문제의 현실성이 확보된다.'라고 하였으므로 밀실과 광장 사이에서 고뇌하는 주인공의 모습을 통해 남북 간의 이념 대립을 공론의 장에 던진 최인훈의「광장」은 '문제의 현실성'을 확보하였다고 할 수 있다.

㉡ 1문단에서 '우리가 살고 있는 이 입체적인 시공간에서 특히 의미 있는 한 부분을 도려내어 서사의 무대로 삼을 경우 세계의 현실성이 확보된다.'라고 하였으므로 남한과 북한을 소설의 시공간적 배경으로 선택한 것을 통해 동서 냉전 시대와 한반도의 분단 체제라는 의미 있는 부분을 서사의 무대로 삼은 최인훈의「광장」은 '세계의 현실성'을 확보하였다고 할 수 있다.

㉢ 1문단에서 "한 사회가 완강하게 구조화하고 있는 '가능한 것'과 '불가능한 것'의 좌표를 흔들면서 특정한 선택지를 제출할 때 해결의 현실성이 확보된다."라고 하였으므로 남과 북 사이에서 갈등하던 주인공이 모두 거부하고 자살을 선택하는 결말을 통해 당대의 이원화된 이데올로기를 근저에서 흔든 최인훈의「광장」은 '해결의 현실성'을 확보하였다고 할 수 있다.

작품 해설

최인훈,「광장」
- 갈래: 장편 소설, 사회 소설, 분단 소설
- 성격: 실존적, 관념적, 철학적
- 주제: 이념의 갈등과 분단 상황 속에서 이상적인 사회를 향한 지식인의 염원과 좌절
- 특징
  - 남북 분단의 이데올로기 문제를 본격적으로 다룸
  - 사변적 성격의 서술자를 통해 철학적·사회학적 주제를 표현함

05 난도 ★★★ 　　　　　　　　　　　　　　　정답 ④

비문학 > 논리 추론

정답의 이유

④ '오 주무관이 회의에 참석하면, 박 주무관도 참석한다.'가 참이고, '박 주무관이 회의에 참석하면, 홍 주무관도 참석한다.'가 참일 때 '오 주무관이 회의에 참석하면, 홍 주무관도 회의에 참석한다.'가 참이라는 결론을 도출할 수 있다. 어떤 명제가 참일 경우 그 대우 역시 반드시 참이기 때문에 '홍 주무관이 참석하지 않으면, 오 주무관도 참석하지 않는다.'는 반드시 참인 진술이다.

더 알아보기

명제 사이의 관계

명제가 참이라면, 그 명제의 역과 이는 참과 거짓을 알 수 없으나, 그 명제의 대우는 참이 된다.

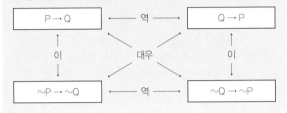

06 난도 ★★☆ 　　　　　　　　　　　　　　　정답 ②

비문학 > 사실적 읽기

정답의 이유

② 3문단의 '여기서 눈을 감는 행위는 외면이나 도피가 아니라 피할 수 없는 현실적 조건을 새롭게 반성함으로써 현실의 진정한 면모와 마주하려는 적극적인 행위로 읽는다.'를 통해「절정」에서 시인은 투사가 처한 현실적 조건을 외면하지 않고 새롭게 인식하고 있음을 알 수 있다.

오답의 이유

① 2문단에서 투사 이육사가 처한 상황은 대단히 위태로워 보이고 '한발 제겨디딜 곳조차 없는' 극한에 도달하게 된다고 하였으나 뚜렷한 계절의 변화가 나타난다는 내용은 제시되지 않았다.

③ 1문단의 '가령,「절정」은 크게 두 부분으로 나누어지는데, 투사가 처한 냉엄한 현실적 조건이 3개의 연에 걸쳐 먼저 제시된 후, 시인이 품고 있는 인간과 역사에 대한 희망이 마지막 연에 제시된다.'를 통해「절정」의 구성이 두 부분으로 나누어져 있다는 것을 확인할 수 있다. 하지만「절정」에서는 1~3연에 걸쳐 투사가 처한 현실적 조건이 제시되고, 마지막 연에서 시인이 품고 있는 희망이 제시될 뿐 투사와 시인의 반목과 화해는 나타나지 않는다.

④ 1문단의 '투사가 처한 냉엄한 현실적 조건이 3개의 연에 걸쳐 먼저 제시된 후, 시인이 품고 있는 인간과 역사에 대한 희망이 마지막 연에 제시된다.'를 통해「절정」은 투사가 처한 냉엄한 현실적 조건과 시인이 품은 희망을 제시하고 있음을 알 수 있다.

국어

교정직

이육사, 「절정」
• 갈래: 자유시, 서정시
• 성격: 상징적, 남성적, 지사적
• 주제: 극한 상황에서의 초월적 인식
• 특징
  – '기-승-전-결'의 구조로 시적 긴장감을 표현함
  – 역설적 표현을 통해 주제를 효과적으로 형상화함
  – 강렬한 상징적 표현과 남성적 어조로 강인한 의지를 드러냄

07 난도 ★★☆   정답 ③

비문학 > 글의 순서 파악

정답의 이유

• (라)에서는 드라마나 영화에 대해 시청 여부를 결정하는 데 걸리는 시간은 8초에 불과하다는 것을 언급하며 독자의 흥미를 유발하고 있다. 또한, '스토리텔링 전략'이라는 화제를 제시하고 있으므로 글의 처음에 오는 것이 적절하다.
• (나)에서는 '스토리텔링 전략에서 제일 먼저 해야 할 일'에 대해 제시하고 있으므로 '스토리텔링 전략'을 언급한 (라) 뒤에 오는 것이 적절하다.
• (가)에서는 '다음으로'라는 표현을 사용하여 '참신한 인물을 창조해야 한다'는 스토리텔링 전략을 제시하고 있으므로 제일 먼저 해야 할 일을 언급한 (나) 뒤에 오는 것이 적절하다.
• (다)에서는 '이 같은 인물 창조의 과정'에서 만들어지는 스토리의 주제에 대해 설명하고 있으므로 인물 창조를 언급한 (가) 뒤에 오는 것이 적절하다.

따라서 글을 맥락에 맞게 나열한 것은 ③ (라) – (나) – (가) – (다)이다.

08 난도 ★★☆   정답 ③

비문학 > 작문

정답의 이유

③ 〈지침〉에서 본론은 제목에서 밝힌 내용을 2개의 장으로 구성하되 각 장의 하위 항목끼리 대응되도록 작성하라고 하였다. 그러므로 제목 '복지 사각지대의 발생 원인과 해소 방안'에 따라 Ⅲ-2.에는 Ⅱ-2.에서 제시한 복지 사각지대 발생 원인에 대응하는 해소 방안이 들어가야 한다. 그러나 '사회복지 업무 경감을 통한 공무원 직무 만족도 증대'는 Ⅱ-2.의 '사회복지 담당 공무원의 인력 부족'의 해소 방안과는 관련이 없는 내용이므로 ⓒ에 들어갈 내용으로 적절하지 않다.

오답의 이유

① 〈지침〉에서 서론은 중심 소재의 개념 정의와 문제 제기를 1개의 장으로 작성하라고 하였다. Ⅰ-1.의 '복지 사각지대의 정의'는 중심 소재의 개념 정의에 해당하므로 ㉠에는 문제 제기에 해당하는 '복지 사각지대의 발생에 따른 사회 문제의 증가'가 들어가는 것이 적절하다.

② 〈지침〉에 따라 Ⅱ-1.에는 '복지 사각지대의 발생 원인'과 관련한 내용이 들어가야 하며 Ⅲ-1.의 내용과 대응되어야 하므로 ㉡에는 '사회적 변화를 반영하여 기존 복지 제도의 미비점 보완'이라는 해소 방안에 대응하는 원인인 '사회적 변화를 반영하지 못한 기존 복지 제도의 한계'가 들어가는 것이 적절하다.

④ 〈지침〉에서 결론은 기대 효과와 향후 과제를 1개의 장으로 작성하라고 하였다. 이에 따라 Ⅳ-2.에는 '복지 사각지대의 근본적이고 지속가능한 해소 방안 마련'이라는 향후 과제가 제시되었으므로 Ⅳ-1.에는 기대 효과와 관련된 내용이 들어가야 한다. 따라서 ㉢에는 '복지 혜택의 범위 확장을 통한 사회 안전망 강화'가 들어가는 것이 적절하다.

09 난도 ★★☆   정답 ④

비문학 > 추론적 읽기

정답의 이유

④ 신경과학자 아이젠버거는 뇌의 어떤 부위가 활성화되는가를 촬영하여 실험 참가자가 어떤 심리적 상태인가를 파악하려는 실험을 진행하였다. 연구팀은 실험 참가자가 따돌림을 당할 때 전두엽 전대상피질 부위가 활성화되었고, 이는 인간이 물리적 폭력을 당할 때 활성화되는 뇌의 부위와 동일하다는 것을 확인하였다. 따라서 따돌림을 당할 때와 물리적 폭력을 당할 때 뇌에서 동일한 부위가 활성화된다는 점을 바탕으로, 빈칸에 들어갈 결론으로 가장 적절한 것은 '따돌림을 당할 때와 물리적 폭력을 당할 때의 심리적 상태는 서로 다르지 않다'이다.

오답의 이유

① 빈칸 앞에서 '전두엽의 전대상피질 부위'를 '인간이 물리적 폭력을 당할 때 활성화되는 뇌의 부위이다.'라고 언급하였으므로, '물리적 폭력은 뇌 전두엽의 전대상피질 부위를 활성화한다'는 빈칸에 들어갈 결론으로 적절하지 않다.

②·③ 따돌림을 당할 때 전두엽의 전대상피질 부위가 활성화되고 이 부위는 인간이 물리적 폭력을 당할 때 활성화되는 부위라는 것만 언급하고 있을 뿐 사회적 문제나 따돌림과 물리적 폭력의 부정적 영향에 대한 내용은 제시되지 않는다. 따라서 '물리적 폭력은 피해자의 개인적 경험을 사회적 문제로 전환한다'나 '따돌림은 피해자에게 물리적 폭력보다 더 심각한 부정적 영향을 미친다'는 빈칸에 들어갈 결론으로 적절하지 않다.

10 난도 ★★☆   정답 ②

비문학 > 추론적 읽기

정답의 이유

② 2문단의 '고소설에서 주인공은 적대자에 의해 원점에서 분리되어 고난을 겪는다.'와 3문단의 '박 진사의 죽음은 그들에게 고향의 상실을 상징한다.'를 통해 영웅소설의 주인공은 원점에서 분리되고 「무정」의 이형식은 박 진사의 죽음으로 '박 진사의 집으로 표상되는 유년의 과거'라는 이상적 원점을 상실함을 파악할 수 있다. 따라서 영웅소설의 주인공과 「무정」의 이형식은 그들의 이상적 원점을 상실했다는 공통점을 가지고 있음을 추론할 수 있다.

① 2문단에서 고소설의 주인공이 도달해야 할 종결점은 새로운 미래가 아니라 다시 도래할 과거로서의 미래라고 하며 이러한 시공간의 배열을 회귀의 크로노토프라 한다고 하였고, 3문단에서 '근대 소설 「무정」은 회귀의 크로노토프를 부정한다.'라고 하였다. 따라서 「무정」은 회귀의 크로노토프를 부정하지만 고소설은 회귀의 크로노토프를 긍정한다는 것을 알 수 있다.

③ 3문단의 '두 사람의 결합이 이상적 상태의 고향을 회복할 수 있는 유일한 방법이겠지만, 그들은 끝내 결합하지 못한다.'를 통해 이형식과 박영채의 결합은 이상적 상태의 고향을 회복하는 것, 즉 과거로서의 미래에 도래하는 것임을 알 수 있다. 따라서 「무정」에서 이형식이 박영채와 결합했다면 새로운 미래로서의 종결점에 도달하는 것이 아니라 과거로서의 미래에 도달할 수 있었을 것이다.

④ 2문단의 '그들의 목표는 상실한 원점을 회복하는 것, 즉 그곳에서 향유했던 이상적 상태로 돌아가는 것이다.'를 통해 고소설인 가정소설의 목표는 가족 구성원들이 평화롭게 공존하는 결말을 통해 상실한 원점을 회복하는 것임을 파악할 수 있다.

이광수, 「무정」

• 갈래: 장편 소설, 계몽 소설, 연재 소설
• 성격: 민족주의적, 계몽적, 설교적, 근대적
• 주제: 신교육과 자유연애 사상의 고취 및 민족 계몽
• 특징
  – 우리나라 최초의 근대 장편 소설
  – 민족의식을 고취하고 자유연애 사상이라는 계몽성과 대중성을 조화함

11 난도 ★★☆   정답 ③

어휘 > 문맥적 의미 파악

③ ㉠의 '돌아가다'는 '원래의 있던 곳으로 다시 가거나 다시 그 상태가 되다.'라는 의미이다. '그는 잃어버린 동심으로 돌아가고 싶었다.'의 '돌아가다' 역시 '원래의 상태가 되다.'라는 의미이므로 ㉠의 의미와 가장 가깝다.

① · ② '전쟁은 연합군의 승리로 돌아갔다.'와 '사과가 한 사람 앞에 두 개씩 돌아간다.'의 '돌아가다'는 '차례나 몫, 승리, 비난 따위가 개인이나 단체, 기구, 조직 따위의 차지가 되다.'라는 의미이다.

④ '그녀는 자금이 잘 돌아가지 않는다며 걱정했다.'의 '돌아가다'는 '돈이나 물건 따위의 유통이 원활하다.'라는 의미이다.

12 난도 ★★★   정답 ①

비문학 > 논리 추론

(가)와 (나)를 단순하게 치환하면 다음과 같다.

• 노인복지 문제에 관심이 있는 사람: 노인복지 문제
• 일자리 문제에 관심이 있는 사람: 일자리 문제
• 공직에 관심이 있는 사람: 공직

이때 (가)와 (나)를 논리 기호로 단순화하면 다음과 같다.

(가) 노인복지 문제 일부 ∧ ~일자리 문제
(나) 공직 → 일자리 문제 ≡ ~일자리 문제 → ~공직

이를 바탕으로 제3의 명제를 이끌어 내면 다음과 같다.

노인복지 문제 일부 ∧ ~공직

따라서 (가)와 (나)를 전제로 할 때 빈칸에 들어갈 결론으로 가장 적절한 것은 ① '노인복지 문제에 관심이 있는 사람 중 일부는 공직에 관심이 있는 사람이 아니다'이다.

정언 삼단 논법

단언적인 두 정언 명제를 전제로 하여 제3의 정언 명제를 결론으로 이끌어 내는 방법이다.

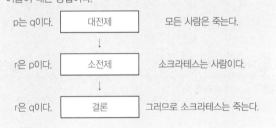

13 난도 ★★☆   정답 ③

비문학 > 작문

③ ㉢ 앞의 '현재 기준에서는 질병 치료를 목적으로 개발한 신약만 승인받을 수 있는데'를 볼 때 '질병으로 본 탓에 노화를 멈추는 약은 승인받을 수 없었다'는 내용상 어색하다. 따라서 '질병으로 보지 않은 탓에 노화를 멈추는 약은 승인받을 수 없었다'로 수정하는 것이 적절하다.

① 제시된 글에서 노화 문제를 해결하는 것은 '인간이 젊고 건강한 상태로 수명을 연장할 수 있다는 점'에서 기존 발상과 다르다고 하였다. 따라서 ㉠에는 인간이 젊고 건강하지 않은 상태로 수명을 연장한다는 내용이 들어가야 하며 ㉠을 '늙고 병든 상태에서 담담히 죽음의 시간을 기다린다'로 수정하면 내용상 어색해진다.

② ㉡에는 '젊음을 유지한 채 수명을 늘리는 것'과 관련한 내용이 들어가야 하므로 ㉡을 '노화가 진행되기 전의 신체를 노화가 진행된 신체로 수정하면 내용상 어색해진다.

④ ㉣에는 '유전자를 조작하는 방식으로 노화를 막는 것'과 관련한 내용이 들어가야 하므로 ㉣을 '노화가 더디게 진행되는 사람들의 유전자 자료를 데이터화하면 그들에게서 노화를 촉진'으로 수정하면 내용상 어색해진다.

14 난도 ★★☆ 정답 ④

비문학 > 강화·약화

정답의 이유

ㄱ. '사피어-워프 가설'은 언어가 의식, 사고 그리고 세계관을 결정한다는 견해이다. 제시된 글에서는 '특정 현상과 관련한 단어가 많을수록 해당 언어권의 화자들은 그 현상에 대해 심도 있게 경험'한다고 하였다. 따라서 눈[雪]을 가리키는 단어를 4개 지니고 있는 이누이트족이 1개 지니고 있는 영어 화자들보다 눈을 넓고 섬세하게 경험한다는 것은 특정 현상과 관련한 단어가 많은 화자가 그 현상에 대해 심도 있게 경험한다는 것을 의미하므로 '사피어-워프 가설'을 강화한다고 평가한 것은 적절하다.

ㄴ. 수를 세는 단어가 '하나', '둘', '많다' 3개뿐인 피라하족의 사람들이 세 개 이상의 대상을 모두 '많다'고 인식하는 것은 언어가 의식과 사고를 결정한 것이므로 '사피어-워프 가설'을 강화한다고 평가한 것은 적절하다.

ㄷ. 2문단의 '특정 현상과 관련한 단어가 많을수록 해당 언어권의 화자들은 그 현상에 대해 심도 있게 경험'한다는 내용에 따르면 색채 어휘가 많은 자연언어 화자가 색채 어휘가 적은 자연언어 화자에 비해 색채를 구별하는 능력이 뛰어나야 한다. 하지만 그 반대의 상황이 나타났으므로 '사피어-워프 가설'을 약화한다고 평가한 것은 적절하다.

15 난도 ★☆☆ 정답 ②

비문학 > 사실적 읽기

정답의 이유

② 2문단을 보면, 한국 건국신화에서 신이 지상에 내려와 왕이 되고자 하였다는 내용은 제시되었으나 그것이 인간을 위한 것이었는지는 나타나지 않았다.

오답의 이유

① 3문단의 '히브리 신화에서 피조물인 인간은 자신을 창조한 유일신에 대해 원초적 부채감을 지니고 있으며, 신이 지상의 모든 일을 관장한다는 점에서 언제나 인간의 우위에 있다.'를 통해 히브리 신화의 신과 인간의 관계가 위계적임을 확인할 수 있다.

③ 2문단의 '천상적 존재가 지상적 존재가 되기를 바라는 것인데, 인간들의 왕이 된 신은 인간 여성과의 결합을 통해 자식을 낳음으로써 결핍을 메운다.'를 통해 한국 건국신화에서 신은 인간과의 결합을 통해 완전한 존재가 됨을 확인할 수 있다.

④ 2문단의 '이처럼 한국 신화에서 신과 인간은 서로의 존재를 필요로 한다는 점에서 상호의존적이고 호혜적이다.'와 3문단의 '신체화생 신화는 신이 죽음을 맞게 된 후 그 신체가 해체되면서 인간 세계가 만들어지게 된다는 것인데, 신의 희생 덕분에 인간 세계가 만들어질 수 있었다는 점에서 인간은 신에게 철저히 종속되어 있다.'를 통해 한국 신화에 보이는 신과 인간의 관계는 신체화생 신화에 보이는 신과 인간의 관계와 다름을 확인할 수 있다.

16 난도 ★★☆ 정답 ③

어휘 > 문맥적 의미 파악

정답의 이유

③ ⓒ의 '거듭나다'는 '지금까지의 방식이나 태도를 버리고 새롭게 시작하다.'라는 의미이다. 따라서 '본디의 자리나 상태로 되돌아가다.'를 뜻하는 '복귀하다'와 바꿔쓸 수 없다.

오답의 이유

① ⓐ의 '견주다'는 '둘 이상의 사물을 질이나 양 따위에서 어떤 차이가 있는지 알기 위하여 서로 대어 보다.'라는 의미이다. 따라서 '둘 이상의 사물을 견주어 서로 간의 유사점, 차이점, 일반 법칙 따위를 고찰하다.'를 뜻하는 '비교하다'와 바꿔쓸 수 있다.

② ⓑ의 '바라다'는 '생각이나 바람대로 어떤 일이나 상태가 이루어지거나 그렇게 되었으면 하고 생각하다.'라는 의미이다. 따라서 '어떤 일을 이루거나 하기를 바라다.'를 뜻하는 '희망하다'와 바꿔쓸 수 있다.

④ ⓓ의 '퍼지다'는 '어떤 물질이나 현상 따위가 넓은 범위에 미치다.'라는 의미이다. 따라서 '일정한 범위에 흩어져 퍼져 있다.'를 뜻하는 '분포되다'와 바꿔쓸 수 있다.

17 난도 ★★☆ 정답 ①

비문학 > 화법

정답의 이유

① 갑과 병은 마스크 착용에 대하여 '윤리적 차원'에서 접근하고 있지만, 을은 '마스크를 쓰지 않는 행위를 윤리적 차원에서만 접근하지 말고, 문화적 차원에서도 고려할 필요가 있어.'라며 남들과 다른 측면을 제시하고 있다.

오답의 이유

② 갑은 마스크 착용을 거부하는 사람이 있는 것이 이해가 안 된다고 하였고 그에 대하여 병은 '그 사람들은 개인의 자유가 가장 존중받아야 하는 기본권이라고 생각하기 때문일 거야.'라며 갑의 의견에 반박하고 있다. 이에 갑은 '개인의 자유로운 선택이 타인의 생명을 위협한다면 기본권이라 하더라도 제한하는 것이 보편적인 상식 아닐까?'라는 질문을 던져 병의 말에 재반박하고 있다. 이를 통해 자신의 의견이 반박되자 질문을 던져 화제를 전환하는 사람이 있다고 분석한 것은 적절하지 않음을 알 수 있다.

③ '마스크 착용'이라는 화제에 대하여 갑은 개인의 선택이 타인의 생명을 위협한다면 기본권이라 하더라도 제한해야 한다며 마스크 착용을 찬성하고 있다. 을은 마스크 착용에 대해 찬성 혹은 반대 입장을 밝히지 않고 있다. 병은 첫 번째 발언에서 마스크 착용에 대해 입장을 밝히지 않다가 두 번째 발언에서 '나의 자유만을 고집하면 결국 사회는 극단적 이기주의에 빠져 붕괴하고 말 거야.'라며 마스크 착용을 찬성하고 있다. 이를 통해 대화가 진행되며 논점에 대한 찬반 입장이 바뀌는 사람은 없음을 확인할 수 있다.

④ 을은 두 번째 발언에서 '어떤 사회에서는 얼굴을 가리는 것이 범죄자의 징표로 인식되기도 해.'라고 사례를 제시하며 마스크를 쓰지 않는 행위를 문화적 차원에서도 고려할 필요가 있다고 하였다. 하지만 사례의 공통점을 종합하고 있지는 않다.

비문학 > 강화·약화

정답의 이유

④ 2문단에서 "애킨슨은 그들의 생각을 비난했다. 애킨슨은 스톤헨지를 세운 사람들을 '야만인'으로 묘사하면서, 이들은 호킨스의 주장과 달리 과학적 사고를 할 줄 모른다고 주장했다."라고 하였다. 따라서 기원전 3,000년경 인류에게 천문학 지식이 있었다는 증거는 스톤헨지를 세운 사람들이 과학적 사고를 할 줄 알았다는 것을 의미하므로 애킨슨의 주장은 약화될 것이다.

오답의 이유

① 천문학자 호킨스는 스톤헨지의 모양이 태양과 달의 배열을 나타낸 것이라는 의견을 제시하였다. 그러나 제사를 지내는 장소는 태양과 달의 배열과 관련이 없으므로 스톤헨지가 제사를 지내는 장소였다는 후대 기록이 발견되면 호킨스의 주장은 강화될 것이라는 평가는 적절하지 않다.

② 호일은 스톤헨지가 일종의 연산장치라고 주장하였다. 당시 사람들이 숫자를 사용하였다는 증거는 연산장치와 관련이 있으므로 호일의 주장은 강화될 것이다.

③ 3문단에서 '하지만 스톤헨지의 건설자들이 포괄적인 의미에서 현대인과 같은 지능을 가졌다고 해도 과학적 사고와 기술적 지식을 가지지는 못했다. ~ 수학과 천문학의 지식이 보존되고 세대를 거쳐 전승되어 쌓인 방대하고 정교한 문자 기록이 없었다.'라고 하였다. 따라서 스톤헨지의 유적에서 수학과 과학에 관련된 신석기시대 기록물이 발견되면 글쓴이의 주장은 약화될 것이다.

비문학 > 추론적 읽기

정답의 이유

② ⓒ의 '이들'은 '스톤헨지를 세운 사람들'을 가리키고, ⓔ의 '그들'은 '스톤헨지의 건설자들'을 가리킨다. 따라서 ⓒ과 ⓔ의 지시 대상은 같다.

오답의 이유

• ⓐ의 '그들'은 1문단에서 언급한 '천문학자 호일', '엔지니어인 톰', '천문학자 호킨스'를 가리킨다.

• ⓒ의 '이들'은 '호킨스를 옹호하는 학자들'을 가리킨다.

비문학 > 논리 추론

정답의 이유

제시된 글을 단순하게 치환하면 다음과 같다.

• 문학을 좋아하는 사람: 문학
• 자연의 아름다움을 좋아하는 사람: 자연의 아름다움
• 예술을 좋아하는 사람: 예술

이를 이용하여 지문의 문장을 논리식 형태로 정리하면 다음과 같다.

• 문학 → 자연의 아름다움
• 어떤 자연의 아름다움 ∧ 예술
• ☐☐☐☐☐☐☐☐☐☐☐☐☐

∴ 어떤 예술 ∧ 문학

삼단 논법을 통하여 '예술을 좋아하는 어떤 사람은 문학을 좋아하는 사람이다.'라는 결론을 도출하려면 빈칸에는 '자연의 아름다움'과 '문학'의 관련성을 언급하는 문장이 들어가야 한다. 따라서 결론을 이끌어내기 위하여 추가해야 할 전제는 ① '자연의 아름다움을 좋아하는 사람은 모두 문학을 좋아하는 사람이다.'이다.

영어 | 2025년 출제기조 전환 예시문제(1차)

01 난도 ★☆☆ 정답 ①

어휘 > 단어

정답의 이유

weather patterns를 수식하는 often referred to as "abnormal climate"으로 미루어 보아 밑줄 친 부분에는 abnormal climate(이상기후)의 특징을 나타내는 말이 들어가야 함을 유추할 수 있다. 따라서 밑줄 친 부분에 들어갈 말로 가장 적절한 것은 ① 'irregular(불규칙한)'이다.

오답의 이유

② 일관된
③ 예측[예견]할 수 있는
④ 효과[효력] 없는

본문해석

최근, 종종 '이상기후'로 불리는, 갈수록 더 불규칙한 기후 패턴이 세계 곳곳에서 관측되고 있다.

VOCA

• increasingly 점점 더, 갈수록 더
• refer to as ~(이)라고 언급하다
• abnormal climate 이상기후
• observe 관찰[관측/주시]하다

02 난도 ★☆☆ 정답 ②

어휘 > 단어

정답의 이유

'however, this doesn't account for the fact that they often rely on their emotions instead(이것은 그들이 종종 감정에 의존한다는 사실을 설명하지 않는다).'라고 했으므로 밑줄 친 부분에는 'emotions(감정)'와 반대되는 의미의 단어가 들어가야 함을 유추할 수 있다. 따라서 밑줄 친 부분에 들어갈 말로 가장 적절한 것은 ② 'rational(이성적인)'이다.

오답의 이유

① 일시적인, 임시의
③ 자발적인, 임의적인
④ 상업적인

03 난도 ★☆☆   정답 ④

어법 > 정문 찾기

정답의 이유

By the time(~할 때까지, ~할 무렵)은 시간 접속사로, 부사절을 이끌고 있다. 시간·조건 부사절에서는 현재시제가 미래시제를 대신하므로, 'By the time 주어+현재동사, 주어+will have p.p.(미래완료)'가 되어야 한다. 따라서 밑줄 친 부분에 들어갈 말로 가장 적절한 것은 현재시제인 ④ 'finishes(마치다)'이다.

본문해석

학위를 마칠 무렵, 그녀는 자신의 연구 분야에 대한 귀중한 지식을 습득하게 될 것이다.

VOCA

- degree 학위
- acquire 습득하다[얻다]
- field 분야

04 난도 ★★☆   정답 ①

어법 > 비문 찾기

정답의 이유

① are는 명사절(that knowledge of the sound systems ~ in a language)의 주어(knowledge)를 받는 동사인데, knowledge가 단수 명사이므로 are → is가 되어야 한다.

오답의 이유

② 'help+목적어+(to) 동사원형'은 '목적어가 ~하도록 돕다'의 뜻으로, 어법상 준사역동사(help) 다음에 동사원형(become)이 올바르게 사용되었다.

③ all은 명사, 형용사, 부사로 사용되는데, 밑줄 친 all은 have worked 사이에서 부사로 올바르게 사용되었다.

④ 'have difficulty+-ing'는 '~하느라 고생하다'라는 뜻의 동명사의 관용적 표현이므로, 밑줄 친 communicating이 어법상 올바르게 사용되었다.

본문해석

여러분은 소리 체계와 단어 패턴, 문장 구조에 대한 지식이 학생을 한 언어에 능숙해지도록 돕는 데 충분하다고 판단할지도 모른다. 하지만 우리는 영어를 구조적으로 이해하지만 여전히 의사소통에 어려움을 겪는 언어 학습자들을 연구 대상으로 해왔다.

VOCA

- conclude 결론[판단]을 내리다
- be sufficient to ~하기에 충분하다
- competent 능숙한
- work with ~을 연구[작업] 대상으로 하다
- structurally 구조상, 구조적으로

05 난도 ★☆☆   정답 ①

어법 > 비문 찾기

정답의 이유

① 'get used to+-ing'는 '~에 익숙해지다'를 의미하는 관용적 표현이므로, get used to have → get used to having이 되어야 한다. 이때 to는 전치사이므로, to 다음에는 명사(구)가 와야 한다. 참고로 'used to+동사원형'은 '~하곤 했다'의 뜻이다.

오답의 이유

② '명사(all)+of whom' 다음에 불완전한 문장이 나오는 문장에서 whom은 선행하는 people을 받는 관계대명사로 전치사(of) 다음에 올바르게 사용되었다.

③ 밑줄 친 spread out은 명사(18 million people)를 수식하는 과거분사로 올바르게 사용되었다.

④ 전치사(in) 다음에 명사(the state of Massachusetts)가 올바르게 사용되었다.

본문해석

그녀는 자동차들과 교통 체증을 넘어서, 한 장소에 매우 많은 사람들이 있고, 그들 모두가 아주 바쁘게 이동하고 있는 것에 익숙해지는 데 조금 시간이 걸렸다고 말했다. "매사추세츠주에만 600만 명이상의 사람들이 있는 것과 비교할 때, 호주에는 나라 전체에 퍼져 있는 1,800만 명의 사람들이 있을 뿐이에요."라고 그녀가 말했다.

VOCA

- traffic jam 교통체증
- it takes a while 조금 시간이 필요하다
- spread out 몸을 뻗다, 넓은 공간을 쓰다[차지하다]
- compared to ~와 비교하여

06 난도 ★☆☆　　　　　　　　　　　　　정답 ④

표현 > 일반회화

[정답의 이유]

서울에서 오클랜드로 가는 항공편을 예약하는 상황으로, 밑줄 앞에서 B가 'Any preference on your seating(선호하는 좌석이 있으신가요?)'이라고 물었으므로 밑줄 친 부분에 들어갈 A의 답변으로 가장 적절한 것은 ④ 'Yes. I want an aisle seat(네, 통로 쪽 좌석을 원해요).'이다.

[오답의 이유]

① 네, 비즈니스석으로 업그레이드하고 싶어요.

② 아니요. 편도로 티켓을 사고 싶어요.

③ 아니요. 짐이 없어요.

본문해석

A: 안녕하세요. 서울에서 오클랜드로 가는 비행기를 예약하고 싶어요.

B: 알겠습니다. 계획하고 있는 날짜가 있으신가요?

A: 네, 5월 2일에 출발해서 5월 14일에 돌아올 예정이에요.

B: 네, 고객님 일정에 맞는 것을 찾았습니다. 어떤 등급 좌석으로 예약하시겠어요?

A: 이코노미 클래스면 충분해요.

B: 원하시는 좌석이 있으신가요?

A: 네, 통로 쪽 좌석을 원합니다.

B: 잘됐네요. 항공편이 지금 예약되었어요.

VOCA

• book a flight　비행기 좌석을 예약하다

• fit　(의도 · 목적 · 시기 등에) 적합하다

• preference　선호, 애호

07 난도 ★☆☆　　　　　　　　　　　　　정답 ③

표현 > 일반회화

[정답의 이유]

제시문은 워크숍 참석을 안내하는 문자 메시지이다. 밑줄 앞에서 Kate Anerson이 워크숍에 참석하고 싶다면 좌석 예약하는 것을 잊지 말라고 하자 Jim Henson이 'How do I do that(어떻게 하지요)?'이라고 물었으므로 밑줄에는 워크숍 좌석 예약에 관한 내용이 와야 한다. 따라서 밑줄 친 부분에 들어갈 말로 가장 적절한 것은 ③ 'Follow the instructions on the bulletin board(게시판의 설명대로 따라하세요).'이다.

[오답의 이유]

① 노트북을 가지고 오셔야 합니다.

② 이미 예약했어요.

④ 진료실에 전화해서 진료 예약을 해야 해요.

본문해석

Kate Anderson: 다음 주 금요일에 워크숍에 오시나요?

Jim Henson: 잘 모르겠어요. 그날 병원 예약이 있어요.

Kate Anderson: 꼭 오셔야 해요! 워크숍은 업무 효율을 향상시킬 수 있는 인공지능 도구에 관한 것입니다.

Jim Henson: 와우, 주제가 정말 재미있을 거 같아요!

Kate Anderson: 맞아요. 하지만 워크숍에 참석하고 싶다면 좌석 예약하는 것 잊지 마세요.

Jim Henson: 어떻게 하지요?

Kate Anderson: 게시판의 설명대로 따라하세요.

VOCA

• appointment　약속[예약]

• improve　개선하다, 향상시키다

• work efficiency　업무 효율

• reserve　예약하다

[08~09]

본문해석

관계자 제위,

이 이메일이 귀하에게 잘 닿기를 바랍니다. 저는 이웃의 과도한 소음, 즉 구체적으로 말하면 새 스포츠 시설에서 나오는 소음과 관련된 우려와 불만에 대해 말하려고 합니다.

Clifton 지역 주민의 한 사람으로서, 저는 항상 평화로운 지역 사회에 감사해 왔습니다. 하지만, 계속되는 소음장애가 심각하게 우리 가족의 안녕과 전반적인 삶의 질에 영향을 주었습니다. 소음의 원인은 군중의 응원, 선수들의 함성, 호각 소리, 그리고 공에 의한 충격 등입니다.

이 문제를 주의 깊게 살펴보고 소음장애 문제를 해결하기 위해 적절한 조치를 취해줄 것을 부탁드립니다. 이 문제에 관심을 가져주셔서 감사드리며, 우리 동네의 평온을 되찾는 데 도움이 되도록 신속하게 대응해 주시면 감사하겠습니다.

진심을 담아,

Rachael Beasley

VOCA

• To whom it may concern　관계자 제위[각위]

• frustration　불만, 좌절감

• regarding　~에 관하여[대하여]

• specifically　구체적으로 말하면

• ongoing　계속 진행 중인

• noise disturbance　소음장애

• impact　영향[충격]을 주다

• well-being　행복, 안녕

• overall　종합[전반]적인, 전체의

• source　출처, 원천

• look into　조사하다, 주의깊게 살피다

• step　조치, 걸음

- address 해결하다, 연설하다
- restore 회복하다, 되찾다
- tranquility 고요, 평안

08 난도 ★☆☆   정답 ③

독해 > 대의 파악 > 글의 목적

[정답의 이유]

두 번째 문장에서 'I am writing to express my concern and frustration regarding the excessive noise levels in our neighborhood, specifically coming from the new sports field(저는 이웃의 과도한 소음, 즉 구체적으로 말하면 새 스포츠 시설에서 나오는 소음과 관련된 우려와 불만에 대해 말하려고 합니다).'라고 했고, 마지막 문단의 첫 문장에서 'I kindly request that you look into this matter and take appropriate steps to address the noise disturbances(이 문제를 주의 깊게 살펴보고 소음장애 문제를 해결하기 위해 적절한 조치를 취해줄 것을 부탁드립니다).'라고 했으므로, 글의 목적으로 적절한 것은 ③ '인근 스포츠 시설의 소음에 대한 조치를 요청하려고'이다.

09 난도 ★☆☆   정답 ②

어휘 > 단어

[정답의 이유]

밑줄 친 steps 앞에 'appropriate(적절한)'와 다음에 'to address the noise disturbances(소음장애를 해결하다)'로 미루어 문맥상 밑줄 친 steps는 '조치'의 의미로 사용되었음을 유추할 수 있다. 따라서 밑줄 친 steps의 의미와 가장 가까운 것은 ② 'actions(조치, 행동)'이다.

[오답의 이유]

① 움직임, 이동
③ 수준[단계]
④ 계단

[10~11]

본문해석

활기찬 지역 공동체 행사 축하하기

우리의 공유 유산과 문화, 지역의 재능을 기념하기 위해 다양한 지역 공동체를 하나로 모으는 연례 행사인 금번 City Harbour Festival을 발표하게 되어 대단히 기쁩니다. 달력 일정에 표시하고, 신나는 주말을 함께 해요!

세부 사항

- 날짜: 6월 16일 금요일 – 6월 18일 일요일
- 시간: 오전 10:00 – 오후 8:00 (금요일, 토요일)
  오전 10:00 – 오후 6:00 (일요일)
- 장소: City Harbour Park, Main Street, 주변 지역

주요 행사

- 라이브 공연
  축제장 곳곳의 여러 무대에서 다양한 라이브 음악, 춤, 연극 공연을 즐기세요.
- 푸드 트럭
  무료 시식회뿐만 아니라, 다채롭고 맛있는 음식을 제공하는 엄선된 푸드 트럭의 연회를 벌이세요.

행사 및 활동의 전체 일정은 당사 웹사이트 www.cityharbourfestival.org를 방문하시거나 페스티벌 사무실 전화 (552) 234-5678로 문의하시기 바랍니다.

VOCA

- announce 발표하다, 알리다
- upcoming 다가오는, 곧 있을
- bring together 묶다, 합치다
- multiple 다양한, 복합적인

10 난도 ★☆☆   정답 ②

독해 > 대의 파악 > 제목, 주제

[정답의 이유]

제시문의 첫 문장에서 '~ the upcoming City Harbour Festival, an annual event that brings our diverse community together to celebrate(~을 기념하기 위해 다양한 지역 공동체를 하나로 모으는 연례 행사인 금번 City Harbour Festival) ~'라고 했고, 라이브 공연과 푸드 트럭 행사를 주요 이벤트로 소개하고 있으므로 글의 제목으로 적절한 것은 ② 'Celebrate Our Vibrant Community Events(활기찬 지역 공동체 행사 축하하기)'이다.

[오답의 이유]

① 지역 공동체를 위한 안전 규정 만들기
③ 여러분의 신나는 해양 체험 계획하기
④ 우리 도시의 유산 재현하기

영어

교정직

11 난도 ★☆☆　　　　　　　　　　　　　　　　정답 ③

독해 > 세부 내용 찾기 > 내용 (불)일치

정답의 이유

③ 주요 행사로 라이브 공연과 푸드 트럭에서 제공하는 '무료 시식 행사(free sample tastings)'를 언급하고 있으므로 글의 내용과 일치하지 않는다.

오답의 이유

① 첫 문장에서 'an annual event(연례 행사)'라고 했으므로 글의 내용과 일치한다.

② 행사 세부 사항에서 '10:00a.m. – 6:00p.m. (Sunday)'라고 나와 있으므로 글의 내용과 일치한다.

④ 마지막 문장에서 'For the full schedule of events and activities, please visit our website at www.cityharbourfestival.org or contact the Festival Office at (552) 234-5678(행사 및 활동의 전체 일정은 당사 웹사이트 www.cityharbourfestival.org를 방문하시거나 페스티벌 사무실 전화 (552) 234-5678로 문의하시기 바랍니다).'라고 했으므로 글의 내용과 일치한다.

12 난도 ★☆☆　　　　　　　　　　　　　　　　정답 ④

독해 > 세부 내용 찾기 > 내용 (불)일치

정답의 이유

④ 개인용 모바일 장치에서만 작동한다. → 마지막 문장에서 'There is also a web version of the app for those who are not comfortable using mobile devices(모바일 장치 사용이 불편한 사람들을 위한 웹 버전의 앱도 있습니다).'라고 했으므로 글의 내용과 일치하지 않는다.

오답의 이유

① 여행자가 미리 세관 신고를 할 수 있다. → 두 번째 문장에서 '~ the Advance Declaration, which allows travellers the option to submit their customs declaration in advance(사전 세관 신고 기능인데, 이는 여행객들이 사전에 세관 신고서를 제출하는 선택권을 제공해서) ~'라고 했으므로 글의 내용과 일치한다.

② 더 많은 기능이 후에 추가될 것이다. → 세 번째 문장에서 '~ Enter-K will continue to introduce additional border-related features in the future, further improving the overall border experience(Enter-K는 향후 국경 관련 기능의 추가 도입을 계속 진행하여 전반적인 국경 체험을 더욱 향상시킬 것입니다).'라고 했으므로 글의 내용과 일치한다.

③ 여행자는 온라인 스토어에서 그것을 다운로드할 수 있다. → 네 번째 문장에서 'Simply download the latest version of the app from the online store before your arrival(여러분이 도착하기 전에 온라인 스토어에서 간단하게 최신 버전 앱을 다운로드하세요).'이라고 했으므로 글의 내용과 일치한다.

본문해석

세관 신고에 새로운 Enter-K 앱을 사용하세요.

여러분이 공항에 도착하자마자 새로운 Enter-K 앱을 사용하세요. Enter-K에 의해 제공되는 눈에 띄는 한 가지 기능은 사전 세관 신고 기능인데, 이는 여행객들이 사전에 세관 신고서를 제출하는 선택권을 제공해서 여행객들이 모든 국제공항에서 시간을 절약할 수 있게 합니다. 현재 진행 중인 Traveller Modernization initiative의 일환으로, Enter-K는 향후 국경 관련 기능의 추가 도입을 계속 진행하여 전반적인 국경 체험을 더욱 향상시킬 것입니다. 여러분이 도착하기 전에 온라인 스토어에서 간단하게 최신 버전 앱을 다운로드하세요. 모바일 장치 사용이 불편한 사람들을 위한 웹 버전의 앱도 있습니다.

VOCA

• feature 특징, 기능
• submit 제출[제기, 부탁]하다
• additional 추가의, 다른

13 난도 ★☆☆　　　　　　　　　　　　　　　　정답 ④

독해 > 세부 내용 찾기 > 내용 (불)일치

정답의 이유

④ 그것은 직원들이 부당한 대우를 받을 때 조치를 취한다. → 마지막 문장에서 'The OLC takes enforcement action when necessary to ensure that workers are treated fairly and compensated for all time worked(OLC는 근로자들에 대한 공정한 대우와 모든 노동 시간에 대한 보상을 보장하기 위해 필요한 경우 집행 조치를 취한다).'라고 했으므로 글의 내용과 일치한다.

오답의 이유

① 그것은 직원들이 세금을 제대로 납부하도록 보장한다. → 직원들이 세금을 납부하도록 보장한다는 내용은 제시되지 않았다.

② 그것은 성인 근로자의 고용에 대한 권한만 가지고 있다. → 세 번째 문장에서 'In addition, the OLC has authority over the employment of minors(추가로, OLC는 미성년자 고용에 대한 권한도 가지고 있다).'라고 했으므로 글의 내용과 일치하지 않는다.

③ 그것은 고용주의 사업 기회를 장려한다. → 고용주의 사업 기회 장려에 관한 내용은 제시되지 않았다.

본문해석

노동청장실(OLC) 업무

OLC는 정부의 주요 노동 감독 기관이다. OLC는 최저임금, 직종별 임금, 초과근무수당이 근로자들에게 지급되고, 휴식시간과 점심시간이 근로자들에게 제공되도록 보장할 책임이 있다. 추가로, OLC는 미성년자 고용에 대한 권한도 가지고 있다. 노동 관련 문제의 효율적·전문적·효과적 방식으로 해결하는 것이 이 사무소(OLC)의 비전이자 사명이다. 이것은 법에 따른 권리와 책임에 대해 고용주와 직원들을 교육하는 것을 포함한다. OLC는 근로자들에 대한 공정한 대우와 모든 노동 시간에 대한 보상을 보장하기 위해 필요한 경우 집행 조치를 취한다.

VOCA

- principal 주요한, 주된
- regulatory agency 감독 기관
- state 국가, 나라
- ensure 보장하다
- minimum wage 최저 임금
- prevailing wage 일반 직종별 임금
- resolve 해결하다
- manner 방식
- enforcement 집행
- compensate 보상하다

14 난도 ★★☆ 정답 ④

독해 > 대의 파악 > 제목, 주제

정답의 이유

제시문의 첫 번째 문장에서 '식품의약품안전처는 조리 시 계란 취급상의 부주의한 위생 문제로 인한 교차오염이 식중독의 원인이라고 경고했다'고 했고, 마지막 문장에서 '살모넬라균과 관련된 질병 위험을 최소화하려면 식품 안전 조치를 우선으로 하고 올바른 조리법을 지키는 것이 중요하다.'라고 했으므로 글의 주제로 가장 적절한 것은 ④ 'Safe handling of eggs for the prevention of Salmonella infection(살모넬라균 감염 예방을 위한 계란의 안전한 취급)'이다.

오답의 이유

① 계란 섭취가 면역체계에 미치는 이점
② 살모넬라균 감염을 위한 다른 유형의 치료제들
③ 따뜻한 온도에서 살모넬라균의 수명

본문해석

식품의약품안전처는 경고하기를, 계란을 만지고 음식을 준비하거나 도구를 사용하기 전에 손 씻기를 소홀히 하는 곳에 생기는 교차오염의 결과로 식중독 사례가 발생했다고 했다. 이러한 위험을 완화하기 위해 식품의약품안전처가 권장하는 바에 따르면, 계란을 냉장 보관하고 노른자와 흰자가 모두 굳을 때까지 완전히 익혀야 한다. 지난 5년 동안 믿기 어려운 7,400명이라는 사람들이 살모넬라균에 의한 식중독을 겪었다. 살모넬라균은 따뜻한 온도에서 잘 자라는데, 대략 섭씨 37도가 최적의 성장조건이다. 날계란 또는 덜 익은 계란을 섭취하고 조리된 음식을 날계란과 분리하지 않는 것이 살모넬라 감염의 가장 흔한 원인으로 확인되었다. 살모넬라균과 관련된 질병 위험을 최소화하려면 식품 안전 조치를 우선으로 하고 올바른 조리법을 지키는 것이 중요하다.

VOCA

- the Ministry of Food and Drug Safety 식품의약품안전처
- warn 경고하다, 주의를 주다
- cross-contamination 교차 오염
- utensil 기구[도구]
- mitigate 완화[경감]시키다
- refrigerate 냉장하다[냉장고에 보관하다]
- thoroughly 철저히, 철두철미하게
- yolk (달걀 등의) 노른자
- white (달걀의) 흰자위, 달걀흰자
- staggering 충격적인, 믿기 어려운
- Salmonella bacteria 살모넬라 박테리아
- thrive 번창하다, 잘 자라다
- optimal growth condition 최적 성장조건
- undercooked 설익은
- identify 식별하다, 구분하다, 확인하다
- infection 전염, 감염
- It is crucial to ~하는 것이 결정적으로 중요하다
- prioritize 우선순위를 매기다
- adhere to ~을 고수하다

15 난도 ★★☆ 정답 ①

독해 > 대의 파악 > 요지, 주장

정답의 이유

첫 번째 문장에서 교육 격차를 해결하기 위한 지속적인 노력에도 불구하고 학생들 사이의 지속적인 학업성적의 격차로 인해 교육 시스템 내 '상당히 불공평한 사태(significant inequities)'가 계속 부각되고 있다고 했고, 마지막 문장에서 '계속된 교육 격차에 대한 문제가 해결되어야만 한다'고 했으므로 글의 요지로 가장 적절한 것은 ① 'We should deal with persistent educational inequities(우리는 되풀이하여 일어나는 교육 불평등을 처리해야 한다).'이다.

② 교육 전문가들은 새로운 학교 정책에 중점을 두어야 한다.
③ 성취도 격차를 해소하기 위해서 새로운 교수법이 필요하다.
④ 가정의 소득이 교육의 논의에서 고려되어서는 안 된다.

본문해석

교육 격차를 해결하기 위한 지속적인 노력에도 불구하고, 학생들 사이의 지속적인 학업성적의 격차로 인해 교육 시스템 내 상당히 불공평한 사태가 계속 부각되고 있다. 최근 자료에 따르면 저소득 배경과 취약계층 학생들을 포함하는 소외된 학생들이 학업 성취에서 또래들보다 계속 뒤떨어지고 있는 것이 드러난다. 그 차이가 교육적인 형평성과 사회적 유동성 달성의 난제이다. 전문가들은 이 차이를 줄이고 사회 경제적 지위, 배경에 상관없이 모든 학생들을 대상으로 공평한 기회를 보장하기 위해 표적 개입, 공평한 자원 할당, 포용적 정책의 필요성을 강조한다. 지속적인 교육 격차의 문제는 해결책을 찾기 위한 노력으로 교육 시스템의 모든 단계에서 다루어져야 한다.

VOCA

- address 해결하다, 다루다
- disparity (특히 한쪽에 불공평한) 차이
- persistent 끊임없이 지속[반복]되는
- inequity 불공평
- marginalize ~을 (특히 사회의 진보에서) 처지게 하다
- vulnerable (~에) 취약한, 연약한
- lag behind ~보다 뒤떨어지다
- allocation 할당량[액]
- bridge (공백을) 메우다

16 난도 ★★☆ 　　　　　　　　　　　　　　　정답 ③

독해 > 글의 일관성 > 무관한 어휘 · 문장

정답의 이유

③의 앞 문장에서 'The benefits for kids of getting into nature are huge, ranging from better academic performance to improved mood and focus(아이들이 자연 속에서 얻는 혜택은 학업 성취도 향상부터 기분과 집중력 향상에 이르기까지 매우 방대하다).'라고 하였고, ③의 다음 문장에서는 'Childhood experiences of nature can also boost environmentalism in adulthood(또한 어린 시절의 자연에 대한 경험이 성인의 환경주의를 북돋울 수 있다).'라고 하며 자연으로부터 얻는 혜택에 대해 말하고 있다. 하지만 ③에서는 '야외 활동은 아이들이 그들의 가족과 귀중한 시간을 함께하는 것을 어렵게 만든다.'라는 단점을 언급하고 있으므로 글의 흐름상 어색한 문장은 ③이다.

본문해석

어린 아이들의 부모나 보호자들은 집 밖으로 나가려는 간절한 충동과 심지어 지역 공원에 잠깐 다녀오는 짧은 여행만으로도 마법 같은 회복 효과를 경험했을 것이다. 아마 여기에는 단순 기분 전환 그 이상의 일이 있다. 아이들이 자연 속에서 얻는 혜택은 학업 성취도 향상부터 기분과 집중력 향상에 이르기까지 매우 방대하다. 야외 활동은 아이들이 그들의 가족과 귀중한 시간을 함께 하는 것을 어렵게 만든다. 또한 어린 시절의 자연에 대한 경험이 성인의 환경주의를 북돋울 수 있다. 도시의 녹지 공간에 접근할 수 있는 것은 아이들의 사회적 관계망과 우정에서 역할을 할 수 있다.

VOCA

- desperate 필사적인, 절실한
- urge 욕구, 충동
- restorative 회복시키는
- let off steam 울분[열기 등]을 발산하다, 기분 풀다
- range from ~에서 (~까지) 걸치다
- boost 북돋우다
- environmentalism 환경 보호주의
- have access to ~에게 접근[출입]할 수 있다

17 난도 ★★★ 　　　　　　　　　　　　　　　정답 ③

독해 > 글의 일관성 > 문장 삽입

정답의 이유

주어진 문장은 '특히 도시화된 많은 주에서 부유입자의 총량으로 측정되는 대기오염이 위험한 수준에 이르렀다.'라는 내용이다. ③ 앞 문장에서 '다수의 주에서 오염에 대한 규제 없이 공장 가동을 허락했으며 산업화가 심한 몇몇 주에서는 오염이 매우 높은 단계에 도달했다'고 했고, ③ 다음 문장에서 '대기오염 방지법은 특히 과도하게 높은 단계의 다섯 가지 위험한 오염물질에 대한 지침을 제정했다.'라고 했으므로 글의 흐름상 주어진 문장이 들어갈 위치로 적절한 것은 ③이다.

본문해석

경제학자 Chay와 Greenstone은 1970년 대기오염 방지법 이후에 대기오염 정화의 가치를 평가했다. 1970년 이전에는 대기오염에 대한 연방정부의 규제가 거의 없었고, 그 문제는 주 의회 의원들의 중요한 안건이 아니었다. 그 결과, 다수의 주에서 오염에 대한 규제 없이 공장 가동을 허용했고, 산업화가 심한 몇몇 주에서는 오염이 매우 높은 단계에 도달했다. 특히, 도시화된 많은 주에서는 부유입자의 총량으로 측정되는 대기오염이 위험한 수준에 이르렀다. 대기오염 방지법은 특히 과도하게 높은 단계의 다섯 가지 위험한 오염물질에 대한 지침을 제정했다. 1970년 대기오염방지법 제정과 1977년 법 개정에 따라 공기의 질이 개선되었다.

VOCA

- economist 경제학자
- evaluate 평가하다
- the Clean Air Act (미) 대기 오염 방지법

- regulation 규제, 규정
- legislator 입법자, 국회[의회]의원
- suspended particle 부유입자
- constitute ~을 구성하다[이루다]
- pollutant 오염 물질, 오염원
- air quality 공기의 질[청정도]

18 난도 ★★☆ 정답 ②

독해 > 글의 일관성 > 글의 순서

정답의 이유

주어진 글은 글쓴이가 아무도 모르게 빵을 셔츠에 감추고 재빨리 걸어가는 장면으로 끝난다. 따라서 이 다음에는 문맥상 빵을 감추고 재빨리 걸어간 후의 일이 시간순으로 이어지는 전개가 적절하므로 'The heat of the bread burned into my skin(뜨거운 빵의 열기로 피부가 화끈거렸지만)'으로 시작하는 (B)가 오는 게 자연스럽다. (B)의 마지막에서 집에 도착했을 때쯤 빵이 어느 정도 식었지만, 속은 여전히 따뜻했다고 했으므로 (B) 다음에는 'When I dropped them on the table(그것들을 식탁 위에 내려놓자)'로 시작하는 (A)가 이어져야 한다. 어머니와 여동생을 식탁에 앉히고 따뜻한 차를 따라주는 장면으로 끝나는 (A) 다음에는 빵을 썰어서 한 조각씩 먹는 것으로 시작하는 (C)가 오는 게 자연스럽다. 따라서 주어진 글 다음에 이어질 글의 순서로 적절한 것은 ② '(B) – (A) – (C)'이다.

본문해석

무슨 일이 일어났는지 아무도 목격하기 전에, 나는 빵 덩어리를 셔츠 아래에 밀어 넣고, 헌팅 재킷을 단단히 여미고는 재빨리 걸어갔다.
(B) 뜨거운 빵의 열기로 피부가 화끈거렸지만, 나는 필사적으로 그것을 더 꽉 움켜쥐었다. 집에 도착했을 때는 빵이 다소 식었지만 속은 여전히 따뜻했다.
(A) 그것들을 식탁 위에 내려놓자 여동생이 손을 뻗어 빵 덩어리를 뜯으려 했지만, 나는 여동생을 자리에 앉게 하고 어머니가 우리와 함께 하도록 억지로 식탁에 앉힌 다음, 따뜻한 차를 따라주었다.
(C) 나는 빵을 얇게 썰었다. 우리는 빵 한 덩어리를 한 조각 한 조각씩 다 먹었다. 그것은 건포도와 견과류가 듬뿍 들어 있는 푸짐한 빵이었다.

VOCA

- witness 목격하다
- shove 아무렇게나 놓다[넣다]
- wrap (옷 등을) 두르다, 걸치다, 입다
- swiftly 신속히, 빨리
- clutch 움켜잡다
- chunk 덩어리
- slice (얇게) 썰다[자르다/저미다]

19 난도 ★★☆ 정답 ①

독해 > 빈칸 완성 > 단어 · 구 · 절

정답의 이유

제시문은 출산율 하락이 전 세계 국가의 인구 감소로 이어져 인구통계학적 변화를 초래할 것이라는 내용이다. 밑줄이 있는 문장의 주어가 Such a demographic shift(이러한 인구통계학적 변화)이고, 밑줄 다음이 including taxation, healthcare for the elderly, caregiving responsibilities, and retirement(세금, 노인 의료, 돌봄 책임, 은퇴를 포함하는)인 것으로 미루어 보아 밑줄에는 '동사+목적어(~을 …하다)'가 들어가야 함을 유추할 수 있다. 그리고 밑줄 앞 문장에서 'This transition will also lead to a significant aging of populations, ~'라고 했으므로, 문맥상 밑줄에는 부정적인 의미가 들어가야 한다. 따라서 밑줄 친 부분에 들어갈 말로 가장 적절한 것은 ① 'raises concerns about future challenges(미래의 과제에 대한 우려를 자아내다)'이다.

오답의 이유

② 거꾸로 된 연령 구조 현상을 완화하다
③ 혼인율 감소 문제를 보상하다
④ 문제를 해결하기 위해 즉각적인 해결책을 제공하다

본문해석

출산율 하락은 금세기 말까지 거의 모든 국가의 인구 감소를 초래할 것으로 예상된다. 전 세계 출산율은 1950년에 4.7명이었지만 2017년에는 2.4명으로 거의 절반으로 떨어졌다. 2100년에는 1.7명 아래로 떨어질 것으로 예상된다. 그 결과, 일부 연구원들의 예상에 따르면 지구상의 인구는 2064년 즈음에 97억 명으로 정점에 도달한 후 금세기 말에는 88억 명으로 떨어질 것이라고 한다. 이 변화는 또한 인구의 상당한 고령화를 초래하여, 출생 인구만큼의 사람들이 80세에 도달할 것이다. 이러한 인구통계학적 변화는 세금, 노인 의료, 돌봄 책임 및 은퇴를 비롯한 미래의 과제에 대한 우려를 자아낸다. 새로운 인구통계학적 지형으로의 '연착륙'을 보장하기 위해, 연구원들은 그 변화에 대한 신중한 관리의 필요성을 강조한다.

VOCA

- fertility rate 출산율
- project 예상[추정]하다
- shrink 줄어들다[줄어들게 하다]
- peak 절정[최고조]에 달하다
- transition 변이, 전이
- demographic shift 인구통계학적 변화
- taxation 조세, 세수
- healthcare 의료 서비스, 보건
- caregiving 부양
- soft landing 연착륙

독해 > 빈칸 완성 > 단어·구·절

정답의 이유

마지막 부분에서 '본질적으로, 우리는 우리 자신의 경험으로 듣는다.'라고 하며 '우리가 그의 메시지를 이해할 수 있는 준비가 제대로 되어 있지 않다는 이유로 연사가 책임을 져야 할까?'라고 언급하였고, 밑줄이 있는 문장의 앞부분에서 '우리의 이해 수준을 높이는 한 가지 확실한 방법은 ~는 것이다(one sure way to raise the level of our understanding is to ~)'라고 했으므로, 문맥상 밑줄 친 부분에 들어갈 말로 적절한 것은 ③ 'assume the responsibility which is inherently ours(원래부터 우리 것인 책임을 지다)'이다.

오답의 이유

① 연사가 알고 있는 것을 무시하다
② 연사의 성격을 분석하다
④ 연사의 연설 전달력에 초점을 맞추다

본문해석

다수의 청취자들은 마음속으로 "누가 그런 사람의 말을 주의 깊게 들을 수 있었겠어? 과연 그는 원고를 읽기를 멈출 것인가?"라고 생각함으로써 자신들의 부주의를 연사의 탓으로 돌린다. 경청하는 사람은 다르게 반응한다. 그는 연사를 보고 "이 사람은 무능해. 누구라도 그보다는 더 잘 말할 수 있을 것 같아."라고 생각할 수도 있다. 그러나 그는 이러한 초기 유사성에서 다른 결론으로 이동해서, 생각한다. "하지만 잠시만. 나는 그의 성격이나 전달력에는 관심 없어. 나는 그가 무엇을 알고 있는지 알고 싶어. 이 사람이 내가 알아야 할 것들을 알고 있을까?" 본질적으로, 우리는 "우리 자신의 경험으로 듣는다." 우리가 그의 메시지를 이해할 수 있는 준비가 제대로 되어 있지 않다는 이유로 연사가 책임을 져야 할까? 우리가 듣는 모든 것을 이해할 수는 없지만, 우리의 이해 수준을 높이는 한 가지 확실한 방법은 원래부터 우리 것인 책임을 지는 것이다.

VOCA

- inattention 부주의
- incompetent 무능한[기술이 부족한]
- initial 처음의, 초기의
- move on to (새로운 일·주제로) 옮기다[넘어가다]
- equipped to ~에 적합한
- comprehend 이해하다

국어 | 2025년 출제기조 전환 예시문제 해설(2차)

한눈에 훑어보기

✔ 영역 분석

어휘 12
1문항, 5%

비문학 01 02 03 04 05 06 07 08 09 10 11 13
19문항, 95% 14 15 16 17 18 19 20

✔ 빠른 정답

01	02	03	04	05	06	07	08	09	10
②	②	③	④	④	③	②	③	①	①

11	12	13	14	15	16	17	18	19	20
④	①	②	①	①	②	③	④	④	①

✔ 점수 체크

구분	1회독	2회독	3회독
맞힌 문항 수	/ 20	/ 20	/ 20
나의 점수	점	점	점

01 난도 ★★☆　　　　　　　　　　　　　　정답 ②

비문학 > 작문

[정답의 이유]

② 수정된 문장인 '시장은 건설업계 관계자들과 시민의 안전에 관하여 논의하였다.'는 시장이 시민의 안전에 관하여 건설업계 관계자들과 논의했다는 것인지 시장이 건설업계 관계자와 함께 시민의 안전에 대하여 다른 누군가와 논의했다는 것인지 분명하지 않은 중의적인 문장이다.

[오답의 이유]

① '국회의원 ○○○명을'과 피동 표현 '선출되었다'의 호응이 어색하다. 능동과 피동 관계를 정확하게 사용하여 '국회의원 ○○○명이 선출되었다'로 수정하는 것이 적절하다.

③ '5킬로그램 정도의 금 보관함'은 금이 5킬로그램인지 금 보관함이 5킬로그램인지 명확하지 않으므로 수식어와 피수식어의 관계를 분명히 하여 '금 5킬로그램 정도를 담은 보관함'이라고 수정하는 것이 적절하다.

④ '신선도 유지와 부패를 방지해야 한다'는 '신선도 유지를 방지해야 한다'의 호응이 어색하다. 따라서 '신선도'와 호응하는 서술어를 넣어 '신선도를 유지하고 부패를 방지해야 한다'로 수정하는 것이 적절하다.

02 난도 ★☆☆　　　　　　　　　　　　　　정답 ②

비문학 > 사실적 읽기

[정답의 이유]

② 2문단의 "예를 들어, '역병(疫病)'은 사람이 고된 일을 치르듯 병에 걸려 매우 고통스러운 상태를 말한다."를 통하여 '역병'은 질병의 전염성이 아닌, 고통스러운 정도에 주목하여 붙여진 이름임을 알 수 있다.

[오답의 이유]

① 3문단의 "'온역(溫疫)'에 들어 있는 '온(溫)'은 이 병을 일으키는 계절적 원인을 가리킨다."를 통하여 '온역'은 질병의 원인에 주목하여 붙여진 이름임을 알 수 있다.

③ 2문단의 "'당독역(唐毒疫)'은 오랑캐처럼 사납고, 독을 먹은 듯 고통스럽다는 의미가 들어가 있다."를 통하여 '당독역'은 질병의 고통스러운 정도에 주목하여 붙여진 이름임을 알 수 있다.

④ 3문단의 "이밖에 '두창(痘瘡)'이나 '마진(痲疹)' 따위의 병명은 피부에 발진이 생기고 그 모양이 콩 또는 삼씨 모양인 것을 강조한 말이다."를 통하여 '마진'은 질병으로 인해 몸에 나타난 증상에 주목하여 붙여진 이름임을 알 수 있다.

03 난도 ★★☆　　　　　　　　　　　　　　　정답 ③

비문학 > 사실적 읽기

[정답의 이유]

③ 1문단에서는 사람들이 살아가면서 가장 중요하게 생각하는 두 가지 요소를 언급하며 '우리가 만약 이것들을 제대로 통제하고 조절할 수 있다면 좋은 삶을 살 수 있다고 플라톤은 말하고 있다.'라고 하였다. 또한 2문단의 '삶을 살아가면서 돈에 대한 욕망이나 성적 욕망만이라도 잘 다스릴 수 있다면 낭패를 당하거나 망신을 당할 일이 거의 없을 것이다.'를 통하여 제시된 글은 재물과 성욕을 잘 다스려야 함을 강조하고 있음을 알 수 있다. 따라서 중심 내용으로 가장 적절한 것은 '성공적인 삶을 살려면 재물욕과 성욕을 잘 다스려야 한다.'이다.

[오답의 이유]

① 1문단에서 재물과 성욕에 대하여 사람들이 살아가면서 가장 중요하게 생각하는 두 가지 요소라고 언급하긴 했지만 이는 중심 내용이 아닌 세부 정보에 해당한다.

② 2문단에서 '재물이 많으면 남을 속이거나 거짓말하지 않을 수 있어서 좋고, 나이가 많으면 성적 욕망을 쉽게 통제할 수 있어서 좋다'는 케팔로스의 대화가 제시되기는 하지만 이는 재물과 성욕을 통제한 삶에 대한 예시를 든 것일 뿐이다. 따라서 '재물이 많으면서 나이가 많은 자가 좋은 삶을 살 수 있다.'는 중심 내용으로 적절하지 않다.

④ 제시된 글에서는 재물과 성적 욕망을 통제하는 삶의 태도에 대하여 강조하고 있다. '잘 살기 위해서는 살면서 가장 중요한 것이 무엇인지 알아야 한다.'는 중심 내용으로 적절하지 않다.

04 난도 ★★☆　　　　　　　　　　　　　　　정답 ④

비문학 > 추론적 읽기

[정답의 이유]

④ 제시된 글의 1문단을 통하여 '랑그'는 머릿속에 내재되어 있는 추상적인 언어로 특정한 언어공동체가 공유하고 있는 기호체계임을, '파롤'은 구체적인 언어의 모습으로, 의사소통을 위해 사용하는 개인적 행위임을 알 수 있다. 3문단에서 '언어능력'은 '자기 모국어에 대해 사람들이 내재적으로 가지고 있는 지식'이라고 하였고, '언어수행'은 사람들이 '실제로 발화하는 행위'라고 하였으므로 '언어능력'은 '랑그'에 대응하고, '언어수행'은 '파롤'에 대응함을 추론할 수 있다. 따라서 ⓔ을 '랑그가 언어능력에 대응한다면, 파롤은 언어수행에 대응'이라고 수정하는 것은 적절하다.

[오답의 이유]

① 1문단에 따르면 '랑그'는 '머릿속에 내재되어 있는 추상적인 모습'이고 '파롤'은 '개인적인 행위'를 의미한다. 따라서 '랑그'를 고정되어 있는 '악보'에 비유하고 '파롤'을 '실제 연주'에 비유한 ⓐ의 내용은 적절하다.

② '랑그'는 '머릿속에 내재되어 있는 추상적인 모습'이므로 '랑그는 여러 상황에도 불구하고 변하지 않고 기본을 이루는 언어의 본질적인 모습'이라고 제시한 ⓑ의 내용은 적절하다.

③ '파롤'은 '구체적인 언어의 모습'이므로 '실제로 발음되는 제각각의 소릿값이 파롤'이라고 제시한 ⓒ의 내용은 적절하다.

05 난도 ★☆☆　　　　　　　　　　　　　　　정답 ④

비문학 > 사실적 읽기

[정답의 이유]

④ 2문단의 '결국 판타지에서는 이미 알고 있는 것보다 새로운 것이 더 중요한 의미를 갖는다.'를 통하여 판타지는 새로운 것이 더 중요하다는 것을 알 수 있다. 또한 'SF에서는 어떤 새로운 것이 등장했을 때 그 낯섦을 인정하면서도 ~ 인식의 틀로 끌어들여 재조정하는 과정이 요구된다.'를 통하여 SF는 새로운 것과 알고 있던 것 사이의 재조정이 필요한 장르라는 것을 알 수 있다. 이를 볼 때 제시된 글의 핵심 논지로 가장 적절한 것은 '판타지는 알고 있는 것보다 새로운 것이 더 중요하고, SF는 알고 있는 것과 새로운 것 사이의 재조정이 필요한 장르이다.'이다.

[오답의 이유]

① 제시된 글에 판타지와 SF는 모두 새로운 것에 의해 알고 있는 것이 바뀌는 장르라는 내용은 나타나지 않는다.

② SF는 알고 있는 것과 새로운 것 사이의 재조정하는 과정이 요구되는 장르이지만, 판타지는 낯섦을 그대로 받아들이고, 이미 알고 있는 것보다 새로운 것이 더 중요한 의미를 갖는 장르이다.

③ 판타지는 알고 있는 것보다 새로운 것이 더 중요한 의미를 갖는 장르이고, SF는 새로운 것은 자신이 이미 알고 있던 인식의 틀로 끌여들여 재조정하는 과정이 요구되는 장르이다.

06 난도 ★★☆　　　　　　　　　　　　　　　정답 ③

비문학 > 추론적 읽기

[정답의 이유]

③ 제시된 글의 '또한 이야기에서 셔우드 숲을 한 바퀴 돌고 로빈후드를 만났다고 하는 국왕 에드워드는 1307년에 즉위하여 20년간 재위한 2세일 가능성이 있다.'를 통하여 로빈후드 이야기의 시대 배경은 에드워드 2세의 재위 기간과 관련이 있음을 알 수 있다. '에드워드 2세는 1307년에 즉위하여 20년간 재위'하였다고 했으므로 빈칸에 들어갈 말은 '14세기 전반'이 가장 적절하다.

07 난도 ★★☆　　　　　　　　　　　　　　　정답 ②

비문학 > 글의 순서 파악

[정답의 이유]

제시된 글의 1문단에서는 북방에 사는 매는 덩치가 크고 사냥도 잘하기 때문에 몽골 고원과 연해주 지역에 사는 매들이 인기가 있었다는 내용을 제시하고 있다.

• (나)에서는 일본에서 매에 접근할 수 있는 길은 한반도를 통하는 것 외에는 없었기 때문에 한반도와 일본 간의 교류에 매가 중요했다는 내용을 제시하고 있다. 여기에서 '이 북방의 매'는 1문단의 '몽골 고원과 연해주 지역에 사는 매들'을 가리키므로 (나)는 1문단 다음에 위치하는 것이 적절하다.

- (가)에서는 조선과 일본의 단절된 관계는 기유조약이 체결되면서 회복되었다는 내용과 이때 대마도를 매개로 했다는 내용을 제시하고 있다. (나)에서 임진왜란으로 한반도와 일본 간의 교류가 단절되었다고 언급하고 있으므로 (가)는 (나)의 다음에 위치하는 것이 적절하다.

- (다)는 대마도는 조선과의 공식적, 비공식적인 무역으로 이익을 취했다는 내용과 조선후기에 이루어진 매 교역은 경제적인 측면과 정치·외교적인 성격이 강했다는 내용을 제시하고 있다. (가)에서는 조선과 일본이 대마도를 매개로 하여 외교를 했다는 내용을 언급하고 있으므로 (다)는 (가)의 다음에 위치하는 것이 적절하다. 따라서 맥락에 맞게 순서대로 배열한 것은 ② (나) - (가) - (다)이다.

08 난도 ★★☆   정답 ③

비문학 > 추론적 읽기

정답의 이유

③ 2문단에 따르면 유럽에 '0' 개념이 들어오기 전에는 시간의 길이를 '1'부터 셈하였다. 3문단의 "'2주'를 의미하는 용도로 사용되는 현대 프랑스어 'quinze jours'는 어원을 따지자면 '15일'을 가리키는데 ~ 마지막 날과 해가 달라진 것이다."를 볼 때 'quinze jours'는 2주의 의미로 사용되지만 어원을 따지면 '15'일을 가리키므로 시간의 길이를 '1'부터 셈한 방식이 남은 것임을 알 수 있다. 따라서 프랑스어 'quinze jours'에는 '0' 개념이 들어오기 전 셈법의 흔적이 남아있다고 추론한 것은 적절하다.

오답의 이유

① 2문단의 "'0' 개념은 13세기가 되어서야 유럽으로 들어왔으니, '0' 개념이 들어오기 전 시간의 길이는 '1'부터 셈했다."를 통하여 '0' 개념은 13세기가 되어서야 유럽으로 들어왔음을 알 수 있다. '0' 개념은 13세기에 유럽에서 발명되었다고 추론하는 것은 적절하지 않다.

② 2문단에 따르면 『성경』이 기록될 당시에는 '0' 개념이 없었다. 실제로 예수가 부활한 시점은 죽은 뒤 48시간이 채 되지 않지만 이를 기록한 당시에는 '0' 개념이 없었기 때문에 죽은 지 사흘 만에 부활했다고 기록한 것이다. 예수의 신성성을 부각하기 위해 그의 부활 시점을 활용하였다고 추론하는 것은 적절하지 않다.

④ 'pentaeteris'라는 용어는 올림픽이 열리는 주기에 해당하는 4년을 가리키지만 어원은 '5년'을 뜻한다. 3문단에 따르면 이는 시간적으로는 동일한 기간이지만 시간을 셈하는 방식에 따라 의미가 달라진 것이다. 따라서 'pentaeteris'라는 말이 생겨났을 때에 비해 오늘날의 올림픽이 열리는 주기는 짧아졌다고 추론하는 것은 적절하지 않다.

09 난도 ★☆☆   정답 ①

비문학 > 추론적 읽기

정답의 이유

① 3문단의 '인간의 인두는 여섯 번째 목뼈에까지 이른다. 반면에 대부분의 포유류에서는 인두의 길이가 세 번째 목뼈를 넘지 않으며 개의 경우는 두 번째 목뼈를 넘지 않는다.'를 통하여 개의 인두 길이는 인간의 인두 길이보다 짧음을 추론할 수 있다.

오답의 이유

② 2문단의 '침팬지는 인간과 게놈의 98%를 공유하고 있지만, 발성 기관에 차이가 있다.'를 통하여 침팬지는 인간과 게놈이 98% 유사하다는 것을 알 수 있다. 인두가 유사한 것이 아니다.

③ 1문단에서 녹색원숭이는 포식자의 접근을 알리기 위해 소리를 지른다고 하였고, 침팬지는 감정을 표현할 때 각각 다른 소리를 냈다고 하였다. 녹색원숭이가 침팬지와 의사소통을 할 수 있다는 내용은 나타나지 않는다.

④ 3문단의 '인간의 발성 기관은 아주 정교하게 작용하여 여러 소리를 낼 수 있는데, 초당 십여 개의 소리를 쉽게 만들어 낸다.'를 통하여 침팬지가 아닌 인간이 초당 십여 개의 소리를 만들어 낸다는 것을 알 수 있다.

10 난도 ★★☆   정답 ①

비문학 > 추론적 읽기

정답의 이유

① (가)의 '소리'는 인간이 만드는 소리를 의미한다. ㉠은 침팬지가 감정을 표현할 때 내는 '소리'이므로 (가)에 해당하는 의미로 사용되지 않았다.

오답의 이유

②·③·④ ㉡, ㉢, ㉣의 '소리'는 모두 인간이 만들어 내는 소리를 의미한다.

11 난도 ★★☆   정답 ④

비문학 > 추론적 읽기

정답의 이유

④ 1문단의 '이에 따라 방각본 출판에서는 규모가 큰 작품을 기피하였으며, 일단 선택된 작품에도 종종 축약적 윤색이 가해지고는 하였다.'를 통하여 방각본 출판에서는 대규모 작품을 기피했다는 것을 알 수 있다. 또한 2문단의 '일종의 도서대여업인 세책업은 ~ 한 작품의 규모가 큰 것도 환영할 만한 일이었다.'를 통하여 세책업자들은 작품의 규모가 큰 것을 좋아했다는 것을 알 수 있다. 따라서 한 편의 작품이 여러 권의 책으로 나뉘어 있는 대규모 작품들은 방각본 출판업자들보다 세책업자들이 선호하였다고 추론한 것은 적절하다.

오답의 이유

①·② 2문단에 따르면 세책업자들은 한 작품의 분량이 많아서 여러 책으로 나뉘어 있으면 그만큼 세책료를 더 받을 수 있어 한 작품의 규모가 큰 것을 환영하고 스토리를 부연하여 책의 권수를 늘리기도 했다. 따라서 분량이 많은 작품은 세책가에서 취급

하지 않았다고 추론한 것과 세책업자는 구비할 책을 선정할 때 분량이 적은 작품을 우선하였다고 추론한 것은 적절하지 않다.

③ 1문단의 '이에 따라 방각본 출판에서는 규모가 큰 작품을 기피하였으며, 일단 선택된 작품에도 종종 축약적 윤색이 가해지고는 하였다.'를 통하여 방각본 출판업자들은 작품의 규모를 줄이기 위하여 축약적 윤색을 가했음을 알 수 있다. 방각본 출판업자들은 책의 판매 부수를 올리기 위해 원본의 내용을 부연하여 개작하기도 하였다고 추론한 것은 적절하지 않다.

12 난도 ★★☆   정답 ①

어휘 > 문맥적 의미 파악

[정답의 이유]

① ㉠의 '올라가다'는 '값이나 통계 수치, 온도, 물가가 높아지거나 커지다.'라는 의미이다. '습도가 올라가는 장마철에는 건강에 유의해야 한다.'의 '올라가다' 역시 '습도가 높아지거나 커지다'라는 의미이므로 ㉠의 의미와 가장 가깝다.

[오답의 이유]

② '내가 키우는 반려견이 하늘나라로 올라갔다.'의 '올라가는'는 '죽다'를 비유적으로 이르는 말이다.

③ '그녀는 승진해서 본사로 올라가게 되었다.'의 '올라가다'는 '지방 부서에서 중앙 부서로, 또는 하급 기관에서 상급 기관으로 자리를 옮기다.'라는 의미이다.

④ '그는 시험을 보러 서울로 올라갔다.'의 '올라가다'는 '지방에서 중앙으로 가다.'라는 의미이다.

13 난도 ★★☆   정답 ②

비문학 > 추론적 읽기

[정답의 이유]

② ㉡: '오늘날 세계화와 시장 규제 완화로 인해 빈부 격차가 심화되고 계급 불평등이 더 고착되었다.'를 볼 때 '을'은 오늘날 계급 불평등이 더 고착화되었다고 주장하고 있다. 또한 '하지만 현대 사회에서 계급 체계는 여전히 경제적 불평등의 핵심으로 남아 있다.', '이는 계급의 종말이 사실상 실현될 수 없는 현실적이지 않은 주장이라는 점을 보여 준다.'를 볼 때 '병'은 계급의 종말은 실현될 수 없다고 주장하고 있다. 따라서 '을'의 주장과 '병'의 주장은 대립하지 않는다.

[오답의 이유]

• ㉠: '이에 따라서 전통적인 계급은 사라지고, 이제는 계급이 없는 보다 유동적인 사회 질서가 새로 정착되었다.'를 볼 때 '갑'은 오늘날 사회에서 계급이 사라졌다고 주장하고 있다. '을'은 오늘날 계급 불평등이 더 고착화되었다고 주장하고 있으므로, '갑'의 주장과 '을'의 주장은 대립한다.

• ㉢: '갑'은 오늘날 사회에서 계급이 사라졌다고 주장하고 있고, '병'은 계급의 종말은 실현될 수 없다고 주장하고 있으므로, '병'의 주장과 '갑'의 주장은 대립한다.

14 난도 ★★★   정답 ①

비문학 > 논리 추론

[정답의 이유]

① (가)와 (나)를 단순하게 치환하면 다음과 같다.
• 축구를 잘하는 사람: 축구
• 머리가 좋다: 머리
• 키가 작다: 키

이때 (가)와 (나)를 논리 기호로 단순화하면 다음과 같다.

(가) 축구 → 머리

(나) 축구 어떤 ∧ 키 어떤

이를 바탕으로 제3의 명제를 이끌어 내면 다음과 같다.

(축구 어떤 ∧ 키 어떤) → 머리

따라서 (가)와 (나)를 전제로 할 때 빈칸에 들어갈 결론으로 가장 적절한 것은 '키가 작은 어떤 사람은 머리가 좋다.'이다.

더 알아보기

논리 연결사

논리 연결사	복합 명제	논리 기능	표현	기호화
∧	연언문	연언	A 그리고(그러나, 그런데, 그럼에도 불구하고, 또한) B	A∧B
∨	선언문	선언	A이거나(또는, 혹은) B	A∨B
→	조건문	단순 함축	• 만약 A라면 B이다. • 단지 B인 경우에만 A이다.	A → B • A는 B이기 위한 충분 조건이다. • B는 A이기 위한 필요 조건이다.
≡	쌍조건문	단순 동치	만약 A라면 그리고 오직 그런 경우에만 B이다.	A≡B A는 B이기 위한 필요충분조건이다.
~	부정문	부정	• A는 거짓이다. • A는 사실이 아니다.	~A

15 난도 ★★☆   정답 ①

비문학 > 추론적 읽기

[정답의 이유]

① 지금까지 성공한 프로젝트가 유행지각, 깊은 사고, 그리고 협업 모두에서 목표를 달성했다는 내용은 ㉠의 '이 세 요소 모두에서 목표를 달성하는 것은 마케팅 프로젝트가 성공적이기 위해 필수적이다.'라는 주장과 부합한다. 따라서 이는 ㉠을 강화한다.

[오답의 이유]

② ㉠에서는 세 요소 모두에서 목표를 달성해야 마케팅 프로젝트가 성공한다고 하였다. 성공하지 못한 프로젝트 중 유행지각, 깊은 사고, 협업 중 하나 이상에서 목표를 달성하는 데 실패한 사례가

있다는 것은 ⊙의 주장에 부합하는 내용이므로, 이는 ⊙을 약화
하지 않는다.

③ 유행지각, 깊은 사고, 협업 중 하나 이상에서 목표를 달성하는
데 실패했지만 성공한 프로젝트가 있다는 것은 ⓛ가 관련이 있
는 내용이 아니다. 따라서 ⓛ을 강화하지 않는다.

④ 유행지각, 깊은 사고, 협업 모두에서 목표를 달성했지만 성공하
지 못한 프로젝트가 있다는 내용은 ⓛ의 '이 세 요소 모두에서
목표를 달성했다고 해서 마케팅 프로젝트가 성공한 것은 아니
다.'라는 주장과 부합한다. 따라서 이는 ⓛ을 약화하는 것이 아
니라 강화한다.

16 난도 ★★☆ 정답 ②

비문학 > 추론적 읽기

정답의 이유

② ㄱ. 우기에 비가 넘치는 산간 지역에서는 고상식 주거 건축물 유
적만 발견되었다는 내용은 기후에 따라 '소거'로 지었다는 것
을 의미한다. 이는 '혈거와 소거가 기후에 따라 다른 자연환
경에 적응해 발생했다.'는 ⊙의 주장에 부합하므로, ⊙을 강
화한다.

ㄷ. 여름에는 고상식 건축물에서, 겨울에는 움집형 건축물에서
생활한 집단의 유적이 발견되었다는 내용은 기후에 따라 여
름에는 '소거', 겨울에는 '혈거'에서 생활했다는 것을 의미한
다. 이는 ⊙이 주장에 부합하므로, ⊙을 강화한다.

오답의 이유

ㄴ. 움집형 집과 고상식 집이 공존해 있는 주거 양식을 보여 주는
집단의 유적지가 발견되었다는 내용은 '혈거'와 '소거'가 공존했
다는 것을 의미한다. 이는 혈거와 소거가 기후에 따라 다른 자
연환경에 적응해 발생했다는 내용에 부합하지 않으므로, ⊙을
강화하지 않는다.

17 난도 ★★★ 정답 ③

비문학 > 추론적 읽기

정답의 이유

③ (나)의 주장은 한문문학을 국문학으로 인정하자는 절충론적인
입장이다. 표기문자와 상관없이 그 나라의 문화를 잘 표현한 문
학을 자국문학으로 인정하는 것이 보편적인 관례라는 내용은 일
부 한문문학을 국문학으로 인정하자는 주장에 부합하며 이는
(나)의 주장을 강화한다.

오답의 이유

① (가)의 주장은 국문학에서 한문으로 쓰인 문학을 배제하자는 주
장이다. 국문으로 쓴 작품보다 한문으로 쓴 작품이 해외에서 문
학적 가치를 더 인정받는다는 내용은 국문학에서 한문문학을 배
제하자는 주장과 무관하다. 따라서 이는 (가)의 주장을 강화하지
않는다.

② 국문학의 정의를 '그 나라 사람들의 사상과 정서를 그 나라 말과
글로 표현한 문학'으로 수정한다는 내용은 (가)의 주장에 부합한
다. 따라서 이는 (가)의 주장을 강화한다.

④ 훈민정음 창제 이후에도 차자표기로 된 문학작품이 다수 발견된
다는 내용은 (나)의 주장과 무관하다. 따라서 이는 (나)의 주장을
약화하지 않는다.

18 난도 ★★☆ 정답 ④

비문학 > 추론적 읽기

정답의 이유

④ ⓒ의 '전자'는 '순(純)국문학' 즉, '국문으로 쓰인 문학'을 의미한
다. ⓜ의 '전자' 역시 '순국문학' 즉, '국문으로 쓰인 문학'을 의미
한다.

오답의 이유

⊙: '한문으로 쓰인 문학'을 의미한다.

ⓛ: '국문으로 쓰인 문학'을 의미한다.

ⓔ: '준(準)국문학' 즉, '한문문학을 포함한 문학'을 의미한다.

ⓗ: '준(準)국문학'을 의미한다.

19 난도 ★★★ 정답 ④

비문학 > 추론적 읽기

정답의 이유

④ 을이 〈글쓰기〉를 신청하면 병은 〈말하기〉와 〈듣기〉를 신청한
다. 병이 〈말하기〉와 〈듣기〉를 신청하면 정은 〈읽기〉를 신청한
다. 하지만 정은 〈읽기〉를 신청하지 않으므로, 병은 〈말하기〉와
〈듣기〉를 신청하지 않고, 이에 따라 을이 〈글쓰기〉를 신청하지
않은 것을 도출해 낼 수 있다. 갑과 을 중 적어도 한 명은 〈글쓰
기〉를 신청하는데 을이 〈글쓰기〉를 신청하지 않았으므로, 갑이
〈글쓰기〉를 신청한다는 것을 알 수 있다.

더 알아보기

논증의 판단

• 타당한 논증

전건 긍정	전건을 긍정하여 후건이 결론으로 도출	전제 1: P → Q 전제 2: P 결론: Q
후건 부정	후건을 부정하여 전건의 부정이 결론으로 도출	전제 1: P → Q 전제 2: ~Q 결론: ~P
선언지 배제	선언명제로 제시된 두 명제 중 하나를 부정하여 다른 하나를 결론으로 도출	전제 1: P∨Q 전제 2: ~P 결론: Q
삼단 논증	앞 명제의 후건과 뒤 명제의 전건이 같을 때, 앞 명제의 전건과 뒤 명제의 후건이 이어져 결론으로 도출	전제 1: P → Q 전제 2: Q → R 결론: P → R
양도 논법	앞 조건명제의 전건과 뒤 조건명제의 전건을 선언명제로 제시하여 앞 조건명제의 후건과 뒤 조건명제의 후건을 선언명제로 하는 결론을 도출	전제 1: (P → Q)∧(R → S) 전제 2: P∨R 결론: Q∨S

• 부당한 논증

전건 부정	전건을 부정하여 후건의 부정이 결론으로 도출	전제 1: P → Q 전제 2: ~P 결론: ~Q
후건 긍정	후건을 긍정하여 전건이 결론으로 도출	전제 1: P → Q 전제 2: Q 결론: P
선언지 긍정	선언명제로 제시된 두 명제 중 하나를 긍정하여 다른 하나의 부정을 결론으로 도출 (둘 다 긍정일 가능성이 존재하기 때문)	전제 1: P∨Q 전제 2: P 결론: ~Q

20 난도 ★★☆   정답 ①

비문학 > 사실적 읽기

정답의 이유

① 1문단의 "언어의 형식적 요소에는 '음운', '형태', '통사'가 있으며, 언어의 내용적 요소에는 '의미'가 있다."를 통하여 언어의 형식적 요소가 내용적 요소보다 다양함을 알 수 있다.

오답의 이유

② 2문단의 '이처럼 언어학은 크게 말소리 탐구, 문법 탐구, 의미 탐구로 나눌 수 있는데, 이때 각각에 해당하는 음운론, 문법론, 의미론은 서로 관련된다.'를 통하여 언어의 형태 탐구는 의미 탐구와 관련됨을 알 수 있다.

③ 2문단의 '화자의 측면에서 언어를 발신하는 경우에는 의미론에서 문법론을 거쳐 음운론의 방향으로, 청자의 측면에서 언어를 수신하는 경우에는 반대의 방향으로 작용한다.'를 통하여 의사소통 과정에서 화자는 의미를 형식으로 전환하고 청자는 형식을 의미로 전환한다는 것을 알 수 있다. 그러나 제시된 글에서 의사소통의 첫 단계는 언어의 형식을 소리로 전환하는 것이라는 내용은 나타나지 않는다.

④ 2문단의 '화자의 측면에서 언어를 발신하는 경우에는 의미론에서 문법론을 거쳐 음운론의 방향으로, 청자의 측면에서 언어를 수신하는 경우에는 반대의 방향으로 작용한다.'를 통하여 언어를 발신하고 수신하는 과정에서 문법 탐구 즉, 통사론이 활용됨을 알 수 있다.

영어 | 2025년 출제기조 전환 예시문제 해설(2차)

한눈에 훑어보기

✓ 영역 분석

어휘   01   02   09
3문항, 15%

독해   08   10   11   12   13   14   15   16   17   18   19   20
12문항, 60%

어법   03   04   05
3문항, 15%

표현   06   07
2문항, 10%

✓ 빠른 정답

01	02	03	04	05	06	07	08	09	10
③	②	③	④	②	②	③	①	④	①

11	12	13	14	15	16	17	18	19	20
③	①	④	③	②	②	②	③	④	③

✓ 점수 체크

구분	1회독	2회독	3회독
맞힌 문항 수	/ 20	/ 20	/ 20
나의 점수	점	점	점

01 난도 ★☆☆   정답 ③

어휘 > 단어

정답의 이유

빈칸 앞에서 'In order to exhibit a large mural(대형 벽화를 전시하기 위해서)'라고 했고, the museum curators had to make sure they had~ space(박물관 큐레이터들은 ~한 공간을 가지고 있는지 확실히 해야 했다)'라고 했다. 따라서 문맥상 빈칸에는 부사구의 형용사(large)에 대응하는 형용사가 들어가야 함을 유추할 수 있으므로 빈칸에 들어갈 말로 적절한 것은 ③ 'ample(충분한)'이다.

오답의 이유

① 아늑한
② (환기가 안 되어) 답답한
④ 비좁은

본문해석

대형 벽화를 전시하기 위해 박물관 큐레이터들은 <u>충분한</u> 공간을 가지고 있는지 확실히 해야 했다.

VOCA

• exhibit   전시하다
• mural   벽화
• curator   큐레이터(박물관 · 미술관 등의 전시 책임자)
• make sure   확실하게 하다

02 난도 ★☆☆   정답 ②

어휘 > 단어

정답의 이유

② 빈칸 앞의 부사절에서 'Even though there are many problems that have to be solved(해결해야 할 문제가 많음에도 불구하고)'라고 했고 빈칸 앞의 주절에서 'I want to emphasize that the safety of our citizens is our top ~(나는 우리 국민의 안전이 최고의 ~ 라는 것을 강조하고 싶다).'이라고 했으므로 문맥상 선지에서 빈칸에 들어갈 적절한 것은 ② 'priority(우선순위)'이다.

오답의 이유

① 비밀
③ 해결책
④ 기회

해결해야 할 문제가 많음에도 불구하고, 나는 우리 국민의 안전이 최고 우선순위라는 것을 강조하고 싶다.

- solve 해결[타결]하다
- emphasize 강조하다
- safety 안전

03 난도 ★★☆ 정답 ③

어법 > 정문 찾기

정답의 이유

③ 첫 번째 문장에서 'Overpopulation may have played a key role(인구 과잉이 중요한 역할을 했을지도 모른다).'이 현재완료 시제이므로, 빈칸에는 빈칸 앞의 'seems to(현재 시제)'보다 더 앞선 시제가 되어야 한다. 따라서 어법상 빈칸에 들어갈 적절한 것은 ③ 'have contributed to(~의 원인이 되어 왔다)'이다.

오답의 이유

② · ④ contribute to는 '~의 원인이 되다'의 뜻으로, 이때 contribute는 자동사이므로 수동태가 될 수 없으므로, 선지 ②, ④는 정답이 될 수 없다.

본문해석

인구 과잉이 중요한 역할을 했을지도 모른다. 물 부족뿐만 아니라 마야인들이 식량을 의존했던 열대우림 생태계의 과도한 개발이 붕괴의 원인이 되어왔던 것으로 보인다.

VOCA

- overpopulation 인구 과잉
- play a key role 핵심적인 역할을 하다
- exploitation (토지 · 석유 등의) 개발
- rain-forest 열대우림
- ecosystem 생태계
- depend 의존하다, 의지하다
- water shortage 물 부족
- collapse 붕괴

04 난도 ★★☆ 정답 ④

어법 > 비문 찾기

정답의 이유

④ 관계대명사 which 다음에는 불완전한 문장이 오는데, which 다음에 'war is avoided not by chance but by design'이라는 완전한 수동태 문장이 왔으므로, which → in which[where]가 되어야 한다. 이때 not A but B는 'A가 아니라 B'의 뜻이다.

오답의 이유

① designed 앞에 명사(organization)가 있고, must have가 that 절의 동사이므로 designed는 organization을 수식하는 과거분사로 어법상 올바르게 사용되었다. 'to keep the peace'는 '~을 위해서'라는 부정사의 부사적 용법으로 사용되었다.

② not merely A but also B는 '단지 A일뿐 아니라 B이다'의 뜻으로 이때 A와 B는 서로 병치 관계이어야 하므로, to talk과 to act가 to 부정사로 어법상 올바르게 사용되었다.

③ see A as B는 'A를 B로 간주하다'의 뜻으로 어법상 올바르게 사용되었다.

본문해석

평화를 유지하기 위해 고안된 국제기구는 대화뿐만 아니라 행동하는 힘을 가져야 한다고 생각한다. 실제로, 나는 이것을 우연이 아니라 의도적으로 전쟁을 피하는 국제사회를 향한 발전의 중심 주제라고 생각한다.

VOCA

- It seems to me that 생각건대
- design 만들다[고안하다]
- keep the peace 평화를 유지하다
- merely 그저, 단지
- central theme 중심 주제
- progress 발전, 진전
- international community 국제사회
- avoid 피하다, 막다, 모면하다
- by chance 우연히, 뜻밖에
- by design 고의로, 계획적으로

05 난도 ★★☆ 정답 ②

어법 > 비문 찾기

정답의 이유

② emerge는 '나오다[모습을 드러내다]'라는 뜻의 자동사로 수동태로 사용할 수 없으므로, are emerged → emerge가 되어야 한다.

오답의 이유

① arrive는 '도착하다'라는 뜻을 가진 자동사로 전치사 in과 함께 현재완료 능동태로 올바르게 사용되었다.

③ share는 '함께 쓰다, 공유하다'라는 뜻의 타동사로 현재진행 수동태(are being shared)로 올바르게 사용되었다.

④ be connected with는 '~와 관계가 있다'의 뜻으로 어법상 올바르게 사용되었다.

우리는 이미 디지털화된 세계에 도착했다. 디지털화는 전통적인 IT 기업들뿐만 아니라, 모든 분야의 기업들에게도 영향을 미친다. 새롭게 변화된 비즈니스 모델들이 나오는데, 자동차가 앱을 통해서 공유되고, 언어가 온라인에서 학습되며, 음악이 스트리밍된다. 그러나 산업도 변화하고 있다. 3D 프린터가 기계를 위한 부품을 만들고, 로봇이 그것들을 조립하고, 전체 공장들이 지능적으로 서로 연결되어 있다.

VOCA

- digitized 디지털화된
- digitization 디지털화
- affect 영향을 미치다
- across the board (회사·산업 등의) 전반에 걸쳐
- sector 부문[분야]
- emerge 나오다[모습을 드러내다]
- stream 스트림 처리하다
- make parts 부품을 제조하다
- assemble 조립하다
- entire 전체의, 온
- intelligently 지능적인(정보를 저장하여 새로운 상황에 이용할 수 있는)

06 난도 ★☆☆　　　　　정답 ②

표현 > 일반회화

정답의 이유

위 대화는 회의실을 임대하기 위해 문의하는 상황으로 빈칸 앞에서 Tim Jones이 회의실 규모와 대략적인 회의 일정을 말했고, 빈칸 다음에서 'The meeting is going to be on Monday, July 15th(회의는 7월 15일 월요일에 있을 예정입니다).'라고 정확한 날짜를 말했으므로, 빈칸에 들어갈 말로 적절한 것은 ② 'Can you tell me the exact date of your meeting(정확한 회의 날짜를 알려주실 수 있나요?)'이다.

오답의 이유

① 연락처 정보를 알 수 있을까요?

③ 빔 프로젝터나 복사기가 필요하신가요?

④ 회의에는 몇 명이 참석할 예정인가요?

Tim Jones: 안녕하세요, 귀사의 회의실 중 하나를 빌리고 싶어요.

Jane Baker: 관심을 가져주셔서 감사합니다. 우리는 회의 규모에 따라 사용 가능한 몇 가지가 있어요. 5명부터 20명까지 그룹의 사람들을 수용할 수 있지요.

Tim Jones: 잘됐네요. 17명을 위한 회의실이 필요한데, 회의는 다음 달로 예정되어 있어요.

Jane Baker: 정확한 회의 날짜를 알려주실 수 있나요?

Tim Jones: 회의는 7월 15일 월요일에 있을 예정이에요. 그날 이용 가능한 회의실이 있나요?

Jane Baker: 네, 있어요. (비어있는) 공간을 예약해서, 모든 세부 정보가 포함된 확인 이메일을 보내드릴 수 있겠네요.

VOCA

- rent 세내다[임차하다]
- space 공간[자리]
- available 구할[이용할] 수 있는
- accommodate 수용하다
- be scheduled for ～로 예정되어 있다
- reserve 예약하다
- confirmation 확인

07 난도 ★☆☆　　　　　정답 ③

표현 > 일반회화

정답의 이유

대화는 공유 자전거 서비스에 대해 말하는 상황으로, B가 빈칸 앞에서 공유 자전거를 어떻게 이용하는지 묻자, A가 빈칸 앞에서 'It's easy(간단해요).'라고 대답했다. 또 빈칸 다음에서 B가 'It doesn't sound complicated(그렇게 복잡하지는 않을 것 같네요).'라고 말했으므로 빈칸에는 공유 자전거 서비스 이용 방법을 설명하는 내용이 들어가야 함을 유추할 수 있다. 따라서 대화의 흐름상 빈칸에 들어갈 적절한 것은 ③ 'Just download the bike sharing app and pay online(자전거 공유 앱을 다운받아서 온라인으로 결제하면 돼요).'이다.

오답의 이유

① 전기이기 때문에 에너지를 절약할 수 있어요

② 자전거 주차 허가를 신청하기만 하면 돼요

④ 안전을 위해 항상 헬멧을 착용해야 해요

A: 이 자전거에 대해 어떻게 생각하세요?

B: 와, 정말 멋져 보이네요! 샀어요?

A: 아니요, 이건 공유 자전거예요. 시에서 공유 자전거 서비스를 시작했어요.

B: 그래요? 어떻게 작동하죠? 내 말은, 그 서비스를 어떻게 이용하죠?

A: 간단해요. <u>자전거 공유 앱을 다운받아서 온라인으로 결제하시면 돼요.</u>

B: 그렇게 복잡하지는 않을 것 같네요. 아마 이번 주말에 시도해볼 수 있을 것 같아요.

A: 그런데, 이것은 전기 자전거예요.

B: 네, 알아볼 수 있어요. 멋있네요.

VOCA

- shared bike 공유 자전거
- launch 시작[개시/착수]하다
- bike sharing service 공유 자전거 서비스
- work 작동되다[기능하다]
- complicated 복잡한
- It looks cool. 멋있네요.

[08~09]

본문해석

농업 마케팅실

임무

우리는 전국의 식품, 섬유질 식품, 특수작물 생산자들을 위하여 국내외 마케팅 기회를 창출하는 프로그램을 운영한다. 또한 전국과 전 세계 소비자들을 위하여 농업에 유익한 식품의 품질과 가용성을 보장하는 가치 있는 서비스를 제공한다.

비전

우리는 국내외 시장에서 전국적인 농산물의 전략적 마케팅을 촉진하면서 동시에 <u>공정한</u> 무역관행을 보장하고, 생산자와 거래자, 전국적인 식품·섬유질 식품·특수작물의 소비자들에게 도움이 되는 경쟁력 있는 효율적인 시장을 활성화한다.

핵심적 가치관

- 정직성과 진실성: 우리가 하는 모든 일에서 완전한 정직함과 진실성을 기대하고 요구한다.
- 독립성과 객관성: 우리는 프로그램과 서비스에 대한 신뢰를 창출하기 위해 독립적이고 객관적으로 행동한다.

VOCA

- administer 관리하다[운영하다]
- create 창조[창작/창출]하다
- domestic 국내의
- fiber 식물섬유, 섬유질 식품

- specialty crop 특수작물
- provide ~ with ~을 공급하다[주다]
- agriculture 농업
- ensure 보장하다
- wholesome 건전한, 유익한
- consumer 소비자
- facilitate 촉진하다, 활성화하다
- strategic 전략상 중요한[전략적인]
- agricultural product 농작물
- competitive 경쟁력 있는
- efficient 효율적인
- marketplace 시장, 장터
- integrity 진실성
- require 필요[요구]하다, 필요로 하다
- objectivity 객관성
- trust 신뢰

08 난도 ★☆☆　　　　　　　　　　　정답 ①

독해 > 세부 내용 찾기 > 내용 (불)일치

[정답의 이유]

① 첫 번째 문장에서 'We administer programs that create domestic and international marketing opportunities for national producers ~(우리는 전국의 ~ 국내외 마케팅 기회를 창출하는 프로그램을 운영한다.)'라고 했으므로, Agricultural Marketing Office에 관한 내용과 일치하는 것은 ① 'It creates marketing opportunities for domestic producers(그것은 국내 생산자를 위한 마케팅 기회를 창출한다.)'이다.

[오답의 이유]

② 그것은 전 세계의 유익한 식품 소비를 제한한다.

③ 그것은 생산자보다 소비자에게 이익을 주는 데 헌신한다.

④ 그것은 결정을 내리기 전에 다른 기관으로부터 지시를 받는다.

09 난도 ★☆☆　　　　　　　　　　　정답 ④

어휘 > 단어

[정답의 이유]

밑줄 친 fair는 '공정한, 공평한'의 뜻이므로 의미가 가장 가까운 것은 ④ 'impartial(공평한)'이다.

[오답의 이유]

① 자유로운

② 상호의

③ 수익성 있는

[10~11]

가까운 이웃으로서, 여러분은 호수를 구하는 방법을 배우고 싶어할 것입니다.

아직 죽지는 않았지만, Dimmesdale 호수는 이 끝을 향해 가고 있습니다. 그러니 그것이 살아있는 동안 이 아름다운 수역에 경의를 표하세요.

일부 헌신적인 사람들이 지금 그것을 구하기 위해 일하고 있습니다. 그들은 여러분에게 그것에 대해 말하기 위해 특별한 회의를 하고 있습니다. 무엇을 하고 있는지와 어떻게 도울 수 있는지 배우러 오세요. 이것은 여러분의 재산 가치에도 영향을 미칩니다.

누가 죽은 호수 근처에 살고 싶을까요?

중부 주 지역 계획 위원회 후원

- 장소: Southern State College 맞은편 Green City Park(우천 시: 대학도서관 203호)
- 날짜: 2024년 7월 6일 토요일
- 시간: 오후 2시

회의에 대한 질문은 우리 웹사이트(www.planningcouncilsavelake. org)를 방문하거나 사무실 (432) 345-6789로 문의하세요.

VOCA

- close 가까운
- neighbor 이웃
- save 구하다
- head toward ~을 향해 가다
- end 끝[말]
- pay one's respects to 경의를 표하다
- dedicated 헌신적인
- affect 영향을 미치다
- property 재산, 소유물
- value 가치
- sponsored by ~가 후원하는

10 난도 ★★☆   정답 ①

독해 > 대의 파악 > 제목, 주제

정답의 이유

두 번째 문장에서 'While it isn't dead yet, Lake Dimmesdale is heading toward this end(아직 죽지는 않았지만, Dimmesdale 호수는 이 끝을 향해 가고 있습니다).'라고 했고, 다음 문장에서 일부 헌신적인 사람들이 지금 죽어가는 호수를 구하기 위해 일하고 있으며, 특별한 회의를 하고 있다고 했으므로, 윗글의 제목으로 적절한 것은 ① 'Lake Dimmesdale Is Dying(Dimmesdale 호수가 죽어가고 있다)'이다.

오답의 이유

② 호수의 아름다움에 대한 찬사
③ Dimmesdale 호수의 문화적 가치
④ 대학에 대한 호수의 중요성

11 난도 ★★☆   정답 ③

독해 > 세부 내용 찾기 > 내용 (불)일치

정답의 이유

'in case of rain: College Library Room 203(우천 시: 대학도서관 203호)'이라고 했으므로 위 안내문의 내용과 일치하지 않는 것은 ③ '우천 시에는 대학의 구내식당에서 회의가 열린다.'이다.

오답의 이유

① 네 번째 문장에서 'Some dedicated people are working to save it now(일부 헌신적인 사람들이 지금 그것을 구하기 위해 일하고 있습니다).'라고 했으므로, 글의 내용과 일치한다.
② 일곱 번째 문장에서 'This affects your property value as well(이것은 여러분의 재산 가치에도 영향을 미칩니다).'이라고 했으므로 글의 내용과 일치한다.
④ 마지막 문장에서 'For any questions about the meeting, please visit our website at ~ or contact our office at (432) 345-6789(회의에 대한 질문은 우리 웹사이트 ~를 방문하거나 사무실 (432) 345-6789로 문의하세요).'이라고 했으므로 글의 내용과 일치한다.

12 난도 ★★☆   정답 ①

독해 > 대의 파악 > 목적

정답의 이유

두 번째 문장에서 '~ we want to help you protect your personal and business information(~ 우리는 여러분의 개인정보와 비즈니스 정보를 보호하는 데 도움을 드리고자 합니다).'이라고 했고, 다음 문장에서 'Here are five easy ways to safeguard yourself from cyber threats:(사이버 위협으로부터 여러분을 보호하는 다섯 가지 쉬운 방법은 다음과 같습니다:)'라고 했으므로, 글의 목적으로 적절한 것은 ① 'to inform clients of how to keep themselves safe from cyber threats(고객들에게 사이버 위협으로부터 그들 자신을 안전하게 보호하는 방법을 알려주기 위해서)'이다.

오답의 이유

② 고객들에게 소프트웨어와 장치를 업데이트하는 방법을 알려주기 위해서
③ 고객들에게 비밀번호를 더 강화하는 방법을 알려주기 위해서
④ 고객들에게 OTP를 보호하는 방법을 알려주기 위해서

영어

교정직

제목: 중요 공지

친애하는 고객 여러분,

오늘날 세계에서 사이버 범죄는 여러분의 보안에 심각한 위협이 되고 있습니다. 여러분의 신뢰할 수 있는 파트너로서, 우리는 여러분의 개인정보와 비즈니스 정보를 보호하는 데 도움을 드리고자 합니다. 사이버 위협으로부터 여러분을 보호하는 다섯 가지 손쉬운 방법은 다음과 같습니다.

1. 강력한 비밀번호를 사용하고 자주 변경하세요.
2. 소프트웨어와 장치를 최신 상태로 유지하세요.
3. 여러분에게 재빨리 행동하도록 하거나 민감한 정보를 제공하도록 강요하는 수상한 이메일, 링크 또는 전화를 조심하세요.
4. 이중 인증을 활성화하고 가능하면 그것을 사용하세요. California Bank & Savings에 연락할 때 본인 확인을 위해 OTP(One Time Pass Code)를 사용하라는 요청을 받을 것입니다.
5. 데이터를 정기적으로 백업하세요.

보안 센터를 방문하여 온라인을 안전하게 유지하는 방법에 대해 더 알아보세요. 사이버 보안은 팀의 노력이라는 점을 기억하세요. 함께 협력함으로써 우리 자신과 전 세계를 위해 더 안전한 온라인 환경을 구축할 수 있습니다.

진심으로,
California Bank & Savings

VOCA

- notice 공고문[안내문]
- cybercrime 사이버 범죄
- pose 제기하다
- threat 협박, 위협
- security 보안, 경비
- safeguard 보호하다
- wary of ∼을 조심하는
- suspicious 의심스러운, 수상쩍은
- pressure 압력을 가하다, 강요하다
- give out 나누어주다, 분배하다, 지급하다
- sensitive 예민한[민감한]
- enable 가능하게 하다
- Two Factor authentication 〈정보보호〉 이중 인증
- verify 확인하다
- identity 신원, 신분
- back up 컴퓨터에 백업하다(복사본을 만들다)
- cybersecurity 사이버보안

13 난도 ★★☆   정답 ④

독해 > 대의 파악 > 제목, 주제

정답의 이유

첫 번째 문장에서 'The International Space Station, ∼ is about to join the effort to monitor the world's wildlife — and to revolutionize the science of animal tracking(∼ 국제 우주 정거장은 세계 야생동물을 감시하고 동물 추적 과학에 혁명을 일으키기 위한 노력에 동참할 예정이다.)'라고 했고, 마지막 문장에서 이것은 과학자와 환경보호론자들을 돕고 세계 생태계의 건강에 대한 훨씬 더 자세한 정보를 제공할 것이라고 했으므로, 글의 주제로 적절한 것은 ④ 'innovative wildlife monitoring from the space station(우주정거장에서의 혁신적인 야생동물 관찰)'이다.

오답의 이유

① 지구 생태계의 지속가능성 평가
② 러시아 우주비행사들의 성공적인 훈련 프로젝트
③ 궤도를 선회하는 전초기지에서 행해진 동물실험

본문해석

지구 상공 약 240마일을 돌고 있는 국제 우주 정거장은 세계 야생동물을 관찰하고 동물 추적 과학에 혁명을 일으키기 위한 노력에 동참할 예정이다. 2018년 우주 유영을 하는 러시아 우주비행사들이 설치한 궤도를 선회하는 전초기지에 탑재된 대형 안테나와 다른 장비들이 시험 중이며 올 여름에 완전히 가동될 것이다. 그 시스템은 이전의 추적 기술보다 훨씬 더 광범위한 데이터를 전달하여 동물의 위치뿐만 아니라 생리학과 환경도 기록할 것이다. 이것은 이동하는 야생동물을 면밀히 모니터링해야 하는 과학자, 환경보호론자, 그 밖의 작업을 수행하는 사람들을 돕고 세계 생태계의 건강에 대한 훨씬 더 자세한 정보를 제공할 것이다.

VOCA

- space station 우주 정거장
- orbit 궤도를 돌다
- planet 행성
- be about to 곧 ∼ 할 것이다[∼하려고 한다]
- monitor 모니터[감시]하다, 관찰하다
- revolutionize 대변혁[혁신]을 일으키다
- animal tracking 동물 추적
- antenna 안테나
- outpost 전초 기지
- install 설치[가설]하다, 설비하다
- spacewalking 우주 유영
- relay 전달하다
- log 기록하다
- assist 돕다, 지원하다
- conservationist 환경보호론자

14 난도 ★☆☆

독해 > 세부 내용 찾기 > 내용 (불)일치

정답의 이유

③ 추수감사절과 크리스마스, 설날에 휴무라고 했으므로, 글의 내용과 일치하지 않는 것은 ③ 'The Home of David Williams is open all year round(David Williams의 집은 1년 내내 개방한다).'이다.

오답의 이유

① 도서관과 박물관은 12월에는 오후 5시에 문 닫는다. → 첫 번째 문장에서 'The David Williams Library and Museum is open 7 days a week, from 9:00 a.m. to 5:00 p.m. (NOV−MAR) ~ (Williams 도서관과 박물관은 1주일에 7일, 오전 9시부터 오후 5시까지(11월~3월), ~ 개방한다).'라고 했으므로 글의 내용과 일치한다.

② 방문객들은 현장에서 홈 투어 티켓을 구입할 수 있다. → 일곱 번째 문장에서 'Tickets for tours of the Home may be purchased on-site during normal business hours(홈 투어 티켓은 정상 영업 시간 동안 현장에서 구입할 수 있습니다).'라고 했으므로 글의 내용과 일치한다.

④ 도서관 열람실에서 무료로 연구를 할 수 있다. → 마지막에서 두 번째 문장에서 'There is no charge for conducting research in the David Williams Library research room(David Williams 도서관의 열람실에서 연구를 수행하는 데는 비용이 들지 않습니다).'이라고 했으므로 글의 내용과 일치한다.

본문해석

David Williams 도서관과 박물관은 1주일에 7일, 오전 9시부터 오후 5시까지(11월~3월), 오전 9시부터 오후 6시까지(4월~10월) 개방합니다. 온라인 티켓은 아래 링크에서 구입할 수 있습니다. 구입 후에 이메일 확인서를 받게 됩니다(스팸 폴더를 반드시 확인하세요). 구매 증명으로 이 확인서를 인쇄하거나 스마트 기기에 저장하여 가져오세요.

• 온라인 티켓: buy.davidwilliams.com/events

David Williams 도서관과 박물관, David Williams의 집(National Heritage Service에서 운영)은 각각의 별도 성인 입장권을 제공합니다. 홈 투어 티켓은 정상 영업 시간 동안 현장에서 구입할 수 있습니다.

• 휴관일: 추수감사절, 크리스마스, 설날

David Williams 도서관의 열람실에서 연구를 수행하는 데는 비용이 들지 않습니다.

자세한 사항은 1 (800) 333-7777로 전화해 주세요.

VOCA

• purchase 구매하다, 구입하다
• link 링크
• receive 받다, 얻다
• offer 제공하다

• separate 각각의, 개별적인
• on-site 현장의
• research room 열람실

15 난도 ★★☆

독해 > 대의 파악 > 요지, 주장

정답의 이유

첫 번째 문장에서 'Preparedness for animal disease outbreaks has been a top priority for the Board of Animal Health (BOAH) for decades(동물 질병 발병에 대한 대비는 수십 년 동안 동물보건위원회(BOAH)의 최우선 과제였다).'라고 했으므로 글의 요지로 적절한 것은 ② 'BOAH's main goal is to respond to animal disease epidemic(BOAH의 주요 목표는 동물 질병 유행에 대응하는 것이다).'이다.

오답의 이유

① BOAH는 FAD를 위한 수의사 훈련에 주력한다.
③ BOAH는 국제 무역 기회를 적극적으로 홍보한다.
④ BOAH는 FAD의 원인에 대한 실험실 연구를 선도할 작정이다.

본문해석

동물 건강 비상사태

동물 질병 발병에 대한 대비는 수십 년 동안 동물보건위원회(BOAH)의 최우선 과제였다. 전염성이 높은 동물 질병 사건은 공중 보건이나 식품 안전과 보안의 중요성뿐만 아니라 경제적으로도 파괴적인 영향을 미칠 수 있다.

외래 동물 질병

외국 동물 질병(FAD)은 현재 국내에서 발견되지 않는 질병으로, 동물에게 심각한 질병 또는 사망을 유발하거나, 다른 국가들과 주들과 무역 기회를 제거함으로써 광범위한 경제적 피해를 일으킬 수 있다.

FAD 진단 교육을 받은 몇몇 BOAH 수의사들이 24시간 내내 FAD 의심 사례를 조사할 수 있다. FAD를 나타내는 임상 징후가 있는 동물에 대한 보고가 접수되거나 진단 실험실에서 의심스러운 검사 결과를 확인하면 조사가 시작된다.

VOCA

• emergency 비상 (사태)
• preparedness 준비[각오](가 된 상태)
• outbreak 발생[발발]
• contagious 전염되는, 전염성의
• economically 경제적으로
• devastating 대단히 파괴적인
• consequence 중요성, 결과
• cause 원인이 되다, 일으키다, 야기하다
• extensive 광범위한[폭넓은]
• eliminate 없애다, 제거[삭제]하다
• veterinarian 수의사
• diagnose 진단하다
• investigate 수사[조사]하다, 살피다

- suspected 미심쩍은, 의심나는
- trigger 일으키다, 시작케 하다, 유발하다
- indicative 암시하는, 나타내는, 징후가 있는
- diagnostic 진단의

16 난도 ★★☆   정답 ②

독해 > 글의 일관성 > 무관한 어휘·문장

정답의 이유

주어진 글은 글쓰기 과제에서 반응 에세이에 대한 내용으로, ②번 문장은 글쓰기에서 주장을 효과적으로 변호할 수 있도록 신뢰할 수 있는 사실을 수집하는 것이 중요하다는 내용이다. ② 앞 문장에서 반응 에세이에서 보통 생각하고 응답할 수 있는 '프롬프트'가 작성자에게 주어진다고 했고, ② 다음 문장에서 일반적인 프롬프트 유형을 설명하고 있으므로, 글의 흐름상 어색한 문장은 ②이다.

본문해석

모든 교과목에 나타나는 매우 일반적인 글쓰기 과제는 반응 또는 대응이다. 반응 에세이에서, 보통 생각하고 응답할 수 있는 '프롬프트(시각적 또는 서면 자극)'가 작성자에게 주어진다. 여러분의 주장을 효과적으로 변호할 수 있도록 신뢰할 수 있는 사실을 수집하는 것은 매우 중요하다. 이런 유형의 글쓰기를 위한 일반적인 프롬프트 또는 자극은 인용문, 문학 작품, 사진, 그림, 멀티미디어 프레젠테이션, 뉴스 이벤트를 포함한다. 반응은 특정 프롬프트에 대한 작성자의 감정, 의견, 개인적인 관찰에 초점을 맞춘다. 반응 에세이를 작성하는 데 있어 여러분의 과제는 두 가지인데, 프롬프트를 간략하게 요약하는 것과 그것에 대한 여러분의 개인적인 반응을 주는 것이다.

VOCA

- academic discipline 학과, 교과
- reaction 반응, 반작용
- response 대답, 응답
- prompt 프롬프트(운영 체제에서 사용자에게 보내지는 메시지)
- stimulus 자극제, 자극
- gather 모으다[수집하다]
- reliable 믿을[신뢰할] 수 있는
- defend 옹호[변호]하다
- argument 논쟁, 주장, 논거
- quote 인용구[문], 인용하다
- focus on ~에 주력하다, 초점을 맞추다
- twofold 이중적인, 두 배의
- summarize 요약하다

17 난도 ★★★   정답 ②

독해 > 글의 일관성 > 문장 삽입

정답의 이유

주어진 문장에서 '다른 사람들에게는, 행동주의는 논란의 여지가 있고 파괴적인데, 결국, 그것은 종종 사물의 질서에 직접적으로 도전하는 모순되는 활동으로 나타난다.'라는 내용이다. ② 앞 문장에서 'For some, activism is a theoretically or ideologically focused project intended to effect a perceived need for political or social change(어떤 사람들에게는, 행동주의는 정치적 또는 사회적 변화를 위하여 인지된 필요에 영향을 미치려는 의도로 이론적 또는 이념적으로 강조된 프로젝트이다).'라고 했고, ② 다음 문장에서 행동주의는 불편하고, 때로는 지저분하고, 대부분 언제나 격렬하다고 했으므로, 주어진 문장이 들어갈 위치로 가장 적절한 것은 ②이다.

본문해석

행동주의는 종종 개인과 집단이 원하는 목표를 달성하기 위해 실행하는 의도적이고, 격렬하거나 강력한 행동으로 정의된다. 어떤 사람들에게는, 행동주의는 정치적 또는 사회적 변화를 위하여 인지된 필요에 영향을 미치려는 의도로 이론적 또는 이념적으로 강조된 프로젝트이다. 다른 사람들에게는, 행동주의는 논란의 여지가 있고 파괴적인데, 결국, 그것은 종종 사물의 질서에 직접적으로 도전하는 모순되는 활동으로 나타난다. 행동주의는 불편하고, 때로는 지저분하고, 대부분 언제나 격렬하다. 게다가, 그것은 활동가들, 다시 말해서, 실행 가능한 전략을 개발하고, 특정 문제에 집단적인 스포트라이트를 집중하고, 궁극적으로 사람들을 행동하게 하는 사람들의 존재와 헌신이 없이는 생기지 않는다. 저명한 학자가 시사하듯이, 효과적인 활동가들은 또한 때로 요란하게 소란을 피운다.

VOCA

- activism 행동주의
- controversial 논란이 많은
- disruptive 파괴적인, 붕괴를 초래하는
- manifest 나타나다, 분명해지다
- confrontational 대치되는, 대립의, 모순되는
- define 정의하다
- vigorous 격렬한
- energetic 강력한, 효과적인
- practice 실행하다, 실천하다
- bring about 일으키다, 초래하다
- perceive 인지하다, 감지하다, 파악하다
- messy 지저분한, 혼란을 일으키는
- strenuous 격렬한, 분투적인
- commitment 전념, 헌신
- workable 사용 가능한, 실현할 수 있는
- collective 집합적인, 집단의
- spotlight 스포트라이트
- move into action 행동하게 하다, 조치에 들어가다
- make noise 소음을 내다

18 난도 ★★☆   정답 ③

독해 > 글의 일관성 > 글의 순서

정답의 이유

주어진 글은 Nick이 불을 피우고 불 위에 철사 그릴을 설치하는 것으로 끝난다. 따라서 시간 순서로 볼 때 주어진 글 다음에는 그릴 위에 프라이팬을 올리고 콩과 스파게티를 요리하는 (C)가 오는 게 자연스럽다. (C)의 마지막에서 Nick이 그것들을 젓고 섞었다고 했으므로, '그것들이 거품을 내기 시작했다고 시작하는 (A)가 이어지고, 마지막으로 요리가 거의 완성되어 Nick이 불 옆에 앉아서 프라이팬을 들어 올리는 장면인 (B)가 오는 것이 자연스럽다.

본문해석

Nick은 나무 그루터기에서 도끼로 얻은 소나무 장작으로 불을 피웠다. 그의 장화로 네 다리를 땅속으로 박아서 밀어 넣은 철사 그릴을 불 위에 놓았다.
(C) Nick은 불 위에 있는 그릴에 프라이팬을 올려놓았다. 그는 더 배고팠다. 콩과 스파게티가 따뜻해졌다. 그는 그것들을 젓고 함께 섞었다.
(A) 그것들이 거품을 내기 시작했고, 표면으로 어렵게 떠오른 작은 거품들을 만들었다. 좋은 냄새가 났다. Nick은 토마토 케첩 한 병을 꺼내고 빵을 네 조각으로 자른다.
(B) 이제 작은 거품들이 더 빨리 나오고 있었다. Nick은 불 옆에 앉아 프라이팬을 들어 올렸다.

VOCA

• chunk (장작 따위의) 큰 나무 토막
• stump 그루터기
• stick 찌르다[박다]
• push ~ down 끌어내리다
• stir 젓다, 섞다
• bubble 거품, 기포
• get out 떠나다[나가다]
• slice (음식을 얇게 썬) 조각
• lift (위로) 들어 올리다[올리다]

19 난도 ★★☆   정답 ④

독해 > 빈칸 완성 > 단어 · 구 · 절

정답의 이유

빈칸 문장의 앞부분에서 'Technological progress increases productivity and incomes in the overall economy(기술의 진보는 전체 경제에서 생산성과 수입을 증가시키고)'라고 했고, 빈칸 앞에서 'higher incomes lead to higher demand for goods and thus~(더 높은 수입은 상품에 대한 더 높은 수요에 따라서 ~로 이어진다)'라고 했으므로, 문맥상 빈칸에 들어갈 적절한 것은 ④ 'higher demand for labor(노동력에 대한 더 높은 수요)'이다.

오답의 이유

① 증가하는 실직
② 직장에서의 승진 지연
③ 직장에서의 만족도 향상

본문해석

기술의 진보는 직물과 같은 단일 산업의 일자리를 파괴할 수 있다. 그러나, 역사적인 증거는 기술의 진보가 한 국가 전체에서 실업을 낳지 않는다는 것을 보여준다. 기술의 진보는 전체 경제에서 생산성과 수입을 증가시키고, 더 높은 수입은 상품에 대한 더 높은 수요에 따라서 노동력에 대한 더 높은 수요로 이어진다. 결과적으로, 한 산업에서 일자리를 잃은 노동자들은 다른 산업에서 일자리를 찾을 수 있을 것이지만, 그들 중 대다수 사람들에게 시간이 걸릴 수 있고 Luddites(기계화에 반대하는 사람들)와 같은 일부 사람들은 결국 자신들의 새로운 직업에서 더 낮은 임금을 받게 될 것이다.

VOCA

• destroy 파괴하다, 말살하다
• textile 직물, 옷감
• evidence 증거, 흔적
• unemployment 실업, 실업률
• productivity 생산성
• income 소득, 수입
• lead to ~로 이어지다
• demand 수요
• end up with 결국 ~하게 되다

20 난도 ★★★   정답 ③

독해 > 빈칸 완성 > 단어 · 구 · 절

정답의 이유

빈칸 앞부분에서 'There is no substitute for oil, which is one reason~(석유를 대체할 수 있는 것이 없는데, 이는 ~하는 한 가지 이유이다).'라고 했고, 다음 문장의 후반부에서 '~ oil remains by far the predominant fuel for transportation(~ 석유는 단연코 수송을 위한 주요한 연료로 남아 있다)'이라고 했다. 세 번째, 네 번째 문장에서 세계 경제가 활기를 띠면, 석유 수요가 증가하여 가격이 상승하고 더 많이 생산하도록 생산자들을 독려하고, 과잉 생산한 만큼 이러한 높은 가격이 경제 성장을 잠식하고 수요를 축소한다고 했으므로, 문맥상 밑줄 친 부분에 들어갈 말로 가장 적절한 것은 ③ 'it is prone to big booms and deep busts(그것이 세계 경제를 큰 호황과 깊은 불황에 빠뜨리기 쉬운)'이다.

오답의 이유

① 자동차 산업이 번창하는
② 그것은 국경 사이에 혼란을 일으키는
④ 재생 가능 에너지에 대한 연구가 제한적인

석유를 대체할 수 있는 것이 없는데, 이는 그것이 세계 경제를 큰 호황과 깊은 불황에 빠뜨리기 쉬운 한 가지 이유이다. 우리는 석탄이나 천연가스를 통해 전기를 생산할 수 있는 반면에, 원자력이나 재생에너지는 가격에 따라 공급원에서 공급원으로 전환되며, 석유는 단연코 수송을 위한 주요한 연료로 남아 있다. 세계 경제가 활기를 띠면, 석유 수요가 증가하여 가격이 상승하고 더 많이 생산하도록 생산자들을 독려한다. 불가피하게, 공급업체들이 과잉 생산을 하고 있는 만큼 이러한 높은 가격은 경제 성장을 잠식하고 수요를 축소한다. 가격은 폭락하고, 그 주기가 처음부터 다시 시작된다. 그것은 생산자들에게 좋지 않은데, 가격이 폭락하면 책임을 덮어쓰게 될 수도 있으며, 미래의 에너지 가격에 대해 불확실한 소비자들과 산업을 손상시킨다. 1990년대의 저유가는 미국 자동차 회사들을 불길한 무사안일주의 상태로 빠뜨렸으며, 그들은 석유가 비싸질 경우 사용 가능한 효율적인 모델을 갖고 있지 않았다.

VOCA

- substitute 대용물[품], 대체물
- take ~ along with ~을 같이 데리고 가다
- generate 발생시키다, 만들어 내다
- electricity 전기, 전력
- renewable 재생 가능한
- switch from ~에서 바꾸다
- remain 계속[여전히] ~이다
- by far 훨씬, 단연코
- predominant 두드러진, 뚜렷한
- transportation 수송
- heat up 활기를 띠다
- boost 신장시키다, 북돋우다
- encourage 권장[장려]하다
- pump 솟구치다[쏟아지다]
- eat into (돈 · 시간을) 축내다
- supplier 공급자, 공급 회사
- overproduce 과잉 생산하다
- crash 폭락[붕괴/도산]하다
- start all over again 처음부터 다시 하다
- hold the bag (비난 · 책임 따위를) 혼자 덮어쓰다
- plummet 곤두박질치다, 급락하다
- disastrous 지독한, 불길한, 불운한
- complacency 자기 만족, 무사안일주의

교정직

문제편

PART 1

국어

꼭 읽어보세요!

2025년 국어 과목 출제기조 변화

2025년 국가직 9급 공무원 시험부터 문법이나 어휘 등 암기 영역의 문제가 줄어들고 이해력과 추론력, 비판력을 평가하는 문제의 비중이 커졌습니다. 문학 영역 또한 작품을 제시하는 유형에서 벗어나 문학을 소재로 한 지문을 제시하는 비문학 독해 형식으로 출제되었습니다.

기출문제 학습 시 유의사항

본서는 2025년 국어 과목 출제기조 변화에 따라 출제 유형에서 벗어나거나 달라지는 문항에 ×표시를 하였습니다. 이는 행정안전부가 공개한 2025년 출제기조 전환 예시문제를 기준으로 한 것이며, **실제 출제 방향과 다를 수 있다는 점에 유의**하여 학습에 임하시기 바랍니다.

×표시를 한 문항은 출제되지 않는 영역이라는 의미가 아닌, 출제기조 변화에 따라 유형이 바뀔 수 있는 문항임을 표시한 것입니다. 문법 영역은 국어학이나 언어학을 소재로 한 비문학 지문을 통해 사례를 추론하는 유형으로 전환되며, 어휘 영역은 한자어나 어휘 자체의 의미를 암기하는 문항에서 벗어나 지문의 맥락 속에서 의미를 파악하는 유형으로 전환됩니다. 문학도 작품을 그대로 지문으로 제시하는 것이 아닌 국문학을 소재로 한 비문학 지문으로 출제됩니다.

출제경향

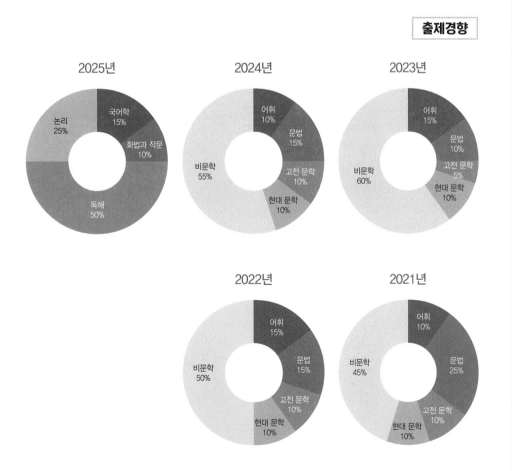

2025년
- 국어학 15%
- 화법과 작문 10%
- 독해 50%
- 논리 25%

2024년
- 어휘 10%
- 문법 15%
- 고전 문학 10%
- 현대 문학 10%
- 비문학 55%

2023년
- 어휘 15%
- 문법 10%
- 고전 문학 5%
- 현대 문학 10%
- 비문학 60%

2022년
- 어휘 15%
- 문법 15%
- 고전 문학 10%
- 현대 문학 10%
- 비문학 50%

2021년
- 어휘 10%
- 문법 25%
- 고전 문학 10%
- 현대 문학 10%
- 비문학 45%

✅ 회독 CHECK 1 2 3

01 〈공공언어 바로 쓰기 원칙〉에 따라 〈공문서〉의 ㉠~㉣을 수정한 것으로 적절하지 않은 것은?

〈공공언어 바로 쓰기 원칙〉
• 생소한 외래어나 외국어는 우리말로 다듬을 것
• 주어와 서술어의 관계를 명확하게 표현할 것
• 문맥에 맞는 정확한 어휘를 사용할 것
• 지나친 명사 나열을 피하고 적절한 조사와 어미를 활용하여 문장을 구성할 것

〈공문서〉
ㅁㅁ개발연구원

수신　수신처 참조
제목　종합 성과 조사 협조 요청

1. 귀 기관의 무궁한 발전을 기원합니다.
2. 본원은 디지털 교육 ㉠ 마스터플랜 수립을 위해 종합 성과 조사를 실시합니다. 본 조사의 대상은 지난 3년간 ㅁㅁ개발연구원의 주요 사업을 수행한 ㉡ 기업을 대상으로 합니다.
3. 별도의 전문 평가 기관에 조사를 ㉢ 위탁하며, 이 조사 결과를 바탕으로 ㉣ 학교 현장 교수 학습 환경 개선 정책 개발 및 디지털 교육 문화를 정착시키는 데에 기여하고자 합니다. 귀 기관의 협조를 부탁드립니다.

① ㉠: 기본 계획
② ㉡: 기업입니다
③ ㉢: 수주하며
④ ㉣: 학교 현장의 교수 학습 환경을 개선하는 정책을 개발하고

02 〈개요〉의 빈칸에 들어갈 내용으로 적절하지 않은 것은?

〈개요〉
• 제목: 청소년 아르바이트의 실태와 노동 문제 개선 방안
Ⅰ. 청소년 아르바이트의 실태
　1. 열악한 노동 환경 및 복지 혜택 부족
　2. 임금 체불 및 최저 임금제 위반
　3. 사업장 내의 빈번한 폭언 및 폭행 발생
Ⅱ. 청소년 아르바이트의 노동 문제 발생 원인
　1. 청소년의 노동 환경에 대한 실효성 있는 제도 부족
　2. 노동 관계법에 관한 청소년 고용 업주의 인식 부족
　3. 청소년 노동자의 인권을 존중하지 않는 사회의 통념
Ⅲ. 청소년 아르바이트의 노동 문제 개선 방안
　[   ]

① 청소년의 노동 환경 개선을 위한 제도 정비
② 청소년 고용 업주에 대한 노동 관계법 교육과 지도 확대
③ 청소년 노동자의 인권 보호를 위한 사회적 교육 기관 설립
④ 청소년 고용 업체 규모 축소를 위한 정부의 지속적인 감독과 단속

03 다음 글의 (가)와 (나)에 들어갈 말을 적절하게 나열한 것은?

> 두 개 이상의 형태소로 이루어진 단어를 복합어라 한다. 복합어를 처음 두 개로 쪼갰을 때의 구성 요소를 직접구성요소라고 한다. 이 직접구성요소를 분석한 결과, 둘 중 어느 하나가 접사이면 파생어이고, 둘 다 어근이면 합성어이다. 즉 합성어는 '어근+어근'의 구성인데, 이는 합성어를 구성하는 두 구성 요소 중 어느 것도 접사가 아니라는 말이다.
>
> 그런데 '쏜웃음'과 같은 단어에는 접사 '-음'이 있으니까 (가) 가 아니냐고 반문할 수 있다. 그러나 이는 복합어 구분의 기준을 온전히 이해하지 못했기 때문에 나올 수 있는 질문이다. 전술한 바와 같이 복합어가 파생어인지 합성어인지를 결정하는 기준은 처음 두 개로 쪼갰을 때 두 구성 요소의 성격이며, 2차, 3차로 쪼갠 결과는 복합어 구분에 관여하지 않는다. 즉 '쏜웃음'의 두 구성 요소 중의 하나인 '웃음'은 파생어이지만 이 '웃음'이 또 다른 단어 형성에 참여할 때는 (나) (으)로 참여하는 것이다.

	(가)	(나)
①	합성어	접사
②	합성어	어근
③	파생어	접사
④	파생어	어근

04 다음 글을 이해한 내용으로 가장 적절한 것은?

> 20세기에 접어들면서 우리는 새로운 시대의 변화를 다양한 영역에서 확인할 수 있게 되었다. 문학 영역도 마찬가지였다. 이전과 뚜렷이 구별되는 유형과 성격의 문학작품이 등장하였고, 이에 따라 다양한 독자층이 새롭게 형성되었다. 20세기 초 우리나라의 문학 독자층은 흔히 두 가지로 구분되었다. 하나는 구활자본 고전소설과 일부 신소설의 독자인 '전통적 독자층'이고, 다른 하나는 이 시기 새롭게 등장하여 유행하기 시작한 대중소설, 번안소설, 신문 연재 통속소설을 즐겨 봤던 '근대적 대중 독자층'이다. 전통적 독자층에는 노동자와 농민, 양반, 부녀자 등이 속하고, 근대적 대중 독자층에는 도시 노동자, 학생, 신여성 등이 속했다.
>
> 그런데 20세기 초 문학 독자층 중에는 전통과 근대의 두 범주에 귀속시키기 어려운 독자층도 존재했다. 이 시기 신문학의 순수문학 작품, 일본을 비롯한 외국의 순수문학 소설 등을 향유했던 사람들이 바로 그들이다. 문자를 익숙하게 다루고 외국어를 지속적으로 습득한 지식인층은 근대적 대중 독자층과는 다른 문학적 향유 양상을 보여 주었던 것이다. 이들은 '엘리트 독자층'이라고 부를 수 있다.

① 근대적 대중 독자층에서 엘리트 독자층이 분화되어 나왔다.

② 20세기 초의 문학 독자층을 구분하는 기준은 신분과 학력이었다.

③ 엘리트 독자층에 속한 사람들은 우리나라 문학작품 외에도 외국 소설을 읽었다.

④ 근대적 대중 독자층에 속한 사람들은 전통적 독자층에 속한 사람들보다 경제적으로 부유했다.

05 다음 글의 ⊙~㉣ 중 어색한 곳을 찾아 가장 적절하게 수정한 것은?

> 소리는 보통 귀로 듣는다고 생각한다. 그렇지만 앰프에서 강력한 저음이 흘러나오는 것을 듣고 몸이 흔들리는 것을 경험할 때, 우리는 소리를 몸으로 느낀다고 생각하기도 한다. 가청 주파수 대역의 하한인 20Hz보다 낮은 주파수의 진동이 발생하면 ⊙ 우리의 몸은 흔들리지만 귀로는 아무것도 듣지 못한다. 우리는 이 들리지 않는 진동을 '초저주파음'이라고 부른다. ⓛ 귀에 들리지 않는 진동도 소리로 간주할 수 있다는 생각에서이다.
>
> 높은 주파수의 영역에서도 귀에 들리지 않는 진동이 있다. ⓒ 사람은 보통 20,000Hz 이상의 진동이 귀에 도달하면 소리로 인식한다. 가청 주파수 대역의 상한을 넘겨서 더 높은 주파수의 진동이 발생하면 사람의 귀에 들리지 않는 것이다. 이때의 음파를 '초음파'라고 부른다.
>
> 사람과 동물은 가청 주파수 대역이 다르다. 그래서 동물은 사람에게 들리지 않는 소리를 들을 수 있다. 예컨대 우리와 가까이 지내는 개의 경우, 가청 주파수 대역의 하한은 사람과 비슷하지만 50,000Hz의 진동까지 소리로 인식할 수 있다. 그래서 개는 사람이 듣지 못하는 기척을 알아차리기도 한다. 이는 개의 가청 주파수 대역이 ㉣ 사람의 가청 주파수 대역보다 넓기 때문이다.

① ⊙: 우리의 몸이 흔들리지 않을 뿐 귀로는 저음을 들을 수 있다

② ⓛ: 귀에 들리지 않는 진동은 소리로 간주할 수 없다는 생각에서이다

③ ⓒ: 사람은 보통 20,000Hz 이상의 진동이 귀에 도달하면 소리로 인식하지 못한다

④ ㉣: 사람의 가청 주파수 대역보다 좁기 때문이다

06 (가)~(라)를 맥락에 맞추어 가장 적절하게 나열한 것은?

> (가) 그 원리를 알려면 LCD와 OLED의 차이를 이해해야 한다. LCD는 다른 조명 장치의 도움을 받아 시각적 효과를 낸다. 다시 말해 스스로 빛을 내지 못한다는 것이다. 따라서 LCD는 화면 뒤에 빛을 공급하는 백라이트가 필요하다는 특성을 갖는다.
>
> (나) 자유롭게 말았다 펼 수 있는 '롤러블 TV'가 개발되었다. 평소에는 말거나 작게 접어서 간편하게 가지고 다니다가 필요할 때 펴서 사용하는 태블릿이나 노트북이 상용화될 날도 머지않았다. 기존에 우리가 생각하는 텔레비전 화면이나 모니터는 평평하고 딱딱한 것인데, 어떻게 접거나 말 수 있을까?
>
> (다) OLED 기술은 모양을 자유롭게 변형할 수 있는 모니터 개발을 가능하게 하였다. 딱딱한 유리 대신에 쉽게 휘어지는 특수 유리나 플라스틱을 이용함으로써 둥글게 말았다가 펼 수 있는 화면을 생산할 수 있게 된 것이다.
>
> (라) 반면 OLED는 화소 단위로 빛의 삼원색을 내는 유기 반도체로 구성되어 있어 스스로 빛을 낼 수 있다. OLED 제품은 화면 뒤에 백라이트를 설치할 필요가 없기 때문에 얇게 만들 수도 있고 특수 유리나 플라스틱으로 제작할 수도 있다.

① (나) - (가) - (다) - (라)

② (나) - (가) - (라) - (다)

③ (다) - (가) - (라) - (나)

④ (다) - (나) - (라) - (가)

[07~08] 다음 글을 읽고 물음에 답하시오.

동물이 신체의 내부 온도를 정상 범위 안에서 유지하는 과정을 '체온조절'이라고 한다. 체온조절을 위하여 동물은 신체 내부의 물질대사를 통해 열을 발생시키거나 외부 환경에서부터 열을 ⊙ 획득한다. 조류나 포유류는 체내의 물질대사에 의하여 생성된 열로 체온을 유지하기 때문에 '내온동물'이라고 부른다. 대부분의 내온동물은 외부 온도가 변화해도 안정적으로 체온을 유지한다. 추운 환경에 노출되어도 내온동물은 충분한 열을 생성해서 주변보다 더 따뜻하게 체온을 유지할 수 있다.

이와 달리 양서류나 많은 종류의 파충류와 어류는 열을 외부에서부터 획득하기 때문에 '외온동물'이라고 부른다. 외온동물은 체온조절을 위한 충분한 열을 생성하지는 않지만 그늘을 찾거나 햇볕을 쬐는 것과 같은 행동을 통해 체온을 ⓒ 조절한다. 외온동물은 열을 외부에서 얻기 때문에 체내의 물질대사를 통해 큰 에너지를 생성할 필요가 없어서 동일한 크기의 내온동물보다 먹이를 적게 섭취한다.

한편 체온의 안정성을 기준으로 동물을 '항온동물'과 '변온동물'로 ⓒ 구분하기도 한다. 주위 환경과 관계없이 비교적 일정한 체온을 유지하는 동물을 항온동물, 주위 환경에 따라서 체온이 변하는 동물을 변온동물이라고 부른다. 한때는 내온동물과 외온동물을 각각 항온동물과 변온동물이라고 부르기도 했다.

그런데 체온조절을 위해 열을 획득하는 방식과 체온의 안정성을 유지하는 것은 별개의 문제이다. 외온동물에 속하는 많은 종류의 해양 어류는 일정한 온도가 유지되는 물에서 ⓔ 서식하기 때문에 체온이 크게 변하지 않는다. 반대로 어떤 내온동물은 체온의 변화가 급격하게 일어나기도 한다. 예컨대 박쥐 중에는 겨울잠을 자면서 체온을 40℃나 떨어뜨리는 종류도 있다. 내온동물과 외온동물을 구분하는 방식과 항온동물과 변온동물을 구분하는 방식 사이에는 어떠한 상관관계도 없다.

07 윗글의 중심 내용으로 가장 적절한 것은?

① 내온동물과 외온동물의 특징을 통해 항온동물과 변온동물의 특징을 밝힐 수 있다.

② 체온조절을 위한 열 획득 방식과 체온의 안정성은 동물을 분류하는 서로 다른 기준이다.

③ 동물을 내온동물과 외온동물로 구분하는 기준은 항온동물과 변온동물로 구분하는 기준보다 모호하다.

④ 체온조절을 위한 열 획득 방식보다 체온의 안정성을 유지하는 방식이 동물을 분류하는 더 적합한 기준이 된다.

08 윗글의 ⊙~ⓔ과 바꿔 쓸 수 있는 유사한 표현으로 적절하지 않은 것은?

① ⊙: 얻는다

② ⓒ: 올린다

③ ⓒ: 나누기도

④ ⓔ: 살기

[09~10] 다음 글을 읽고 물음에 답하시오.

이집트 벽화에서 신, 파라오, 귀족은 특이한 모습으로 표현된다. 신체의 주요 부위를 이상적으로 보여줄 수 있도록 눈은 정면, 얼굴은 측면, 가슴은 정면, 발은 측면을 향하게 조합하여 그린 것이다. 이는 단일한 시점에서 대상을 표현한 것이 아니라 여러 시점에서 바라본 모습을 하나의 형상에 집약한 것이다. 이렇게 그려진 ㉠ 그들의 모습은 이상적인 부분끼리의 조합을 통해 완전하고 완벽하며 장중한 형상을 보여 주고자 한 의도의 결과이다. 그런데 벽화에 표현된 대상들 중 신, 파라오, 귀족과 같은 고귀한 존재는 이렇게 그려지고, 평범한 일반인은 곧잘 이런 방식과 관계없이 꽤 사실적으로 그려졌다. ㉡ 그들을 서로 다른 방식으로 표현하였다는 점은 이집트 미술이 특정한 이데올로기를 통해 양식화되어 있음을 선명하게 보여 준다.

이 이데올로기에 따르면, 신과 파라오, 나아가 귀족은 '존재하는 자'이고, 죽을 운명을 가진 평범한 사람들은 그저 '행위하는 자'이다. 평범한 사람들이 일하는 모습을 그릴 때 사실적으로, 그러니까 얼굴이 측면이면 가슴도 측면으로 자연스럽게 그리는 것은, 그들이 썩어 없어질 찰나의 인생을 살고 있기 때문이다. 그러기에 ㉢ 그들은 이 세상에서 실제로 행위하는 모습 그대로 그려진다. 반면 고귀한 존재는 삼라만상의 변화와 관계없이 영원한 세계의 이상을 반영한다. 그러기에 ㉣ 그들은 이상적 규범에 따라 불변의 양식으로 그려진다.

이렇게 같은 인간을 표현해도 위계에 따라 표현 방식을 달리한 것은 이집트 종교의 영향 때문이다. 이집트 종교는 수직적이고 이원적인 정신성에 그 토대를 두고 있다. 이런 이원론적인 정신성은 양식화된 이상주의적 미술로 표현되는 경향이 있다. 이집트의 벽화가 바로 그 대표적인 사례이다.

09 윗글에서 추론한 내용으로 가장 적절한 것은?

① 이집트의 벽화에서는 존재와 행위를 동등한 가치로 표현하고 있다.

② 이집트의 종교가 가지는 정신성은 이집트의 미술 양식에 영향을 끼쳤다.

③ 이집트의 이상주의적 미술에서는 평범한 사람들은 그리지 않고 고귀한 존재들만 표현하였다.

④ 이집트인들은 신체를 바라보는 독특한 시점을 토대로 예술에 관한 이데올로기를 형성하였다.

10 윗글의 ㉠~㉣ 중 문맥상 지시 대상이 같은 것만으로 묶인 것은?

① ㉠, ㉣

② ㉡, ㉢

③ ㉠, ㉡, ㉣

④ ㉠, ㉢, ㉣

[11~12] 다음 글을 읽고 물음에 답하시오.

조선 시대 소설은 표기 문자에 따라 한자로 ㉠표기한 한문소설과 한글로 표기한 한글소설, 두 가지로 나눈다. 한문소설은 중국에서 들여온 한문소설, 조선에서 창작한 한문소설, 조선의 한글소설을 ㉡번역한 한문소설로 나눈다. 그리고 한글소설은 중국소설을 번역한 한글소설, 조선에서 창작한 한문소설을 번역한 한글소설, 조선에서 창작한 한글소설로 나눈다. 조선 시대에 많은 한글소설이 창작되어 읽혔지만, 이를 저급한 오락물로 여겼던 당대의 지식인들은 한글소설을 외면했으므로 그에 관해 ㉢기록한 문헌을 거의 남기지 않았다. 반면에 이들은 한문소설, 특히 중국에서 들여온 한문소설을 즐겨 읽고 이에 관한 많은 기록을 남겼다.

중국에서 들여온 한문소설은 조선에서도 인쇄된 책으로 읽혔기 때문에 필사본이 거의 없다. 이와 대조적으로 조선에서 창작한 한문소설은 필사본으로 유통되었다. 조선의 필사본 소설은 뚜렷한 특징을 보이는데, 한문소설을 ㉣필사한 경우는 이본별 내용 차이가 거의 없는 반면 한글소설을 필사한 경우는 그렇지 않다는 점이다. 한글소설은 같은 제목의 소설이라도 내용이 상당히 다른 다양한 이본이 있었다. 이는 한문소설의 독자는 문자 그대로 독자였던 것에 비하여 한글소설의 독자는 독자이면서 이야기를 개작하는 작자이기도 했기 때문이다. 한자에 비해 한글은 익히기 쉽고 그만큼 쓰기도 편해서 한글소설의 필사자는 내용을 바꾸고 싶다는 의지가 있다면 쉽게 바꿀 수 있었다. 한글소설은 인쇄본이 아니라 필사본으로 많이 유통되었기 때문에 (가)옮겨 쓰는 과정에서 다양한 이본이 생겨났다.

조선 시대 소설을 이해하는 데 있어서 소설을 표기한 문자는 무엇보다 중요하다. 표기 문자는 소설의 종류를 나누는 기준이 되었을 뿐만 아니라, 소설의 감상 및 유통, 이본 생산에 직접적인 영향을 미쳤다.

11 윗글에서 추론한 내용으로 가장 적절한 것은?

① 조선 시대의 소설은 한글소설보다 한문소설의 종류가 훨씬 다양했다.

② 조선 시대의 지식인들은 조선에서 창작한 한문소설을 저급한 오락물로 여겼다.

③ 한자로 필사할 때보다 한글로 필사할 때 필사자의 의견이 반영되어 개작되기 쉬웠다.

④ 조선의 필사본 소설 중 한문소설을 필사한 것은 소수였고 한글소설을 필사한 것이 대부분이었다.

12 윗글의 ㉠~㉣ 중 문맥상 (가)의 의미와 가장 가까운 것은?

① ㉠

② ㉡

③ ㉢

④ ㉣

13 다음 글에서 추론한 내용으로 가장 적절한 것은?

> 언어에는 중요한 몇 가지 특징이 있다. 첫째, 언어의 형식인 말소리와 언어의 내용인 의미 간에는 필연적 관계가 없다. 이를 언어의 '자의성'이라 한다. 즉 어떤 내용을 나타내는 형식은 약속으로 정할 뿐이라는 것이다. 둘째, 언어에서 형식과 내용의 관계에 대한 사회적 약속은 한번 정해지면 개인이 쉽게 바꿀 수가 없다. 이를 언어의 '사회성'이라 한다. 셋째, 언어는 시간의 흐름에 따라 사회 구성원이 바뀌면서 끊임없이 변화한다. 이를 언어의 '역사성'이라 한다. 넷째, 하나의 언어 형식은 수많은 구체적 대상이 가진 공통적인 속성을 개념화하여 표현한 것이다. 예컨대 우리는 세상에 존재하는 여러 책상들의 공통적 속성을 추출하여 하나의 언어 형식인 '책상'으로 표현한다. 이를 언어의 '추상성'이라 한다.

① 같은 언어 안에도 다양한 방언 형태가 존재한다는 것은 언어의 자의성을 보여주는 사례이다.

② 가족과 대화할 때는 직장 동료와 대화할 때와 다른 표현을 사용한다는 것은 언어의 사회성을 보여주는 사례이다.

③ 유명인이 개인적으로 사용한 유행어가 시간이 지나도 표준어로 인정되지 않는다는 것은 언어의 역사성을 보여주는 사례이다.

④ 새로운 줄임말이 끊임없이 만들어지고 있다는 것은 언어의 추상성을 보여주는 사례이다.

14 다음 글에서 추론한 내용으로 적절하지 않은 것은?

> 국어의 표준 발음법 규정에서는 이중모음의 발음과 관련한 여러 조항들을 찾을 수 있다. 이중모음은 기본적으로 글자 그대로 발음해야 하지만, 글자와 다르게 발음하는 원칙이 덧붙은 경우도 있다. 이중모음 'ㅢ'의 발음에는 세 가지 원칙이 적용된다. 첫째, 초성이 자음인 음절의 'ㅢ'는 단모음 [ㅣ]로 발음해야 한다. 둘째, 첫음절 이외의 음절에서 'ㅢ'는 이중모음 [ㅢ]로 발음하는 것이 원칙이나 단모음 [ㅣ]로도 발음할 수 있다. 셋째, 조사 '의'는 이중모음 [ㅢ]로 발음하는 것이 원칙이나 단모음 [ㅔ]로도 발음할 수 있다.
>
> 이 세 가지 원칙을 적용하여 발음하려 할 때 원칙 간에 충돌이 발생할 때가 있다. '무늬'의 경우, 첫째 원칙에 따르면 [무니]로 발음해야 하는데 둘째 원칙에 따르면 [무늬]도 가능하고 [무니]도 가능하게 된다. 이렇게 첫째와 둘째가 충돌할 때에는 첫째 원칙을 따른다. 하지만 물어본다는 뜻의 명사 '문의(問議)'처럼 앞 음절의 받침이 뒤 음절의 초성으로 오게 되는 경우에는 첫째 원칙이 적용되지 않고 둘째 원칙이 적용된다. '문의 손잡이'에서의 '문의' 역시 받침이 이동하여 발음되기는 하지만 조사 '의'가 포함되어 있다. 이처럼 둘째와 셋째가 충돌하는 상황에서는 셋째 원칙을 따른다.

① '꽃의 향기'에서 '꽃의'는 두 가지 발음이 가능하다.

② '거의 끝났다'에서 '거의'는 한 가지 발음만 가능하다.

③ '편의점에 간다'에서 '편의점'은 두 가지 발음이 가능하다.

④ '한 칸을 띄고 쓴다'에서 '띄고'는 한 가지 발음만 가능하다.

15 다음 대화의 빈칸에 들어갈 말로 가장 적절한 것은?

> 갑: 설명회는 다음 달 셋째 주 목요일이나 넷째 주 목요일에 개최해야 합니다.
> 을: 설명회를 _____.
> 병: 설명회를 다음 달 셋째 주 목요일에 개최하면, 홍보 포스터 제작을 이번 주 안에 완료해야 합니다.
> 정: 여러분의 의견대로 하자면, 반드시 이번 주 안에 홍보 포스터 제작을 완료해야 하겠군요.

① 다음 달 넷째 주 목요일에 개최해야 합니다
② 다음 달 셋째 주 목요일에 개최할 수 없습니다
③ 다음 달 넷째 주 목요일에 개최할 수 없습니다
④ 다음 달 넷째 주 목요일에 개최하면, 이번 주 안에 홍보 포스터 제작을 완료하지 않아도 됩니다

16 (가)~(다)를 전제로 할 때 빈칸에 들어갈 결론으로 가장 적절한 것은?

> (가) 인공일반지능이 만들어지거나 인공지능 산업이 쇠퇴한다.
> (나) 인공일반지능이 만들어지면, 인간의 생활이 편리해지는 동시에 많은 사람이 직장을 잃는다.
> (다) 인공지능 산업이 쇠퇴하면, 많은 사람이 직장을 잃는 동시에 세계 경제가 침체된다.
> 따라서 _____.

① 세계 경제가 침체된다
② 인간의 생활이 편리해진다
③ 많은 사람이 직장을 잃는다
④ 인간의 생활이 편리해지고 세계 경제가 침체된다

17 다음 진술이 모두 참일 때 반드시 참인 것은?

> • 갑이 제주도 출장을 가면, 을은 제주도 출장을 가지 않는다.
> • 을이 제주도 출장을 가지 않으면, 병은 휴가를 내지 않는다.
> • 병이 휴가를 낸다.

① 갑이 제주도 출장을 가지 않는다.
② 을이 제주도 출장을 가지 않는다.
③ 갑이 제주도 출장을 가고 병은 휴가를 낸다.
④ 을이 제주도 출장을 가고 병은 휴가를 내지 않는다.

18 다음 글의 논지를 강화하는 것으로 가장 적절한 것은?

> A국은 도시 이외 지역의 초중고 교사가 부족하다. 이 상황을 심각하게 받아들인 A국 정부는 도시 이외 지역의 교사 충원율을 높이기 위해, 도시 이외 지역의 교사 연봉을 10% 인상하고 교사 양성 프로그램을 확대하는 정책을 제시했다. 하지만 이 정책은 근본적인 해결책이 되기 어렵다. 문제를 해결하기 위해서는, 단기간에 교사의 수를 늘리거나 교사의 연봉을 인상하기보다는 도시 이외의 지역에서 근무할 수 있는 충분한 교육 환경과 사회 기반 시설을 확보하는 것이 급선무이다. 현직 교사들뿐 아니라 교사를 지망하는 대학 졸업 예정자들 다수는 교육 환경과 사회 기반 시설이 열악한 도시 이외의 지역에서 일하기를 꺼리기 때문이다.

① A국은 정부의 교육 예산이 풍부해서 도시 이외 지역의 교육 환경과 도시의 교육 환경에 별 차이가 없다는 것이 밝혀졌다.
② A국에서 도시 이외의 지역에 근무하던 사회 초년생들이 연봉을 낮추어서라도 도시로 이직한 주된 이유는 교통 시설의 부족으로 밝혀졌다.
③ A국과 유사한 상황이었던 B국에서는 교사 연봉을 5% 인상한 후, 도시 이외 지역의 학생 1인당 교사 비율이 크게 증가했다.
④ A국과 유사한 상황이었던 C국에서는 교사 양성 프로그램을 확대한 이후에 도시뿐 아니라 도시 이외의 지역에서 교사의 수가 크게 증가했다.

19 다음 글의 (가)를 강화하는 것으로 가장 적절한 것은?

　　쿤은 자연과학과 사회과학 모두를 포함하는 과학의 발전 단계를 세 시기로 구분한다. 패러다임을 한 번도 정립하지 못한 전정상과학 시기, 하나의 패러다임이 지배하는 정상과학 시기, 기존 패러다임이 새 패러다임으로 교체되는 과학혁명 시기가 그것이다. 패러다임은 모든 과학자에게 동일한 연구 방향 및 평가 기준을 따르게 하여, 연구의 효율성을 높이고 과학의 발전 단계를 성숙한 수준으로 올려놓는다. 한 번도 패러다임을 정립하지 못해 전정상과학 시기에 머물러 있는 과학 분야는 과학자 모두가 제각기 연구 활동을 한다. 과학의 발전 단계상 성숙한 수준에 도달하지 못한 것이다. 어떤 과학 분야라도 패러다임을 정립하면 정상과학 시기에 들어서게 되는데, 그 뒤에 다시 전정상과학 시기로 되돌아갈 수는 없다. 정상과학 시기는 언제나 과학혁명 시기로 이어지고, 과학혁명 시기는 언제나 정상과학 시기로 이어지기 때문이다. 정상과학 시기의 과학자는 동일한 패러다임에 따라, 과학혁명 시기의 과학자는 기존 패러다임 혹은 새 패러다임에 따라 과학 활동을 하기에 그 두 시기에 있는 과학 분야는 모두 성숙한 수준에 도달해 있는 것이다. 이 구분에 따를 때, (가) 일부 사회과학 분야는 과학의 발전 단계상 아직도 성숙한 수준에 도달하지 못했다는 것이 쿤의 진단이다.

① 패러다임이 교체된 적이 있지만 과학자들의 연구 방향 및 평가 기준이 동일한 사회과학 분야가 있다.
② 패러다임이 교체되는 중이고 과학자들의 연구 방향 및 평가 기준이 서로 다른 사회과학 분야가 있다.
③ 패러다임이 정립된 적이 있지만 과학자들의 연구 방향 및 평가 기준이 서로 다른 사회과학 분야가 있다.
④ 패러다임이 정립된 적이 없고 과학자들의 연구 방향 및 평가 기준이 서로 다른 사회과학 분야가 있다.

20 다음 대화를 분석한 내용으로 적절하지 않은 것은?

보은: 기차가 달리고 있는 선로에 다섯 명의 인부가 일하고 있고, 그들에게 그 기차를 피할 시간적 여유는 없어. 그런데 스위치를 눌러서 선로를 변경하면 다섯 명의 인부 대신 다른 선로에 있는 한 사람이 죽게 돼. 이 선택의 딜레마 상황에서 너희들은 어떻게 할 거야?
소현: 이런 경우엔 행위에 따른 결과가 선택의 기준이 된다고 생각해. 그래서 나는 스위치를 눌러서 한 명이 죽더라도 다섯 명을 살리는 선택을 할 거야. 그건 결과적으로 봤을 때 불가피한 조치 아니겠어?
은주: 글쎄, 행위에 따른 결과보다 행위 자체의 도덕성을 기준에 두어야 하는 거 아니야? 행위 자체의 도덕성을 따진다면, 스위치를 눌러서 사람을 '죽이는 것'과 아무것도 하지 않고 '죽게 내버려 두는 것' 중에 당연히 살인에 해당하는 전자가 더 나쁘지.
보은: 나도 그렇게 생각해. 스위치를 누르면 살인이고, 누르지 않으면 방관일 텐데, 법적인 측면에서 보더라도 전자는 후자보다 무겁게 처벌되잖아. 게다가 생명의 가치는 수량화할 수 없으니 한 사람보다 다섯 사람이 가지는 생명의 가치가 더 크다고 말할 수 없어.
영민: 생명의 가치를 수량화할 수 없다는 데 원론적으로는 나도 동의해. 하지만 지금처럼 불가피한 선택의 상황에서 무엇보다 우선해야 할 것은 명확한 기준을 세우는 일이야. 나는 이 상황에서 어떻게 하면 죽는 사람의 수를 최소화하는가가 그 기준이 되어야 한다고 생각해.

① 스위치를 누르는 일을 살인으로 본다는 점에 대해 은주는 보은과 견해를 같이한다.
② 생명의 가치를 수량화할 수 없다는 점에 대해 영민은 원론적으로는 보은과 견해를 같이한다.
③ 선택의 딜레마 상황에서 소현은 행위에 따른 결과를, 은주는 행위 자체의 도덕성을 선택의 기준으로 삼는다.
④ 인명피해가 불가피한 선택의 상황에 놓인다면, 영민은 죽는 사람의 수를 최소화하는 선택을 하고, 소현은 그렇게 하지 않는다.

● 회독 CHECK 1 2 3

01 (가)~(라)를 맥락에 따라 가장 자연스럽게 배열한 것은?

> 약물은 질병을 치료하거나 예방할 목적으로 사용되는 의약품이다. 우리 주변에는 약물이 오남용되는 경우가 있다.
> (가) 더구나 약물은 내성이 있어 이전보다 더 많은 양을 사용하기 마련이므로 피해는 점점 커지게 된다.
> (나) 오남용은 오용과 남용을 합친 말로서 오용은 본래 용도와 다르게 사용하는 일, 남용은 함부로 지나치게 사용하는 일을 가리킨다.
> (다) 그러므로 약물을 사용할 때는 반드시 의사나 약사와 상의하고 설명서를 확인하여 목적에 맞게 적정량을 사용해야 한다.
> (라) 약물을 오남용하면 신체적 피해는 물론 정신적 피해를 입을 수 있다.

① (나) – (다) – (라) – (가)
② (나) – (라) – (가) – (다)
③ (라) – (가) – (나) – (다)
④ (라) – (다) – (나) – (가)

02 다음 대화를 분석한 내용으로 가장 적절한 것은?

> 갑: 고대 노예제 사회나 중세 봉건 사회는 타고난 신분에 따라 사회적 지위가 결정되는 계급사회였지만, 현대 사회는 계급사회가 아니라고 많이들 말해. 그런데 과연 그런지 의문이야.
> 을: 현대 사회는 고대나 중세만큼은 아니지만 귀속지위가 성취지위를 결정하는 면이 없다고 할 수 없어. 빈부 격차에 따라 계급이 나뉘고 그에 따른 불평등이 엄연히 존재하잖아. '금수저', '흙수저'라는 유행어에서 볼 수 있듯 빈부 격차가 대물림되면서 개인의 계급이 결정되고 있어.
> 병: 현대 사회가 빈부 격차로 인해 계급이 나누어지는 것처럼 보인다고 해서 계급사회라고 단정할 수는 없어. 계급사회라고 말하려면 계급 체계 자체가 인간의 생활을 전적으로 규정할 수 있어야 하는데, 오늘날 각종 문화나 생활 방식 전체를 특정한 계급 논리만으로는 설명할 수 없어. 따라서 현대 사회를 계급사회로 보기는 어려워.
> 갑: 현대 사회의 문화가 다양하다는 것은 맞아. 하지만 인간 생활의 근간은 결국 경제 활동이고, 경제적 계급 논리로 현대 사회의 문화를 충분히 설명하고 규정할 수 있어. 또한 현대 사회에서 인간의 사회적 지위는 부모의 경제력과 직결되기 때문에 계급사회라고 말할 수 있어.

① 갑은 을의 주장 중 일부는 수용하고 일부는 반박한다.
② 을의 주장은 갑의 주장과 대립하지 않는다.
③ 갑과 병은 상이한 전제에서 유사한 결론을 도출하고 있다.
④ 병의 주장은 갑의 주장과는 대립하지 않지만 을의 주장과는 대립한다.

03 밑줄 친 부분이 표준어로 쓰인 것은?

① 그 친구는 <u>허구헌</u> 날 놀러만 다닌다.
② 닭을 <u>통째로</u> 구우니까 더 먹음직스럽다.
③ 발을 잘못 디뎌서 <u>하마트면</u> 넘어질 뻔했다.
④ 언니가 허리가 <u>잘룩하게</u> 들어간 코트를 입었다.

04 다음은 다의어 '알다'의 뜻풀이 중 일부이다. ㉠~㉣의 예로 적절하지 않은 것은?

> ㉠ 어떤 일을 할 능력이나 소양이 있다.
> ㉡ 다른 사람과 사귐이 있거나 인연이 있다.
> ㉢ 어떤 일에 대하여 관여하거나 관심을 가지다.
> ㉣ 어떤 일을 어떻게 할지 스스로 정하거나 판단하다.

① ㉠: 그 외교관은 무려 7개 국어를 할 줄 안다.
② ㉡: 이 두 사람은 서로 알고 지낸 지 오래이다.
③ ㉢: 그 사람이 무엇을 하든 내가 알 바 아니다.
④ ㉣: 나는 그 팀이 이번 경기에서 질 줄 알았다.

05 진행자의 말하기 방식에 대한 설명으로 적절하지 않은 것은?

> 진행자: 우리 시에서도 다음 달부터 시내 도심부에서의 제한 속도를 조정하기로 했습니다. 이와 관련하여, 강ㅁㅁ 교수님 모시고 말씀 듣겠습니다. 교수님, 안녕하세요?
> 강 교수: 네, 안녕하세요?
> 진행자: 바뀌는 제도의 내용을 좀 더 구체적으로 설명해 주시죠.
> 강 교수: 네, 시내 도심부 간선도로에서의 제한 속도를 기존의 70km/h에서 60km/h로 낮추는 정책입니다.
> 진행자: 시의회에서 이 정책 도입에 중요한 역할을 하신 것으로 아는데, 어떤 효과를 얻을 것이라고 주장하셨나요?
> 강 교수: 차량 간 교통사고 발생 가능성을 줄이고 보행자 안전을 확보할 수 있다고 했습니다.
> 진행자: 그런데 일각에서는 그런 효과는 미미하고 오히려 교통체증을 유발하여 대기오염이 심화될 것이라며 이 정책에 반대합니다. 이에 대해 말씀해 주시겠어요?
> 강 교수: 그렇지 않습니다. ○○시가 작년에 7개 구간을 대상으로 이 제도를 시험 적용해 보니, 차가 막히는 시간은 2분 정도밖에 증가하지 않았습니다. 그런데 중상 이상의 인명 사고는 26.2% 감소했습니다. 또 이산화질소와 미세먼지 같은 오염물질도 각각 28%, 21%가량 오히려 감소한다는 연구 결과가 있습니다.
> 진행자: 아, 그러니까 속도를 10km/h 낮출 때 2분 정도 늦어지는 것이라면 인명 사고의 예방과 오염물질의 감소를 위해 충분히 감수할 만한 시간이라는 말씀이시군요.
> 강 교수: 네, 맞습니다.
> 진행자: 교통사고를 줄이고 보행자 안전을 확보할 수 있다는 점, 교통체증 유발은 미미할 것이라는 점, 오염물질 배출이 감소할 것이라는 점에서 이번의 제한 속도 조정 정책은 훌륭한 정책이라는 것이군요. 맞습니까?
> 강 교수: 네, 그렇게 정리할 수 있겠습니다.

① 상대방이 통계 수치를 제시한 의도를 자기 나름대로 풀어 설명한다.
② 상대방의 견해를 요약하며 자신이 이해한 바가 맞는지를 확인한다.
③ 상대방의 주장에 대한 이견을 소개하고 그에 대한 의견을 요청한다.
④ 상대방이 설명한 내용을 뒷받침할 수 있는 자신의 경험을 예시한다.

06 다음을 참고할 때, 단어의 종류가 같은 것끼리 짝 지어진 것은?

> 어떤 구성을 두 요소로만 쪼개었을 때, 그 두 요소를 직접구성요소라 한다. 직접구성요소가 어근과 어근인 단어는 합성어라 하고 어근과 접사인 단어는 파생어라 한다.

① 지우개 – 새파랗다   ② 조각배 – 드높이다
③ 짓밟다 – 저녁노을   ④ 풋사과 – 돌아가다

07 다음 시를 감상한 내용으로 적절하지 않은 것은?

> 머리가 마늘쪽같이 생긴 고향의 소녀와
> 한여름을 알몸으로 사는 고향의 소년과
> 같이 낯이 설어도 사랑스러운 들길이 있다
>
> 그 길에 아지랑이가 피듯 태양이 타듯
> 제비가 날듯 길을 따라 물이 흐르듯 그렇게
> 그렇게
>
> 천연히
>
> 울타리 밖에도 화초를 심는 마을이 있다
> 오래오래 잔광이 부신 마을이 있다
> 밤이면 더 많이 별이 뜨는 마을이 있다
>
> – 박용래, 「울타리 밖」 –

① 향토적 소재를 활용하여 공간 풍경을 묘사하고 있다.
② 유사한 문장 구조를 반복하여 리듬감을 조성하고 있다.
③ 화자를 표면에 나타내어 고향에 대한 상실감을 표출하고 있다.
④ 하나의 시어를 독립된 연으로 구성하여 주제 의식을 강조하고 있다.

08 다음 글에서 추론한 내용으로 가장 적절한 것은?

> 진화 개념에 대해 흔히 오해되는 측면이 있다. 첫째, 인간의 행동은 철저하게 유전적으로 결정되어 있다는 생각이다. 그런데 진화 이론이 유전자 결정론을 주장하는 것은 아니다. 인간의 행동은 유전적인 적응 성향과 이러한 적응 성향을 발달시키고 활성화되게 하는 환경으로부터의 입력이 상호작용한 결과이다.
>
> 둘째, 현재 인간의 마음이나 행동 체계는 오랜 진화 과정에 의한 최적의 적응 방식이라는 생각이다. 그것이 항상 맞는 것은 아니다. 가령 구석기시대의 적응 방식을 오늘날 인간이 지니고 있어 생기는 문제점이 있다. 원시시대에 사용하던 인지적 전략 등이 현재 그대로 남아 있기 때문에 문제가 생길 수 있는 것이다. 우리가 복잡한 상황에 적응하는 데는 원시시대의 적응 방식이 부적절한 경우가 있을 수 있다.

① 인간의 행동은 환경의 영향으로, 마음은 유전의 영향으로 결정된다.
② 우리에게 주어진 상황의 복잡한 정도가 클수록 인지적 전략의 최적화가 이루어진다.
③ 같은 조상을 둔 후손이라도 환경에서 얻은 정보가 다르면 행동은 다르게 나타날 수 있다.
④ 조상의 유전적 성향보다 조상이 살았던 과거 환경이 인간의 진화 방향을 우선적으로 결정한다.

09 (가)~(다)에 들어갈 한자어로 가장 적절한 것은?

> • 현실을 [(가)] 한 그 정책은 결국 실패로 돌아갔다.
> • 그는 [(나)] 이 잦아 친구들 사이에서 신의를 잃었다.
> • 이 소설은 당대의 구조적 [(다)] 을 예리하게 비판했다.

	(가)	(나)	(다)
①	度外視	食言	矛盾
②	度外視	添言	腹案
③	白眼視	食言	矛盾
④	白眼視	添言	腹案

10 다음 글에서 추론한 내용으로 적절하지 않은 것은?

> 오늘날 인터넷과 디지털 미디어를 통해 '온라인'에서의 '비대면' 접촉에 의한 상호 관계가 급속도로 확장되고 있다. '오프라인'이나 '대면'이라는 용어는 물리적 실체감이 있는 아날로그적 접촉을 가리킨다. 그런데 우리는 온라인과 오프라인을 함께 경험할 수도 있고, 이러한 이분법적인 용어로 명료하게 분리되지 않는 활동들도 많다. 예를 들어 누군가와 만나서 대화하는 중에 문자를 주고받음으로써 대면 상호작용과 온라인 상호작용을 동시에 할 수 있다.
>
> 한편 오프라인 대면 상호작용에서보다 온라인 비대면 상호작용에서 만난 사람들에게 더 끈끈한 유대감을 느끼기도 한다. 서로 관계를 형성하고 유지할 때 아날로그 상호작용 수단과 디지털 상호작용 수단을 동시에 활용할 수도 있다. 이처럼 오늘날과 같은 초연결 사회에서 우리의 경험은 비대면 혹은 대면, 온라인 혹은 오프라인 같은 이분법적 범주로 온전히 분리되지 않는다. 상호작용 양식들이 서로 겹치거나 교차하는 현상들을 이해하고자 할 때 이분법적인 범주는 심각한 한계를 지닌다.

① 이분법적 시각으로는 상호작용 양식이 교차하는 양상을 이해하기 어렵다.

② 비대면 온라인 상호작용으로는 사람들 간에 깊은 유대 관계를 형성할 수 없다.

③ 온라인 비대면 활동과 오프라인 대면 활동이 온전히 분리되어 있는 것은 아니다.

④ 오늘날에는 대면 상호작용 중에도 디지털 수단에 의한 상호 관계가 이루어질 수 있다.

11 다음 글을 이해한 내용으로 가장 적절한 것은?

> 부사는 장화와 홍련이 꿈에 나타나 자신들의 원통한 사정에 대해 고한 말을 듣고 배 좌수를 관아로 불러들였다. 부사가 물었다. "딸들이 무슨 병으로 죽었소?" 배 좌수는 머뭇거리며 답하지 못했다. 그러자 후처가 엿보고 있다가 남편이 사실을 누설할까 싶어 곧장 들어와 답했다. "제 친정은 이곳의 양반 가문입니다. 장녀 장화는 음행을 저질러 낙태한 뒤 부끄러움을 못 이기고 밤을 틈타 스스로 물에 빠져 죽었습니다. 차녀 홍련은 언니의 일이 부끄러워 스스로 목숨을 끊었습니다. 이렇게 낙태한 증거물을 바치니 부디 살펴봐 주시기 바랍니다." 부사는 그것을 보고 미심쩍어하며 모두 물러가게 했다.
>
> 이날 밤 운무가 뜰에 가득한데 장화와 홍련이 다시 나타났다. "계모가 바친 것은 실제로 제가 낙태해서 나온 것이 아니라 계모가 죽은 쥐의 가죽을 벗겨 제 이불 안에 몰래 넣어 둔 것입니다. 다시 그것을 가져다 배를 갈라 보시면 분명 허실을 알게 되실 겁니다." 이에 부사가 그 말대로 했더니 과연 쥐가 분명했다.
>
> 　　　　　　　　　　　　　　 - 「장화홍련전」에서 -

① 부사는 배 좌수의 후처가 제시한 증거를 보고 장화와 홍련의 말이 거짓이라고 확신했다.

② 배 좌수의 후처는 음행을 저지른 홍련이 스스로 물에 빠져 죽었다고 부사에게 거짓말을 하였다.

③ 장화는 배 좌수의 후처가 제시한 증거가 거짓임을 확인할 수 있는 계책을 부사에게 알려 주었다.

④ 배 좌수는 장화와 홍련이 스스로 목숨을 끊은 이유를 물어보는 부사에게 머뭇거리며 대답하지 못했다.

12 다음 문장이 들어가기에 가장 적절한 곳을 (가)~(라)에서 고르면?

> 나라에 위기가 닥쳤을 때 제 몸을 희생해 가며 나라 지키기에 나섰으되 역사책에 이름 한 줄 남기지 못한 이들이 이순신의 일기에는 뚜렷하게 기록된 것이다.

> 『난중일기』의 진면목은 7년 동안 전란을 치렀던 이순신의 인간적 고뇌가 가감 없이 드러나 있다는 데 있다. ▯(가)▯ 왜군이라는 외부의 적은 물론이고 임금과 조정의 끊임없는 경계와 의심이라는 내부의 적과도 싸우며, 영웅이기 이전에 한 사람의 인간으로서 느낀 극심한 심리적 고통이 잘 나타나 있다. ▯(나)▯ 전란 중 겪은 원균과의 갈등도 적나라하게 드러나 있어 그가 완벽한 인간이 아니라 감정에 휘둘리는 보통의 인간이었음을 보여 준다. ▯(다)▯ 그뿐만 아니라 이순신은 『난중일기』에서 사랑하는 가족의 이름과 함께 휘하 장수에서부터 병졸들과 하인, 백성들의 이름까지도 언급하고 있다. ▯(라)▯ 『난중일기』의 위대함은 바로 여기에 있다.

① (가)　　　　② (나)
③ (다)　　　　④ (라)

13 다음 글을 이해한 내용으로 가장 적절한 것은?

> 문득, 제비와 같이 경쾌하게 전보 배달의 자전거가 지나간다. 그의 허리에 찬 조그만 가방 속에 어떠한 인생이 압축되어 있을 것인고. 불안과, 초조와, 기대와…… 그 조그만 종이 위의, 그 짧은 문면(文面)은 그렇게도 용이하게, 또 확실하게, 사람의 감정을 지배한다. 사람은 제게 온 전보를 받아 들 때 그 손이 가만히 떨림을 스스로 깨닫지 못한다. 구보는 갑자기 자기에게 온 한 장의 전보를 그 봉함(封緘)을 떼지 않은 채 손에 들고 감동하고 싶은 충동을 느꼈다. 전보가 못 되면, 보통우편물이라도 좋았다. 이제 한 장의 엽서에라도, 구보는 거의 감격을 가질 수 있을 게다.
>
> 흥, 하고 구보는 코웃음쳐 보았다. 그 사상은 역시 성욕의, 어느 형태로서의, 한 발현에 틀림없었다. 그러나 물론 결코 부자연하지 않은 생리적 현상을 무턱대고 업신여길 의사는 구보에게 없었다. 사실 서울에 있지 않은 모든 벗을 구보는 잊은 지 오래였고 또 그 벗들도 이미 오랫동안 소식을 전하여 오지 않았다. 그들은, 모두, 지금, 무엇들을 하고 있을꼬. 한 해에 단 한 번 연하장을 보내 줄 따름의 벗에까지, 문득 구보는 그리움을 가지려 한다. 이제 수천 매의 엽서를 사서, 그 다방 구석진 탁자 위에서…… 어느 틈엔가 구보는 가장 열정을 가져, 벗들에게 편지를 쓰고 있는 제 자신을 보았다. 한 장, 또 한 장, 구보는 재떨이 위에 생담배가 타고 있는 것도 깨닫지 못하고, 그가 기억하고 있는 온갖 벗의 이름과 또 주소를 엽서 위에 흘려 썼다…… 구보는 거의 만족한 웃음조차 입가에 띠며, 이것은 한 개 단편소설의 결말로는 결코 비속하지 않다, 생각하였다. 어떠한 단편소설의―물론, 구보는, 아직 그 내용을 생각하지 않았다.
>
> ― 박태원, 「소설가 구보 씨의 일일」에서 ―

① 벗들과의 추억을 시간순으로 회상하고 있다.
② 주인공인 서술자가 주변 거리를 재현하고 있다.
③ 연상 작용에 의해 인물의 생각이 연속되고 있다.
④ 전보가 이동된 경로를 따라 사건이 전개되고 있다.

14 밑줄 친 부분과 바꾸어 쓰기에 적절하지 않은 것은?

① 나는 하루 종일 거리를 <u>배회(徘徊)</u>하였다. → 돌아다녔다

② 이 산의 광물 자원은 <u>무진장(無盡藏)</u>하다. → 여러 가지가 있다

③ 그분의 주장은 <u>경청(傾聽)</u>할 가치가 있다. → 귀를 기울여 들을

④ 공지문에서는 회의의 사유를 <u>명기(明記)</u>하지 않았다. → 밝혀 적지

15 다음 글을 감상한 내용으로 적절하지 않은 것은?

내 님믈 그리ᄉᆞ와 우니다니
산(山) 졉동새 난 이슷ᄒᆞ요이다
아니시며 거츠르신 ᄃᆞᆯ 아으
잔월효성(殘月曉星)이 아ᄅᆞ시리이다
넉시라도 님은 ᄒᆞᆫᄃᆡ 녀져라 아으
벼기더시니 뉘러시니잇가
과(過)도 허믈도 천만(千萬) 업소이다
ᄆᆞᆯ힛 마리신뎌
ᄉᆞᆯ읏븐뎌 아으
니미 나ᄅᆞᆯ ᄒᆞ마 니ᄌᆞ시니잇가
아소 님하 도람 드르샤 괴오쇼셔.

① 자연물을 통해 화자의 처지를 드러내고 있다.
② 천상의 존재를 통해 화자의 결백함을 나타내고 있다.
③ 설의적 표현을 활용하여 화자의 정서를 부각하고 있다.
④ 큰 숫자를 활용하여 임을 향한 화자의 그리움을 강조하고 있다.

16 다음 글에서 추론한 내용으로 적절하지 않은 것은?

새의 몸에서 나오는 테스토스테론은 구애 행위나 짝짓기와 밀접하게 관련된다. 따라서 번식기가 아닌 시기에는 거의 분비되지 않는데, 번식기에 나타나는 테스토스테론의 수치 변화 양상은 새의 종류에 따라 다르다.

노래참새 수컷의 테스토스테론 수치는 짝짓기에 성공하여 암컷의 수정이 이루어지는 시점을 전후하여 달라진다. 번식기가 되면 수컷은 암컷의 마음을 얻는 데 필요한 영역을 차지하려고 다른 수컷과 싸워야 한다. 이 시기 수컷의 테스토스테론 수치는 암컷의 수정이 이루어질 때까지 계속 높아진다. 그러다가 수정이 이루어지면 수컷은 곧바로 새끼를 돌볼 준비를 하게 되는데, 이때부터 그 수치는 떨어진다. 새끼가 커서 둥지를 떠나게 되면 수컷은 더 이상 영역을 지킬 필요가 없기 때문에 번식기가 끝나지 않았는데도 테스토스테론 수치는 좀 더 떨어지고, 번식기가 끝나면 테스토스테론은 거의 분비되지 않는다.

검정깃찌르레기 수컷은 테스토스테론 수치가 번식기가 되면 올라갔다가 암컷이 수정한 이후부터 번식기가 끝날 때까지 떨어지지 않는다. 이 수컷은 자신의 둥지를 지키면서 암컷과 새끼를 돌보는 대신 다른 암컷과의 짝짓기를 위해 자신의 둥지를 떠나 버린다.

① 노래참새 수컷은 번식기 동안 테스토스테론 수치가 새끼를 양육할 때보다 양육이 끝난 후에 높게 나타난다.

② 번식기 동안 노래참새 수컷의 테스토스테론 수치는 암컷의 수정이 이루어지기 전보다 이루어진 후에 낮게 나타난다.

③ 검정깃찌르레기 수컷은 암컷이 수정한 이후 번식기가 끝날 때까지 테스토스테론 수치가 떨어지지 않는다.

④ 노래참새 수컷과 검정깃찌르레기 수컷 모두 번식기의 테스토스테론 수치는 번식기가 아닌 시기의 테스토스테론 수치보다 높다.

17 다음 글을 이해한 내용으로 가장 적절한 것은?

> A가 주장한 다중지능이론은 기존 지능이론의 대안으로 제시되었다. 그는 기존 지능이론이 언어지능이나 논리수학지능 등 인간의 인지 능력에만 초점을 맞추고 있다고 비판하면서 이뿐 아니라 신체와 정서, 대인 관계의 능력까지 포괄한 총체적 지능 개념을 창안해 냈다. 다중지능이론은 뇌과학 연구에 일정 부분 영향을 받았는데, 뇌과학 연구에 따르면 인간의 좌뇌는 분석적, 논리적 능력을 담당하고, 우뇌는 창조적, 감성적 능력을 담당한다. 다중지능이론에서는 좌뇌의 능력에만 초점을 둔 기존의 지능 검사에 대해 반쪽짜리 검사라고 혹평한다.
>
> 그런데 다중지능이론에 대해 비판적인 연구자들은 다음과 같은 점들을 지적한다. 우선, 다중지능이론에서 주장하는 새로운 지능의 종류들이 기존 지능이론에서 주목했던 지능의 종류들과 상호 독립적일 수 있는가 하는 점이다. 그들에 따르면, 전자는 후자의 하위 영역에 속해 있고, 둘 사이에는 유의미한 상관관계가 있으므로 서로 독립적일 수 없으며, 따라서 '다중'이라는 개념이 성립하지 않는다. 다음으로, 다중지능을 정확하게 측정할 수 있는 도구가 만들어질 수 있겠는가 하는 점이다. 그들은 지능이라는 말이 측정 가능한 인지 능력을 전제하는 것인데, 다중지능이론이 설정한 새로운 종류의 지능들을 정확하게 측정할 수 있는 도구가 만들어지기는 어려울 것이라 주장한다.

① 논리수학지능은 다중지능이론의 지능 개념에 포함되지 않는다.

② 대인 관계의 능력과 관련된 지능을 정확하게 측정할 수 있는 도구의 개발 가능성에 대해 회의적인 사람들이 있다.

③ 다중지능이론에서는 인간의 우뇌에서 담당하는 능력과 관련된 지능보다 좌뇌에서 담당하는 능력과 관련된 지능에 더 많이 주목한다.

④ 다중지능이론에 대해 비판적인 연구자들은 인간의 모든 지능 영역들이 상호 독립적이라는 이유에서 '다중' 개념이 성립하지 않는다고 주장한다.

18 다음 글을 퇴고할 때, ㉠~㉣ 중 어법상 수정할 필요가 있는 것은?

> 주지하듯이 ㉠ 기후 위기는 날이 갈수록 심각해지고 있다. 극지방의 빙하가 녹고, 유럽에는 사상 최악의 폭염과 가뭄이 발생하고 그 반대편에서는 감당하기 어려울 정도의 폭우가 쏟아져 많은 사람이 고통받고 있다. ㉡ 우리의 삶을 지속적으로 위협하는 이러한 기상 재해 앞에서 기후학자로서 자괴감이 든다. 무엇이 문제인지, 상황이 얼마나 심각한지 잘 알고 있으면서도 지구의 위기를 그저 바라만 볼 수밖에 없다.
>
> 그러나 우리가 기후 문제에 관심을 가지고 적극적으로 대처한다면 아직 희망이 있다. 크게는 신재생에너지와 관련하여 ㉢ 국가 정책 수립과 국제 협약을 체결하기 위해 힘을 기울여야 한다. 작게는 일상생활에서 불필요한 소비를 줄이고 에너지 절약을 습관화해야 한다. 만시지탄(晩時之歎)일 수는 있겠으나, ㉣ 지구가 파국으로 치닫는 것을 막을 기회는 아직 남아 있다. 우리 모두 힘을 모아 지구의 위기를 극복하여야 한다.

① ㉠

② ㉡

③ ㉢

④ ㉣

19 다음 글의 빈칸에 들어갈 내용으로 가장 적절한 것은?

독자는 글을 읽을 때 생소하거나 이해하기 어려운 단어에 주시하는데, 이때 특정 단어에 눈동자를 멈추는 '고정'이 나타나며, 고정과 고정 사이에는 '이동', 단어를 건너뛸 때는 '도약'이 나타난다. 고정이 관찰될 때는 의미를 이해하려는 시도가 이루어지지만, 이동이나 도약이 관찰될 때는 이루어지지 않는다. 이를 바탕으로, K연구진은 동일한 텍스트를 활용하여 읽기 능력 하위 집단(A)과 읽기 능력 평균 집단(B)의 읽기 특성을 탐색하는 연구를 진행하였다. 독서 횟수는 1회로 제한하되 독서 시간은 제한하지 않았다.

그 결과, 눈동자의 평균 고정 빈도에서 A집단은 B집단에 비해 약 2배 많은 수치를 보였다. 그런데 총 고정 시간을 총 고정 빈도로 나눈 평균 고정 시간은 B집단이 A집단에 비해 더 높게 나타났다. 읽기 후 독해 검사에서 B집단은 A집단보다 평균 점수가 높았고, 독서 과정에서 눈동자가 이전으로 돌아가거나 이전으로 건너뛰는 현상은 모두 관찰되지 않았다. 연구진은 이를 종합하여 읽기 능력이 부족한 독자는 읽기 능력이 평균인 독자에 비해 난해하다고 느끼는 단어들이 _____는 결론을 내렸다.

① 더 많지만 난해하다고 느끼는 각각의 단어를 이해하는 과정에 들이는 평균 시간은 더 적다

② 더 많고 난해하다고 느끼는 각각의 단어를 이해하는 과정에 들이는 평균 시간도 더 많다

③ 더 적지만 난해하다고 느끼는 각각의 단어를 이해하는 과정에 들이는 평균 시간은 더 많다

④ 더 적고 난해하다고 느끼는 각각의 단어를 이해하는 과정에 들이는 평균 시간도 더 적다

20 다음 글의 (가)와 (나)에 들어갈 말로 적절한 것은?

채식주의자는 고기, 생선, 유제품, 달걀 섭취 여부에 따라 다섯 가지로 나뉜다. 완전 채식주의자는 이들 모두를 섭취하지 않으며, 페스코 채식주의자는 고기는 섭취하지 않지만 생선은 먹으며, 유제품과 달걀은 개인적 선호에 따라 선택적으로 섭취한다. 남은 세 가지 채식주의자는 고기와 생선 모두를 먹지 않되 유제품과 달걀 중 어떤 것을 먹느냐의 여부로 결정된다. 이들의 명칭은 라틴어의 '우유'를 의미하는 '락토(lacto)'와 '달걀'을 의미하는 '오보(ovo)'를 사용해 정해졌는데, 예를 들어, 락토오보 채식주의자는 고기와 생선은 먹지 않으나 유제품과 달걀은 먹는다. 락토 채식주의자는 ___(가)___ 먹지 않으며, 오보 채식주의자는 ___(나)___ 먹지 않는다.

① (가): 달걀은 먹지만 고기와 생선과 유제품은
　 (나): 고기와 생선과 달걀은 먹지만 유제품은

② (가): 달걀은 먹지만 고기와 생선과 유제품은
　 (나): 유제품은 먹지만 고기와 생선과 달걀은

③ (가): 유제품은 먹지만 고기와 생선과 달걀은
　 (나): 고기와 생선과 유제품은 먹지만 달걀은

④ (가): 유제품은 먹지만 고기와 생선과 달걀은
　 (나): 달걀은 먹지만 고기와 생선과 유제품은

✔ 회독 CHECK 1 2 3

01 '해양 오염'을 주제로 연설을 한다고 할 때, 다음에 제시된 조건을 모두 충족한 것은?

> • 해양 오염을 줄일 수 있는 생활 속 실천 방법을 포함할 것
> • 설의적 표현과 비유적 표현을 활용할 것

① 바다는 쓰레기 없는 푸른 날을 꿈꾸고 있습니다. 미세 플라스틱은 바다를 서서히 죽이는 보이지 않는 독입니다. 우리의 관심만이 다시 바다를 살릴 수 있을 것입니다.

② 우리가 버린 쓰레기는 바다로 흘러갔다가 해양 생물의 몸에 축적이 되어 해산물을 섭취하면 결국 다시 우리에게 돌아오게 됩니다. 분리수거를 철저히 하고 일회용품을 줄이는 것이 바다도 살리고 우리 자신도 살리는 길입니다.

③ 여름만 되면 피서객들이 마구 버린 쓰레기로 바다가 몸살을 앓는다고 합니다. 자기 집이라면 이렇게 함부로 쓰레기를 버렸을까요? 피서객들의 양심이 모래밭 위를 뒹굴고 있습니다. 자기 쓰레기는 자기가 집으로 되가져가도록 합시다.

④ 산업 폐기물이 바다로 흘러가 고래가 죽어 가는 장면을 다큐멘터리에서 본 적이 있습니다. 이대로 가다간 인간도 고통받게 되지 않을까요? 정부에서 산업 폐기물 관리 지침을 만들고 감독을 강화하지 않는다면 바다는 쓰레기 무덤이 되고 말 것입니다.

02 다음 대화에 나타난 말하기 방식을 설명한 것으로 적절하지 않은 것은?

> 백 팀장: 이번 워크숍 장면을 사내 게시판에 올리는 게 좋겠어요. 워크숍 내용을 공유하면 좋을 것 같아서요.
> 고 대리: 전 반대합니다. 사내 게시판에 영상을 공개하는 것은 부담스러워요. 타 부서와 비교될 것 같기도 하고요.
> 임 대리: 저도 팀장님 말씀대로 정보를 공유한다는 취지는 좋다고 생각해요. 다만 다른 팀원들의 동의도 구해야 할 것 같고, 여러 면에서 우려되긴 하네요. 팀원들 의견을 먼저 들어 보고, 잘된 것만 시범적으로 한두 개 올리는 것이 어떨까요?

① 백 팀장은 팀원들에 대한 유대감을 드러내는 표현을 사용하며 자신의 바람을 전달하고 있다.

② 고 대리는 백 팀장의 제안에 반대하는 이유를 명시적으로 밝히며 백 팀장의 요청을 거절하고 있다.

③ 임 대리는 발언 초반에 백 팀장 발언의 취지에 공감하여 백 팀장의 체면을 세워 주고 있다.

④ 임 대리는 대화 참여자의 의견을 묻는 의문문을 사용하여 자신의 의견을 간접적으로 드러내고 있다.

03 관용 표현 ⑦~②의 의미를 풀이한 것으로 적절하지 않은 것은?

> • 그의 회사는 작년에 노사 갈등으로 ⑦ 홍역을 치렀다.
> • 우리 교장 선생님은 교육계에서 ⓒ 잔뼈가 굵은 분이십니다.
> • 유원지로 이어지는 국도에는 차가 밀려 ⓒ 입추의 여지가 없었다.
> • 그분은 세계 유수의 연구자들과 ② 어깨를 나란히 하는 물리학자이다.

① ⑦: 심한 어려움을 겪었다
② ⓒ: 오랫동안 일을 하여 그 일에 익숙한
③ ⓒ: 돌아서 갈 수 있는 방법이 없었다
④ ②: 비슷한 지위나 힘을 가지는

04 다음 글에서 (가)~(다)의 순서를 자연스럽게 배열한 것은?

> 빅데이터가 부각된다는 것은 기업들이 빅데이터의 가치를 받아들이기 시작했다는 뜻이다. 여기에는 기업들이 데이터를 바라보는 시각이 변한 측면도 있다.
> (가) 기업들은 고객이 판촉 활동에 어떻게 반응하고 평소에 어떻게 행동하며 사물에 대해 어떤 태도를 보이는지 알기 위해 많은 돈을 투자해 마케팅 조사를 해 왔다.
> (나) 그런 상황에서 기업들은 SNS나 스마트폰 등 새로운 데이터 소스로부터 그러한 궁금증과 답답함을 해결할 수 있다는 것을 알게 되었다. 페이스북에 올리는 광고에 친구가 '좋아요'를 한 것에서 기업들은 궁금증과 답답함을 해결할 수 있다.
> (다) 그런데 기업들의 그런 노력이 효과가 있는 경우도 있었으나 아쉬운 점도 많았다. 쉬운 예로, 기업들은 많은 광고비를 쓰지만 그 돈이 구체적으로 어느 부분에서 효과를 내는지는 알지 못했다.
> 결국 데이터가 있는 곳에서 기업들은 점점 더 고객의 취향에 집중할 수 있게 되었으며, 이에 따라 기업들은 소셜 미디어의 빅데이터를 중요한 경영 수단으로 수용하기 시작한 것이다.

① (가) - (나) - (다)
② (가) - (다) - (나)
③ (나) - (가) - (다)
④ (다) - (나) - (가)

05 ㉠을 이해한 내용으로 적절하지 않은 것은?

> "㉠ 무진(霧津)엔 명산물이 …… 뭐 별로 없지요?"
> 그들은 대화를 계속하고 있었다. "별게 없지요. 그러
> 면서도 그렇게 많은 사람들이 살고 있다는 건 좀 이
> 상스럽거든요." "바다가 가까이 있으니 항구로 발전
> 할 수도 있었을 텐데요?" "가 보시면 아시겠지만 그
> 럴 조건이 되어 있는 것도 아닙니다. 수심(水深)이 얕
> 은 데다가 그런 얕은 바다를 몇백 리나 밖으로 나가
> 야만 비로소 수평선이 보이는 진짜 바다다운 바다가
> 나오는 곳이니까요." "그럼 역시 농촌이군요?" "그렇
> 지만 이렇다 할 평야가 있는 것도 아닙니다." "그럼
> 그 오륙만이 되는 인구가 어떻게들 살아가나요?" "그
> 러니까 그럭저럭이란 말이 있는 게 아닙니까!" 그들
> 은 점잖게 소리 내어 웃었다. "원, 아무리 그렇지만
> 한 고장에 명산물 하나쯤은 있어야지." 웃음 끝에 한
> 사람이 말하고 있었다.
> 　무진에 명산물이 없는 게 아니다. 나는 그것이 무
> 엇인지 알고 있다. 그것은 안개다. 아침에 잠자리에
> 서 일어나서 밖으로 나오면, 밤사이에 진주해 온 적
> 군들처럼 안개가 무진을 뼁 둘러싸고 있는 것이었다.
> 무진을 둘러싸고 있는 산들도 안개에 의하여 보이지
> 않는 먼 곳으로 유배당해 버리고 없었다.
> 　　　　　　　　　　　　– 김승옥, 「무진기행」에서 –

① 수심이 얕아서 항구로 개발하기 어려운 공간이다.
② 산으로 둘러싸여 있고 평야가 발달하지 않은 공간
　이다.
③ 지역의 경제적 여건에 비해 인구가 적지 않은 공간
　이다.
④ 누구나 인정할 만한 지역의 명산물로 안개가 유명한
　공간이다.

06 다음 글의 빈칸에 들어갈 사자성어로 적절한 것은?

> 　세상에는 어려운 일들이 많지만 외국 여행 다녀온
> 사람의 입을 막는 것도 그중 하나이다. 특히 그것이
> 그 사람의 첫 외국 여행이었다면, 입 막기는 포기하
> 고 미주알고주알 늘어놓는 여행 경험을 들어 주는 편
> 이 정신 건강에 좋다. 그 사람이 별것 아닌 사실을
> ☐☐☐☐ 하거나 특수한 경험을 지나치게 일반화한
> 들, 그런 수다로 큰 피해를 입는 것도 아니지 않은가?

① 刻舟求劍　　　　　② 捲土重來
③ 臥薪嘗膽　　　　　④ 針小棒大

07 다음 글을 감상한 내용으로 가장 적절한 것은?

> 어이 못 오던가 무슴 일로 못 오던가
> 　너 오는 길 위에 무쇠로 성(城)을 쓰고 성안에 담
> 쓰고 담 안에란 집을 짓고 집 안에란 뒤주 노코 뒤주
> 안에 궤를 노코 궤 안에 너를 결박(結縛)ᄒ여 너코 쌍
> (雙)비목 외걸쇠에 용(龍)거북 ᄌ물쇠로 수기수기 줌
> 갓더냐 네 어이 그리 아니 오던가
> 　ᄒᆞᆫ 둘이 서른 날이여니 날 보라 올 하루 업스랴
> 　　　　　　　　　　　– 작자 미상, 「어이 못 오던가」 –

① 동일 구절을 반복하여 '너'에 대한 섭섭한 감정을 표
　출하고 있다.
② 날짜 수를 대조하여 헤어진 기간이 길다는 것을 강
　조하고 있다.
③ 동일한 어휘를 연쇄적으로 나열하여 감정의 기복을
　표현하고 있다.
④ 단계적으로 공간을 축소하여 '너'를 만날 수 있다는
　희망을 표현하고 있다.

08 (가)와 (나)에 들어갈 말로 가장 적절한 것은?

특정한 작업을 수행하기 위해 신체 근육의 특정 움직임을 조작하는 능력을 운동 능력이라고 한다. 언어에 관한 운동 능력은 '발음 능력'과 '필기 능력' 두 가지인데 모두 표현을 위한 능력이다.

말로 표현하기 위해서는 발음 능력이 필요한데, 이는 음성 기관을 움직여 원하는 음성을 만들어 내는 능력이다. 이 능력은 영·유아기에 수많은 시행착오와 꾸준한 훈련을 통해 습득된다. 이렇게 발음 능력을 습득하면 음성 기관의 움직임은 자동화되어 음성 기관의 어느 부분을 언제 어떻게 움직일지를 화자가 거의 의식하지 않는다. 우리가 모어에 없는 외국어 음성을 발음하기 어려운 이유는 ___(가)___ 있기 때문이다.

글로 표현하기 위해서는 필기 능력이 필요하다. 필기에서는 글자의 모양을 서로 구별되게 쓰는 것은 기본이고 그 수준을 넘어서서 쉽게 알아볼 수 있는 모양으로 잘 쓰는 것도 필요하다. 글씨를 쓰기 위해 손을 놀리는 것은 발음을 하기 위해 음성 기관을 움직이는 것에 비해 상당히 의식적이라 할 수 있다. 그렇지만 개인의 의지와 관계없이 필체가 꽤 일정하다는 사실은 손을 놀리는 데에 ___(나)___ 의미한다.

① (가): 음성 기관의 움직임이 모어의 음성에 맞게 자동화되어
    (나): 무의식적이고 자동적인 면이 있음을

② (가): 낯선 음성은 무의식적으로 발음하도록 훈련되어
    (나): 유아기에 수행한 훈련이 효과적이지 않음을

③ (가): 음성 기관의 움직임이 모어의 음성에 맞게 자동화되어
    (나): 유아기에 수행한 훈련이 효과적이지 않음을

④ (가): 낯선 음성은 무의식적으로 발음하도록 훈련되어
    (나): 무의식적이고 자동적인 면이 있음을

09 ㉠~㉣ 중 한글 맞춤법에 맞게 쓰인 것만을 모두 고르면?

- 혜인 씨에게 ㉠ 무정타 말하지 마세요.
- 재아에게는 ㉡ 섭섭치 않게 사례해 주자.
- 규정에 따라 딱 세 명만 ㉢ 선발토록 했다.
- ㉣ 생각컨대 그의 보고서는 공정하지 못했다.

① ㉠, ㉡
② ㉠, ㉢
③ ㉡, ㉣
④ ㉢, ㉣

10 ㉠~㉣의 한자로 적절하지 않은 것은?

예정보다 지연되긴 했으나 열 시쯤에는 마애불에 ㉠ 도착할 수가 있었다. 맑은 날씨에 빛나는 햇살이 환히 비춰 ㉡ 불상들은 불그레 물들어 있었다. 만일 신비로운 ㉢ 경지라는 말을 할 수 있다면 바로 이런 경우가 아닐지 모르겠다. 꼭 보고 싶다는 숙원이 이루어진 기쁨에 가슴이 벅차 왔다. 아마 잊을 수 없는 ㉣ 추억의 한 토막으로 남을 것 같다.

① ㉠: 到着
② ㉡: 佛像
③ ㉢: 境地
④ ㉣: 記憶

11 다음 글을 이해한 내용으로 적절하지 않은 것은?

> 사람의 '지각과 생각'은 항상 어떤 맥락, 관점 혹은 어떤 평가 기준이나 가정하에서 일어난다. 이러한 맥락, 관점, 평가 기준, 가정을 프레임이라고 한다. 지각과 생각은 인간의 모든 정신 활동을 뜻한다. 따라서 우리의 모든 정신 활동은 진공 상태에서 일어나는 것이 아니라, 어떤 맥락이나 가정하에서 일어난다. 한마디로 우리가 프레임이라는 안경을 쓰고 세상을 보고 있음을 의미한다. 간혹 어떤 사람이 자신은 어떤 프레임의 지배도 받지 않고 세상을 있는 그대로, 객관적으로 본다고 주장한다면, 그 주장은 진실이 아닐 것이다.

① 인간의 정신 활동은 프레임 없이 일어나지 않는다.
② 프레임은 인간이 세상을 바라볼 때 어떤 편향성을 가지게 한다.
③ 인간의 지각과 사고를 확장하는 과정에서 프레임은 극복해야 할 대상이다.
④ 프레임은 인간의 정신 활동에 영향을 미치는 어떤 맥락이나 평가 기준이다.

12 다음 글을 이해한 내용으로 가장 적절한 것은?

> 전 세계를 대표하는 항공기인 보잉과 에어버스의 중요한 차이점은 자동조종시스템의 활용 정도에 있다. 보잉의 경우, 조종사가 대개 항공기를 조종간으로 직접 통제한다. 조종간은 비행기의 날개와 물리적으로 연결되어 있어서 어떤 상황에서도 조종사가 조작한 대로 반응한다. 이와 다르게 에어버스는 조종간 대신 사이드스틱을 설치하여 컴퓨터가 조종사의 행동을 제한하거나 조종에 개입할 수 있게 설계되었다. 보잉에서는 조종사가 항공기를 통제할 수 있는 전권을 가지지만 에어버스에서는 컴퓨터가 조종사의 조작을 감시하고 제한한다.
>
> 보잉과 에어버스의 이러한 차이는 기계를 다루는 인간을 바라보는 관점이 서로 다른 데서 비롯된다. 보잉사를 창립한 윌리엄 보잉의 철학은 "비행기를 통제하는 최종 권한은 언제나 조종사에게 있다."이다. 시스템은 불안정하고 완벽하지 않기 때문에 컴퓨터가 조종사의 판단보다 우선시될 수 없다는 것이다. 반면 에어버스의 아버지라고 불리는 베테유는 "인간은 실수할 수 있는 존재"라고 전제한다. 베테유는 이런 자신의 신념을 토대로 에어버스를 설계함으로써 조종사의 모든 조작을 컴퓨터가 모니터링하고 제한하게 만든 것이다.

① 보잉은 시스템의 불완전성을, 에어버스는 인간의 실수 가능성을 고려하여 설계되었다.
② 베테유는 인간이 실수할 수 있는 존재라고 보지만 윌리엄 보잉은 그렇지 않다고 본다.
③ 에어버스의 조종사는 항공기 운항에서 자동조종시스템을 통제하고 조작한다.
④ 보잉의 조종사는 자동조종시스템을 사용하지 않고 항공기를 조종한다.

13 다음 글에서 추론한 내용으로 가장 적절한 것은?

> 공포의 상태와 불안의 상태를 구분하는 것은 쉽지 않다. 왜냐하면 두 감정을 함께 느끼거나 한 감정이 다른 감정을 유발할 때가 많기 때문이다. 가령, 무시무시한 전염병을 목도하고 공포에 빠진 사람은 자신도 언젠가 그 병에 걸릴지 모른다는 불안 상태에 빠지게 된다. 이처럼 두 감정은 서로 밀접하게 얽혀 있다는 점에서 혼동하기 쉽다. 하지만 두 감정을 야기한 원인을 따져 보면 두 감정을 명확하게 구분할 수 있다. 공포는 실재하는 객관적 위협에 의해 야기된 상태를 의미하고, 불안은 현재 발생하지 않았으며 미래에 일어날지 모르는 불명확한 위협에 의해 야기된 상태를 의미한다. 공포와 불안의 감정은 둘 다 자아와 관련되어 있지만 여기에서도 차이를 찾을 수 있다. 공포를 느끼는 것은 '나 자신'이 위험한 상황에 놓여 있다는 사실을 아는 것이고, 불안의 경험은 '나 자신'이 위해를 입을까 봐 걱정하는 것이다.

① 자신이 처한 위험한 상황을 정확히 인식하는 경우에는 공포감에 비해 불안감이 더 크다.

② 전기·가스 사고가 날까 두려워 외출하지 못하는 사람은 불안한 상태에 있는 것이다.

③ 시험에 불합격할 수 있다는 생각에 사로잡힌 사람은 공포감에 빠져 있는 것이다.

④ 과거에 큰 교통사고를 경험한 사람은 공포감은 크지만 불안감은 작다.

14 다음 글의 내용과 부합하지 않는 것은?

> 과학 혁명 이전 아리스토텔레스 철학은 로마 가톨릭교의 정통 교리와 결합되어 있었기 때문에 오랜 시간 동안 지배적인 영향력을 발휘하였다. 천문 분야 또한 예외는 아니었다. 아리스토텔레스의 세계관을 따라 우주의 중심은 지구이며, 모든 천체는 원운동을 하면서 지구의 주위를 공전한다는 천동설이 정설로 자리 잡고 있었다. 프톨레마이오스가 천체들의 공전 궤도를 관찰하던 도중, 행성들이 주기적으로 종전의 운동과는 반대 방향으로 움직인다는 관찰 결과를 얻었을 때도 그는 이를 행성의 역행 운동을 허용하지 않는 천동설로 설명하고자 하였다. 그래서 지구를 중심으로 공전하는 원 궤도에 중심을 두고 있는 원, 즉 주전원(周轉圓)을 따라 공전 궤도를 그리면서 행성들이 운동한다고 주장하였다.
>
> 과학과 아리스토텔레스 철학의 결별은 서서히 일어났다. 그 과정에서 일어난 가장 중요한 사건은 1543년 코페르니쿠스가 행성들의 운동 이론에 관한 책을 발간한 일이다. 코페르니쿠스는 천체의 중심에 지구 대신 태양을 놓고 지구가 태양의 주위를 공전한다고 주장하였다. 태양을 우주의 중심에 둔 코페르니쿠스의 지동설은 행성들의 운동에 대해 프톨레마이오스보다 수학적으로 단순하게 설명하였다.

① 과학 혁명 이전 시기에는 천동설이 정설로 받아들여졌다.

② 프톨레마이오스의 주전원은 지동설을 지지하고자 만든 개념이다.

③ 천동설과 지동설은 우주의 중심을 어디에 두느냐에 따라 구분된다.

④ 행성의 공전에 대한 프톨레마이오스의 설명은 코페르니쿠스의 설명보다 수학적으로 복잡하였다.

15 밑줄 친 단어가 표준어 규정에 맞게 쓰인 것은?

① 저기 보이는 게 <u>암염소</u>인가, <u>수염소</u>인가?
② 오늘 <u>윗층</u>에 사시는 분이 이사를 가신대요.
③ 봄에는 여기저기에서 <u>아지랭이</u>가 피어오른다.
④ 그는 수업을 마치면 <u>으레</u> 친구들과 운동을 한다.

16 ㉠~㉣을 문맥에 맞게 수정하는 방안으로 적절한 것은?

> 난독(難讀)을 해결하려면 정독을 해야 한다. 여기서 말하는 정독은 '뜻을 새겨 가며 자세히 읽음', 즉 '정교한 독서'라는 뜻으로 한자로는 '精讀'이다. '精讀'은 '바른 독서'를 의미하는 '正讀'과 ㉠ <u>소리는 같지만 뜻이 다르다.</u> 무엇이 정교한 것일까? 모든 단어에 눈을 마주치면서 제대로 인식하는 것이다. 이와 같은 ㉡ <u>정독(精讀)</u>의 결과로 생기는 어문 실력이 문해력이다. 문해력이 발달하면 결국 독서 속도가 빨라져, '빨리 읽기'인 속독(速讀)이 가능해진다. 빨리 읽기는 정독을 전제로 할 때 빛을 발한다. 짧은 시간에 같은 책을 제대로 여러 번 읽을 수 있기 때문이다. 그래서 문해력의 증가는 '정교하고 빠르게 읽기', 즉 ㉢ <u>정속독(正速讀)</u>에서 일어나게 되어 있다. 정독이 생활화되면 자기도 모르게 정속독의 경지에 오르게 된다. 그런 경지에 오른 사람들은 뭐든지 확실히 읽고 빨리 이해한다. 자연스레 집중하고 여러 번 읽어도 빠르게 읽으므로 시간이 여유롭다. ㉣ <u>정독이 빠진 속독</u>은 곧 빼먹고 읽는 습관, 즉 난독의 일종임을 잊지 말아야 한다.

① ㉠을 '다르게 읽지만 뜻이 같다'로 수정한다.
② ㉡을 '정독(正讀)'으로 수정한다.
③ ㉢을 '정속독(精速讀)'으로 수정한다.
④ ㉣을 '속독이 빠진 정독'으로 수정한다.

17 다음 글을 감상한 내용으로 적절하지 않은 것은?

> 막바지 뙤약볕 속
> 한창 매미 울음은
> 한여름 무더위를 그 절정까지 올려놓고는
> 이렇게 다시 조용할 수 있는가.
> 지금은 아무 기척도 없이
> 정적의 소리인 듯 쟁쟁쟁
> 천지(天地)가 하는 별의별
> 희한한 그늘의 소리에
> 멍청히 빨려 들게 하구나.
>
> 사랑도 어쩌면
> 그와 같은 것인가.
> 소나기처럼 숨이 차게
> 정수리부터 목물로 들이붓더니
> 얼마 후에는
> 그것이 아무 일도 없었던 양
> 맑은 구름만 눈이 부시게
> 하늘 위에 펼치기만 하노니.
>
>   – 박재삼, 「매미 울음 끝에」 –

① 갑작스럽게 변화한 자연 현상을 감각적으로 제시하고 있다.
② 청각적 이미지와 시각적 이미지를 활용하여 시상을 전개하고 있다.
③ 소나기가 그치고 맑은 구름이 펼쳐진 것을 통해 사랑의 속성을 드러내고 있다.
④ 매미 울음소리가 절정에 이르렀다가 사라진 직후의 상황을 반어법으로 표현하고 있다.

18 다음 글을 이해한 내용으로 가장 적절한 것은?

> 루카치는 그리스 세계를 신과 인간의 결합 정도를 가리키는 '총체성' 개념을 기준으로 세 시대로 구분하였다. 첫 번째 시대에서 후대로 갈수록 총체성의 정도는 낮아진다. 첫째는 총체성이 완전히 구현되어 있는 '서사시의 시대'이다. 호메로스의 『일리아드』와 『오디세이아』에서는 신과 인간의 세계가 하나로 얽혀 있다. 인간들이 그리스와 트로이 두 패로 나뉘어 전쟁을 벌일 때 신들도 인간의 모습을 하고 두 패로 나뉘어 전쟁에 참여했다. 둘째는 '비극의 시대'이다. 소포클레스나 에우리피데스의 비극에서는 총체성이 흔들려 신과 인간의 세계가 분리된다. 하지만 두 세계가 완전히 분리되지는 않고 신탁이라는 약한 통로로 이어져 있다. 비극에서 신은 인간의 행위에 직접 개입하지 않고 신탁을 통해서 자신의 뜻을 그저 전달하는 존재로 바뀐다. 셋째는 플라톤으로 대표되는 '철학의 시대'이다. 이 시대는 이미 계몽된 세계여서 신탁 같은 것은 신뢰할 수 없게 되었다. 신과 인간의 세계가 완전히 분리됨으로써 신의 세계는 인격적 성격을 상실하여 '이데아'라는 추상성의 세계로 바뀐다. 신의 세계와 인간의 세계는 그 사이에 어떤 통로도 존재할 수 없는, 절대적으로 분리된 세계가 되었다.

① 계몽사상은 서사시의 시대에서 철학의 시대로의 전환을 이끌었다.

② 플라톤의 이데아는 신탁이 사라진 시대의 비극적 세계를 표현한다.

③ 루카치는 각기 다른 기준에 따라 그리스 세계를 세 시대로 구분하였다.

④ 에우리피데스의 비극에 비해 『오디세이아』에서는 신과 인간의 결합 정도가 높다.

19 다음 글의 내용과 부합하지 않는 것은?

> 몽유록(夢遊錄)은 '꿈에서 놀다 온 기록'이라는 뜻으로, 어떤 인물이 꿈에서 과거의 역사적 인물을 만나 특정 사건에 대한 견해를 듣고 현실로 돌아온다는 특징이 있다. 이때 꿈을 꾼 인물인 몽유자의 역할에 따라 몽유록을 참여자형과 방관자형으로 구분할 수 있다. 참여자형에서는 몽유자가 꿈에서 만난 인물들의 모임에 초대를 받고 토론과 시연에 직접 참여한다. 방관자형에서는 몽유자가 인물들의 모임을 엿볼 뿐 직접 그 모임에 참여하지는 않는다. 16~17세기에 창작되었던 몽유록에는 참여자형이 많다. 참여자형에서는 몽유자와 꿈속 인물들이 동질적인 이념을 공유하고 현실의 고통스러운 문제에 대해 의견을 나누며 비판적 목소리를 낸다. 그러나 주로 17세기 이후에 창작된 방관자형에서는 몽유자가 꿈속 인물들과 함께 현실을 비판하는 것이 아니라 구경꾼의 위치에 서 있다. 이 시기의 몽유록이 통속적이고 허구적인 성격으로 변모하는 것은 몽유자의 역할 변화와 무관하지 않다.

① 몽유자가 꿈속 인물들의 모임에 직접 참여하는지, 참여하지 않는지에 따라 몽유록의 유형을 나눌 수 있다.

② 17세기보다 나중 시기의 몽유록에서는 몽유자가 현실을 비판하는 경향이 강하게 나타난다.

③ 몽유자가 모임의 구경꾼 역할을 하는 몽유록은 통속적이고 허구적인 성격이 강하다.

④ 몽유자가 꿈속 인물들과 함께 현실을 비판하는 몽유록은 참여자형에 해당한다.

20 다음 글을 이해한 내용으로 적절한 것은?

> 디지털 트윈은 현실 세계와 똑같은 가상의 세계이다. 최근 주목받고 있는 메타버스와 개념은 유사하지만 활용 목적의 측면에서 구별된다. 메타버스는 가상 세계와 현실 세계가 융합된 플랫폼으로 이용자들에게 새로운 경제·사회·문화적 경험을 제공하는 데 목적을 둔다. 반면 디지털 트윈은 현실 세계에 존재하는 사물, 공간, 환경, 공정 등을 컴퓨터상에 디지털 데이터 모델로 표현하여 똑같이 복제하고 실시간으로 서로 반응할 수 있도록 한다. 그래서 디지털 트윈의 이용자는 가상 세계에서의 시뮬레이션을 통해 미래 상황을 예측할 수 있게 된다. 디지털 트윈에 대한 수요가 증가하면서 관련 시장도 확대되고 있으며, 국내외의 글로벌 기업들은 여러 산업 분야에서 디지털 트윈을 도입하여 사전에 위험 요소를 제거하고 수익 모델의 효율성을 높이고 있다. 디지털 트윈이 이렇게 주목받는 이유는 안정성과 경제성 때문인데 현실 세계를 그대로 옮겨 놓은 가상 세계에 데이터를 전송, 취합, 분석, 이해, 실행하는 과정은 실제 실험보다 매우 빠르고 정밀하며 안전할 뿐 아니라 비용도 적게 든다.

① 디지털 트윈을 활용함에 따라 글로벌 기업들의 고용률이 향상되었다.
② 디지털 트윈의 데이터 모델은 현실 세계의 각종 실험 모델보다 경제성이 낮다.
③ 디지털 트윈에서의 시뮬레이션으로 현실 세계의 위험 요소를 찾아내고 방지할 수 있다.
④ 디지털 트윈은 현실 세계의 이용자에게 새로운 문화적 경험을 제공하는 데 목적이 있다.

모바일 OMR

✅ 회독 CHECK 1 2 3

01 밑줄 친 말의 쓰임이 옳지 않은 것은?

① 그는 아까운 능력을 썩히고 있다.

② 음식물 쓰레기를 썩혀서 거름으로 만들었다.

③ 나는 이제까지 부모님 속을 썩혀 본 적이 없다.

④ 그들은 새로 구입한 기계를 창고에서 썩히고 있다.

02 (가)~(라)를 고쳐 쓴 것으로 옳지 않은 것은?

> (가) 오빠는 생김새가 나하고는 많이 틀려.
> (나) 좋은 결실이 맺어졌으면 하는 바람입니다.
> (다) 내가 오직 바라는 것은 네가 잘됐으면 좋겠어.
> (라) 신은 인간을 사랑하기도 하지만 시련을 주기도 한다.

① (가): 오빠는 생김새가 나하고는 많이 달라.

② (나): 좋은 결실을 맺었으면 하는 바램입니다.

③ (다): 내가 오직 바라는 것은 네가 잘됐으면 좋겠다는 거야.

④ (라): 신은 인간을 사랑하기도 하지만 인간에게 시련을 주기도 한다.

03 사자성어의 쓰임이 적절하지 않은 것은?

① 그는 구곡간장(九曲肝腸)이 끊어지는 듯한 슬픔에 빠졌다.

② 학문의 정도를 걷지 않고 곡학아세(曲學阿世)하는 이가 있다.

③ 이유 없이 친절한 사람은 구밀복검(口蜜腹劍)일 수 있으니 조심해야 한다.

④ 신중한 태도로 문제의 본질에 접근하는 당랑거철(螳螂拒轍)의 자세가 필요하다.

04 다음 대화에서 나타난 '지민'의 의사소통 방식으로 가장 적절한 것은?

> 정수: 지난번에 너랑 같이 들었던 면접 전략 강의가 정말 유익했어.
> 지민: 그랬어? 나도 그랬는데.
> 정수: 특히 아이스크림 회사의 면접 내용이 도움이 많이 됐어.
> 지민: 맞아. 그중에서도 두괄식으로 답변하라는 첫 번째 내용이 정말 인상적이더라. 핵심 내용을 먼저 말하는 전략이 면접에서 그렇게 효과적일 줄 몰랐어.
> 정수: 어! 그래? 나는 두 번째 내용이 훨씬 더 인상적이었는데.
> 지민: 그랬구나. 하긴 아이스크림 매출 증가에 관한 통계 자료를 인용해서 답변한 전략도 설득력이 있었어. 하지만 초두 효과의 효용성도 크지 않을까 해.
> 정수: 그렇긴 해.

① 자신의 면접 경험을 예로 들어 상대방을 설득하고 있다.

② 상대방의 약점을 공략하며 상대방의 이견을 반박하고 있다.

③ 상대방의 견해를 존중하면서 자신의 의견을 제시하고 있다.

④ 상대방과의 갈등 해소를 위해 자신의 감정을 표현하고 있다.

05 다음 글에 대한 이해로 적절하지 않은 것은?

> 승상이 말을 마치기도 전에 구름이 걷히더니 노승은 간 곳이 없고 좌우를 돌아보니 팔낭자도 간 곳이 없었다. 승상이 놀라 어찌할 바를 모르는 중에 높은 대와 많은 집들이 한순간에 사라지고 자기의 몸은 작은 암자의 포단 위에 앉아 있었는데, 향로의 불은 이미 꺼져 있었고 지는 달이 창가에 비치고 있었다.
>
> 자신의 몸을 보니 백팔염주가 걸려 있고 머리를 손으로 만져보니 갓 깎은 머리털이 까칠까칠하더라. 완연한 소화상의 몸이요, 전혀 대승상의 위의가 아니었으니, 이에 제 몸이 인간 세상의 승상 양소유가 아니라 연화도량의 행자 성진임을 비로소 깨달았다.
>
> 그리고 생각하기를, '처음에 스승에게 책망을 듣고 풍도옥으로 가서 인간 세상에 환도하여 양가의 아들이 되었지. 그리고 장원급제를 하여 한림학사가 된 후 출장입상하고 공명신퇴하여 두 공주와 여섯 낭자로 더불어 즐기던 것이 다 하룻밤 꿈이었구나. 이는 필시 사부가 나의 생각이 그릇됨을 알고 나로 하여금 이런 꿈을 꾸게 하시어 인간 부귀와 남녀 정욕이 다 허무한 일임을 알게 하신 것이로다.'
>
> – 김만중, 「구운몽」에서 –

① '양소유'는 장원급제를 하여 한림학사가 되었다.
② '양소유'는 인간 세상에 환멸을 느껴 스스로 '성진'의 모습으로 되돌아왔다.
③ '성진'이 있는 곳은 인간 세상이 아니다.
④ '성진'은 자신의 외양을 통해 꿈에서 돌아왔음을 인식한다.

06 (가)~(라)의 ㉠~㉣에 대한 설명으로 적절하지 않은 것은?

> (가) 간밤의 부던 ㅂ람에 눈서리 치단 말가
>   ㉠ 낙락장송(落落長松)이 다 기우러 가노ㅁ라
>   ㅎ믈며 못다 핀 곳이야 닐러 무슴 ㅎ리오.
> (나) 철령 노픈 봉에 쉬여 넘는 져 구룸아
>   고신원루(孤臣冤淚)를 비 사마 씌여다가
>   ㉡ 님 계신 구중심처(九重深處)에 ᄲᅵ려 본들 엇드리.
> (다) 이화우(梨花雨) 훗ᄲᅮ릴 제 울며 잡고 이별흔 님
>   추풍낙엽(秋風落葉)에 ㉢ 저도 날 싱각는가
>   천리(千里)에 외로온 쑴만 오락가락 ㅎ노매.
> (라) 삼동(三冬)의 뵈옷 닙고 암혈(巖穴)의 눈비 마자
>   구룸 씬 볏뉘도 쬔 적이 업건마ᄂᆞᆫ
>   서산의 ㉣ ᄒᆡ 디다 ㅎ니 그를 셜워 ㅎ노라.

① ㉠은 억울하게 해를 입은 충신을 가리킨다.
② ㉡은 궁궐에 계신 임금을 가리킨다.
③ ㉢은 헤어진 연인을 가리킨다.
④ ㉣은 오랜 세월을 함께한 벗을 가리킨다.

07 ㉠~㉢에 들어갈 말로 가장 적절한 것은?

> • 그들의 끈기가 이 경기의 승패를 [㉠]했다.
> • 올해 영화제 시상식은 11개 [㉡]으로 나뉜다.
> • 그 형제는 너무 닮아서 누가 동생이고 누가 형인지 [㉢]할 수 없다.

	㉠	㉡	㉢
①	가름	부문	구별
②	가름	부분	구분
③	갈음	부문	구별
④	갈음	부분	구분

08 다음 글의 '동기화 단계 조직'에 따라 (가)~(마)를 배열한 것으로 가장 적절한 것은?

> 설득하는 말하기의 메시지를 조직하는 방법으로 '동기화 단계 조직'이 있다. 이 방법의 세부 단계는 다음과 같다.
>
> 1단계: 주제에 대한 청자의 주의나 관심을 환기한다.
> 2단계: 특정 문제를 청자와 관련지어 설명함으로써 청자의 요구나 기대를 자극한다.
> 3단계: 해결 방안을 제시하여 청자의 이해와 만족을 유도한다.
> 4단계: 해결 방안이 청자에게 어떤 도움이 되는지 구체화한다.
> 5단계: 구체적인 행동의 내용과 방법을 제시하여 특정 행동을 요구한다.

> (가) 지난주 제 친구는 일을 마친 후 자전거를 타고 집으로 돌아오다가 사고를 당해 머리를 다쳤습니다.
> (나) 여러분이 자전거를 탈 때 헬멧을 착용하면 머리를 보호할 수 있습니다.
> (다) 아마 여러분도 가끔 자전거를 타는 경우가 있을 것입니다. 그런데 매년 2천여 명이 자전거를 타다가 머리를 다쳐 고생한다고 합니다.
> (라) 만약 자전거를 타는 모든 사람이 헬멧을 착용한다면 자전거 사고를 당해도 뇌손상을 비롯한 신체 피해를 75% 줄일 수 있습니다. 또 자전거 타기가 주는 즐거움과 편리함을 안전하게 누릴 수 있습니다.
> (마) 자전거를 탈 때는 안전을 위해서 반드시 헬멧을 착용하시기 바랍니다.

① (가) - (나) - (다) - (라) - (마)
② (가) - (다) - (나) - (라) - (마)
③ (가) - (다) - (라) - (나) - (마)
④ (가) - (라) - (다) - (나) - (마)

09 다음 글에 대한 이해로 적절하지 않은 것은?

> 국가정보자원관리원과 ○○시는 빅데이터 기반의 맞춤형 복지 서비스 분석 사업을 수행했다. 국가정보자원관리원은 자체 확보한 공공 데이터와 ○○시로부터 받은 복지 사업 관련 데이터를 활용하여 '복지 공감 지도'를 제작하고, 복지 기관 접근성 분석을 통해 취약 지역 지원 방안을 제시했다.
>
> 복지 공감 지도는 공간 분석 시스템을 활용하여 ○○시에 소재한 복지 기관들의 다양한 지원 항목과 이를 필요로 하는 복지 대상자, 독거노인, 장애인 등의 수급자 현황을 한눈에 확인할 수 있도록 구현한 것이다. 이 지도를 활용하면 복지 혜택이 필요한 지역과 수급자를 빨리 찾아낼 수 있으며, 생필품 지원이나 방문 상담 등 복지 기관의 맞춤형 대응이 가능하고, 최적의 복지 기관 설립 위치를 선정할 수 있다.
>
> 이 사업을 통해 ○○시는 그동안 복지 기관으로부터 도보로 약 15분 내 위치한 수급자에게 복지 혜택이 집중되고 있는 것도 확인했다. 이에 교통이나 건강 등의 문제로 복지 기관 방문이 어려운 수급자를 위해 맞춤형 복지 서비스가 절실하게 필요한 상황임을 발견하고, 복지 셔틀버스 노선을 4개 증설할 계획을 수립했다.

① 빅데이터를 활용하여 복지 사각지대를 줄이는 방안을 마련할 수 있다.
② 복지 기관과 수급자 거주지 사이의 거리는 복지 혜택의 정도에 영향을 준다.
③ 복지 기관 접근성 분석 결과는 복지 셔틀버스 노선 증설의 근거가 된다.
④ 복지 공감 지도로 복지 혜택에 대한 수급자들의 개별 만족도를 파악할 수 있다.

10 ㉠~㉢의 사례로 적절하지 않은 것은?

> 단어의 의미가 변화하는 양상은 다양하다. 첫째, "아침 먹고 또 공부하자."에서 '아침'은 본래의 의미인 '하루 중의 이른 시간'을 가리키지 않고 '아침에 먹는 밥'이라는 의미로 쓰인다. '밥'의 의미가 '아침'에 포함되어서 '아침'만으로도 '아침밥'의 의미를 표현하게 된 것으로, ㉠ 두 개의 단어가 긴밀한 관계여서 한쪽이 다른 한쪽의 의미까지 포함하는 의미로 변화하게 된 경우이다. 둘째, '바가지'는 원래 박의 껍데기를 반으로 갈라 썼던 물건을 가리켰는데, 오늘날에는 흔히 플라스틱 바가지를 가리킨다. 이것은 ㉡ 언어 표현은 그대로인데 시대의 변화에 따라 지시 대상 자체가 바뀌어서 의미 변화가 발생한 경우이다. 셋째, '묘수'는 본래 바둑에서 만들어진 용어이지만 일상적인 언어생활에서도 '쉽게 생각해 내기 어려운 좋은 방안'이라는 의미로 사용된다. 이는 ㉢ 특수한 영역에서 사용되던 말이 일반화되면서 단어의 의미가 변화한 경우에 해당한다. 넷째, 호랑이를 두려워하던 시절에 사람들은 '호랑이'라는 이름을 직접 부르기 꺼려서 '산신령'이라고 부르기도 했는데, 이는 ㉣ 심리적인 이유로 특정 표현을 피하려다 보니 그것을 대신하는 단어의 의미에 변화가 생긴 경우이다.

① ㉠: '아이들의 코 묻은 돈'에서 '코'는 '콧물'의 의미로 쓰인다.

② ㉡: '수세미'는 원래 식물의 이름이었지만 오늘날에는 '그릇을 씻는 데 쓰는 물건'이라는 의미로 쓰인다.

③ ㉢: '배꼽'은 일반적으로 '탯줄이 떨어지면서 배의 한가운데에 생긴 자리'를 가리키지만 바둑에서는 '바둑판의 한가운데'라는 의미로 쓰인다.

④ ㉣: 무서운 전염병인 '천연두'를 꺼려서 '손님'이라고 불렀다.

11 다음 글에 대한 이해로 적절하지 않은 것은?

> △△시 시장님께
>
> 안녕하십니까? 저는 △△시에서 농장을 운영하는 □□□입니다. 이렇게 글을 쓰게 된 것은 우리 농장 근처에 신축된 골프장의 빛 공해 문제에 대해 말씀드리기 위함입니다. 빛이 공해가 될 수 있다는 말이 다소 생소하실 수도 있습니다. 하지만 지나친 야간 조명이 식물의 성장에 부정적인 영향을 끼쳐 작물 수확량을 감소시킬 수 있음은 이미 여러 연구를 통해 입증된 바 있습니다. 좀 늦었지만 △△시에서도 이 문제에 대해 경각심을 가질 필요가 있습니다. 실제로 골프장이 야간 운영을 시작했을 때를 기점으로 우리 농장의 수확률이 현저히 낮아졌음을 제가 확인했습니다. 물론, 이윤을 추구하는 골프장의 야간 운영을 무조건 막는다면 골프장 측에서 반발할 것입니다. 그래서 계절에 따라 야간 운영 시간을 조정하거나 운영 제한에 따른 손실금을 보전해 주는 등의 보완책도 필요합니다. 또한 ○○군에서도 빛 공해 문제를 해결하기 위해 야간 조명의 조도를 조정하는 프로젝트를 진행한 바 있으니 참고해 보시기 바랍니다. 모쪼록 시장님께서 이 문제에 관심을 가지고 농장과 골프장이 상생할 수 있는 정책을 펼쳐 주시기를 부탁드립니다.

① 시장에게 빛 공해로 농장이 겪는 어려움에 대해 관심을 촉구하고 있다.

② 건의에 대한 신뢰성을 높이기 위해 인용한 자료의 출처를 밝히고 있다.

③ 다른 지역에서 야간 조명으로 인한 폐해를 해결하기 위해 노력한 사례를 언급하고 있다.

④ 골프장의 야간 운영을 제한할 때 예상되는 문제점과 그 해결 방안에 대해 제시하고 있다.

12 다음 대화의 ㉠~㉤에 대한 설명으로 적절하지 않은 것은?

> 이진: 태민아, ㉠ <u>이 책</u> 읽어 봤니?
>
> 태민: 아니, ㉡ <u>그 책</u>은 아직 읽어 보지 못했어.
>
> 이진: 그렇구나. 이 책은 작가의 문체가 독특해서 읽어 볼 만해.
>
> 태민: 응, 꼭 읽어 볼게. 한 권 더 추천해 줄래?
>
> 이진: 그럼 ㉢ <u>저 책</u>은 어때? 한국 대중문화를 다양한 시각에서 다룬 재미있는 책이야.
>
> 태민: 그래, ㉣ <u>그 책</u>도 함께 읽어 볼게.
>
> 이진: (두 책을 들고 계산대로 간다.) 읽어 보겠다고 하니, 생일 선물로 ㉤ <u>이 책</u> 두 권 사 줄게.
>
> 태민: 고마워. 잘 읽을게.

① ㉠은 청자보다 화자에게, ㉡은 화자보다 청자에게 가까이 있는 대상을 가리킨다.

② ㉢은 화자보다 청자에게 멀리 있는 대상을 가리킨다.

③ ㉢과 ㉣은 같은 대상을 가리킨다.

④ ㉤은 ㉡과 ㉢ 모두를 가리킨다.

13 다음 글에 대한 이해로 적절하지 않은 것은?

> 아동이 부모의 소유물 또는 종족의 유지나 국가의 방위를 위한 수단으로 간주되었던 전근대사회에서는 아동의 권리에 대한 인식이 존재하지 않았다. 산업혁명으로 봉건제도가 붕괴되고 자본주의가 탄생한 근대사회에 이르러 구빈법에 따른 국가 개입과 민간단체의 자발적인 참여로 아동보호가 시작되었다.
>
> 1922년 잽 여사는 아동권리사상을 담아 아동권리에 대한 내용을 성문화하였다. 이를 기초로 1924년 국제연맹에서는 전문과 5개의 조항으로 된 「아동권리에 관한 제네바 선언」을 채택하였다. 여기에는 "아동은 물질적으로나 정신적으로 정상적인 발달을 위해 필요한 조건이 충족되어야 한다."라든지 "아동의 재능은 인류를 위해 쓰인다는 자각 속에서 양육되어야 한다." 등의 내용이 포함되었다.
>
> 그러나 여기에서도 아동은 보호의 객체로만 인식되었을 뿐 생존, 보호, 발달을 위한 적극적인 권리의 주체로 인식되지는 않았다. 최근에 와서야 국제사회의 노력에 힘입어 아동은 보호되어야 할 수동적인 존재에서 자신의 권리를 주장할 수 있는 능동적인 존재로 자리매김할 수 있게 되었다. 1989년 유엔총회에서 채택된 「아동권리협약」이 그것이다.
>
> 우리나라는 이를 토대로 2016년 「아동권리헌장」 9개 항을 만들었다. 이 헌장은 '생존과 발달의 권리', '아동이 최선의 이익을 보장 받을 권리', '차별 받지 않을 권리', '자신의 의견이 존중될 권리' 등 유엔의 「아동권리협약」의 네 가지 기본 원칙을 포함하고 있다. 또한 전문에는 아동의 권리와 더불어 "부모와 사회, 국가와 지방자치단체는 아동의 이익을 최우선으로 고려해야 하며, 다음과 같은 아동의 권리를 확인하고 실현할 책임이 있다."라고 명시하여 아동을 둘러싼 사회적 주체들의 책임을 명확히 하였다.

① 아동의 권리에 대한 인식은 근대 이후에 형성되었다.

② 「아동권리헌장」은 「아동권리협약」을 토대로 만들어졌다.

③ 「아동권리에 관한 제네바 선언」, 「아동권리협약」, 「아동권리헌장」에는 모두 아동의 발달에 대한 내용이 들어가 있다.

④ 「아동권리에 관한 제네바 선언」은 아동을 적극적인 권리의 주체로 인식함으로써 아동의 권리에 대한 진전된 성과를 이루었다.

14 다음 시에 대한 이해로 적절하지 않은 것은?

> 봄은
> 남해에서도 북녘에서도
> 오지 않는다.
>
> 너그럽고
> 빛나는
> 봄의 그 눈짓은,
> 제주에서 두만까지
> 우리가 디딘
> 아름다운 논밭에서 움튼다.
>
> 겨울은,
> 바다와 대륙 밖에서
> 그 매운 눈보라 몰고 왔지만
> 이제 올
> 너그러운 봄은, 삼천리 마을마다
> 우리들 가슴속에서
> 움트리라.
>
> 움터서,
> 강산을 덮은 그 미움의 쇠붙이들
> 눈 녹이듯 흐물흐물
> 녹여버리겠지.
>
> — 신동엽, 「봄은」—

① 현실을 초월한 순수 자연의 세계를 노래하고 있다.
② 희망과 신념을 드러내는 단정적 어조로 표현하고 있다.
③ 시어들의 상징적인 의미를 통해 주제를 형성하고 있다.
④ '봄'과 '겨울'의 이원적 대립으로 시상을 전개하고 있다.

15 다음 글의 전개 순서로 가장 자연스러운 것은?

> (가) 이 기관을 잘 수리하여 정련하면 그 작동도 원활하게 될 것이요, 수리하지 아니하여 노둔해지면 그 작동도 막혀 버릴 것이니 이런 기관을 다스리지 아니하고야 어찌 그 사회를 고취하여 발달케 하리오.
> (나) 이러므로 말과 글은 한 사회가 조직되는 근본이요, 사회 경영의 목표와 지향을 발표하여 그 인민을 통합시키고 작동하게 하는 기관과 같다.
> (다) 말과 글이 없으면 어찌 그 뜻을 서로 통할 수 있으며, 그 뜻을 서로 통하지 못하면 어찌 그 인민들이 서로 이어져 번듯한 사회의 모습을 갖출 수 있으리오.
> (라) 그뿐 아니라 그 기관은 점점 녹슬고 상하여 필경은 쓸 수 없는 지경에 이를 것이니 그 사회가 어찌 유지될 수 있으리오. 반드시 패망을 면하지 못할지라.
> (마) 사회는 여러 사람이 그 뜻을 서로 통하고 그 힘을 서로 이어서 개인의 생활을 경영하고 보존하는 데에 서로 의지하는 인연의 한 단체라.
>
> — 주시경, 「대한국어문법 발문」에서 —

① (마) - (가) - (다) - (나) - (라)
② (마) - (가) - (라) - (다) - (나)
③ (마) - (다) - (가) - (라) - (나)
④ (마) - (다) - (나) - (가) - (라)

16 한자 표기가 옳지 않은 것은?

① 오늘 협상에서 만족(滿足)할 만한 성과를 거두었다.
② 김 위원의 주장을 듣고 그 의견에 동의하여 재청(再請)했다.
③ 우리 지자체의 해묵은 문제를 해결(解結)할 방안이 생각났다.
④ 다수가 그 의견에 동의하지 않았기에 재론(再論)이 필요하다.

17 다음 문장이 들어가기에 가장 적절한 곳을 ㉠~㉣에서 고르면?

> 신분에 따라 문체를 고착화하는 것을 인정하지 않았던 것이다.

> 유럽이 교회로부터 정신적으로 해방된 것은 그리스와 로마의 고대 작가들에 대한 재발견을 통해서였다. ㉠ 그 이후 고대 작가들의 문체는 귀족 중심의 유럽 문화에서 모범으로 여겨졌다. ㉡ 이러한 상황은 대략 1770년대에 시작되는 낭만주의에서부터 변화하기 시작했다. ㉢ 이 낭만주의 시기에 평등과 민주주의를 꿈꿨던 신흥 시민계급은 문학에서 운문과 영웅적 운명을 귀족에게만 전속시키고 하층민에게는 산문과 우스꽝스러운 상황을 배정하는 전통 시학을 거부했다. ㉣ 고전 문학은 더 이상 문학의 규범이 아니었으며, 문학을 현실의 모방으로 인식하는 태도도 포기되었다.

① ㉠　　　　② ㉡
③ ㉢　　　　④ ㉣

18 다음 글에 대한 이해로 적절하지 않은 것은?

> 정거장에 나온 박은 수염도 깎은 지 오래어 터부룩한 데다 버릇처럼 자주 찡그려지는 비웃는 웃음은 전에 못 보던 표정이었다. 그 다니는 학교에서만 지싯지싯* 붙어 있는 것이 아니라 이 시대 전체에서 긴치 않게 여기는, 지싯지싯 붙어 있는 존재 같았다. 현은 박의 그런 지싯지싯함에서 선뜻 자기를 느끼고 또 자기의 작품들을 느끼고 그만 더 울고 싶게 괴로워졌다.
> 한참이나 붙들고 섰던 손목을 놓고, 그들은 우선 대합실로 들어왔다. 할 말은 많은 듯하면서도 지껄여 보고 싶은 말은 골라낼 수가 없었다. 이내 다시 일어나 현은,
> "나 좀 혼자 걸어 보구 싶네."
> 하였다. 그래서 박은 저녁에 김을 만나 가지고 대동강가에 있는 동일관이란 요정으로 나오기로 하고 현만이 모란봉으로 온 것이다.
> 오면서 자동차에서 시가도 가끔 내다보았다. 전에 본 기억이 없는 새 빌딩들이 꽤 많이 늘어섰다. 그중에 한 가지 인상이 깊은 것은 어느 큰 거리 한 뿌다귀*에 벽돌 공장도 아닐 테요 감옥도 아닐 터인데 시뻘건 벽돌만으로, 무슨 큰 분묘와 같이 된 건축이 웅크리고 있는 것이다. 현은 운전사에게 물어보니, 경찰서라고 했다.
> — 이태준, 「패강랭」에서 —

* 지싯지싯: 남이 싫어하는지는 아랑곳하지 아니하고 제가 좋아하는 것만 짓궂게 자꾸 요구하는 모양
* 뿌다귀: '뿌다구니'의 준말로, 쑥 내밀어 구부러지거나 꺾어져 돌아간 자리

① '현'은 예전과 달라진 '박'의 태도가 자신의 작품 때문이라고 생각하고 있다.
② '현'은 자신과 비슷한 처지에 있는 '박'을 통해 자신을 연민하고 있다.
③ '현'은 새 빌딩들을 보고 도시가 많이 변화하고 있음을 인지하고 있다.
④ '현'은 시뻘건 벽돌로 만든 경찰서를 보고 암울한 분위기를 느끼고 있다.

19 다음 규정에 근거할 때 옳지 않은 것은?

> **한글 맞춤법 제30항**
>
> 사이시옷은 다음과 같은 경우에 받치어 적는다.
>
> (가) 순우리말로 된 합성어로서 앞말이 모음으로 끝나면서 뒷말의 첫소리가 된소리로 나는 것
> (나) 순우리말과 한자어로 된 합성어로서 앞말이 모음으로 끝나면서 뒷말의 첫소리가 된소리로 나는 것

① (가)에 따라 '아래 + 집'은 '아랫집'으로 적는다.
② (가)에 따라 '쇠 + 조각'은 '쇳조각'으로 적는다.
③ (나)에 따라 '전세 + 방'은 '전셋방'으로 적는다.
④ (나)에 따라 '자리 + 세'는 '자릿세'로 적는다.

20 글쓴이의 견해에 부합하는 것은?

> 문화란 공동체의 구성원들이 공유하는 생각과 행동 양식의 총체라고 할 수 있다. 문화를 연구하는 사람들의 주된 관심사는 특정 생각과 행동 양식이 하나의 공동체 안에서 전파되는 기제이다.
>
> 이에 대한 견해 중 하나는 문화를 생각의 전염이라는 각도에서 바라보는 것이다. 예컨대, 리처드 도킨스는 '밈(meme)'이라는 개념을 통해 생각의 전염 과정을 설명하고자 했다. 그에 따르면 문화는 복수의 밈으로 이루어져 있는데, 유전자에 저장된 생명체의 주요 정보가 번식을 통해 복제되어 개체군 내에서 확산되듯이, 밈 역시 유전자와 마찬가지로 공동체 내에서 복제를 통해 확산된다.
>
> 그러나 문화 전파의 기제를 설명하는 이론으로는 밈 이론보다 의사소통 이론이 더 적절해 보인다. 일례로, 요크셔 지역에 내려오는 독특한 푸딩 요리법은 누군가가 푸딩 만드는 것을 지켜본 후 그것을 그대로 따라 하는 방식으로 전파되었다기보다는 요크셔 푸딩 요리법에 대한 부모와 친척, 친구들의 설명을 통해 입에서 입으로 전파되고 공유되었을 가능성이 크다.
>
> 생명체의 경우와 달리 문화는 완벽하게 동일한 형태로 전파되지 않는다. 전파된 문화와 그것을 수용한 결과는 큰 틀에서는 비슷하더라도 세부적으로는 다를 수밖에 없다. 다시 말해 요크셔 지방의 푸딩 요리법은 다른 지방의 푸딩 요리법과 변별되는 특색을 지니는 동시에 요크셔 지방 내부에서도 가정이나 개인에 따라 약간씩의 차이를 보인다. 이는 푸딩 요리법의 수신자가 발신자가 전해 준 정보에다 자신의 생각을 덧붙였기 때문인데, 복제의 관점에서 문화의 전파를 설명하는 이론으로는 이와 같은 현상을 설명하기 어렵다. 반면, 의사소통 이론으로는 설명 가능하다. 이에 따르면 사람들은 자신이 들은 이야기를 남에게 전달할 때 들은 이야기에다 자신의 생각을 더해서 그 이야기를 전달하기 때문이다.

① 문화의 전파 기제는 밈 이론보다는 의사소통 이론으로 설명하는 것이 적절하다.
② 의사소통 이론에 따르면 문화의 수용 과정에는 수용 주체의 주관이 개입하지 않는다.
③ 의사소통 이론에 따르면 특정 공동체의 문화는 다른 공동체로 복제를 통해 전파될 수 있다.
④ 요크셔 푸딩 요리법이 요크셔 지방의 가정이나 개인에 따라 세부적인 차이를 보이는 현상은 밈 이론에 의해 설명할 수 있다.

모바일 OMR

회독 CHECK 1 2 3

01 맞춤법에 맞는 것만으로 묶은 것은?

① 돌나물, 꼭지점, 페트병, 낚시꾼
② 흡입량, 구름양, 정답란, 칼럼난
③ 오뚝이, 싸라기, 법석, 딱다구리
④ 찻간(車間), 홧병(火病), 셋방(貰房), 곳간(庫間)

02 ㉠의 단어와 의미가 같은 것은?

> 친구에게 줄 선물을 예쁜 포장지에 ㉠ 싼다.

① 사람들이 안채를 겹겹이 싸고 있다.
② 사람들은 봇짐을 싸고 산길로 향한다.
③ 아이는 몇 권의 책을 싼 보퉁이를 들고 있다.
④ 내일 학교에 가려면 책가방을 미리 싸 두어라.

03 가장 자연스러운 문장은?

① 날씨가 선선해지니 역시 책이 잘 읽힌다.
② 이렇게 어려운 책을 속독으로 읽는 것은 하늘의 별 따기이다.
③ 내가 이 일의 책임자가 되기보다는 직접 찾기로 의견을 모았다.
④ 그는 시화전을 홍보하는 일과 시화전의 진행에 아주 열성적이다.

04 다음 글의 설명 방식으로 적절하지 않은 것은?

> 빛 공해란 인공조명의 과도한 빛이나 조명 영역 밖으로 누출되는 빛이 인간의 건강하고 쾌적한 생활을 방해하거나 환경에 피해를 주는 상태를 말한다. 국제 과학 저널인 『사이언스 어드밴스』의 '전 세계 빛 공해 지도'에 따르면, 우리나라는 빛 공해가 심각한 국가이다. 빛 공해는 멜라토닌 부족을 초래해 인간에게 수면 부족과 면역력 저하 등의 문제를 유발하고, 농작물의 생산량 저하, 생태계 교란 등의 문제를 일으킨다.

① 빛 공해의 정의를 제시하고 있다.
② 빛 공해의 주요 요인인 인공조명의 누출 원인을 제시하고 있다.
③ 자료를 인용하여 빛 공해가 심각한 국가로 우리나라를 제시하고 있다.
④ 사례를 들어 빛 공해의 악영향을 제시하고 있다.

05 ㉠, ㉡의 사례로 옳은 것만을 짝 지은 것은?

> 용언의 불규칙 활용은 크게 ㉠ 어간만 불규칙하게 바뀌는 부류, ㉡ 어미만 불규칙하게 바뀌는 부류, 어간과 어미 둘 다 불규칙하게 바뀌는 부류로 나눌 수 있다.

	㉠	㉡
①	걸음이 빠름	꽃이 노람
②	잔치를 치름	공부를 함
③	라면이 불음	합격을 바람
④	우물물을 품	목적지에 이름

06 ㉠~㉣의 의미로 적절하지 않은 것은?

> 二月ㅅ 보로매 아으 노피 ㉠ 현 燈ㅅ블 다호라
> 萬人 비취실 즈싀샷다 아으 動動다리
> 三月 나며 開한 아으 滿春 들욋고지여
> ㄴ믜 브롤 ㉡ 즈슬 디녀 나샷다 아으 動動다리
> 四月 아니 ㉢ 니저 아으 오실셔 곳고리새여
> ㉣ 므슴다 錄事니믄 녯 나를 닛고신뎌 아으 動動다리
>
> – 작자 미상, 「動動」에서 –

① ㉠은 '켠'을 의미한다.
② ㉡은 '모습을'을 의미한다.
③ ㉢은 '잊어'를 의미한다.
④ ㉣은 '무심하구나'를 의미한다.

07 한자 표기가 옳은 것은?

① 그분은 냉혹한 현실(現室)을 잘 견뎌 냈다.
② 첫 손님을 야박(野薄)하게 대해서는 안 된다.
③ 그에게서 타고난 승부 근성(謹性)이 느껴진다.
④ 그는 평소 희망했던 기관에 채용(債用)되었다.

08 다음 토의에 대한 설명으로 적절하지 않은 것은?

> 사회자: 오늘의 토의 주제는 '통일 시대의 남북한 언어가 나아갈 길'입니다. 먼저 최○○ 교수님께서 '남북한 언어 차이와 의사소통'이라는 제목으로 발표해 주시겠습니다.
> 최 교수: 남한과 북한의 말은 비슷하지만 다른 점이 있습니다. 남한과 북한의 어휘 차이가 대표적입니다. 남한과 북한의 어휘 차이를 분석한 결과, …(중략)… 앞으로도 남북한 언어 차이에 대한 연구가 지속되어야 합니다.
> 사회자: 이로써 최 교수님의 발표를 마치겠습니다. 다음은 정○○ 박사님의 '남북한 언어의 동질성 회복 방안'에 대한 발표가 있겠습니다.
> 정 박사: 앞으로 통일을 대비해 남북한 언어의 다른 점을 줄여 나가는 노력이 필요합니다. 실제로도 남한과 북한의 학자들로 구성된 '겨레말큰사전 편찬위원회'에서는 남북한 공통의 사전인 『겨레말큰사전』을 만들며 서로의 차이를 이해하고 받아들이기 위한 노력을 하고 있습니다. …(중략)…
> 사회자: 그러면 질의응답이 있겠습니다. 시간상 간략하게 질문해 주시기 바랍니다.
> 청중 A: 두 분의 말씀 잘 들었습니다. 남북한 언어의 차이와 이를 극복하는 방안을 말씀하셨는데요. 그렇다면 통일 시대에 대비한 언어 정책에는 무엇이 있을까요?

① 학술적인 주제에 대해 발표 형식으로 진행되고 있다.
② 사회자는 발표자 간의 이견을 조정하여 의사결정을 유도하고 있다.
③ 발표자는 주제에 대한 자신의 견해를 밝혀 청중에게 정보를 제공하고 있다.
④ 청중 A는 발표자의 발표 내용을 확인하고 주제와 관련된 질문을 하고 있다.

09 ㉠~㉣은 '공손하게 말하기'에 대한 설명이다. ㉠~㉣을 적용한 B의 대답으로 적절하지 않은 것은?

> ㉠ 자신을 상대방에게 낮추어 겸손하게 말해야 한다.
> ㉡ 상대방의 처지를 고려하여 상대방이 부담을 갖지 않도록 말해야 한다.
> ㉢ 상대방이 관용을 베풀 수 있도록 문제를 자신의 탓으로 돌려 말해야 한다.
> ㉣ 상대방의 의견에서 동의하는 부분을 찾아 인정해 준 다음에 자신의 의견을 말해야 한다.

① ㉠ ┌ A: "이번에 제출한 디자인 시안 정말 멋있었어."
　　　└ B: "아닙니다. 아직도 여러모로 부족한 부분이 많습니다."

② ㉡ ┌ A: "미안해요. 생각보다 길이 많이 막혀서 늦었어요."
　　　└ B: "괜찮아요. 쇼핑하면서 기다리니 시간 가는 줄 몰랐어요."

③ ㉢ ┌ A: "혹시 내가 설명한 내용이 이해 가니?"
　　　└ B: "네 목소리가 작아서 내용이 잘 안 들렸는데 다시 한 번 크게 말해 줄래?"

④ ㉣ ┌ A: "가원아, 경희 생일 선물로 귀걸이를 사주는 것은 어때?"
　　　└ B: "그거 좋은 생각이네. 하지만 경희의 취향을 우리가 잘 모르니까 귀걸이 대신 책을 선물하는 게 어떨까?"

10 하버마스의 주장에 부합하는 사례로 가장 적절한 것은?

> 하버마스는 18세기부터 현대까지 미디어의 등장 배경과 발전 과정을 분석하면서, 공공 영역의 부상과 쇠퇴를 추적했다. 하버마스에게 공공 영역은 일반적 쟁점에 대한 토론과 의견을 형성하는 공공 토론의 민주적 장으로서 역할을 한다.
>
> 하버마스는 17세기와 18세기 유럽 도시의 살롱에서 당시의 공공 영역을 찾았다. 비록 소수의 사람들만이 살롱 토론 문화에 참여했으나, 공공 토론을 통해 정치적 문제를 해결하는 논리를 도입할 수 있었기 때문에 살롱이 초기 민주주의 발전에 중요한 역할을 했다고 그는 주장한다. 적어도 살롱 문화의 원칙에서 공개적 토론을 위한 공공 영역은 각각의 참석자들에게 동등한 자격을 부여했다.
>
> 그러나 하버마스에 따르면, 현대 사회에서 민주적 토론은 문화 산업의 발달과 함께 퇴보했다. 대중매체와 대중오락의 보급은 공공 영역이 공허해지는 원인으로 작용했다. 상업적 이해관계는 공공의 이해관계에 우선하게 되었다. 공공 여론은 개방적이고 합리적 토론을 통해서가 아니라 광고에서처럼 조작과 통제를 통해 형성되고 있다.
>
> 미디어가 점차 상업화되면서 하버마스가 주장한 대로 공공 영역이 침식당하고 있다. 상업화된 미디어는 광고 수입에 기대어 높은 시청률과 수익을 보장하는 콘텐츠 제작만을 선호하게 되었다. 그 결과 공적 주제에 대한 시민들의 논의와 소통의 장이 줄어들어 결과적으로 공공 영역이 축소되었다. 많은 것을 약속한 미디어는 이제 민주주의 문제의 일부로 변해 버린 것이다.

① 살롱 문화에서 특정 사회 계층에 대한 비판적인 토론은 허용되지 않았다.

② 인터넷의 발달과 보급은 상업적 광고뿐만 아니라 공익 광고도 증가시켰다.

③ 글로벌 미디어가 발달하더라도 국제 사회의 공공 영역은 공허해지지 않는다.

④ 수익성 위주의 미디어 플랫폼과 콘텐츠가 더 많아지면서 민주적 토론이 감소되었다.

11 ⊙~⑩의 전개 순서로 가장 자연스러운 것은?

> 폭설, 즉 대설이란 많은 눈이 시간적, 공간적으로 집중되어 내리는 현상을 말한다.
>
> ⊙ 그런데 눈은 한 시간 안에 5cm 이상 쌓일 수 있어 순식간에 도심 교통을 마비시키는 위력을 가지고 있다.
>
> ⓒ 또한, 경보는 24시간 신적설이 20cm 이상 예상될 때이다.
>
> ⓒ 다만, 산지는 24시간 신적설이 30cm 이상 예상될 때 발령된다.
>
> ⓔ 이때 대설의 기준으로 주의보는 24시간 새로 쌓인 눈이 5cm 이상이 예상될 때이다.
>
> ⑩ 이뿐만 아니라 운송, 유통, 관광, 보험을 비롯한 서비스 업종과 사회 전반에 영향을 미친다.

① ⊙ － ⑩ － ⓒ － ⓒ － ⓔ

② ⊙ － ⓔ － ⑩ － ⓒ － ⓒ

③ ⓔ － ⓒ － ⓒ － ⊙ － ⑩

④ ⓔ － ⊙ － ⑩ － ⓒ － ⓒ

12 다음 글의 사례로 적절하지 않은 것은?

> 인간은 언어를 사용하며 언어는 인간의 사고, 사회, 문화를 반영한다. 인간의 지적 능력이 발달하게 된 것은 바로 언어를 사용하기 때문이다.
>
> 언어와 사고는 기본적으로 상호작용을 한다. 둘 중 어느 것이 먼저 발달하고 어떻게 영향을 주는지는 알 수 없다. 그러나 언어와 사고가 서로 깊은 관계를 맺고 있다는 사실은 여러 가지 근거를 통해서 뒷받침된다.

① 영어의 '쌀(rice)'에 해당하는 우리말에는 '모', '벼', '쌀', '밥' 등이 있다.

② 어떤 사람은 산도 파랗다고 하고, 물도 파랗다고 하고, 보행신호의 녹색등도 파랗다고 한다.

③ 일상생활에서 어떠한 사물의 개념은 머릿속에서 맴도는데도 그 명칭을 떠올리지 못할 때가 있다.

④ 우리나라는 수박(watermelon)은 '박'의 일종으로 보지만 어떤 나라는 '멜론(melon)'에 가까운 것으로 파악한다.

13 다음 글의 주된 서술 방식은?

> 변지의가 천 리 길을 마다하지 않고 나를 찾아왔다. 내가 그 뜻을 물었더니, 문장 공부를 하기 위해 나를 찾아왔다고 했다. 때마침 이날 우리 아이들이 나무를 심었기에 그 나무를 가리켜 이렇게 말해 주었다.
> "사람이 글을 쓰는 것은 나무에 꽃이 피는 것과 같다. 나무를 심는 사람은 가장 먼저 뿌리를 북돋우고 줄기를 바로잡는 일에 힘써야 한다. …(중략)… 나무의 뿌리를 북돋아 주듯 진실한 마음으로 온갖 정성을 쏟고, 줄기를 바로잡듯 부지런히 실천하며 수양하고, 진액이 오르듯 독서에 힘쓰고, 가지와 잎이 돋아나듯 널리 보고 들으며 두루 돌아다녀야 한다. 그렇게 해서 깨달은 것을 헤아려 표현한다면 그것이 바로 좋은 글이요, 사람들이 칭찬을 아끼지 않는 훌륭한 문장이 된다. 이것이야말로 참다운 문장이라고 할 수 있다."

① 서사
② 분류
③ 비유
④ 대조

14 다음 글에 대한 이해로 적절하지 않은 것은?

> 언어마다 고유의 표기 체계가 있는데, 이는 읽기 과정에 영향을 미친다. 알파벳 언어는 표기 체계에 따라 철자 읽기의 명료성 수준이 달라진다. 철자 읽기가 명료하다는 것은 한 글자에 대응되는 소리가 규칙적이어서 글자와 소리의 대응이 거의 일대일이라는 것을 의미한다. 그 예로 이탈리아어와 스페인어가 있다. 이 두 언어의 사용자는 의미를 전혀 모르는 새로운 단어를 발견하더라도 보자마자 정확한 발음을 할 수 있다. 이에 비해 영어는 철자 읽기의 명료성이 낮은 언어이다. 영어는 발음이 아예 나지 않는 묵음과 같은 예외도 많은 편이고 글자에 대응하는 소리도 매우 다양하다.
> 한편 알파벳 언어를 읽을 때 사용하는 뇌의 부위는 유사하지만 뇌의 부위에 의존하는 방식에는 차이가 있다. 영어와 이탈리아어를 읽는 사람은 동일하게 좌반구의 읽기 네트워크를 사용한다. 하지만 무의미한 단어를 읽을 때 영어를 읽는 사람은 암기된 단어의 인출과 연관된 뇌 부위에 더 의존하는 반면 이탈리아어를 읽는 사람은 음운 처리에 연관된 뇌 부위에 더 의존한다. 왜냐하면 무의미한 단어를 읽을 때 이탈리아어를 읽는 사람은 규칙적인 음운 처리 규칙을 적용하는 반면에, 영어를 읽는 사람은 암기해 둔 수많은 예외들을 떠올리기 때문이다.

① 알파벳 언어의 철자 읽기는 소리와 표기의 대응과 관련되는데, 각 소리가 지닌 특성은 철자 읽기의 명료성을 판단하는 기준이 된다.

② 영어 사용자는 무의미한 단어를 읽을 때 좌반구의 읽기 네트워크를 활용하면서 암기된 단어의 인출과 연관된 뇌 부위에 더욱 의존한다.

③ 이탈리아어는 소리와 글자의 대응이 규칙적이어서 낯선 단어를 발음할 때 영어에 비해 철자 읽기의 명료성이 높다.

④ 영어는 음운 처리 규칙에 적용되지 않는 예외들이 많아서 스페인어에 비해 소리와 글자의 대응이 덜 규칙적이다.

15 (가)~(라)에 대한 이해로 적절하지 않은 것은?

> (가) 반중(盤中) 조홍(早紅)감이 고아도 보이ᄂ다
> 유자 안이라도 품엄즉도 ᄒ다마ᄂ
> 품어 가 반기리 업슬새 글노 설워ᄒᄂ이다
>
> (나) 동짓ᄃᆯ 기나긴 밤을 한 허리를 버혀 내여
> 춘풍 니불 아래 서리서리 너헛다가
> 어론 님 오신 날 밤이여든 구뷔구뷔 펴리라
>
> (다) 말 업슨 청산(靑山)이오 태(態) 업슨 유수(流水)
> 로다
> 갑 업슨 청풍(淸風)이오 님ᄌ 업슨 명월(明月)이
> 로다
> 이 중에 병 업슨 이 몸이 분별 업시 늘그리라
>
> (라) 농암(籠巖)에 올라보니 노안(老眼)이 유명(猶明)
> 이로다
> 인사(人事)이 변ᄒᆫ들 산천이ᄯᆫ 가샐가
> 암전(巖前)에 모수 모구(某水 某丘)이 어제 본
> 듯ᄒ예라

① (가)는 고사의 인용을 통해 돌아가신 부모님에 대한
그리움을 표현하고 있다.

② (나)는 의태적 심상을 통해 임에 대한 기다림을 표
현하고 있다.

③ (다)는 대구와 반복을 통해 자연에 귀의하려는 의지
를 표현하고 있다.

④ (라)는 자연과의 대조를 통해 허약해진 노년의 무력
함을 표현하고 있다.

16 다음 글에 대한 이해로 가장 적절한 것은?

> 암소의 뿔은 수소의 그것보다도 한층 더 겸허하다.
> 이 애상적인 뿔이 나를 받을 리 없으니 나는 마음 놓
> 고 그 곁 풀밭에 가 누워도 좋다. 나는 누워서 우선
> 소를 본다.
> 소는 잠시 반추를 그치고 나를 응시한다.
> '이 사람의 얼굴이 왜 이리 창백하냐. 아마 병인인
> 가 보다. 내 생명에 위해를 가하려는 거나 아닌지 나
> 는 조심해야 되지.'
> 이렇게 소는 속으로 나를 심리하였으리라. 그러나
> 오 분 후에는 소는 다시 반추를 계속하였다. 소보다
> 도 내가 마음을 놓는다.
> 소는 식욕의 즐거움조차를 냉대할 수 있는 지상 최
> 대의 권태자다. 얼마나 권태에 지질렸길래 이미 위에
> 들어간 식물을 다시 게워 그 시큼털털한 반소화물의
> 미각을 역설적으로 향락하는 체해 보임이리오?
> 소의 체구가 크면 클수록 그의 권태도 크고 슬프
> 다. 나는 소 앞에 누워 내 세균 같이 사소한 고독을
> 겸손하면서 나도 사색의 반추는 가능할는지 불가능
> 할는지 몰래 좀 생각해 본다.
>
> — 이상, 「권태」에서 —

① 대상의 행위를 통해 글쓴이의 심리가 투사되고 있다.

② 과거의 삶을 회상하며 글쓴이의 처지를 후회하고
있다.

③ 공간의 이동을 통해 글쓴이의 무료함을 표현하고
있다.

④ 현실에 대한 글쓴이의 불만이 반성적 어조로 표출되
고 있다.

17 다음 글에서 '황거칠'이 처한 상황에 어울리는 한자성어로 가장 적절한 것은?

> 황거칠 씨는 더 참을 수가 없었다. 그는 거의 발작적으로 일어섰다.
>
> "이 개 같은 놈들아, 어쩌면 남이 먹는 식수까지 끊으려노?"
>
> 그는 미친 듯이 우르르 달려가서 한 인부의 괭이를 억지로 잡아서 저만큼 내동댕이쳤다. …(중략)…
>
> 경찰은 발포를 — 다행히 공포였지만 — 해서 겨우 군중을 해산시키고, 황거칠 씨와 청년 다섯 명을 연행해 갔다. 물론 강제집행도 일시 중단되었었다.
>
> 경찰에 끌려간 사람들은 밤에도 풀려나오지 못했다. 공무집행 방해에다, 산주의 권리행사 방해, 그리고 폭행죄까지 뒤집어쓰게 되었던 것이다. 그래서 그 이튿날도 풀려 나오질 못했다. 쌍말로 썩어 갔다.
>
> 황거칠 씨는 모든 죄를 자기가 안아맡아서 처리하려고 했다. 그러나 그것이 뜻대로 되지 않았다. 면회를 오는 가족들의 걱정스런 얼굴을 보자, 황거칠 씨는 가슴이 아팠다. 그는 만부득이 담당 경사의 타협안에 도장을 찍기로 했다. 석방의 조건으로서, 다시는 강제집행을 방해하지 않겠다는 각서였다.
>
> 이리하여 황거칠 씨는 애써 만든 산수도를 포기하게 되고 '마삿등'은 한때 도로 물 없는 지대가 되고 말았다.
>
> — 김정한, 「산거족」에서 —

① 同病相憐
② 束手無策
③ 自家撞着
④ 輾轉反側

18 다음 글의 특징으로 가장 적절한 것은?

> 살아가노라면
> 가슴 아픈 일 한두 가지겠는가
>
> 깊은 곳에 뿌리를 감추고
> 흔들리지 않는 자기를 사는 나무처럼
> 그걸 사는 거다
>
> 봄, 여름, 가을, 긴 겨울을
> 높은 곳으로
> 보다 높은 곳으로, 쉬임 없이
> 한결같이
>
> 사노라면
> 가슴 상하는 일 한두 가지겠는가
>
> — 조병화, 「나무의 철학」 —

① 문답법을 통해 과거의 삶을 반추하고 있다.
② 반어적 표현을 활용하여 슬픔의 정서를 나타내고 있다.
③ 사물을 의인화하여 현실을 목가적으로 보여 주고 있다.
④ 설의적 표현을 활용하여 삶의 깨달음을 강조하고 있다.

19 ㉠에 들어갈 말로 가장 적절한 것은?

> 한 민족이 지닌 문화재는 그 민족 역사의 누적일 뿐 아니라 그 누적된 민족사의 정수로서 이루어진 혼의 상징이니, 진실로 살아 있는 민족적 신상(神像)은 이를 두고 달리 없을 것이다. 더구나 국보로 선정된 문화재는 우리 민족의 성력(誠力)과 정혼(精魂)의 결정으로 그 우수한 질과 희귀한 양에서 무비(無比)의 보(寶)가 된 자이다. 그러므로 국보 문화재는 곧 민족 전체의 것이요, 민족을 결속하는 정신적 유대로서 민족의 힘의 원천이라 할 것이다.
>
> 로마는 하루아침에 만들어지지 않는다는 말도 그 과거 문화의 존귀함을 말하는 것이요, (㉠)는 말도 국보 문화재가 얼마나 힘 있는가를 밝힌 예증이 된다.

① 구르는 돌에는 이끼가 끼지 않는다

② 지식은 나눌 수 있지만 지혜는 나눌 수 없다

③ 사람은 겪어 보아야 알고 물은 건너 보아야 안다

④ 그 무엇을 내놓는다고 해도 셰익스피어와는 바꾸지 않는다

20 다음 글에서 추론한 내용으로 적절하지 않은 것은?

> 과학의 개념은 분류 개념, 비교 개념, 정량 개념으로 구분할 수 있다. 식물학과 동물학의 종, 속, 목처럼 분명한 경계를 가지고 대상들을 분류하는 개념들이 분류 개념이다. 어린이들이 맨 처음에 배우는 단어인 '사과', '개', '나무' 같은 것 역시 분류 개념인데, 하위 개념으로 분류할수록 그 대상에 대한 정보가 더 많이 전달된다. 또한, 현실 세계에 적용 대상이 하나도 없는 분류 개념도 있을 수 있다. 예를 들어 '유니콘'이라는 개념은 '이마에 뿔이 달린 말의 일종임' 같은 분명한 정의가 있기에 '유니콘'은 분류 개념으로 인정되는 것이다.
>
> '더 무거움', '더 짧음' 등과 같은 비교 개념은 분류 개념보다 설명에 있어서 정보 전달에 더 효과적이다. 이것은 분류 개념처럼 자연의 사실에 적용되어야 하지만, 분류 개념과 달리 논리적 관계도 반드시 성립해야 한다. 예를 들면, 대상 A의 무게가 대상 B의 무게보다 더 무겁다면, 대상 B의 무게가 대상 A의 무게보다 더 무겁다고 말할 수 없는 것처럼 '더 무거움' 같은 비교 개념은 논리적 관계를 반드시 따라야 한다.
>
> 마지막으로 정량 개념은 비교 개념으로부터 발전된 것인데, 이것은 자연의 사실로부터 파악할 수 있는 물리량을 측정함으로써 만들어진다. 물리량을 측정하기 위해서는 몇 가지 규칙이 필요한데, 그 규칙에는 두 물리량의 크기를 비교하는 경험적 규칙과 물리량의 측정 단위를 정하는 규칙 등이 포함된다. 이러한 정량 개념은 자연에 의해서 주어지는 것이 아니라 우리가 자연현상에 수를 적용하는 과정에서 생겨나는 것이다. 정량 개념은 과학의 언어를 수많은 비교 개념 대신 수를 사용할 수 있게 하여 과학 발전의 기초가 되었다.

① '호랑나비'는 '나비'와 동일한 종에 속하지만, 나비에 비해 정보량이 적다.

② '용(龍)'은 현실 세계에 적용할 수 있는 지시물이 없더라도 분류 개념으로 인정된다.

③ '꽃'이나 '고양이'와 같은 개념은 논리적 관계를 따라야 하는 것은 아니기 때문에 비교 개념에 포함되지 않는다.

④ 물리량을 측정할 수 있는 'cm'나 'kg'과 같은 측정 단위는 자연현상에 수를 적용할 수 있게 해 주었다.

PART 2
영어

꼭 읽어보세요!

2025년 영어 과목 출제기조 변화

　2025년 국가직 9급 공무원 시험부터 문법(어법)이나 어휘 등 암기 영역의 문제가 줄어들고 이해력과 추론력을 평가하는 독해 문제의 비중이 커졌습니다. 또한 실생활에서 많이 사용하는 어휘, 이메일이나 안내문 등으로 구성된 독해 지문 위주로 출제되었습니다.

기출문제 학습 시 유의사항

　본서는 2025년 영어 과목 출제기조 변화에 따라 출제 유형에서 벗어나거나 달라지는 문항에 ×표시를 하였습니다. 이는 행정안전부가 공개한 2025년 출제기조 전환 예시문제를 기준으로 한 것이며, **실제 출제 방향과 다를 수 있다는 점에 유의**하여 학습에 임하시기 바랍니다.

　×표시를 한 문항은 출제되지 않는 영역이라는 의미가 아닌, 출제기조 변화에 따라 유형이 바뀔 수 있는 문항임을 표시한 것입니다. 어휘 영역은 문맥에 따라 밑줄에 들어갈 단어를 추론하는 유형으로 전환되며, 문법(어법) 영역은 밑줄이나 빈칸이 주어지고 문맥 속에서 명확하게 묻는 부분이 무엇인지 제시하는 방향으로 전환됩니다. 독해도 전자메일이나 안내문 등 업무현장에서 접할 수 있는 소재와 형식을 활용한 지문이 출제됩니다.

출제경향

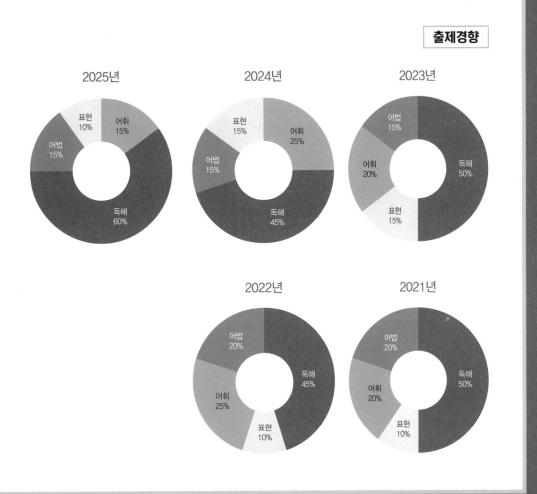

[01~05] 밑줄 친 부분에 들어갈 말로 가장 적절한 것을 고르시오.

01

> All international travelers must carry acceptable _____ when entering Canada. For example, a passport is the only reliable and universally accepted document when traveling abroad.

① currency
② identification
③ insurance
④ luggage

02

> We are polluting the oceans, killing the fish and thereby _____ ourselves of invaluable food supply.

① depriving
② informing
③ accusing
④ curing

03

> Whitworths, a retailer offering online grocery shopping, says it has discovered that some staff members who are paid a salary _____ paid enough in recent years.

① may not have been
② should not have
③ would not be
④ will not be

04

 Alex Brown
Hello. Do you remember we have a meeting with the city hall staff this afternoon?
10:10 am

Cathy Miller
Is it today? Isn't it tomorrow?
10:11 am

 Alex Brown
I'll check my calendar.
10:11 am

I'm sorry. I was mistaken. The meeting is at 2 pm tomorrow.
10:13 am

Cathy Miller
Yes, that's right.
10:13 am

 Alex Brown
You know we don't have to go to city hall for the meeting, right?
10:15 am

Cathy Miller
_____.
It's sometimes more convenient.
10:16 am

 Alex Brown
I agree. Please share the meeting URL. Also, could you send me the ID and password?
10:19 am

Cathy Miller
Sure, I'll share them via email and text.
10:19 am

① Yes, it's an online meeting
② Yes, be sure to reply to the email
③ No, I didn't receive your text message
④ No, I don't have another meeting today

05

A: Aren't you going to have lunch?

B: No, I'm not hungry. I'd rather read my book. I'm reading *The Lucky Club*.

A: *The Lucky Club*? What's it about?

B: Well, it's about a group of Korean women who live in Los Angeles. The main character is a woman born in America whose mother came from Korea.

A: It sounds interesting. Who's it by?

B: _____.

A: She wrote *The Heroine Generation*, too, didn't she?

B: No, that was written by May Lee.

A: Oh, I see.

① I have already read it

② Lin Lee is the author

③ It originally belongs to me

④ She is one of my relatives in Korea

[06~07] 다음 글을 읽고 물음에 답하시오.

HOME ABOUT US CONTACT US SEARCH

(A)

Each year in July people all over the world aim to exclude common plastic waste items from their daily life, opting instead for reusable containers or those made from biodegradable materials. We think this is a great idea and why not make it a year-round effort at home and in the workplace.

The vision started in Western Australia in 2011 and has since moved across the world to help promote the vision and stop the earth becoming further saturated with plastic materials which are part of our convenience lifestyle.

Lots of items are designed to be used once and disposed of. They fill up bins in homes, schools, at work and on streets across the world.

You can assist in achieving the goal of having a world without plastic waste.

Choose what you will do
☐ Avoid single-use plastic packaging
☐ Target the takeaway items that could end up in the ocean
☐ Go completely plastic free
I will participate
☐ for 1 day　　☐ for 1 week
☐ for 1 month　☐ from now on

---

06 (A)에 들어갈 윗글의 제목으로 가장 적절한 것은?

① Development of Single-Use Items

② Join the Plastic-Free Challenge

③ How to Dispose of Plastic Items

④ Simple Ways to Save Energy

---

07 윗글에서 캠페인에 관한 내용과 일치하지 않는 것은?

① 2011년 서호주에서 시작되었다.

② 플라스틱 과다 사용을 줄이기 위해 전 세계로 확산되었다.

③ 실천할 활동을 선택하여 참여할 수 있다.

④ 최대 한 달까지 참여할 수 있다.

[08~09] 다음 글을 읽고 물음에 답하시오.

Consular services

We welcome all feedback about our consular services, whether you receive them in the UK or from one of our embassies, high commissions or consulates abroad. Tell us when we get things wrong so that we can <u>assess</u> and improve our services.

If you want to make a complaint about a consular service you have received, we want to help you resolve it as quickly as possible. If you are complaining on behalf of someone else, we must have written, signed consent from that person allowing us to share their personal information with you before we can reply.

Send details of your complaint to our feedback contact form. We will record and examine your complaint, and use the information you provide to help make sure that we offer the best possible help and support to our customers. The relevant embassy, high commission or consulate will reply to you.

08 밑줄 친 assess의 의미와 가장 가까운 것은?

① upgrade

② prolong

③ evaluate

④ render

09 윗글의 목적으로 가장 적절한 것은?

① to give directions to the consulate

② to explain how to file complaints

③ to lay out the employment process

④ to announce the opening hours

10 다음 글의 주제로 가장 적절한 것은?

Young people are fast learners. They are energetic, active and have a 'can-do' mentality. Given the support and right opportunities, they can take the lead in their own development as well as the development of their communities. In many developing countries, agriculture is still the largest employer and young farmers play an important role in ensuring food security for future generations. They face many challenges, however. For example, it is very difficult to own land or get a loan if you do not have a house—which, if you are young and only just starting your career, is often not yet possible. Working in agriculture requires substantial and long-term investments. It is also quite risky and uncertain, because it relies heavily on the climate: flooding, drought and storms can damage and destroy farmers' crops and affect livestock.

① the economic advantages of working in the agricultural sector

② the importance of technology in modern farming practices

③ the roles of young farmers and the challenges they face

④ young people's efforts for urban development

11 다음 글의 목적으로 가장 적절한 것은?

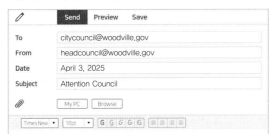

To	citycouncil@woodville.gov
From	headcouncil@woodville.gov
Date	April 3, 2025
Subject	Attention Council

Dear Members of the Woodville City Council,

I am writing to inform you of several issues in our community that need attention. A resident, John Smith, of 123 Elm Street, has reported problems with the road conditions on Elm Street, especially between Maple Avenue and Oak Street. There are many potholes and cracks that have worsened after recent heavy rain, causing traffic disruptions and safety hazards. Even though temporary repairs have been made, the problems continue.

The resident is also concerned about poor lighting in Central Park, especially along Park Lane, because broken or missing streetlights have led to minor accidents and lowered property values. He requests that the Council repair Elm Street and improve the lighting in the park.

I urge the Council to address these issues for the safety and well-being of our community. Thank you for your attention to these matters. I trust we will work together to resolve these issues effectively.

Sincerely,

Stephen James
Head of Woodville City Council

① to express gratitude to the Council for their efforts
② to invite the Council to visit Central Park
③ to solicit the Council to deal with the community problems
④ to update the Council on recent repairs made in the area

[12~13] 밑줄 친 부분 중 어법상 옳지 않은 것을 고르시오.

12
The city opened the Smart Senior Citizens' Center, a leisure facility that offers ① customized programs for the elderly. It ② features virtual activities such as silver aerobics and ③ laughter therapy, monitors health metrics in collaboration with public health centers, and ④ including indoor gardening activities.

13
Fire served humans in many ways besides ① cooking. With it they could begin ② rearranging environments to suit themselves, clearing land to stimulate the growth of wild foods and ③ opening landscapes to encourage the proliferation of food animals that could be later driven by fire to a place ④ choosing to harvest them.

14 다음 글의 내용과 일치하지 않는 것은?

KIDS SUMMER ART CAMP 2025

Join the Stan José Art Museum (SJAM) for a week of fun!
Campers get behind-the-scenes access to exhibitions, experiment with the artistic process, and show off their own work in a student exhibition.

WHO

For children ages 6 - 14

Each camper will receive individual artistic support, encouragement, and creative challenges unique to their learning style and skill level.

WHAT

Join SJAM for a summer art camp that pairs creative exploration of art materials and processes led by our experienced gallery teachers and studio art educators. In addition, campers will engage in interpretive art and science lessons created by Eddie Brown, a STEM consultant.

ART CAMP EXHIBITION

We invite families and caregivers to attend a weekly exhibition reception of campers' artwork to celebrate the artistic achievements of each participant.

WHEN

All camps run 9 am - 3 pm, Monday - Friday.

Monday, June 9 - Friday, July 25 (no camp the week of June 30)

① Campers will have opportunities to display their work in a student exhibition.

② The camp includes individual artistic support for children ages 6 – 14.

③ A STEM consultant developed interpretive art and science lessons.

④ The camp runs with no break between June 9 and July 25.

15 다음 글의 내용과 일치하는 것은?

Department of Health and Human Services

Mission Statement

The mission of the Department of Health and Human Services (HHS) is to enhance the health and well-being of all individuals in the nation, by providing for effective health and human services and by fostering sound, sustained advances in the sciences underlying medicine, public health, and social services.

Organizational Structure

HHS accomplishes its mission through programs and initiatives that cover a wide spectrum of activities. Eleven operating divisions, including eight agencies in the Public Health Service and three human services agencies, administer HHS's programs. While HHS is a domestic agency working to protect and promote the health and well-being of the American people, the interconnectedness of our world requires that HHS engage globally to fulfill its mission.

Cross-Agency Collaborations

Improving health and human services outcomes cannot be achieved by the Department on its own; collaborations are critical to achieve our goals and objectives. HHS collaborates closely with other federal departments and agencies on cross-cutting topics.

① HHS aims to improve the health and well-being of low-income families only.

② HHS's programs are administered by the eleven operating divisions.

③ HHS does not work with foreign countries to complete its mission.

④ HHS acts independently from other federal departments and agencies to achieve its goals.

16 주어진 문장이 들어갈 위치로 가장 적절한 것은?

> Schedule your time in a way that relegates distracting activities, such as news consumption and social-media scanning, to prescribed times.

When you learn to drive, you are taught to maintain a level of situational awareness that is wide enough to help you anticipate problems but not so wide that it distracts you. The same goes for your project. (①) You need to know what's going on around you that might affect your life and work, but not what is irrelevant to these things. (②) I am not advocating a "full ostrich" model of ignoring the outside world entirely. (③) Rather, I mean to recommend ordering your information intake so that extraneous stuff doesn't eat up your attention. (④) Perhaps you could decide to read the news for 30 minutes in the morning and vegetate* on social media for 30 minutes at the end of the day.

* vegetate: 하는 일 없이 지내다

17 다음 글의 흐름상 어색한 문장은?

As OECD countries prepare for an AI revolution, underscored by rapid advancements in generative AI and an increased availability of AI-skilled workers, the landscape of employment is poised for significant change. ① To navigate this shift, it's critical to prioritise training and education to equip both current and future workers with the necessary skills, and to support displaced workers with adequate social protection. ② Additionally, safeguarding workers' rights in the face of AI integration and ensuring inclusive labour markets become paramount. ③ Social dialogue will also be key to success in this new era. ④ Many experts believe that AI will completely replace all human jobs within the next decade. Together, these actions will ensure that the AI revolution benefits all, transforming potential risks into opportunities for growth and innovation.

18 주어진 글 다음에 이어질 글의 순서로 가장 적절한 것은?

> The idea that society should allocate economic rewards and positions of responsibility according to merit is appealing for several reasons.

> (A) An economic system that rewards effort, initiative, and talent is likely to be more productive than one that pays everyone the same, regardless of contribution, or that hands out desirable social positions based on favoritism.
>
> (B) Rewarding people strictly on their merits also has the virtue of fairness; it does not discriminate on any basis other than achievement.
>
> (C) Two of these reasons are generalized versions of the case for merit in hiring—efficiency and fairness.

① (A) − (C) − (B)

② (B) − (C) − (A)

③ (C) − (A) − (B)

④ (C) − (B) − (A)

[19~20] 밑줄 친 부분에 들어갈 말로 가장 적절한 것을 고르시오.

19

> Active listening is an art, a skill and a discipline that takes _____. To develop good listening skills, you need to understand what is involved in effective communication and develop the techniques to sit quietly and listen. This involves ignoring your own needs and focusing on the person speaking—a task made more difficult by the way the human brain works. When someone talks to you, your brain immediately begins processing the words, body language, tone, inflection and perceived meanings coming from the other person. Instead of hearing one noise, you hear two: the noise the other person is making and the noise in your own head. Unless you train yourself to remain vigilant, the brain usually ends up paying attention to the noise in your own head. That's where active listening techniques come into play. Hearing becomes listening only when you pay attention to what the person is saying and follow it very closely.

① a sense of autonomy

② a creative mindset

③ a high degree of self-control

④ an extroverted personality

20

The holiday season is a time to give thanks, reflect on the past year, and spend time with family and friends. However, if you're not careful, it can also be a time you overspend on holiday purchases. People have an innate impulse to overspend, experts say. They are "wired" to be consumers. The short-term gratification of giving gifts to loved ones can eclipse the long-term focus that's needed to be good with money. That's where many people fall short. We can overspend because our long-term goals are much more abstract, and it actually requires us to do extra levels of cognitive processing to delay instant gratification. Additionally, consumers may feel _____ because they don't want to appear "cheap." Many companies also promote deals during the holidays that can encourage people to spend more than usual.

① a desire to work at overseas companies

② responsible for establishing their long-term goals

③ like limiting their spending during the holiday season

④ the social pressure to spend more than they might like

모바일 OMR

✓ 회독 CHECK 1 2 3

01 밑줄 친 부분에 들어갈 말로 적절한 것은?

> Obviously, no aspect of the language arts stands alone either in learning or in teaching. Listening, speaking, reading, writing, viewing, and visually representing are _____.

① distinct
② distorted
③ interrelated
④ independent

[02~05] 밑줄 친 부분의 의미와 가장 가까운 것을 고르시오.

02

> The money was so cleverly concealed that we were forced to abandon our search for it.

① spent
② hidden
③ invested
④ delivered

03

> To appease critics, the wireless industry has launched a $12 million public-education campaign on the drive-time radio.

① soothe
② counter
③ enlighten
④ assimilate

04

> Center officials play down the troubles, saying they are typical of any start-up operation.

① discern
② dissatisfy
③ underline
④ underestimate

05

> She worked diligently and had the guts to go for what she wanted.

① was anxious
② was fortunate
③ was reputable
④ was courageous

06 밑줄 친 부분 중 어법상 옳지 않은 것은?

> ① Despite the belief that the quality of older houses is superior to ② those of modern houses, the foundations of most pre-20th-century houses are dramatically shallow ③ compared to today's, and have only stood the test of time due to the flexibility of ④ their timber framework or the lime mortar between bricks and stones.

07 밑줄 친 부분이 어법상 옳지 않은 것은?

① They are not interested in reading poetry, <u>still more</u> in writing.

② <u>Once confirmed</u>, the order will be sent for delivery to your address.

③ <u>Provided that</u> the ferry leaves on time, we should arrive at the harbor by morning.

④ Foreign journalists hope to cover as <u>much news</u> as possible during their short stay in the capital.

08 우리말을 영어로 바르게 옮긴 것은?

① 지원자 수가 증가하고 있어서 우리는 기쁘다.
→ We are glad that the number of applicants is increasing.

② 나는 2년 전에 그에게서 마지막 이메일을 받았다.
→ I've received the last e-mail from him two years ago.

③ 어젯밤에 그가 잔 침대는 꽤 편안했다.
→ The bed which he slept last night was quite comfortable.

④ 그들은 영상으로 새해 인사를 교환했다.
→ They exchanged New Year's greetings each other on screen.

[09~11] 밑줄 친 부분에 들어갈 말로 적절한 것을 고르시오.

09

Brian
Hi, can I get some information on your city tour?
11:21

Ace Tour
Thank you for contacting us. Do you have any specific questions?
11:22

Brian
_____
11:22

Ace Tour
It'll take you to all the major points of interest in the city.
11:23

Brian
How much is it?
11:24

Ace Tour
It's 50 dollars per person for a four-hour tour.
11:24

Brian
OK. Can I book four tickets for Friday afternoon?
11:25

Ace Tour
Certainly. I will send you the payment information shortly.
11:25

① How long is the tour?

② What does the city tour include?

③ Do you have a list of tour packages?

④ Can you recommend a good tour guide book?

10

A: Thank you. We appreciate your order.

B: You are welcome. Could you send the goods by air freight? We need them fast.

A: Sure. We'll send them to your department right away.

B: Okay. I hope we can get the goods early next week.

A: If everything goes as planned, you'll get them by Monday.

B: Monday sounds good.

A: Please pay within 2 weeks. Air freight costs will be added on the invoice.

B: _____

A: I am afraid the free delivery service is no longer available.

① I see. When will we be getting the invoice from you?

② Our department may not be able to pay within two weeks.

③ Can we send the payment to your business account on Monday?

④ Wait a minute. I thought the delivery costs were at your expense.

11

A: Have you found your phone?

B: Unfortunately, no. I'm still looking for it.

A: Have you contacted the subway's lost and found office?

B: _____.

A: If I were you, I would do that first.

B: Yeah, you are right. I'll check with the lost and found before buying a new phone.

① I went there to ask about the phone

② I stopped by the office this morning

③ I haven't done that yet, actually

④ I tried searching everywhere

12 Northeastern Wildlife Exposition에 관한 다음 글의 내용과 일치하는 것은?

① 10세 어린이는 입장료 40불을 지불해야 한다.

② 공연과 강연의 입장은 선착순이다.

③ 비가 올 경우에는 행사장을 닫는다.

④ 입장권은 온라인으로만 구매할 수 있다.

13 다음 글의 내용과 일치하지 않는 것은?

The tragedies of the Greek dramatist Sophocles have come to be regarded as the high point of classical Greek drama. Sadly, only seven of the 123 tragedies he wrote have survived, but of these perhaps the finest is *Oedipus the King*. The play was one of three written by Sophocles about Oedipus, the mythical king of Thebes (the others being *Antigone* and *Oedipus at Colonus*), known collectively as the Theban plays. Sophocles conceived each of these as a separate entity, and they were written and produced several years apart and out of chronological order. *Oedipus the King* follows the established formal structure and it is regarded as the best example of classical Athenian tragedy.

① A total of 123 tragedies were written by Sophocles.

② *Antigone* is also about the king Oedipus.

③ The Theban plays were created in time order.

④ *Oedipus the King* represents the classical Athenian tragedy.

14 다음 글의 주제로 적절한 것은?

It seems incredible that one man could be responsible for opening our eyes to an entire culture, but until British archaeologist Arthur Evans successfully excavated the ruins of the palace of Knossos on the island of Crete, the great Minoan culture of the Mediterranean was more legend than fact. Indeed its most famed resident was a creature of mythology: the half-man, half-bull Minotaur, said to have lived under the palace of mythical King Minos. But as Evans proved, this realm was no myth. In a series of excavations in the early years of the 20th century, Evans found a trove of artifacts from the Minoan age, which reached its height from 1900 to 1450 B.C.: jewelry, carvings, pottery, altars shaped like bull's horns, and wall paintings showing Minoan life.

① King Minos' successful excavations

② Appreciating artifacts from the Minoan age

③ Magnificence of the palace on the island of Crete

④ Bringing the Minoan culture to the realm of reality

15 다음 글의 제목으로 적절한 것은?

Currency debasement of a good money by a bad money version occurred via coins of a high percentage of precious metal, reissued at lower percentages of gold or silver diluted with a lower value metal. This adulteration drove out the good coin for the bad coin. No one spent the good coin, they kept it, hence the good coin was driven out of circulation and into a hoard. Meanwhile the issuer, normally a king who had lost his treasure on interminable warfare and other such dissolute living, was behind the move. They collected all the good old coins they could, melted them down and reissued them at lower purity and pocketed the balance. It was often illegal to keep the old stuff back but people did, while the king replenished his treasury, at least for a time.

① How Bad Money Replaces Good
② Elements of Good Coins
③ Why Not Melt Coins?
④ What Is Bad Money?

16 다음 글의 흐름상 어색한 문장은?

In spite of all evidence to the contrary, there are people who seriously believe that NASA's Apollo space program never really landed men on the moon. These people claim that the moon landings were nothing more than a huge conspiracy, perpetuated by a government desperately in competition with the Russians and fearful of losing face. ① These conspiracy theorists claim that the United States knew it couldn't compete with the Russians in the space race and was therefore forced to fake a series of successful moon landings. ② Advocates of a conspiracy cite several pieces of what they consider evidence. ③ Crucial to their case is the claim that astronauts never could have safely passed through the Van Allen belt, a region of radiation trapped in Earth's magnetic field. ④ They also point to the fact that the metal coverings of the spaceship were designed to block radiation. If the astronauts had truly gone through the belt, say conspiracy theorists, they would have died.

17 주어진 문장이 들어갈 위치로 적절한 것은?

> Tribal oral history and archaeological evidence suggest that sometime between 1500 and 1700 a mudslide destroyed part of the village, covering several longhouses and sealing in their contents.

> From the village of Ozette on the westernmost point of Washington's Olympic Peninsula, members of the Makah tribe hunted whales. (①) They smoked their catch on racks and in smokehouses and traded with neighboring groups from around the Puget Sound and nearby Vancouver Island. (②) Ozette was one of five main villages inhabited by the Makah, an Indigenous people who have been based in the region for millennia. (③) Thousands of artifacts that would not otherwise have survived, including baskets, clothing, sleeping mats, and whaling tools, were preserved under the mud. (④) In 1970, a storm caused coastal erosion that revealed the remains of these longhouses and artifacts.

18 주어진 글 다음에 이어질 글의 순서로 적절한 것은?

> Interest in movie and sports stars goes beyond their performances on the screen and in the arena.

> (A) The doings of skilled baseball, football, and basketball players out of uniform similarly attract public attention.
>
> (B) Newspaper columns, specialized magazines, television programs, and Web sites record the personal lives of celebrated Hollywood actors, sometimes accurately.
>
> (C) Both industries actively promote such attention, which expands audiences and thus increases revenues. But a fundamental difference divides them: What sports stars do for a living is authentic in a way that what movie stars do is not.

① (A) − (C) − (B)　　② (B) − (A) − (C)

③ (B) − (C) − (A)　　④ (C) − (A) − (B)

[19~20] 밑줄 친 부분에 들어갈 말로 적절한 것을 고르시오.

19

_____. Nearly every major politician hires media consultants and political experts to provide advice on how to appeal to the public. Virtually every major business and special-interest group has hired a lobbyist to take its concerns to Congress or to state and local governments. In nearly every community, activists try to persuade their fellow citizens on important policy issues. The workplace, too, has always been fertile ground for office politics and persuasion. One study estimates that general managers spend upwards of 80 % of their time in verbal communication—most of it with the intent of persuading their fellow employees. With the advent of the photocopying machine, a whole new medium for office persuasion was invented—the photocopied memo. The Pentagon alone copies an average of 350,000 pages a day, the equivalent of 1,000 novels.

① Business people should have good persuasion skills

② Persuasion shows up in almost every walk of life

③ You will encounter countless billboards and posters

④ Mass media campaigns are useful for the government

20

It is important to note that for adults, social interaction mainly occurs through the medium of language. Few native-speaker adults are willing to devote time to interacting with someone who does not speak the language, with the result that the adult foreigner will have little opportunity to engage in meaningful and extended language exchanges. In contrast, the young child is often readily accepted by other children, and even adults. For young children, language is not as essential to social interaction. So-called 'parallel play', for example, is common among young children. They can be content just to sit in each other's company speaking only occasionally and playing on their own. Adults rarely find themselves in situations where _____.

① language does not play a crucial role in social interaction

② their opinions are readily accepted by their colleagues

③ they are asked to speak another language

④ communication skills are highly required

[01~04] 밑줄 친 부분의 의미와 가장 가까운 것을 고르시오.

01

Jane wanted to have a small wedding rather than a fancy one. Thus, she planned to invite her family and a few of her intimate friends to eat delicious food and have some pleasant moments.

① nosy
② close
③ outgoing
④ considerate

02

The incessant public curiosity and consumer demand due to the health benefits with lesser cost has increased the interest in functional foods.

① rapid
② constant
③ significant
④ intermittent

03

Because of the pandemic, the company had to hold off the plan to provide the workers with various training programs.

① elaborate
② release
③ modify
④ suspend

04

The new Regional Governor said he would abide by the decision of the High Court to release the prisoner.

① accept
② report
③ postpone
④ announce

05 밑줄 친 부분 중 어법상 옳지 않은 것은?

While advances in transplant technology have made ① it possible to extend the life of individuals with end-stage organ disease, it is argued ② that the biomedical view of organ transplantation as a bounded event, which ends once a heart or kidney is successfully replaced, ③ conceal the complex and dynamic process that more ④ accurately represents the experience of receiving an organ.

06 어법상 옳지 않은 것은?

① All assignments are expected to be turned in on time.

② Hardly had I closed my eyes when I began to think of her.

③ The broker recommended that she buy the stocks immediately.

④ A woman with the tip of a pencil stuck in her head has finally had it remove.

07 우리말을 영어로 잘못 옮긴 것은?

① 내 고양이 나이는 그의 고양이 나이의 세 배이다.
→ My cat is three times as old as his.

② 우리는 그 일을 이번 달 말까지 끝내야 한다.
→ We have to finish the work until the end of this month.

③ 그녀는 이틀에 한 번 머리를 감는다.
→ She washes her hair every other day.

④ 너는 비가 올 경우에 대비하여 우산을 갖고 가는 게 낫겠다.
→ You had better take an umbrella in case it rains.

08 다음 글의 내용과 일치하지 않는 것은?

Are you getting enough choline? Chances are, this nutrient isn't even on your radar. It's time choline gets the attention it deserves. A shocking 90 percent of Americans aren't getting enough choline, according to a recent study. Choline is essential to health at all ages and stages, and is especially critical for brain development. Why aren't we getting enough? Choline is found in many different foods but in small amounts. Plus, the foods that are rich in choline aren't the most popular: think liver, egg yolks and lima beans. Taylor Wallace, who worked on a recent analysis of choline intake in the United States, says, "There isn't enough awareness about choline even among health-care professionals because our government hasn't reviewed the data or set policies around choline since the late '90s."

① A majority of Americans are not getting enough choline.

② Choline is an essential nutrient required for brain development.

③ Foods such as liver and lima beans are good sources of choline.

④ The importance of choline has been stressed since the late '90s in the U.S.

09 다음 글의 내용과 일치하는 것은?

Around 1700 there were, by some accounts, more than 2,000 London coffeehouses, occupying more premises and paying more rent than any other trade. They came to be known as penny universities, because for that price one could purchase a cup of coffee and sit for hours listening to extraordinary conversations. Each coffeehouse specialized in a different type of clientele. In one, physicians could be consulted. Others served Protestants, Puritans, Catholics, Jews, literati, merchants, traders, Whigs, Tories, army officers, actors, lawyers, or clergy. The coffeehouses provided England's first egalitarian meeting place, where a man chatted with his tablemates whether he knew them or not.

① The number of coffeehouses was smaller than that of any other business.
② Customers were not allowed to stay for more than an hour in a coffeehouse.
③ Religious people didn't get together in a coffeehouse to chat.
④ One could converse even with unknown tablemates in a coffeehouse.

[10~11] 밑줄 친 부분에 들어갈 말로 알맞은 것을 고르시오.

10

A: I got this new skin cream from a drugstore yesterday. It is supposed to remove all wrinkles and make your skin look much younger.
B: _____
A: Why don't you believe it? I've read in a few blogs that the cream really works.
B: I assume that the cream is good for your skin, but I don't think that it is possible to get rid of wrinkles or magically look younger by using a cream.
A: You are so pessimistic.
B: No, I'm just being realistic. I think you are being gullible.

① I don't buy it.
② It's too pricey.
③ I can't help you out.
④ Believe it or not, it's true.

11

> A: I'd like to go sightseeing downtown. Where do you think I should go?
> B: I strongly suggest you visit the national art gallery.
> A: Oh, that's a great idea. What else should I check out?
> B: _____
> A: I don't have time for that. I need to meet a client at three.
> B: Oh, I see. Why don't you visit the national park, then?
> A: That sounds good. Thank you!

① This is the map that your client needs. Here you go.

② A guided tour to the river park. It takes all afternoon.

③ You should check it out as soon as possible.

④ The checkout time is three o'clock.

12 두 사람의 대화 중 자연스럽지 않은 것은?

① A: He's finally in a hit movie!

　B: Well, he's got it made.

② A: I'm getting a little tired now.

　B: Let's call it a day.

③ A: The kids are going to a birthday party.

　B: So, it was a piece of cake.

④ A: I wonder why he went home early yesterday.

　B: I think he was under the weather.

13 다음 글의 제목으로 알맞은 것은?

> The feeling of being loved and the biological response it stimulates is triggered by nonverbal cues: the tone in a voice, the expression on a face, or the touch that feels just right. Nonverbal cues—rather than spoken words—make us feel that the person we are with is interested in, understands, and values us. When we're with them, we feel safe. We even see the power of nonverbal cues in the wild. After evading the chase of predators, animals often nuzzle each other as a means of stress relief. This bodily contact provides reassurance of safety and relieves stress.

① How Do Wild Animals Think and Feel?

② Communicating Effectively Is the Secret to Success

③ Nonverbal Communication Speaks Louder than Words

④ Verbal Cues: The Primary Tools for Expressing Feelings

14 다음 글의 주제로 알맞은 것은?

There are times, like holidays and birthdays, when toys and gifts accumulate in a child's life. You can use these times to teach a healthy nondependency on things. Don't surround your child with toys. Instead, arrange them in baskets, have one basket out at a time, and rotate baskets occasionally. If a cherished object is put away for a time, bringing it out creates a delightful remembering and freshness of outlook. Suppose your child asks for a toy that has been put away for a while. You can direct attention toward an object or experience that is already in the environment. If you lose or break a possession, try to model a good attitude ("I appreciated it while I had it!") so that your child can begin to develop an attitude of nonattachment. If a toy of hers is broken or lost, help her to say, "I had fun with that."

① building a healthy attitude toward possessions
② learning the value of sharing toys with others
③ teaching how to arrange toys in an orderly manner
④ accepting responsibility for behaving in undesirable ways

15 다음 글의 요지로 알맞은 것은?

Many parents have been misguided by the "self-esteem movement," which has told them that the way to build their children's self-esteem is to tell them how good they are at things. Unfortunately, trying to convince your children of their competence will likely fail because life has a way of telling them unequivocally how capable or incapable they really are through success and failure. Research has shown that how you praise your children has a powerful influence on their development. Some researchers found that children who were praised for their intelligence, as compared to their effort, became overly focused on results. Following a failure, these same children persisted less, showed less enjoyment, attributed their failure to a lack of ability, and performed poorly in future achievement efforts. Praising children for intelligence made them fear difficulty because they began to equate failure with stupidity.

① Frequent praises increase self-esteem of children.
② Compliments on intelligence bring about negative effect.
③ A child should overcome fear of failure through success.
④ Parents should focus on the outcome rather than the process.

16 밑줄 친 부분에 들어갈 말로 알맞은 것은?

In recent years, the increased popularity of online marketing and social media sharing has boosted the need for advertising standardization for global brands. Most big marketing and advertising campaigns include a large online presence. Connected consumers can now zip easily across borders via the internet and social media, making it difficult for advertisers to roll out adapted campaigns in a controlled, orderly fashion. As a result, most global consumer brands coordinate their digital sites internationally. For example, Coca-Cola web and social media sites around the world, from Australia and Argentina to France, Romania, and Russia, are surprisingly _____. All feature splashes of familiar Coke red, iconic Coke bottle shapes, and Coca-Cola's music and "Taste the Feeling" themes.

① experimental

② uniform

③ localized

④ diverse

17 다음 글의 흐름상 어색한 문장은?

In our monthly surveys of 5,000 American workers and 500 U.S. employers, a huge shift to hybrid work is abundantly clear for office and knowledge workers. ① An emerging norm is three days a week in the office and two at home, cutting days on site by 30% or more. You might think this cutback would bring a huge drop in the demand for office space. ② But our survey data suggests cuts in office space of 1% to 2% on average, implying big reductions in density not space. We can understand why. High density at the office is uncomfortable and many workers dislike crowds around their desks. ③ Most employees want to work from home on Mondays and Fridays. Discomfort with density extends to lobbies, kitchens, and especially elevators. ④ The only sure-fire way to reduce density is to cut days on site without cutting square footage as much. Discomfort with density is here to stay according to our survey evidence.

18 주어진 문장이 들어갈 위치로 알맞은 것은?

> They installed video cameras at places known for illegal crossings, and put live video feeds from the cameras on a Web site.

Immigration reform is a political minefield. (①) About the only aspect of immigration policy that commands broad political support is the resolve to secure the U.S. border with Mexico to limit the flow of illegal immigrants. (②) Texas sheriffs recently developed a novel use of the Internet to help them keep watch on the border. (③) Citizens who want to help monitor the border can go online and serve as "virtual Texas deputies." (④) If they see anyone trying to cross the border, they send a report to the sheriff's office, which follows up, sometimes with the help of the U.S. Border Patrol.

19 주어진 글 다음에 이어질 글의 순서로 알맞은 것은?

> All civilizations rely on government administration. Perhaps no civilization better exemplifies this than ancient Rome.

(A) To rule an area that large, the Romans, based in what is now central Italy, needed an effective system of government administration.

(B) Actually, the word "civilization" itself comes from the Latin word *civis*, meaning "citizen."

(C) Latin was the language of ancient Rome, whose territory stretched from the Mediterranean basin all the way to parts of Great Britain in the north and the Black Sea to the east.

① (A) − (B) − (C)
② (B) − (A) − (C)
③ (B) − (C) − (A)
④ (C) − (A) − (B)

20 밑줄 친 부분에 들어갈 말로 알맞은 것은?

Over the last fifty years, all major subdisciplines in psychology have become more and more isolated from each other as training becomes increasingly specialized and narrow in focus. As some psychologists have long argued, if the field of psychology is to mature and advance scientifically, its disparate parts (for example, neuroscience, developmental, cognitive, personality, and social) must become whole and integrated again. Science advances when distinct topics become theoretically and empirically integrated under simplifying theoretical frameworks. Psychology of science will encourage collaboration among psychologists from various sub-areas, helping the field achieve coherence rather than continued fragmentation. In this way, psychology of science might act as a template for psychology as a whole by integrating under one discipline all of the major fractions/factions within the field. It would be no small feat and of no small import if the psychology of science could become a model for the parent discipline on how to combine resources and study science _____.

① from a unified perspective
② in dynamic aspects
③ throughout history
④ with accurate evidence

✅ 회독 CHECK [1][2][3]

[01~03] 밑줄 친 부분의 의미와 가장 가까운 것을 고르시오.

01

For years, detectives have been trying to <u>unravel</u> the mystery of the sudden disappearance of the twin brothers.

① solve
② create
③ imitate
④ publicize

02

Before the couple experienced parenthood, their four-bedroom house seemed unnecessarily <u>opulent</u>.

① hidden
② luxurious
③ empty
④ solid

03

The boss <u>hit the roof</u> when he saw that we had already spent the entire budget in such a short period of time.

① was very satisfied
② was very surprised
③ became extremely calm
④ became extremely angry

[04~05] 밑줄 친 부분에 들어갈 말로 가장 적절한 것을 고르시오.

04

A mouse potato is the computer _____ of television's couch potato: someone who tends to spend a great deal of leisure time in front of the computer in much the same way the couch potato does in front of the television.

① technician
② equivalent
③ network
④ simulation

05

Mary decided to _____ her Spanish before going to South America.

① brush up on
② hear out
③ stick up for
④ lay off

06 어법상 옳은 것은?

① A horse should be fed according to its individual needs and the nature of its work.

② My hat was blown off by the wind while walking down a narrow street.

③ She has known primarily as a political cartoonist throughout her career.

④ Even young children like to be complimented for a job done good.

07 다음 글의 내용과 일치하지 않는 것은?

Umberto Eco was an Italian novelist, cultural critic and philosopher. He is widely known for his 1980 novel *The Name of the Rose*, a historical mystery combining semiotics in fiction with biblical analysis, medieval studies and literary theory. He later wrote other novels, including *Foucault's Pendulum* and *The Island of the Day Before*. Eco was also a translator: he translated Raymond Queneau's book *Exercices de style* into Italian. He was the founder of the Department of Media Studies at the University of the Republic of San Marino. He died at his Milanese home of pancreatic cancer, from which he had been suffering for two years, on the night of February 19, 2016.

① *The Name of the Rose* is a historical novel.

② Eco translated a book into Italian.

③ Eco founded a university department.

④ Eco died in a hospital of cancer.

08 밑줄 친 부분 중 어법상 옳지 않은 것은?

To find a good starting point, one must return to the year 1800 during ① which the first modern electric battery was developed. Italian Alessandro Volta found that a combination of silver, copper, and zinc ② were ideal for producing an electrical current. The enhanced design, ③ called a Voltaic pile, was made by stacking some discs made from these metals between discs made of cardboard soaked in sea water. There was ④ such talk about Volta's work that he was requested to conduct a demonstration before the Emperor Napoleon himself.

09 다음 글의 제목으로 가장 적절한 것은?

Lasers are possible because of the way light interacts with electrons. Electrons exist at specific energy levels or states characteristic of that particular atom or molecule. The energy levels can be imagined as rings or orbits around a nucleus. Electrons in outer rings are at higher energy levels than those in inner rings. Electrons can be bumped up to higher energy levels by the injection of energy—for example, by a flash of light. When an electron drops from an outer to an inner level, "excess" energy is given off as light. The wavelength or color of the emitted light is precisely related to the amount of energy released. Depending on the particular lasing material being used, specific wavelengths of light are absorbed (to energize or excite the electrons) and specific wavelengths are emitted (when the electrons fall back to their initial level).

① How Is Laser Produced?

② When Was Laser Invented?

③ What Electrons Does Laser Emit?

④ Why Do Electrons Reflect Light?

10 다음 글의 흐름상 가장 어색한 문장은?

Markets in water rights are likely to evolve as a rising population leads to shortages and climate change causes drought and famine. ① But they will be based on regional and ethical trading practices and will differ from the bulk of commodity trade. ② Detractors argue trading water is unethical or even a breach of human rights, but already water rights are bought and sold in arid areas of the globe from Oman to Australia. ③ Drinking distilled water can be beneficial, but may not be the best choice for everyone, especially if the minerals are not supplemented by another source. ④ "We strongly believe that water is in fact turning into the new gold for this decade and beyond," said Ziad Abdelnour. "No wonder smart money is aggressively moving in this direction."

[11~12] 밑줄 친 부분에 들어갈 말로 가장 적절한 것을 고르시오.

11

A: I heard that the university cafeteria changed their menu.
B: Yeah, I just checked it out.
A: And they got a new caterer.
B: Yes. Sam's Catering.
A: _____?
B: There are more dessert choices. Also, some sandwich choices were removed.

① What is your favorite dessert
② Do you know where their office is
③ Do you need my help with the menu
④ What's the difference from the last menu

12

A: Hi there. May I help you?
B: Yes, I'm looking for a sweater.
A: Well, this one is the latest style from the fall collection. What do you think?
B: It's gorgeous. How much is it?
A: Let me check the price for you. It's $120.
B: _____.
A: Then how about this sweater? It's from the last season, but it's on sale for $50.
B: Perfect! Let me try it on.

① I also need a pair of pants to go with it
② That jacket is the perfect gift for me
③ It's a little out of my price range
④ We are open until 7 p.m. on Saturdays

[13~14] 우리말을 영어로 잘못 옮긴 것을 고르시오.

13 ① 우리가 영어를 단시간에 배우는 것은 결코 쉬운 일이 아니다.
 → It is by no means easy for us to learn English in a short time.
② 우리 인생에서 시간보다 더 소중한 것은 없다.
 → Nothing is more precious as time in our life.
③ 아이들은 길을 건널 때 아무리 조심해도 지나치지 않다.
 → Children cannot be too careful when crossing the street.
④ 그녀는 남들이 말하는 것을 쉽게 믿는다.
 → She easily believes what others say.

14 ① 커피 세 잔을 마셨기 때문에, 그녀는 잠을 이룰 수 없다.

→ Having drunk three cups of coffee, she can't fall asleep.

② 친절한 사람이어서, 그녀는 모든 이에게 사랑받는다.

→ Being a kind person, she is loved by everyone.

③ 모든 점이 고려된다면, 그녀가 그 직위에 가장 적임인 사람이다.

→ All things considered, she is the best-qualified person for the position.

④ 다리를 꼰 채로 오랫동안 앉아 있는 것은 혈압을 상승시킬 수 있다.

→ Sitting with the legs crossing for a long period can raise blood pressure.

15 밑줄 친 (A), (B)에 들어갈 말로 가장 적절한 것은?

Beliefs about maintaining ties with those who have died vary from culture to culture. For example, maintaining ties with the deceased is accepted and sustained in the religious rituals of Japan. Yet among the Hopi Indians of Arizona, the deceased are forgotten as quickly as possible and life goes on as usual.   (A)   , the Hopi funeral ritual concludes with a break-off between mortals and spirits. The diversity of grieving is nowhere clearer than in two Muslim societies—one in Egypt, the other in Bali. Among Muslims in Egypt, the bereaved are encouraged to dwell at length on their grief, surrounded by others who relate to similarly tragic accounts and express their sorrow.   (B)   , in Bali, bereaved Muslims are encouraged to laugh and be joyful rather than be sad.

	(A)	(B)
①	However	Similarly
②	In fact	By contrast
③	Therefore	For example
④	Likewise	Consequently

16 밑줄 친 부분에 들어갈 말로 가장 적절한 것은?

Scientists have long known that higher air temperatures are contributing to the surface melting on Greenland's ice sheet. But a new study has found another threat that has begun attacking the ice from below: Warm ocean water moving underneath the vast glaciers is causing them to melt even more quickly. The findings were published in the journal *Nature Geoscience* by researchers who studied one of the many "ice tongues" of the Nioghalvfjerdsfjorden Glacier in northeast Greenland. An ice tongue is a strip of ice that floats on the water without breaking off from the ice on land. The massive one these scientists studied is nearly 50 miles long. The survey revealed an underwater current more than a mile wide where warm water from the Atlantic Ocean is able to flow directly towards the glacier, bringing large amounts of heat into contact with the ice and _____ the glacier's melting.

① separating

② delaying

③ preventing

④ accelerating

17 다음 글의 제목으로 가장 적절한 것은?

Do people from different cultures view the world differently? A psychologist presented realistic animated scenes of fish and other underwater objects to Japanese and American students and asked them to report what they had seen. Americans and Japanese made about an equal number of references to the focal fish, but the Japanese made more than 60 percent more references to background elements, including the water, rocks, bubbles, and inert plants and animals. In addition, whereas Japanese and American participants made about equal numbers of references to movement involving active animals, the Japanese participants made almost twice as many references to relationships involving inert, background objects. Perhaps most tellingly, the very first sentence from the Japanese participants was likely to be one referring to the environment, whereas the first sentence from Americans was three times as likely to be one referring to the focal fish.

① Language Barrier Between Japanese and Americans
② Associations of Objects and Backgrounds in the Brain
③ Cultural Differences in Perception
④ Superiority of Detail-oriented People

18 주어진 문장이 들어갈 위치로 가장 적절한 곳은?

Thus, blood, and life-giving oxygen, are easier for the heart to circulate to the brain.

People can be exposed to gravitational force, or g-force, in different ways. It can be localized, affecting only a portion of the body, as in getting slapped on the back. It can also be momentary, such as hard forces endured in a car crash. A third type of g-force is sustained, or lasting for at least several seconds. (①) Sustained, body-wide g-forces are the most dangerous to people. (②) The body usually withstands localized or momentary g-force better than sustained g-force, which can be deadly because blood is forced into the legs, depriving the rest of the body of oxygen. (③) Sustained g-force applied while the body is horizontal, or lying down, instead of sitting or standing tends to be more tolerable to people, because blood pools in the back and not the legs. (④) Some people, such as astronauts and fighter jet pilots, undergo special training exercises to increase their bodies' resistance to g-force.

19 다음 글의 요지로 가장 적절한 것은?

If someone makes you an offer and you're legitimately concerned about parts of it, you're usually better off proposing all your changes at once. Don't say, "The salary is a bit low. Could you do something about it?" and then, once she's worked on it, come back with "Thanks. Now here are two other things I'd like..." If you ask for only one thing initially, she may assume that getting it will make you ready to accept the offer (or at least to make a decision). If you keep saying "and one more thing...," she is unlikely to remain in a generous or understanding mood. Furthermore, if you have more than one request, don't simply mention all the things you want—A, B, C, and D; also signal the relative importance of each to you. Otherwise, she may pick the two things you value least, because they're pretty easy to give you, and feel she's met you halfway.

① Negotiate multiple issues simultaneously, not serially.

② Avoid sensitive topics for a successful negotiation.

③ Choose the right time for your negotiation.

④ Don't be too direct when negotiating salary.

20 주어진 글 다음에 이어질 글의 순서로 가장 적절한 것은?

Today, Lamarck is unfairly remembered in large part for his mistaken explanation of how adaptations evolve. He proposed that by using or not using certain body parts, an organism develops certain characteristics.

(A) There is no evidence that this happens. Still, it is important to note that Lamarck proposed that evolution occurs when organisms adapt to their environments. This idea helped set the stage for Darwin.

(B) Lamarck thought that these characteristics would be passed on to the offspring. Lamarck called this idea *inheritance of acquired characteristics*.

(C) For example, Lamarck might explain that a kangaroo's powerful hind legs were the result of ancestors strengthening their legs by jumping and then passing that acquired leg strength on to the offspring. However, an acquired characteristic would have to somehow modify the DNA of specific genes in order to be inherited.

① (A) − (C) − (B)

② (B) − (A) − (C)

③ (B) − (C) − (A)

④ (C) − (A) − (B)

✔ 회독 CHECK 1 2 3

[01~03] 밑줄 친 부분의 의미와 가장 가까운 것을 고르시오.

01

Privacy as a social practice shapes individual behavior in conjunction with other social practices and is therefore central to social life.

① in combination with
② in comparison with
③ in place of
④ in case of

02

The influence of Jazz has been so pervasive that most popular music owes its stylistic roots to jazz.

① deceptive
② ubiquitous
③ persuasive
④ disastrous

03

This novel is about the vexed parents of an unruly teenager who quits school to start a business.

① callous
② annoyed
③ reputable
④ confident

04 밑줄 친 부분에 들어갈 말로 가장 적절한 것은?

A group of young demonstrators attempted to _____ the police station.

① line up
② give out
③ carry on
④ break into

영어

교정직

05 다음 글의 내용과 일치하는 것은?

The most notorious case of imported labor is of course the Atlantic slave trade, which brought as many as ten million enslaved Africans to the New World to work the plantations. But although the Europeans may have practiced slavery on the largest scale, they were by no means the only people to bring slaves into their communities: earlier, the ancient Egyptians used slave labor to build their pyramids, early Arab explorers were often also slave traders, and Arabic slavery continued into the twentieth century and indeed still continues in a few places. In the Americas some native tribes enslaved members of other tribes, and slavery was also an institution in many African nations, especially before the colonial period.

① African laborers voluntarily moved to the New World.

② Europeans were the first people to use slave labor.

③ Arabic slavery no longer exists in any form.

④ Slavery existed even in African countries.

06 어법상 옳은 것은?

① This guide book tells you where should you visit in Hong Kong.

② I was born in Taiwan, but I have lived in Korea since I started work.

③ The novel was so excited that I lost track of time and missed the bus.

④ It's not surprising that book stores don't carry newspapers any more, doesn't it?

07 다음 글의 제목으로 가장 적절한 것은?

Warming temperatures and loss of oxygen in the sea will shrink hundreds of fish species—from tunas and groupers to salmon, thresher sharks, haddock and cod—even more than previously thought, a new study concludes. Because warmer seas speed up their metabolisms, fish, squid and other water-breathing creatures will need to draw more oxygen from the ocean. At the same time, warming seas are already reducing the availability of oxygen in many parts of the sea. A pair of University of British Columbia scientists argue that since the bodies of fish grow faster than their gills, these animals eventually will reach a point where they can't get enough oxygen to sustain normal growth. "What we found was that the body size of fish decreases by 20 to 30 percent for every 1 degree Celsius increase in water temperature," says author William Cheung.

① Fish Now Grow Faster than Ever

② Oxygen's Impact on Ocean Temperatures

③ Climate Change May Shrink the World's Fish

④ How Sea Creatures Survive with Low Metabolism

08 밑줄 친 부분 중 어법상 옳지 않은 것은?

Urban agriculture (UA) has long been dismissed as a fringe activity that has no place in cities; however, its potential is beginning to ① be realized. In fact, UA is about food self-reliance: it involves ② creating work and is a reaction to food insecurity, particularly for the poor. Contrary to ③ which many believe, UA is found in every city, where it is sometimes hidden, sometimes obvious. If one looks carefully, few spaces in a major city are unused. Valuable vacant land rarely sits idle and is often taken over—either formally, or informally—and made ④ productive.

09 주어진 문장이 들어갈 위치로 가장 적절한 것은?

For example, the state archives of New Jersey hold more than 30,000 cubic feet of paper and 25,000 reels of microfilm.

Archives are a treasure trove of material: from audio to video to newspapers, magazines and printed material—which makes them indispensable to any History Detective investigation. While libraries and archives may appear the same, the differences are important. (①) An archive collection is almost always made up of primary sources, while a library contains secondary sources. (②) To learn more about the Korean War, you'd go to a library for a history book. If you wanted to read the government papers, or letters written by Korean War soldiers, you'd go to an archive. (③) If you're searching for information, chances are there's an archive out there for you. Many state and local archives store public records—which are an amazing, diverse resource. (④) An online search of your state's archives will quickly show you they contain much more than just the minutes of the legislature—there are detailed land grant information to be found, old town maps, criminal records and oddities such as peddler license applications.

* treasure trove: 귀중한 발굴물(수집물)

* land grant: (대학 · 철도 등을 위해) 정부가 주는 땅

10 다음 글의 흐름상 가장 어색한 문장은?

The term burnout refers to a "wearing out" from the pressures of work. Burnout is a chronic condition that results as daily work stressors take their toll on employees. ① The most widely adopted conceptualization of burnout has been developed by Maslach and her colleagues in their studies of human service workers. Maslach sees burnout as consisting of three interrelated dimensions. The first dimension—emotional exhaustion—is really the core of the burnout phenomenon. ② Workers suffer from emotional exhaustion when they feel fatigued, frustrated, used up, or unable to face another day on the job. The second dimension of burnout is a lack of personal accomplishment. ③ This aspect of the burnout phenomenon refers to workers who see themselves as failures, incapable of effectively accomplishing job requirements. ④ Emotional labor workers enter their occupation highly motivated although they are physically exhausted. The third dimension of burnout is depersonalization. This dimension is relevant only to workers who must communicate interpersonally with others (e.g. clients, patients, students) as part of the job.

[11~12] 밑줄 친 부분에 들어갈 말로 가장 적절한 것을 고르시오.

11

A: Were you here last night?
B: Yes. I worked the closing shift. Why?
A: The kitchen was a mess this morning. There was food spattered on the stove, and the ice trays were not in the freezer.
B: I guess I forgot to go over the cleaning checklist.
A: You know how important a clean kitchen is.
B: I'm sorry. _____

① I won't let it happen again.
② Would you like your bill now?
③ That's why I forgot it yesterday.
④ I'll make sure you get the right order.

12

A: Have you taken anything for your cold?
B: No, I just blow my nose a lot.
A: Have you tried nose spray?
B: _____
A: It works great.
B: No, thanks. I don't like to put anything in my nose, so I've never used it.

① Yes, but it didn't help.
② No, I don't like nose spray.
③ No, the pharmacy was closed.
④ Yeah, how much should I use?

13 다음 글의 내용과 일치하지 않는 것은?

Deserts cover more than one-fifth of the Earth's land area, and they are found on every continent. A place that receives less than 25 centimeters (10 inches) of rain per year is considered a desert. Deserts are part of a wider class of regions called drylands. These areas exist under a "moisture deficit," which means they can frequently lose more moisture through evaporation than they receive from annual precipitation. Despite the common conceptions of deserts as hot, there are cold deserts as well. The largest hot desert in the world, northern Africa's Sahara, reaches temperatures of up to 50 degrees Celsius (122 degrees Fahrenheit) during the day. But some deserts are always cold, like the Gobi Desert in Asia and the polar deserts of the Antarctic and Arctic, which are the world's largest. Others are mountainous. Only about 20 percent of deserts are covered by sand. The driest deserts, such as Chile's Atacama Desert, have parts that receive less than two millimeters (0.08 inches) of precipitation a year. Such environments are so harsh and otherworldly that scientists have even studied them for clues about life on Mars. On the other hand, every few years, an unusually rainy period can produce "super blooms," where even the Atacama becomes blanketed in wildflowers.

① There is at least one desert on each continent.

② The Sahara is the world's largest hot desert.

③ The Gobi Desert is categorized as a cold desert.

④ The Atacama Desert is one of the rainiest deserts.

[14~15] 우리말을 영어로 가장 잘 옮긴 것을 고르시오.

14 ① 나는 너의 답장을 가능한 한 빨리 받기를 고대한다.

   → I look forward to receive your reply as soon as possible.

② 그는 내가 일을 열심히 했기 때문에 월급을 올려 주겠다고 말했다.

   → He said he would rise my salary because I worked hard.

③ 그의 스마트 도시 계획은 고려할 만했다.

   → His plan for the smart city was worth considered.

④ Cindy는 피아노 치는 것을 매우 좋아했고 그녀의 아들도 그랬다.

   → Cindy loved playing the piano, and so did her son.

15 ① 당신이 부자일지라도 당신은 진실한 친구들을 살 수는 없다.

   → Rich as if you may be, you can't buy sincere friends.

② 그것은 너무나 아름다운 유성 폭풍이어서 우리는 밤새 그것을 보았다.

   → It was such a beautiful meteor storm that we watched it all night.

③ 학위가 없는 것이 그녀의 성공을 방해했다.

   → Her lack of a degree kept her advancing.

④ 그는 사형이 폐지되어야 하는지 아닌지에 대한 에세이를 써야 한다.

   → He has to write an essay on if or not the death penalty should be abolished.

[16~17] 밑줄 친 부분에 들어갈 말로 가장 적절한 것을 고르시오.

16

> Social media, magazines and shop windows bombard people daily with things to buy, and British consumers are buying more clothes and shoes than ever before. Online shopping means it is easy for customers to buy without thinking, while major brands offer such cheap clothes that they can be treated like disposable items—worn two or three times and then thrown away. In Britain, the average person spends more than £1,000 on new clothes a year, which is around four percent of their income. That might not sound like much, but that figure hides two far more worrying trends for society and for the environment. First, a lot of that consumer spending is via credit cards. British people currently owe approximately £670 per adult to credit card companies. That's 66 percent of the average wardrobe budget. Also, not only are people spending money they don't have, they're using it to buy things _____. Britain throws away 300,000 tons of clothing a year, most of which goes into landfill sites.

① they don't need

② that are daily necessities

③ that will be soon recycled

④ they can hand down to others

17

> Excellence is the absolute prerequisite in fine dining because the prices charged are necessarily high. An operator may do everything possible to make the restaurant efficient, but the guests still expect careful, personal service: food prepared to order by highly skilled chefs and delivered by expert servers. Because this service is, quite literally, manual labor, only marginal improvements in productivity are possible. For example, a cook, server, or bartender can move only so much faster before she or he reaches the limits of human performance. Thus, only moderate savings are possible through improved efficiency, which makes an escalation of prices _____. (It is an axiom of economics that as prices rise, consumers become more discriminating.) Thus, the clientele of the fine-dining restaurant expects, demands, and is willing to pay for excellence.

① ludicrous

② inevitable

③ preposterous

④ inconceivable

18 주어진 글 다음에 이어질 글의 순서로 가장 적절한 것은?

> To be sure, human language stands out from the decidedly restricted vocalizations of monkeys and apes. Moreover, it exhibits a degree of sophistication that far exceeds any other form of animal communication.

> (A) That said, many species, while falling far short of human language, do nevertheless exhibit impressively complex communication systems in natural settings.
>
> (B) And they can be taught far more complex systems in artificial contexts, as when raised alongside humans.
>
> (C) Even our closest primate cousins seem incapable of acquiring anything more than a rudimentary communicative system, even after intensive training over several years. The complexity that is language is surely a species-specific trait.

① (A) − (B) − (C)
② (B) − (C) − (A)
③ (C) − (A) − (B)
④ (C) − (B) − (A)

19 다음 글의 주제로 가장 적절한 것은?

> During the late twentieth century socialism was on the retreat both in the West and in large areas of the developing world. During this new phase in the evolution of market capitalism, global trading patterns became increasingly interlinked, and advances in information technology meant that deregulated financial markets could shift massive flows of capital across national boundaries within seconds. 'Globalization' boosted trade, encouraged productivity gains and lowered prices, but critics alleged that it exploited the low-paid, was indifferent to environmental concerns and subjected the Third World to a monopolistic form of capitalism. Many radicals within Western societies who wished to protest against this process joined voluntary bodies, charities and other non-governmental organizations, rather than the marginalized political parties of the left. The environmental movement itself grew out of the recognition that the world was interconnected, and an angry, if diffuse, international coalition of interests emerged.

① The affirmative phenomena of globalization in the developing world in the past
② The decline of socialism and the emergence of capitalism in the twentieth century
③ The conflict between the global capital market and the political organizations of the left
④ The exploitative characteristics of global capitalism and diverse social reactions against it

20 다음 글에 나타난 Johnbull의 심경으로 가장 적절한 것은?

> In the blazing midday sun, the yellow egg-shaped rock stood out from a pile of recently unearthed gravel. Out of curiosity, sixteen-year-old miner Komba Johnbull picked it up and fingered its flat, pyramidal planes. Johnbull had never seen a diamond before, but he knew enough to understand that even a big find would be no larger than his thumbnail. Still, the rock was unusual enough to merit a second opinion. Sheepishly, he brought it over to one of the more experienced miners working the muddy gash deep in the jungle. The pit boss's eyes widened when he saw the stone. "Put it in your pocket," he whispered. "Keep digging." The older miner warned that it could be dangerous if anyone thought they had found something big. So Johnbull kept shoveling gravel until nightfall, pausing occasionally to grip the heavy stone in his fist. Could it be?

① thrilled and excited
② painful and distressed
③ arrogant and convinced
④ detached and indifferent

인생의 실패는 성공이 얼마나 가까이 있는지도 모르고 포기했을 때 생긴다.

- 토마스 에디슨 -

PART 3

한국사

출제경향

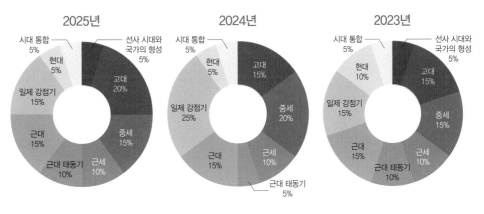
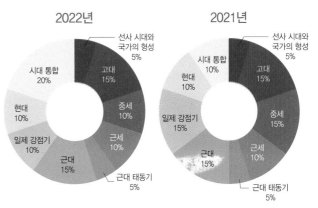

한국사 | 2025년 국가직 9급

모바일 OMR

✅ 회독 CHECK 1 2 3

01 다음 설명에 해당하는 문화유산은?

> 고래 잡는 사람, 호랑이, 사슴, 물을 뿜고 있는 고래, 작살이 꽂혀 있는 고래 등이 바위에 묘사되어 있다. 당시 이 지역 사람들의 생활 모습과 신앙, 예술 세계를 이해하는 데 중요한 자료이며 국보로 지정되어 있다.

① 고령 장기리 암각화
② 황해 안악 3호분 행렬도
③ 경주 천마총 장니 천마도
④ 울주 대곡리 반구대 암각화

02 (가)에 해당하는 기구는?

> (가) 은/는 원래 여진족과 왜구의 침입에 대비하기 위해 만든 임시회의 기구였다. 임진왜란을 거치면서 전·현직 정승을 비롯한 주요 관원이 참여하였고, 군사 문제뿐 아니라 외교, 재정, 인사 등 국정 전반을 다루었다. 이로 인해 의정부와 6조의 기능이 축소되었다.

① 비변사
② 삼군부
③ 상서성
④ 집사부

03 밑줄 친 '이 나라'에 대한 설명으로 옳은 것은?

> <u>이 나라</u>는 고구려의 옛 땅이다. …(중략)… 곳곳에 촌락이 있는데 모두 말갈의 부락이다. 그 백성은 말갈이 많고 토인(土人)이 적은데, 모두 토인을 촌장으로 삼는다.
>
> — 『유취국사』 —

① 골품제를 실시하였다.
② 군사조직으로 9서당 10정을 두었다.
③ 영락이라는 독자적인 연호를 사용하였다.
④ 지방 행정 구역을 5경 15부 62주로 나누었다.

04 다음 업적이 있는 왕의 재위 기간에 볼 수 있는 모습은?

> • 우리 풍토에 맞는 농서인 『농사직설』을 편찬하였다.
> • 최윤덕과 김종서를 파견하여 4군 6진을 개척하였다.

① 송파장에 담배를 사려고 나온 농민
② 금난전권 폐지에 항의하는 시전 상인
③ 전분6등법을 처음 시행하기 위해 찬반 의견을 묻는 관료
④ 천주교 신자가 되어 어머니 제사를 거부하는 유생

05 밑줄 친 '왕'의 재위 기간에 있었던 사실로 옳은 것은?

> 왕이 신돈에게 국정을 맡겼다. 신돈은 힘있는 자들이 나라의 토지와 약한 자들의 토지를 모두 빼앗고 양민을 자신들의 노비로 삼고 있는 현실을 지적하였다. 그리고 관청을 만들어 그 문제를 개혁하려고 했다.

① 사심관 제도를 실시하였다.
② 정동행성 이문소를 폐지하였다.
③ 광덕, 준풍 등의 연호를 사용하였다.
④ 최승로의 시무 28조 건의를 수용하였다.

06 밑줄 친 '이곳'에 대한 설명으로 옳은 것은?

> • 이곳의 고인돌 유적은 유네스코 세계문화유산에 등재되었다.
> • 고려 정부는 이곳으로 천도하여 몽골의 침략에 대항하였다.

① 장보고가 청해진을 설치하였다.
② 정묘호란으로 인조가 피신하였다.
③ 원나라가 탐라총관부를 두었다.
④ 영국군이 러시아를 견제한다는 구실로 주둔하였다.

07 다음 설명에 해당하는 기구는?

> 개항 이후 정세 변화에 대응하여 개혁을 추진하기 위해 설립된 기구로 외교, 군사 등 개화와 관련된 정책을 총괄하였다. 또한 그 아래 12사를 두어 실무를 담당하게 하였다.

① 교정청
② 삼정이정청
③ 군국기무처
④ 통리기무아문

08 다음 사건 발생 이후에 있었던 사실로 옳은 것은?

> 노비 만적 등 6인이 개경의 북산에서 나무하다가 공노비와 사노비들을 불러 모의하기를, "정중부의 반란과 김보당의 반란 이후로 고관이 천민과 노비에서 많이 나왔다. 장상(將相)의 씨가 따로 있으랴!"라고 하였다.

① 정방 설치
② 동북 9성 축조
③ 노비안검법 실시
④ 상수리 제도 시행

09 밑줄 친 '그'에 대한 설명으로 옳은 것은?

> 그는 『양반전』을 지어 양반 사회의 허위의식을 고발하였다. 그는 상공업 진흥에도 관심을 기울여 수레와 선박의 이용 등에 대해서도 주목하였다.

① 효종의 북벌 운동을 지지하였다.
② 『과농소초』에서 한전제를 주장하였다.
③ 화성 건설을 위해 거중기를 설계하였다.
④ 우리 역사를 체계화한 『동사강목』을 저술하였다.

10 다음 사실이 있었던 왕대의 설명으로 옳은 것은?

> • 김흠돌의 난을 계기로 진골 귀족 세력 등을 숙청하였다.
> • 녹읍을 폐지하여 귀족의 경제적 기반을 약화하고자 하였다.

① 국학을 설립하였다.
② 불교를 공인하였다.
③ 독서삼품과를 시행하였다.
④ 이사부를 보내 우산국을 정벌하였다.

11 (가), (나) 사이 시기에 있었던 사실로 옳은 것은?

> (가) 왕이 보병과 기병 5만 명을 보내 신라를 구원하게 하였고, 이에 왜군이 퇴각하였다.
> (나) 백제 왕이 가야와 함께 관산성을 공격하였다. 신주군주 김무력이 나아가 교전을 벌였고, 비장인 도도가 백제 왕을 죽였다.

① 고구려가 낙랑군을 몰아냈다.
② 신라가 금관가야를 병합하였다.
③ 고구려가 안시성에서 당군을 물리쳤다.
④ 백제가 평양성에서 고국원왕을 전사시켰다.

12 다음 자료를 통해 알 수 있는 단체에 대한 설명으로 옳은 것은?

> 남만주로 집단 이주하려고 기도하고, 조선에서 상당한 재력이 있는 사람들을 그곳에 이주시켜 토지를 사들이고 촌락을 세워, …(중략)… 학교를 세워 민족 교육을 실시하고, 무관학교를 설립하여 문무를 겸하는 교육을 실시하면서, 기회를 엿보아 독립 전쟁을 일으켜 구한국의 국권을 회복하려고 하였다.
> ─「105인 사건 판결문」─

① 만민공동회를 개최하였다.
② 민립대학 설립 운동을 추진하였다.
③ 비밀결사의 형태로 활동을 전개하였다.
④ 광주학생항일운동이 일어나자 진상조사단을 파견하였다.

13 밑줄 친 '왕'의 재위 기간에 있었던 사실로 옳은 것은?

> 영의정 이원익은 공물 제도가 방납인에 의한 폐단이 크며, 경기도가 특히 심하다고 생각하였다. 그래서 별도의 관청을 만들어 경기 지역 백성들에게 봄과 가을에 토지 1결마다 8두씩 쌀로 거두고, 이것을 방납인에게 주어 수시로 물품을 구입하여 납부하게 하자고 왕에게 건의하였다. 왕은 그 의견을 받아들였다.

① 삼수병으로 구성된 훈련도감을 설치하였다.
② 조광조 등 사림을 등용하여 훈구세력을 견제하였다.
③ 유능한 관료를 재교육하는 초계문신 제도를 시행하였다.
④ 일본과 제한된 범위의 무역을 허용하는 기유약조를 맺었다.

14 밑줄 친 '이 개혁'의 내용으로 옳은 것은?

> 이 개혁에 따라 의정부를 내각으로, 8아문을 7부로 고쳤다. 또한 지방 8도는 23부로 개편하였다.

① 외국어 통역관 양성을 위한 동문학을 세웠다.
② 미국인 교사를 초빙한 육영공원을 창립하였다.
③ 교원양성을 위해 한성사범학교 관제를 발표하였다.
④ 상공학교와 광무학교 등의 실업학교를 설립하였다.

15 밑줄 친 '이 지역'에 있는 문화유산은?

> 백제는 5세기 고구려의 공격으로 한강 유역을 상실하면서 수도가 함락되어 이 지역으로 도읍을 옮겼다.

① 몽촌토성
② 무령왕릉
③ 미륵사지 석탑
④ 용현리 마애여래삼존상

16 밑줄 친 '이 지역'에 대한 설명으로 옳은 것은?

> 이 지역에서 권업회라는 독립운동 단체가 조직되었고, 권업회는 국외 무장 독립 단체들을 모아 대한 광복군 정부라는 독립군 조직을 만들었다.

① 동제사가 창립되었다.
② 경학사가 조직되었다.
③ 한인촌인 신한촌이 형성되었다.
④ 대조선 국민 군단이 창설되었다.

17 밑줄 친 '그'에 대한 설명으로 옳은 것은?

> 그는 문종의 넷째 아들인데, 출가하여 승려가 되었다. 송나라로 유학을 가서 화엄학과 천태학을 공부하였다. 이후 천태학을 부흥시켜 천태종을 창립하였다.

① 유·불 일치설을 주장하였다.
② 백련사에서 결사를 조직하였다.
③ 정혜쌍수의 수행법을 제시하였다.
④ 『신편제종교장총록』을 편찬하였다.

18 다음 글을 쓴 인물에 대한 설명으로 옳은 것은?

> 대저 우리나라가 아시아의 중립국이 된다면 러시아를 방어하는 큰 기틀이 될 것이고, 또 아시아의 여러 대국이 서로 보전하는 정략도 될 것이다. …(중략)… 이는 비단 우리나라만을 위한 것이 아니라 중국의 이익도 될 것이고, 여러 나라가 서로 보전하는 계책도 될 것이니 무엇이 괴로워서 하지 않겠는가.

① 영남 만인소 사건을 주도하였다.
② 미국에 파견된 보빙사의 일원이었다.
③ 제2차 수신사로 『조선책략』을 조선에 가지고 왔다.
④ 왜양일체론을 내세우며 개항반대운동을 전개하였다.

19 다음 강령을 발표한 단체에 대한 설명으로 옳은 것은?

> 1. 부호의 의연금 및 일본인이 불법 징수하는 세금을 압수하여 무장을 준비한다.
> 6. 일본인 고관 및 한국인 반역자를 수시 수처에서 처단하는 행형부를 둔다.
> 7. 무력이 완비되는 대로 일본인 섬멸전을 단행하여 최후 목적의 달성을 기한다.

① 「조선 혁명 선언」을 활동 지침으로 삼았다.
② 일본에 국권 반환 요구서를 보내려 하였다.
③ 박상진을 총사령으로 하여 공화정체를 지향하였다.
④ 대한민국 임시정부의 김구가 중심이 되어 창설하였다.

20 밑줄 친 '이 헌법' 공포 이후에 있었던 사실로 옳은 것은?

> 제헌 국회는 "유구한 역사와 전통에 빛나는 우리들 대한국민은 기미 삼일운동으로 대한민국을 건립하여 세계에 선포한 위대한 독립정신을 계승하여 이제 민주독립국가를 재건함에 있어서"라고 명시한 이 헌법을 공포하였다.

① 미군정청이 설치되었다.
② 5·10 총선거가 실시되었다.
③ 반민족 행위 처벌법이 공포되었다.
④ 한국의 독립을 언급한 카이로 회담이 개최되었다.

✅ 회독 CHECK 1 2 3

01 밑줄 친 '이 나라'에 대한 설명으로 옳은 것은?

> 5세기 후반 가야의 주도 세력으로 성장한 이 나라는 낙동강 유역이라는 지리적 이점과 풍부한 철을 활용하여 후기 가야 연맹의 맹주가 되었다.

① 진흥왕에 의해 멸망하였다.
② 사비로 천도하고 국호를 남부여로 하였다.
③ 지방 행정 구역을 5경 15부 62주로 나누었다.
④ 평양으로 수도를 옮기고 남진 정책을 추진하였다.

02 고려의 경제 상황에 대한 설명으로 옳은 것은?

① 진대법이라는 구휼 제도를 시행하였다.
② 건원중보가 발행되었으나 널리 이용되지 못하였다.
③ 광산 경영 방식에서 덕대제가 유행하기 시작하였다.
④ 전통적 농업 기술을 정리한 『농사직설』이 편찬되었다.

03 다음 자료에 대한 설명으로 옳은 것은?

> 조선이라는 땅덩어리는 실로 아시아의 요충을 차지하고 있어 그 형세가 반드시 다툼을 불러올 것이다. 조선이 위태로우면 중동(中東)의 형세도 위급해진다. 따라서 러시아가 강토를 공략하려 한다면 반드시 조선이 첫 번째 대상이 될 것이다. …(중략)… 러시아를 막을 수 있는 조선의 책략은 무엇인가? 오직 중국과 친하며, 일본과 맺고, 미국과 연합함으로써 자강을 도모하는 길뿐이다.

① 강화도 조약 체결 이전 조선에 널리 퍼졌다.
② 흥선대원군이 척화비를 세우는 계기가 되었다.
③ 이만손 등 영남 유생들의 반발을 불러일으켰다.
④ 청에 영선사로 파견된 김윤식에 의해 소개되었다.

04 (가)에 들어갈 말로 옳은 것은?

> 정부의 개화 정책이 추진되면서 구식 군인과 도시 하층민이 반발하였다. 제대로 봉급을 받지 못한 구식 군인들이 난을 일으키고 도시 하층민이 여기에 합세하였으나 청군에 의해 진압되었다. 이후 청은 조선에 군대를 주둔시키고 조선의 내정에 개입하였다. 또 (가) 을 체결하여 조선이 청의 속방임을 명문화하고 청 상인의 내륙 진출을 인정받았다.

① 한성 조약
② 톈진 조약
③ 제물포 조약
④ 조청상민수륙무역장정

05 위화도 회군 이후에 있었던 사실로 옳지 않은 것은?

① 과전법이 실시되었다.
② 정몽주가 살해되었다.
③ 한양으로 도읍을 이전하였다.
④ 황산 대첩에서 왜구를 토벌하였다.

06 다음의 논설을 작성한 인물에 대한 설명으로 옳은 것은?

> 이 날을 목 놓아 우노라[是日也放聲大哭]. …(중략)… 천하만사가 예측하기 어려운 것도 많지만, 천만 뜻밖에 5개조가 어떻게 제출되었는가. 이 조건은 비단 우리 한국뿐 아니라 동양 삼국이 분열할 조짐을 점차 만들어 낼 것이니 이토[伊藤] 후작의 본의는 어디에 있는가?

①『한성순보』를 창간하였다.
②『한국통사』를 저술하였다.
③「독사신론」을 발표하였다.
④『황성신문』의 주필을 역임하였다.

07 밑줄 친 '왕'의 재위 기간에 편찬된 서적으로 옳은 것은?

> • 왕은 집현전을 계승한 홍문관을 설치하고 중단되었던 경연을 다시 열었다.
> • 왕은 훈구 세력을 견제하기 위해 사림 세력을 등용하였다.

① 대전통편
② 동사강목
③ 동국여지승람
④ 훈민정음운해

08 밑줄 친 '반란'에 대한 설명으로 옳은 것만을 모두 고르면?

> 웅천주 도독 헌창이 반란을 일으켜, 무진주·완산주·청주·사벌주 네 주의 도독과 국원경·서원경·금관경의 사신 및 여러 군현의 수령들을 위협하여 자신의 아래에 예속시키려 하였다.

> ㄱ. 천민이 중심이 된 신분 해방 운동 성격을 가졌다.
> ㄴ. 반란 세력은 국호를 '장안', 연호를 '경운'이라 하였다.
> ㄷ. 주동자의 아버지가 왕이 되지 못한 것에 대한 불만으로 일어났다.
> ㄹ. 무열왕 직계가 단절되고 내물왕계가 다시 왕위를 차지하는 결과를 가져왔다.

① ㄱ, ㄴ
② ㄱ, ㄹ
③ ㄴ, ㄷ
④ ㄷ, ㄹ

09 다음 사건 이후에 있었던 사실로 옳은 것은?

> 홍서봉 등이 한(汗)의 글을 받아 되돌아왔는데, 그 글에, "대청국의 황제는 조선의 관리와 백성들에게 알린다. 짐이 이번에 정벌하러 온 것은 원래 죽이기를 좋아하고 얻기를 탐해서가 아니다. 본래는 늘 서로 화친하려고 했는데, 그대 나라의 군신이 먼저 불화의 단서를 야기시켰다."라고 하였다.

① 삼전도비가 세워졌다.
② 이괄이 난을 일으켰다.
③ 인조가 강화도로 피난하였다.
④ 정봉수가 용골산성에서 항전하였다.

10 (가)~(라)를 시기순으로 바르게 나열한 것은?

> (가) 13도 창의군이 결성되었다.
> (나) 지방군은 10정으로 조직하였다.
> (다) 친위 부대인 장용영을 설치하였다.
> (라) 중앙군은 2군 6위제로 운영하였다.

① (나) → (라) → (가) → (다)
② (나) → (라) → (다) → (가)
③ (라) → (나) → (가) → (다)
④ (라) → (나) → (다) → (가)

11 밑줄 친 '이 회의' 이후에 있었던 사실로 옳지 않은 것은?

> 미국, 영국, 소련 3국의 외무 장관이 모인 이 회의에서는 한국의 민주주의적 임시 정부 수립과 이를 위한 미·소공동위원회의 설치, 최대 5년간의 신탁통치 방안 등이 결정되었다.

① 5·10 총선거가 실시되었다.
② 좌우 합작 7원칙이 발표되었다.
③ 조선 건국 준비 위원회가 결성되었다.
④ 반민족 행위 특별 조사위원회가 구성되었다.

12 밑줄 친 '가람'에 대한 설명으로 옳은 것은?

> 우리 왕후께서는 좌평 사택적덕의 따님으로 지극히 오랜 세월에 선인(善因)을 심어 이번 생에 뛰어난 과보를 받아 만민을 어루만져 기르시고 삼보(三寶)의 동량(棟梁)이 되셨기에 능히 가람을 세우시고, 기해년 정월 29일에 사리를 받들어 맞이하셨다. 원하옵나니, 영원토록 공양하고 다함이 없이 이 선(善)의 근원을 배양하여, 대왕 폐하의 수명은 산악과 같이 견고하고 치세는 천지와 함께 영구하며, 위로는 정법을 넓히고 아래로는 창생을 교화하게 하소서.

① 목탑의 양식을 간직한 석탑이 있다.
② 대리석으로 만든 10층 석탑이 있다.
③ 성주산문을 개창한 낭혜 화상의 탑비가 있다.
④ 돌을 벽돌 모양으로 만들어 쌓은 모전석탑이 있다.

13 조선 세조 대에 있었던 사실로 옳은 것만을 모두 고르면?

> ㄱ. 사병을 혁파하였다.
> ㄴ. 집현전을 폐지하였다.
> ㄷ. 『경국대전』을 완성하였다.
> ㄹ. 6조 직계제를 시행하였다.

① ㄱ, ㄷ
② ㄱ, ㄹ
③ ㄴ, ㄷ
④ ㄴ, ㄹ

14 (가)~(라)는 대한민국 임시정부와 관련한 사실이다. 이를 시기순으로 바르게 나열한 것은?

> (가) 한인애국단 창설
> (나) 한국광복군 창설
> (다) 국민대표회의 개최
> (라) 주석·부주석제로 개헌

① (가) → (다) → (나) → (라)
② (가) → (라) → (다) → (나)
③ (다) → (가) → (나) → (라)
④ (다) → (나) → (가) → (라)

15 (가) 시기에 있었던 사실로 옳은 것은?

제1차
조선교육령 발표
제2차
조선교육령 발표

① 경성제국대학이 설립되었다.
② 근대 교육기관인 육영공원이 설립되었다.
③ 일본에서 2·8 독립선언서가 발표되었다.
④ 보안회의 주도로 일본의 황무지 개간권 반대 운동이 일어났다.

16 (가)의 재위 기간에 있었던 사실로 옳은 것은?

> 강조의 군사들이 궁문으로 마구 들어오자, 목종이 모면할 수 없음을 깨닫고 태후와 함께 목 놓아 울며 법왕사로 옮겼다. 잠시 후 황보유의 등이 (가) 을/를 받들어 왕위에 올렸다. 강조가 목종을 폐위하여 양국공으로 삼고, 군사를 보내 김치양 부자와 유행간 등 7인을 죽였다.

① 윤관이 별무반 편성을 건의하였다.
② 외적이 침입하여 국왕이 복주(안동)로 피난하였다.
③ 서희의 외교 담판으로 강동 6주 지역을 획득하였다.
④ 불교 경전을 집대성한 초조대장경 조판이 시작되었다.

17 (가)와 (나) 사이의 시기에 있었던 사실로 옳은 것은?

> (가) 순종의 인산일을 기하여 '동양 척식 주식회사를 철폐하라!', '일본인 지주에게 소작료를 바치지 말자!' 등의 격문을 내건 운동이 일어났다.
> (나) 광주에서 한국인 학생과 일본인 학생 사이에 일어난 충돌을 계기로 학생들이 총궐기하는 운동이 일어났다.

① 신간회가 창설되었다.
② 진단학회가 설립되었다.
③ 진주에서 조선 형평사가 창립되었다.
④ 대구에서 국채보상운동이 시작되었다.

18 1930년대에 있었던 사실로 옳은 것은?

① 비밀결사인 조선건국동맹이 결성되었다.

② 중국 관내에서 조선의용대가 창설되었다.

③ 연해주 지역에 대한광복군 정부가 설립되었다.

④ 서일을 총재로 하는 대한독립군단이 조직되었다.

20 다음에서 설명하는 단체는?

> • '가갸날'을 제정하였다.
> • 기관지인 『한글』을 창간하였다.

① 국문연구소

② 조선광문회

③ 대한자강회

④ 조선어연구회

19 밑줄 친 '이 나라'의 문화유산으로 옳지 않은 것은?

> 송나라 사신 서긍은 그의 저술에서 이 나라 자기의 빛깔과 모양에 대해, "도자기의 빛깔이 푸른 것을 사람들은 비색이라고 부른다. 근래에 와서 만드는 솜씨가 교묘하고 빛깔도 더욱 예뻐졌다. 술그릇의 모양은 오이와 같은데, 위에 작은 뚜껑이 있고 연꽃이나 엎드린 오리 모양을 하고 있다. 또, 주발, 접시, 사발, 꽃병 등도 있었다."라고 하였다.

① 안동 봉정사 극락전

② 구례 화엄사 각황전

③ 예산 수덕사 대웅전

④ 영주 부석사 무량수전

✔ 회독 CHECK 1 2 3

01 다음 유물이 사용된 시대에 대한 설명으로 옳은 것은?

> 미송리식 토기, 팽이형 토기, 붉은 간 토기

① 비파형 동검이 사용되었다.
② 오수전 등의 화폐가 사용되었다.
③ 아슐리안형 주먹도끼가 사용되었다.
④ 철이 많이 생산되어 낙랑과 왜에 수출되었다.

02 밑줄 친 '왕'에 대한 설명으로 옳은 것은?

> 16년 겨울 10월, 왕이 질양(質陽)으로 사냥을 갔다가 길에 앉아 우는 자를 보았다. 왕이 말하기를 "아! 내가 백성의 부모가 되어 백성들이 이 지경에 이르게 하였으니 나의 죄로다." ···(중략)··· 그리고 관리들에게 명하여 매년 봄 3월부터 가을 7월까지 관청의 곡식을 내어 백성들의 식구 수에 따라 차등 있게 빌려주었다가, 10월에 이르러 상환하게 하는 것을 법규로 정하였다.
>
> － 『삼국사기』 －

① 낙랑군을 축출하였다.
② 진대법을 시행하였다.
③ 백제의 침입으로 전사하였다.
④ 영락이라는 독자적인 연호를 사용하였다.

03 (가)에 대한 설명으로 옳은 것은?

> 신돈이 [(가)]을/를 설치하자고 요청하자, ···(중략)··· 이제 도감이 설치되었다. ···(중략)··· 명령이 나가자 권세가 중에 전민을 빼앗은 자들이 그 주인에게 많이 돌려주었으며, 전국에서 기뻐하였다.
>
> － 『고려사』 －

① 시전의 물가를 감독하는 임무를 담당하였다.
② 국가재정의 출납과 회계 업무를 총괄하였다.
③ 불법적으로 점유된 토지와 노비를 조사하였다.
④ 부족한 녹봉을 보충하고자 관료에게 녹과전을 지급하였다.

04 다음과 같이 말한 인물에 대한 설명으로 옳은 것은?

> 우리나라가 곧 고구려의 옛 땅이다. 그리고 압록강의 안팎 또한 우리의 지역인데 지금 여진이 그 사이에 몰래 점거하여 저항하고 교활하게 대처하고 있어서 ···(중략)··· 만일 여진을 내쫓고 우리 옛 땅을 되찾아서 성보(城堡)를 쌓고 도로를 통하도록 하면 우리가 어찌 사신을 보내지 않겠는가?
>
> － 『고려사』 －

① 목종을 폐위하였다.
② 귀주에서 거란군을 물리쳤다.
③ 여진을 몰아내고 동북 9성을 쌓았다.
④ 소손녕과 담판하여 강동 6주를 획득하였다.

한국사

국가직

05 밑줄 친 '이곳'에 대한 설명으로 옳은 것은?

> • 장수왕은 남진정책의 일환으로 수도를 이곳으로 천도하였다.
> • 묘청은 이곳으로 수도를 옮길 것을 주장하였다.

① 쌍성총관부가 설치되었다.
② 망이 · 망소이가 반란을 일으켰다.
③ 제너럴 셔먼호 사건이 발생하였다.
④ 1923년 조선 형평사가 결성되었다.

06 다음 전투 이후에 일어난 사건으로 옳은 것만을 모두 고르면?

> 이근행이 군사 20만 명의 대군을 이끌고 매소성(買肖城)에 머물렀다. 우리 군사가 공격하여 달아나게 하고 전마 30,380필을 얻었는데, 남겨놓은 병장기도 그 정도 되었다.
>
> – 『삼국사기』 –

> ㉠ 웅진도독부가 설치되었다.
> ㉡ 김흠돌이 반란을 일으켰다.
> ㉢ 교육 기관인 국학이 설립되었다.
> ㉣ 복신과 도침이 부여풍과 함께 백제 부흥 운동을 일으켰다.

① ㉠, ㉡
② ㉠, ㉣
③ ㉡, ㉢
④ ㉢, ㉣

07 다음 사건을 시기순으로 바르게 나열한 것은?

> (가) 신라의 우산국 복속
> (나) 고구려의 서안평 점령
> (다) 백제의 대야성 점령
> (라) 신라의 금관가야 병합

① (가) → (나) → (다) → (라)
② (가) → (라) → (나) → (다)
③ (나) → (가) → (라) → (다)
④ (나) → (다) → (가) → (라)

08 고려 시대 문화유산에 대한 설명으로 옳지 않은 것은? 〈변형〉

① 황해도 사리원 성불사 응진전은 다포 양식의 건물이다.
② 월정사 팔각 9층 석탑은 원의 석탑을 모방하여 제작하였다.
③ 여주 고달사지 승탑은 통일 신라의 팔각원당형 양식을 계승하였다.
④ 『직지심체요절』은 세계기록유산으로 등재된 현존하는 가장 오래된 금속활자본이다.

09 조선 시대 지도와 천문도에 대한 설명으로 옳지 않은 것은?

① 대동여지도는 거리를 알 수 있도록 10리마다 눈금을 표시하였다.

② 혼일강리역대국도지도는 중국에서 들여온 곤여만국전도를 참고하였다.

③ 천상열차분야지도는 하늘을 여러 구역으로 나누고 별자리를 표시한 그림이다.

④ 동국지도는 정상기가 실제 거리 100리를 1척으로 줄인 백리척을 적용하여 제작하였다.

11 (가) 인물이 추진한 정책으로 옳지 않은 것은?

> 선비들 수만 명이 대궐 앞에 모여 만동묘와 서원을 다시 설립할 것을 청하니, _____(가)_____ 이/가 크게 노하여 한성부의 조례(皂隷)와 병졸로 하여금 한강 밖으로 몰아내게 하고 드디어 천여 곳의 서원을 철폐하고 그 토지를 몰수하여 관에 속하게 하였다.
>
> － 『대한계년사』 －

① 사창제를 실시하였다.

② 『대전회통』을 편찬하였다.

③ 비변사의 기능을 강화하였다.

④ 통상 수교 거부 정책을 추진하였다.

10 (가)에 대한 설명으로 옳지 않은 것은?

> 임진왜란 이후에 우의정 유성룡도 역시 미곡을 거두는 것이 편리하다고 주장하였으나, 일이 성취되지 못하였다. 1608년에 이르러 좌의정 이원익의 건의로 _____(가)_____ 을/를 비로소 시행하여, 민결(民結)에서 미곡을 거두어 서울로 옮기게 하였다.
>
> － 『만기요람』 －

① 장시의 확대에 기여하였다.

② 지주에게 결작을 부과하였다.

③ 공납의 폐단을 막기 위해 실시하였다.

④ 공인에게 비용을 지급하고 필요 물품을 조달하였다.

12 다음과 같은 선포문을 발표하면서 성립한 정부의 정책으로 옳지 않은 것은?

> 제1조 대한민국은 민주공화제로 함
> …(중략)…
> 민국 원년 3월 1일 우리 대한민족이 독립을 선언한 뒤 …(중략)… 이제 본 정부가 전 국민의 위임을 받아 조직되었으니 전 국민과 더불어 전심(專心)으로 힘을 모아 국토 광복의 대사명을 이룰 것을 선서한다.

① 독립 공채를 발행하였다.

② 기관지로 『독립신문』을 발간하였다.

③ 비밀 행정 조직인 연통부를 설치하였다.

④ 재정 확보를 위하여 전환국을 설립하였다.

13 밑줄 친 '나'가 집권하여 추진한 사실로 옳은 것은?

> 나는 우리 국민이 선천적으로 타고난 재질을 최대한
> 으로 활용하여 다각적인 생산 활동을 더욱 활발하게
> 하고, …(중략)… 공산품 수출을 진흥시키는 데 가일
> 층 노력할 것을 요망합니다. 끝으로 나는 오늘 제1회
> 「수출의 날」 기념식에 즈음하여 …(중략)… 이 뜻깊은
> 날이 자립경제를 앞당기는 또 하나의 계기가 될 것을
> 기원합니다.

① 대통령 직선제 개헌을 추진하였다.
② 3 · 1 민주 구국 선언을 발표하였다.
③ 반민족 행위 특별 조사 위원회를 구성하였다.
④ 베트남 파병에 필요한 조건을 명시한 브라운 각서를
　체결하였다.

14 다음과 같이 상소한 인물이 속한 붕당에 대한 설명으로
옳은 것만을 모두 고르면?

> 상소하여 아뢰기를, "신이 좌참찬 송준길이 올린 차
> 자를 보았는데, 상복(喪服) 절차에 대하여 논한 것이
> 신과는 큰 차이가 있었습니다. 장자를 위하여 3년을
> 입는 까닭은 위로 '정체(正體)'가 되기 때문이고 또 전
> 중(傳重: 조상의 제사나 가문의 법통을 전함)하기 때
> 문입니다. …(중략)… 무엇보다 중요한 것은 할아버지
> 와 아버지의 뒤를 이은 '정체'이지, 꼭 첫째이기 때문
> 에 참최 3년복을 입는 것은 아닙니다."라고 하였다.
> － 『현종실록』 －

> ㉠ 기사환국으로 정권을 장악하였다.
> ㉡ 인조반정을 주도하여 집권세력이 되었다.
> ㉢ 정조 시기에 탕평정치의 한 축을 이루었다.
> ㉣ 이이와 성혼의 문인을 중심으로 형성되었다.

① ㉠, ㉡　　　　　　　② ㉠, ㉢
③ ㉡, ㉣　　　　　　　④ ㉢, ㉣

15 (나) 시기에 일어난 사실로 옳은 것은?

> | (가) 삼포왜란이 발발하였다. |
> | :---: |
> | ↓ |
> | (나) |
> | ↓ |
> | (다) 임진왜란이 발발하였다. |

① 을사사화가 일어났다.
② 『경국대전』이 반포되었다.
③ 『향약집성방』이 편찬되었다.
④ 금속활자인 갑인자가 주조되었다.

16 다음 법령이 시행된 시기에 있었던 사실로 옳은 것은?

> 제1조 회사의 설립은 조선 총독의 허가를 받아야 한다.
> 제5조 회사가 본령이나 본령에 따라 나오는 명령과
> 　　　허가 조건을 위반하거나 공공질서와 선량한
> 　　　풍속에 반하는 행위를 할 때 조선 총독은 사업
> 　　　의 정지, 지점의 폐쇄, 또는 회사의 해산을 명
> 　　　할 수 있다.

① 산미 증식 계획이 폐지되었다.
② 「국가 총동원법」이 제정되었다.
③ 원료 확보를 위한 남면북양 정책이 추진되었다.
④ 보통학교 수업 연한을 4년으로 정한 「조선교육령」이
　공포되었다.

17 다음과 같은 결의문에 근거하여 시행된 조치로 옳은 것은?

> 소총회는 …(중략)… 한국 인민의 대표가 국회를 구성하여 중앙정부를 수립할 수 있도록 선거를 시행함이 긴요하다고 여기며, 총회의 의결에 따라 국제연합 한국 임시위원단이 접근할 수 있는 지역에서 결의문 제2호에 기술된 계획을 시행함이 동 위원단에 부과된 임무임을 결의한다.

① 미군정청이 설치되었다.
② 5 · 10 총선거가 실시되었다.
③ 좌우 합작 위원회가 구성되었다.
④ 미 · 소 공동 위원회가 개최되었다.

18 (가), (나) 조약 사이의 시기에 있었던 사실로 옳은 것은?

> (가) 제10관 일본국 인민이 조선국 지정의 각 항구에 머무는 동안에 죄를 범한 것이 조선국 인민에 관계되는 사건일 때에는 일본국 관원이 재판한다.
> (나) 제4관 중국 상인이 조선의 양화진 및 한성에 영업소를 개설할 경우를 제외하고, 각종 화물을 내륙으로 운반하여 상점을 차리고 파는 것을 허가하지 않는다. 단, 내륙행상이 필요한 경우 지방관의 허가서를 받아야 한다.

① 개항장에서는 일본 화폐가 통용되었다.
② 러시아가 압록강 유역의 산림 채벌권을 획득하였다.
③ 황국 중앙 총상회가 조직되어 상권 수호 운동을 전개하였다.
④ 함경도의 방곡령에 불복하여 일본 상인이 손해 배상을 요구하였다.

19 밑줄 친 '14개 조목'에 해당하는 것만을 모두 고르면?

> 이제부터는 다른 나라를 의지하지 않으며 융성하도록 나라의 발걸음을 넓히고 백성의 복리를 증진하여 자주독립의 터전을 공고하게 할 것입니다. …(중략)… 이에 저 소자는 14개 조목의 홍범(洪範)을 하늘에 계신 우리 조종의 신령 앞에 맹세하노니, 우러러 조종이 남긴 업적을 잘 이어서 감히 어기지 않을 것입니다.

> ㉠ 탁지아문에서 조세 부과
> ㉡ 왕실과 국정 사무의 분리
> ㉢ 지계 발급을 위한 지계아문 설치
> ㉣ 대한 천일 은행 등 금융기관 설립

① ㉠, ㉡
② ㉠, ㉣
③ ㉡, ㉢
④ ㉢, ㉣

20 (가) 시기에 볼 수 있었던 모습으로 옳지 않은 것은?

① 소학교에 등교하는 조선인 학생
② 황국 신민 서사를 암송하는 청년
③ 『제국신문』 기사를 작성하는 기자
④ 쌍성보에서 항전하는 한국독립당 군인

모바일 OMR

✔ 회독 CHECK 1 2 3

01 다음 풍습이 있었던 나라에 대한 설명으로 옳은 것은?

> • 가족이 죽으면 시체를 가매장하였다가 나중에 그 뼈를 추려서 가족 공동 무덤인 커다란 목곽에 안치하였다.
> • 목곽 입구에는 죽은 자가 먹을 양식으로 쌀을 담은 항아리를 매달아 놓기도 하였다.
>
> — 『삼국지』 위서 동이전 —

① 민며느리제라는 혼인 풍습이 있었다.
② 제가가 별도로 사출도를 다스렸다.
③ 소도라는 신성 구역이 존재하였다.
④ 무천이라는 제천 행사를 열었다.

02 우리나라 유네스코 세계 유산에 대한 설명으로 옳지 않은 것은?

① 미륵사지에는 목탑 양식의 석탑이 있다.
② 정림사지에는 백제의 5층 석탑이 남아 있다.
③ 능산리 고분군에는 계단식 돌무지 무덤이 있다.
④ 무령왕릉에는 무덤 주인공을 알려주는 지석이 있었다.

03 조선 시대의 관청에 대한 설명으로 옳은 것은?

① 사간원 – 교지를 작성하였다.
② 한성부 – 시정기를 편찬하였다.
③ 춘추관 – 외교 문서를 작성하였다.
④ 승정원 – 국왕의 명령을 출납하였다.

04 (가)에 대한 설명으로 옳은 것은?

> 3·1 운동 직후에 만들어진 (가) 은/는 연통제라는 비밀 행정 조직을 만들었으며, 국내 인사와의 연락과 이동을 위해 교통국을 두었다. 또 외교 선전물을 간행하여 일제 침략의 부당성을 널리 알리고자 하였다. 그러나 이러한 활동은 뚜렷한 성과를 내지 못하였다. 그러한 가운데 (가) 의 활동 방향을 두고 외교 운동 노선과 무장 투쟁 노선 사이에서 갈등이 빚어지기도 하였다.

① 외교 운동을 위해 미국에 구미 위원부를 설치하였다.
② 비밀 결사 운동을 추진하고자 독립 의군부를 만들었다.
③ 이인영, 허위 등을 중심으로 서울 진공 작전을 추진하였다.
④ 영국인 베델을 발행인으로 한 『대한매일신보』를 창간하였다.

05 다음 (가), (나) 승려에 대한 설명으로 옳은 것은?

> (가) 중국 유학에서 돌아와 부석사를 비롯한 여러 사원을 건립하였으며, 문무왕이 경주에 성곽을 쌓으려 할 때 만류한 일화로 유명하다.
> (나) 진골 귀족 출신으로 대국통을 역임하였으며, 선덕여왕에게 황룡사 9층탑의 건립을 건의하였다.

① (가)는 모든 것이 한마음에서 나온다는 일심사상을 제시하였다.
② (가)는 『화엄일승법계도』를 만들었다.
③ (나)는 『왕오천축국전』이라는 여행기를 남겼다.
④ (나)는 이론과 실천을 같이 강조하는 교관겸수를 제시하였다.

06 (가) 왕에 대한 설명으로 옳은 것은?

> 당 현종 개원 7년에 대조영이 죽으니, 그 나라에서 사사로이 시호를 올려 고왕(高王)이라 하였다. 아들 [(가)]이/가 뒤이어 왕위에 올라 영토를 크게 개척하니, 동북의 모든 오랑캐가 겁을 먹고 그를 섬겼으며, 또 연호를 인안(仁安)으로 고쳤다.
>
> – 『신당서』 –

① 수도를 상경성으로 옮겼다.
② '해동성국'이라고 불릴 만큼 전성기를 이루었다.
③ 장문휴를 시켜 당의 등주(산둥성)를 공격하였다.
④ 고구려 유민과 말갈족을 이끌고 동모산에 도읍을 정하였다.

07 (가)~(라) 국왕 대에 있었던 사실로 옳지 않은 것은?

> 조선 시대 국가를 운영하는 핵심 법전인 『경국대전』은 세조 대에 그 편찬이 시작되어 [(가)] 대에 완성되었다. 이후 여러 차례의 전쟁으로 혼란에 빠진 국가 체제를 수습하고 새로운 정치·사회적 변화에 대응하기 위해 법전 정비가 필요하게 되었다. 이에 따라 [(나)] 대에 『속대전』을 편찬하였으며, [(다)] 대에 『대전통편』을, 그리고 [(라)] 대에는 『대전회통』을 편찬하였다.

① (가) – 홍문관을 두어 집현전을 계승하였다.
② (나) – 서원을 붕당의 근거지로 인식하여 대폭 정리하였다.
③ (다) – 사도세자의 무덤을 옮기고 화성을 축조하였다.
④ (라) – 삼정의 문란을 바로잡기 위해 삼정이정청을 설치하였다.

08 밑줄 친 '사건'의 명칭은?

> 중종에 의해 등용된 조광조는 현량과를 통해 사림을 대거 등용하였다. 그는 3사의 언관직을 통해 개혁을 추진해 나갔고, 위훈 삭제를 주장하기도 하였다. 이러한 움직임은 반발을 불러일으켰으며, 중종도 급진적인 개혁 조치에 부담을 느껴 조광조 등을 제거하였다. 이 사건으로 사림은 큰 피해를 입었다.

① 갑자사화   ② 기묘사화
③ 무오사화   ④ 을사사화

09 (가), (나)에 대한 설명으로 옳은 것은?

> [(가)] 역사서의 저자는 다음과 같은 글을 지어 왕에게 바쳤다. "성상 전하께서 옛 사서를 널리 열람하시고, '지금의 학사 대부는 모두 오경과 제자의 책과 진한(秦漢) 역대의 사서에는 널리 통하여 상세히 말하는 이는 있으나, 도리어 우리나라의 사실에 대하여서는 망연하고 그 시말(始末)을 알지 못하니 심히 통탄할 일이다. 하물며 신라·고구려·백제가 나라를 세우고 정립하여 능히 예의로써 중국과 통교한 까닭으로 범엽의 『한서』나 송기의 『당서』에는 모두 열전이 있으나 국내는 상세하고 국외는 소략하게 써서 자세히 실리지 않았다. …(중략)… 일관된 역사를 완성하고 만대에 물려주어 해와 별처럼 빛나게 해야 하겠다.'라고 하셨다."
>
> [(나)] 역사서에는 다음과 같은 서문이 실려 있다. "부여씨와 고씨가 망한 다음에 김씨의 신라가 남에 있고, 대씨의 발해가 북에 있으니 이것이 남북국이다. 여기에는 마땅히 남북국사가 있어야 할 터인데, 고려가 그것을 편찬하지 않은 것은 잘못이다."

① (가)는 동명왕의 업적을 칭송한 영웅 서사시이다.
② (가)는 불교를 중심으로 고대 설화를 수록하였다.
③ (나)는 만주 지역까지 우리 역사의 범위를 확장하였다.
④ (나)는 고조선부터 고려에 이르는 역사를 체계적으로 정리하였다.

10 다음 주장을 한 실학자가 쓴 책은?

> 토지를 겸병하는 자라고 해서 어찌 진정으로 빈민을 못살게 굴고 나라의 정치를 해치려고 했겠습니까? 근본을 다스리고자 하는 자라면 역시 부호를 심하게 책망할 것이 아니라 관련 법제가 세워지지 않은 것을 걱정해야 할 것입니다. …(중략)… 진실로 토지의 소유를 제한하는 법령을 세워, "어느 해 어느 달 이후로는 제한된 면적을 초과해 소유한 자는 더는 토지를 점하지 못한다. 이 법령이 시행되기 이전부터 소유한 것에 대해서는 아무리 광대한 면적이라 해도 불문에 부친다. 자손에게 분급해 주는 것은 허락한다. 만약에 사실대로 고하지 않고 숨기거나 법령을 공포한 이후에 제한을 넘어 더 점한 자는 백성이 적발하면 백성에게 주고, 관(官)에서 적발하면 몰수한다."라고 하면, 수십 년이 못 가서 전국의 토지 소유는 균등하게 될 것입니다.

① 반계수록　　　　② 성호사설
③ 열하일기　　　　④ 목민심서

11 (가) 시기에 있었던 사실로 옳은 것은?

> 한국을 식민지로 삼은 일제는 헌병에게 경찰 업무를 부여한 헌병 경찰제를 시행했다. 헌병 경찰은 정식 재판 없이 한국인에게 벌금 등의 처벌을 가하거나 태형에 처할 수도 있었다. 한국인은 이처럼 강압적인 지배에 저항해 3·1 운동을 일으켰으며, 일제는 이를 계기로 지배 정책을 전환했다. 일제가 한국을 병합한 직후부터 3·1 운동이 벌어진 때까지를 [(가)] 시기라고 부른다.

① 토지 조사령이 공포되었다.
② 창씨 개명 조치가 시행되었다.
③ 초등 교육 기관의 명칭이 국민학교로 변경되었다.
④ 전쟁 물자 동원을 내용으로 한 국가 총동원법이 적용되었다.

12 밑줄 친 '그'에 대한 설명으로 옳은 것은?

> 한국 국민당을 이끌던 그는 독립운동 세력을 통합하고자 한국 독립당을 결성해 항일 운동을 주도하였다. 광복 직후 귀국한 그는 정부 수립을 위한 활동을 이어나갔으며, 남한 단독 선거가 결정되자 김규식과 더불어 남북 협상을 위해 평양을 방문하기도 하였다.

① 좌우 합작 위원회를 구성해 좌우 합작 7원칙을 발표하였다.
② 광복 직후 안재홍 등과 함께 조선 건국 준비 위원회를 만들었다.
③ 무장 항일 투쟁을 위해 하와이로 건너가 대조선 국민 군단을 결성하였다.
④ 모스크바 3국 외상 회의의 결정 사항이 알려지자 신탁 통치 반대 운동을 펼쳤다.

13 제헌 국회에 대한 설명으로 옳은 것은?

① 반민족 행위 특별 조사 위원회를 구성하였다.
② 한·일 기본 조약 체결에 반대하는 성명을 내놓았다.
③ 통일 3대 원칙이 언급된 7·4 남북 공동 성명을 발표하였다.
④ 통일 주체 국민 회의에서 대통령을 뽑는다는 내용의 개헌안을 통과시켰다.

14 밑줄 친 '그'에 대한 설명으로 옳은 것은?

> 고종이 즉위한 직후에 실권을 장악한 그는 러시아를 견제하기 위해 천주교 선교사를 통해 프랑스와 교섭하려 했다. 하지만 천주교를 금지해야 한다는 유생의 주장이 높아지자 다수의 천주교도와 선교사를 잡아들여 처형한 병인박해를 일으켰다. 이후 고종의 친정이 시작됨에 따라 물러난 그는 임오군란이 일어났을 때 잠시 권력을 장악했지만, 청군의 개입으로 곧 물러났다.

① 미국에 보빙사라는 사절단을 파견하였다.
② 전국 여러 곳에 척화비를 세우도록 했다.
③ 국경을 획정하고자 백두산정계비를 세웠다.
④ 통리기무아문을 설치하고 그 아래에 12사를 두었다.

15 밑줄 친 '이 왕'에 대한 설명으로 옳은 것은?

> 백제 개로왕은 장기와 바둑을 좋아하였는데, 도림이 고하기를 "제가 젊어서부터 바둑을 배워 꽤 묘한 수를 알게 되었으니 개로왕께 알려드리기를 원합니다."라고 하였다. …(중략)… 개로왕이 (도림의 말을 듣고) 나라 사람을 징발하여 흙을 쪄서 성(城)을 쌓고 그 안에는 궁실, 누각, 정자를 지으니 모두가 웅장하고 화려하였다. 이로 말미암아 창고가 비고 백성이 곤궁하니, 나라의 위태로움이 알을 쌓아 놓은 것보다 더 심하게 되었다. 그제야 도림이 도망을 쳐 와서 그 실정을 고하니 이 왕이 기뻐하여 백제를 치려고 장수에게 군사를 나누어 주었다.
>
> － 『삼국사기』 －

① 평양으로 도읍을 천도하였다.
② 진대법을 처음으로 시행하였다.
③ 낙랑군을 점령하고 한 군현 세력을 몰아내었다.
④ 신라에 침입한 왜군을 낙동강 유역에서 물리쳤다.

16 다음 설명에 해당하는 문화 유산은?

> 이 건물은 주심포 양식에 맞배지붕 건물로 기둥은 배흘림 양식이다. 1972년 보수 공사 중에 공민왕 때 중창하였다는 상량문이 나와 우리나라에서 가장 오래된 목조 건물로 보고 있다.

① 서울 흥인지문
② 안동 봉정사 극락전
③ 영주 부석사 무량수전
④ 합천 해인사 장경판전

17 (가) 단체에 대한 설명으로 옳은 것은?

> 아관파천 이후 러시아의 영향력이 강화되고 열강의 이권 침탈이 가속화되었다. 이러한 가운데 서재필 등은 (가) 을/를 만들었다. (가) 은/는 고종에게 자주독립을 굳건히 하고 내정 개혁을 단행하라는 내용이 담긴 상소문을 제출하였으며, 만민 공동회를 개최하여 외국의 간섭과 일부 관리의 부정부패를 비판하였다.

① 「교육 입국 조서」를 작성해 공포하였다.
② 영은문이 있던 자리 부근에 독립문을 세웠다.
③ 개혁의 기본 강령인 「홍범 14조」를 발표하였다.
④ 일본에 진 빚을 갚자는 국채 보상 운동을 일으켰다.

18 (가) 시기의 사실로 옳지 않은 것은?

① 만권당이 만들어졌다.
② 정동행성이 설치되었다.
③ 쌍성총관부가 수복되었다.
④ 『제왕운기』가 저술되었다.

19 밑줄 친 '이 나라'의 경제 상황에 대한 설명으로 옳지 않은 것은?

이 나라에는 관리에게 정해진 면적의 토지에서 조세를 거둘 수 있는 권리를 나누어주는 전시과라는 제도가 있었다. 농민은 소를 이용해 깊이갈이를 하기도 했으며, 시비법의 발달로 휴경지가 점차 줄어들었다. 밭농사는 2년 3작의 윤작법이 점차 보급되었다. 이 나라의 말기에는 직파법 대신 이앙법이 남부 지방 일부에 보급될 정도로 논농사에 변화가 나타났다. 또한 이암에 의해 중국 농서인 『농상집요』도 소개되었다.

① 재정을 운영하는 관청으로 삼사를 두었다.
② 공물 부과 기준이 가호에서 토지로 바뀌었다.
③ 생산량의 10분의 1에 해당하는 조세를 거두었다.
④ '소'라는 행정구역의 주민이 국가에서 필요로 하는 물품을 생산하였다.

20 (가) 시기에 있었던 일로 옳은 것은?

① 을사늑약 체결
② 정미의병 발생
③ 오페르트 도굴 미수 사건
④ 조・미 수호 통상 조약 체결

● 회독 CHECK 1 2 3

01 다음 시가를 지은 왕의 재위 기간에 있었던 사실은?

> 펄펄 나는 저 꾀꼬리
> 암수 서로 정답구나
> 외로울사 이 내 몸은
> 뉘와 더불어 돌아가랴

① 진대법을 시행하였다.
② 낙랑군을 축출하였다.
③ 졸본에서 국내성으로 천도하였다.
④ 율령을 반포하여 중앙 집권 체제를 강화하였다.

02 밑줄 친 '유학자'에 대한 설명으로 옳은 것은?

> 풍기군수 주세붕은 고려 시대 유학자의 고향인 경상도 순흥면 백운동에 회헌사(晦軒祠)를 세우고, 1543년에 교육 시설을 더해서 백운동 서원을 건립하였다.

① 해주향약을 보급하였다.
② 원 간섭기에 성리학을 국내로 소개하였다.
③ 『성학십도』를 저술하여 경연에서 강의하였다.
④ 일본의 동정을 담은 『해동제국기』를 저술하였다.

03 밑줄 친 '왕'에 대한 설명으로 옳은 것은?

> 1919년 3월 1일 탑골 공원에서 민족 대표 33인이 서명한 독립 선언서가 낭독되었다. 이 공원에 있는 탑은 왕이 세운 것으로 경천사 10층 석탑의 영향을 받았다.

① 우리나라 전쟁사를 정리한 『동국병감』을 편찬하였다.
② 우리나라 역대 문장의 정수를 모은 『동문선』을 편찬하였다.
③ 6조 직계제를 실시하여 국왕 중심의 정치체제를 구축하였다.
④ 한양으로 다시 천도하면서 이궁인 창덕궁을 창건하였다.

04 (가) 인물에 대한 설명으로 옳은 것은?

> (가) 이/가 올립니다. "지방의 경우에는 관찰사와 수령, 서울의 경우에는 홍문관과 육경(六卿), 그리고 대간(臺諫)들이 모두 능력 있는 사람을 천거하게 하십시오. 그 후 대궐에 모아 놓고 친히 여러 정책과 관련된 대책 시험을 치르게 한다면 인물을 많이 얻을 수 있을 것입니다. 이는 역대 선왕께서 하지 않으셨던 일이요. 한나라의 현량과와 방정과의 뜻을 이은 것입니다. 덕행은 여러 사람이 천거하는 바이므로 반드시 헛되거나 그릇되는 일이 없을 것입니다."

① 기묘사화로 탄압받았다.
② 조의제문을 사초에 실었다.
③ 문정왕후의 수렴청정을 지지하였다.
④ 연산군의 생모 윤씨를 폐비하는 데 동조하였다.

05 신석기 시대 유적과 유물을 바르게 연결한 것만을 모두 고르면?

> ⊙ 양양 오산리 유적 – 덧무늬 토기
> ⓒ 서울 암사동 유적 – 빗살무늬 토기
> ⓒ 공주 석장리 유적 – 미송리식 토기
> ⓔ 부산 동삼동 유적 – 아슐리안형 주먹도끼

① ⊙, ⓒ
② ⊙, ⓔ
③ ⓒ, ⓒ
④ ⓒ, ⓔ

06 (가) 시기에 신라에서 있었던 사실은?

> 고구려의 침입으로 한성이 함락되자,
> 수도를 웅진으로 옮겼다.
>
> ↓
>
> (가)
>
> ↓
>
> 성왕은 사비로 도읍을 옮겼다.

① 대가야를 정복하였다.
② 황초령 순수비를 세웠다.
③ 거칠부가 『국사』를 편찬하였다.
④ 이차돈의 순교를 계기로 불교가 공인되었다.

07 시기별 대외 교류에 관한 설명으로 옳지 않은 것은?

① 백제: 노리사치계가 일본에 불경과 불상을 전하였다.
② 통일 신라: 장보고가 청해진을 설치하여 해상권을 장악하였다.
③ 고려: 예성강 하구의 벽란도가 국제항으로 번성하였다.
④ 조선: 명과의 교류에서 중강 개시와 책문 후시가 전개되었다.

08 우리나라 세계 유산과 세계 기록 유산에 대한 설명으로 옳은 것만을 모두 고르면?

> ⊙ 공주 송산리 고분군에는 전축분인 6호분과 무령왕릉이 있다.
> ⓒ 양산 통도사는 금강계단 불사리탑이 있는 삼보 사찰이다.
> ⓒ 남한산성은 병자호란 때 인조가 피난했던 산성이다.
> ⓔ 『승정원일기』는 역대 왕의 훌륭한 언행을 『실록』에서 뽑아 만든 사서이다.

① ⊙, ⓒ
② ⓒ, ⓒ
③ ⊙, ⓒ, ⓒ
④ ⊙, ⓒ, ⓔ

09 다음은 발해 수도에 대한 답사 계획이다. 각 수도에 소재하는 유적에 대한 탐구 내용으로 옳은 것만을 모두 고르면?

발해 유적
답사 계획서

📅 일시	출발 ○○○○년 ○월 ○○일 귀국 ○○○○년 ○월 ○○일
👥 인원	○○명
📍 장소	
📖 탐구 내용	㉠ 정효공주 무덤을 찾아 벽화에 그려진 인물들의 복식을 탐구한다. ㉡ 용두산 고분군을 찾아 벽돌 무덤의 특징을 탐구한다. ㉢ 오봉루 성문터를 찾아 성의 구조를 당의 장안성과 비교해 본다. ㉣ 정혜공주 무덤을 찾아 고구려 무덤과의 계승성을 탐구한다.

① ㉠, ㉡
② ㉠, ㉣
③ ㉡, ㉢
④ ㉢, ㉣

10 다음 상소문을 올린 왕대에 있었던 사실은?

> 석교(釋敎)를 행하는 것은 수신(修身)의 근본이요, 유교를 행하는 것은 이국(理國)의 근원입니다. 수신은 내생의 자(資)요, 이국은 금일의 요무(要務)로서, 금일은 지극히 가깝고 내생은 지극히 먼 것인데도 가까움을 버리고 먼 것을 구함은 또한 잘못이 아니겠습니까.

① 양경과 12목에 상평창을 설치하였다.
② 균여를 귀법사 주지로 삼아 불교를 정비하였다.
③ 국자감에 7재를 두어 관학을 부흥하고자 하였다.
④ 전지(田地)와 시지(柴地)를 지급하는 경정 전시과를 실시하였다.

11 이승만 정부의 경제 정책으로 옳지 않은 것은?

① 한·미 원조 협정을 체결하였다.
② 농지 개혁에 따른 지가 증권을 발행하였다.
③ 제분, 제당, 면방직 등 삼백 산업을 적극 지원하였다.
④ 제1차 경제 개발 5개년 계획을 추진하였다.

12 중·일 전쟁 이후 조선 총독부가 시행한 민족 말살 정책이 아닌 것은?

① 아침마다 궁성요배를 강요하였다.
② 일본에 충성하자는 황국 신민 서사를 암송하게 하였다.
③ 공업 자원의 확보를 위하여 남면북양 정책을 시행하였다.
④ 황국 신민 의식을 강화하고자 소학교를 국민학교로 개칭하였다.

13 밑줄 친 '조약'에 대한 설명으로 옳지 않은 것은?

> 1905년 8월 4일 오후 3시, 우리가 앉아 있는 곳은 새거모어 힐의 대기실. 루스벨트의 저택이다. 새거모어 힐은 루스벨트의 여름용 대통령 관저로 3층짜리 저택이다. …(중략)… 대통령과 마주하자 나는 말했다. "감사합니다. 각하. 저는 대한제국 황제의 친필 밀서를 품고 지난 2월에 헤이 장관을 만난 사람입니다. 그 밀서에서 우리 황제는 1882년에 맺은 조약의 거중 조정 조항에 따른 귀국의 지원을 간곡히 부탁했습니다."

① 영사재판권이 인정되었다.
② 임오군란을 계기로 체결되었다.
③ 최혜국 대우 조항이 포함되었다.
④ 『조선책략』의 영향을 받았다.

14 고려 시대 향리에 대한 설명으로 옳은 것만을 모두 고르면?

> ㉠ 부호장 이하의 향리는 사심관의 감독을 받았다.
> ㉡ 상층 향리는 과거로 중앙 관직에 진출할 수 있었다.
> ㉢ 일부 향리의 자제들은 기인으로 선발되어 개경으로 보내졌다.
> ㉣ 속현의 행정 실무는 향리가 담당하였다.

① ㉠
② ㉠, ㉡
③ ㉡, ㉢, ㉣
④ ㉠, ㉡, ㉢, ㉣

15 밑줄 친 '이 농법'에 대한 설명으로 옳은 것만을 모두 고르면?

> 대개 이 농법을 귀중하게 여기는 이유는 다음과 같다. 두 땅의 힘으로 하나의 모를 서로 기르는 것이고, …(중략)… 옛 흙을 떠나 새 흙으로 가서 고갱이를 씻어 내어 더러운 것을 제거하는 것이다. 무릇 벼를 심는 논에는 물을 끌어들일 수 있는 하천이나 물을 댈 수 있는 저수지가 꼭 필요하다. 이러한 것이 없다면 볏논이 아니다.
> – 『임원경제지』 –

> ㉠ 세종 때 편찬된 『농사직설』에도 등장한다.
> ㉡ 고랑에 작물을 심도록 하였다.
> ㉢ 『경국대전』의 수령칠사 항목에서도 강조되었다.
> ㉣ 직파법보다 풀 뽑는 노동력을 절약할 수 있었다.

① ㉠, ㉡
② ㉠, ㉣
③ ㉡, ㉢
④ ㉢, ㉣

16 밑줄 친 '헌법'이 시행 중인 시기에 일어난 사건은?

> 이 헌법은 한 사람의 집권자가 긴급조치라는 형식적인 법 절차와 권력 남용으로 양보할 수 없는 국민의 기본 인권과 존엄성을 억압하였다. 그리고 이러한 권력 남용에 형식적인 합법성을 부여하고자 …(중략)… 입법, 사법, 행정 3권을 한 사람의 집권자에게 집중시키고 있다.

① 부·마 민주 항쟁이 일어났다.
② 국민 교육 헌장을 선포하였다.
③ 7·4 남북 공동 성명이 발표되었다.
④ 한·일 협정 체결을 반대하는 6·3 시위가 있었다.

17 밑줄 친 '회의'에서 있었던 사실은?

> 본 회의는 2천만 민중의 공정한 뜻에 바탕을 둔 국민적 대화합으로 최고의 권위를 가지고 국민의 완전한 통일을 공고하게 하며, 광복 대업의 근본 방침을 수립하여 우리 민족의 자유를 만회하며 독립을 완성하기를 기도하고 이에 선언하노라. …(중략)… 본 대표 등은 국민이 위탁한 사명을 받들어 국민적 대단결에 힘쓰며 독립운동이 나아갈 방향을 확립하여 통일적 기관 아래에서 대업을 완성하고자 하노라.

① 대한민국 건국 강령이 상정되었다.
② 박은식이 임시 대통령으로 선출되었다.
③ 민족 유일당 운동 차원에서 조선 혁명당이 참가하였다.
④ 임시정부를 대체할 새로운 조직을 만들자는 주장이 나왔다.

18 다음 법령에 따라 시행된 사업에 대한 설명으로 옳은 것은?

> 제1조 토지의 조사 및 측량은 본령에 따른다.
> 제4조 토지 소유자는 조선 총독이 정한 기간 내에 주소, 성명 또는 명칭 및 소유지의 소재, 지목, 자 번호, 사표, 등급, 지적, 결수를 임시토지조사국장에게 신고해야 한다. 단 국유지는 보관관청이 임시토지조사국장에게 통지해야 한다.

① 농상공부를 주무 기관으로 하였다.
② 역둔토, 궁장토를 총독부 소유로 만들었다.
③ 토지 약탈을 위해 동양 척식 회사를 설립하였다.
④ 춘궁 퇴치, 농가 부채 근절을 목표로 내세웠다.

19 개항기 무역에 대한 설명으로 옳지 않은 것은?

① 개항장에서 조선인 객주가 중개 활동을 하였다.
② 조ㆍ청 무역 장정으로 청국에서의 수입액이 일본을 앞질렀다.
③ 일본 상인은 면제품을 팔고, 쇠가죽ㆍ쌀ㆍ콩 등을 구입하였다.
④ 조ㆍ일 통상 장정의 개정으로 곡물 수출이 금지되기도 하였다.

20 밑줄 친 '그'에 대한 설명으로 옳은 것은?

> 군역에 뽑힌 장정에게 군포를 거두었는데, 그 폐단이 많아서 백성들이 뼈를 깎는 원한을 가졌다. 그런데 사족들은 한평생 한가하게 놀며 신역(身役)이 없었다. …(중략)… 그러나 유속(流俗)에 끌려 이행되지 못하였으나 갑자년 초에 그가 강력히 나서서 귀천이 동일하게 장정 한 사람마다 세납전(歲納錢) 2민(緡)을 바치게 하니, 이를 동포전(洞布錢)이라고 하였다.
> – 『매천야록』 –

① 만동묘 건립을 주도하였다.
② 군국기무처 총재를 역임하였다.
③ 통리기무아문을 폐지하고 5군영을 부활하였다.
④ 탕평 정치를 정리한 『만기요람』을 편찬하였다.

PART 4

교정학개론

출제경향

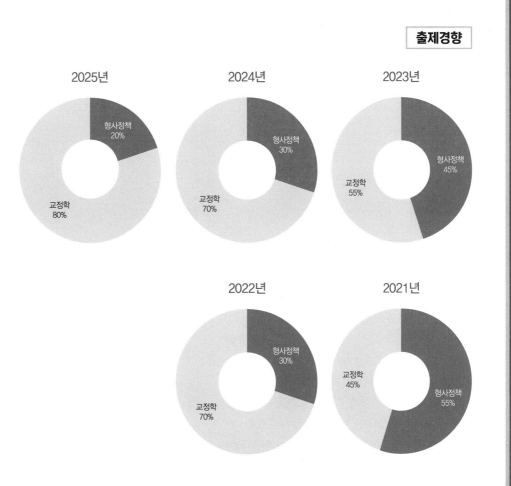

01 손베리(Thornberry)의 상호작용이론(interactional theory)에 대한 설명으로 옳은 것은?

① 사회통제이론과 사회학습이론을 결합한 통합이론이다.

② 청소년의 비행경로를 조기 개시형(early starters)과 만기 개시형(late starters)으로 구분한다.

③ 사회적 반응이 일탈의 특성과 강도를 규정하는 원인이다.

④ 사회학습 요소로 차별접촉, 차별강화, 애착, 모방을 제시한다.

02 「형의 집행 및 수용자의 처우에 관한 법률」상 미결수용자의 처우에 대한 설명으로 옳지 않은 것은?

① 소장은 미결수용자가 징벌집행 중인 경우 변호인과의 접견 시간과 횟수를 제한할 수 있다.

② 소장은 도주우려가 크거나 특히 부적당한 사유가 있다고 인정하면 미결수용자의 재판 참석 시 교정시설에서 지급하는 의류를 입게 할 수 있다.

③ 미결수용자의 머리카락과 수염은 특히 필요한 경우가 아니면 본인의 의사에 반하여 짧게 깎지 못한다.

④ 미결수용자와 변호인과의 접견에는 교도관이 참여하지 못하지만 보이는 거리에서 미결수용자를 관찰할 수 있다.

03 「교도작업의 운영 및 특별회계에 관한 법률」상 교도작업에 대한 설명으로 옳은 것은?

① 특별회계는 교도소장이 운용·관리한다.

② 특별회계의 결산상 잉여금은 다음 연도의 세입에 이입한다.

③ 교도작업으로 생산된 제품은 민간기업 등에 직접 판매할 수 없다.

④ 법무부장관은 교도작업으로 생산되는 제품의 종류와 수량을 회계연도 개시 2개월 전까지 공고하여야 한다.

04 「형의 집행 및 수용자의 처우에 관한 법률 시행규칙」상 경비처우급 조정 등에 대한 설명으로 옳지 않은 것은?

① 형기의 6분의 5에 도달한 자에 대한 정기재심사의 경우, 경비처우급 상향 조정의 평정소득점수 기준은 7점 이상이다.

② 경비처우급 하향 조정의 평정소득점수 기준은 5점 이하이다.

③ 조정된 처우등급에 따른 처우는 그 조정이 확정된 날부터 한다.

④ 소장은 수형자의 경비처우급을 조정한 경우에는 지체 없이 해당 수형자에게 그 사항을 알려야 한다.

05 「형의 집행 및 수용자의 처우에 관한 법률」상 수용자가 정보공개를 청구할 수 있는 대상이 아닌 것은?

① 법무부장관

② 교정본부장

③ 지방교정청장

④ 소장

06 「치료감호 등에 관한 법률」상 치료감호에 대한 설명으로 옳지 않은 것은?

① 마약류 중독으로 금고 이상의 형에 해당하는 죄를 지어, 치료감호시설에서 치료를 받을 필요가 있고 재범의 위험성이 있는 자의 치료감호 기간은 2년을 초과할 수 없다.

② 피치료감호자에 대한 치료감호가 가종료되었을 때 보호관찰기간은 3년으로 한다.

③ 치료감호와 형(刑)이 병과(倂科)된 경우에는 치료감호를 먼저 집행하며, 이 경우 치료감호의 집행기간은 형 집행기간에서 제외한다.

④ 법무부장관은 연 2회 이상 치료감호시설의 운영실태 및 피치료감호자등에 대한 처우상태를 점검하여야 한다.

07 갑오개혁 이후의 행형제도에 대한 설명으로 옳지 않은 것은?

① 감옥규칙의 제정으로 사법권이 행정권으로부터 독립되었다.

② 형법대전은 근대 서구의 법체계를 모방한 법전이다.

③ 기유각서에 의해 통감부에서 감옥사무를 관장하였다.

④ 미군정기에 재소자석방청원제가 실시되었다.

08 「형의 집행 및 수용자의 처우에 관한 법률 시행규칙」상 자비구매물품 등에 대한 설명으로 옳은 것은?

① 소장은 감염병의 유행 등으로 자비구매물품의 사용이 중지된 경우에는 구매신청을 제한하여야 한다.

② 소장은 교도작업제품으로서 자비구매물품으로 적합한 것은 법무부장관으로부터 지정받은 자비구매물품 공급자를 거쳐 우선하여 공급할 수 있다.

③ 교정본부장은 자비구매물품 공급의 교정시설 간 균형 및 교정시설의 안전과 질서유지를 위하여 공급물품의 품목 및 규격 등에 대한 통일된 기준을 제시할 수 있다.

④ 소장은 공급제품이 부패, 파손, 규격미달, 그 밖의 사유로 수용자에게 공급하기에 부적당하다고 인정하는 경우에는 교정본부장에게 이를 보고하고 필요한 조치를 하여야 한다.

09 「형의 집행 및 수용자의 처우에 관한 법률」상 작업시간 등에 대한 설명으로 옳지 않은 것은?

① 휴식·운동·식사·접견 등 실제 작업을 실시하지 않는 시간을 제외한 1일의 작업시간은 8시간을 초과할 수 없다.

② 작업장의 운영을 위하여 불가피한 경우에는 공휴일·토요일에도 작업을 부과할 수 있다.

③ 19세 미만 수형자의 작업시간은 1일에 8시간을, 1주에 40시간을 초과할 수 없다.

④ 취사·청소·간병 등 교정시설의 운영과 관리에 필요한 작업의 1일 작업시간은 12시간을 초과할 수 있다.

10 억제이론에 대한 설명으로 옳은 것은?

① 인간은 자유의지를 가지고 합리적인 판단에 따라 행동한다고 가정한다.

② 처벌의 엄중성은 처벌받을 가능성을 의미한다.

③ 처벌의 확실성은 강한 처벌을 통한 범죄억제를 의미한다.

④ 처벌의 신속성은 초기 고전주의 범죄학자들이 범죄억제에 있어 가장 강조한 핵심 요소이다.

11 「교도관직무규칙」상 사회복귀업무 교도관의 직무에 대한 설명으로 옳지 않은 것은?

① 수형자의 학력 신장에 필요한 교육과정 개설계획을 수립하여 소장에게 보고하고, 소장의 지시를 받아 교육을 하여야 한다.

② 수형자가 귀휴 등의 요건에 해당하고 귀휴 등을 허가할 필요가 있다고 인정하는 경우에는 그 사실을 상관에게 보고하여야 한다.

③ 수형자가 교정성적이 우수하고 재범의 우려가 없는 등 가석방 요건을 갖추었다고 인정되는 경우에는 상관에게 보고하는 등 적절한 조치를 하여야 한다.

④ 사형확정자나 사형선고를 받은 사람의 심리적 안정을 위하여 수시로 상담을 하여야 하며, 필요하다고 인정하는 경우에는 외부인사와 결연을 주선하여 수용생활이 안정되도록 하여야 한다.

12 「형의 집행 및 수용자의 처우에 관한 법률」상 수형자의 분류심사에 대한 설명으로 옳지 않은 것은?

① 수형자의 분류심사는 형이 확정된 경우에 개별처우계획을 수립하기 위하여 하는 심사와 일정한 형기가 지나거나 상벌 또는 그 밖의 사유가 발생한 경우에 개별처우계획을 조정하기 위하여 하는 심사로 구분한다.

② 소장은 분류심사를 위하여 수형자를 대상으로 상담 등을 통한 신상에 관한 개별사안의 조사, 심리·지능·적성 검사, 그 밖에 필요한 검사를 하여야 한다.

③ 소장은 분류심사를 위하여 외부전문가로부터 필요한 의견을 듣거나 외부전문가에게 조사를 의뢰할 수 있다.

④ 법무부장관은 수형자를 과학적으로 분류하기 위하여 분류심사를 전담하는 교정시설을 지정·운영할 수 있다.

13 「형의 집행 및 수용자의 처우에 관한 법률」상 교정시설 등에 대한 설명으로 옳지 않은 것은?

① 신설하는 교정시설은 수용인원이 500명 이내의 규모가 되도록 하여야 하나 교정시설의 기능·위치나 그 밖의 사정을 고려하여 그 규모를 늘릴 수 있다.

② 교정시설의 거실·작업장·접견실이나 그 밖의 수용생활을 위한 설비는 그 목적과 기능에 맞도록 설치되어야 한다.

③ 법무부장관은 교정시설의 운영, 교도관의 복무, 수용자의 처우 및 인권실태 등을 파악하기 위하여 매년 1회 이상 교정시설을 순회점검하거나 소속 공무원으로 하여금 순회점검하게 하여야 한다.

④ 교정시설의 설치 및 운영에 관한 업무의 일부를 위탁받을 수 있는 법인의 자격요건, 교정시설의 시설 기준, 수용대상자의 선정기준, 수용자 처우의 기준, 위탁절차, 국가의 감독, 그 밖에 필요한 사항은 따로 대통령령으로 정한다.

14 형의 집행 및 수용자의 처우에 관한 법령상 귀휴를 허가할 수 있는 요건으로 옳지 않은 것은?

① 개방경비처우급 수형자 A는 3년의 징역형을 선고받고 현재 3개월 동안 복역 중인 자로 장모의 장례식에 참석하기 위해 귀휴를 신청하였다.

② 완화경비처우급 수형자 B는 무기형을 선고받고 현재 5년 동안 복역 중인 자로 손자의 결혼식에 참석하기 위해 귀휴를 신청하였다.

③ 개방처우급 수형자 C는 2년의 징역형을 선고받고 현재 6개월 동안 복역 중인 자로 본인의 회갑 잔치에 참석하기 위해 귀휴를 신청하였다.

④ 완화경비처우급 수형자 D는 두 개의 범죄로 3년의 징역형과 5년의 징역형을 함께 선고받고 현재 3년 동안 복역 중인 자로 해외유학을 떠나는 딸을 배웅하기 위해 귀휴를 신청하였다.

15 「형의 집행 및 수용자의 처우에 관한 법률 시행규칙」상 경비등급별 처우수준에 대한 설명으로 옳은 것은?

① 중경비처우급 수형자는 가족 만남의 집을 이용할 수 없다.

② 일반경비처우급 수형자는 월 2회 이내의 경기 또는 오락회에 참여할 수 있다.

③ 완화경비처우급 수형자는 교정시설 밖에서 이루어지는 종교행사에 참석할 수 없다.

④ 개방처우급 수형자는 교정시설 밖에서 이루어지는 사회견학에 참석할 수 없다.

16 사회 내 처우에 대한 설명으로 옳지 않은 것은?

① 사회봉사명령은 유죄가 인정된 범죄자에게 일정 시간 보수를 책정하여 사회에 유익한 근로를 하도록 명하는 제도이다.

② 수강명령은 유죄가 인정된 범죄자에게 일정 시간 교육받도록 함으로써 교화개선을 도모하는 제도이다.

③ 배상명령은 범죄자가 피해자에게 금전적으로 배상하는 것으로 구금 대신 직업 활동에 전념할 수 있게 하는 제도이다.

④ 집중보호관찰은 일반보호관찰이 범죄자에게 지나치게 관대한 처분이라는 시민의 불만을 불식시키면서 교정시설의 과밀 수용을 해소할 수 있는 제도이다.

17 보호관찰 등에 관한 법령상 갱생보호제도에 대한 설명으로 옳지 않은 것은?

① 보호관찰소는 갱생보호 사무를 관장한다.

② 갱생보호 대상자는 형사처분 또는 보호처분을 받은 사람으로서 자립갱생을 위한 숙식 제공, 주거 지원, 직업훈련 및 취업 지원 등 보호의 필요성이 인정되는 사람이다.

③ 법무부장관은 한국법무보호복지공단을 지휘·감독하고, 감독상 필요한 경우에는 그 업무에 관한 사항을 보고하게 하거나 자료의 제출이나 그 밖에 필요한 명령을 할 수 있다.

④ 한국법무보호복지공단은 갱생보호 대상자의 적절한 보호를 위하여 필요한 경우 수용기관의 장에게 수용기간, 가족 관계 및 보호자 관계 등의 사항을 통보하여 줄 것을 요청할 수 있고, 이 경우 갱생보호 대상자의 동의는 필요하지 아니하다.

18 전환제도(diversion)의 장점만을 모두 고르면?

> ㄱ. 경미한 범죄자가 형사사법의 대상이 됨으로써 형사사법망이 확대된다.
> ㄴ. 범죄자에게 범죄를 중단할 수 있는 변화의 기회를 제공한다.
> ㄷ. 형사사법제도의 운영이 최적 수준이 되도록 자원을 배치한다.
> ㄹ. 범죄자에 대한 보다 인도적인 처우방법이다.

① ㄱ, ㄴ
② ㄱ, ㄷ
③ ㄴ, ㄹ
④ ㄴ, ㄷ, ㄹ

19 형의 집행 및 수용자의 처우에 관한 법령상 장애인수용자와 노인수용자의 처우에 대한 설명으로 옳지 않은 것은?

① 장애인수형자 전담교정시설의 장은 장애인의 재활에 관한 전문적인 지식을 가진 의료진과 장비를 갖추도록 노력하여야 한다.
② 장애인수형자 전담교정시설의 장은 장애인수형자에 대한 직업훈련이 석방 후의 취업과 연계될 수 있도록 그 프로그램의 편성 및 운영에 특히 유의하여야 한다.
③ 소장은 노인수용자가 작업을 원하는 경우에는 나이·건강상태 등을 고려하여 해당 수용자가 감당할 수 있는 정도의 작업을 부과하되, 이 경우 보안과장의 의견을 들어야 한다.
④ 소장은 노인수용자에 대하여 나이·건강상태 등을 고려하여 그 처우에 있어 적정한 배려를 하여야 하며, 필요하다고 인정하면 운동시간을 연장하거나 목욕횟수를 늘릴 수 있다.

20 다음 교정 처우 이념에 대한 설명으로 옳지 않은 것은?

> 소년보호사건의 경우 판사가 소년의 품행을 교정하고 피해자를 보호하는 데 필요하다고 인정하면 소년에게 피해 변상 등 피해자와의 화해를 권고할 수 있고, 화해가 잘 이루어진 경우에는 이를 보호처분 결정에 고려할 수 있다.

① 공식적인 형사사법 체계가 가해자에게 부여하는 낙인효과를 줄일 수 있다.
② 범죄의 정황, 가해자와 피해자 등 사건과 관련된 사안에 대해 개별적으로 고려할 수 있다.
③ 강력범죄자보다는 소년 범죄자에게 적합하기 때문에 사회적 무질서를 바로잡는 것과는 무관하다.
④ 가해자로 하여금 자신의 행동에 대한 원인과 결과를 직시하게 하고 행위에 대한 진정한 책임을 갖게 한다.

✔ 회독 CHECK 1 2 3

01 범죄학에 관한 고전주의와 실증주의에 대한 설명으로 옳지 않은 것은?

① 고전주의는 형벌이 범죄결과의 정도에 상응하여야 한다고 주장한 반면, 실증주의는 부정기형과 사회 내 처우를 중요시하였다.

② 고전주의는 인간은 누구나 자유의지를 지닌 존재이기 때문에 평등하고, 범죄인이나 비범죄인은 본질적으로 다르지 않다고 인식하였다.

③ 19세기의 과학적 증거로 현상을 논증하려는 학문 사조는 실증주의 범죄학의 등장에 영향을 끼쳤다.

④ 실증주의는 적법절차모델(Due Process Model)에 바탕을 둔 합리적 형사사법제도 구축에 크게 기여하였다.

02 「형법」상 형의 집행에 대한 설명으로 옳지 않은 것은?

① 징역은 교정시설에 수용하여 집행하며, 정해진 노역(勞役)에 복무하게 한다.

② 유기징역 또는 유기금고에 자격정지를 병과한 때에는 징역 또는 금고의 집행을 종료하거나 면제된 날로부터 정지기간을 기산한다.

③ 벌금과 과료는 판결확정일로부터 30일 내에 납입하여야 한다. 다만, 벌금을 선고할 때에는 동시에 그 금액을 완납할 때까지 노역장에 유치할 것을 명하여야 한다.

④ 벌금이나 과료의 선고를 받은 사람이 그 금액의 일부를 납입한 경우에는 벌금 또는 과료액과 노역장 유치기간의 일수(日數)에 비례하여 납입금액에 해당하는 일수를 노역장 유치일수에서 뺀다.

03 지역사회 교정에 대한 설명으로 옳지 않은 것은?

① 교정시설의 과밀수용 문제를 해소하기 위한 방안 중 하나이다.

② 범죄자의 처벌·처우에 대한 인도주의적 관점이 반영된 것이다.

③ 형사제재의 단절을 통해 범죄자의 빠른 사회복귀와 재통합을 실현하고자 한다.

④ 실제로는 범죄자에 대한 통제를 증대시켰다는 비판이 있다.

04 형의 집행 및 수용자의 처우에 관한 법령상 수용자의 편지수수 등에 대한 설명으로 옳지 않은 것은?

① 수용자는 시설의 안전 또는 질서를 해칠 우려가 있는 때에는 다른 사람과 편지를 주고받을 수 없다.

② 수용자가 보내거나 받는 편지는 법령에 어긋나지 않으면 횟수를 제한하지 않는다.

③ 소장은 규율위반으로 징벌집행 중인 수용자가 다른 수용자와 편지를 주고받는 때에는 그 내용을 검열하여야 한다.

④ 소장은 법원·경찰관서, 그 밖의 관계기관에서 수용자에게 보내온 문서는 다른 법령에 특별한 규정이 없으면 열람한 후 본인에게 전달하여야 한다.

05 「형의 집행 및 수용자의 처우에 관한 법률」상 수용자의 진정실 수용에 대한 설명으로 옳은 것은?

① 소장은 수용자가 교정시설의 설비 또는 기구 등을 손괴하거나 손괴하려고 하는 때로서 강제력을 행사하거나 보호장비를 사용하여도 그 목적을 달성할 수 없는 경우에는 진정실에 수용할 수 있다. 이 경우 의무관의 의견을 들어야 한다.

② 수용자의 진정실 수용기간은 24시간 이내로 한다. 다만, 소장은 특히 계속하여 수용할 필요가 있으면 의무관의 의견을 고려하여 1회당 12시간의 범위에서 기간을 연장할 수 있다.

③ 수용자를 진정실에 수용할 수 있는 기간은 계속하여 2일을 초과할 수 없다.

④ 소장은 수용자를 진정실에 수용하거나 수용기간을 연장하는 경우에는 그 사유를 가족에게 알려 주어야 한다.

06 다음 범죄학 이론에 대한 설명으로 옳지 않은 것은?

범죄가 발생하기 위해서는 최소한 범죄성향을 갖고 그 성향을 행동으로 표현할 능력을 가진 동기화된 범죄자(motivated offender)가 존재해야 한다. 이러한 범죄자에게 적당한 범행대상(suitable target)이 되는 어떤 사람이나 물체가 존재하고, 범죄를 예방할 수 있는 감시의 부재(absence of guardianship)가 같은 시간과 공간에서 만날 때 범죄가 발생한다.

① 코헨(L. Cohen)과 펠슨(M. Felson)의 견해이다.

② 합리적 선택이론을 기반으로 한 신고전주의 범죄학 이론에 속한다.

③ 동기화된 범죄자로부터 범행대상을 보호할 수 있는 수단인 가족, 친구, 이웃 등의 부재는 감시의 부재에 해당한다.

④ 범죄예방의 중점을 환경이나 상황적 요인보다는 범죄자의 성향이나 동기의 감소에 둔다.

07 「형의 집행 및 수용자의 처우에 관한 법률 시행규칙」상 수형자의 처우에 대한 설명으로 옳은 것은?

① 소장은 개방처우급 수형자에 대하여 월 3회 이내에서 경기 또는 오락회를 개최하게 할 수 있다. 다만, 소년수형자에 대하여는 그 횟수를 늘릴 수 있다.

② 완화경비처우급 수형자에 대한 중간처우 대상자의 선발절차는 법무부장관이 정한다.

③ 소장은 처우를 위하여 특히 필요한 경우에는 일반경비처우급 수형자에 대하여도 가족 만남의 날 행사 참여를 허가할 수 있다.

④ 중(重)경비처우급 수형자에 대해서는 교화 및 처우상 특히 필요한 경우 전화통화를 월 2회 이내 허용할 수 있다.

08 형의 실효와 복권에 대한 설명으로 옳지 않은 것은?

① 벌금형을 받은 사람이 자격정지 이상의 형을 받지 아니하고 그 형의 집행을 종료한 날부터 2년이 경과한 때에 그 형은 실효된다.

② 자격정지의 선고를 받은 자가 피해자의 손해를 보상하고 자격정지 이상의 형을 받음이 없이 정지기간의 2분의 1을 경과한 때에는 본인 또는 검사의 신청에 의하여 법원은 자격의 회복을 선고할 수 있다.

③ 징역 5년 형의 집행을 종료한 사람이 형의 실효를 받기 위해서는 피해자의 손해를 보상하고 자격정지 이상의 형을 받음이 없이 7년을 경과한 후 해당 사건에 관한 기록이 보관되어 있는 검찰청에 형의 실효를 신청하여야 한다.

④ 「형법」 제81조(형의 실효)에 따라 형이 실효되었을 때에는 수형인명부의 해당란을 삭제하고 수형인명표를 폐기한다.

09 암수범죄(暗數犯罪)에 대한 설명으로 옳은 것만을 모두 고르면?

> ㄱ. 암수범죄로 인한 문제는 범죄통계학이 도입된 초기부터 케틀레(A. Quételet) 등에 의해 지적되었다.
> ㄴ. 절대적 암수범죄란 수사기관에 의해서 인지는 되었으나 해결되지 않은 범죄를 의미하는 것으로, 완전범죄가 대표적이다.
> ㄷ. 상대적 암수범죄는 마약범죄와 같이 피해자와 가해자의 구별이 어려운 범죄에서 많이 발생한다.
> ㄹ. 암수범죄는 자기보고식조사, 피해자조사 등의 설문조사방법을 통해 간접적으로 관찰할 수 있다.

① ㄱ, ㄴ   ② ㄱ, ㄹ
③ ㄴ, ㄷ   ④ ㄷ, ㄹ

10 「형의 집행 및 수용자의 처우에 관한 법률 시행규칙」상 수형자의 개인작업에 대한 설명으로 옳지 않은 것은?

① 소장은 수형자가 개방처우급 또는 완화경비처우급으로서 작업기술이 탁월하거나 작업성적이 우수한 경우에는 수형자 자신을 위한 개인작업을 하게 할 수 있다.
② 개인작업 시간은 교도작업에 지장을 주지 아니하는 범위에서 1일 2시간 이내로 한다.
③ 소장은 개인작업을 하는 수형자에게 개인작업 용구를 사용하게 할 수 있다. 이 경우 작업용구는 특정한 용기에 보관하도록 하여야 한다.
④ 개인작업에 필요한 작업재료 등의 구입비용은 수형자가 부담한다. 다만, 처우상 필요한 경우에는 예산의 범위에서 그 비용을 지원할 수 있다.

11 형의 집행 및 수용자의 처우에 관한 법령상 징벌집행에 대한 설명으로 옳지 않은 것은?

① 소장은 30일 이내의 금치(禁置)처분을 받은 수용자에게 실외운동을 제한하는 경우라도 매주 1회 이상 실외운동을 할 수 있도록 하여야 한다.
② 수용자의 징벌대상행위에 대한 조사기간(조사를 시작한 날부터 징벌위원회의 의결이 있는 날까지를 말한다)은 10일 이내로 한다. 다만, 특히 필요하다고 인정하는 경우에는 1회에 한하여 7일을 초과하지 아니하는 범위에서 그 기간을 연장할 수 있다.
③ 소장은 징벌대상자의 질병이나 그 밖의 특별한 사정으로 인하여 조사를 계속하기 어려운 경우에는 조사를 일시 정지할 수 있다. 이 경우 조사가 정지된 다음 날부터 정지사유가 소멸한 날까지의 기간은 조사기간에 포함되지 아니한다.
④ 소장은 수용자가 교정사고 방지에 뚜렷한 공로가 있다고 인정되면 분류처우위원회의 의결을 거친 후 법무부장관의 승인을 받아 징벌을 실효시킬 수 있다.

12 「형의 집행 및 수용자의 처우에 관한 법률」상 수용을 위한 체포에 대한 설명으로 옳지 않은 것은?

① 천재지변으로 일시 석방된 수용자는 정당한 사유가 없는 한 출석요구를 받은 후 24시간 이내에 교정시설 또는 경찰관서에 출석하여야 한다.
② 교도관은 수용자가 도주한 경우 도주 후 72시간 이내에만 그를 체포할 수 있다.
③ 교도관은 도주한 수용자의 체포를 위하여 긴급히 필요하면 도주를 한 사람의 이동경로나 소재를 안다고 인정되는 사람을 정지시켜 질문할 수 있다.
④ 교도관은 도주한 수용자의 체포를 위하여 영업시간 내에 공연장·여관·음식점·역, 그 밖에 다수인이 출입하는 장소의 관리자 또는 관계인에게 그 장소의 출입이나 그 밖에 특히 필요한 사항에 관하여 협조를 요구할 수 있다.

13 수형자자치제(Inmate Self-government System)에 대한 설명으로 옳지 않은 것은?

① 수형자자치제는 부정기형제도하에서 효과적인 것으로, 수형자에 대한 과학적 분류심사를 전제로 한다.

② 수형자자치제는 수형자의 처우에 있어서 자기통제 원리에 입각한 자기조절 훈련과정을 결합한 것으로, 수형자의 사회적응력을 키울 수 있다.

③ 오스본(T. Osborne)은 1914년 싱싱교도소(Sing Sing Prison)에서 행형시설 최초로 수형자자치제를 실시하였다.

④ 수형자자치제는 교도관의 권위를 저하시킬 수 있고, 소수의 힘 있는 수형자에 의해 대다수의 일반수형자가 억압·통제되는 폐단을 가져올 수 있다.

14 수용자 처우 모델에 대한 설명으로 옳은 것만을 모두 고르면?

> ㄱ. 정의모델(Justice Model)은 범죄자의 법적 지위와 권리보장이라는 관점에서 처우의 문제에 접근하는 것으로, 형집행의 공정성과 법관의 재량권 제한을 강조한다.
> ㄴ. 의료모델(Medical Model)은 치료를 통한 사회복귀를 목적으로 하는 것으로, 가석방제도를 중요시한다.
> ㄷ. 적응모델(Adjustment Model)은 정의모델에 대한 비판·보완을 위해 등장한 것으로, 교정처우 기법으로 현실요법과 교류분석을 중요시한다.
> ㄹ. 재통합모델(Reintegration Model)은 사회도 범죄유발의 책임이 있으므로 지역사회에 기초한 교정을 강조한다.

① ㄴ, ㄷ
② ㄷ, ㄹ
③ ㄱ, ㄴ, ㄷ
④ ㄱ, ㄴ, ㄹ

15 「소년법」상 보호사건의 심리와 조사에 대한 설명으로 옳지 않은 것은?

① 소년이 소년분류심사원에 위탁되지 아니하였을 때에도 소년에게 신체적·정신적 장애가 의심되는 경우 법원은 직권에 의하거나 소년 또는 보호자의 신청에 따라 보조인을 선정할 수 있다.

② 소년부 판사는 보조인이 심리절차를 고의로 지연시키는 등 심리진행을 방해하거나 소년의 이익에 반하는 행위를 할 우려가 있다고 판단하는 경우에는 보조인 선임의 허가를 취소하여야 한다.

③ 소년부 판사는 사안이 가볍다는 이유로 심리를 개시하지 아니한다는 결정을 할 때에는 소년에게 훈계하거나 보호자에게 소년을 엄격히 관리하거나 교육하도록 고지할 수 있다.

④ 소년부 판사는 심리 기일을 지정하고 본인과 보호자를 소환하여야 한다. 다만, 필요가 없다고 인정한 경우에는 보호자는 소환하지 아니할 수 있다.

16 형의 집행 및 수용자의 처우에 관한 법령상 금품관리에 대한 설명으로 옳은 것은?

① 소장은 수용자가 석방될 때 보관하고 있던 수용자의 휴대금품을 본인에게 돌려주어야 한다. 다만, 보관품을 한꺼번에 가져가기 어려운 경우 등 특별한 사정이 있어 수용자가 석방 시 소장에게 일정 기간 동안(3개월 이내의 범위로 한정한다) 보관품을 보관하여 줄 것을 신청하는 경우에는 그러하지 아니하다.

② 소장은 사망자 또는 도주자가 남겨두고 간 금품이 있으면 사망자의 경우에는 그 상속인에게, 도주자의 경우에는 그 가족에게 그 내용 및 청구절차 등을 알려 주어야 한다. 다만, 썩거나 없어질 우려가 있는 것은 폐기할 수 있다.

③ 소장은 수용자 외의 사람이 신청한 수용자에 대한 금품의 전달을 허가한 경우 그 금품을 지체 없이 수용자에게 전달하여 사용하게 하여야 한다.

④ 소장은 사망자의 유류품을 건네받을 사람이 원거리에 있는 등 특별한 사정이 있는 경우에는 유류품을 팔아 그 대금을 보내야 한다.

17 「형의 집행 및 수용자의 처우에 관한 법률 시행령」상 수용자의 독거수용에 대한 설명으로 옳지 않은 것은?

① 처우상 독거수용이란 주간에는 교육·작업 등의 처우를 위하여 일과(日課)에 따른 공동생활을 하게 하고, 휴일과 야간에만 독거수용하는 것을 말한다.

② 계호상 독거수용이란 사람의 생명·신체의 보호 또는 교정시설의 안전과 질서유지를 위하여 항상 독거수용하고 다른 수용자와의 접촉을 금지하는 것을 말한다. 다만, 수사·재판·실외운동·목욕·접견·진료 등을 위하여 필요한 경우에는 그러하지 아니하다.

③ 교도관은 계호상 독거수용자를 수시로 시찰하여 건강상 또는 교화상 이상이 없는지 살펴야 하며, 시찰 결과 계호상 독거수용자가 건강상 이상이 있는 것으로 보이는 경우에는 교정시설에 근무하는 의사(공중보건의사를 포함한다)에게 즉시 알려야 하고, 교화상 문제가 있다고 인정하는 경우에는 소장에게 지체 없이 보고하여야 한다.

④ 소장은 계호상 독거수용자를 계속하여 독거수용하는 것이 건강상 또는 교화상 해롭다고 인정하는 경우에는 이를 즉시 중단하여야 한다.

18 「형의 집행 및 수용자의 처우에 관한 법률 시행규칙」상 가석방에 대한 설명으로 옳지 않은 것은?

① 소장은 「형법」제72조 제1항의 기간을 경과한 수형자로서 교정성적이 우수하고 뉘우치는 빛이 뚜렷하여 재범의 위험성이 없다고 인정하는 경우에는 분류처우위원회의 의결을 거쳐 가석방 적격심사신청 대상자를 선정한다.

② 소장은 가석방 적격심사신청을 위한 사전조사에서 신원에 관한 사항의 조사는 수형자를 수용한 날부터 2개월 이내에 하고, 그 후 변경된 사항이 있는 경우에는 지체 없이 그 내용을 변경하여야 한다.

③ 소장은 가석방 적격심사신청을 위하여 사전조사한 사항을 매월 분류처우위원회의 회의 개최일 전날까지 분류처우심사표에 기록하여야 하며, 이 분류처우심사표는 법무부장관이 정한다.

④ 소장은 가석방이 허가되지 아니한 수형자에 대하여 그 후에 가석방을 허가하는 것이 적당하다고 인정하는 경우에는 다시 가석방 적격심사신청을 할 수 있다.

19 조선시대 행형제도에 대한 설명으로 옳은 것만을 모두 고르면?

> ㄱ. 인신을 직접 구속할 수 있는 권한이 부여된 기관인 직수아문(直囚衙門)에 옥(獄)이 부설되어 있었다.
>
> ㄴ. 휼형제도(恤刑制度, 또는 휼수제도(恤囚制度))는 조선시대에 들어와서 더욱 폭넓게 사용되었으며, 대표적으로 감강종경(減降從輕)과 보방제도(保放制度)가 있었다.
>
> ㄷ. 도형(徒刑)에는 태형(笞刑)이 병과되었으며, 도형을 대신하는 것으로 충군(充軍)이 있었다.
>
> ㄹ. 1895년 「징역처단례」를 통하여 장형(杖刑)과 유형(流刑)을 전면적으로 폐지하였다.

① ㄱ, ㄴ

② ㄷ, ㄹ

③ ㄱ, ㄴ, ㄷ

④ ㄱ, ㄴ, ㄹ

20 「민영교도소 등의 설치·운영에 관한 법률」상 민영교도소의 설치·운영 등에 대한 설명으로 옳지 않은 것은?

① 교정법인은 이사 중에서 위탁업무를 전담하는 자를 선임(選任)하여야 하며, 위탁업무를 전담하는 이사는 법무부장관의 승인을 받아 취임한다.

② 법무부장관은 사전에 기획재정부장관과 협의하여 민영교도소를 운영하는 교정법인에 대하여 매년 그 교도소의 운영에 필요한 경비를 지급한다.

③ 교정법인의 대표자는 민영교도소의 장 외의 직원을 임면할 권한을 민영교도소의 장에게 위임할 수 있다.

④ 법무부장관은 「민영교도소 등의 설치·운영에 관한 법률」에 따른 권한의 일부를 교정본부장에게 위임할 수 있다.

✔ 회독 CHECK 1 2 3

01 클라워드(Cloward)와 올린(Ohlin)의 차별기회이론 (differential opportunity theory)에 대한 설명으로 옳지 않은 것은?

① 합법적 수단뿐만 아니라 비합법적 수단에 대해서도 차별기회를 고려하였다.
② 도피 하위문화는 마약 소비 행태가 두드러지게 나타나는 갱에서 주로 발견된다.
③ 머튼의 아노미이론과 서덜랜드의 차별접촉이론으로 하위문화 형성을 설명하였다.
④ 비행 하위문화를 갈등 하위문화(conflict subculture), 폭력 하위문화(violent subculture), 도피 하위문화 (retreatist subculture)로 구분하였다.

02 전자감독제도에 대한 설명으로 옳지 않은 것은?

① 프라이버시 침해 우려가 없다.
② 교정시설 수용인구의 과밀을 줄일 수 있다.
③ 사법통제망이 지나치게 확대될 우려가 있다.
④ 대상자의 위치는 확인할 수 있으나 구체적인 행동은 통제할 수 없다.

03 「보호관찰 등에 관한 법률」상 보호관찰 대상자의 준수사항에 해당하지 않는 것은?

① 주거지에 상주하고 생업에 종사할 것
② 보호관찰관의 지도·감독에 따르고 방문하면 응대할 것
③ 주거를 이전하거나 10일 이상 국내외 여행을 할 때에는 미리 보호관찰관에게 신고할 것
④ 범죄로 이어지기 쉬운 나쁜 습관을 버리고 선행을 하며 범죄를 저지를 염려가 있는 사람들과 교제하거나 어울리지 말 것

04 「형의 집행 및 수용자의 처우에 관한 법률 시행규칙」상 경비처우급에 대한 설명으로 옳은 것은?

① 개방시설에 수용되어 가장 낮은 수준의 처우가 필요한 수형자는 개방처우급으로 구분한다.
② 완화경비시설에 수용되어 통상적인 수준보다 낮은 수준의 처우가 필요한 수형자는 완화경비처우급으로 구분한다.
③ 일반경비시설에 수용되어 통상적인 수준의 처우가 필요한 수형자는 일반경비처우급으로 구분한다.
④ 중(重)경비시설에 수용되어 가장 높은 수준의 처우가 필요한 수형자는 중(重)경비처우급으로 구분한다.

05 다음에서 설명하는 이론을 주장한 학자는?

> • 아메리칸 드림이라는 문화사조는 경제제도가 다른 사회제도들을 지배하는 '제도적 힘의 불균형' 상태를 초래함
> • 아메리칸 드림과 같은 문화사조와 경제제도의 지배는 서로 상호작용을 하면서 미국의 심각한 범죄문제를 일으킴

① 머튼(Merton)
② 코헨과 펠슨(Cohen & Felson)
③ 코니쉬와 클라크(Cornish & Clarke)
④ 메스너와 로젠펠드(Messner & Rosenfeld)

06 회복적 사법에 대한 설명으로 옳지 않은 것은?

① 처벌적이지 않고 인본주의적인 전략이다.
② 구금 위주 형벌정책의 대안으로 제시되고 있다.
③ 사적 잘못(private wrong)보다는 공익에 초점을 맞춘다는 비판을 받는다.
④ 범죄를 개인과 국가 간의 갈등으로 보기보다 개인 간의 갈등으로 인식한다.

07 사형폐지론을 주장한 학자만을 모두 고르면?

> ㄱ. 베카리아(C. Beccaria)
> ㄴ. 루소(J. Rousseau)
> ㄷ. 리프만(M. Liepmann)
> ㄹ. 캘버트(E. Calvert)

① ㄱ, ㄴ
② ㄱ, ㄷ
③ ㄱ, ㄷ, ㄹ
④ ㄴ, ㄷ, ㄹ

08 「보호소년 등의 처우에 관한 법률」상 보호장비의 사용에 대한 설명으로 옳은 것만을 모두 고르면?

> ㄱ. 보호장비는 필요한 최소한의 범위에서 사용하여야 하며, 보호장비를 사용할 필요가 없게 되었을 때에는 지체 없이 사용을 중지하여야 한다.
> ㄴ. 원장은 보호소년 등이 위력으로 소속 공무원의 정당한 직무집행을 방해하는 경우에는 소속 공무원으로 하여금 가스총을 사용하게 할 수 있다. 이 경우 사전에 상대방에게 이를 경고하여야 하나, 상황이 급박하여 경고할 시간적인 여유가 없는 때에는 그러하지 아니하다.
> ㄷ. 원장은 보호소년 등이 자해할 우려가 큰 경우에는 소속 공무원으로 하여금 보호소년 등에게 머리보호장비를 사용하게 할 수 있다.
> ㄹ. 원장은 법원 또는 검찰의 조사·심리, 이송, 그 밖의 사유로 호송하는 경우에는 소속 공무원으로 하여금 보호소년 등에 대하여 수갑, 포승 또는 보호대 외에 가스총이나 전자충격기를 사용하게 할 수 있다.

① ㄱ, ㄴ
② ㄴ, ㄹ
③ ㄱ, ㄴ, ㄷ
④ ㄱ, ㄷ, ㄹ

09 「소년법」상 보호사건의 조사와 심리에 대한 설명으로 옳지 않은 것은?

① 소년부 판사는 조사관에게 사건 본인, 보호자 또는 참고인의 심문이나 그 밖에 필요한 사항을 조사하도록 명할 수 있다.

② 소년이 소년분류심사원에 위탁된 경우 보조인이 없을 때에는 법원은 변호사 등 적정한 자를 보조인으로 선정하여야 한다.

③ 소년부 판사는 소년부 법원서기관·법원사무관·법원주사·법원주사보나 보호관찰관 또는 사법경찰관리에게 동행영장을 집행하게 할 수 있다.

④ 소년부는 조사 또는 심리를 할 때에 정신건강의학과 의사·심리학자·사회사업가·교육자나 그 밖의 전문가의 진단, 소년분류심사원의 분류심사 결과와 의견, 소년교도소의 조사결과와 의견을 고려하여야 한다.

10 비범죄화(decriminalization)에 대한 설명으로 옳지 않은 것은?

① 비범죄화의 예시로 혼인빙자간음죄가 있다.

② 형사사법 절차에서 형사처벌의 범위를 축소하는 것을 의미한다.

③ 형사사법기관의 자원을 보다 효율적으로 활용하자는 차원에서 경미범죄에 대한 비범죄화의 필요성이 주장된다.

④ 비범죄화의 유형 중에서 사실상 비범죄화는 범죄였던 행위를 법률의 폐지 또는 변경으로 더 이상 범죄로 보지 않는 경우를 말한다.

11 「형의 집행 및 수용자의 처우에 관한 법률」상 금지물품 중 소장이 수용자의 처우를 위하여 수용자에게 소지를 허가할 수 있는 것은?

① 마약·총기·도검·폭발물·흉기·독극물, 그 밖에 범죄의 도구로 이용될 우려가 있는 물품

② 무인비행장치, 전자·통신기기, 그 밖에 도주나 다른 사람과의 연락에 이용될 우려가 있는 물품

③ 주류·담배·화기·현금·수표, 그 밖에 시설의 안전 또는 질서를 해칠 우려가 있는 물품

④ 음란물, 사행행위에 사용되는 물품, 그 밖에 수형자의 교화 또는 건전한 사회복귀를 해칠 우려가 있는 물품

12 「형의 집행 및 수용자의 처우에 관한 법률」상 수용에 대한 설명으로 옳지 않은 것은?

① 독거수용이 원칙이지만 수용자의 생명 또는 신체의 보호, 정서적 안정을 위하여 필요한 때에는 혼거수용할 수 있다.

② 구치소의 수용인원이 정원을 훨씬 초과하여 정상적인 운영이 곤란한 때에는 교도소에 미결수용자를 수용할 수 있다.

③ 수형자가 소년교도소에 수용 중에 19세가 된 경우에도 교육·교화프로그램, 작업, 직업훈련 등을 실시하기 위하여 특히 필요하다고 인정되면 23세가 되기 전까지는 계속하여 수용할 수 있다.

④ 소장은 특별한 사정이 있으면 「형의 집행 및 수용자의 처우에 관한 법률」 제11조의 구분수용 기준에 따라 다른 교정시설로 이송하여야 할 수형자를 9개월을 초과하지 아니하는 기간 동안 계속하여 수용할 수 있다.

13 형의 집행 및 수용자의 처우에 관한 법령상 수용시설 내 감염병 관련 조치에 대한 설명으로 옳지 않은 것은?

① 소장은 감염병이 유행하는 경우 수용자가 자비로 구매하는 음식물의 공급을 중지하여야 한다.

② 소장은 수용자가 감염병에 걸렸다고 의심되는 경우에는 1주 이상 격리수용하고 그 수용자의 휴대품을 소독하여야 한다.

③ 소장은 감염병이나 그 밖에 감염의 우려가 있는 질병의 발생과 확산을 방지하기 위하여 필요한 경우 수용자에 대하여 예방접종·격리수용·이송, 그 밖에 필요한 조치를 하여야 한다.

④ 소장은 수용자가 감염병에 걸린 경우에는 즉시 격리수용하고 그 수용자가 사용한 물품 및 설비를 철저히 소독해야 한다. 또한 이 사실을 지체 없이 법무부장관에게 보고하고 관할 보건기관의 장에게 알려야 한다.

14 재소자 권리구제 제도로서 옴부즈맨(Ombudsman)에 대한 설명으로 옳지 않은 것은?

① 성공 여부는 독립성, 비당파성 및 전문성에 달려 있다.

② 옴부즈맨의 독립성과 전문성을 확보하기 위해서는 교정당국이 임명하여야 한다.

③ 재소자의 불평을 수리하여 조사하고 보고서를 작성하여 적절한 대안을 제시한다.

④ 원래 정부 관리에 대한 시민의 불평을 조사할 수 있는 권한을 가진 스웨덴 공무원제도에서 유래하였다.

15 「형의 집행 및 수용자의 처우에 관한 법률 시행규칙」상 수형자 직업훈련 대상자 선정의 제한사항에 해당하지 않는 것은?

① 15세 미만인 경우

② 징벌집행을 마친 경우

③ 교육과정을 수행할 문자해독능력 및 강의 이해능력이 부족한 경우

④ 작업, 교육·교화프로그램 시행으로 인하여 직업훈련의 실시가 곤란하다고 인정되는 경우

16 형의 집행 및 수용자의 처우에 관한 법령상 교도작업에 대한 설명으로 옳은 것은?

① 소장은 수형자의 가족이 사망하면 1일간 작업을 면제한다.

② 소장은 구류형의 집행 중에 있는 수형자가 작업 신청을 하더라도 작업을 부과할 수 없다.

③ 소장은 수형자의 신청에 따라 집중적인 근로가 필요한 작업을 부과하는 경우에도 접견을 제한할 수 없다.

④ 소장은 완화경비처우급 수형자가 작업기술이 탁월하고 작업성적이 우수한 경우 수형자 자신을 위한 개인작업을 하게 할 수 있다.

17 서덜랜드와 크레시(Sutherland & Cressey)가 제시한 수형자 하위문화에 대한 설명으로 옳은 것은?

① 수형자들이 지향하는 가치를 기준으로 하위문화를 구분했다.

② 범죄 지향적 하위문화를 수용하는 수형자들은 교도소 내에서의 지위 확보에 관심을 가진다.

③ 수형 지향적 하위문화를 수용하는 수형자들은 모범적으로 수형생활을 하며 성공적인 사회복귀의 가능성이 높다.

④ 합법 지향적 하위문화를 수용하는 수형자들은 수형자의 역할 중 '정의한'에 가깝고, 교도관보다는 재소자와 긍정적인 관계를 유지하며 가급적 교정시설의 규율에 따른다.

18 「형의 집행 및 수용자의 처우에 관한 법률」상 가석방심사위원회에 대한 설명으로 옳지 않은 것은?

① 가석방의 적격 여부를 심사하기 위하여 법무부장관 소속으로 가석방심사위원회를 둔다.

② 가석방심사위원회는 위원장을 포함한 5명 이상 9명 이하의 위원으로 구성하며, 위원장은 법무부차관이 된다.

③ 가석방심사위원회는 가석방 적격결정을 하였으면 5일 이내에 법무부장관에게 가석방 허가를 신청하여야 한다.

④ 가석방심사위원회의 심사와 관련하여 심의서와 회의록은 해당 가석방 결정 등을 한 후 5년이 경과한 때부터 공개한다.

19 「보호관찰 등에 관한 법률」상 조사제도에 대한 설명으로 옳지 않은 것은?

① 법원은 판결 전 조사 요구를 받은 보호관찰소의 장에게 조사진행상황에 관한 보고를 요구할 수 있다.

② 판결 전 조사 요구를 받은 보호관찰소의 장은 지체 없이 이를 조사하여 서면 또는 구두로 해당 법원에 알려야 한다.

③ 법원은 피고인에 대하여 「형법」 제59조의2 및 제62조의2에 따른 보호관찰을 명하기 위하여 필요하다고 인정하면 그 법원의 소재지 또는 피고인의 주거지를 관할하는 보호관찰소의 장에게 피고인에 관한 사항의 조사를 요구할 수 있다.

④ 법원은 「소년법」 제12조에 따라 소년 보호사건에 대한 조사 또는 심리를 위하여 필요하다고 인정하면 그 법원의 소재지 또는 소년의 주거지를 관할하는 보호관찰소의 장에게 소년의 품행, 경력, 가정상황, 그 밖의 환경 등 필요한 사항에 관한 조사를 의뢰할 수 있다.

20 「형의 집행 및 수용자의 처우에 관한 법률」상 분류처우위원회에 대한 설명으로 옳지 않은 것은?

① 분류처우위원회는 심의 · 의결을 위하여 외부전문가로부터 의견을 들을 수 있다.

② 분류처우위원회는 위원장을 포함한 5명 이상 9명 이하의 위원으로 구성하고, 위원장은 소장이 된다.

③ 분류처우위원회의 위원은 위원장이 소속 기관의 부소장 및 과장(지소의 경우에는 7급 이상의 교도관) 중에서 임명한다.

④ 수형자의 개별처우계획, 가석방심사신청 대상자 선정, 그 밖에 수형자의 분류처우에 관한 중요 사항을 심의 · 의결하기 위하여 교정시설에 분류처우위원회를 둔다.

01 머튼(Merton)의 아노미이론에 대한 설명으로 옳지 않은 것은?

① 부(富)의 성취는 미국사회에 널리 퍼진 문화적 목표이다.

② 목표달성을 위한 합법적 수단에 대한 접근은 하류계층에게 더 제한되어 있다.

③ 합법적 수단이 제한된 하류계층 사람들은 비합법적인 수단을 통해서라도 목표를 달성하려고 한다.

④ 하류계층뿐만 아니라 상류계층의 범죄를 설명하는데 유용하다.

02 다음에서 설명하는 교화개선모형은?

> • 1920년대 말과 1930년대 초에 미국 교정국 등의 주도하에 발전한 모델로 범죄 원인은 개인에게 있으므로 진단하고 치료할 수 있다고 본다.
> • 처벌은 범죄자 문제를 해결하는 데 전혀 도움이 되지 않고, 오히려 범죄자의 부정적 관념을 강화시킬 수 있으므로 범죄자를 치료할 수 있는 치료 프로그램을 개발하고 적용하는 것이 필요하다.

① 적응모형(adjustment model)

② 의료모형(medical model)

③ 재통합모형(reintegration model)

④ 무력화모형(incapacitation model)

03 소년사법에 있어서 4D(비범죄화, 비시설수용, 적법절차, 전환)에 대한 설명으로 옳지 않은 것은?

① 비범죄화(decriminalization)는 경미한 일탈에 대해서는 비범죄화하여 공식적으로 개입하지 않음으로써 낙인을 최소화하자는 것이다.

② 비시설수용(deinstitutionalization)은 구금으로 인한 폐해를 막고자 성인교도소가 아닌 소년 전담시설에 별도로 수용하는 것을 의미한다.

③ 적법절차(due process)는 소년사법절차에서 절차적 권리를 철저하고 공정하게 보장하여야 한다는 것을 의미한다.

④ 전환(diversion)은 비행소년을 공식적인 소년사법절차 대신에 비사법적인 절차에 의해 처우하자는 것이다.

04 「형의 집행 및 수용자의 처우에 관한 법률」상 징벌에 대한 설명으로 옳지 않은 것은?

① 징벌은 동일한 행위에 관하여 거듭하여 부과할 수 없다.

② 징벌사유가 발생한 날부터 2년이 지나면 이를 이유로 징벌을 부과하지 못한다.

③ 징벌의 집행유예는 허용되지 아니한다.

④ 징벌집행의 면제와 일시정지는 허용된다.

05 누진계급의 측정 방법으로 점수제에 해당하지 않는 것은?

① 고사제(probation system)
② 잉글랜드제(England system)
③ 아일랜드제(Irish system)
④ 엘마이라제(Elmira system)

06 다이버전에 대한 설명으로 옳지 않은 것은?

① 형벌 이외의 사회통제망의 축소를 가져온다.
② 공식적인 절차에 비해서 형사사법비용을 절감할 수 있다.
③ 업무경감으로 인하여 형사사법제도의 능률성과 신축성을 가져온다.
④ 범죄로 인한 낙인의 부정적 영향을 최소화하여 2차적 일탈의 예방에 긍정적이다.

07 블럼스타인(Blumstein)이 주장한 과밀수용 해소방안에 대한 설명으로 옳지 않은 것은?

① 교정시설의 증설: 재정부담이 크고 증설 후 단기간에 과밀수용이 재연될 수 있다는 점에서 주의가 요망된다.
② 구금인구 감소전략: 형벌의 제지효과는 형벌의 확실성보다 엄중성에 더 크게 좌우된다는 논리에 근거하고 있다.
③ 사법절차와 과정의 개선: 검찰의 기소나 법원의 양형결정 시 교정시설의 수용능력과 현황을 고려하여 과밀수용을 조정해야 한다는 전략이다.
④ 선별적 무력화: 재범 위험이 높은 수형자를 예측하여 제한된 공간에 선별적으로 구금함으로써 교정시설의 공간을 보다 효율적으로 운영하려는 방안이다.

08 노무작업과 도급작업에 대한 설명으로 옳은 것은?

① 노무작업은 경기변동에 큰 영향을 받지 않으며 제품 판로에 대한 부담이 없다.
② 노무작업은 설비투자 없이 시행이 가능하며 행형상 통일성을 기하기에 유리하다.
③ 도급작업은 불취업자 해소에 유리하고 작업수준에 맞는 기술자 확보가 용이하다.
④ 도급작업은 구외작업으로 인한 계호부담이 크지만 민간기업을 압박할 가능성이 없다.

09 「형의 집행 및 수용자의 처우에 관한 법률 시행규칙」상 분류심사에 대한 설명으로 옳지 않은 것은?

① 구류형이 확정된 사람에 대해서는 분류심사를 하지 아니한다.
② 무기징역형이 확정된 수형자의 정기재심사 시기를 산정하는 경우에는 그 형기를 20년으로 본다.
③ 부정기형의 정기재심사 시기는 장기형을 기준으로 한다.
④ 집행할 형기가 분류심사 유예사유 소멸일부터 3개월 미만인 경우 소장은 유예한 분류심사를 하지 아니한다.

10 형의 집행 및 수용자의 처우에 관한 법령상 미결수용자 및 사형확정자의 처우에 대한 설명으로 옳지 않은 것은?

① 소장은 미결수용자로서 사건에 서로 관련이 있는 사람은 분리수용하고 서로 간의 접촉을 금지하여야 한다.

② 소장은 사형확정자와 수형자를 혼거수용할 수 있으나, 사형확정자와 미결수용자는 혼거수용할 수 없다.

③ 미결수용자의 접견 횟수는 매일 1회로 하되, 미결수용자와 변호인과의 접견은 그 횟수에 포함시키지 않는다.

④ 사형확정자의 접견 횟수는 매월 4회로 하되, 소장은 사형확정자의 교화나 심리적 안정을 도모하기 위하여 특히 필요하다고 인정하면 접견 횟수를 늘릴 수 있다.

11 사회학적 범죄원인론 중 통제이론을 주장한 학자만을 모두 고르면?

> ㄱ. 서덜랜드(Sutherland)
> ㄴ. 나이(Nye)
> ㄷ. 애그뉴(Agnew)
> ㄹ. 라이스(Reiss)
> ㅁ. 베커(Becker)

① ㄱ, ㄷ
② ㄴ, ㄹ
③ ㄴ, ㄷ, ㄹ
④ ㄷ, ㄹ, ㅁ

12 「소년법」상 형사사건 처리 절차에 대한 설명으로 옳지 않은 것은?

① 소년에 대한 구속영장은 부득이한 경우가 아니면 발부하지 못한다.

② 부정기형을 선고받은 소년에 대하여는 단기의 3분의 1이 지나면 가석방을 허가할 수 있다.

③ 소년이 법정형으로 장기 2년 이상의 유기형에 해당하는 죄를 범한 경우에는 그 형의 범위에서 장기와 단기를 정하여 선고한다.

④ 검사가 소년부에 송치한 사건을 소년부는 다시 해당 검찰청 검사에게 송치할 수 없다.

13 범죄학 이론에 대한 설명으로 옳지 않은 것은?

① 레머트(Lemert)는 1차적 일탈과 2차적 일탈의 개념을 제시하였다.

② 허쉬(Hirschi)는 사회통제이론을 통해 법집행기관의 통제가 범죄를 야기하는 과정을 설명하였다.

③ 머튼(Merton)은 아노미 상황에서 긴장을 느끼는 개인이 취할 수 있는 5가지 적응유형을 제시하였다.

④ 갓프레드슨과 허쉬(Gottfredson & Hirschi)는 부모의 부적절한 자녀 양육이 자녀의 낮은 자기통제력의 원인이라고 보았다.

14 형의 집행 및 수용자의 처우에 관한 법령상 작업과 직업훈련에 대한 설명으로 옳지 않은 것은?

① 소장은 금고형 또는 구류형의 집행 중에 있는 사람에 대하여 신청 여부와 관계없이 작업을 부과할 수 있다.

② 소장은 수형자가 15세 미만인 경우에는 직업훈련 대상자로 선정해서는 아니 된다.

③ 소장은 직업훈련 대상자가 심신이 허약하거나 질병 등으로 훈련을 감당할 수 없는 경우에는 직업훈련을 보류할 수 있다.

④ 법무부장관은 직업훈련을 위하여 필요한 경우에는 수형자를 다른 교정시설로 이송할 수 있다.

15 「형의 집행 및 수용자의 처우에 관한 법률」상 교도관이 수용자에 대하여 무기를 사용할 수 있는 경우는?

① 수용자가 위력으로 교도관의 정당한 직무집행을 방해하는 때

② 수용자가 자살하려고 하는 때

③ 수용자가 교정시설의 설비·기구 등을 손괴하거나 손괴하려고 하는 때

④ 도주하는 수용자에게 교도관이 정지할 것을 명령하였음에도 계속하여 도주하는 때

16 「형의 집행 및 수용자의 처우에 관한 법률 시행규칙」상 엄중관리대상자에 대한 설명으로 옳은 것은?

① 소장은 교정시설에 마약류를 반입하는 것을 방지하기 위하여 필요하면 강제로 수용자의 소변을 채취하여 마약반응검사를 할 수 있다.

② 소장은 엄중관리대상자 중 지속적인 상담이 필요하다고 인정되는 사람에 대하여는 상담책임자를 지정하는데, 상담대상자는 상담책임자 1명당 20명 이내로 하여야 한다.

③ 소장은 관심대상수용자로 지정할 필요가 있다고 인정되는 미결수용자에 대하여는 교도관회의의 심의를 거쳐 관심대상수용자로 지정할 수 있다.

④ 소장은 조직폭력수용자에게 거실 및 작업장 등의 수용자를 대표하는 직책을 부여할 수 있다.

17 형의 집행 및 수용자의 처우에 관한 법령상 수형자 외부통근 작업에 대한 설명으로 옳지 않은 것은?

① 소장은 외부통근자에게 수형자 자치에 의한 활동을 허가할 수 있다.

② 소장은 수형자의 건전한 사회복귀와 기술습득을 촉진하기 위하여 필요하면 수형자에게 외부통근작업을 하게 할 수 있다.

③ 소장은 외부통근자가 법령에 위반되는 행위를 하거나 법무부장관 또는 소장이 정하는 지켜야 할 사항을 위반한 경우에는 외부통근자 선정을 취소할 수 있다.

④ 소장은 일반경비처우급에 해당하는 수형자를 외부 기업체에 통근하며 작업하는 대상자로 선정할 수 없다.

18 「보호소년 등의 처우에 관한 법률」에 대한 설명으로 옳은 것은?

① 보호소년 등은 남성과 여성, 보호소년과 위탁소년 및 유치소년, 16세 미만인 자와 16세 이상인 자 등의 기준에 따라 분리 수용한다.

② 보호소년 등이 규율 위반행위를 하여 20일 이내의 기간 동안 지정된 실(室) 안에서 근신하는 징계를 받은 경우에는 그 기간 중 원내 봉사활동, 텔레비전 시청 제한, 단체 체육활동 정지, 공동행사 참가 정지가 함께 부과된다.

③ 보호장비는 징벌의 수단으로 사용되어서는 아니 된다.

④ 소년원 또는 소년분류심사원에서 보호소년 등이 사용하는 목욕탕, 세면실 및 화장실에는 전자영상장비를 설치하여서는 아니 된다.

20 형의 집행 및 수용자의 처우에 관한 법령상 작업 및 직업훈련과 관련하여 교정시설의 장이 취할 수 없는 조치는?

① 일반경비처우급의 수형자에 대하여 직업능력의 향상을 위하여 특히 필요하다고 인정되어 교정시설 외부의 기업체에서 운영하는 직업훈련을 받게 하였다.

② 장인(丈人)이 사망하였다는 소식을 접한 수형자에 대하여, 본인이 작업을 계속하기를 원하지 않는 것을 확인하고 2일간 작업을 면제하였다.

③ 수형자에 대하여 교화목적상 특별히 필요하다고 판단되어, 작업장려금을 석방 전에 전액 지급하였다.

④ 법무부장관의 승인을 받아 직업훈련의 직종과 훈련과정별 인원을 정하였다.

19 「형의 집행 및 수용자의 처우에 관한 법률 시행규칙」상 수형자에게 부정기재심사를 할 수 있는 경우만을 모두 고르면?

　ㄱ. 수형자가 지방기능경기대회에서 입상한 때
　ㄴ. 수형자가 현재 수용의 근거가 된 사건 외의 추가적 형사사건으로 인하여 벌금형이 확정된 때
　ㄷ. 수형자를 징벌하기로 의결한 때
　ㄹ. 분류심사에 오류가 있음을 발견한 때
　ㅁ. 수형자가 학사 학위를 취득한 때

① ㄱ, ㄷ
② ㄴ, ㄹ
③ ㄱ, ㄴ, ㅁ
④ ㄷ, ㄹ, ㅁ

✅ 회독 CHECK 1 2 3

01 「소년법」상 보호처분에 대한 설명으로 옳은 것은?

① 사회봉사명령은 14세 이상의 소년에게만 할 수 있다.

② 수강명령과 장기 소년원 송치는 14세 이상의 소년에게만 할 수 있다.

③ 보호관찰관의 단기 보호관찰과 장기 보호관찰 처분 시에는 2년 이내의 기간을 정하여 야간 등 특정 시간대의 외출을 제한하는 명령을 보호관찰대상자의 준수 사항으로 부과할 수 있다.

④ 수강명령은 200시간을, 사회봉사명령은 100시간을 초과할 수 없으며, 보호관찰관이 그 명령을 집행할 때에는 사건 본인의 정상적인 생활을 방해하지 아니하도록 하여야 한다.

02 「성폭력범죄자의 성충동 약물치료에 관한 법률」에 대한 내용으로 옳지 않은 것은?

① 치료명령은 검사의 지휘를 받아 보호관찰관이 집행한다.

② 치료명령을 받은 사람은 형의 집행이 종료되거나 면제·가석방 또는 치료감호의 집행이 종료·가종료 또는 치료위탁되는 날부터 7일 이내에 주거지를 관할하는 보호관찰소에 출석하여 서면으로 신고하여야 한다.

③ 치료명령의 집행 중 구속영장의 집행을 받아 구금된 때에는 치료명령의 집행이 정지된다.

④ 치료기간은 연장될 수 있지만, 종전의 치료기간을 합산하여 15년을 초과할 수 없다.

03 범죄와 생물학적 특성 연구에 대한 학자들의 주장으로 옳지 않은 것은?

① 덕데일(Dugdale)은 범죄는 유전의 결과라는 견해를 밝힌 대표적인 학자이다.

② 랑게(Lange)는 일란성쌍생아가 이란성쌍생아보다 유사한 행동경향을 보인다고 하였다.

③ 달가드(Dalgard)와 크링그렌(Kringlen)은 쌍생아 연구에서 환경적 요인이 고려될 때도 유전적 요인의 중요성은 변함없다고 하였다.

④ 허칭스(Hutchings)와 메드닉(Mednick)은 입양아 연구에서 양부모보다 생부모의 범죄성이 아이의 범죄성에 더 큰 영향을 준다고 하였다.

04 「수형자 등 호송 규정」상 호송에 대한 설명으로 옳지 않은 것은?

① 피호송자가 도주한 때에 서류와 금품은 수송관서로 송부하여야 한다.

② 교도소·구치소 및 그 지소 간의 호송은 교도관이 행한다.

③ 송치 중의 영치금품을 호송관에게 탁송한 때에는 호송관서에 보관책임이 있고, 그러하지 아니한 때에는 발송관서에 보관책임이 있다.

④ 호송관의 여비나 피호송자의 호송비용은 호송관서가 부담하나, 피호송자를 교정시설이나 경찰관서에 숙식하게 한 때에는 그 비용은 교정시설이나 경찰관서가 부담한다.

05 형의 집행 및 수용자 처우에 관한 법령상 교정자문위원회에 대한 설명으로 옳은 것은?

① 수용자의 관리 · 교정교화 등 사무에 관한 소장의 자문에 응하기 위하여 교도소에 교정자문위원회를 둔다.

② 교정자문위원회는 5명 이상 7명 이하의 위원으로 성별을 고려하여 구성하고, 위원장은 위원 중에서 호선하며, 위원은 교정에 관한 학식과 경험이 풍부한 외부인사 중에서 소장의 추천을 받아 법무부장관이 위촉한다.

③ 교정자문위원회 위원장이 부득이한 사유로 직무를 수행할 수 없을 때에는 부위원장이 그 직무를 대행하고, 부위원장도 부득이한 사유로 직무를 수행할 수 없을 때에는 위원 중 연장자인 위원이 그 직무를 대행한다.

④ 교정자문위원회 위원 중 4명 이상은 여성으로 한다.

06 「형의 집행 및 수용자의 처우에 관한 법률」상 징벌에 대한 설명으로 옳지 않은 것은?

① 수용자가 징벌이 집행 중에 있거나 징벌의 집행이 끝난 후 또는 집행이 면제된 후 6개월 내에 다시 징벌사유에 해당하는 행위를 한 때에는 징벌(경고는 제외)의 장기의 2분의 1까지 가중할 수 있다.

② 소장은 징벌사유에 해당하는 행위를 하였다고 의심할 만한 이유가 있는 수용자가 증거를 인멸할 우려가 있는 때에 한하여 조사기간 중 분리하여 수용할 수 있다.

③ 징벌위원회는 징벌을 의결하는 때에 행위의 동기 및 정황, 교정성적, 뉘우치는 정도 등 그 사정을 고려할 만한 사유가 있는 수용자에 대하여 2개월 이상 6개월 이하의 기간 내에서 징벌의 집행을 유예할 것을 의결할 수 있다.

④ 징벌위원회는 위원장을 포함한 5명 이상 7명 이하의 위원으로 구성하고, 위원장은 소장의 바로 다음 순위자가 된다.

07 형의 집행 등에 대한 설명으로 옳지 않은 것은?(다툼이 있는 경우 판례에 의함)

① 형사사건으로 외국법원에 기소되어 무죄판결을 받은 경우, 그 무죄판결을 받기까지 미결구금일수도 외국에서 형의 전부 또는 일부가 집행된 경우로 보아 국내법원에서 선고된 유죄판결의 형에 전부 또는 일부를 산입하여야 한다.

② 처단형은 선고형의 최종적인 기준이 되므로 그 범위는 법률에 따라서 엄격하게 정하여야 하고 별도의 명시적 규정이 없는 이상 「형법」 제56조에서 열거하는 가중, 감경사유에 해당하지 않는 다른 성질의 감경사유를 인정할 수 없다.

③ 판결 주문에서 경합범의 일부에 대하여 유죄가 선고되더라도 다른 부분에 대하여 무죄가 선고되었다면 형사보상을 청구할 수 있으나, 그 경우라도 미결구금일수의 전부 또는 일부가 유죄에 대한 본형에 산입되는 것으로 확정되었다면, 그 본형이 실형이든 집행유예가 부가된 형이든 불문하고 그 산입된 미결구금일수는 형사보상의 대상이 되지 않는다.

④ 형집행정지 심의위원회 위원은 학계, 법조계, 의료계, 시민단체 인사 등 학식과 경험이 있는 사람 중에서 각 지방검찰청 검사장이 임명 또는 위촉한다.

08 형의 집행 및 수용자 처우에 관한 법령상 수용자 이송에 대한 설명으로 옳은 것은?

① 법무부장관은 이송승인에 관한 권한을 법무부령으로 정하는 바에 따라 지방교정청장에게 위임할 수 있다.

② 소장은 수용자를 다른 교정시설에 이송하는 경우에 의무관으로부터 수용자가 건강상 감당하기 어렵다는 보고를 받으면 이송을 중지하고 그 사실을 지방교정청장에게 알려야 한다.

③ 소장은 수용자의 정신질환 치료를 위하여 필요하다고 인정하면 법무부장관의 승인을 받아 치료감호시설로 이송할 수 있다.

④ 수용자가 이송 중에 징벌대상 행위를 하거나 다른 교정시설에서 징벌대상 행위를 한 사실이 이송된 후에 발각된 경우에는 그 수용자를 인수한 지방교정청장이 징벌을 부과한다.

09 「형의 집행 및 수용자의 처우에 관한 법률 시행규칙」상 외부기업체에 통근하며 작업하는 수형자의 선정 기준으로 옳은 것만을 모두 고르면?

```
ㄱ. 19세 이상 65세 미만일 것
ㄴ. 해당 작업 수행에 건강상 장애가 없을 것
ㄷ. 일반경비처우급에 해당할 것
ㄹ. 가족·친지 또는 교정위원 등과 접견·편지수수·전화통화 등으로 연락하고 있을 것
ㅁ. 집행할 형기가 7년 미만이고 직업훈련이 제한되지 아니할 것
```

① ㄴ, ㄹ
② ㄱ, ㄷ, ㅁ
③ ㄴ, ㄹ, ㅁ
④ ㄱ, ㄴ, ㄹ, ㅁ

10 「형의 집행 및 수용자의 처우에 관한 법률 시행규칙」상 수용자의 처우에 대한 설명으로 옳은 것은?

① 소장은 임산부인 수용자에 대하여 필요하다고 인정하는 경우에는 교정시설에 근무하는 교도관의 의견을 들어 필요한 양의 죽 등의 주식과 별도로 마련된 부식을 지급할 수 있다.

② 소장은 소년수형자의 나이·적성 등을 고려하여 필요하다고 인정하면 전화통화 횟수를 늘릴 수 있으나 접견 횟수를 늘릴 수는 없다.

③ 소장은 외국인수용자가 질병 등으로 위독하거나 사망한 경우에는 그의 국적이나 시민권이 속하는 나라의 외교공관 또는 영사관의 장이나 그 관원 또는 가족에게 이를 10일 이내에 통지하여야 한다.

④ 소장은 노인수용자가 거동이 불편하여 혼자서 목욕하기 어려운 경우에는 교도관, 자원봉사자 또는 다른 수용자로 하여금 목욕을 보조하게 할 수 있다.

11 「소년법」상 소년사건 처리절차에 대한 설명으로 옳지 않은 것은?

① 형벌법령에 저촉되는 행위를 한 10세 이상 14세 미만의 소년에 대하여 경찰서장은 직접 관할 소년부에 송치할 수 없다.

② 보호사건을 송치받은 소년부는 보호의 적정을 기하기 위하여 필요하다고 인정하면 결정으로써 사건을 다른 관할 소년부에 이송할 수 있다.

③ 소년부 판사는 사건의 조사 또는 심리에 필요하다고 인정하면 기일을 지정하여 사건 본인이나 보호자 또는 참고인을 소환할 수 있다.

④ 소년부 판사는 심리 결과 보호처분을 할 수 없거나 할 필요가 없다고 인정하면 그 취지의 결정을 하고, 이를 사건 본인과 보호자에게 알려야 한다.

12 범죄원인과 관련하여 실증주의 학파에 대한 설명으로 옳지 않은 것은?

① 페리(Ferri)는 범죄자의 통제 밖에 있는 힘이 범죄성의 원인이므로 범죄자에게 그들의 행위에 대해 개인적으로나 도덕적으로 책임을 물어서는 안 된다고 주장했다.

② 범죄의 연구에 있어서 체계적이고 객관적인 방법을 추구하여야 한다고 하였다.

③ 인간은 자신의 행동을 합리적, 경제적으로 계산하여 결정하기 때문에 자의적이고 불명확한 법률은 이러한 합리적 계산을 불가능하게 하여 범죄억제에 좋지 않다고 보았다.

④ 범죄는 개인의 의지에 의해 선택한 규범침해가 아니라, 과학적으로 분석가능한 개인적 · 사회적 원인에 의해 발생하는 것이라 하였다.

13 소년사법의 대표적 제도인 소년법원의 특성으로 옳지 않은 것은?

① 소년법원은 반사회성이 있는 소년의 형사처벌을 지양하며 건전한 성장을 도모하기 위한 교화개선과 재활철학을 이념으로 한다.

② 소년법원은 범죄소년은 물론이고 촉법소년, 우범소년 등 다양한 유형의 문제에 개입하여 비행의 조기발견 및 조기처우를 하고 있다.

③ 소년법원의 절차는 일반법원에 비해 비공식적이고 융통성이 있다.

④ 소년법원은 감별 또는 분류심사 기능과 절차 및 과정이 잘 조직되어 있지 못한 한계가 있다.

14 「형의 집행 및 수용자의 처우에 관한 법률」상 수용자의 보호실 수용에 대한 설명으로 옳은 것은?

① 소장은 수용자가 교도관의 제지에도 불구하고 소란행위를 계속하여 다른 수용자의 평온한 수용생활을 방해하는 때에 강제력을 행사하거나 보호장비를 사용하여도 그 목적을 달성할 수 없는 경우에만 보호실에 수용할 수 있다.

② 수용자의 보호실 수용기간은 15일 이내로 하되, 소장은 특히 계속하여 수용할 필요가 있으면 의무관의 의견을 고려하여 1회당 7일의 범위에서 기간을 연장할 수 있다.

③ 소장은 수용자를 보호실에 수용하거나 수용기간을 연장하는 경우에는 그 사유를 가족에게 알려주어야 한다.

④ 수용자를 보호실에 수용할 수 있는 기간은 계속하여 2개월을 초과할 수 없다.

15 형의 집행 및 수용자 처우에 관한 법령상 접견에 대한 설명으로 옳지 않은 것은?

① 수용자가 소송사건의 대리인인 변호사와 접견하는 경우로서 교정시설의 안전 또는 질서를 해칠 우려가 없는 경우에는 접촉차단시설이 설치되지 아니한 장소에서 접견하게 한다.

② 수용자가 「형사소송법」에 따른 상소권회복 또는 재심 청구사건의 대리인이 되려는 변호사와 접견할 수 있는 횟수는 월 4회이다.

③ 소장은 범죄의 증거를 인멸하거나 형사 법령에 저촉되는 행위를 할 우려가 있는 때에는 교도관으로 하여금 수용자의 접견내용을 청취 · 기록 · 녹음 또는 녹화하게 할 수 있다.

④ 수용자가 미성년자인 자녀와 접견하는 경우에는 접촉차단시설이 설치되지 아니한 장소에서 접견하게 할 수 있다.

16 범죄피해자 보호법령상 형사조정 대상 사건으로서 형사조정에 회부할 수 있는 경우로 옳은 것은?

① 피의자가 도주할 염려가 있는 경우

② 기소유예처분의 사유에 해당하는 경우

③ 공소시효의 완성이 임박한 경우

④ 피의자가 증거를 인멸할 염려가 있는 경우

17 「보호관찰 등에 관한 법률」상 갱생보호제도에 대한 설명으로 옳지 않은 것은?

① 법무부장관은 갱생보호사업의 허가를 취소하거나 정지하려는 경우에는 청문을 하여야 한다.

② 법무부장관은 갱생보호사업자가 정당한 이유 없이 갱생보호사업의 허가를 받은 후 6개월 이내에 갱생보호사업을 시작하지 아니하거나 1년 이상 갱생보호사업의 실적이 없는 경우, 그 허가를 취소하여야 한다.

③ 갱생보호는 갱생보호 대상자의 신청에 의한 갱생보호와 법원의 직권에 의한 갱생보호로 규정되어 있다.

④ 갱생보호사업을 효율적으로 추진하기 위하여 한국법무보호복지공단을 설립한다.

18 다양한 형태로 출현하여 시행되고 있는 지역사회 교정(사회 내 처우)의 형태로 옳지 않은 것은?

① 출소자들에 대한 원조(advocacy)

② 지역사회 융합을 위한 재통합(reintegration)

③ 사회적 낙인문제 해소를 위한 전환제도(diversion)

④ 범죄자의 선별적 무력화(selective incapacitation)

19 「전자장치 부착 등에 관한 법률」상 법원이 19세 미만의 사람에 대해서 성폭력범죄를 저지른 사람에 대해 전자장치 부착명령을 선고하는 경우, 반드시 포함하여 부과해야 하는 준수사항으로 옳은 것은?

① 어린이 보호구역 등 특정지역·장소에의 출입금지

② 주거지역의 제한

③ 피해자 등 특정인에의 접근금지

④ 특정범죄 치료 프로그램의 이수

20 「치료감호 등에 관한 법률」상 치료감호의 내용에 대한 설명으로 옳은 것은?

① 치료감호 대상자는 의사무능력이나 심신미약으로 인하여 형이 감경되는 심신장애인으로서 징역형 이상의 형에 해당하는 죄를 지은 자이다.

② 피치료감호자를 치료감호시설에 수용하는 기간은 치료감호 대상자에 해당하는 심신장애인과 정신성적 장애인의 경우 15년을 초과할 수 없다.

③ 피치료감호자의 치료감호가 가종료되었을 때 시작되는 보호 관찰의 기간은 2년으로 한다.

④ 보호관찰 기간이 끝나더라도 재범의 위험성이 없다고 판단될 때까지 치료감호가 종료되지 않는다.

PART 5

형사소송법개론

출제경향

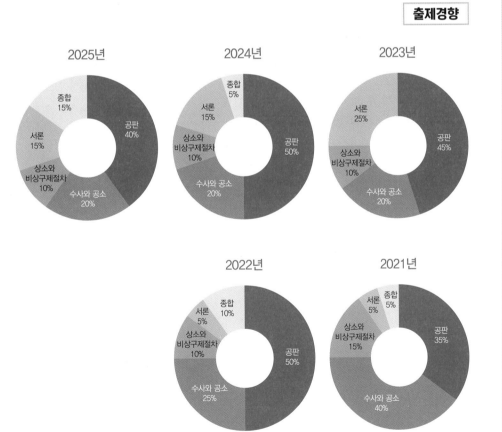

지문의 내용에 대해 학설의 대립 등 다툼이 있는 경우 판례에 의함

01 재판에 대한 설명으로 옳지 않은 것은?

① 「형사소송법」 제328조 제1항 제4호에 규정된 '공소장에 기재된 사실이 진실하다 하더라도 범죄가 될 만한 사실이 포함되지 아니하는 때'란 공소장 기재사실 자체에 대한 판단으로 그 사실 자체가 죄가 되지 아니함이 명백한 경우를 말한다.

② 피고인에 대하여 무죄판결을 선고하는 때에도 공소사실에 부합하는 증거를 배척하는 이유까지 일일이 설시할 필요는 없다고 하더라도, 그 증거들을 배척한 취지를 합리적인 범위 내에서 기재하여야 한다.

③ 형사판결은 국가주권의 일부분인 형벌권 행사에 기초한 것이어서 피고인이 외국에서 형사처벌을 과하는 확정판결을 받았더라도 그 외국 판결은 우리나라 법원을 기속할 수 없고 우리나라에서는 기판력도 없어 일사부재리의 원칙이 적용되지 않는다.

④ 형벌에 관한 법령의 폐지가 당초부터 헌법에 위배되어 효력이 없는 법령에 대한 것이었다면 당해 법령을 적용하여 공소가 제기된 피고사건은 「형사소송법」 제326조 제4호에서 정한 면소사유에 해당하는 것이지, 「형사소송법」 제325조 전단이 규정하는 '범죄로 되지 아니한 때'의 무죄사유에 해당한다고 할 수 없다.

02 압수·수색과 참여권에 대한 설명으로 옳지 않은 것은?

① 유류물 압수·수색에 대해서는 원칙적으로 영장에 의한 압수·수색·검증에 관하여 적용되는 「형사소송법」상 관련성의 제한이 적용되며, 참여권자의 참여가 필수적으로 요구된다.

② 임의제출에 따른 압수의 경우에도 압수물에 대한 수사기관의 점유 취득이 제출자의 의사에 따라 이루어진다는 점에서만 차이가 있을 뿐 범죄혐의를 전제로 한 수사 목적이나 압수의 효력은 영장에 의한 압수와 동일하므로 수사기관은 영장에 의한 압수와 마찬가지로 압수목록을 신속하게 작성·교부할 의무를 부담한다.

③ 「형사소송법」 제219조, 제123조 제2항, 제3항에 따라 압수·수색절차에 주거주 등 또는 이웃 등이 참여하였다고 하더라도 그 참여자에게 최소한 압수·수색절차의 의미를 이해할 수 있는 정도의 능력이 없거나 부족한 경우에는 압수·수색절차의 적법요건이 갖추어졌다고 볼 수 없으므로 그러한 압수·수색영장의 집행은 위법한 것이 된다.

④ 영장에 의한 압수 및 그 대상물에 대한 확인조치가 끝나면 그것으로 압수절차는 종료되고, 압수물과 혐의사실과의 관련성 여부에 관한 평가 및 그에 필요한 추가 수사는 압수절차 종료 이후의 사정에 불과하므로 이를 이유로 압수 직후 이루어져야 하는 압수목록 작성·교부의무를 해태·거부할 수 없다.

03 공판절차에 대한 설명으로 옳지 않은 것은?

① 재판의 심리와 판결은 공개한다. 다만, 심리는 국가의 안전보장, 안녕질서 또는 선량한 풍속을 해칠 우려가 있는 경우에는 결정으로 공개하지 아니할 수 있다.

② 법정 안에서의 촬영에 대한 신청이 있는 경우 재판장은 피고인의 동의가 있는 때에 한하여 이를 허가할 수 있지만, 피고인의 동의 여부에도 불구하고 촬영을 허가함이 공공의 이익을 위하여 상당하다고 인정되는 경우에는 그러하지 아니하다.

③ 「법원조직법」상 공개금지사유가 없음에도 불구하고 재판의 심리에 관한 공개를 금지한 경우, 그 절차에 의하여 이루어진 증인의 증언은 변호인의 반대신문권이 보장되었다면 증거능력이 있다.

④ 직접주의는 법관에게 정확한 심증을 형성할 수 있게 할 뿐 아니라, 피고인에게 증거에 관하여 직접적인 의견진술의 기회를 부여함으로써 방어권의 충실한 보장에 기여할 수 있다.

04 형사절차에 대한 설명으로 옳지 않은 것은?

① 재판기관과 수사기관·소추기관을 분리하여 소추기관의 공소제기에 의하여 법원이 절차를 개시하는 형사소송구조를 탄핵주의라고 한다.

② 「형사소송법」에 따르면 검사는 「형법」 제51조(양형의 조건)의 사항을 참작하여 공소를 제기하지 않을 수 있지만, 일단 공소를 제기하여 공소장 부본이 피고인 또는 변호인에게 송달된 후에는 제1심 판결의 선고 전이라도 공소를 취소할 수 없다.

③ 변호인은 피고인의 명시한 의사에 반하지 않는 때만 법관에 대한 기피의 신청을 할 수 있다.

④ 공정거래위원회의 고발을 소추조건으로 하는 독점규제및공정거래에관한법률위반죄에는 고소의 주관적 불가분의 원칙이 유추적용되지 않는다.

05 공판심리의 범위와 공소장변경에 대한 설명으로 옳지 않은 것은?

① 공소장변경이 있는 경우에 공소시효의 완성 여부는 당초의 공소제기가 있었던 시점을 기준으로 판단할 것이고 공소장변경 시를 기준으로 삼을 것은 아니고, 공소장변경절차에 의하여 공소사실이 변경됨에 따라 그 법정형에 차이가 있는 경우에는 변경된 공소사실에 대한 법정형이 공소시효기간의 기준이 된다.

② 법원은 공소사실의 동일성이 인정되는 범위 내에서 심리의 경과에 비추어 피고인의 방어권 행사에 실질적인 불이익을 초래할 염려가 없다고 인정되는 때에는 공소장이 변경되지 않았더라도 직권으로 공소장에 기재된 공소사실과 다른 범죄사실을 인정할 수 있다.

③ 공소사실의 동일성은 그 사실의 기초가 되는 사회적 사실관계가 기본적인 점에서 동일하면 그대로 유지되는 것이나, 이러한 기본적 사실관계의 동일성을 판단할 때에는 그 사실의 동일성이 갖는 기능을 염두에 두고 피고인의 행위와 그 사회적 사실관계를 기본으로 하되 규범적 요소도 아울러 고려하여야 한다.

④ 공소사실의 동일성이 인정되지 않는 등의 사유로 공소장변경허가 결정에 위법사유가 있는 경우에 공소장변경허가를 한 법원이 스스로 이를 취소할 수는 없다.

06 상소에 대한 설명으로 옳지 않은 것은?

① 피고인만이 항소한 사건에서 항소심이 피고인에 대하여 제1심이 인정한 범죄사실의 일부를 무죄로 인정하면서도 제1심과 동일한 형을 선고하였다면, 이는 「형사소송법」 제368조 소정의 불이익변경금지원칙에 위배된다.

② 상고심으로부터 사건을 환송받은 법원이 상고법원이 파기이유로 한 사실상 및 법률상의 판단에 대하여 심리하는 과정에서 새로운 증거가 제시되어 기속적 판단의 기초가 된 증거관계에 변동이 생기면 상고법원의 파기이유와 달리 판단할 수 있다.

③ 항소심 판결이 선고된 사건에 대하여 항소권회복청구가 제기된 경우, 그 청구를 받은 법원은 항소권회복청구의 원인에 관한 판단에 나아갈 필요 없이 결정으로 이를 기각하여야 한다.

④ 피고인에 대하여 공시송달의 방법에 따라 공소장 등이 송달되고 피고인이 불출석한 가운데 판결이 선고되어 확정된 후 검거되어 수용된 경우, 특별한 사정이 없으면 그 판결에 의한 형의 집행으로 수용된 날부터 상소 제기 기간 내에 상소권회복청구를 하지 않았다면 그 상소권회복청구는 방식을 위배한 것으로서 허가될 수 없다.

07 재심에 대한 설명으로 옳지 않은 것은?

① 재심청구인이 재심의 청구를 한 후 청구에 관한 결정이 확정되기 전에 사망한 경우에 재심청구절차는 재심청구인의 사망으로 종료한다.

② 당사자가 법원에 재심청구의 이유에 관한 사실조사신청을 한 경우에 법원은 사실조사신청에 대하여 재판을 할 필요는 없지만, 만일 법원이 사실조사신청을 배척하는 경우에는 당사자에게 이러한 배척사실을 고지하여야 한다.

③ 「형사소송법」 제420조 제5호에 따르면 형의 선고를 받은 자에 대하여 '원판결이 인정한 죄보다 가벼운 죄'를 인정할 명백한 증거가 새로 발견된 때에는 재심을 청구할 수 있는바, '원판결이 인정한 죄보다 가벼운 죄'란 원판결이 인정한 죄와는 별개의 죄로서 그 법정형이 가벼운 죄를 말하므로, 같은 죄에 대하여 공소기각을 선고받을 수 있는 경우는 여기에서의 '가벼운 죄'에 해당하지 않는다.

④ 「형사소송법」 제420조에 따르면 소정의 이유가 있는 경우에 '유죄의 확정판결'에 대하여 그 선고를 받은 자의 이익을 위하여 재심을 청구할 수 있는바, '유죄의 확정판결'에는 특별사면으로 형 선고의 효력을 잃은 유죄의 확정판결도 포함된다.

08 수사에 대한 설명으로 옳은 것만을 모두 고르면?

> ㄱ. 구속영장 발부에 의하여 적법하게 구금된 피의자가 피의자신문을 위한 출석요구에 응하지 아니하면서 수사기관 조사실에 출석하기를 거부하더라도 수사기관은 그 구속영장의 효력에 의하여 피의자를 조사실로 구인할 수는 없다.
>
> ㄴ. 「통신비밀보호법」의 '감청'이란 대상이 되는 전기통신의 송·수신과 동시에 이루어지는 경우만을 의미하고, 여기에 이미 수신이 완료된 전기통신의 내용을 지득하는 행위는 포함되지 않는다.
>
> ㄷ. 검사 또는 사법경찰관은 「형사소송법」 제216조 제1항 제2호에 따라 압수한 물건을 계속 압수할 필요가 있는 경우에는 지체 없이 압수·수색영장을 청구하여야 한다. 이 경우 압수·수색영장의 청구는 압수한 때부터 48시간 이내에 하여야 한다.
>
> ㄹ. 수사기관에 의한 진술거부권 고지의 대상이 되는 피의자의 지위는 수사기관이 범죄인지서를 작성하는 등의 형식적인 사건수리 절차를 거치기 전이라도 조사대상자에 대하여 범죄혐의가 있다고 보아 실질적으로 수사를 개시하는 행위를 한 때에 인정된다.

① ㄱ, ㄴ
② ㄱ, ㄷ
③ ㄴ, ㄹ
④ ㄷ, ㄹ

09 법원의 판단이나 조치에 대한 설명으로 옳지 않은 것은?

① 재판부가 당사자의 증거신청을 채택하지 않았다는 사유만으로는 재판의 공평을 기대하기 어려운 객관적인 사정이 있다고 할 수 없다.

② 교도소 재소자인 재정신청인이 재정신청 기각결정에 대한 재항고장을 제출한 경우, 그 재항고장이 재항고 제기기간 내에 교도소장에게 제출된 이상 재항고장이 법원에 도달한 시기와 상관없이 「형사소송법」 제344조 제1항에 따른 재소자에 대한 특칙을 준용하여 적법한 기간 내에 제기된 것으로 보아야 한다.

③ 경합범 중 일부에 대하여 무죄, 일부에 대하여 유죄를 선고한 제1심 판결에 대하여 검사만이 무죄 부분에 대하여 항소를 한 경우, 항소심에서 이를 파기할 때 파기의 범위는 무죄 부분에 한정된다.

④ 항소심이 제1심의 공소기각 판결이 법률에 어긋난다고 판단한 경우에는 본안에 들어가 심리할 것이 아니라 제1심 판결을 파기하고 사건을 제1심 법원에 환송하여야 한다.

10 전문법칙에 대한 설명으로 옳은 것만을 모두 고르면?

> ㄱ. 타인의 진술을 내용으로 하는 진술이 전문증거인지는 요증사실과의 관계에서 정하여지는데, 원진술의 내용인 사실이 요증사실인 경우에는 본래증거이나, 원진술의 존재 자체가 요증사실인 경우에는 전문증거이지 본래증거가 아니다.
>
> ㄴ. 「형사소송법」은 전문진술에 대하여 제316조에서 실질상 단순한 전문의 형태를 취하는 경우에 한하여 예외적으로 그 증거능력을 인정하는 규정을 두고 있을 뿐, 재전문진술이나 재전문진술을 기재한 조서에 대하여는 달리 그 증거능력을 인정하는 규정을 두고 있지 아니하고 있으므로, 피고인이 증거로 하는 데 동의하지 아니하는 한 「형사소송법」 제310조의2의 규정에 의하여 이를 증거로 할 수 없다.
>
> ㄷ. 법원이 구속된 피의자를 심문하고 그에 대한 피의자의 진술 등을 기재한 구속적부심문조서는 공판준비 또는 공판기일에 피고인이나 피고인 아닌 자의 진술을 기재한 조서로서 「형사소송법」 제311조가 규정한 문서에 해당한다.
>
> ㄹ. 수사기관에서 진술한 참고인이 법정에서 증언을 거부하여 피고인이 반대신문을 하지 못한 경우에는 정당하게 증언거부권을 행사한 것이 아니라도, 피고인이 증인의 증언거부 상황을 초래하였다는 등의 특별한 사정이 없는 한 「형사소송법」 제314조의 '그 밖에 이에 준하는 사유로 인하여 진술할 수 없는 때'에 해당하지 않는다고 보아야 한다.

① ㄹ
② ㄱ, ㄷ
③ ㄴ, ㄹ
④ ㄱ, ㄴ, ㄷ

11 당사자주의 및 직권주의에 대한 설명으로 옳지 않은 것은?

① 「형사소송규칙」에 따르면 공소장에는 소정의 서류 외에 사건에 관하여 법원에 예단이 생기게 할 수 있는 서류 기타 물건을 첨부하거나 그 내용을 인용하여서는 안 되는바, 이는 당사자주의 소송구조의 표지이다.

② 「치료감호 등에 관한 법률」에 따르면 법원은 공소제기된 사건의 심리 결과 치료감호를 할 필요가 있다고 인정할 때에는 검사에게 치료감호 청구를 요구할 수 있는바, 이는 치료감호사건의 절차에 관해 직권주의적 요소를 가미한 것이다.

③ 형사소송의 구조를 당사자주의와 직권주의 중 어느 것으로 할 것인가는 입법정책의 문제다.

④ 검사가 공소를 제기한 후 참고인을 소환하여 피고인에게 불리한 진술을 기재한 진술조서를 작성하여 이를 공판절차에 증거로 제출할 수 있게 하더라도 당사자주의에 반하지 않는다.

12 국선변호인에 대한 설명으로 옳은 것만을 모두 고르면?

ㄱ. 단기 3년 이상의 징역에 해당하는 사건으로 기소된 피고인에게 변호인이 없으면 법원은 직권으로 변호인을 선정해야 하며, 이에 따라 변호인이 선정된 사건에 관하여는 변호인 없이는 개정할 수 없고 이는 판결만을 선고하는 경우에도 마찬가지이다.

ㄴ. 법원은 피고인이 빈곤이나 그 밖의 사유로 변호인을 선임할 수 없는 경우에 피고인이 청구하면 변호인을 선정하여야 한다.

ㄷ. 구속 전 피의자심문에서 심문할 피의자에게 변호인이 없는 때에는 지방법원판사는 직권으로 변호인을 선정하여야 하며, 이 경우 변호인의 선정은 피의자에 대한 구속영장 청구가 기각되어 효력이 소멸한 경우를 제외하고는 제1심까지 효력이 있다.

ㄹ. 이해가 상반된 피고인 甲, 乙 중 甲이 법무법인을 변호인으로 선임하고, 법무법인이 담당 변호사를 지정하였을 때, 법원이 그 담당 변호사 중 1인을 乙을 위한 국선변호인으로 선정하는 것은 국선변호인의 조력을 받을 乙의 권리를 침해하는 것이다.

---

① ㄷ

② ㄱ, ㄴ

③ ㄱ, ㄹ

④ ㄴ, ㄷ, ㄹ

13 법원의 관할에 대한 설명으로 옳지 않은 것은?

① 「형사소송법」 제15조 제1호에 따르면 관할법원이 법률상의 이유 또는 특별한 사정으로 재판권을 행할 수 없는 때 피고인은 관할이전의 신청을 할 수 있지만, 항소심에서 유죄판결을 선고받고 이에 불복하여 상고를 제기한 피고인을 교도소 소장이 검사의 이송지휘 없이 다른 교도소로 이송처분한 경우에는 피고인은 이에 대하여 관할이전신청을 할 수 없다.

② 항소심에서 공소장변경에 따라 단독판사 관할사건이 합의부 관할사건으로 변경된 경우, 그 합의부 관할사건에 대한 관할권이 있는 법원은 고등법원이라고 보아야 한다.

③ 제1심에서 합의부 관할사건이 공소장변경에 따라 단독판사 관할사건으로 변경된 경우, 사건을 배당받은 합의부는 이를 단독판사에게 재배당해야 한다.

④ 「형사소송법」 제5조에 따르면 토지관할을 달리하는 여러 개의 사건이 관련된 때에는 1개의 사건에 관하여 관할권 있는 법원은 다른 사건까지 관할할 수 있는바, 이에 따른 관련 사건의 관할은, 이른바 고유관할사건 및 그 관련 사건이 반드시 병합기소되거나 병합되어 심리될 것을 전제 요건으로 하는 것은 아니다.

14 피고인에 대한 설명으로 옳은 것은?

① 소송절차가 분리된 공범인 공동피고인에 대하여 증인적격이 인정된다고 하더라도 법정에서 그 자신의 범죄사실에 대하여 신문하는 것은 피고인의 지위에서 보장받는 진술거부권이나 자기부죄거부특권을 침해하는 것이라고 보아야 한다.

② 피의자가 다른 사람의 성명을 모용하여 공소장에 피모용자가 피고인으로 표시되었더라도, 검사는 모용자에 대하여 공소를 제기한 것이므로 모용자가 피고인이 되고 피모용자에게 공소의 효력이 미친다고는 할 수 없다.

③ 甲에 대하여 발하여진 약식명령에 대하여 甲이 정식재판을 청구함으로써 甲을 상대로 심리를 하는 과정에서 甲이 성명을 모용당한 사실이 발각된 경우, 검사는 법원의 허가를 받아 공소장에 기재된 피고인의 표시를 모용자로 정정하여야 한다.

④ 법인세체납 등으로 공소제기되어 그 피고사건의 공판계속 중에 그 법인의 청산결료의 등기가 경료되었다면 법인의 청산사무는 종료된 것이라 할 수 있고, 그 사건이 종결되지 아니하는 동안이라도 「형사소송법」상 법인의 당사자능력은 소멸한다.

15 증인신문과 증언거부권에 대한 설명으로 옳지 않은 것은?

① 「형사소송법」 제297조의 규정에 따라 재판장은 증인이 피고인의 면전에서 충분한 진술을 할 수 없다고 인정한 때에는 피고인을 퇴정하게 하고 증인신문을 진행함으로써 피고인의 직접적인 증인 대면을 제한할 수 있지만, 이러한 경우에도 피고인의 반대신문권을 배제하는 것은 허용되지 않는다.

② 공무원이었던 자가 그 직무에 관하여 알게 된 사실에 관하여 본인 또는 당해 공무소가 직무상 비밀에 속한 사항임을 신고한 때에는 그 소속공무소 또는 감독관공서의 승낙 없이는 증인으로 신문하지 못하고, 그 소속공무소 또는 당해 감독관공서는 국가에 중대한 이익을 해하는 경우를 제외하고는 승낙을 거부하지 못한다.

③ 「형사소송법」에서 증언거부권의 대상으로 규정한 '공소제기를 당하거나 유죄판결을 받을 사실이 드러날 염려가 있는 증언'에 자신이 범행을 한 사실은 포함되지만 자신이 범행을 한 것으로 오인되어 유죄판결을 받을 우려가 있는 사실은 포함되지 않는다.

④ 「형사소송법」 제148조에서 '형사소추'는 증인이 이미 저지른 범죄사실에 대한 것을 의미한다고 할 것이므로, 증인의 증언에 의하여 비로소 범죄가 성립하는 경우에는 「형사소송법」 제160조, 제148조 소정의 증언거부권 고지 대상이 된다고 할 수 없다.

16 간이공판절차에 대한 설명으로 옳은 것은?

① 법원은 간이공판절차의 결정을 한 사건에 대하여 간이공판절차로 심판하는 것이 현저히 부당하다고 인정할 때에는 피고인 또는 변호인의 의견을 들어 그 결정을 취소하여야 한다.

② 제1심 법원에서 간이공판절차에 의하여 심판하기로 하여 「형사소송법」 제318조의3 규정에 따라 증거능력이 있는 증거는, 항소심에 이르러 피고인이 범행을 부인하면 증거능력이 유지되지 않으므로 다시 증거조사를 해야 한다.

③ 간이공판절차의 결정이 취소된 때에는 공판절차를 갱신하여야 한다. 단, 검사, 피고인 또는 변호인이 이의가 없는 때에는 그러하지 아니하다.

④ 피고인이 공소사실에 대하여 검사가 신문할 때에 공소사실을 모두 사실과 다름없다고 진술하였다면 변호인이 신문할 때는 범의나 공소사실을 부인하더라도 그 공소사실은 간이공판절차에 의하여 심판할 대상에 해당한다.

17 거증책임에 대한 설명으로 옳지 않은 것은?

① 공연히 사실을 적시하여 사람의 명예를 훼손한 행위가 「형법」 제310조의 규정에 따라서 위법성이 조각되어 처벌대상이 되지 않기 위하여는 그것이 진실한 사실로서 오로지 공공의 이익에 관한 때에 해당된다는 점을 행위자가 증명해야 한다.

② 기록상 진술증거의 임의성에 관하여 의심할 만한 사정이 나타나 있는 경우에는 법원은 직권으로 그 임의성 여부에 관하여 조사를 하여야 하고, 검사가 그 임의성의 의문점을 없애는 증명을 하지 못한 경우에는 그 진술증거는 증거능력이 부정된다.

③ 형사재판에서 공소가 제기된 범죄의 구성요건을 이루는 사실은 그것이 주관적 요건이든 객관적 요건이든 그 증명책임이 검사에게 있다.

④ 임의제출물을 압수한 경우 압수물이 「형사소송법」 제218조에 따라 실제로 임의제출된 것인지에 관하여 다툼이 있을 때에는 임의제출의 임의성을 의심할 만한 합리적이고 구체적인 사실을 피고인이 증명해야 한다.

18 자유심증주의에 대한 설명으로 옳지 않은 것은?

① 자유심증주의를 규정한 「형사소송법」 제308조가 증거의 증명력을 법관의 자유판단에 의하도록 한 것은 그것이 실체적 진실발견에 적합하기 때문이지 법관의 자의적인 판단을 인용한다는 것은 아니므로, 증거판단에 관한 전권을 가지고 있는 사실심 법관은 사실인정에 있어 공판절차에서 획득된 인식과 조사된 증거를 남김없이 고려하여야 한다.

② 공동피고인 중의 1인이 다른 공동피고인들과 공동하여 범행을 하였다고 자백한 경우, 반드시 그 자백을 전부 믿어 공동피고인들 전부에 대하여 유죄를 인정하거나 그 전부를 배척하여야 하는 것은 아니고, 자유심증주의의 원칙상 법원으로서는 자백한 피고인 자신의 범행에 관한 부분만을 취신하고, 다른 공동피고인들이 범행에 관여하였다는 부분을 배척할 수 있다.

③ 살인죄와 같이 법정형이 무거운 범죄의 경우에도 직접증거 없이 간접증거만으로도 유죄를 인정할 수 있는데, 그 경우 주요사실의 전제가 되는 간접사실의 인정은 합리적 의심을 허용하지 않을 정도의 증명이 있어야 하는 것은 아니다.

④ 참고인 A에 대한 경찰에서의 진술조서의 기재와 당해사건의 공판정에서 이루어진 증인으로서의 A의 진술이 상반되는 경우 반드시 공판정에서의 증언에 따라야 한다는 법칙은 없고 그중 어느 것을 채용하여 사실인정의 자료로 할 것인가는 오로지 사실심 법원의 자유심증에 속하는 것이다.

19 공소시효에 대한 설명으로 옳지 않은 것은?

① 공소시효는 범죄행위가 종료한 때부터 진행하지만, 정보통신망을 이용한 명예훼손의 경우에는 게재행위의 종료만으로 범죄행위가 종료하는 것이 아니고 원래 게시물이 삭제되어 정보의 송수신이 불가능해지는 시점을 범죄의 종료시기로 보아야 한다.

② 미수범의 범죄행위는 행위를 종료하지 못하였거나 결과가 발생하지 아니하여 더 이상 범죄가 진행될 수 없는 때에 종료하고, 그때부터 미수범의 공소시효가 진행한다.

③ 공범 중 1인에 대해 약식명령이 확정된 후 그에 대한 정식재판청구권회복결정이 있었다고 하더라도 그 사이의 기간 동안에는 특별한 사정이 없는 한 다른 공범자에 대한 공소시효는 정지함이 없이 계속 진행한다.

④ 공범의 1인에 대한 공소제기에 따른 시효정지는 다른 공범자에게도 효력이 있고, 당해 사건의 재판이 확정된 때로부터 진행한다.

20 수사기관의 압수·수색에 대한 설명으로 옳지 않은 것은?

① 압수·수색의 방법으로 소변을 채취하는 경우 압수 대상물인 피의자의 소변을 확보하기 위한 수사기관의 노력에도 불구하고, 피의자가 인근 병원 응급실 등 소변 채취에 적합한 장소로 이동하는 것에 동의하지 않거나 저항하는 등 임의동행을 기대할 수 없는 사정이 있는 때에는 수사기관으로서는 소변 채취에 적합한 장소로 피의자를 데려가기 위해서 필요 최소한의 유형력을 행사하는 것이 허용된다.

② 소유자, 소지자 또는 보관자가 아닌 자로부터 제출받은 물건을 영장없이 압수한 경우 그 '압수물' 및 '압수물을 찍은 사진'은 피고인이나 변호인이 이를 증거로 함에 동의하였다고 하더라도 유죄 인정의 증거로 사용할 수 없다.

③ 검사는 증거에 사용할 압수물에 대하여 가환부의 청구가 있는 경우 가환부를 거부할 수 있는 특별한 사정이 없는 한 가환부에 응하여야 한다.

④ 수사기관이 압수·수색에 착수하면서 그 장소의 관리책임자에게 영장을 제시하였다면, 그 장소에서 물건을 소지하고 있는 다른 사람으로부터 이를 압수하고자 하는 경우라도 그 사람에게 따로 영장을 제시할 필요는 없다.

지문의 내용에 대해 학설의 대립 등 다툼이 있는 경우 판례에 의함

01 제척과 기피에 대한 설명으로 옳지 않은 것은?

① 공소제기 전에 검사의 증거보전청구에 의하여 증인신문을 한 법관이 공소제기 후 제1심 법관으로 관여한 경우, 이는 「형사소송법」상 제척사유에 해당한다.

② 약식명령을 한 법관이 그 정식재판 절차의 항소심 판결에 관여한 경우, 이는 「형사소송법」상 제척사유에 해당한다.

③ 법관에 대한 기피신청이 소송의 지연을 목적으로 함이 명백한 경우에는 그 신청 자체가 부적법한 것이므로 신청을 받은 법관은 이를 결정으로 기각할 수 있고, 소송지연을 목적으로 함이 명백한 기피신청인지의 여부는 기피신청인이 제출한 소명방법만에 의하여 판단할 것은 아니고, 당해 법원에 현저한 사실이거나 당해 사건기록에 나타나 있는 제반 사정들을 종합하여 판단할 수 있다.

④ 「형사소송법」은 전문심리위원의 중립성·공평성을 확보하기 위하여 법관의 제척 및 기피에 관한 「형사소송법」 제17조부터 제20조까지 및 제23조를 전문심리위원에 대하여 준용하도록 규정하고 있다.

02 공소시효에 대한 설명으로 옳지 않은 것은?

① 공소장변경이 있는 경우에 공소시효의 완성 여부는 당초의 공소제기가 있었던 시점을 기준으로 판단할 것이고 공소장변경 시를 기준으로 삼을 것은 아니다.

② 사기죄가 변호사법위반죄와 상상적 경합관계에 있는 경우, 변호사법위반죄의 공소시효가 완성되었다고 하여 사기죄의 공소시효까지 완성되는 것은 아니다.

③ 「형사소송법」 제253조 제2항의 '공범'을 해석할 때에는 이 조항이 공소제기 효력의 인적 범위를 확장하는 예외를 마련하여 놓은 것이므로 원칙적으로 엄격하게 해석하여야 하고 피고인에게 불리한 방향으로 확장하여 해석해서는 아니 된다.

④ 「형사소송법」 제253조 제3항이 정한 '범인이 형사처분을 면할 목적으로 국외에 있는 경우'는 범인이 국내에서 범죄를 저지르고 형사처분을 면할 목적으로 국외로 도피한 경우에 한정되고, 국외에서 범죄를 저지르고 형사처분을 면할 목적으로 국외에서 체류를 계속하는 경우는 포함되지 않는다.

형사소송법개론
교정직

03 구속제도에 대한 설명으로 옳은 것은?

① 구속기간의 만료로 피고인에 대한 구속의 효력이 상실된 후 항소법원이 피고인에 대한 판결을 선고하면서 피고인을 구속하였다면 이는 「형사소송법」 제208조의 규정에 위배되는 재구속 또는 이중구속에 해당한다.

② 구속기간이 만료될 무렵에 종전 구속영장에 기재된 범죄사실과는 다른 범죄사실로 피고인을 구속하였다는 사정만으로도 이는 위법한 구속이다.

③ 구속전피의자심문에서 피의자에게 변호인이 없는 때에는 지방법원판사는 직권으로 변호인을 선정하여야 하고, 이 경우 변호인의 선정은 피의자에 대한 구속영장 청구가 기각되어 효력이 소멸한 경우를 제외하고는 제1심까지 효력이 있다.

④ 「형사소송법」 제70조 제2항이 정한 범죄의 중대성, 재범의 위험성, 피해자 및 중요 참고인 등에 대한 위해우려는 동법 제70조 제1항에서 정한 주거부정, 증거인멸의 염려, 도망 또는 도망할 염려 등의 구속사유에 새로운 구속사유를 추가한 것이다.

04 친고죄의 고소에 대한 설명으로 옳지 않은 것은?

① 피해자가 고소장을 제출하여 처벌을 희망하는 의사를 분명히 표시한 후 고소를 취소한 바 없다면, 비록 고소 전에 피해자가 처벌을 원치 않았다고 하더라도 그 후에 한 피해자의 고소는 유효하다.

② 친고죄에서 피해자의 고소가 없거나 고소가 취소되었음에도 친고죄로 기소되었다가 그 후 당초에 기소된 공소사실과 동일성이 인정되는 비친고죄로 공소장변경이 허용된 경우 그 공소제기의 흠은 치유된다.

③ 친고죄의 공범 중 그 일부에 대하여 제1심판결이 선고된 후에는 제1심판결 선고 전의 다른 공범자에 대하여는 그 고소를 취소할 수 없다.

④ 친고죄의 공범자 간 고소불가분의 원칙은 반의사불벌죄에서 처벌을 희망하지 아니하는 의사표시나 처벌을 희망하는 의사표시의 철회에 관하여도 적용된다.

05 국민참여재판에 대한 설명으로 옳은 것은?

① 국민참여재판에서 피고인이 공판정에서 공소사실에 대하여 자백한 경우에도 간이공판절차를 적용할 수는 없다.

② 법원에서 피고인이 국민참여재판을 원하는지에 관한 의사 확인절차를 거치지 아니한 채 통상의 공판절차로 재판을 진행한 경우, 이는 피고인의 국민참여재판을 받을 권리에 대한 중대한 침해로서 그 절차는 위법하고 이러한 위법한 공판절차에서 이루어진 소송행위도 무효이며, 이러한 하자는 어떠한 경우에도 치유될 수 없다.

③ 피고인은 국민참여재판 배제결정에 대하여 즉시항고를 할 수 있고, 검사는 국민참여재판으로 진행하기로 하는 결정에 대하여 보통항고를 할 수 있다.

④ 「성폭력범죄의 처벌 등에 관한 특례법」 제2조의 성폭력범죄 사건에서 피해자 또는 법정대리인이 국민참여재판을 원하지 아니하는 경우, 법원은 국민참여재판으로 진행할 수 없다.

06 무죄추정의 원칙에 대한 설명으로 옳지 않은 것은?

① 무죄추정의 원칙은 형사절차뿐만 아니라 기타 일반 법생활영역에서의 기본권 제한과 같은 경우에도 적용된다.

② 「형사소송법」상의 구속기간은 헌법상의 무죄추정의 원칙에서 파생되는 불구속수사원칙에 대한 예외로서 설정된 기간이다.

③ 구금시설의 소장이 마약류사범인 미결수용자에 대하여 시설의 안전과 질서유지를 위하여 필요한 범위에서 계호를 엄중히 하는 등 다른 미결수용자와 달리 관리할 수 있도록 한 「형의 집행 및 수용자의 처우에 관한 법률」 규정은 무죄추정의 원칙에 반하지 않는다.

④ 법무부장관이 형사사건으로 공소가 제기된 변호사에 대하여 그 판결이 확정될 때까지 업무정지를 명할 수 있도록 하는 구「변호사법」 규정은 무죄추정의 원칙에 반하지 않는다.

07 피고인의 공판정출석에 대한 설명으로 옳지 않은 것은?

① 피고인의 출정없이 증거조사를 할 수 있는 경우, 대리인 또는 변호인이 출정하였더라도 피고인이 출정하지 아니하였다면 증거로 할 수 있음에 동의한 것으로 간주된다.

② 피고인이 공판기일에 출석하지 아니한 때에는 특별한 규정이 없으면 개정하지 못하나, 피고인이 법인인 경우에는 대리인을 출석하게 할 수 있다.

③ 다액 500만 원 이하의 벌금 또는 과료에 해당하는 사건인 경우, 피고인의 출석을 요하지 아니하고 피고인은 대리인을 출석하게 할 수 있다.

④ 피고인이 질병으로 출정할 수 없는 경우에도 무죄, 면소, 형의 면제 또는 공소기각의 재판을 할 것으로 명백한 때에는 피고인의 출정없이 재판할 수 있다.

08 피의자신문조서의 증거능력에 대한 설명으로 옳은 것은?

① 「형사소송법」 제312조 제3항은 검사 이외의 수사기관이 작성한 해당 피고인과 공범관계에 있는 다른 피고인이나 피의자에 대한 피의자신문조서를 해당 피고인에 대한 유죄의 증거로 채택할 경우에도 적용되지만, 양벌규정에 따라 처벌되는 행위자와 행위자가 아닌 법인 또는 개인 간의 관계에는 적용되지 않는다.

② 검사 작성의 피고인에 대한 피의자신문조서에 피고인의 서명만 있고 날인이나 간인이 없는 경우라도, 그와 같이 작성된 이유가 피고인이 당시 날인이나 간인을 거부하였기 때문이라는 취지가 조서 말미에 기재되어 있고, 피고인이 법정에서 그 피의자신문조서의 임의성을 인정하였다면 형식적 진정성립은 긍정된다.

③ 피고인이 법정에서 공소사실을 부인하면서도 검사가 작성한 피의자신문조서에 대하여 자신이 진술한 대로 기재되어 있다는 점을 명확하게 밝힌 경우, 그 피의자신문조서 중 공소사실을 인정하는 취지의 진술 기재 부분은 「형사소송법」 제312조 제1항에 따라 증거능력이 인정된다.

④ A에게 필로폰을 매도한 혐의로 기소된 甲이 검사 작성의 A에 대한 피의자신문조서 사본에 대하여 내용부인의 취지로 증거로 사용함에 부동의한 경우, 그 피의자신문조서 사본은 「형사소송법」 제312조 제1항에 따라 甲에 대한 유죄의 증거로 사용할 수 없다.

09 사인(私人)에 의한 위법수집증거에 대한 설명으로 옳지 않은 것은?

① 국민의 사생활 영역에 관계된 모든 증거의 제출이 곧바로 금지되는 것으로 볼 수는 없으므로 법원으로서는 효과적인 형사소추 및 형사소송에서 진실발견이라는 공익과 개인의 인격적 이익 등 보호이익을 비교형량하여 그 허용 여부를 결정하여야 한다.

② 택시 운전기사인 피고인이 자신의 택시에 승차한 피해자들에게 질문하여 지속적인 답변을 유도하는 등의 방법으로 피해자들과의 대화를 이어나가면서 그 대화 내용을 공개한 경우, 피해자들의 발언은 피고인에 대한 관계에서 「통신비밀보호법」 제3조 제1항에서 정한 '타인 간의 대화'에 해당한다고 할 수 없다.

③ 사문서위조·위조사문서행사 및 소송사기의 형사소추를 위해 반드시 필요한 증거인 업무일지를 제3자가 절취하였고, 이를 피해자측이 수사기관에 증거자료로 제출하기 위해 대가를 지급하고 취득한 경우라고 할지라도 그 업무일지를 증거로 제출하는 것은 허용될 수 있다.

④ 제3자가 권한 없이 비밀보호조치를 해제하는 방법으로 피고인이 공공업무용 전자문서관리시스템을 이용하여 발송한 전자우편을 수집한 후, 이를 공무원의 지위를 이용한 「공직선거법」 위반행위인 공소사실의 증거로 제출하는 것은 관련 법률에 따라 형사처벌되는 범죄행위일 뿐만 아니라 피고인의 기본권을 침해하는 행위이므로 허용될 수 없다.

10 상소권회복에 대한 설명으로 옳지 않은 것은?

① 피고인이 질병으로 병원에 입원하였거나 기거불능이었기 때문에 상소를 하지 못하였다는 것은 상소권회복의 사유에 해당하지 않는다.

② 피고인이 형사소송이 계속 중인 사실을 알면서도 법원에 거주지 변경신고를 하지 않아서 공시송달절차에 의하여 재판이 진행된 경우, 비록 「소송촉진 등에 관한 특례법」에 위배된 공시송달에 터 잡아 피고인의 출석없이 판결의 선고가 이루어지고 상소제기기간이 도과하였더라도 상소권회복청구가 허용될 수는 없다.

③ 교도소 담당직원이 피고인에게 상소권회복청구를 할 수 없다고 하면서 「형사소송규칙」 제177조에 따른 편의를 제공하지 않았다고 해도, 이것은 상소권자의 책임질 수 없는 사유로 상소하지 못한 것이라고 보기 어렵다.

④ 피고인이 공동피고인의 기망에 의하여 항소권을 포기하였음을 항소제기 기간이 도과한 뒤에야 비로소 알게 되었다 하더라도 이러한 사정은 피고인이 책임질 수 없는 사유에 해당한다고 볼 수 없다.

11 일부상소에 대한 설명으로 옳지 않은 것은?

① 상소는 재판의 일부에 대하여 할 수 있으며, 일부에 대한 상소는 그 일부와 불가분의 관계에 있는 부분에 대하여도 효력이 미친다.

② 포괄일죄에 대하여 일부유죄, 일부무죄의 판결이 선고된 경우에 검사만이 무죄부분에 대하여 상고를 하고 피고인은 상고하지 않은 경우, 유죄부분도 상고심에 이전되어 심판의 대상이 된다.

③ 포괄일죄의 일부만이 유죄로 된 경우 그 유죄부분에 대하여 피고인만이 항소하고 공소기각으로 판단된 부분에 대하여 검사는 항소하지 않은 경우, 공소기각으로 판단된 부분도 항소심의 심판대상이 되므로 항소심은 그 부분에까지 나아가 판단해야 한다.

④ 제1심이 경합범에 대하여 일부무죄ㆍ일부유죄로 판결한 것에 대하여 검사만이 무죄부분에 대하여 항소한 경우, 피고인과 검사가 항소하지 아니한 유죄부분은 항소기간이 지남에 따라 확정되어 무죄부분만이 항소심의 심판대상이 되므로 항소심에서 파기할 때에는 무죄부분만을 파기하여야 한다.

12 다음 설명 중 옳지 않은 것은?

① 공소취소에 의한 공소기각의 결정이 확정된 때에는 공소취소 후 그 범죄사실에 대한 다른 중요한 증거를 발견한 경우에 한하여 다시 공소를 제기할 수 있다.

② 상습범으로 유죄의 확정판결을 받은 사람이 그 후 동일한 습벽에 의해 후행범죄를 범하였는데 유죄의 확정판결에 대하여 재심이 개시된 경우, 동일한 습벽에 의한 후행범죄가 재심대상판결에 대한 재심판결 선고 전에 범하여졌다면 재심판결의 기판력이 후행범죄에 미친다.

③ 피고인에게 불리한 증거인 증인이 주신문의 경우와 달리 반대신문에 대하여는 답변을 하지 아니하는 등 진술 내용의 모순이나 불합리를 그 증인신문 과정에서 드러내어 이를 탄핵하는 것이 사실상 곤란하였고, 그것이 피고인 또는 변호인에게 책임 있는 사유에 기인한 것이 아닌 경우, 이를 정당화할 수 있는 특별한 사정이 존재하지 않는 이상 증인의 법정진술은 위법한 증거로서 증거능력을 인정하기 어렵다.

④ 이미 선고된 판결의 내용을 실질적으로 변경하는 것은 「형사소송규칙」에서 예정하고 있는 경정의 범위를 벗어나는 것으로서 허용되지 않으며, 경정결정은 이를 주문에 기재하여야 하고, 판결 이유에만 기재한 경우 경정결정이 이루어졌다고 할 수 없다.

13 공소제기와 법원의 심판대상에 대한 설명으로 옳은 것은?

① 공소장일본주의에 위반되는 공소제기에 대하여 피고인 측으로부터 유효한 이의가 제기되어 있더라도 법원이 그대로 공판절차를 진행한 결과 증거조사절차가 마무리되어 법관의 심증형성이 이루어진 단계에서는 공소장일본주의 위배를 주장하여 이미 진행된 소송절차의 효력을 다툴 수 없다.

② 항소법원은 항소이유에 포함된 사유에 관하여 심판하여야 하므로 판결에 영향을 미친 사유에 해당하더라도 항소이유서에 포함되지 아니한 경우에는 심판할 수 없다.

③ 하나의 형이 확정된 경합범 중 일부 범죄사실에 대해 재심사유가 있는 경우 재심개시결정의 효력은 재심사유가 없는 범죄사실을 형식적으로 심판의 대상에 포함시키는 것에 불과하므로 재심법원으로서는 재심사유가 없는 범죄사실을 다시 심리하여 유죄 인정을 파기할 수 없고, 양형을 위하여 필요한 범위에 한하여만 심리할 수 있다.

④ 동일한 사실관계에 대하여 서로 양립할 수 없는 적용법조의 적용을 주위적 · 예비적으로 구하는 경우, 예비적 공소사실만 유죄로 인정되고 그 부분에 대하여 피고인만 상소하였다면, 주위적 공소사실은 상소심의 심판대상에 포함되지 않는다.

14 피고인에 대한 설명으로 옳지 않은 것은?

① 피고인은 소송계속 중의 관계 서류 또는 증거물을 열람하거나 복사할 수 있다.

② 피고인은 증인신문에 참여할 수 있으나 증인을 직접 신문할 수 없고 그를 대신하여 변호인이 신문하여야 한다.

③ 피고인은 증거조사에 관하여 법령의 위반이 있거나 상당하지 아니함을 이유로 하여 이의신청을 할 수 있고, 증거조사의 결과에 대하여 의견을 개진할 수 있다.

④ 피고인은 피고인신문절차에서 진술하지 아니하거나 개개의 질문에 대하여 진술을 거부할 수 있다.

15 불심검문에 대한 설명으로 옳은 것만을 모두 고르면?

ㄱ. 경찰관의 불심검문이 적법하려면 불심검문 대상자에게 「형사소송법」상 체포나 구속에 이를 정도의 혐의가 있을 것을 요한다.

ㄴ. 검문하는 사람이 경찰관이고 검문하는 이유가 범죄행위에 관한 것임을 불심검문 대상자가 충분히 알고 있었다고 보이는 경우라도 경찰관이 그에게 신분증을 제시하지 않았다면 그 불심검문은 위법한 공무집행이다.

ㄷ. 경찰관은 불심검문하여 「경찰관 직무집행법」에 따라 경찰관서로 임의동행한 사람을 6시간을 초과하여 경찰관서에 머물게 할 수 없다.

ㄹ. 경찰관이 피의자를 불심검문 대상자로 삼은 조치가 그에 대한 불심검문 당시의 구체적 상황과 자신들의 사전 지식 및 경험칙에 기초하여 객관적 · 합리적 판단과정을 거쳐 이루어진 것이라면, 그의 인상착의가 미리 입수된 용의자에 대한 인상착의와 일부 일치하지 않는 부분이 있더라도 그것만으로 경찰관이 그를 불심검문 대상자로 삼은 조치가 위법하다고 볼 수는 없다.

① ㄷ
② ㄱ, ㄹ
③ ㄴ, ㄷ
④ ㄷ, ㄹ

16 대물적 강제처분에 대한 설명으로 옳지 않은 것은?

① 「통신비밀보호법」에 따라 검사 또는 사법경찰관은 수사를 위해 필요한 경우 법원의 허가를 받아 정보통신망에 접속된 정보통신기기의 위치를 확인할 수 있는 발신기지국의 위치추적자료의 제공을 요청할 수 있다.

② 전자정보가 담긴 저장매체 또는 하드카피·이미징 등 형태를 수사기관 사무실 등으로 옮겨 복제·탐색·출력을 통하여 압수·수색영장을 집행하는 경우에도 그 과정에서 피압수자 또는 변호인에게 참여의 기회를 보장하여야 한다.

③ 압수·수색영장에 기재된 '압수할 물건'에 별도로 원격지 서버 저장 전자정보가 특정되어 있지 않은 채 컴퓨터 등 정보처리장치 저장 전자정보만 기재되어 있더라도 컴퓨터 등 정보처리장치를 이용하여 원격지 서버 저장 전자정보를 압수할 수 있다.

④ 피해자 등 제3자가 피의자의 소유·관리에 속하는 정보저장매체를 영장에 의하지 않고 피의자의 동의 없이 임의제출한 경우에는 실질적 피압수자인 피의자가 수사기관으로 하여금 그 전자정보 전부를 무제한 탐색하는 데 동의한 것으로 보기 어렵다.

17 증거조사의 절차에 대한 설명으로 옳지 않은 것은?

① 검사, 피고인 또는 변호인은 서류나 물건을 증거로 제출할 수 있고 증인·감정인·통역인 또는 번역인의 신문을 신청할 수 있다.

② 검사와 달리 피고인 또는 변호인이 증거신청을 하는 때에는 그 증거와 증명하고자 하는 사실과의 관계를 구체적으로 명시해야 하는 것은 아니다.

③ 증거신청의 채택 여부는 법원의 재량으로서 법원이 필요하지 않다고 인정할 때에는 이를 조사하지 않을 수 있다.

④ 법원은 증거신청에 대한 결정을 보류하는 경우, 증거신청인으로부터 당해 증거서류 또는 증거물을 제출받아서는 아니 된다.

18 공판준비절차에 대한 설명으로 옳지 않은 것은?

① 국민참여재판에서는 공판준비기일이 필수적 절차이지만, 일반형사재판에서는 공판준비기일이 필수적 절차가 아니다.

② 공판준비기일에는 피고인의 출석이 필수적인 요건이 아니다.

③ 공판준비기일이 지정된 사건에 관해 피고인에게 변호인이 없어도 법원이 직권으로 국선변호인을 선정할 필요는 없다.

④ 재판장은 공판준비기일에 출석한 피고인에게 진술을 거부할 수 있음을 알려주어야 한다.

19 공판조서의 증거능력과 증명력에 대한 설명으로 옳지 않은 것은?

① 동일한 사항에 관하여 두 개의 서로 다른 내용이 기재된 공판조서가 병존하는 경우 어느 쪽이 진실한 것으로 볼 것인지는 법관의 자유로운 심증에 따를 수밖에 없다.

② 공판조서의 기재가 명백한 오기인 경우를 제외하고 공판기일의 소송절차로서 공판조서에 기재된 것은 조서만으로써 증명이 되지만, 그 증명력은 공판조서 이외의 자료에 의한 반증이 허용되지 않는 절대적인 것은 아니다.

③ 공판조서의 기재가 소송기록상 명백한 오기인 경우에는 공판조서는 그 올바른 내용에 따라 증명력을 가진다.

④ 공판조서에 기재되지 않은 소송절차의 존재는 공판조서에 기재된 다른 내용이나 공판조서 이외의 자료로 증명될 수 있고, 이는 자유로운 증명의 대상이 된다.

20 공소기각의 판결에 대한 설명으로 옳지 않은 것은?

① 검사가 서면인 공소장에 전자문서나 저장매체를 첨부하는 방식으로 공소를 제기한 경우, 서면인 공소장에 기재된 부분만으로는 공소사실이 특정되지 않고 검사가 법원의 특정요구에 응하지 않으면 그 부분에 대해 공소기각의 판결을 선고하여야 한다.

② 공소를 제기할 수 없는 법률상의 사유가 있어 공소기각의 판결을 하여야 할 사건에서 그 사건의 실체에 관한 심리가 이미 완료되어 무죄로 판명된 경우라도 무죄의 실체판결을 선고하는 것은 위법하다.

③ 피고인이 공소를 기각한 제1심판결에 대해 무죄를 주장하며 항소한 경우, 공소기각 판결에 대하여 피고인에게 상소권이 인정되지 않으므로 이 항소는 법률상의 방식에 위반한 것이 명백한 때에 해당한다.

④ 기소 당시에는 이중기소된 위법이 있었다 하여도 그 후 공소사실과 적용법조가 적법하게 변경되어 새로운 사실의 소송계속상태가 있게 된 때에는 공소기각의 판결을 하여야 할 위법상태가 계속 존재한다고 할 수 없다.

✔ 회독 CHECK 1 2 3

지문의 내용에 대해 학설의 대립 등 다툼이 있는 경우 판례에 의함

01 위법수집증거배제법칙에 대한 설명으로 옳지 않은 것은?

① 사법경찰관이 「형사소송법」 제215조 제2항을 위반하여 영장 없이 물건을 압수한 직후에 피압수자로부터 그 압수물에 대한 임의제출동의서를 받은 경우, 그 압수물은 물론 임의제출동의서도 특별한 사정이 없는 한 증거능력이 인정되지 않는다.

② 전자정보가 담긴 저장매체에 대한 압수·수색 과정에서 범위를 정하여 출력·복제하는 방법이 불가능하거나 압수의 목적을 달성하기에 현저히 곤란한 예외적인 사정이 인정되어 그 전자정보의 복제본을 수사기관 사무실 등으로 옮겨 복제·탐색·출력하는 경우, 그 과정에 피압수자나 변호인이 참여할 기회가 보장되어야 한다.

③ 범죄의 피해자인 검사가 그 사건의 수사에 관여하거나, 압수·수색영장의 집행에 참여한 검사가 다시 수사에 관여하였다면 그 자체로서 수사는 위법하고, 그에 따른 참고인이나 피의자의 진술은 임의성이 인정되지 않는다.

④ 수사기관이 구속수감된 자에게 압수된 그의 휴대전화를 제공하여 피고인과 통화하게 하고, 피고인의 범행에 관한 통화 내용을 녹음하게 한 행위는 불법감청에 해당하므로 이를 근거로 작성된 녹취록 첨부 수사보고서는 피고인의 범행에 대해 증거능력이 없다.

02 피고인의 특정 및 성명모용에 대한 설명으로 옳지 않은 것은?

① 피고인이 타인의 성명을 모용한 경우 검사가 공소장의 피고인 표시를 정정함에 있어 공소장변경의 절차를 밟을 필요는 없지만 법원의 허가를 요한다.

② 피고인이 타인의 성명을 모용한 사실이 공판심리 중에 밝혀졌는데도 검사가 공소장의 피고인 표시를 정정하여 모용관계를 바로잡지 아니하면 법원은 공소기각의 판결을 하여야 한다.

③ 검사는 공소장에 피고인을 특정할 수 있는 사항을 기재해야 하고, 공소제기의 효력은 검사가 피고인으로 지정한 사람에게만 미친다.

④ 법원이 성명모용사실을 알지 못하여 외형상으로는 피모용자에 대해 유죄판결을 선고하거나 판결이 확정되어도 그 판결의 효력은 모용자에게만 미치고 피모용자에게는 미치지 않는다.

형사소송법개론

교정직

03 반의사불벌죄에 대한 설명으로 옳은 것은?

① 반의사불벌죄의 피해자는 피의자나 피고인 및 그들의 변호인에게 자신을 대리하여 수사기관이나 법원에 자신의 처벌불원의사를 표시할 수 있는 권한을 수여할 수 없다.

② 항소심에 이르러 반의사불벌죄가 아닌 죄에서 반의사불벌죄로 공소장이 변경된 경우에는 예외적으로 항소심에서도 처벌을 희망하는 의사표시를 철회할 수 있다.

③ 반의사불벌죄에서 피고인 또는 피의자의 처벌을 희망하지 않는다는 의사표시 또는 처벌희망 의사표시 철회의 유무나 그 효력 여부에 관한 사실은 엄격한 증명의 대상이다.

④ 반의사불벌죄의 경우에 처벌불원의 의사표시는 의사능력이 있는 피해자가 단독으로 할 수 있는 것이고, 피해자가 사망한 후 그 상속인이 피해자를 대신하여 처벌불원의 의사표시를 할 수는 없다.

04 상소 및 특별절차에 대한 설명으로 옳은 것은?

① 약식명령에 대한 정식재판 절차에서 유죄판결을 확정받은 자가 재심을 청구할 경우, 재심청구의 대상은 유죄의 확정판결이 아니라 약식명령이다.

② 공소시효가 완성된 사실을 간과한 채 피고인에 대하여 약식명령을 발령하여 확정된 경우는 판결에 관한 법령의 위반에 해당하므로 비상상고의 대상이 된다.

③ 제1심법원이 결정으로 인정한 사실에 대해 법령을 적용하지 않았거나 법령의 적용에 착오가 있는 경우, 그 결정은 비약적 상고의 대상이 된다.

④ 약식명령을 발부한 법관이 그 정식재판 절차의 항소심 판결에 관여한 경우, 이는 제척사유인 '법관이 사건에 관하여 전심재판 또는 그 기초되는 조사, 심리에 관여한 때'에 해당하지 않는다.

05 법관의 기피에 대한 설명으로 옳은 것은?

① 기피원인으로서의 '불공평한 재판을 할 염려가 있는 때'란 당사자가 불공평한 재판이 될지도 모른다고 추측할 만한 주관적인 사정이 있는 때를 말한다.

② 재판부가 당사자의 증거신청을 채택하지 않았다는 것만으로는 기피사유가 되지 않지만, 이미 행한 증거결정을 취소하였다는 것은 그 자체로서 기피사유가 된다.

③ 재판장이 피고인의 증인신문권의 본질적인 부분을 침해하였다고 볼 만한 소명자료가 없더라도, 재판장이 증인에 대한 피고인의 신문을 제지한 사실이 있다는 것은 그 자체로서 기피사유가 된다.

④ 재판부가 「형사소송법」에 정한 기간 내에 재정신청 사건의 결정을 하지 아니하였다는 사유만으로는 기피사유가 되지 않는다.

06 공판절차에 대한 설명으로 옳지 않은 것은?

① 형사재판에서 유죄로 인정하기 위한 심증형성의 정도는 합리적인 의심을 할 여지가 없을 정도이어야 하고, 여기서 '합리적 의심'이란 논리와 경험칙에 기하여 요증사실과 양립할 수 없는 사실의 개연성에 대한 합리성 있는 의문을 의미한다.

② 검사, 피고인 또는 변호인은 공판절차상 재판장의 처분이 법령에 위반하거나 상당하지 아니한 때에는 이를 이유로 이의신청을 할 수 있다.

③ 형사재판에서 이와 관련된 다른 형사사건의 확정판결에서 인정된 사실은 특별한 사정이 없는 한 유력한 증거자료가 되는 것이나, 당해 형사재판에서 제출된 다른 증거 내용에 비추어 관련 형사사건 확정판결의 사실판단을 그대로 채택하기 어렵다고 인정될 경우에는 이를 배척할 수 있다.

④ 공소장 기재의 방식에 관하여 피고인 측으로부터 이의가 제기되지 아니하였고, 법원 역시 범죄사실의 실체를 파악하는 데 지장이 없다고 판단하여 그대로 공판절차를 진행한 결과 증거조사절차가 마무리되어 법관의 심증형성이 이루어진 단계에서는 더 이상 공소장일본주의 위배를 주장하여 이미 진행된 소송절차의 효력을 다툴 수 없다.

07 공소장변경에 대한 설명으로 옳지 않은 것은?

① 검사가 제출한 공소장변경허가신청서 부본을 즉시 피고인에게 송달하지 않은 채 법원이 공판절차를 진행한 조치는 절차상의 법령위반에 해당하나, 그러한 경우에도 피고인의 방어권이나 변호인의 변호권 등이 본질적으로 침해되었다고 볼 정도에 이르지 않는 한 그것만으로 판결에 영향을 미친 위법이라고 할 수 없다.

② 포괄일죄인 영업범에서 공소제기된 범죄사실과 공판심리 중에 추가로 발견된 범죄사실 사이에 그 범죄사실들과 동일성이 인정되는 또 다른 범죄사실에 대한 유죄의 확정판결이 있더라도 추가로 발견된 범죄사실을 공소장변경절차에 의하여 공소사실로 추가할 수 있다.

③ 상고심에서 원심판결을 파기하고 사건을 항소심에 환송한 경우, 환송받은 항소심에서도 공소장변경이 허용된다.

④ 검사가 공소장변경을 하고자 하는 경우, 피고인이 재정하는 공판정에서는 피고인에게 이익이 되거나 피고인이 동의하면 법원은 구술에 의한 공소장변경을 허가할 수 있다.

08 「형사소송법」이 명시적으로 규정하고 있는 검사의 권한에 속하지 않는 것은?

① 피고인의 구속취소 청구
② 피고인의 구속집행정지 신청
③ 피의자의 감정유치 청구
④ 재심의 청구

09 형사절차에 대한 설명으로 옳지 않은 것은?

① 항소심에서는 검사의 공소취소가 허용되지 않는다.

② 종국재판이 외부적으로 성립한 경우 종국재판을 한 법원은 그 재판을 철회하거나 변경할 수 없다.

③ 재판장의 재판에 대한 준항고의 청구는 재판의 고지 있는 날로부터 7일 이내에 하여야 한다.

④ 피고인과 공범관계에 있는 다른 피의자에 대한 사법 경찰관 작성 피의자신문조서는 「형사소송법」 제312 조 제4항의 요건을 갖추면 피고인이 공판기일에 그 조서의 내용을 부인하더라도 이를 유죄 인정의 증 거로 사용할 수 있다.

10 재정신청에 대한 설명으로 옳은 것은?

① 법원은 재정신청서를 송부받은 때에는 송부받은 날 부터 7일 이내에 피의자에게 그 사실을 통지하여야 하고, 재정신청서를 송부받은 날부터 3개월 이내에 항고의 절차에 준하여 결정한다.

② 검사의 불기소처분은 물론 진정사건에 대한 입건 전 조사(내사) 종결처분도 재정신청의 대상이 된다.

③ 재정신청인이 자기 또는 대리인이 책임질 수 없는 사유로 인하여 재정신청 기각결정에 대한 재항고 제기기간을 준수하지 못한 경우, 「형사소송법」 제 345조(상소권회복청구권자)에 따라 재항고권 회복 을 청구할 수 있다.

④ 재소자인 재정신청인이 재정신청 기각결정에 불복 하여 재항고를 제기하는 경우, 그 제기기간 내에 교 도소장이나 구치소장 또는 그 직무를 대리하는 사 람에게 재항고장을 제출한 때에 재항고를 한 것으 로 간주한다.

11 변호인에 대한 설명으로 옳은 것은?

① 피고인이 법인일 때는 법인의 대표자가 제삼자에게 변호인 선임을 위임하여 그로 하여금 법인을 위한 변호인을 선임하도록 할 수 있다.

② 변호인이 되려는 자가 변호인 선임서를 제출하지 않 은 채 상고이유서만을 제출하고 상고이유서 제출기 간이 지난 후에 변호인 선임서를 제출하였더라도 그 상고이유서는 적법·유효하다.

③ 필요적 변호사건에서 변호인 없이 개정하여 심리를 진행한 다음 무죄판결을 한 경우, 이는 소송절차의 법령위반에 해당하므로 당해 판결은 무효이다.

④ 구속된 피고인에 대한 변호인이 여러 명인 경우, 변 호인의 접견교통권 행사가 그 한계를 일탈한 것인 지의 여부는 해당 변호인을 기준으로 하여 개별적 으로 판단하여야 한다.

12 강제수사에 대한 설명으로 옳은 것만을 모두 고르면?

ㄱ. 현행범인 체포의 요건을 갖추었는지 여부는 체포 당시의 상황을 기초로 판단하여야 하고, 체포 당시 의 상황으로 볼 때 그 요건의 충족 여부에 관한 검 사나 사법경찰관 등의 판단이 경험칙에 비추어 현 저히 합리성을 잃은 경우에는 그 체포는 위법하다.

ㄴ. 구속기간연장허가결정이 있은 경우에 그 연장기 간은 구속기간이 만료된 날로부터 기산한다.

ㄷ. 피의자, 피의자의 변호인·법정대리인·배우 자·직계친족·형제자매·가족·동거인 또는 고 용주는 구속된 피의자의 보석을 법원에 청구할 수 있다.

ㄹ. 수사기관이 압수·수색영장에 적힌 '수색할 장소' 에 있는 컴퓨터 등 정보처리장치에 저장된 전자 정보 외에 원격지 서버에 저장된 전자정보를 압 수·수색하기 위해서는 압수·수색영장에 적힌 '압수할 물건'에 별도로 원격지 서버 저장 전자정 보가 특정되어 있어야 한다.

① ㄱ, ㄴ 　　　　　　　② ㄱ, ㄹ

③ ㄴ, ㄷ 　　　　　　　④ ㄷ, ㄹ

13 상습범으로서 포괄일죄의 관계에 있는 여러 개의 사기 범죄사실 중 일부에 대해 기소된 피고인에게 단순사기죄의 유죄판결이 확정된 후, 확정판결의 사실심판결 선고 전에 피고인이 범한 나머지 범죄에 대해 검사가 상습사기죄로 추가 기소를 한 경우 법원은 어떠한 재판을 해야 하는가?

① 공소제기가 법률의 규정에 위반하여 무효인 경우에 해당하므로 공소기각의 판결을 하여야 한다.

② 확정판결이 있는 때에 해당하므로 면소판결을 하여야 한다.

③ 단순사기죄의 기판력은 추가 기소된 상습사기죄에 미치지 않으므로 실체판결을 하여야 한다.

④ 이미 기소가 된 사건에 대해 다시 기소가 된 이중기소에 해당하므로 공소기각의 판결을 하여야 한다.

14 증인신문에 대한 설명으로 옳지 않은 것은?

① 다른 증거나 증인의 진술에 비추어 굳이 추가 증거조사를 할 필요가 없다는 등 특별한 사정이 없고, 소재탐지나 구인장 발부가 불가능한 것이 아님에도 불구하고 법원이 불출석한 핵심 증인에 대하여 소재탐지나 구인장 발부 없이 증인채택 결정을 취소하는 것은 재량을 벗어나는 것으로서 위법하다.

② 피고인의 출석을 요하는 재판에서, 법원이 공판기일에 증인을 채택하여 다음 공판기일에 증인신문을 하기로 피고인에게 고지하였는데 그 다음 공판기일에 증인은 출석하였으나 피고인이 정당한 사유 없이 출석하지 아니한 경우, 법원이 이미 출석하여 있는 증인에 대하여 공판기일 외의 신문으로서 증인신문을 하고 다음 공판기일에 그 증인신문조서에 대한 서증조사를 하는 것은 증거조사절차로서 적법하다.

③ 증인신문에 있어서 변호인에 대한 차폐시설의 설치는 이미 인적 사항에 관하여 비밀조치가 취해진 증인이 변호인을 대면하여 진술함으로써 자신의 신분이 노출되는 것에 대하여 심한 심리적인 부담을 느끼는 등의 특별한 사정이 있는 경우에 예외적으로 허용될 수 있을 뿐이다.

④ 「형사소송법」 제221조의2(증인신문의 청구)에 의한 증인신문절차에서는 피고인 · 피의자 또는 변호인의 참여가 필요적 요건이므로 피고인 · 피의자나 변호인이 증인신문절차에 참여하지 아니하였다면 위법이다.

15 전문심리위원에 대한 설명으로 옳지 않은 것은?

① 전문심리위원은 공판기일에 한하여 재판장의 허가를 받아 피고인 또는 변호인, 증인 또는 감정인 등 소송관계인에게 소송관계를 분명하게 하기 위하여 필요한 사항에 관하여 의견을 진술하거나 직접 질문할 수 있지만 재판의 합의에 참여하는 것은 허용되지 않는다.

② 법원은 전문심리위원이 제출한 서면이나 전문심리위원의 설명 또는 의견의 진술에 관하여 검사, 피고인 또는 변호인에게 구술 또는 서면에 의한 의견진술의 기회를 주어야 한다.

③ 제척 또는 기피 신청이 있는 전문심리위원은 그 신청에 관한 결정이 확정될 때까지 그 신청이 있는 사건의 소송절차에 참여할 수 없다. 이 경우 전문심리위원은 해당 제척 또는 기피 신청에 대하여 의견을 진술할 수 있다.

④ 법원은 전문심리위원에 관한 규정들을 지켜야 하고, 이를 준수함에 있어서도 전문심리위원과 관련된 절차 진행 등에 관한 사항을 당사자에게 적절한 방법으로 적시에 통지하여 당사자의 참여 기회가 실질적으로 보장될 수 있도록 세심한 배려를 하여야 한다.

16 재체포·재구속에 대한 설명으로 옳은 것은?

① 보증금 납입을 조건으로 석방된 피의자가 주거의 제한이나 그 밖에 법원이 정한 조건을 위반한 때에는 동일한 범죄사실로 재차 체포하거나 구속할 수 있다.

② 체포 또는 구속 적부심사결정에 의하여 석방된 피의자가 도망하거나 범죄의 증거를 인멸할 염려가 있다고 믿을 만한 충분한 이유가 있는 때에는 동일한 범죄사실로 재차 체포하거나 구속할 수 있다.

③ 보증금 납입을 조건으로 석방된 피의자가 피해자, 당해 사건의 재판에 필요한 사실을 알고 있다고 인정되는 자 또는 그 친족의 생명·신체·재산에 해를 가하거나 가할 염려가 있다고 믿을 만한 충분한 이유가 있는 때에는 동일한 범죄사실로 재차 체포하거나 구속할 수 있다.

④ 검사 또는 사법경찰관에 의하여 영장에 의해 체포되었다가 석방된 자는 다른 중요한 증거를 발견한 경우를 제외하고는 동일한 범죄사실로 재차 체포하지 못한다.

17 형사소송의 기본원칙에 대한 설명으로 옳지 않은 것은?

① 형사재판의 증거법칙과 관련하여서는 소극적 진실주의가 헌법적으로 보장되어 있으므로, 피고인은 형사소송절차에서 검사에 대하여 무기대등의 원칙이 보장되는 절차를 향유할 헌법적 권리를 가진다.

② 「형사소송법」 제57조 제1항은 "공무원이 작성하는 서류에는 법률에 다른 규정이 없는 때에는 작성 연월일과 소속 공무소를 기재하고 기명날인 또는 서명하여야 한다."라고 규정하고 있다. 여기에서 '법률의 다른 규정'에 「검찰사건사무규칙」은 포함되지 않는다.

③ 지방법원 본원과 지방법원 지원 사이의 관할의 분배는 토지관할의 분배가 아니라 지방법원 내부의 사법행정사무로서 행해진 지방법원 본원과 지원 사이의 단순한 사무분배에 해당한다.

④ 우리나라 군인이 전시(戰時)에 범한 「성폭력범죄의 처벌 등에 관한 특례법」 제2조의 성폭력범죄에 대해서는 우리나라 군사법원이 재판권을 가진다.

18 전문증거의 증거능력에 대한 설명으로 옳은 것은?

① 진술이 기재된 서류가 그 진술을 하였다는 사실 자체에 대한 정황증거로 사용될 것이라는 이유로 그 서류의 증거능력이 인정된 다음 그 사실을 다시 진술 내용의 진실성을 증명하는 간접사실로 사용하면 그 서류는 전문증거에 해당한다.

② 검사가 작성한 피고인 아닌 자에 대한 진술조서에 관하여 피고인이 공판정 진술과 배치되는 부분은 부동의한다고 진술하였다면, 진술조서 중 부동의한 부분을 제외한 나머지 부분에 대해서는 피고인이 그 조서를 증거로 함에 동의한다는 취지로 해석하여야 한다.

③ 검사의 조사를 받은 참고인이 법정에서 증언을 거부하여 피고인이 반대신문을 하지 못한 경우라도 그 증언거부권 행사가 정당하다면 「형사소송법」 제314조의 '그 밖에 이에 준하는 사유로 인하여 진술할 수 없는 때'에 해당하므로 특별한 사정이 없는 한 참고인에 대한 검사 작성 조서는 증거능력이 인정된다.

④ 참고인의 진술을 내용으로 하는 조사자의 증언은, 그 참고인이 법정에 출석하여 조사 당시의 진술을 부인하는 취지로 증언하였더라도, 그 진술이 '특히 신빙할 수 있는 상태하에서 행하여졌음'이 증명되면 증거능력이 인정된다.

19 재판에 대한 설명으로 옳지 않은 것은?

① 「대한민국 헌법」 제13조 제1항에서 규정하고 있는 이중처벌금지의 원칙에서 '처벌'은 원칙적으로 범죄에 대한 형벌 부과를 의미하고, 국가가 행하는 일체의 제재나 불이익처분이 모두 여기에 포함되는 것은 아니다.

② 항소심이 제1심의 재판서에 대한 경정 결정을 하면서 제1심이 선고한 판결의 내용을 실질적으로 변경하는 것은 허용되지 않는다.

③ 공소제기 후 판결의 확정이 없이 공소를 제기한 때로부터 25년이 경과한 때에는 면소판결을 하여야 한다.

④ 간통사건에 대한 유죄판결이 간통죄에 대한 헌법재판소의 종전 합헌결정 이전에 확정된 경우, 이 판결에 대한 재심개시결정이 간통죄에 대한 헌법재판소의 위헌결정일 이후에 확정되었다면 재심심판법원은 무죄판결을 하여야 한다.

20 재심에 대한 설명으로 옳은 것은?

① 재심사유 중 '무죄 등을 인정할 명백한 증거'에 해당하는지 여부는 새로 발견된 증거만을 독립적·고립적으로 고찰하여 그 증거가치만으로 판단하여야 한다.

② 재심심판절차에서는 특별한 사정이 없는 한 재심대상사건과 별개의 공소사실을 추가하는 내용의 공소장변경을 하거나 일반절차로 진행 중인 별개의 형사사건을 병합하여 심리할 수 없다.

③ 특별사면으로 형 선고의 효력이 상실된 유죄확정판결에 대하여 재심개시결정이 확정된 경우, 재심심판절차에서는 그 심급에 따라 다시 심판하여 특별사면을 이유로 면소판결을 하여야 한다.

④ 경합범 관계에 있는 수개의 범죄사실을 유죄로 인정하여 1개의 형을 선고한 불가분의 확정판결에서 그 중 일부의 범죄사실에 대하여만 재심청구의 이유가 인정되는 경우, 그 부분에 대해서만 재심개시결정을 하여야 한다.

지문의 내용에 대해 학설의 대립 등 다툼이 있는 경우 판례에 의함

01 형사소송의 이념과 기본원칙에 대한 설명으로 옳지 않은 것은?

① 「헌법」과 「형사소송법」이 정한 절차에 따르지 아니하고 수집한 증거는 물론 이를 기초로 하여 획득한 2차적 증거 역시 기본적 인권보장을 위해 마련된 적법한 절차에 따르지 않은 것으로 원칙적으로 유죄인정의 증거로 삼을 수 없다.

② 검사와 피고인 쌍방이 항소한 경우에 제1심 선고형기 경과 후 제2심 공판이 개정되었다면 이는 위법으로서 신속한 재판을 받을 권리를 박탈한 것이다.

③ 신속한 재판을 받을 권리는 주로 피고인의 이익을 보호하기 위하여 인정된 기본권이지만 동시에 실체적 진실 발견, 소송경제, 재판에 대한 국민의 신뢰와 형벌목적의 달성과 같은 공공의 이익에도 근거가 있기 때문에 어느 면에서는 이중적 성격을 갖고 있다고 할 수 있다.

④ 실체진실주의는 형사소송의 지도이념이며, 이를 공판절차에서 구현하기 위하여 「형사소송법」은 법원이 직권에 의한 증거조사를 할 수 있도록 하고 있다.

02 진술거부권에 대한 설명으로 옳은 것만을 모두 고르면?

ㄱ. 진술거부권은 형사책임과 관련하여 형사절차에서 보장되는 것이므로 행정절차나 국회의 조사절차 등에서는 자기에게 불리한 사실을 묵비할 권리가 인정되지 않는다.

ㄴ. 「헌법」 제12조 제2항은 형사상 자기에게 불리한 진술을 강요당하지 아니한다고 규정하고 있으나, 피고인 또는 피의자는 자기에게 유리한 내용이더라도 그 진술을 거부할 수 있다.

ㄷ. 진술거부권은 형사절차의 피고인 또는 피의자에게 인정되는 권리이므로 피내사자나 참고인에게는 인정되지 않는다.

ㄹ. 재판장은 인정신문을 하기 전에 피고인에게 진술거부권을 고지하여야 하고, 공판기일마다 고지할 필요는 없으나 공판절차를 갱신하는 경우에는 다시 고지하여야 한다.

ㅁ. 진술거부권이 보장되는 절차에서 진술거부권을 고지받을 권리는 「헌법」 제12조 제2항에 의하여 바로 도출되므로 별도의 입법적 뒷받침이 필요 없다.

① ㄱ, ㄴ
② ㄴ, ㄷ
③ ㄴ, ㄹ
④ ㄹ, ㅁ

형사소송법개론
교정직

03 친고죄에서의 고소에 대한 설명으로 옳은 것은?

① 수사기관이 고소권자를 증인 또는 피해자로서 신문한 경우 그 진술에 범인의 처벌을 요구하는 고소권자의 의사표시가 포함되어 있고 그 의사표시가 조서에 기재되어 있다면, 친고죄의 고소는 적법하다.

② 피고인과 고소인이 작성한 합의서가 제1심법원에 제출된 경우에는 고소취소의 효력이 있고, 고소인이 제1심 법정에서 이를 번복하는 증언을 하더라도 그 고소취소의 효력에는 영향이 없다.

③ 친고죄에서 적법한 고소가 있었는지는 엄격한 증명의 대상이 되고, 일죄의 관계에 있는 범죄사실 일부에 대한 고소의 효력은 일죄 전부에 대하여 미친다.

④ 고소는 제1심판결 선고 전까지 취소할 수 있으나 상소심에서 제1심 공소기각판결을 파기하고 이 사건을 제1심으로 환송한 경우 환송받은 제1심에서는 판결 선고 전이더라도 친고죄에서의 고소를 취소할 수 없다.

04 국민참여재판에 대한 설명으로 옳지 않은 것은?

① 배심원의 평결과 의견은 법원을 기속하지 아니한다.

② 국민참여재판에 관하여 변호인이 없는 때에는 법원은 직권으로 변호인을 선정하여야 한다.

③ 피고인이 법원에 국민참여재판을 신청하였음에도 불구하고 법원이 이에 대한 배제결정도 하지 않은 채 통상의 공판절차로 재판을 진행하는 것은 피고인의 국민참여재판을 받을 권리 및 법원의 배제결정에 대한 항고권 등의 중대한 절차적 권리를 침해한 것으로 위법하다.

④ 배심원은 만 19세 이상의 대한민국 국민 중에서 선정된다.

05 증거개시제도에 대한 설명으로 옳지 않은 것은?

① 증거개시제도는 실질적인 당사자 대등을 확보하고 피고인의 신속·공정한 재판을 받을 권리를 실현하기 위한 제도로서 「형사소송법」은 검사가 보유하고 있는 증거뿐만 아니라 피고인이 보유하고 있는 증거의 개시도 인정하고 있다.

② 검사의 증거개시 대상이 되는 것은 공소제기된 사건에 관한 서류 또는 물건의 목록과 공소사실의 인정 또는 양형에 영향을 미칠 수 있는 서류 또는 물건이다.

③ 피고인 또는 변호인은 검사가 서류 또는 물건의 열람·등사 또는 서면의 교부를 거부하거나 그 범위를 제한한 때에는 법원에 그 서류 또는 물건의 열람·등사 또는 서면의 교부를 허용하도록 할 것을 신청할 수 있다.

④ 법원의 증거개시에 관한 결정에 대하여는 집행정지의 효력이 있는 즉시항고의 방법으로 불복할 수 있다.

06 전문증거에 대한 설명으로 옳지 <u>않은</u> 것은?

① 검사가 작성한 피의자신문조서는 적법한 절차와 방식에 따라 작성된 것으로서 공판준비, 공판기일에 그 피의자였던 피고인 또는 변호인이 그 내용을 인정할 때에 한정하여 증거로 할 수 있다.

② 상업장부, 항해일지 기타 업무상 필요로 작성한 통상문서는 당연히 증거능력 있는 서류이다.

③ 법정에 출석한 증인이 「형사소송법」 제148조, 제149조 등에서 정한 바에 따라 정당하게 증언거부권을 행사하여 증언을 거부한 경우도 「형사소송법」 제314조의 '그 밖에 이에 준하는 사유로 인하여 진술할 수 없는 때'에 해당한다.

④ 피고인의 진술을 그 내용으로 하는 전문진술이 기재된 조서는 「형사소송법」 제312조 내지 제314조의 규정에 의하여 각 그 증거능력이 인정될 수 있는 경우에 해당하여야 함은 물론, 나아가 「형사소송법」 제316조 제1항의 규정에 따라 피고인의 진술이 특히 신빙할 수 있는 상태하에서 행하여진 때에는 이를 증거로 할 수 있다.

07 다음 사례에서 P가 할 수 있는 조치에 대한 설명으로 옳은 것은?

> 미성년자 甲은 음주운전을 하다가 교통사고를 내고 구급차에 실려 병원으로 이송되었다. 사법경찰관 P는 응급실에 누워 있는 甲에게서 술냄새가 강하게 나는 것을 인지하고 甲을 도로교통법위반(음주운전)죄로 입건하기 위해 증거 수집의 목적으로 甲의 혈액을 취득·보관하려고 한다.

① P가 甲의 동의 없이 혈액을 강제로 취득하는 것은 「형사소송법」이 정한 압수의 방법으로 하여야 하고, 감정에 필요한 처분으로는 이를 할 수 없다.

② 甲이 응급실에서 의식을 잃지 않고 의사능력이 있는 경우라도 甲은 미성년자이므로 P는 甲의 법정대리인의 동의를 얻어야 그의 혈액을 압수할 수 있다.

③ 위 응급실은 「형사소송법」 제216조 제3항의 범죄장소에 준한다고 볼 수 없으므로, P는 긴급체포시 압수의 방법으로 영장 없이 甲의 혈액을 취득할 수 있다.

④ P는 당시 간호사가 위 혈액의 소지자 겸 보관자인 의료기관 또는 담당의사를 대리하여 혈액을 경찰관에게 임의로 제출할 수 있는 권한이 없었다고 볼 특별한 사정이 없는 이상, 간호사로부터 진료 목적으로 채혈해 놓은 甲의 혈액을 임의로 제출받아 영장 없이 압수할 수 있다.

08 증거조사에 대한 설명으로 옳지 않은 것은?

① 검사, 피고인 또는 변호인은 증거조사에 관하여 법령의 위반이 있거나 상당하지 아니함을 이유로 이의신청할 수 있다.

② 유죄의 심증은 반드시 직접증거에 의하여 형성되어야 하며, 경험칙과 논리칙에 위반되지 않는다고 하여 간접증거에 의하여 형성되어서는 아니 된다.

③ 공판준비기일에 신청하지 못한 증거라도 법원은 직권으로 증거를 조사할 수 있다.

④ 검사, 피고인 또는 변호인의 신청에 따라 증거서류를 조사하는 때에는 신청인이 이를 낭독하여야 한다.

09 재심에 대한 설명으로 옳지 않은 것은?

① 재심이 개시된 사건에서 범죄사실에 대하여 적용하여야 할 법령은 재심판결 당시의 법령이고, 재심대상판결 당시의 법령이 변경된 경우 법원은 그 범죄사실에 대하여 재심판결 당시의 법령을 적용하여야 한다.

② 재심심판절차에서는 특별한 사정이 없는 한 검사가 재심대상사건과 별개의 공소사실을 추가하는 내용으로 공소장을 변경하는 것은 허용되지 않는다.

③ 유죄의 확정판결 등에 대해 재심개시결정이 확정된 후 재심심판절차가 진행되면 확정판결은 효력을 잃게 된다.

④ 재심개시절차에서는 「형사소송법」에서 규정하고 있는 재심사유가 있는지 여부만을 판단하여야 하고, 나아가 재심사유가 재심대상판결에 영향을 미칠 가능성이 있는가의 실체적 사유는 고려하여서는 아니 된다.

10 공소장변경에 대한 설명으로 옳지 않은 것은?

① 공소사실의 동일성을 판단할 경우 순수한 사실관계의 동일성이라는 관점에서만 파악할 수 없고, 피고인의 행위와 자연적·사회적 사실관계 이외에 규범적 요소를 고려하여 기본적 사실관계가 실질적으로 동일한지에 따라 판단해야 한다.

② 甲이 한 개의 강도범행을 하는 기회에 수 명의 피해자에게 각각 폭행을 가하여 각 상해를 입힌 사실에 대하여 포괄일죄로 기소된 경우 법원은 공소장변경 없이 피해자별로 수 개의 강도상해죄의 실체적 경합범으로 처벌할 수 있다.

③ 甲이 과실로 교통사고를 발생시켰다는 각 「교통사고처리 특례법」 위반죄의 공소사실을 고의로 교통사고를 낸 뒤 보험금을 청구하여 수령하거나 미수에 그쳤다는 '사기 및 사기미수죄'로 변경하고자 하는 경우 기본적 사실관계가 동일하므로 공소장변경은 허용된다.

④ 甲이 A에게 필로폰 0.3g을 교부하였다는 '마약류관리법위반(향정)죄'의 공소사실을 필로폰을 구해주겠다고 속여 대금을 편취하였다는 '사기죄'로 변경하고자 하는 경우 기본적 사실관계가 동일하다고 볼 수 없으므로 공소장변경은 허용되지 않는다.

11 증거동의에 대한 설명으로 옳지 않은 것은?

① 변호인은 피고인의 명시한 의사에 반하지 않는 한 피고인을 대리하여 증거로 함에 동의할 수 있다.

② 증거동의의 효력은 당해 심급에만 미치므로 공판절차의 갱신이 있거나 심급을 달리하면 그 효력이 상실된다.

③ 서류의 기재내용이 가분적인 경우에는 서류의 일부에 대한 증거동의도 가능하다.

④ 필요적 변호사건에서 피고인과 변호인이 무단퇴정하여 수소법원이 피고인이나 변호인이 출석하지 않은 상태에서 증거조사를 하는 경우, 피고인의 진의와 관계없이 증거로 함에 동의가 있는 것으로 간주한다.

12 공동피고인에 대한 설명으로 옳지 않은 것은?

① 공범인 공동피고인은 당해 소송절차에서 피고인의 지위에 있으므로 소송절차가 분리되지 않으면 다른 공동피고인에 대한 공소사실에 대하여 증인이 될 수 없다.

② 대향범인 공동피고인은 소송절차의 분리로 피고인의 지위에서 벗어나더라도 다른 공동피고인에 대한 공소사실에 관하여 증인이 될 수 없다.

③ 공범이 아닌 공동피고인은 변론을 분리하지 않더라도 다른 공동피고인에 대한 공소사실에 대하여 증인이 될 수 있다.

④ 「형사소송법」 제310조의 피고인의 자백에는 공범인 공동피고인의 진술은 포함되지 아니하므로 공범인 공동피고인의 진술은 다른 공동피고인에 대한 범죄사실을 인정하는 증거로 할 수 있다.

13 다음 설명 중 옳지 않은 것은?

① 공판준비 또는 공판기일에 이미 증언을 마친 증인을 검사가 소환한 후 피고인에게 유리한 증언 내용을 추궁하여 이를 일방적으로 번복시키는 방식으로 작성한 진술조서는 원칙적으로 증거능력이 있다.

② 검사의 불기소처분에는 확정재판에 있어서의 확정력과 같은 효력이 없어 일단 불기소처분을 한 후에도 공소시효가 완성되기 전이면 언제라도 공소를 제기할 수 있다.

③ 재정신청에 관하여 법원의 공소제기 결정이 있는 때에는 공소시효에 관하여 그 결정이 있는 날에 공소가 제기된 것으로 본다.

④ 공소장에 적용법조의 기재에 오기가 있거나 누락이 있더라도 이로 인하여 피고인의 방어에 실질적 불이익이 없는 한 공소제기의 효력에는 영향이 없다.

14 「형사소송법」 제312조 제3항에 대한 설명으로 옳지 않은 것은?

① 사법경찰관이 작성한 피고인의 공범에 대한 피의자신문조서의 경우에 사망 등의 사유로 인하여 법정에서 진술할 수 없는 때에는 예외적으로 증거능력을 인정하는 규정인 「형사소송법」 제314조가 적용된다.

② 「형사소송법」 제312조 제3항의 '그 내용을 인정할 때'라 함은 피의자신문조서의 기재내용이 진술 내용대로 기재되어 있다는 의미가 아니고 그와 같이 진술한 내용이 실제 사실과 부합한다는 것을 의미한다.

③ 피고인과 공범관계에 있는 공동피고인에 대하여 수사과정에서 작성된 피의자신문조서는 그 공동피고인에 의하여 성립의 진정이 인정되더라도 해당 피고인이 공판기일에 그 조서의 내용을 부인하면 증거능력이 없다.

④ 사법경찰관이 작성한 양벌규정 위반 행위자의 피의자신문조서가 적법한 절차와 방식에 따라 작성된 것이지만, 공판기일에 양벌규정에 의해 기소된 사업주가 그 내용을 증거로 함에 동의하지 않고 그 내용을 부인하였다면 증거로 할 수 없다.

15 「통신비밀보호법」이 규정하는 통신제한조치에 대한 설명으로 옳은 것은?

① 「통신비밀보호법」에서 보호하는 타인 간의 '대화'에는 원칙적으로 현장에 있는 당사자들이 말을 주고받는 육성과 의사소통 과정에서 사물에서 발생하는 음향이 포함된다.

② 「통신비밀보호법」이 규정하는 감청에는 실시간으로 전기통신의 내용을 지득 · 채록하는 행위, 통신의 송 · 수신을 직접적으로 방해하는 행위, 이미 수신이 완료된 전기통신에 관하여 남아 있는 기록이나 내용을 열어보는 행위 등이 포함된다.

③ 통신의 당사자 일방이 수사기관에 제출할 의도로 상대방의 동의 없이 전자장치나 기계장치를 사용하여 통신의 음향 · 문언 · 부호 · 영상을 청취하는 것은 「통신비밀보호법」이 정한 감청에 해당하지 아니한다.

④ 사법경찰관은 인터넷 회선을 통하여 송신 · 수신하는 전기통신을 대상으로 통신제한조치를 집행한 후 그 전기통신의 보관 등을 하고자 하는 때에는 집행 종료일부터 14일 이내에 보관 등이 필요한 전기통신을 선별하여 검사에게 보관 등의 승인을 청구하고, 검사는 청구가 이유 있다고 인정하는 경우에는 보관 등을 승인하여야 한다.

16 전자정보의 압수에 대한 설명으로 옳은 것은?

① 피의자 소유 정보저장매체를 제3자가 보관하고 있던 중 이를 수사기관에 임의제출하면서 그곳에 저장된 모든 전자정보를 일괄하여 임의제출한다는 의사를 밝힌 경우에도 특별한 사정이 없는 한 수사기관은 범죄혐의사실과 관련된 전자정보에 한정하여 영장 없이 적법하게 압수할 수 있다.

② 임의제출된 전자정보매체에서 압수의 대상이 되는 전자정보의 범위를 넘어서는 전자정보에 대해 수사기관이 영장 없이 압수·수색하여 취득한 증거는 위법수집증거에 해당하지만, 사후에 법원으로부터 영장이 발부되었거나 피고인 또는 변호인이 이를 증거로 함에 동의하였다면 그 위법성은 치유된다.

③ 정보저장매체를 임의제출 받아 이를 탐색·복제·출력하는 경우, 압수·수색 당시 또는 이와 시간적으로 근접한 시기까지 해당 정보저장매체를 현실적으로 지배·관리하지는 아니하였더라도 그곳에 저장되어 있는 개별 전자정보의 생성·이용 등에 관여한 자에 대하여서는 압수·수색절차에 대한 참여권을 보장해 주어야 한다.

④ 수사기관이 임의제출된 정보저장매체에서 범죄혐의사실이 아닌 별도의 범죄혐의와 관련된 전자정보를 우연히 발견한 경우, 당해 정보저장매체에 대한 임의제출에 기한 압수·수색이 종료되기 전이라면 별도의 영장을 발부받지 않고 이를 적법하게 압수·수색할 수 있으나 임의제출에 의한 압수·수색이 종료되었던 경우에는 별도의 범죄혐의에 대한 압수·수색영장을 발부받아야 이를 적법하게 압수할 수 있다.

17 강제처분에 대한 설명으로 옳지 않은 것은?

① 수사기관이 압수·수색에 착수하면서 그 장소의 관리책임자에게 영장을 제시하였더라도, 물건을 소지하고 있는 다른 사람으로부터 이를 압수하고자 하는 때에는 그 사람에게도 따로 영장을 제시하여야 한다.

② 우편물 통관검사절차에서 이루어지는 우편물의 개봉, 시료채취, 성분분석 등의 검사는 수출입물품에 대한 적정한 통관 등을 목적으로 한 행정조사의 성격을 가지는 것으로서 수사기관의 강제처분이라고 할 수 없으므로, 압수·수색영장 없이 우편물의 개봉, 시료채취, 성분분석 등 검사가 진행되었다 하더라도 특별한 사정이 없는 한 위법하다고 볼 수 없다.

③ 피처분자가 현장에 없거나 현장에서 그를 발견할 수 없는 경우 등 영장 제시가 현실적으로 불가능한 경우에는 영장을 제시하지 아니한 채 압수·수색을 하더라도 위법하다고 볼 수 없다.

④ 여자의 신체에 대하여 수색할 때에는 의사와 성년 여자를 참여하게 하여야 한다.

18 보강증거에 대한 설명으로 옳지 않은 것은?

① 휴대전화기의 카메라를 이용하여 성명불상 여성 피해자의 치마 속을 몰래 촬영하다가 현행범으로 체포된 피고인이 공소사실에 대해 자백한 바, 현행범 체포 당시 임의제출 방식으로 압수된 피고인 소유 휴대전화기에 대한 압수조서의 '압수경위'란에 기재된 피고인의 범행을 직접 목격한 사법경찰관의 진술내용은 피고인의 자백을 보강하는 증거가 된다.

② '○○자동차 점거로 甲이 처벌받은 것은 학교 측의 제보 때문이라 하여 피고인이 그 보복으로 학교총장실을 침입점거했다'는 피고인의 자백에 대해, '피고인과 공소외 甲이 ○○자동차 △△영업소를 점거했다가 甲이 처벌받았다'는 검사 제출의 증거내용은 보강증거가 될 수 없다.

③ 피고인이 甲과 합동하여 피해자 乙의 재물을 절취하려다가 미수에 그쳤다는 내용의 공소사실을 자백한 경우, 피고인을 현행범으로 체포한 피해자 乙의 수사기관에서의 진술과 현장사진이 첨부된 수사보고서는 피고인 자백에 대한 보강증거가 된다.

④ 자동차등록증에 차량의 소유자가 피고인으로 등록·기재된 것이 피고인이 그 차량을 운전하였다는 사실의 자백 부분에 대한 보강증거는 될 수 있지만 피고인의 무면허운전이라는 전체 범죄사실의 보강증거가 될 수는 없다.

19 「형사소송법」의 내용에 대한 설명으로 옳지 않은 것은?

① 재정신청이 법률상의 방식에 위배되거나 이유가 없는 때에는 법원은 신청을 기각하는 결정을 하며, 이러한 기각결정에 대하여는 즉시항고를 할 수 있다.

② 검사는 송치사건의 공소제기 여부 결정 또는 공소의 유지에 관하여 필요한 경우 사법경찰관에게 재수사를 요청할 수 있다.

③ 즉시항고는 법률에 명문의 규정이 있는 경우에만 허용되며 즉시항고의 제기기간은 7일로 한다.

④ 재심에서 무죄의 선고를 한 때 무죄를 선고받은 자가 원하지 아니하는 경우에는 재심무죄판결을 공시하지 아니할 수 있다.

20 즉결심판에 대한 설명으로 옳지 않은 것은?

① 즉결심판의 대상은 20만 원 이하의 벌금, 구류 또는 과료에 처할 사건이다.

② 즉결심판에 있어서 피고인의 출석은 개정 요건이므로 벌금 또는 과료를 선고하는 경우에 피고인이 출석하지 아니한 때에는 피고인의 진술을 듣지 아니하고 형을 선고할 수 없다.

③ 즉결심판절차에서 피고인이 정식재판을 청구하는 경우, 즉결심판의 선고·고지를 받은 날부터 7일 이내에 정식재판청구서를 경찰서장에게 제출하여야 하며, 이를 받은 경찰서장은 지체 없이 판사에게 송부하여야 한다.

④ 즉결심판이 확정된 때에는 확정판결과 동일한 효력이 있고, 즉결심판은 정식재판의 청구기간의 경과, 정식재판청구권의 포기 또는 그 청구의 취하에 의하여 확정되며 정식재판청구를 기각하는 재판이 확정된 때에도 같다.

모바일 OMR

회독 CHECK ① ② ③

지문의 내용에 대해 학설의 대립 등 다툼이 있는 경우 판례에 의함

01 공판에 대한 설명으로 옳지 않은 것은?

① 피고인이 출석하지 아니하면 개정하지 못하는 경우에는 구속된 피고인이 정당한 사유 없이 공판정 출석을 거부하고, 교도관에 의한 인치가 불가능하거나 현저히 곤란하다고 인정되는 때에도 피고인의 출석 없이 공판절차를 진행하였다면 위법하다.

② 항소심 공판기일에 증거조사가 종료되자 변호인이 피고인을 신문하겠다는 의사를 표시하였으나, 재판장이 일체의 피고인신문을 불허하고 변호인에게 주장할 내용을 변론요지서로 제출할 것을 명령하면서 변론을 종결한 것은 위법하다.

③ 검사가 공판기일의 통지를 2회 이상 받고 출석하지 아니하거나 판결만을 선고하는 때에는 검사의 출석 없이 개정할 수 있다.

④ 법원은 공소의 제기가 있는 때에는 지체 없이, 늦어도 제1회 공판기일 전 5일까지 공소장부본을 피고인 또는 변호인에게 송달하여야 한다.

02 「대한민국 헌법」에서 형사절차와 관련하여 명시적으로 규정하고 있는 것만을 모두 고르면?

ㄱ. 누구든지 체포 또는 구속을 당한 때에는 적부의 심사를 법원에 청구할 권리를 가진다.

ㄴ. 적법한 절차에 따르지 아니하고 수집한 증거는 증거로 할 수 없다.

ㄷ. 형사피의자 또는 형사피고인으로서 구금되었던 자가 법률이 정하는 불기소처분을 받거나 무죄판결을 받은 때에는 법률이 정하는 바에 의하여 국가에 정당한 보상을 청구할 수 있다.

ㄹ. 피고인의 자백이 고문·폭행·협박·구속의 부당한 장기화 또는 기망 기타의 방법에 의하여 자의로 진술된 것이 아니라고 인정될 때 또는 정식재판에 있어서 피고인의 자백이 그에게 불리한 유일한 증거일 때에는 이를 유죄의 증거로 삼거나 이를 이유로 처벌할 수 없다.

ㅁ. 영장에 의한 체포·긴급체포 또는 현행범인의 체포에 따라 체포된 피의자에 대하여 구속영장을 청구받은 판사는 지체 없이 피의자를 심문하여야 한다.

① ㄱ, ㄷ

② ㄱ, ㄷ, ㄹ

③ ㄴ, ㄷ, ㄹ

④ ㄴ, ㄹ, ㅁ

03 공소시효에 대한 설명으로 옳지 않은 것은?

① 2개 이상의 형을 병과하거나 2개 이상의 형에서 그 1개를 과할 범죄에는 중한 형에 의하여 공소시효의 기간을 결정한다.

② 범인이 국외에서 범죄를 저지르고 형사처분을 면할 목적으로 국외에서 체류를 계속하는 경우에도 공소시효는 정지된다.

③ 공범 중 1인에 대해 약식명령이 확정된 후 그에 대한 정식재판청구권회복결정이 있었다고 하더라도 그 사이의 기간 동안에는 특별한 사정이 없는 한 다른 공범자에 대한 공소시효는 정지함이 없이 계속 진행한다.

④ 공소제기 후 공소장이 변경된 경우 변경된 공소 사실에 대한 공소시효의 완성여부는 공소장 변경시점을 기준으로 판단하여야 한다.

04 소송주체에 대한 설명으로 옳지 않은 것은?

① 단독판사의 관할사건이 공소장변경에 의하여 합의부 관할 사건으로 변경된 경우에 법원은 결정으로 사건을 관할권이 있는 법원에 이송하여야 한다.

② 변호인의 선임은 심급마다 변호인과 연명날인한 서면으로 제출하여야 하며, 공소제기 전의 변호인 선임은 제1심에도 그 효력이 있다.

③ 검사는 부패범죄, 경제범죄, 공직자범죄, 선거범죄, 방위사업범죄, 대형참사 등 「검사의 수사개시범죄 범위에 관한 규정」이 정하는 중요범죄, 경찰공무원이 범한 범죄에 대하여 수사를 개시할 수 있다.

④ 반의사불벌죄의 피해자는 피의자나 피고인 및 그들의 변호인에게 자신을 대리하여 수사기관이나 법원에 자신의 처벌불원의사를 표시할 수 있는 권한을 수여할 수 없다.

05 압수·수색에 대한 설명으로 옳은 것은?

① 증거물을 압수하였을 때에는 압수조서 및 압수목록을 작성하여야 하지만, 수색한 결과 증거물이 없는 경우에는 그 취지의 증명서를 교부할 필요는 없다.

② 수사기관이 압수·수색영장을 제시하고 압수·수색을 실시하여 그 집행을 종료하였다 하더라도 영장의 유효기간이 남아 있다면 아직 그 영장의 효력이 상실되지 않았으므로, 동일한 장소에 대하여 다시 압수·수색할 수 있다.

③ 수사기관이 압수·수색영장 집행과정에서 영장발부의 사유인 범죄혐의사실과 무관한 별개의 증거를 압수하였다가 피압수자에게 환부하고 후에 이를 다시 임의제출받아 압수한 경우, 검사가 위 압수물 제출의 임의성을 합리적인 의심을 배제할 수 있을 정도로 증명하여 임의성이 인정된다면 이를 유죄 인정의 증거로 사용할 수 있다.

④ 압수·수색할 전자정보가 영장에 기재된 수색장소에 있는 정보처리장치에 있지 않고 그 정보처리장치와 정보통신망으로 연결되어 제3자가 관리하고 있는 원격지의 저장매체에 저장되어 있는 경우, 수사기관이 압수·수색영장에 기재되어 있는 압수할 물건을 적법한 절차와 집행방법에 따라 수색장소의 정보처리장치를 이용하여 원격지의 저장매체에 접속하였다 하더라도 이와 같은 압수·수색은 형사소송법에 위반된다.

06 전문증거의 증거능력에 대한 설명으로 옳지 않은 것은?

① 「형사소송법」 제312조 제4항에서 '적법한 절차와 방식에 따라 작성'한다는 것은 「형사소송법」이 피고인 아닌 사람의 진술에 대한 조서 작성 과정에서 지켜야 한다고 정한 여러 절차를 준수하고 조서의 작성 방식에도 어긋나지 않아야 한다는 것을 의미한다.

② 「형사소송법」 제313조에 따르면 피고인이 작성한 진술서는 공판준비나 공판기일에서의 피고인의 진술에 의하여 그 성립의 진정함이 증명된 때에만 증거로 할 수 있고, 피고인이 그 성립의 진정을 부인한 경우에는 증거로 할 수 있는 방법은 없다.

③ 「형사소송법」 제314조의 '외국거주'는 진술을 하여야 할 사람이 외국에 있다는 사정만으로는 부족하고, 가능하고 상당한 수단을 다하더라도 그 사람을 법정에 출석하게 할 수 없는 사정이 있어야 예외적으로 그 요건이 충족될 수 있다.

④ 「형사소송법」 제316조 제2항에서 '그 진술이 특히 신빙할 수 있는 상태하에서 행하여졌음'이란 진술내용에 허위가 개입할 여지가 거의 없고, 진술내용의 신빙성이나 임의성을 담보할 구체적이고 외부적인 정황이 있는 경우를 의미한다.

07 위법수집증거배제법칙에 대한 설명으로 옳지 않은 것은?

① 사인이 위법하게 수집한 증거에 대해서는 효과적인 형사소추 및 형사소송에서의 진실발견이라는 공익과 개인의 인격적 이익 등의 보호이익을 비교형량하여 그 허용 여부를 결정하여야 한다.

② '악'과 같은 대화가 아닌 사람의 목소리를 녹음하거나 청취하는 행위가 개인의 사생활의 비밀과 자유 또는 인격권을 중대하게 침해하여 사회통념상 허용되는 한도를 벗어난 것이 아니라면 위와 같은 목소리를 들었다는 진술을 형사절차에서 증거로 사용할 수 있다.

③ 압수·수색영장의 집행과정에서 별건 범죄혐의와 관련된 증거를 우연히 발견하여 압수한 경우에는 별건 범죄혐의에 대해 별도의 압수·수색영장을 발부받지 않았다 하더라도 위법한 압수·수색에 해당하지 않는다.

④ 위법수집증거배제법칙에 대한 예외를 인정하기 위해서는 예외적인 경우에 해당한다고 볼 만한 구체적이고 특별한 사정이 존재한다는 점을 검사가 증명하여야 한다.

형사소송법개론

교정직

08 과학적 증거에 대한 판례의 태도로서 옳지 않은 것은?

① 범죄구성요건에 해당하는 사실을 증명하기 위한 근거가 되는 과학적인 연구 결과는 적법한 증거조사를 거친 증거능력 있는 증거에 의하여 엄격한 증명으로 증명되어야 한다.

② 유전자검사나 혈액형검사 등 과학적 증거방법은 그 전제로 하는 사실이 모두 진실임이 입증되고 그 추론의 방법이 과학적으로 정당하여 오류의 가능성이 전무하거나 무시할 정도로 극소한 것으로 인정되는 경우에는 법관이 사실인정을 함에 있어 상당한 정도로 구속력을 가진다.

③ 전문 감정인이 공인된 표준 검사기법으로 분석한 후 법원에 제출한 과학적 증거는 모든 과정에서 시료의 동일성이 인정되고 인위적인 조작·훼손·첨가가 없었음이 담보되었다면, 각 단계에서 시료에 대한 정확한 인수·인계 절차를 확인할 수 있는 기록이 유지되지 않았다 하더라도 사실인정에 있어서 상당한 정도로 구속력을 가진다.

④ 컴퓨터 디스켓에 들어 있는 문건이 증거로 사용되는 경우 그 컴퓨터 디스켓은 그 기재의 매체가 다를 뿐 실질에 있어서는 피고인 또는 피고인 아닌 자의 진술을 기재한 서류와 크게 다를 바 없고, 압수 후의 보관 및 출력과정에 조작의 가능성이 있으며, 기본적으로 반대신문의 기회가 보장되지 않는 점 등에 비추어 그 기재내용의 진실성에 관하여는 전문법칙이 적용된다.

09 증인신문에 대한 설명으로 옳지 않은 것은?

① 증언을 거부하는 자는 거부사유를 소명하여야 한다.

② 증인이 들을 수 없는 때에는 서면으로 묻고, 말할 수 없는 때에는 서면으로 답하게 할 수 있다.

③ 필요한 때에는 증인과 다른 증인 또는 피고인과 대질하게 할 수 있다.

④ 변호인이 신청한 증인은 검사, 변호인, 재판장의 순으로 신문하며, 합의부원은 당해 증인을 신문할 수 없다.

10 불이익변경금지원칙에 대한 설명으로 옳지 않은 것은?

① 피고인만 항소한 경우 제1심법원이 소송비용의 부담을 명하는 재판을 하지 않았음에도 항소심법원이 제1심의 소송비용에 관하여 피고인에게 부담하도록 재판을 하였다면 불이익변경금지원칙에 위배된다.

② 경합범 관계에 있는 수 개의 범죄사실을 유죄로 인정하여 한 개의 형을 선고한 불가분의 확정판결에서 그중 일부의 범죄사실에 대하여만 재심청구의 이유가 있는 것으로 인정되었으나 그 판결 전부에 대하여 재심개시의 결정을 한 경우, 불이익변경금지원칙이 적용되어 원판결의 형보다 중한 형을 선고하지 못한다.

③ 피고인이 항소심 선고 이전에 19세에 도달하여 제1심에서 선고한 부정기형을 파기하고 정기형을 선고함에 있어 불이익변경금지원칙 위반 여부를 판단하는 기준은 부정기형의 장기와 단기의 중간형이 되어야 한다.

④ 벌금형의 환형유치기간이 징역형의 기간을 초과한다고 하더라도, 벌금형이 징역형보다 경한 형이라고 보아야 한다.

11 공소가 제기된 이후 당해 피고인에 대한 수사와 관련된 설명으로 옳은 것은?

① 불구속으로 기소된 피고인이 도망하거나 증거인멸의 염려가 있는 경우 검사는 지방법원판사에게 구속영장을 청구하여 발부받아 피고인을 구속할 수 있다.

② 검사 작성의 피고인에 대한 진술조서가 공소제기 후에 작성된 것이라는 이유만으로 곧 그 증거능력이 없다고 할 수는 없다.

③ 수사기관은 수소법원 이외의 지방법원판사로부터 압수·수색영장을 청구하여 발부받아 피고사건에 관하여 압수·수색을 할 수 있다.

④ 피고인에 대한 수소법원의 구속영장을 집행하는 경우 필요한 때에도 수사기관은 그 집행현장에서 영장 없이는 압수·수색·검증을 할 수 없다.

12 공소장변경에 대한 설명으로 옳지 않은 것은?

① 약식명령에 대하여 피고인만 정식재판을 청구한 사건에서 법정형에 유기징역형만 있는 범죄로 공소장을 변경하는 것은 공소사실의 동일성이 인정되더라도 허용될 수 없다.

② 법원은 공소사실의 동일성이 인정되는 범위 내에서 심리의 경과 등에 비추어 피고인의 방어권 행사에 실질적인 불이익을 주는 것이 아니라면 공동정범으로 기소된 범죄 사실을 방조사실로 인정할 수 있다.

③ 공소사실의 동일성이 인정되지 않는 등의 사유로 공소장변경허가결정에 위법사유가 있는 경우에는 공소장변경허가를 한 법원 스스로 이를 취소할 수 있다.

④ 검사의 공소장변경 신청이 공소사실의 동일성을 해하지 아니하는 한 법원은 이를 허가하여야 한다.

13 구속에 대한 설명으로 옳지 않은 것은?

① '범죄의 중대성, 재범의 위험성, 피해자 및 중요 참고인 등에 대한 위해우려 등'은 독립된 구속사유가 아니라 구속사유를 심사함에 있어서 필요적 고려사항이다.

② 지방법원판사가 구속영장청구를 기각한 경우에 검사는 지방법원판사의 기각결정에 대하여 항고 또는 준항고의 방법으로 불복할 수 없다.

③ 긴급체포된 피의자를 구속전 피의자심문을 하는 경우 구속기간은 구속영장 발부 시가 아닌 피의자를 체포한 날부터 기산하며, 법원이 구속영장청구서 · 수사 관계 서류 및 증거물을 접수한 날부터 구속영장을 발부하여 검찰청에 반환한 날까지의 기간은 구속기간에 산입하지 않는다.

④ 구속영장 발부에 의하여 적법하게 구금된 피의자가 피의자신문을 위한 출석요구에 응하지 아니하면서 수사기관 조사실에 출석을 거부하는 경우에도 수사기관은 구속영장의 효력에 의하여 피의자를 조사실로 구인할 수 없다.

14 상소에 대한 설명으로 옳지 않은 것은?

① 즉시항고의 제기기간은 7일로 한다.

② 항소를 함에는 항소장을 원심법원에 제출하여야 한다.

③ 형사소송에서는 판결등본이 당사자에게 송달되는 여부에 관계없이 공판정에서 판결이 선고된 날부터 상소기간이 기산되며, 이는 피고인이 불출석한 상태에서 재판을 하는 경우에도 마찬가지이다.

④ 항고는 즉시항고 외에는 재판의 집행을 정지하는 효력이 없으므로 원심법원 또는 항고법원이 결정으로 항고에 대한 결정이 있을 때까지 집행을 정지할 수 없다.

15 간이공판절차에 대한 설명으로 옳지 않은 것은?

① 피고인이 공판정에서 공소사실에 대하여 자백한 때에는 법원은 그 공소사실에 한하여 간이공판절차에 의하여 심판할 것을 결정할 수 있다.

② 법원은 간이공판절차에 의하여 심판할 것을 결정한 사건에 대하여 피고인의 자백이 신빙할 수 없다고 인정되거나 간이공판절차로 심판하는 것이 현저히 부당하다고 인정할 때에는 검사의 의견을 들어 그 결정을 취소하여야 한다.

③ 간이공판절차 개시결정이 있는 경우 전문법칙이 적용되는 증거에 대하여 동의가 있는 것으로 간주되므로 피고인 또는 변호인은 이를 증거로 함에 이의를 제기할 수 없다.

④ 간이공판절차 개시결정이 취소된 때에는 공판절차를 갱신하여야 하지만 검사, 피고인 또는 변호인이 이의가 없는 때에는 그러하지 아니하다.

행사소송법개론 교정직

16 소송조건에 대한 설명으로 옳지 않은 것은?

① 친고죄에서 고소취소의 의사표시는 공소제기 전에는 고소사건을 담당하는 수사기관에, 공소제기 후에는 고소사건의 수소법원에 대하여 이루어져야 한다.

② 고소를 함에 있어서 고소인은 범죄사실을 특정하여 신고하면 족하며, 범인이 누구인지, 나아가 범인 중 처벌을 구하는 자가 누구인지를 적시할 필요는 없다.

③ 친고죄의 공범 중 그 일부에 대하여 제1심판결이 선고된 후에는 제1심판결 선고 전의 다른 공범자에 대하여는 그 고소를 취소할 수 없고, 그 고소의 취소가 있다 하더라도 그 효력을 발생할 수 없으며, 이러한 법리는 필요적 공범과 임의적 공범 모두에 적용된다.

④ 친고죄에서 고소는 제1심판결 선고 전까지 취소할 수 있으므로, 상소심에서 제1심 공소기각판결을 파기하고 이 사건을 제1심법원에 환송함에 따라 다시 제1심 절차가 진행된 때에는 환송 후의 제1심판결 선고 전이라도 고소를 취소할 수 없다.

17 형사절차에 대한 설명으로 옳지 않은 것은?

① 체포·구속적부심사에 대한 법원의 기각결정에 대하여는 항고하지 못하지만, 보증금납입조건부석방결정에 대하여는 항고할 수 있다.

② 법원은 피고인이 도망하거나 죄증을 인멸할 염려가 있다고 믿을 만한 충분한 이유가 있는 때에는 직권으로 보석을 취소할 수 있으며, 이러한 보석취소결정에 대하여는 항고할 수 있다.

③ 수사기관이 법원으로부터 영장 또는 감정처분허가장을 발부받지 아니한 채 피의자의 동의 없이 피의자의 신체로부터 혈액을 채취하고 사후에도 지체 없이 영장을 발부받지 아니한 채 혈액 중 알코올농도에 관한 감정을 의뢰하였더라도, 이러한 과정을 거쳐 얻은 감정의뢰회보 등은 피고인이나 변호인의 동의가 있다면 유죄의 증거로 사용할 수 있다.

④ 압수·수색의 방법으로 소변을 채취하는 경우 압수대상물인 피의자의 소변을 확보하기 위한 수사기관의 노력에도 불구하고, 피의자가 소변 채취에 적합한 인근 병원 등으로 이동하는 것에 저항하는 등 임의동행을 기대할 수 없는 사정이 있는 때에는, 수사기관으로서는 소변 채취에 적합한 장소로 피의자를 데려가기 위해서 필요 최소한의 유형력을 행사하는 것이 허용된다.

18 재판에 대한 설명으로 옳지 않은 것은?

① 공소가 취소된 경우 법원은 결정으로 공소를 기각하여야 한다.

② 항고의 제기가 법률상의 방식에 위반하거나 항고권 소멸 후인 것이 명백한 때에는 원심법원은 결정으로 항고를 기각하여야 한다.

③ 판결 선고 전 미결구금일수는 그 전부가 법률상 당연히 본형에 산입되므로 판결에서 별도로 미결구금 일수 산입에 관한 사항을 판단할 필요가 없다.

④ 상습범으로서 포괄적 일죄의 관계에 있는 여러 개의 범죄사실 중 일부에 대하여 유죄판결이 확정된 경우에, 그 확정판결의 사실심판결 선고 전에 저질러진 나머지 범죄에 대하여 새로이 공소가 제기되었다면 판결로 공소를 기각하여야 한다.

19 「형사소송법」의 내용으로 옳지 않은 것만을 모두 고르면?

ㄱ. 사법경찰관이 작성한 피의자신문조서는 적법한 절차와 방식에 따라 작성된 것으로서 공판준비 또는 공판기일에 그 피의자였던 피고인 또는 변호인이 그 내용을 인정할 때에 한하여 증거능력이 있다.

ㄴ. 공판기일에 검사는 공소장에 의하여 공소사실 · 죄명 및 적용법조를 낭독하여야 한다. 다만 재판장은 필요하다고 인정하는 때에는 검사에게 공소장의 낭독 또는 공소요지의 진술을 생략하도록 할 수 있다.

ㄷ. 형을 선고하는 경우 재판장은 상소할 기간뿐만 아니라 상소할 법원을 피고인에게 고지해야 한다.

ㄹ. 공판준비기일의 지정 신청에 관한 법원의 결정에 대해서는 항고할 수 있다.

ㅁ. 법원은 소송관계를 분명하게 하기 위해 직권 또는 검사, 피고인 또는 변호인의 신청으로 전문심리위원을 지정하여 소송절차에 참여하게 할 수 있으며, 이러한 전문심리위원은 재판장의 허가를 받으면 피고인, 변호인, 증인 등 소송관계인에게 필요한 사항에 관하여 직접 질문할 수 있다.

① ㄱ, ㄷ

② ㄴ, ㄹ

③ ㄴ, ㄷ, ㅁ

④ ㄴ, ㄹ, ㅁ

20 「형사보상 및 명예회복에 관한 법률」에 따른 형사보상에 대한 설명으로 옳지 않은 것은?

① 미결구금을 당하여 이 법에 따라 보상을 청구할 수 있는 자가 그 청구를 하지 아니하고 사망한 경우, 그 상속인이 이를 청구할 수 있다.

② 1개의 재판으로 경합범의 일부에 대하여 무죄재판을 받고 다른 부분에 대하여 유죄재판을 받았던 경우에는 법원은 재량으로 보상청구의 전부 또는 일부를 기각할 수 있다.

③ 형사보상을 받을 자가 다른 법률에 따라 손해배상을 청구하는 것은 금지된다.

④ 보상청구가 이유 있을 때에는 보상결정을 하여야 하며, 이러한 보상결정에 대하여는 1주일 이내에 즉시항고할 수 있다.

작은 기회로부터 종종 위대한 업적이 시작된다.

– 데모스테네스 –

기출이 답이다

[9급 공무원]

교정직

전과목 5개년

기출문제집

문제편

2026
최/신/개/정/판

교정직 공무원 채용 대비

기출이
답이다

문제편, 해설편으로 구성된 「기출이 답이다」는 깊이가 다른 해설로
오직 여러분의 합격을 목표로 합니다.

[9급 공무원]
교정직
전과목 5개년
기출문제집
해설편

시대에듀

▲합격의 모든 것!

편저 | 시대공무원시험연구소

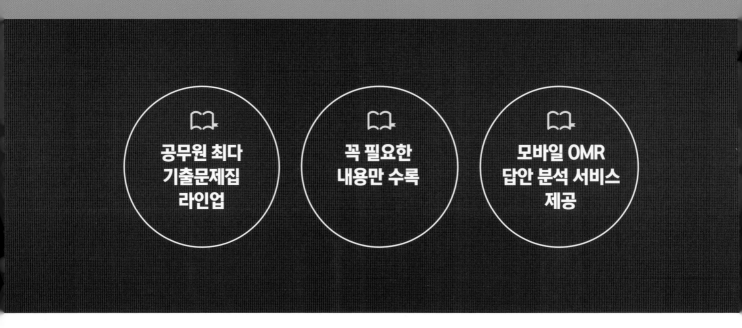

교정직

해설편

PART 1

국어

국어 | 2025년 국가직 9급

한눈에 훑어보기

✔ 영역 분석

국어학 01 03 14
3문항, 15%

화법과 작문 02 20
2문항, 10%

독해 04 05 06 07 08 09 10 11 12 13
10문항, 50%

논리 15 16 17 18 19
5문항, 25%

✔ 빠른 정답

01	02	03	04	05	06	07	08	09	10
③	④	④	③	③	②	②	②	②	①
11	**12**	**13**	**14**	**15**	**16**	**17**	**18**	**19**	**20**
③	④	①	②	③	③	①	②	④	④

✔ 점수 체크

구분	1회독	2회독	3회독
맞힌 문항 수	/ 20	/ 20	/ 20
나의 점수	점	점	점

01 난도 ★☆☆   정답 ③

국어학 > 공문서 수정

[정답의 이유]

③ '위탁(委託)하다'는 '남에게 사물이나 사람의 책임을 맡기다.'라는 의미이고, '수주(受注)하다'는 '주문을 받다.'라는 의미이다. 문맥상 별도의 전문 평가 기관에 조사를 맡기는 것이므로 ⓒ '위탁하며'를 '수주하며'로 수정하는 것은 적절하지 않다.

[오답의 이유]

① 생소한 외래어나 외국어는 우리말로 다듬어야 하므로 ⑤ '마스터 플랜'을 '기본 계획'으로 수정하는 것은 적절하다.

② 제시된 문장의 주어는 '본 조사의 대상은'이다. ⓒ '기업을 대상으로 합니다'는 주어와 호응하지 않으므로 주어에 맞게 '기업입니다'로 수정하는 것은 적절하다.

④ ② '학교 현장 교수 학습 환경 개선 정책 개발 및'은 명사가 지나치게 나열되어 있으므로 조사와 어미를 활용하여 '학교 현장의 교수 학습 환경을 개선하는 정책을 개발하고'로 수정하는 것은 적절하다.

02 난도 ★★☆   정답 ④

화법과 작문 > 작문

[정답의 이유]

④ 제시된 개요에서 'Ⅰ. 청소년 아르바이트의 실태'와 'Ⅱ. 청소년 아르바이트의 노동 문제 발생 원인', 'Ⅲ. 청소년 아르바이트의 노동 문제 개선 방안'의 하위 항목은 각각 대응한다. '청소년 고용 업체 규모 축소를 위한 정부의 지속적인 감독과 단속'은 Ⅰ.과 Ⅱ.에 관련한 내용이 없으므로 빈칸에 들어갈 내용으로 적절하지 않다.

[오답의 이유]

① '청소년의 노동 환경 개선을 위한 제도 정비'는 'Ⅱ-1 청소년의 노동 환경에 대한 실효성 있는 제도 부족'에 대한 개선 방안이므로 빈칸에 들어갈 내용으로 적절하다.

② '청소년 고용 업주에 대한 노동 관계법 교육과 지도 확대'는 'Ⅱ-2 노동 관계법에 관한 청소년 고용 업주의 인식 부족'에 대한 개선 방안이므로 빈칸에 들어갈 내용으로 적절하다.

③ '청소년 노동자의 인권 보호를 위한 사회적 교육 기관 설립'은 'Ⅱ-3 청소년 노동자의 인권을 존중하지 않는 사회의 통념'에 대한 개선 방안이므로 빈칸에 들어갈 내용으로 적절하다.

03 난도 ★★☆   정답 ④

국어학 > 어휘

정답의 이유

④ (가) 1문단에서 '이 직접구성요소를 분석한 결과, 둘 중 어느 하나가 접사이면 파생어이고, 둘 다 어근이면 합성어이다.'라고 하였다. (가)의 앞에서 '쓴웃음'과 같은 단어에는 접사 '−음'이 있어서 (가)라고 생각한다고 하였으므로, (가)에는 '파생어'가 들어가는 것이 적절하다. (나) 2문단의 '그러나 이는 복합어 구분의 ~ 나올 수 있는 질문이다.', '전술한 바와 같이 복합어가 ~ 복합어 구분에 관여하지 않는다.'를 볼 때 '쓴웃음'은 파생어가 아닌 합성어임을 알 수 있다. 1문단에서 합성어는 '어근 + 어근'의 구성이라고 하였으므로 (나)에는 '어근'이 들어가는 것이 적절하다.

더 알아보기

단어의 형성

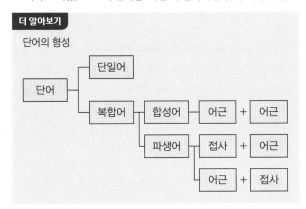

04 난도 ★☆☆   정답 ③

독해 > 추론

정답의 이유

③ 2문단의 '이 시기 신문학의 순수학문 작품 ~ 사람들이 바로 그들이다.'를 볼 때 엘리트 독자층에 속한 사람들은 우리나라 문학 작품 외에도 외국 소설을 읽었다고 이해하는 것은 적절하다.

오답의 이유

① 2문단의 '그런데 20세기 초 문학 독자층 중에는 전통과 근대의 두 범주에 귀속시키기 어려운 독자층도 존재했다.'를 볼 때 '엘리트 독자층'은 전통이나 근대 독자층 어느 범주에도 해당하지 않는다. 따라서 근대적 대중 독자층에서 엘리트 독자층이 분화되어 나왔다는 내용은 적절하지 않다.

② 1문단에 따르면 '전통적 독자층'은 구활자본 고전소설과 일부 신소설의 독자이고, '근대적 대중 독자층'은 대중소설, 번안소설, 신문 연재 통속소설의 독자이다. '전통적 독자층'과 '근대적 대중 독자층'을 나누는 기준은 향유하는 작품이므로, 20세기 초의 문학 독자층을 구분하는 기준은 신분과 학력이라는 내용은 적절하지 않다.

④ 제시된 글에서 근대적 대중 독자층에 속한 사람들은 전통적 독자층에 속한 사람들보다 경제적으로 부유했다는 내용은 나타나지 않는다.

05 난도 ★☆☆   정답 ③

독해 > 문맥 추론

정답의 이유

③ ⓒ 앞의 '높은 주파수의 영역에서도 귀에 들리지 않는 진동이 있다.'를 볼 때 ⓒ을 '사람은 보통 20,000Hz 이상의 진동이 귀에 도달하면 소리로 인식하지 못한다.'로 수정하는 것은 적절하다.

오답의 이유

① 1문단에 따르면 가청 주파수 대역의 하한인 20Hz보다 낮은 주파수의 진동은 귀에 들리지 않는다. 이를 볼 때 ㉠을 '우리의 몸이 흔들리지 않을 뿐 귀로는 저음을 들을 수 있다.'로 수정하는 것은 적절하지 않다.

② 1문단에 따르면 귀에 들리지 않는 진동을 '초저주파음'이라고 부른다. 이는 들리지 않는 진동을 소리로 간주하기 때문이다. 따라서 ⓛ을 '귀에 들리지 않는 진동은 소리로 간주할 수 없다는 생각에서이다.'로 수정하는 것은 적절하지 않다.

④ 3문단의 '예컨대 우리와 가까이 지내는 개의 경우 ~ 소리로 인식할 수 있다.'를 볼 때 개는 사람이 듣지 못하는 진동까지 소리로 인식한다. 따라서 ㉣을 '사람의 가청 주파수 대역보다 좁기 때문이다.'로 수정하는 것은 적절하지 않다.

06 난도 ★★☆   정답 ②

독해 > 문단 순서 배열

정답의 이유

제시글은 LCD 기술과 OLED 기술의 차이에 대한 내용을 담고 있다.

- (나)에서는 '롤러블 TV'를 언급하며 접거나 말 수 있는 모니터라는 화제를 제시하고 있으므로 글의 처음에 오는 것이 적절하다.

- (가)에서는 '그 원리'를 알려면 LCD와 OLED의 차이를 이해해야 한다고 했는데 '그 원리'는 (나)의 모니터를 접거나 말 수 있는 원리를 의미하므로 (나)의 다음에 위치하는 것이 적절하다.

- (라)에서는 역접의 상황에서 쓰이는 '반면'이라는 접속어를 사용하여 OLED는 스스로 빛을 낼 수 있다고 설명하고 있다. 따라서 LCD 기술은 스스로 빛을 내지 못한다고 설명한 (가)의 다음에 위치하는 것이 적절하다.

- (다)에서는 OLED 기술은 모양을 자유롭게 변형할 수 있는 모니터 개발을 가능하게 하였다고 설명하고 있다. (라)에서 OLED 제품은 백라이트를 설치할 필요가 없어 얇게 만들 수 있고 특수 유리나 플라스틱으로 제작할 수 있다고 언급하고 있으므로 (라)의 다음에 위치하는 것이 적절하다.

따라서 문맥에 맞게 순서대로 나열한 것은 ② (나) − (가) − (라) − (다)이다.

독해 > 글의 주제 파악

정답의 이유

② 제시된 글은 동물이 체온조절을 위하여 열을 획득하는 방식에 따라 '내온동물'과 '외온동물'로 구분하고, 체온의 안정성을 기준으로 '항온동물'과 '변온동물'로 구분한다고 설명하고 있다. 또한 4문단에서 체온조절을 위해 열을 획득하는 방식과 체온의 안정성을 유지하는 것은 별개의 문제로, 내온동물과 외온동물을 구분하는 방식과 항온동물과 변온동물을 구분하는 방식 사이에는 어떠한 상관관계도 없다고 하였다. 이를 볼 때 제시된 글의 중심 내용으로 가장 적절한 것은 '체온조절을 위한 열 획득 방식과 체온의 안정성은 동물을 분류하는 서로 다른 기준이다.'이다.

오답의 이유

① 4문단의 '내온동물과 외온동물을 구분하는 방식과 항온동물과 변온동물을 구분하는 방식 사이에는 어떠한 상관관계도 없다.'를 볼 때 '내온동물과 외온동물의 특징을 통해 항온동물과 변온동물의 특징을 밝힐 수 있다.'는 중심 내용으로 적절하지 않다.

③ 제시된 글에서 동물을 구분하는 두 가지 기준의 모호성에 대하여 언급하고 있지 않으므로 '동물을 내온동물과 외온동물로 구분하는 기준은 항온동물과 변온동물로 구분하는 기준보다 모호하다.'는 중심 내용으로 적절하지 않다.

④ 제시된 글에서 동물을 구분하는 기준 중 어느 것이 더 적합한지는 언급하고 있지 않으므로 '체온조절을 위한 열 획득 방식보다 체온의 안정성을 유지하는 방식이 동물을 분류하는 더 적합한 기준이 된다.'는 중심 내용으로 적절하지 않다.

독해 > 어휘 추론

정답의 이유

② '조절(調節)하다'는 '균형이 맞게 바로잡다. 또는 적당하게 맞추어 나가다.'라는 의미이므로 '조절한다'를 '올린다'로 바꿔 쓰는 것은 적절하지 않다.

오답의 이유

① '획득(獲得)하다'는 '얻어 내거나 얻어 가지다.'라는 의미이므로 '획득한다'를 '얻는다'로 바꿔 쓰는 것은 적절하다.

③ '구분(區分)하다'는 '일정한 기준에 따라 전체를 몇 개로 갈라 나누다.'라는 의미이므로 '구분하기도'를 '나누기도'로 바꿔 쓰는 것은 적절하다.

④ '서식(棲息)하다'는 '생물 따위가 일정한 곳에 자리를 잡고 살다.'라는 의미이므로 '서식하기'를 '살기'로 바꿔 쓰는 것은 적절하다.

독해 > 추론

정답의 이유

② 3문단의 '이집트 종교는 수직적이고 이원적인 정신성에 ~ 이상주의적 미술로 표현되는 경향이 있다.'를 볼 때 이집트의 종교가 가지는 정신성이 이집트의 미술 양식에 영향을 끼쳤다고 추론하는 것은 적절하다.

오답의 이유

① 2문단에서 평범한 사람들은 찰나의 인생을 살고 있기 때문에 실제로 행위하는 모습 그대로 그려지고, 고귀한 존재는 영원한 세계의 이상을 반영하여 불변의 양식으로 그려진다고 하였다. 따라서 이집트의 벽화에서는 존재와 행위를 동등한 가치로 표현하고 있다는 추론은 적절하지 않다.

③ 1문단에 따르면 이집트 벽화에서 고귀한 존재는 이상적인 부분끼리의 조합으로 그려졌고, 평범한 일반인들은 사실적으로 그려졌다. 이를 볼 때 이집트의 이상적인 미술에서는 평범한 사람들은 그리지 않고 고귀한 존재들만 표현했다는 추론은 적절하지 않다.

④ 1문단의 '그들을 서로 다른 방식으로 표현하였다는 점은 ~ 선명하게 보여준다.'를 볼 때 특정한 이데올로기를 통해 이집트 미술이 양식화된 것을 알 수 있다. 따라서 이집트인들은 신체를 바라보는 독특한 시점을 토대로 예술에 관한 이데올로기를 형성하였다는 추론은 적절하지 않다.

독해 > 문맥 추론

정답의 이유

• ㉠의 '그들'은 여러 시점에서 바라본 모습을 하나의 형상에 집약하는 방식으로 벽화에 그려진 '신, 파라오, 귀족'을 지시한다.

• ㉡의 '그들'은 벽화에 그려진 대상이므로 '신, 파라오, 귀족, 평범한 일반인'을 지시한다.

• ㉢의 '그들'은 이 세상에서 실제로 행위하는 모습 그대로 그려지는 '평범한 사람들'을 지시한다.

• ㉣의 '그들'은 이상적 규범에 따라 불변의 양식으로 그려지는 '고귀한 존재', 즉 '신, 파라오, 귀족'을 지시한다.

따라서 문맥상 지시 대상이 같은 것은 ㉠, ㉣이다.

11 난도 ★★☆   정답 ③

독해 > 추론

정답의 이유

③ 2문단의 '한자에 비해 한글은 익히기 쉽고 그만큼 쓰기도 편해서 한글 소설의 필사자는 내용을 바꾸고 싶다는 의지가 있다면 쉽게 바꿀 수 있었다.'를 볼 때 한자로 필사할 때보다 한글로 필사할 때 필사자의 의견이 반영되어 개작되기 쉬웠다고 추론하는 것은 적절하다.

오답의 이유

① 1문단의 '조선 시대에 많은 한글소설이 창작되어 읽혔지만 ~ 거의 남기지 않았다.'를 볼 때 한글소설은 문헌에 남지 않았을 뿐 많이 창작되어 읽혔다. 따라서 조선 시대의 소설은 한글소설보다 한문소설의 종류가 훨씬 다양했다고 추론하는 것은 적절하지 않다.

② 1문단의 '조선 시대에 많은 한글소설이 창작되어 읽혔지만 ~ 거의 남기지 않았다.'를 볼 때 조선 시대의 지식인들이 저급한 오락물로 여긴 것은 조선에서 창작한 한문소설이 아니라 한글소설이다.

④ 2문단에서 '중국에서 들여온 한문소설은 ~ 조선에서 창작한 한문소설은 필사본으로 유통되었다.'고 하였다. 하지만 조선의 필사본 소설 중 한문소설을 필사한 것이 소수였는지는 제시된 글에 나오지 않는다.

12 난도 ★☆☆   정답 ④

독해 > 어휘 추론

정답의 이유

④ (가)의 '옮겨 쓰다'는 한글소설을 유통하는 과정에서 소설을 다른 책에 베끼어 썼다는 의미로 쓰였다. ㄹ의 '필사(筆寫)하다'는 '베끼어 쓰다.'라는 의미이므로 문맥상 (가)의 의미와 가장 가깝다.

오답의 이유

① '표기(表記)하다'는 '적어서 나타내다, 문자 또는 음성 기호로 언어를 표시하다.'라는 의미이다.

② '번역(飜譯)하다'는 '어떤 언어로 된 글을 다른 언어의 글로 옮기다.'라는 의미이다.

③ '기록(記錄)하다'는 '주로 후일에 남길 목적으로 어떤 사실을 적다.'라는 의미이다.

13 난도 ★★☆   정답 ①

독해 > 사례 추론

정답의 이유

① 제시된 글에 따르면 '언어의 자의성'은 '언어의 형식인 말소리와 언어의 내용인 의미 간에는 필연적 관계가 없다'는 것이다. 같은 언어 안에도 다양한 방언 형태가 존재한다는 것은 하나의 의미에 다양한 말소리(형식)가 있다는 뜻이므로, 말소리와 의미에 필연적 관계가 없음을 보여준다. 따라서 이는 언어의 자의성을 보여주는 사례로 적절하다.

오답의 이유

② '언어의 사회성'은 '언어에서 형식과 내용의 관계에 대한 사회적 약속은 한번 정해지면 개인이 쉽게 바꿀 수가 없다'는 것이다. 대화 상대에 따라 다른 표현을 사용하는 것은 언어의 사회성과 관련이 없다.

③ '언어의 역사성'은 '언어는 시간의 흐름에 따라 사회 구성원이 바뀌면서 끊임없이 변화한다'는 것이다. 유명인이 개인적으로 사용한 유행어가 시간이 지나도 표준어로 인정되지 않는다는 것은 언어의 역사성과 관련이 없다.

④ '언어의 추상성'은 '하나의 언어 형식은 수많은 구체적 대상이 가진 공통적 속성을 개념화하여 표현한다'는 것이다. 새로운 줄임말이 끊임없이 만들어지고 있는 것은 언어가 계속 변화하는 것에 해당하는 것으로, 언어의 추상성과는 관련이 없다.

더 알아보기

언어의 특징

- 언어의 기호성: 언어는 기호의 한 종류로 전달하고자 하는 의미를 기호를 통해 표현한다.
- 언어의 자의성: 언어에서 소리와 의미의 관계는 필연적이지 않다.
  - 예 한국에서는 '시계'라고 부르지만, 영어로는 'clock'이라고 부른다.
- 언어의 사회성: 언어는 그것을 사용하는 사람들 사이의 약속으로, 개인이 마음대로 바꿀 수 없다.
  - 예 '시계'라고 약속한 것을 마음대로 '자동차'로 바꿔 부를 수 없다.
- 언어의 창조성: 언어로 새로운 사상, 개념, 사물 등을 무한하게 만들어 낼 수 있다.
  - 예 '종이가 찢어졌어.'라는 말을 배운 아이는 '책이 찢어졌어.'라는 새로운 문장을 만들어 낸다.
- 언어의 규칙성: 언어는 구성 요소 간 일정한 규칙의 배열로 조직되고 운용되어야 의사소통 수단이 된다.
  - 예 철수가 밥에게 먹었다. (×) → 철수가 밥을 먹었다. (○)
- 언어의 역사성: 언어는 생성, 성장, 소멸의 과정을 거친다.
  - 예 ' · (아래아)'는 현대 국어에서 더 이상 사용되지 않는다.
- 언어의 분절성: 언어는 연속적으로 이루어진 현실 세계를 불연속으로 끊어 표현하는 특성이 있다.
  - 예 언어는 문장, 단어, 형태소, 음운으로 쪼개어 나눌 수 있다.
- 언어의 추상성: 언어는 여러 대상의 공통점을 추출하는 과정을 통하여 개념을 형성한다.
  - 예 개별 사물인 '수박, 딸기, 사과, 배' 등에서 '사람이 먹을 수 있는 열매'라는 공통 속성을 추출하고 '과일'이라는 개념을 형성한다.

14 난도 ★★★
정답 ②

국어학 > 표준발음법

정답의 이유

② 1문단의 '둘째, 첫음절 이외의 음절에서 ~ 단모음 [ㅣ]로도 발음할 수 있다.'를 볼 때 '거의 끝났다'의 '거의'는 [거의]로 발음하는 것이 원칙이나 [거이]로도 발음할 수 있다.

오답의 이유

① 1문단에서 조사 '의'는 이중모음 [ㅢ]로 발음하는 것이 원칙이나 단모음 [ㅔ]로도 발음할 수 있다고 하였으므로, '꽃의 향기'에서 '꽃의'는 [꼬츼]로 발음하는 것이 원칙이나 [꼬체]로도 발음할 수 있다.

③ 2문단에서 앞 음절의 받침이 뒤 음절의 초성으로 오게 되는 경우에는 둘째 원칙이 적용된다고 하였다. 따라서 '편의점에 간다'에서 '편의점'은 [펴늬점]이라고 발음하는 것이 원칙이나 [펴니점]으로도 발음할 수 있다.

④ 1문단에서 초성이 자음인 음절의 '-ㅣ'는 [ㅣ]로 발음해야 한다고 하였으므로, '한 칸을 띄고 쓴다'의 '띄'는 [띠]로 발음한다.

15 난도 ★★☆
정답 ③

논리 > 논리 추론

정답의 이유

③ 제시된 대화를 논리 기호로 단순화하면 다음과 같다.

> 갑: 셋째 주 목요일 설명회 ∨ 넷째 주 목요일 설명회
> 을:
> 병: 셋째 주 목요일 설명회 → 홍보 포스터 이번 주 제작
> 정: 홍보 포스터 이번 주 제작(결론)

이때 결론인 '홍보 포스터 이번 주 제작'이 도출되려면 '셋째 주 목요일 설명회'가 참이어야 한다. 갑에 따르면 '셋째 주 목요일 설명회'가 참이거나 '넷째 주 목요일 설명회'가 참이므로, '셋째 주 목요일 설명회'가 참이 되려면 '넷째 주 목요일 설명회'가 참이어서는 안 된다. 따라서 빈칸에는 '~ 넷째 주 목요일 설명회', 즉 '다음 달 넷째 주 목요일에 개최할 수 없습니다.'가 들어가는 것이 가장 적절하다.

16 난도 ★★★
정답 ③

논리 > 논리 추론

정답의 이유

③ 제시된 글을 논리 기호로 단순화하면 다음과 같다.

> (가) 인공일반지능 ∨ 인공지능 산업 쇠퇴
> (나) 인공일반지능 → 인간 생활 편리 ∧ 많은 사람 직장 잃음
> (다) 인공지능 산업 쇠퇴 → 많은 사람 직장 잃음 ∧ 세계 경제가 침체

(가)에 따르면 '인공일반지능'이 참이거나 '인공지능 산업 쇠퇴'가 참이다. (나)에 따르면 '인공일반지능'이 참이면 '인간 생활 편리'가 참이고, '많은 사람 직장 잃음'이 참이다. (다)에 따르면 '인공지능 산업 쇠퇴'가 참이면 '많은 사람 직장 잃음'이 참이고, '세계 경제가 침체'가 참이다. '인공일반지능'이 참이든, '인공지능 산업 쇠퇴'가 참이든 '많은 사람 직장 잃음'은 참이 되므로, (가) ~ (다)를 전제로 할 때 빈칸에 들어갈 결론으로 가장 적절한 것은 '많은 사람이 직장을 잃는다.'이다.

17 난도 ★★★
정답 ①

논리 > 논리 추론

정답의 이유

① 제시된 글을 논리 기호로 단순화하면 다음과 같다.

> • 갑 제주도 출장 → ~을 제주도 출장
> • ~을 제주도 출장 → ~병 휴가
> • 병 휴가

'병 휴가'는 확정적 진술이고, 이를 두 번째에 대입하면 '병 휴가 → 을 제주도 출장'이 된다. 이를 첫 번째에 대입하면 '을 제주도 출장 → ~갑 제주도 출장'이라는 내용을 도출할 수 있다. 따라서 제시된 진술이 모두 참일 때 반드시 참인 것은 '갑이 제주도 출장을 가지 않는다.'이다.

18 난도 ★★☆
정답 ②

논리 > 강화 약화

정답의 이유

② '문제를 해결하기 위해서는, 단기간에 ~ 사회 기반 시설을 확보하는 것이 급선무이다.'를 볼 때 제시된 글의 논지는 '초중고 교사가 도시 이외의 지역에서 근무할 수 있는 충분한 교육 환경과 사회 기반 시설을 확보'해야 한다는 것이다. A국에서 도시 이외의 지역에 근무하던 사회 초년생들이 연봉을 낮추어서라도 도시로 이직한 주된 이유는 교통 시설의 부족으로 밝혀졌다는 사례는 이러한 논지를 강화하는 것으로 적절하다.

오답의 이유

① A국 도시 이외 지역과 도시의 교육 환경이 별 차이가 없다면, 현직 교사나 대학 졸업 예정자들이 도시 이외의 지역에서 일하는 것을 꺼릴 가능성이 낮아질 수 있다. 따라서 제시된 글의 논지를 강화한다고 볼 수 없다.

③ 제시된 글에서는 연봉 인상이 문제의 근본적인 해결책이 되기 어렵다고 하였다. B국에서 교사 연봉을 인상한 후 도시 이외 지역의 교사 비율이 증가했다는 내용은 이를 반박하는 것이므로, 제시된 글의 논지를 강화한다고 볼 수 없다.

④ 제시된 글에서는 연봉 인상과 더불어 교사 양성 프로그램 역시 문제의 근본적인 해결책이 되기 어렵다고 하였다. C국에서 교사 양성 프로그램을 확대한 이후 도시 이외의 지역에서 교사의 수가 크게 증가했다는 내용은 이를 반박하는 것이므로, 제시된 글의 논지를 강화한다고 볼 수 없다.

19 난도 ★★★   정답 ④

논리 > 강화 약화

정답의 이유

④ 제시된 글에 따르면 쿤은 과학의 발전 단계를 '전정상과학 시기', '정상과학 시기', '과학혁명 시기'로 구분하고, 한 번도 패러다임을 정립하지 못한 '전정상과학 시기'를 성숙한 수준에 도달하지 못한 단계라고 보았다. 이러한 '전정상과학 시기'는 패러다임을 정립하지 못하고, 과학자 모두가 제각기 연구 활동을 한다. (가)에서 언급한 아직 성숙한 수준에 도달하지 못한 단계는 바로 '전정상과학 시기'에 해당한다. 이를 보았을 때 '패러다임이 정립된 적이 없고 과학자들의 연구 방향 및 평가 기준이 서로 다른 사회 과학 분야가 있다.'가 (가)를 강화하는 내용으로 가장 적절하다.

오답의 이유

① · ② · ③ 제시된 글에 따르면 어떤 과학 분야라도 패러다임을 정립하면 '정상과학 시기'에 들어서고, 그 뒤에 다시 '전정상과학 시기'로 돌아갈 수 없다. ①, ②, ③ 모두 패러다임이 정립되었거나, 교체되는 중이거나, 교체된 적이 있는 상태이므로 '전정상과학 시기'와는 관련이 없다. 따라서 '전정상과학 시기'에 대해 설명하는 (가)를 강화하는 사례로 적절하지 않다.

20 난도 ★★☆   정답 ④

화법과 작문 > 화법

정답의 이유

④ 제시된 대화에 따르면 '영민'은 불가피한 선택의 상황에서 죽는 사람의 수를 최소화하는 가를 기준으로 여기고, '소현'은 행위에 따른 결과를 기준으로 한 명이 죽더라도 다섯 명을 살리는 선택을 택한다. 즉 두 사람 모두 선택의 상황에서 죽는 사람의 수를 최소화하는 것을 기준으로 두고 있으므로 '인명피해가 불가피한 선택의 상황에 놓인다면, 영민은 죽는 사람의 수를 최소화하는 선택을 하고, 소현은 그렇게 하지 않는다.'는 내용은 적절하지 않다.

오답의 이유

① '은주'는 스위치를 눌러서 사람을 '죽이는 것'은 살인에 해당한다고 하였고, '보은'은 스위치를 누르면 살인이고, 누르지 않으면 방관이라고 하였다. 따라서 '스위치를 누르는 일을 살인으로 본다는 점에 대해 은주는 보은과 견해를 같이한다.'는 내용은 적절하다.

② '보은'은 생명의 가치는 수량화할 수 없으니 한 사람보다 다섯 사람이 가지는 생명의 가치가 더 클 수 없다고 하였고, '영민'은 생명의 가치를 수량화할 수 없다는 데 원론적으로는 동의한다고 하였다. 따라서 '생명의 가치를 수량화할 수 없다는 점에 대해 영민은 원론적으로는 보은과 견해를 같이한다.'는 내용은 적절하다.

③ 대화에서 제시된 상황에 대하여 '소현'은 행위에 따른 결과가 선택의 기준이 된다고 하였고, '은주'는 행위에 따른 결과보다 행위 자체의 도덕성을 기준에 두어야 한다고 하였다. 따라서 '선택의 딜레마 상황에서 소현은 행위에 따른 결과를, 은주는 행위 자체의 도덕성을 선택의 기준으로 삼는다.'는 내용은 적절하다.

국어 | 2024년 국가직 9급

한눈에 훑어보기

✔ 빠른 정답

01	02	03	04	05	06	07	08	09	10
②	②	②	④	④	①	③	③	①	②

11	12	13	14	15	16	17	18	19	20
③	④	③	②	④	①	②	③	①	④

✔ 점수 체크

구분	1회독	2회독	3회독
맞힌 문항 수	/ 20	/ 20	/ 20
나의 점수	점	점	점

01 난도 ★☆☆   정답 ②

비문학 > 글의 순서 파악

[정답의 이유]

제시된 글은 약물의 오남용에 대한 피해와 올바른 약물 복용에 대한 내용을 담고 있다.

- (나)는 '오남용'의 의미를 설명하고 있으므로, '약물의 오남용'이라는 화제가 처음으로 제시된 두 번째 문장 뒤에 오는 것이 적절하다.
- (라)는 약물을 오남용하면 신체적·정신적 피해를 입을 수 있다는 내용을 제시하고 있으므로, 약물 오남용의 폐해를 언급한 (가) 앞에 오는 것이 적절하다.
- (가)는 약물이 내성이 있어 신체적·정신적 피해가 점점 더 커진다는 내용을 제시하고 있으며, 접속어 '더구나'는 이미 있는 사실에 새로운 사실을 더하는 의미를 가지므로 약물 오남용 피해를 언급한 (라) 다음에 오는 것이 적절하다.
- (다)는 '그러므로'라는 접속어를 사용하여 적절한 약물 복용법에 대해 언급하고 있으므로 약물 오남용의 폐해에 대해 설명한 (가) 뒤에 오는 것이 적절하다.

따라서 문맥에 맞게 순서대로 나열한 것은 ② (나) – (라) – (가) – (다)이다.

02 난도 ★★☆   정답 ②

비문학 > 화법

[정답의 이유]

② 을은 빈부 격차에 따라 계급이 나뉘고 이것이 대물림되면서 개인의 계급이 결정되고 있다며 현대 사회가 계급사회라고 주장하고 있다. 갑 역시 현대 사회에서 인간의 사회적 지위는 부모의 경제력과 직결된다는 점을 근거로 현대 사회가 계급사회라고 주장하고 있다. 따라서 을의 주장은 갑의 주장과 대립하지 않는다.

[오답의 이유]

① 을은 귀속지위가 성취지위를 결정하는 면이 있다고 하며 현대 사회가 계급사회라고 주장하고 있다. 갑은 현대 사회에서 인간의 사회적 지위는 부모의 경제력과 직결되기 때문에 현대 사회가 계급사회라고 주장한다. 이를 통해 갑은 을과 같은 주장을 하고 있으며, 을의 주장 중 일부는 수용하고 일부는 반박했다는 내용은 적절하지 않음을 확인할 수 있다.

③ 병은 오늘날 각종 문화나 생활 방식 전체를 특정한 계급 논리만으로 설명할 수 없다며 현대 사회를 계급사회로 보기 어렵다는 결론을 내리고 있다. 반면, 갑은 경제적 계급 논리로 현대 사회의 문화를 충분히 설명하고 규정할 수 있으며, 현대 사회는 계급

사회라는 결론을 내리고 있다. 이를 통해 갑과 병은 상이한 전제로 서로 다른 결론을 내리고 있다는 것을 확인할 수 있다.

④ 병은 현대 사회를 계급사회로 보기는 어렵다고 주장하고 갑과 을은 현대 사회가 계급사회라고 주장하고 있으므로 병은 갑과 을 모두와 대립한다. 이를 통해 병의 주장은 갑의 주장과는 대립하지 않지만 을의 주장과는 대립한다는 내용은 적절하지 않음을 확인할 수 있다.

03 난도 ★☆☆   정답 ②

문법 > 표준어 규정

정답의 이유

② 통째로(○): '나누지 아니한 덩어리 전부'를 의미하는 말은 '통째'이다.

오답의 이유

① 허구헌(×) → 허구한(○): '날, 세월 따위가 매우 오래다.'를 의미하는 말은 '허구하다'이므로 '허구한'이라고 써야 한다.

③ 하마트면(×) → 하마터면(○): '조금만 잘못하였더라면'을 의미하는 말로 위험한 상황을 겨우 벗어났을 때에 쓰는 말은 '하마터면'이다.

④ 잘룩하게(×) → 잘록하게(○): '기다란 물건의 한 군데가 패어 들어가 오목하다.'를 의미하는 말은 '잘록하다'이므로 '잘록하게'라고 써야 한다.

04 난도 ★★☆   정답 ④

문법 > 의미론

정답의 이유

④ '나는 그 팀이 이번 경기에 질 줄 알았다.'에서 '알다'는 '어떠한 사실에 대하여 그러하다고 믿거나 생각하다.'라는 의미로 쓰였으므로 ㉣의 예로 적절하지 않다. ㉣의 의미로 쓰인 예시로는 '네 일은 네가 알아서 해라.' 등이 있다.

오답의 이유

① '그 외교관은 무려 7개 국어를 할 줄 안다.'의 '알다'는 '어떤 일을 할 능력이나 소양이 있다.'라는 의미로 쓰였으므로 ㉠의 예로 적절하다.

② '이 두 사람은 서로 알고 지낸 지 오래이다.'의 '알다'는 '다른 사람과 사귐이 있거나 인연이 있다.'라는 의미로 쓰였으므로 ㉡의 예로 적절하다.

③ '그 사람이 무엇을 하든 내가 알 바 아니다.'의 '알다'는 '어떤 일에 대하여 관여하거나 관심을 가지다.'라는 의미로 쓰였으므로 ㉢의 예로 적절하다.

05 난도 ★★☆   정답 ④

비문학 > 화법

정답의 이유

④ 진행자는 시내 도심부에서의 제한 속도 조정이라는 화제에 대하여 강 교수에게 질문하고, 강 교수의 말을 요약·정리하고 있다. 진행자가 자신의 경험을 예로 들어 강 교수가 설명한 내용을 뒷받침하는 부분은 나타나지 않는다.

오답의 이유

① 강 교수가 ○○시에서 제도를 시험 적용한 결과를 통계 수치로 제시하자, 진행자는 '아, 그러니까 속도를 10km/h 낮출 때 2분 정도 늦어지는 것이라면 인명 사고의 예방과 오염물질의 감소를 위해 충분히 감수할 만한 시간이라는 말씀이시군요.'라며 강교수의 의도를 자기 나름대로 풀어 설명하고 있다.

② 진행자는 '교통사고를 줄이고 보행자 안전을 확보할 수 있다는 점, 교통체증 유발은 미미할 것이라는 점, 오염물질 배출이 감소할 것이라는 점에서 이번의 제한 속도 조정 정책은 훌륭한 정책이라는 것이군요. 맞습니까?'라며 강 교수의 견해를 요약하고 자신이 이해한 바가 맞는지 확인하고 있다.

③ 진행자는 '그런데 일각에서는 그런 효과는 미미하고 오히려 교통체증을 유발하여 대기오염이 심화될 것이라며 이 정책에 반대합니다. 이에 대해 말씀해 주시겠어요?'라며 강 교수의 주장에 대해 반대하는 일각의 견해를 소개하고 그에 대한 강 교수의 의견을 요청하고 있다.

06 난도 ★★☆   정답 ①

문법 > 형태론

정답의 이유

① • '지우개'는 어근 '지우-'에 '그러한 행위를 하는 간단한 도구'의 뜻을 더하는 접미사 '-개'가 결합한 파생어이다.

• '새파랗(다)'는 어근 '파랗-'에 '매우 짙고 선명하게'의 뜻을 더하는 접두사 '새-'가 결합한 파생어이다.

오답의 이유

② • '조각배'는 어근 '조각'과 어근 '배'가 결합한 합성어이다.

• '드높이(다)'는 어근 '드높-'에 사동의 뜻을 더하는 접미사 '-이-'가 결합한 파생어이다. 이때 '드높-'은 어근 '높-'에 '심하게' 또는 '높이'의 뜻을 더하는 접두사 '드-'가 결합한 파생어이다.

③ • '짓밟(다)'는 어근 '밟-'에 '마구, 함부로'의 뜻을 더하는 접두사 '짓-'이 결합한 파생어이다.

• '저녁노을'은 어근 '저녁'과 어근 '노을'이 결합한 합성어이다.

④ • '풋사과'는 어근 '사과'에 '처음 나온' 또는 '덜 익은'의 뜻을 더하는 접두사 '풋-'이 결합한 파생어이다.

• '돌아가(다)'는 어근 '돌-'과 어근 '가-'가 연결 어미 '-아'를 매개로 하여 결합한 합성어이다.

어근과 어간

- 어근: 단어 형성법에 쓰이는 개념으로, 실질적 의미가 있는 부분이다.
- 어간: 용언의 활용에서 사용하는 개념으로, 활용할 때에 변하지 않는 부분이다.

접사와 어미

- 접사: 단어 형성법에 쓰이는 개념으로, 다른 어근에 기대어 사용되는 부분이다.
- 어미: 용언의 활용에서 사용하는 개념으로, 활용할 때에 변하는 부분이다.

07 난도 ★★☆   정답 ③

현대 문학 > 현대 시

정답의 이유

③ 제시된 작품은 화자가 표면에 드러나지 않으며, 아름다운 고향의 풍경과 이에 대한 그리움이 나타날 뿐 고향에 대한 상실감은 나타나지 않는다.

오답의 이유

① '마늘쪽', '들길', '아지랑이', '제비' 등 향토적 소재를 사용하여 고향의 풍경을 묘사하고 있다.

② 2연의 '~가(이) ~듯', 4연의 '–ㄴ 마을이 있다'처럼 유사한 문장 구조를 반복하여 리듬감을 조성하고 있다.

④ 3연에서 '천연히'라는 하나의 시어로 독립적인 연을 구성하여 주제 의식을 강조하고 있다.

작품 해설

박용래, 「울타리 밖」

- 갈래: 자유시, 서정시
- 성격: 서정적, 향토적, 자연친화적
- 주제: 자연과 인간이 어우러진 고향에 대한 그리움, 천연한 자연과 인간이 조화된 아름다운 세계에 대한 소망
- 특징
  - 시각적인 이미지를 활용하여 풍경을 묘사함으로써 회화성을 살림
  - 동일한 연결 어미를 반복하여 다양한 소재의 동질적 속성을 부각함
  - 하나의 시어로 독립적인 연을 구성하여 주제 의식을 강조함

08 난도 ★★☆   정답 ③

비문학 > 추론적 읽기

정답의 이유

③ 1문단의 '인간의 행동은 유전적인 적응 성향과 이러한 적응 성향을 발달시키고 활성화되게 하는 환경으로부터의 입력이 상호작용한 결과이다.'를 통해 유전적인 적응 성향이 동일하더라도 환경에서 얻은 정보가 다르면 행동은 다르게 나타날 수 있음을 추론할 수 있다.

오답의 이유

① 1문단에서 인간의 행동은 유전적인 적응 성향과 환경으로부터의 입력이 상호작용한 결과라고 하였으므로 인간의 행동은 환경의 영향이 아니라 유전과 환경의 상호작용으로 결정된다는 것을 알 수 있다. 또한 인간의 마음이 유전의 영향으로 결정된다는 내용은 제시되지 않았으므로 인간의 마음이 유전의 영향으로 결정되는지는 알 수 없다.

② 2문단에서 '우리가 복잡한 상황에 적응하는 데는 원시시대의 적응 방식이 부적절한 경우가 있을 수 있다.'라고 하였지만, 주어진 상황의 복잡한 정도가 클수록 인지적 전략의 최적화가 이루어진다는 내용은 제시되지 않았다.

④ 1문단에서 '인간의 행동은 유전적인 적응 성향과 이러한 적응 성향을 발달시키고 활성화되게 하는 환경으로부터의 입력이 상호작용한 결과이다.'라고 하였지만, 유전과 환경 중 어느 것이 인간의 진화 방향을 우선적으로 결정하는지는 제시되지 않았다.

09 난도 ★★☆   정답 ①

어휘 > 한자어

정답의 이유

(가) 度外視(법도 도, 바깥 외, 볼 시): 상관하지 아니하거나 무시함

(나) 食言(먹을 식, 말씀 언): 한번 입 밖에 낸 말을 도로 입속에 넣는다는 뜻으로, 약속한 대로 지키지 아니함을 이르는 말

(다) 矛盾(창 모, 방패 순): 어떤 사실의 앞뒤, 또는 두 사실이 이치상 어긋나서 서로 맞지 않음을 이르는 말

오답의 이유

- 白眼視(흰 백, 눈 안, 볼 시): 남을 업신여기거나 무시하는 태도로 흘겨봄
- 添言(더할 첨, 말씀 언): 덧붙여 말함
- 腹案(배 복, 책상 안): 겉으로 드러내지 아니하고 마음속으로만 생각함. 또는 그런 생각

10 난도 ★★☆   정답 ②

비문학 > 추론적 읽기

정답의 이유

② 2문단의 '한편 오프라인 대면 상호작용에서보다 온라인 비대면 상호작용에서 만난 사람들에게 더 끈끈한 유대감을 느끼기도 한다.'를 통해 비대면 온라인 상호작용으로 사람들 간에 깊은 유대 관계를 형성할 수 있음을 추론할 수 있다.

오답의 이유

① 2문단의 '상호작용 양식들이 서로 겹치거나 교차하는 현상들을 이해하고자 할 때 이분법적인 범주는 심각한 한계를 지닌다.'를 통해 이분법적 시각으로는 상호작용 양식이 교차하는 양상을 이해하기 어려움을 추론할 수 있다.

③ 2문단의 '이처럼 오늘날과 같은 초연결 사회에서 우리의 경험은 비대면 혹은 대면, 온라인 혹은 오프라인 같은 이분법적 범주로 온전히 분리되지 않는다.'를 통해 온라인 비대면 활동과 오프라인 대면 활동이 온전히 분리되어 있지 않음을 추론할 수 있다.

④ 1문단의 '예를 들어 누군가와 만나서 대화하는 중에 문자를 주고받음으로써 대면 상호작용과 온라인 상호작용을 동시에 할 수 있다.'를 통해 오늘날에는 대면 상호작용 중에도 디지털 수단에 의한 상호 관계가 이루어질 수 있음을 추론할 수 있다.

11 난도 ★☆☆   정답 ③

고전 문학 > 고전 산문

[정답의 이유]

③ 후처는 장화가 음행을 저질러 부끄러움을 못 이기고 스스로 물에 빠져 죽었다고 하며 부사에게 이를 입증하는 증거물을 제시하였다. 그날 밤 장화와 홍련이 나타나 '다시 그것을 가져다 배를 갈라 보시면 분명 허실을 알게 되실 겁니다.'라며 후처가 제시한 증거가 거짓임을 확인할 수 있는 계책을 부사에게 알려 주었다.

[오답의 이유]

① 1문단의 '부사는 그것을 보고 미심쩍어하며 모두 물러가게 했다.'를 통해 부사는 배 좌수의 후처가 제시한 증거를 보고 장화와 홍련의 말이 거짓이라고 확신하지 않았음을 알 수 있다.

② 1문단의 '장녀 장화는 음행을 저질러 낙태한 뒤 부끄러움을 못 이기고 밤을 틈타 스스로 물에 빠져 죽었습니다.'를 통해 후처가 음행을 저질러 스스로 물에 빠져 죽었다고 한 것은 홍련이 아닌 장화임을 알 수 있다.

④ 1문단의 '딸들이 무슨 병으로 죽었소?'를 통해 부사가 배 좌수에게 물어본 것은 죽은 이유에 관한 것이지 장화와 홍련이 스스로 목숨을 끊은 이유가 아님을 알 수 있다.

> **작품 해설**
>
> 작자 미상, 「장화홍련전」
> - 갈래: 고전 소설, 가정 소설, 계모갈등형 소설
> - 성격: 전기적, 교훈적
> - 주제: 계모의 흉계로 인한 가정의 비극과 권선징악
> - 특징
>   - 가정형 계모소설(家庭型繼母小說)의 대표작
>   - 인물의 대화와 내면 심리 묘사를 통해 사건을 전개함
>   - 고전 소설의 전형적 서술방식인 순행적 구성과 서술자의 개입이 엿보임
>   - 후처제의 제도적 모순과 가장의 무책임함을 다룸으로써 현실의 모순을 비판함

12 난도 ★☆☆   정답 ④

비문학 > 글의 순서 파악

[정답의 이유]

④ 제시된 문장의 '나라에 위기에 닥쳤을 때 제 몸을 희생해 가며 나라 지키기에 나섰으되 역사책에 이름 한 줄기 남기지 못한 이들'은 (라) 앞의 '휘하 장수에서부터 병졸들과 하인, 백성들'을 가리킨다. 또한 '이들이 이순신의 일기에는 뚜렷하게 기록된 것'은 『난중일기』의 위대함'과도 자연스럽게 연결되므로 제시된 문장은 (라)에 위치하는 것이 적절하다.

13 난도 ★★☆   정답 ③

현대 문학 > 현대 소설

[정답의 이유]

③ 제시된 작품은 주인공이 서울 거리를 배회하며 느낀 것들을 의식의 흐름에 따라 서술하고 있다. 주인공 '구보'는 '전보 배달 자전거'를 보고 '전보를 그 봉함(封緘)을 떼지 않은 채 손에 들고 감동하고 싶은 충동'을 느끼다가 '서울에 있지 않은 모든 벗'을 떠올리고 '가장 열정을 가져, 벗들에게 편지를 쓰고 있는 제 자신'을 생각한다. 따라서 제시된 작품은 연상 작용에 의해 인물의 생각이 연속되고 있다고 볼 수 있다.

[오답의 이유]

① 제시된 작품에서 '구보'는 벗들이 오랫동안 소식을 전하여 오지 않았다고 생각하며 그들에게 엽서를 쓰는 자신을 떠올리고 있을 뿐 벗들과의 추억을 시간순으로 회상하고 있지는 않다.

② 제시된 작품에서 '문득, 제비와 같이 경쾌하게 전보 배달의 자전거가 지나간다.'처럼 서술자가 주변 거리의 모습을 재현하고 있긴 하지만 서술자는 주인공 '구보'가 아닌 작품 외부의 서술자이다.

④ 제시된 작품에서 '구보'는 '전보 배달 자전거'를 보고 전보를 받고 싶다고 생각하고 '오랫동안 소식을 전하여 오지' 않는 '벗들'에게 엽서를 쓰는 자신을 떠올리고 있을 뿐 전보가 이동된 경로를 따라 사건이 전개되고 있지는 않다.

> **작품 해설**
>
> 박태원, 「소설가 구보 씨의 일일」
> - 갈래: 중편 소설, 모더니즘 소설, 심리 소설, 세태 소설
> - 성격: 묘사적, 관찰적, 심리적, 사색적
> - 주제: 1930년대 무기력한 소설가의 눈에 비친 도시의 일상과 그의 내면 의식
> - 특징
>   - 주인공의 하루 여정에 따라 사건이 전개되는 여로형 구성
>   - 특별한 줄거리 없이 주인공의 의식의 흐름에 따라 서술됨
>   - 당대 서울의 모습과 세태를 구체적으로 보여 줌

어휘 > 한자어

[정답의 이유]

② '무진장(無盡藏)하다'는 '다함이 없이 굉장히 많다.'라는 의미이므로 '무진장하다'를 '여러 가지가 있다'로 바꾸어 쓰는 것은 적절하지 않다.

[오답의 이유]

① '배회(徘徊)하다'는 '아무 목적도 없이 어떤 곳을 중심으로 어슬렁거리며 이리저리 돌아다니다.'라는 의미이므로 '배회하였다'를 '돌아다녔다'로 바꾸어 쓰는 것은 적절하다.

③ '경청(傾聽)하다'는 '귀를 기울여 듣다.'라는 의미이므로 '경청할'을 '귀를 기울여 들을'로 바꾸어 쓰는 것은 적절하다.

④ '명기(明記)하다'는 '분명히 밝히어 적다.'라는 의미이므로 '명기하지'를 '밝혀 적지'로 바꾸어 쓰는 것은 적절하다.

고전 문학 > 고전 운문

[정답의 이유]

④ '과(過)도 허믈도 천만(千萬) 업소이다'에서 큰 숫자가 나타나기는 하지만 이는 화자 자신에게는 잘못도 허물도 전혀 없다는 의미로, 결백을 주장하는 것이다. 따라서 큰 숫자를 활용하여 임을 향한 화자의 그리움을 강조하고 있다는 내용은 적절하지 않다.

[오답의 이유]

① '산(山) 접동새 난 이슷ᄒ요이다'에서 화자는 임을 그리워하는 자신과 '접동새'가 비슷하다며 자연물인 '접동새'에게 감정을 이입하여 자신의 처지를 드러내고 있다.

② '잔월효성(殘月曉星)이 아ᄅ시리이다'의 '잔월효성'은 지는 달과 새벽 별을 가리키는데 화자는 '달'과 '별'이라는 천상의 존재를 통해 자신의 결백을 나타내고 있다.

③ '벼기더시니 뉘러시니잇가'에서 화자는 설의적 표현을 통하여 자신에게 허물이 있다고 우기던 이, 즉 자신을 모함한 이에 대한 원망을 드러내고 있다. 또한 '니미 나를 ᄒ마 니ᄌ시니잇가'라는 설의적 표현을 통하여 임이 자신을 잊었을까 염려하는 마음을 나타내고 있다.

작품 해설

정서, 「정과정」

• 갈래: 향가계 가요, 유배 시가
• 성격: 충신연주지사(忠臣戀主之詞)
• 주제: 임을 그리워하는 마음, 자신의 결백 주장
• 특징
  – 3단 구성, 감탄사 존재 등 향가의 영향이 남아 있음
  – 감정이입을 통하여 전통적인 정서인 한의 이미지를 표현함
  – 자신의 결백과 억울함을 자연물에 의탁하여 표현함

비문학 > 추론적 읽기

[정답의 이유]

① 2문단의 '그러다가 수정이 이루어지면 수컷은 곧바로 새끼를 돌볼 준비를 하게 되는데, 이때부터 그 수치는 떨어진다. 새끼가 커서 둥지를 떠나게 되면 수컷은 더 이상 영역을 지킬 필요가 없기 때문에 번식기가 끝나지 않았는데도 테스토스테론 수치는 좀 더 떨어지고, 번식기가 끝나면 테스토스테론은 거의 분비되지 않는다.'를 통해 노래참새 수컷의 테스토스테론 수치는 새끼를 돌볼 준비를 할 때 떨어져서 새끼가 둥지를 떠나면, 즉 양육이 끝나면 그 수치가 더 낮아짐을 알 수 있다.

[오답의 이유]

② 2문단의 '그러다가 수정이 이루어지면 수컷은 곧바로 새끼를 돌볼 준비를 하게 되는데, 이때부터 그 수치는 떨어진다.'를 통해 번식기 동안 노래참새 수컷의 테스토스테론 수치는 암컷의 수정이 이루어지기 전보다 이루어진 후에 낮게 나타난다고 추론할 수 있다.

③ 3문단의 '검정깃찌르레기 수컷은 테스토스테론 수치가 번식기가 되면 올라갔다가 암컷이 수정한 이후부터 번식기가 끝날 때까지 떨어지지 않는다.'를 통해 검정깃찌르레기 수컷은 암컷이 수정한 이후 번식기가 끝날 때까지 테스토스테론 수치가 떨어지지 않는다고 추론할 수 있다.

④ 2문단의 '번식기가 끝나면 테스토스테론은 거의 분비되지 않는다.'를 통해 노래참새 수컷의 테스토스테론은 번식기에 분비되고 번식기가 끝나면 분비되지 않음을 확인할 수 있다. 그리고 3문단의 '검정깃찌르레기 수컷은 테스토스테론 수치가 번식기가 되면 올라갔다가 암컷이 수정한 이후부터 번식기가 끝날 때까지 떨어지지 않는다.'를 통해 검정깃찌르레기 수컷의 테스토스테론 수치는 번식기가 끝날 때까지는 떨어지지 않지만 끝나면 떨어짐을 확인할 수 있다. 따라서 노래참새 수컷과 검정깃찌르레기 수컷 모두 번식기의 테스토스테론 수치가 번식기가 아닌 시기의 테스토스테론 수치보다 높다는 것을 추론할 수 있다.

비문학 > 사실적 읽기

[정답의 이유]

② 2문단의 '다중지능이론이 설정한 새로운 종류의 지능들을 정확하게 측정할 수 있는 도구가 만들어지기는 어려울 것이라 주장한다.'를 통해 대인 관계의 능력과 관련된 지능을 정확하게 특정할 수 있는 도구의 개발 가능성에 대해 회의적인 사람들이 있음을 알 수 있다.

[오답의 이유]

① 1문단의 '그는 기존 지능이론이 언어지능이나 논리수학지능 등 인간의 인지 능력에만 초점을 맞추고 있다고 비판하면서 이뿐 아니라 신체와 정서, 대인 관계의 능력까지 포괄한 총체적 지능 개념을 창안해 냈다.'를 통해 다중지능이론은 언어지능이나 논리수학지능뿐 아니라 신체와 정서, 대인 관계의 능력까지 포괄

한 총체적 지능임을 알 수 있다. 따라서 논리수학지능은 다중지능이론의 지능 개념에 포함되지 않는다.

③ 1문단의 '다중지능이론에서는 좌뇌의 능력에만 초점을 둔 기존의 지능 검사에 대해 반쪽짜리 검사라고 혹평한다.'를 통해 다중지능이론은 기존 지능이론이 좌뇌 중심의 능력에만 주목하는 것을 비판하며, 우뇌에서 담당하는 창조적, 감성적 능력까지 포괄하려는 이론임을 알 수 있다. 따라서 다중지능이론에서 우뇌보다 좌뇌에서 담당하는 능력과 관련된 지능에 더 많이 주목한다는 추론은 부적절하다.

④ 2문단의 "그들에 따르면, 전자는 후자의 하위 영역에 속해 있고, 둘 사이에는 유의미한 상관관계가 있으므로 서로 독립적일 수 없으며, 따라서 '다중'이라는 개념이 성립하지 않는다."를 통해 다중지능이론에 대해 비판적인 연구자들은 인간의 모든 지능 영역들이 상호 독립적이라는 이유가 아니라, 오히려 서로 독립적일 수 없다는 이유에서 '다중' 개념이 성립하지 않는다고 주장함을 알 수 있다.

18 난도 ★★☆　　　　　　　　　　　　정답 ③

비문학 > 작문

정답의 이유

③ '과'로 연결되는 병렬 구조에서는 앞과 뒤의 문장이 대등하게 호응해야 한다. '국가 정책 수립과 국제 협약을 체결하기 위해'는 '국가 정책 수립'과 '국제 협약을 체결하기 위해'의 호응 구조가 어색하다. 따라서 '국가 정책을 수립하고 국제 협약을 체결하기 위해'로 수정하는 것이 적절하다.

19 난도 ★★★　　　　　　　　　　　　정답 ①

비문학 > 추론적 읽기

정답의 이유

① '고정'은 독자가 글을 읽을 때 생소하거나 이해하기 어려운 단어에 눈동자를 멈추는 것으로, 평균 고정 빈도가 높다는 것은 생소하거나 이해하기 어려운 단어의 수가 많음을 의미하고, 평균 고정 시간이 낮다는 것은 단어를 이해하는 데 드는 시간이 더 적다는 것을 의미한다. 따라서 읽기 능력이 부족한 독자는 읽기 능력이 평균인 독자에 비하여 이해하기 어려운 단어의 수가 많고, 단어를 이해하는 데 드는 시간은 더 적으므로 빈칸에는 '더 많지만 난해하다고 느끼는 각각의 단어를 이해하는 과정에 들이는 평균 시간은 더 적다'가 들어가는 것이 적절하다.

20 난도 ★★☆　　　　　　　　　　　　정답 ④

비문학 > 추론적 읽기

정답의 이유

④ 제시된 글에 따르면 락토오보 채식주의자와 락토 채식주의자, 오보 채식주의자는 고기와 생선은 모두 먹지 않되 유제품과 달걀 섭취 여부에 따라 구분된다. '락토'는 '우유'를 의미하고, '오보'는 '달걀'을 의미하는데 락토오보 채식주의자는 유제품과 달걀을 먹으므로 각 채식주의자는 그 명칭에 해당하는 식품을 먹는다는 것을 알 수 있다. 이에 따라 락토 채식주의자는 유제품은 먹지만 고기와 생선과 달걀은 먹지 않고 오보 채식주의자는 달걀은 먹지만 고기와 생선과 유제품은 먹지 않는다는 것을 추론할 수 있다. 따라서 (가)에는 '유제품은 먹지만 고기와 생선과 달걀은'이 들어가는 것이 적절하고, (나)에는 '달걀은 먹지만 고기와 생선과 유제품은'이 들어가는 것이 적절하다.

국어 | 2023년 국가직 9급

한눈에 훑어보기

✔ 영역 분석

어휘 　 03　06　10
3문항, 15%

문법 　 09　15
2문항, 10%

고전 문학 　 07
1문항, 5%

현대 문학 　 05　17
2문항, 10%

비문학 　 01　02　04　08　11　12　13　14　16　18　19　20
12문항, 60%

✔ 빠른 정답

01	02	03	04	05	06	07	08	09	10
③	①	③	②	④	④	①	①	②	④

11	12	13	14	15	16	17	18	19	20
③	①	②	②	④	③	④	④	②	③

✔ 점수 체크

구분	1회독	2회독	3회독
맞힌 문항 수	/ 20	/ 20	/ 20
나의 점수	점	점	점

01 　난도 ★★☆ 　　　　　　　　　　　정답 ③

비문학 > 작문

[정답의 이유]

③ '자기 집이라면 이렇게 함부로 쓰레기를 버렸을까요?'에서 설의적 표현이 쓰였고, '바다가 몸살을 앓는다고 합니다.'와 '양심이 모래밭 위를 뒹굴고 있습니다.'에서 비유적 표현이 쓰였다. 또한 마지막에 '자기 쓰레기는 자기가 집으로 되가져가도록 합시다.'라며 생활 속 실천 방법을 포함하였다.

[오답의 이유]

① '바다는 쓰레기 없는 푸른 날을 꿈꾸고 있습니다.', '미세 플라스틱은 바다를 서서히 죽이는 보이지 않는 독입니다.' 등 비유적 표현을 쓰긴 했지만, 설의적 표현이 쓰이지 않았으며 생활 속 실천 방법도 포함하지 않았다.

② '분리수거를 철저히 하고 일회용품을 줄이는 것'이라는 생활 속 실천 방법을 포함하긴 했지만 설의적 표현과 비유적 표현이 쓰이지 않았다.

④ '인간도 고통받게 되지 않을까요?'에서 설의적 표현이, '바다는 쓰레기 무덤'에서 비유적 표현이 쓰였지만, 해양 오염을 줄일 수 있는 생활 속 실천 방법을 포함하지 않았다.

02 　난도 ★☆☆ 　　　　　　　　　　　정답 ①

비문학 > 화법

[정답의 이유]

① 백 팀장은 '워크숍 장면을 사내 게시판에 올리면 좋겠다'는 바람을 전달하고 있다. 하지만 팀원들에 대한 유대감을 드러내는 표현은 사용하지 않았다.

[오답의 이유]

② 고 대리는 '사내 게시판에 영상을 공개하는 것은 부담스러워요. 타 부서와 비교될 것 같기도 하고요.'라며 백 팀장의 제안에 반대하는 이유를 명시적으로 밝히고 있다.

③ 임 대리는 '팀장님 말씀대로 정보를 공유한다는 취지는 좋다고 생각해요.'라며 백 팀장의 발언 취지에 공감하고 있다.

④ 임 대리는 '팀원들 의견을 먼저 들어보고, 잘된 것만 시범적으로 한두 개 올리는 것이 어떨까요?'라며 의견을 묻는 의문문을 사용해 자신의 의견을 간접적으로 드러내고 있다.

03 난도 ★★☆ 정답 ③

어휘 > 관용 표현

정답의 이유

③ '입추의 여지가 없다'는 송곳 끝도 세울 수 없을 정도라는 뜻으로, 발 들여놓을 데가 없을 정도로 많은 사람이 꽉 들어찬 경우를 비유적으로 이르는 속담이다.

오답의 이유

① 홍역을 치르다[앓다]: 몹시 애를 먹거나 어려움을 겪다.

② 잔뼈가 굵다: 오랜 기간 일정한 곳이나 직장에서 일을 하여 그 일에 익숙하다.

④ 어깨를 나란히 하다: 서로 비슷한 지위나 힘을 가지다.

04 난도 ★★☆ 정답 ②

비문학 > 글의 순서 파악

정답의 이유

제시된 글은 기업들이 데이터를 바라보는 시각이 변하면서 빅데이터를 중요한 경영 수단으로 수용하기 시작했다는 내용을 담고 있다.

- (가)에서는 기업들이 많은 돈을 투자해 마케팅 조사를 해 왔다는 화제를 제시하고 있으므로 처음에 위치하는 것이 적절하다.
- (다)의 '기업들의 그런 노력'은 (가)에 나오는 '많은 돈을 투자해 마케팅 조사를 해 왔다.'를 가리키므로 (가) 뒤에 위치하는 것이 적절하다.
- (나)의 '그런 상황'은 (다)에 나오는 '기업들은 많은 광고비를 쓰지만 그 돈이 구체적으로 어느 부분에서 효과를 내는지는 알지 못했다.'를 가리키므로 (다) 뒤에 위치하는 것이 적절하다.

따라서 글의 순서를 자연스럽게 배열한 것은 ② (가) - (다) - (나)이다.

05 난도 ★☆☆ 정답 ④

현대 문학 > 현대 소설

정답의 이유

④ 제시된 작품에서 '그들'은 "무진(霧津)엔 명산물이 …… 뭐 별로 없지요?", "원, 아무리 그렇지만 한 고장에 명산물 하나쯤은 있어야지."라며 무진에 명산물이 없다는 대화를 나누고 있다. 무진에 명산물이 있고 그것이 안개라고 여기는 사람은 서술자뿐이다. 따라서 무진이 누구나 인정할 만한 지역의 명산물로 안개가 유명한 공간이라는 설명은 적절하지 않다.

오답의 이유

① "바다가 가까이 있으니 항구로 발전할 수도 있었을 텐데요?"와 "가 보시면 아시겠지만 ~ 수심(水深)이 얕은 데다가 얕은 바다를 몇백 리나 밖으로 나가야만 비로소 수평선이 보이는 진짜 바다가 나오는 곳이니까요."를 통해 무진은 수심이 얕아서 항구로 개발하기 어려운 공간임을 알 수 있다.

② "그렇지만 이렇다 할 평야가 있는 것도 아닙니다."와 '무진을 둘러싸고 있는 산들도'를 통해 무진은 산으로 둘러싸여 있고 평야가 발달하지 않은 공간임을 알 수 있다.

③ "그럼 그 오륙만이 되는 인구가 어떻게들 살아가나요?"를 통해 무진은 지역 여건에 비하여 인구가 적지 않은 공간임을 알 수 있다.

작품 해설

김승옥, 「무진기행」

- 갈래: 단편 소설
- 성격: 상징적, 암시적
- 주제: 이상과 현실 사이에서 갈등하는 현대인의 허무 의식
- 특징
  - 서정적이고 몽환적인 분위기가 강함
  - 배경(안개)을 통해 서술자의 의식을 표출함

06 난도 ★★☆ 정답 ④

어휘 > 한자성어

정답의 이유

④ 내용상 빈칸에는 별것 아닌 사실을 부풀려 말한다는 뜻의 사자성어가 들어가야 한다. 따라서 '작은 일을 크게 불리어 떠벌린다.'라는 뜻의 針小棒大(침소봉대)가 들어가는 것이 적절하다.

- 針小棒大: 바늘 침, 작을 소, 막대 봉, 큰 대

오답의 이유

① 刻舟求劍(각주구검): 융통성 없이 현실에 맞지 않는 낡은 생각을 고집하는 어리석음을 이르는 말

- 刻舟求劍: 새길 각, 배 주, 구할 구, 칼 검

② 捲土重來(권토중래): 땅을 말아 일으킬 것 같은 기세로 다시 온다는 뜻으로, 한 번 실패하였으나 힘을 회복하여 다시 쳐들어옴을 이르는 말

- 捲土重來: 말 권, 흙 토, 무거울 중, 올 래

③ 臥薪嘗膽(와신상담): 불편한 섶에 몸을 눕히고 쓸개를 맛본다는 뜻으로, 원수를 갚거나 마음먹은 일을 이루기 위하여 온갖 괴로움과 외로움을 참고 견딤을 이르는 말

- 臥薪嘗膽: 누울 와, 섶 신, 맛볼 상, 쓸개 담

07 난도 ★★☆ 정답 ①

고전 문학 > 고전 운문

정답의 이유

① 초장에서 '못 오던가'라는 구절을 반복하여 오지 않는 임에 대한 섭섭한 감정을 표출하고 있다.

오답의 이유

② 종장의 '흔 둘이 서른 날이여니 날 보라 올 하루 업스랴'는 한 달이 삼십 일인데 날 보러 올 하루가 없겠냐며 오지 않는 임에 대한 섭섭한 마음을 드러내는 구절이다. 날짜 수의 대조나 헤어진 기간이 길다는 내용은 나타나지 않는다.

③ 중장에서 '성', '담', '뒤주', '궤' 등을 연쇄적으로 나열하고 있긴 하지만 임이 오지 못하는 이유를 추측할 뿐 감정의 기복이 나타나지는 않는다.

④ 중장에서 '성-담-집-뒤주-궤'로 공간을 단계적으로 축소하여 오지 않는 임에 대한 섭섭한 마음을 나타내고 있다.

작품 해설

작자 미상, 「어이 못 오던가 ～」
- 갈래: 사설시조
- 성격: 해학적, 과장적
- 주제: 임을 기다리는 안타까운 마음
- 특징
  - 사물을 연쇄적으로 나열하여 오지 않는 임에 대한 간절한 마음을 드러냄
  - 임을 기다리는 안타까운 마음을 해학과 과장을 통해 나타냄

08 난도 ★★★
정답 ①

비문학 > 추론적 읽기

정답의 이유

(가) 2문단에서 '발음 능력을 습득하면 음성 기관의 움직임은 자동화되어 음성 기관의 어느 부분을 언제 어떻게 움직일지를 화자가 거의 의식하지 않는다.'라고 하였으므로 모어에 없는 외국어 음성을 발음하기 어려운 이유는 음성 기관의 움직임이 영·유아기에 습득된 모어를 기준으로 자동화되었기 때문임을 추론할 수 있다. 따라서 (가)에 들어갈 말로는 '음성 기관의 움직임이 모어의 음성에 맞게 자동화되어'가 적절하다.

(나) 3문단에서 '글씨를 쓰기 위해 손을 놀리는 것은 ～ 상당히 의식적이라 할 수 있다.'라며 필기가 의식적이라고 하였지만 다음 문장의 '그렇지만 개인의 의지와 관계없이 필체가 꽤 일정하다'는 내용을 볼 때 (나)에는 필기에도 어느 정도 무의식적인 면이 개입된다는 내용이 나와야 함을 알 수 있다. 따라서 (나)에 들어갈 말로는 '무의식적이고 자동적인 면이 있음을'이 적절하다.

09 난도 ★☆☆
정답 ②

문법 > 한글 맞춤법

정답의 이유

㉠·㉢ 무정타(○)/선발토록(○): 한글 맞춤법 제40항에 따르면 어간의 끝음절 '하'의 'ㅏ'가 줄고 'ㅎ'이 다음 음절의 첫소리와 어울려 거센소리로 될 적에는 거센소리로 적는다. 이때 어간의 끝음절이 울림소리 [ㄴ, ㅁ, ㅇ, ㄹ]로 끝나면 'ㅏ'는 줄고 'ㅎ'만 남아 뒷말과 결합하여 거센소리로 표기된다. 따라서 '무정하다'와 '선발하도록'은 어간 '무정'과 '선발'의 끝음절이 울림소리인 'ㅇ, ㄹ'이므로 '무정타', '선발토록'으로 줄여 쓰는 것이 적절하다.

오답의 이유

㉡·㉣ 섭섭치(×) → 섭섭지(○)/생각컨대(×) → 생각건대(○): 한글 맞춤법 제40항 [붙임 2]에 따르면 어간의 끝음절 '하'가 아주 줄 적에는 준 대로 적는다. 이때 어간의 끝음절이 안울림소리 [ㄱ, ㅂ, ㅅ(ㄷ)]로 끝나면 '하'가 아주 준다. 따라서 '섭섭하다'와 '생각하건대'는 어간 '섭섭'과 '생각'의 끝음절이 안울림소리인 'ㅂ, ㄱ'이므로 '섭섭지'와 '생각건대'로 쓰는 것이 적절하다.

더 알아보기

한글 맞춤법 제40항
어간의 끝음절 '하'의 'ㅏ'가 줄고 'ㅎ'이 다음 음절의 첫소리와 어울려 거센소리로 될 적에는 거센소리로 적는다.

본말	준말	본말	준말
간편하게	간편케	다정하다	다정타
연구하도록	연구토록	정결하다	정결타
가하다	가타	흔하다	흔타

[붙임 1] 'ㅎ'이 어간의 끝소리로 굳어진 것은 받침으로 적는다.

않다	않고	않지	않든지
그렇다	그렇고	그렇지	그렇든지
아무렇다	아무렇고	아무렇지	아무렇든지
어떻다	어떻고	어떻지	어떻든지
이렇다	이렇고	이렇지	이렇든지
저렇다	저렇고	저렇지	저렇든지

[붙임 2] 어간의 끝음절 '하'가 아주 줄 적에는 준 대로 적는다.

본말	준말	본말	준말
거북하지	거북지	넉넉하지 않다	넉넉지 않다
생각하건대	생각건대	못하지 않다	못지않다
생각하다 못해	생각다 못해	섭섭하지 않다	섭섭지 않다
깨끗하지 않다	깨끗지 않다	익숙하지 않다	익숙지 않다

[붙임 3] 다음과 같은 부사는 소리대로 적는다.

결단코	결코	기필코	무심코
아무튼	요컨대	정녕코	필연코
하마터면	하여튼	한사코	

10 난도 ★★☆
정답 ④

어휘 > 한자어

정답의 이유

④ 記憶(기록할 기, 생각할 억)(×) → 追憶(쫓을 추, 생각할 억)(○)
- 기억(記憶): 이전의 인상이나 경험을 의식 속에 간직하거나 도로 생각해 냄
- 추억(追憶): 지나간 일을 돌이켜 생각함. 또는 그런 생각이나 일

오답의 이유

① 도착(倒着: 이를 도, 붙을 착)(○): 목적한 곳에 다다름
② 불상(佛像: 부처 불, 모양 상)(○): 부처의 형상을 표현한 상
③ 경지(境地: 지경 경, 땅 지)(○): 몸이나 마음, 기술 따위가 어떤 단계에 도달해 있는 상태

비문학 > 사실적 읽기

정답의 이유

③ 제시된 글에 따르면 인간의 지각과 생각은 프레임을 바탕으로 이루어진다. 따라서 지각과 사고를 확장하는 과정에서 프레임을 극복해야 하는 대상이라고 이해한 내용은 적절하지 않다.

오답의 이유

① '인간의 모든 정신 활동은 진공 상태에서 일어나는 것이 아니라, 어떤 맥락이나 가정하에서 일어난다.'라고 하였다. 여기서 맥락이나 가정은 프레임을 의미하므로 인간의 정신 활동은 프레임 없이 일어나지 않는다고 이해한 것은 적절하다.

② '어떤 사람이 자신은 어떤 프레임의 지배도 받지 않고 세상을 있는 그대로 객관적으로 본다고 주장한다면, 그 주장은 진실이 아닐 것이다.'라고 하였으므로 프레임이 어떤 편향성을 가지게 하는 개념이라고 이해한 것은 적절하다.

④ '사람의 지각과 생각은 인간의 모든 정신 활동을 뜻하고 항상 어떤 맥락, 관점 혹은 어떤 평가 기준이나 가정하에서 일어난다.', '이러한 맥락, 관점, 평가 기준, 가정을 프레임이라고 한다.'라고 하였으므로 프레임이 인간의 정신 활동에 영향을 미치는 어떤 맥락이나 평가 기준이라고 이해한 것은 적절하다.

비문학 > 사실적 읽기

정답의 이유

① 2문단에서 '시스템은 불안정하고 완벽하지 않기 때문에 컴퓨터가 조종사의 판단보다 우선시 될 수 없다는 것이다.'라고 하였으며, '인간은 실수할 수 있는 존재'라는 에어버스의 아버지 베테유의 전제를 언급하였다. 이를 통해 보잉은 시스템의 불안정성을, 에어버스는 인간의 실수 가능성을 고려하여 설계되었음을 알 수 있다.

오답의 이유

② 2문단에서 베테유는 인간은 실수할 수 있는 존재라고 전제하였다. 하지만 윌리엄 보잉은 시스템이 불안정하고 완벽하지 않아 조종사의 판단보다 우선시될 수 없다고 여겼을 뿐, 이것이 인간이 실수하지 않는 존재라고 본 것은 아니다.

③ 1문단에서 에어버스는 컴퓨터가 조종사의 조작을 감시하고 제한한다고 하였다. 이를 통해 에어버스의 조종사는 자동조종시스템의 통제를 받음을 알 수 있다.

④ 1문단에서 보잉과 에어버스의 중요한 차이점이 자동 조종 시스템의 활용 정도에 있으며 보잉의 경우 대개 항공기를 조종간으로 직접 통제한다고 하였으므로 보잉의 조종사가 자동 조종 시스템을 아예 활용하지 않는다고 볼 수 없다.

비문학 > 추론적 읽기

정답의 이유

② 제시된 글에서 '불안은 현재 발생하지 않았으며 미래에 일어날지 모르는 불명확한 위협에 의해 야기된 상태를 의미한다.'라고 하였다. 따라서 전기·가스 사고가 날까 두려워 외출하지 못하는 사람은 불안한 상태에 있다고 추론할 수 있다.

오답의 이유

① 제시된 글에서 '공포를 느끼는 것은 나 자신이 위험한 상황에 놓여 있다는 사실을 아는 것'이라고 하였다. 따라서 자신이 처한 위험한 상황을 정확히 인식하는 경우는 불안감에 비해 공포감이 더 클 것이다.

③ 제시된 글에서 '공포는 실재하는 객관적 위협에 의해 야기된 상태를 의미하고, 불안은 현재 발생하지 않았으며 미래에 일어날지 모르는 불명확한 위협에 의해 야기된 상태'라고 하였다. 따라서 시험에 불합격할 수 있다는 생각에 사로잡힌 사람은 공포감이 아닌 불안감에 빠져 있을 것이다.

④ 제시된 글에서 '공포의 상태와 불안의 상태를 구분하는 것은 쉽지 않다. 왜냐하면 두 감정을 함께 느끼거나 한 감정이 다른 감정을 유발할 때가 많기 때문이다.'라고 하였다. 따라서 과거에 큰 교통사고를 경험한 사람은 그 기억으로 인해 공포감을 느끼는 동시에, 미래에 또 사고가 날 수 있다는 불확실성으로 불안감도 느낄 수 있다. 그러므로 공포감은 크지만 불안감은 작다고 단정할 수 없다.

비문학 > 사실적 읽기

정답의 이유

② 1문단의 '프톨레마이오스가 천체들의 공전 궤도를 관찰하던 도중, ~ 즉 주전원(周轉圓)을 따라 공전 궤도를 그리면서 행성들이 운동한다고 주장하였다.'라는 내용을 통해 주전원은 지동설을 지지하고자 만든 개념이 아니라 프톨레마이오스가 자신의 관찰 결과를 천동설로 설명하기 위해 도입한 것임을 알 수 있다.

오답의 이유

① 1문단의 '과학 혁명 이전 아리스토텔레스 철학은 ~ 지구의 주위를 공전한다는 천동설이 정설로 자리 잡고 있었다.'라는 내용을 통해 과학 혁명 이전 시기에는 천동설이 정설로 받아들여졌음을 알 수 있다.

③ 1문단의 '아리스토텔레스의 세계관을 따라 ~ 천동설이 정설로 자리 잡고 있었다.'와 2문단의 '코페르니쿠스는 천체의 중심에 지구 대신 태양을 놓고 지구가 태양의 주위를 공전한다고 주장하였다.'라는 내용을 통해 천동설은 우주의 중심을 지구라 여기고 지동설은 우주의 중심을 태양이라 여김을 알 수 있다. 따라서 천동설과 지동설은 우주의 중심을 어디에 두느냐에 따라 구분된다.

④ 2문단의 '태양을 우주의 중심에 둔 코페르니쿠스의 ~ 수학적으로 단순하게 설명하였다.'라는 내용을 통해 행성의 공전에 대한 프톨레마이오스의 설명은 코페르니쿠스의 설명보다 수학적으로 복잡하였음을 알 수 있다.

국어

교정직

15 난도 ★☆☆   정답 ④

문법 > 표준어 규정

[정답의 이유]

④ 으레(○): 표준어 규정 제10항에 따라 '으레'를 표준어로 삼는다.

[오답의 이유]

① 수염소(×) → 숫염소(○): 표준어 규정 제7항에서 '수'와 뒤의 말이 결합할 때, 발음상 [ㄴ(ㄴ)] 첨가가 일어나거나 뒤의 예사소리가 된소리가 되는 경우 사이시옷과 유사한 효과를 보이는 것이라 판단하여 '수'에 'ㅅ'을 붙인 '숫'을 표준어형으로 규정하고 있다. 이러한 경우는 '숫양[순냥], 숫염소[순념소], 숫쥐[숟쮜]'만 해당하므로 '숫염소'로 표기하는 것이 적절하다.

② 윗층(×) → 위층(○): 표준어 규정 제12항 '다만 1.'에 따르면 '웃-' 및 '윗-'은 명사 '위'에 맞추어 '윗-'으로 통일하지만 된소리나 거센소리 앞에서는 '위-'로 한다고 하였으므로 '위층'으로 표기하는 것이 적절하다.

③ 아지랭이(×) → 아지랑이(○): 표준어 규정 제9항 [붙임 1]에 따르면 '아지랑이'는 'ㅣ' 역행 동화가 일어나지 아니한 형태를 표준어로 삼는다고 하였으므로 '아지랑이'로 표기하는 것이 적절하다.

16 난도 ★☆☆   정답 ③

비문학 > 작문

[정답의 이유]

③ 제시된 글에서 '정교한 독서'라는 뜻의 '정독'은 한자로 '精讀'이라 하였고, '빨리 읽기'라는 뜻의 '속독'은 한자로 '速讀'이라 하였다. 따라서 '정교하고 빠르게 읽기'를 뜻하는 '정속독'은 '精速讀'으로 표기하는 것이 적절하다.

[오답의 이유]

① '정교한 독서'라는 뜻의 '정독(精讀)'과 '바른 독서'라는 뜻의 '정독(正讀)'은 소리는 같지만 뜻이 다르다. 따라서 ㉠을 '다르게 읽지만 뜻이 같다'로 수정하는 것은 적절하지 않다.

② ㉡ 앞부분에서 '무엇이 정교한 것일까? 모든 단어에 눈을 마주치면서 제대로 인식하는 것이다.'라고 하였으므로 ㉡은 '정교한 독서'를 뜻하는 '정독(精讀)'임을 알 수 있다. 따라서 '정독(正讀)'으로 수정하는 것은 적절하지 않다.

④ ㉣ 뒷부분에서 '빼먹고 있는 습관, 즉 난독의 일종임을 잊지 말아야 한다.'라고 하였으며 제시된 글의 첫 문장에서 '난독을 해결하려면 정독을 해야 한다.'라고 하였으므로 ㉣에는 '정독이 빠진 속독'이 들어가야 한다. 따라서 '속독이 빠진 정독'으로 수정하는 것은 적절하지 않다.

17 난도 ★★☆   정답 ④

현대 문학 > 현대 시

[정답의 이유]

④ 1연에서 매미 울음소리가 절정에 이르렀다가 사라진 직후의 상황을 '정적의 소리'라고 표현하였다. 이는 원래 표현하려는 의미와 반대로 표현하는 반어법이 사용된 것이 아니라, 울음이 사라지고 고요한 상태인 '정적'을 '쟁쟁쟁'이라는 시끄러운 소리로 표현한 역설법이 사용된 것이다.

[오답의 이유]

① '매미 울음', '정적의 소리인 듯 쟁쟁쟁' 등의 청각적 이미지, '뙤약볕', '소나기', '맑은 구름만 눈이 부시게' 등의 시각적 이미지, '그늘의 소리' 등의 공감각적 이미지 등을 활용하여 절정이었던 매미 울음소리가 잦아들고 고요해진 상황을 감각적으로 제시하고 있다.

② '매미 울음', '정적의 소리인 듯 쟁쟁쟁' 등의 청각적 이미지, '맑은 구름만 눈이 부시게', '하늘 위에 펼쳐지기만 하노니' 등 시각적 이미지를 활용하여 시상을 전개하고 있다.

③ 2연에서 사랑의 속성을 세차게 들이붓다가 어느 순간 아무 일 없었던 양 멈추는 '소나기'에 비유하여 표현하였다.

작품 해설

박재삼, 「매미 울음 끝에」

• 갈래: 자유시, 서정시

• 성격: 관찰적, 감각적, 낭만적, 유추적

• 주제: 매미의 울음을 통해 본 사랑의 본질적 속성

• 특징
  - 다양한 감각적 심상을 활용하여 대상을 표현함
  - 역설법을 통해 매미 울음소리가 잦아든 상황을 제시함
  - 자연 현상(매미 울음소리)과 인생(사랑)의 공통된 속성에서 주제를 이끌어 냄

18 난도 ★★★   정답 ④

비문학 > 사실적 읽기

[정답의 이유]

④ '호메로스의 『일리아드』와 『오디세이아』에서는 신과 인간의 세계가 하나로 얽혀 있다.'와 '소포클레스나 에우리피데스의 비극에서는 총체성이 흔들려 신과 인간의 세계가 분리된다.'를 통해 『오디세이아』가 에우리피데스의 비극에 비해 신과 인간의 결합 정도가 높음을 알 수 있다.

[오답의 이유]

① '철학의 시대'가 '이미 계몽된 세계'라는 내용은 있으나 계몽사상이 '서사시의 시대'에서 '철학의 시대'로의 전환을 이끌었다는 내용은 제시되지 않았다.

② '비극의 시대'는 신과 인간이 분리되나 신탁이라는 약한 통로로 이어져 있고, 플라톤으로 대표되는 '철학의 시대'는 신탁을 신뢰할 수 없는, 신과 인간이 완전히 분리된 세계이다. 따라서 플라톤의 이데아가 표현하는 것은 '철학의 세계'이지 '비극적 세계'가 아니다.

③ '루카치는 그리스 세계를 신과 인간의 결합 정도를 가리키는 '총체성' 개념을 기준으로 세 시대로 구분하였다.'를 통해 루카치는 그리스 세계를 '총체성'이라는 단일한 개념을 기준으로 시대를 구분하였음을 알 수 있다.

19 난도 ★★☆   정답 ②

비문학 > 사실적 읽기

정답의 이유

② '16~17세기에 창작되었던 몽유록에는 참여자형이 많다. 참여자형에서는 몽유자와 꿈속 인물들이 동질적인 이념을 공유하고 현실의 고통스러운 문제에 대해 의견을 나누며 비판적 목소리를 낸다.'라고 하였으므로 몽유자가 현실을 비판하는 경향이 강하게 나타나는 시기는 16~17세기임을 알 수 있다.

오답의 이유

① 제시된 글에 따르면, 몽유록은 몽유자의 역할에 따라 참여자형과 방관자형으로 구분할 수 있다. 참여자형에서는 몽유자가 꿈에서 만난 인물들의 모임에 직접 참여하지만, 방관자형에서는 모임을 엿볼 뿐 직접 참여하지는 않는다. 이를 통해 몽유자가 꿈속 인물들의 모임에 직접 참여하는지, 참여하지 않는지에 따라 몽유록의 유형을 나눌 수 있음을 알 수 있다.

③ '그러나 주로 17세기 이후에 창작된 방관자형에서는 ~ 이 시기의 몽유록이 통속적이고 허구적인 성격으로 변모하는 것은 몽유자의 역할 변화와 무관하지 않다.'를 통해 몽유자가 구경꾼 역할을 하는 몽유록은 통속적이고 허구적인 성격이 강하다는 것을 알 수 있다.

④ '참여자형에서는 몽유자와 꿈속 인물들이 동질적인 이념을 공유하고 현실의 고통스러운 문제에 대해 의견을 나누며 비판적 목소리를 낸다.'를 통해 몽유자가 꿈속 인물들과 함께 현실을 비판하는 몽유록은 참여자형에 해당함을 알 수 있다.

20 난도 ★★☆   정답 ③

비문학 > 사실적 읽기

정답의 이유

③ '국내외의 글로벌 기업들은 여러 산업 분야에서 디지털 트윈을 도입하여 사전에 위험 요소를 제거하고 수익 모델의 효율성을 높이고 있다.'를 통해 디지털 트윈에서의 시뮬레이션으로 현실 세계의 위험 요소를 찾아내고 방지할 수 있음을 알 수 있다.

오답의 이유

① 디지털 트윈을 활용함에 따라 글로벌 기업들의 고용률이 향상되었다는 내용은 제시되어 있지 않다.

② 디지털 트윈이 주목받는 이유는 안정성과 경제성 때문이며, 가상 세계에 데이터를 전송, 취합, 분석, 이해, 실행하는 과정은 실제 실험보다 비용이 적게 든다고 하였다. 따라서 디지털 트윈의 데이터 모델은 현실 세계의 각종 실험 모델보다 경제성이 높음을 알 수 있다.

④ 이용자들에게 새로운 경제 · 사회 · 문화적 경험을 제공하는 데 목적을 둔 것은 메타버스이다. 디지털 트윈은 현실 세계에 존재하는 것을 컴퓨터상에 똑같이 복제하고 실시간으로 반응할 수 있도록 하는 데 목적이 있다.

국어 | 2022년 국가직 9급

한눈에 훑어보기

✔ **영역 분석**

어휘　　03　07　16
3문항, 15%

문법　　01　02　19
3문항, 15%

고전 문학　05　06
2문항, 10%

현대 문학　14　18
2문항, 10%

비문학　04　08　09　10　11　12　13　15　17　20
10문항, 50%

✔ **빠른 정답**

01	02	03	04	05	06	07	08	09	10
③	②	④	③	②	④	①	②	④	③
11	12	13	14	15	16	17	18	19	20
②	②	④	①	④	③	④	①	③	①

✔ **점수 체크**

구분	1회독	2회독	3회독
맞힌 문항 수	/ 20	/ 20	/ 20
나의 점수	점	점	점

01　난도 ★★☆　　　　　　　　　　　정답 ③

문법 > 의미론

정답의 이유

③ 속을 썩혀(×) → 속을 썩여(○): '걱정이나 근심 따위로 마음이 몹시 괴로운 상태가 되게 만들다.'라는 의미로 사용되었으므로 '썩이다'가 적절하다.

오답의 이유

① 능력을 썩히고(○): '물건이나 사람 또는 재능 따위가 쓰여야 할 곳에 제대로 쓰이지 못하고 내버려진 상태로 있게 하다.'라는 뜻의 '썩히다'가 쓰였으므로 적절하다.

② 쓰레기를 썩혀서(○): '유기물이 부패 세균에 의하여 분해됨으로써 원래의 성질을 잃어 나쁜 냄새가 나고 형체가 뭉개지는 상태가 되게 하다.'라는 뜻의 '썩히다'가 쓰였으므로 적절하다.

④ 기계를 썩히고(○): '물건이나 사람 또는 재능 따위가 쓰여야 할 곳에 제대로 쓰이지 못하고 내버려진 상태로 있게 하다.'라는 뜻의 '썩히다'가 쓰였으므로 적절하다.

02　난도 ★★☆　　　　　　　　　　　정답 ②

문법 > 통사론

정답의 이유

② 우리말에는 피동보다 능동 표현을 쓰는 것이 자연스러우므로 '맺어졌으면'을 '맺었으면'으로 고쳐 쓴 것은 적절하다. 하지만 '어떤 일이 이루어지기를 기다리는 간절한 마음'을 뜻하는 단어는 '바람'이며, '바램'은 비표준어이다.

오답의 이유

① '틀리다'는 '셈이나 사실 따위가 그르게 되거나 어긋나다.'를 의미한다. 따라서 '비교가 되는 두 대상이 서로 같지 아니하다.'의 뜻을 가진 '다르다'가 적절한 표현이다.

③ '내가 오직 바라는 것은 ~ 좋겠어.'는 주어와 서술어의 호응이 맞지 않으므로 서술어를 '좋겠다는 거야.'로 고쳐 쓴 것은 적절하다.

④ '주다'는 주어, 목적어, 부사어를 필수로 요구하는 세 자리 서술어이므로 '인간에게'라는 필수적 부사어를 추가하여 고쳐 쓴 것은 적절하다.

더 알아보기

표준어 규정 제1부 제11항

다음 단어에서는 모음의 발음 변화를 인정하여, 발음이 바뀌어 굳어진 형태를 표준어로 삼는다. (ㄱ을 표준어로 삼고, ㄴ을 버림)

ㄱ	ㄴ
나무라다	나무래다
바라다	바래다

→ '나무래다, 바래다'는 방언으로 해석하여 '나무라다, 바라다'를 표준어로 삼았다. 그런데 근래 '바라다'에서 파생된 명사 '바람'을 '바램'으로 잘못 쓰는 경향이 있다. '바람[風]'과의 혼동을 피하려는 심리 때문인 듯하다. 그러나 동사가 '바라다'인 이상 그로부터 파생된 명사가 '바램'이 될 수는 없다. '바라다'의 활용형으로, '바랬다, 바래요'는 비표준형이고 '바랐다, 바라요'가 표준형이 된다. '나무랐다, 나무라요'도 '나무랬다, 나무래요'를 취하지 않는다.

---

03 난도 ★☆☆   정답 ④

어휘 > 한자성어

정답의 이유

④ 당랑거철(螳螂拒轍)은 제 역량을 생각하지 않고, 강한 상대나 되지 않을 일에 덤벼드는 무모한 행동거지를 비유적으로 이르는 말이다. 제시된 문장에서는 신중한 태도와 관련된 사자성어를 사용해야 하므로 무모한 행동을 비유하는 말인 '당랑거철'은 적절하지 않다.

• 螳螂拒轍: 사마귀 당, 사마귀 랑, 막을 거, 바큇자국 철

오답의 이유

① 구곡간장(九曲肝腸): 굽이굽이 서린 창자라는 뜻으로, 깊은 마음속 또는 시름이 쌓인 마음속을 비유적으로 이르는 말

• 九曲肝腸: 아홉 구, 굽을 곡, 간 간, 창자 장

② 곡학아세(曲學阿世): 바른길에서 벗어난 학문으로 세상 사람에게 아첨함

• 曲學阿世: 굽을 곡, 배울 학, 언덕 아, 세대 세

③ 구밀복검(口蜜腹劍): 입에는 꿀이 있고 배 속에는 칼이 있다는 뜻으로, 말로는 친한 듯하나 속으로는 해칠 생각이 있음을 이르는 말

• 口蜜腹劍: 입 구, 꿀 밀, 배 복, 칼 검

---

04 난도 ★☆☆   정답 ③

비문학 > 화법

정답의 이유

③ 지민이 '하긴 아이스크림 매출 증가에 관한 통계 자료를 인용해서 답변한 전략도 설득력이 있었어.'라고 말한 부분을 통해 상대방의 견해를 존중하고 있음을 확인할 수 있다. 또한 '하지만 초두 효과의 효용성도 크지 않을까 해.'라고 말한 부분을 통해 자신의 의견을 제시하고 있음을 확인할 수 있다. 이러한 지민의 발화에는 공손성의 원리 중 자신의 의견과 다른 사람의 의견 사이

의 차이점을 최소화하고, 자신의 의견과 다른 사람의 의견의 일치점을 극대화하는 '동의의 격률'이 사용되었다.

오답의 이유

① 지민이 면접 전략 강의에 대한 자신의 의견을 제시하고 있으나, 면접 경험을 예로 들어 정수를 설득하고 있는 것은 아니다.

② 지민이 정수의 약점을 공략하거나 정수의 이견을 반박하는 발화는 확인할 수 없다.

④ 지민이 '맞아. 그중에서도 두괄식으로 답변하라는 첫 번째 내용이 정말 인상적이더라.'라고 말한 부분을 통해 자신의 감정을 표현하고 있음을 확인할 수 있으나, 상대방과의 갈등 해소를 위한 감정 표현이라고 볼 수는 없다.

더 알아보기

공손성의 원리

대화를 할 때 공손하지 않은 표현은 최소화하고, 공손하고 정중한 표현은 최대화한다.

요령의 격률	상대방에게 부담이 되는 표현은 최소화하고, 상대방에게 이익이 되는 표현은 최대화한다.
관용의 격률	자신에게 이익이 되는 표현은 최소화하고, 자신에게 부담이 되는 표현은 최대화한다.
찬동(칭찬)의 격률	상대방을 비난하는 표현은 최소화하고, 상대방을 칭찬하는 표현은 최대화한다.
겸양의 격률	자신을 칭찬하는 표현은 최소화하고, 자신을 낮추거나 자신을 비방하는 표현은 최대화한다.
동의의 격률	상대방의 의견과 불일치하는 표현은 최소화하고, 상대방의 의견과 일치하는 표현은 최대화한다.

---

05 난도 ★★☆   정답 ②

고전 문학 > 고전 산문

정답의 이유

② 3문단의 '이는 필시 사부가 ~ 허무한 일임을 알게 하신 것이로다.'에서 성진의 사부인 육관 대사가 성진에게 가르침을 주기 위해 꿈을 꾸게 하였음을 확인할 수 있다. 또한 1문단의 '승상이 말을 마치기도 전에 구름이 걷히더니 노승은 간 곳이 없고 좌우를 돌아보니 팔낭자도 간 곳이 없었다.'에서 육관 대사가 꿈속에서 노승으로 나타나 성진이 꿈에서 깰 수 있도록 하였음을 추론할 수 있다. 따라서 양소유가 인간 세상에 환멸을 느껴 스스로 성진의 모습으로 되돌아왔다는 설명은 적절하지 않다.

오답의 이유

① 3문단의 '그리고 장원급제를 하여 한림학사가 된 후 출장입상하고'에서 꿈속의 양소유가 장원급제를 하여 한림학사가 되었음을 확인할 수 있다.

③ 2문단의 '이에 제 몸이 인간 세상의 승상 양소유가 아니라 연화도량의 행자 성진임을 비로소 깨달았다.'에서 성진은 인간 세상이 아닌 연화도량에 있음을 확인할 수 있다.

④ 2문단의 '자신의 몸을 보니 ~ 완연한 소화상의 몸이요, 전혀 대승상의 위의가 아니었으니'에서 성진은 자신의 외양을 보고 꿈에서 돌아왔음을 인식했다는 것을 확인할 수 있다.

김만중, 「구운몽」
- 갈래: 고전 소설, 국문 소설, 몽자류 소설
- 성격: 불교적, 유교적, 도교적, 우연적, 전기적, 비현실적
- 주제
  - 인생무상의 깨달음을 통한 허무의 극복
  - 불교적 인생관에 대한 각성
- 특징
  - '현실-꿈-현실'의 이원적 환몽 구조를 취하는 몽자류 소설의 효시
  - 천상계가 현실적 공간, 인간계가 비현실적 공간으로 설정됨
  - 꿈속 양소유의 삶은 영웅 소설의 구조를 지님
  - 유교적, 불교적, 도교적 사상이 작품에 반영되어 있음

06 난도 ★★☆   정답 ④

고전 문학 > 고전 운문

정답의 이유

④ (라)는 임금의 승하를 애도하는 마음을 노래한 시조이다. '서산의 히 디다 ᄒ니 그롤 셜워 ᄒ노라.'에서 해가 진다는 표현은 임금의 승하를 비유적으로 나타낸 것으로 ㉢ '히'는 '임금'을 의미한다.

오답의 이유

① (가)는 수양 대군의 횡포를 비판하는 시조이다. '눈서리'는 '시련' 또는 '수양 대군의 횡포'를 의미하는데, 눈서리로 인해 낙락장송이 다 기울어 간다고 하였으므로 ㉠ '낙락장송'은 수양 대군에 의해 억울하게 희생된 '충신'들을 의미한다.

② (나)는 임금에게 버림받고 괴로운 마음을 나타낸 시조이다. 화자는 구름에게 님이 계신 곳에 비를 뿌려 달라고 하며 자신의 억울함을 호소하고자 하므로 ㉡ '님'은 '궁궐에 계신 임금'을 의미한다.

③ (다)는 이별한 임을 그리워하는 마음을 드러낸 시조이다. 화자는 지는 낙엽을 보며 이별한 임이 자신을 생각하는지 궁금해하고 있으므로 ㉢ '저'는 '이별한 임'을 의미한다.

(가) 유응부, 「간밤의 부던 ᄇ람에 ~」
- 갈래: 평시조, 절의가
- 성격: 우국적, 풍자적
- 주제: 수양 대군의 횡포에 대한 비판과 인재 희생에 대한 걱정
- 특징
  - 시간의 흐름에 따라 시상을 전개함
  - 자연물에 함축적 의미를 부여함(눈서리: 세조의 횡포, 낙락장송: 충신)
  - 주제를 우회적으로 표현함

(나) 이항복, 「철령 노픈 봉에 ~」
- 갈래: 평시조, 연군가
- 성격: 풍유적, 비탄적, 우의적
- 주제: 억울한 심정 호소와 귀양길에서의 정한

- 특징
  - '님'은 궁궐(구중심처)에 계신 임금, 즉 광해군을 가리킴
  - 임금을 떠나는 자신의 억울한 마음을 자연물에 빗대어 표현함

(다) 계랑, 「이화우(梨花雨) 훗쑤릴 제 ~」
- 갈래: 평시조, 서정시
- 성격: 애상적, 감상적, 여성적
- 주제: 이별의 슬픔과 임에 대한 그리움
- 특징
  - 임과 헤어진 뒤의 시간적 거리감과 임과 떨어져 있는 공간적 거리감이 조화를 이룸
  - 시간의 흐름과 하강적 이미지를 통해 시적 화자의 정서를 심화함

(라) 조식, 「삼동(三冬)의 뵈옷 닙고 ~」
- 갈래: 평시조, 연군가
- 성격: 애도적, 유교적
- 주제: 임금의 승하를 애도함
- 특징
  - 군신유의(君臣有義)의 유교 정신을 잘 보여줌
  - 중종 임금이 승하했다는 소식을 듣고 애도함

07 난도 ★☆☆   정답 ①

어휘 > 혼동 어휘

정답의 이유

㉠ '승부나 등수 따위를 정하는 일'이라는 뜻을 가진 '가름'을 쓰는 것이 적절하다.

㉡ '일정한 기준에 따라 분류하거나 나누어 놓은 낱낱의 범위나 부분'이라는 뜻을 가진 '부문(部門)'을 쓰는 것이 적절하다.

㉢ '성질이나 종류에 따라 갈라놓음'이라는 뜻을 가진 '구별(區別)'을 쓰는 것이 적절하다.

오답의 이유

- 갈음: 다른 것으로 바꾸어 대신함
- 부분(部分): 전체를 이루는 작은 범위 또는 전체를 몇 개로 나눈 것의 하나
- 구분(區分): 일정한 기준에 따라 전체를 몇 개로 갈라 나눔

'가름'과 '갈음'

가름	쪼개거나 나누어 따로따로 되게 하는 일 예 둘로 가름
	승부나 등수 따위를 정하는 일 예 이기고 지는 것은 대개 외발 싸움에서 가름이 났다.
갈음	다른 것으로 바꾸어 대신함 예 새 책상으로 갈음하였다.

08 난도 ★★★   정답 ②

비문학 > 화법

정답의 이유

1단계: (가)에서 친구가 자전거를 타다가 사고를 당해 머리를 다쳤
       다는 이야기를 제시함으로써 주제에 대한 청자의 주의나 관
       심을 환기하고 있다.
2단계: (다)에서 청자인 '여러분'이 자전거를 타는 경우를 언급함으
       로써 자전거 사고 문제를 청자와 관련지어 설명하고 있다.
3단계: (나)에서 헬멧을 착용하면 머리를 보호할 수 있다고 언급함
       으로써 문제에 대한 해결 방안을 제시하고 있다.
4단계: (라)에서 헬멧을 착용한다면 신체 피해를 줄일 수 있고, 즐
       거움과 편리함을 안전하게 누릴 수 있다고 언급함으로써 해
       결 방안이 청자에게 어떤 도움이 되는지 구체화하고 있다.
5단계: (마)에서 자전거를 탈 때 반드시 헬멧을 착용해야 한다고 언
       급함으로써 특정 행동을 요구하고 있다.
따라서 동기화 단계 조직에 따라 순서대로 배열하면 ② (가) – (다)
– (나) – (라) – (마)이다.

09 난도 ★★☆   정답 ④

비문학 > 사실적 읽기

정답의 이유

④ 2문단에서 복지 공감 지도로 수급자 현황을 한눈에 확인함으로
  써 복지 기관의 맞춤형 대응이 가능하고, 최적의 복지 기관 설립
  위치를 선정할 수 있음을 확인할 수 있다. 그러나 복지 공감 지
  도로 복지 혜택에 대한 수급자들의 개별 만족도를 파악할 수 있
  는 것은 아니다.

오답의 이유

① 1문단의 '국가정보자원관리원과 ○○시는 빅데이터 기반의 맞춤
  형 복지 서비스 분석 사업을 수행했다.'에서 빅데이터 기반의 맞
  춤형 복지 서비스 분석 사업을 활용하고 있음을 확인할 수 있다.
  또한 1문단의 '국가정보자원관리원은 ~ 취약 지역 지원 방안을
  제시했다.'에서 이 사업을 통해 복지 사각지대를 줄이는 방안이
  제시되었음을 확인할 수 있다.
② 3문단의 '이 사업을 통해 ○○시는 그동안 복지 기관으로부터 도
  보로 약 15분 내 위치한 수급자에게 복지 혜택이 집중되고 있는
  것도 확인했다.'에서 복지 기관과 수급자 거주지 사이의 거리가
  복지 혜택의 정도에 영향을 주고 있음을 확인할 수 있다.
③ 3문단의 '이에 ~ 복지 셔틀버스 노선을 4개 증설할 계획을 수립
  했다.'에서 복지 기관 접근성 분석 결과를 통해 복지 셔틀버스
  노선을 증설하기로 하였음을 확인할 수 있다.

10 난도 ★★★   정답 ③

비문학 > 추론적 읽기

정답의 이유

③ '탯줄이 떨어지면서 배의 한가운데에 생긴 자리'를 뜻하는 '배꼽'
  이 바둑판에서 '바둑판의 한가운데'의 뜻으로 쓰이는 것은 일반
  적으로 쓰이는 말이 특수한 영역에서 사용되는 경우에 해당한
  다. 따라서 ⓒ의 사례로 적절하지 않다.

오답의 이유

① '코'는 '포유류의 얼굴 중앙에 튀어나온 부분'을 의미하지만, '아
  이들의 코 묻은 돈'에서의 '코'는 '콧구멍에서 흘러나오는 액체',
  즉 '콧물'이라는 의미를 포함하는 방향으로 변화한 것이다.
② '수세미'는 본래 식물의 이름으로, 과거에 설거지할 때 그릇을 씻
  는 데 쓰는 물건을 만드는 재료였다. 그러나 이후 '수세미'는 설
  거지할 때 그릇을 씻는 데 쓰는 물건이라는 의미로 변화하였으므
  로 지시 대상 자체가 바뀐 사례로 볼 수 있다.
④ 과거의 사람들은 전염병인 '천연두'에 대해 심리적인 두려움이
  있었기 때문에 이를 대신하여 '손님'이라고 불렀다. 이후 '손님'은
  '천연두'를 일상적으로 이르는 말이 되었다.

더 알아보기

단어 의미 변화의 원인

• 언어적 원인
  – 전염: 특정한 단어와 어울리면서 의미가 변하는 현상이다.
    예 결코 우연한 일이 아니었다.
      → '별로', '결코' 등은 긍정과 부정에 모두 쓰이던 표현이었
        는데, 부정적 표현과 자주 어울리면서 부정적 표현에만
        쓰이게 되었다.
  – 생략: 단어의 일부분이 생략되면서 생략된 부분의 의미가 남은
    부분에 감염되는 현상이다.
    예 아침을 먹었다.
      → '밥'이 생략되어도 '아침'이 '아침밥'의 의미를 갖는다. '머
        리(머리카락)', '코(콧물)'도 같은 예이다.
  – 민간 어원: 민간에 전해오는 이야기에 의해 의미가 변하는 현
    상이다.
    예 행주치마
      → 원래는 '행자승이 걸치는 치마'라는 뜻으로 행주산성과
        전혀 관련이 없었으나, 행주산성 이야기의 영향을 받아
        '행주산성의 치마'라는 의미로 쓰이게 되었다.
• 역사적 원인
  – 지시물의 변화
    예 바가지
      → 원래는 '박을 두 쪽으로 쪼개 만든 그릇'을 의미했으나,
        '나무, 플라스틱 등으로 만든 그릇'을 지칭하는 말로 바뀌
        었다.

국어 교정직

- 지시물에 대한 정서적 태도의 변화
  예 나일론
    → 원래는 질기고 강하고 좋은 의미로 쓰였지만, 새롭고 좋은 소재들이 나오면서 나일론은 좋지 않은 부정적인 의미로 바뀌었다. 이러한 변화로 '나일론 환자'는 '가짜 환자'라는 뜻으로 사용된다.
- 지시물에 대한 지식의 변화
  예 해가 뜨고 진다.
    → 원래는 '지구를 중심으로 해가 돈다.'는 생각에서 나온 표현이었지만, 과학 지식의 발달로 지금은 '지구가 돈다.'라는 의미로 사용된다.
- 심리적 원인(금기에 의한 변화)
  예 손님(홍역), 마마(천연두), 산신령(호랑이), 돌아가시다(죽다)

11 난도 ★☆☆ 정답 ②

비문학 > 사실적 읽기

정답의 이유
② 지나친 야간 조명이 식물의 성장에 부정적 영향을 끼쳐 작물 수확량을 감소시킬 수 있음이 여러 연구를 통해 입증된 바 있다는 내용을 근거로 들어 건의에 대한 신뢰성을 높이고 있다. 하지만 인용한 자료의 출처를 밝히고 있지는 않다.

오답의 이유
① '하지만 지나친 야간 조명이 식물의 성장에 부정적인 영향을 끼쳐 작물 수확량을 감소시킬 수 있음은 이미 여러 연구를 통해 입증된 바 있습니다.'와 '실제로 골프장이 야간 운영을 시작했을 때를 기점으로 우리 농장의 수확률이 현저히 낮아졌음을 제가 확인했습니다.'에서 글쓴이는 △△시 시장에게 빛 공해로 농장이 겪는 어려움에 대해 관심을 촉구하고 있음을 확인할 수 있다.
③ '또한 ○○군에서도 빛 공해 문제를 해결하기 위해 야간 조명의 조도를 조정하는 프로젝트를 진행한 바 있으니 참고해 보시기 바랍니다.'에서 다른 지역의 사례를 언급하고 있음을 확인할 수 있다.
④ '물론, 이윤을 추구하는 골프장의 야간 운영을 무조건 막는다면 골프장 측에서 반발할 것입니다.'에서 예상되는 문제점을 제시하고 있으며, '그래서 계절에 따라 야간 운영 시간을 조정하거나 운영 제한에 따른 손실금을 보전해 주는 등의 보완책도 필요합니다.'에서 그에 따른 해결 방안에 대해 제시하고 있음을 확인할 수 있다.

12 난도 ★★☆ 정답 ②

비문학 > 화법

정답의 이유
② ⓔ에서 '저'는 말하는 이와 듣는 이로부터 멀리 있는 대상을 가리키는 지시 관형사이다. 따라서 ⓔ이 화자보다 청자에게 멀리 있는 대상을 가리킨다는 설명은 적절하지 않다.

오답의 이유
① ⓐ에서 '이'는 말하는 이에게 가까이 있는 대상을 가리키는 지시 관형사이고 ⓑ에서 '그'는 듣는 이에게 가까이 있는 대상을 가리키는 지시 관형사이므로 ⓐ은 청자보다 화자에게, ⓑ은 화자보다 청자에게 가까이 있는 대상을 가리킨다.
③ 이진이가 ⓒ을 추천한 후에 태민이가 ⓓ을 읽어 보겠다고 하였으므로, ⓒ과 ⓓ은 모두 한국 대중문화를 다양한 시각에서 다룬 재미있는 책을 가리킨다.
④ 이진이가 두 책을 들고 계산대로 가는 상황에서 '이 책' 두 권을 사 주겠다고 하였으므로, ⓔ은 앞에서 언급한 ⓑ과 ⓒ을 모두 가리킨다.

더 알아보기

'이', '그', '저'
• 의미
  - 이: 말하는 이에게 가까이 있거나 말하는 이가 생각하고 있는 대상을 가리킬 때 쓰는 말
  - 그: 듣는 이에게 가까이 있거나 듣는 이가 생각하고 있는 대상을 가리킬 때 쓰는 말
  - 저: 말하는 이와 듣는 이로부터 멀리 있는 대상을 가리킬 때 쓰는 말
• 품사

구분	특징	예문
관형사	후행하는 체언을 수식	• 이 사과가 맛있게 생겼다. • 그 책을 좀 줘 봐. • 저 거리에는 항상 사람이 많다.
대명사	조사와 결합할 수 있음	• 이보다 더 좋을 수는 없다. • 그는 참으로 좋은 사람이다. • 이도 저도 다 싫다.

13 난도 ★★★ 정답 ④

비문학 > 사실적 읽기

정답의 이유
④ 3문단의 '그러나 여기에서도 아동은 ~ 적극적인 권리의 주체로 인식되지는 않았다.'를 통해 「아동권리에 관한 제네바 선언」에서 아동을 적극적인 권리의 주체로 인식하지 않았음을 확인할 수 있다. 아동이 자신의 권리를 주장할 수 있는 능동적인 존재로 자리매김할 수 있게 된 것은 1989년 유엔총회에서 채택된 「아동권리협약」에서이다.

오답의 이유

① 1문단의 '산업혁명으로 봉건제도가 붕괴되고 자본주의가 탄생한 근대사회에 이르러 ~ 아동보호가 시작되었다.'에서 아동의 권리에 대한 인식이 근대사회 이후에 형성되었음을 확인할 수 있다.

② 3문단의 '1989년 유엔총회에서 채택된 「아동권리협약」이 그것이다.'와 4문단의 '우리나라는 이를 토대로 2016년 「아동권리헌장」 9개 항을 만들었다.'에서 「아동권리헌장」은 「아동권리협약」을 토대로 만들어졌음을 확인할 수 있다.

③ 2문단에서는 「아동권리에 관한 제네바 선언」에 '아동은 물질적으로나 정신적으로 정상적인 발달을 위해 필요한 조건이 충족되어야 한다.'라는 내용이 포함되었다고 제시하고 있다. 또한 4문단에서는 「아동권리협약」을 토대로 만든 「아동권리헌장」에 '생존과 발달의 권리'라는 원칙을 포함하였다고 제시하고 있다. 따라서 「아동권리에 관한 제네바 선언」, 「아동권리협약」, 「아동권리 헌장」에는 모두 아동의 발달에 대한 내용이 들어가 있음을 확인할 수 있다.

14 난도 ★★☆   정답 ①

현대 문학 > 현대 시

정답의 이유

① 제시된 작품은 '봄'과 '겨울'의 대립적인 이미지를 통해 통일에 대한 염원을 나타낸 현실 참여적인 시이다. 따라서 현실을 초월한 순수 자연의 세계를 노래한 것이라는 설명은 적절하지 않다.

오답의 이유

② '오지 않는다', '움튼다', '움트리라' 등의 단정적 어조를 사용해 자주적인 통일에 대한 희망과 신념을 드러내고 있다.

③ '봄'은 통일을, '겨울'은 분단의 현실을, '남해', '북녘', '바다와 대륙 밖'은 한반도의 외부 세력을, '눈보라'는 분단의 아픔과 고통을, '쇠붙이'는 군사적 대립과 긴장을 상징한다. 이처럼 시어들의 상징적인 의미를 통해 '자주적이고 평화적인 통일에 대한 염원'이라는 주제를 형성하고 있다.

④ '봄'은 통일을 의미하는 긍정적인 시어이고, '겨울'은 분단을 의미하는 부정적인 시어이다. 이러한 시어들의 이원적 대립을 통해 시상을 전개하고 있다.

작품 해설

신동엽, 「봄은」

• 갈래: 자유시, 참여시
• 성격: 저항적, 의지적, 현실 참여적
• 주제: 자주적이고 평화적인 통일에 대한 염원
• 특징
  − 단정적 어조로 통일에 대한 화자의 확고한 의지를 표현함
  − 상징법, 대유법, 대조법 등 다양한 표현 방법을 사용함

15 난도 ★★☆   정답 ④

비문학 > 글의 순서 파악

정답의 이유

제시된 글은 한 사회가 조직되는 근본인 '말과 글'을 잘 다스려 사회를 유지해야 한다고 주장하는 글이다.

• (마)에서는 사회는 여러 사람의 뜻이 통해야 한다는 화제를 제시하고 있으므로 글의 처음에 오는 것이 적절하다.

• (다)에서는 뜻이 서로 통하여 번듯한 사회의 모습을 갖추려면 '말과 글'이 필요하다는 내용을 제시하고 있으므로 (마)의 다음에 오는 것이 적절하다.

• (나)에서는 '이러므로'라는 접속 표현을 사용하여 사회가 조직되는 근본이 '말과 글'임을 제시하고 있으므로 (다)의 다음에 오는 것이 적절하다.

• (가)에서는 '이 기관'을 잘 수리하여 다스려야 한다는 내용을 제시하고 있으므로 '말과 글'을 '기관'에 빗대어 표현한 (나)의 다음에 오는 것이 적절하다.

• (라)에서는 '기관'을 쓸 수 없는 지경에 이르면 사회가 유지될 수 없다는 내용을 제시하고 있으므로 '기관'을 수리하지 않으면 작동이 막혀 버릴 것이라고 제시한 (가)의 다음에 오는 것이 적절하다.

따라서 글의 전개 순서로 가장 자연스러운 것은 ④ (마) − (다) − (나) − (가) − (라)이다.

16 난도 ★★☆   정답 ③

어휘 > 한자어

정답의 이유

③ 해결(解結: 풀 해, 맺을 결)(×) → 해결(解決: 풀 해, 결정할 결)(○): 제기된 문제를 해명하거나 얽힌 일을 잘 처리함

오답의 이유

① 만족(滿足: 찰 만, 발 족)(○): 마음에 흡족함

② 재청(再請: 다시 재, 청할 청)(○): 회의할 때에 다른 사람의 동의에 찬성하여 자기도 그와 같이 청함을 이르는 말

④ 재론(再論: 다시 재, 논의할 론)(○): 이미 논의한 것을 다시 논의함

17 난도 ★★☆   정답 ④

비문학 > 추론적 읽기

정답의 이유

④ 제시된 문장의 앞에는 신분에 따라 문체를 고착화하는 것을 인정하지 않았다는 구체적인 사례나 진술이 언급되어야 한다. 따라서 '이 낭만주의 시기에 ~ 전통 시학을 거부했다.'라는 문장 뒤에 '신분에 따라 문체를 고착화하는 것을 인정하지 않았던 것이다.'의 문장이 이어지는 것이 자연스러우므로 ㉣에 들어가는 것이 적절하다.

현대 문학 > 현대 소설

정답의 이유

① '정거장에 나온 박은 수염도 깎은 지 오래어 터부룩한 데다 버릇처럼 자주 찡그려지는 비웃는 웃음은 전에 못 보던 표정이었다.'에서 '현'이 '박'의 외양을 보고 '박'이 예전과 달라졌음을 인식하고 있다는 것을 확인할 수 있다. 그러나 '현은 박의 그런 지싯지싯함에서 선뜻 자기를 느끼고 또 자기의 작품들을 느끼고 그만 더 울고 싶게 괴로워졌다.'에서 박의 모습을 통해 자신의 작품들을 떠올리고는 있으나, '박'의 달라진 태도가 자신의 작품 때문이라고 생각하는 내용은 확인할 수 없으므로 적절하지 않은 이해이다.

오답의 이유

② '현은 박의 그런 지싯지싯함에서 선뜻 자기를 느끼고 또 자기의 작품들을 느끼고 그만 더 울고 싶게 괴로워졌다.'에서 '현'이 시대 상황에 적응하지 못하는 자신과 비슷한 처지에 있는 '박'을 통해 자신을 연민하고 있음을 확인할 수 있다.

③ '오면서 자동차에서 시가도 가끔 내다보았다. 전에 본 기억이 없는 새 빌딩들이 꽤 많이 늘어섰다.'에서 '현'이 자동차에서 새 빌딩들을 보면서 도시가 많이 변화하고 있음을 인지하고 있다는 것을 확인할 수 있다.

④ '그중에 한 가지 인상이 깊은 것은 ~ 시뻘건 벽돌만으로, 무슨 큰 분묘와 같이 된 건축이 웅크리고 있는 것이다. 현은 운전사에게 물어보니, 경찰서라고 했다.'에서 시뻘건 벽돌로 만든 경찰서를 '분묘'로 표현한 것을 통해 '현'이 경찰서를 보고 암울한 분위기를 느끼고 있음을 확인할 수 있다.

작품 해설

이태준, 「패강랭」
- 갈래: 단편 소설
- 성격: 현실 비판적
- 주제
  - 일본의 식민지 지배 정책에 대한 비판
  - 식민지 지식인의 비감(悲感)
- 특징
  - 일제 강점기 말의 시대 상황을 사실적으로 반영함
  - 일제의 식민지 지배 정책에 대한 시대적 고뇌를 펼쳐 보임
  - '패강랭'은 대동강 물이 찬 것을 의미함(계절적으로 겨울을 의미하고, 시대적으로 일제 치하의 암흑과 같은 현실을 상징함)

문법 > 한글 맞춤법

정답의 이유

③ 전셋방(×) → 전세방(○): '전세방'은 한자어인 '전세(傳貰)'와 '방(房)'이 결합한 합성어로서, 제시된 규정에 해당하지 않는다. 따라서 '전세방'으로 적는 것이 적절하다.

오답의 이유

① 아랫집(○): '아랫집'은 순우리말인 '아래'와 '집'으로 이루어진 합성어로서, 앞말이 모음으로 끝나면서 뒷말의 첫소리가 된소리로 나는 것이다. 따라서 (가)에 따라 사이시옷을 받치어 적는 것이 적절하다.

② 쇳조각(○): '쇳조각'은 순우리말인 '쇠'와 '조각'으로 이루어진 합성어로서, 앞말이 모음으로 끝나면서 뒷말의 첫소리가 된소리로 나는 것이다. 따라서 (가)에 따라 사이시옷을 받치어 적는 것이 적절하다.

④ 자릿세(○): '자릿세'는 순우리말인 '자리'와 한자어인 '세(貰)'가 결합한 합성어로서, 앞말이 모음으로 끝나면서 뒷말의 첫소리가 된소리로 나는 것이다. 따라서 (나)에 따라 사이시옷을 받치어 적는 것이 적절하다.

더 알아보기

사이시옷 표기
- 순우리말로 된 합성어

뒷말의 첫소리가 된소리로 나는 것	바닷가, 선짓국, 모깃불, 냇가, 찻집, 아랫집
'ㄴ, ㅁ' 앞에서 'ㄴ' 소리가 덧나는 것	잇몸, 아랫마을, 아랫니, 빗물, 냇물, 뒷머리
모음 앞에서 'ㄴㄴ' 소리가 덧나는 것	베갯잇, 나뭇잎, 뒷일, 뒷입맛, 댓잎, 깻잎

- 순우리말과 한자어로 된 합성어

뒷말의 첫소리가 된소리로 나는 것	찻잔(차+盞), 전셋집(傳貰+집), 머릿방(머리+房)
'ㄴ, ㅁ' 앞에서 'ㄴ' 소리가 덧나는 것	제삿날(祭祀+날), 훗날(後+날), 툇마루(退+마루)
모음 앞에서 'ㄴㄴ' 소리가 덧나는 것	예삿일(例事+일), 훗일(後+일), 가욋일(加外+일)

- 한자어: 곳간(庫間), 셋방(貰房), 숫자(數字), 찻간(車間), 툇간(退間), 횟수(回數)

20 난도 ★☆☆

비문학 > 사실적 읽기

[정답의 이유]

① 3문단의 '그러나 문화 전파의 기제를 설명하는 이론으로는 밈 이론보다 의사소통 이론이 더 적절해 보인다.'에서 문화의 전파 기제는 의사소통 이론으로 설명하는 것이 적절함을 확인할 수 있다.

[오답의 이유]

② 4문단의 '이에 따르면 사람들은 자신이 들은 이야기를 남에게 전달할 때 들은 이야기에다 자신의 생각을 더해서 그 이야기를 전달하기 때문이다.'를 통해 의사소통 이론에 따르면 문화의 수용 과정에서 수용 주체의 주관이 개입한다는 것을 확인할 수 있다.

③ 2문단의 '밈 역시 유전자와 마찬가지로 공동체 내에서 복제를 통해 확산된다.'에서 복제를 통해 문화가 전파될 수 있다는 이론은 의사소통 이론이 아닌 밈 이론임을 확인할 수 있다.

④ 4문단의 '복제의 관점에서 문화의 전파를 설명하는 이론으로는 이와 같은 현상을 설명하기 어렵다.'에서 복제의 관점에서 문화의 전파를 설명하는 이론인 밈 이론에 의해 요크셔 푸딩 요리법의 전파 현상을 설명하기 어렵다는 것을 확인할 수 있다.

국어

교정직

PART 1 | 2022년 국가직 9급 **29**

한눈에 훑어보기

✔ **빠른 정답**

01	02	03	04	05	06	07	08	09	10
②	③	①	②	④	④	②	②	③	④
11	**12**	**13**	**14**	**15**	**16**	**17**	**18**	**19**	**20**
③	③	③	①	④	①	②	④	④	①

✔ **점수 체크**

구분	1회독	2회독	3회독
맞힌 문항 수	/ 20	/ 20	/ 20
나의 점수	점	점	점

---

01 난도 ★★☆   정답 ②

문법 > 한글 맞춤법

정답의 이유

② 흡입량(ㅇ), 구름양(ㅇ), 정답란(ㅇ), 칼럼난(ㅇ): '흡입량(吸入+量)'과 '정답란(正答+欄)'은 한자어와 한자어가 결합한 것으로 '량'과 '란'을 단어의 첫머리에 온 것으로 보지 않기 때문에 두음 법칙을 적용하지 않는다. 그러나 '구름양(구름+量)'은 고유어와 한자어가 결합한 것이고, '칼럼난(column+欄)'은 외래어와 한자어가 결합한 것이므로 두음 법칙을 적용하여 표기한다.

- 한글 맞춤법 제11항에 의하면, 한자음 '랴, 려, 례, 료, 류, 리'가 단어의 첫머리에 올 적에는 두음 법칙에 따라 '야, 여, 예, 요, 유, 이'로 적고, 단어의 첫머리 이외의 경우에는 본음대로 적는다. 다만, 고유어나 외래어 뒤에 결합한 한자어는 독립적인 한 단어로 인식이 되기 때문에 두음 법칙이 적용된다.

- 한글 맞춤법 제12항에 의하면, 한자음 '라, 래, 로, 뢰, 루, 르'가 단어의 첫머리에 올 적에는 두음 법칙에 따라 '나, 내, 노, 뇌, 누, 느'로 적고, 단어 첫머리 이외의 경우는 두음 법칙이 적용되지 않으므로 본음대로 적는다. 다만, 고유어나 외래어 뒤에 결합하는 경우에는 한자어 형태소가 하나의 단어로 인식되므로 두음 법칙이 적용된 형태로 적는다.

오답의 이유

① 꼭지점(×) → 꼭짓점(ㅇ): 한글 맞춤법 제30항에 따르면, 순우리말과 한자어로 된 합성어로서 앞말이 모음으로 끝나고 뒷말의 첫소리가 된소리로 나는 경우 사이시옷을 받치어 적는다. '꼭짓점'은 고유어 '꼭지'와 한자어 '점(點)'이 결합한 합성어이며, 뒷말의 첫소리가 된소리로 나기 때문에 사이시옷을 밝혀 적는다. 따라서 '꼭짓점'으로 표기하는 것이 적절하다.

③ 딱다구리(×) → 딱따구리(ㅇ): 한글 맞춤법 제23항에 따르면, '-하다'나 '-거리다'가 붙는 어근에 '-이'가 붙어서 명사가 된 것은 그 원형을 밝히어 적고, '-하다'나 '-거리다'가 붙을 수 없는 어근에 '-이'나 다른 모음으로 시작하는 접미사가 붙어서 명사가 된 것은 그 원형을 밝히어 적지 않는다. 따라서 '딱따구리'로 표기하는 것이 적절하다.

④ 홧병(火病)(×) → 화병(火病)(ㅇ): 한글 맞춤법 제30항에 따르면, 두 음절로 된 한자어 중 '곳간(庫間)', '셋방(貰房)', '숫자(數字)', '찻간(車間)', '툇간(退間)', '횟수(回數)'에만 사이시옷이 들어간다. 따라서 '화병(火病)'에는 사이시옷을 표기하지 않는다.

02 난도 ★★☆　　　　　　　　　　　　정답 ③

문법 > 의미론

[정답의 이유]

③ '포장지에 싼다'의 '싸다'는 '물건을 안에 넣고 보이지 않게 씌워 가리거나 둘러 말다.'라는 의미이다. 이와 같은 의미로 사용된 것은 '책을 싼 보퉁이'의 '싸다'이다.

[오답의 이유]

① '안채를 겹겹이 싸고'의 '싸다'는 '어떤 물체의 주위를 가리거나 막다.'라는 의미로 사용되었다.

② '봇짐을 싸고'의 '싸다'는 '어떤 물건을 다른 곳으로 옮기기 좋게 상자나 가방 따위에 넣거나 종이나 천, 끈 따위를 이용해서 꾸리다.'라는 의미로 사용되었다.

④ '책가방을 미리 싸'의 '싸다'는 '어떤 물건을 다른 곳으로 옮기기 좋게 상자나 가방 따위에 넣거나 종이나 천, 끈 따위를 이용해서 꾸리다.'라는 의미로 사용되었다.

03 난도 ★★☆　　　　　　　　　　　　정답 ①

문법 > 통사론

[정답의 이유]

① 연결 어미 '-니'는 앞말이 뒷말의 원인이나 근거, 전제 따위가 됨을 나타내는 것으로, '날씨가 선선해지다.'와 '책이 잘 읽힌다.'가 자연스럽게 연결되었다. 또한 문장의 주어가 '책'이므로 피동 표현인 '읽히다'가 적절하게 사용되었다.

[오답의 이유]

② '속독(速讀)'은 '책 따위를 빠른 속도로 읽음'이라는 뜻으로 '읽다'라는 의미를 포함하고 있다. 따라서 '속독(速讀)'은 뒤에 오는 '읽는'과 의미가 중복되므로, '책을 속독으로 읽는 것은'을 '책을 속독하는 것은'이나 '책을 빠른 속도로 읽는 것은'으로 수정하는 것이 적절하다.

③ '직접 찾기로'에서 '찾다'의 목적어가 생략되어 있으므로, 목적어인 '책임자를'을 넣어 '책임자를 직접 찾기로'라고 수정하는 것이 적절하다.

④ '시화전을 홍보하는 일'과 '시화전의 진행'의 문법 구조가 다르므로 병렬 구조로 배치하기에 어색하다. 따라서 '그는 시화전을 홍보하는 일과 시화전을 진행하는 일에 아주 열성적이다.'로 수정하거나 '그는 시화전의 홍보와 진행에 아주 열성적이다.'로 수정하는 것이 적절하다.

04 난도 ★☆☆　　　　　　　　　　　　정답 ②

비문학 > 글의 전개 방식

[정답의 이유]

② '빛 공해란 인공조명의 과도한 빛이나 조명 영역 밖으로 누출되는 빛이'에서 빛 공해의 주요 요인이 인공조명의 과도한 빛이라는 사실을 제시하고 있지만, 인공조명의 누출 원인을 제시하는 부분은 찾을 수 없다.

[오답의 이유]

① '빛 공해란 인공조명의 과도한 빛이나 조명 영역 밖으로 누출되는 빛이 인간의 건강하고 쾌적한 생활을 방해하거나 환경에 피해를 주는 상태를 말한다.'에서 빛 공해의 정의를 제시하고 있다.

③ "국제 과학 저널인 『사이언스 어드밴스』의 '전 세계 빛 공해 지도'에 따르면, 우리나라는 빛 공해가 심각한 국가이다."에서 자료를 인용하여 우리나라가 빛 공해가 심각한 국가임을 제시하고 있다.

④ '빛 공해는 멜라토닌 부족을 초래해 인간에게 수면 부족과 면역력 저하 등의 문제를 유발하고, 농작물의 생산량 저하, 생태계 교란 등의 문제를 일으킨다.'에서 사례를 들어 빛 공해의 악영향을 제시하고 있다.

05 난도 ★★★　　　　　　　　　　　　정답 ④

문법 > 형태론

[정답의 이유]

④ • '품'의 기본형 '푸다'는 '퍼, 푸니'로 활용되는 용언으로, '우' 불규칙 활용에 해당한다. 어간 '푸-'의 'ㅜ'가 모음으로 시작하는 어미 '-어' 앞에서 탈락하므로 어간만 불규칙하게 바뀌는 예로 적절하다.

• '이름'의 기본형 '이르다'는 '이르러, 이르니'로 활용되는 용언으로, '러' 불규칙 활용에 해당한다. 어간 '이르-'에 모음으로 시작하는 어미 '-어'가 결합할 때 어미 '-어'가 '-러'로 바뀌므로 어미만 불규칙하게 바뀌는 예로 적절하다.

[오답의 이유]

① • '빠름'의 기본형 '빠르다'는 '빨라, 빠르니'로 활용되는 용언으로, '르' 불규칙 활용에 해당한다. 어간 '빠르-'의 '르'가 모음 어미 앞에서 'ㄹㄹ'로 바뀌기 때문에 어간만 불규칙하게 바뀌는 예로 적절하다.

• '노람'의 기본형 '노랗다'는 '노래, 노라니'로 활용되는 용언으로, 'ㅎ' 불규칙 활용에 해당한다. 어간 '노랗-'의 'ㅎ'이 탈락하고 어미 '-아/어'가 '-애/에'로 바뀌기 때문에 어간과 어미 모두 불규칙하게 바뀌는 예에 해당한다.

② • '치름'의 기본형 '치르다'는 '치러, 치르니'로 활용되는 용언으로, 용언의 어간 '치르-'의 'ㅡ'가 어미 '-아/어' 앞에서 탈락하는 규칙 활용을 한다.

• '함'의 기본형 '하다'는 '하여, 하니'로 활용되는 용언으로, '여' 불규칙 활용에 해당한다. 이 경우 어미의 '-아'가 '-여'로 바뀌므로 어미만 불규칙하게 바뀌는 예로 적절하다.

③ • '불음'의 기본형 '붇다'는 '불어, 불으니'로 활용되는 용언으로, 'ㄷ' 불규칙 활용에 해당한다. 용언의 어간 '붇-'의 'ㄷ'이 모음 어미 앞에서 'ㄹ'로 바뀌므로 어간만 불규칙하게 바뀌는 예로 적절하다.

• '바람'의 기본형 '바라다'는 '바라, 바라니'로 활용되는 용언으로, 규칙 활용을 한다.

용언의 불규칙 활용

• 어간이 바뀌는 경우

'ㅅ' 불규칙	어간 끝 받침 'ㅅ'이 모음 어미 앞에서 탈락하는 경우 예 짓다: 짓고, 짓지, 지어, 지으니
'ㅂ' 불규칙	어간 끝 받침 'ㅂ'이 모음 어미 앞에서 '오/우'로 바뀌는 경우 예 덥다: 덥고, 덥지, 더워, 더우니
'ㄷ' 불규칙	어간 끝 받침 'ㄷ'이 모음 어미 앞에서 'ㄹ'로 바뀌는 경우 예 깨닫다: 깨닫고, 깨닫지, 깨달아, 깨달으니
'르' 불규칙	'르'로 끝나는 어간 뒤에 어미 '-아/어'가 결합하여 '르'가 'ㄹㄹ'로 바뀌는 경우 예 흐르다: 흐르고, 흐르지, 흘러, 흘러서
'우' 불규칙	어간이 모음 'ㅜ'로 끝날 때 '-아/어'와 결합하면 'ㅜ'가 탈락하는 경우 예 푸다: 푸고, 푸지, 퍼(푸+어), 퍼서(푸+어서)

• 어미가 바뀌는 경우

'여' 불규칙	어간 '하-' 뒤에 어미 '-아'가 결합하여 '하여'로 바뀌어 나타나는 경우 예 하다: 하고, 하지, 하러, 하여(해)
'러' 불규칙	'르'로 끝나는 어간 뒤에 어미 '-어'가 결합하여 '-러'로 바뀌어 나타나는 경우 예 푸르다: 푸르고, 푸르지, 푸르니, 푸르러, 푸르렀다

• 어간과 어미 둘 다 바뀌는 경우

'ㅎ' 불규칙	어간이 'ㅎ'으로 끝날 때, 'ㅎ'이 탈락하고 어미의 형태도 바뀌는 경우 예 하얗다: 하얗고, 하얗지, 하야니, 하얘(하얗+아)

06 난도 ★★☆   정답 ④

고전 문학 > 고전 운문

[정답의 이유]

④ ② '므슴다'는 '무심하구나'가 아니라, '무엇 때문에'라는 뜻으로 쓰였다.

[오답의 이유]

① ㉠ '현'의 기본형인 '혀다'는 '켜다'의 옛말이다.

② ㉡ '즈슬'은 '즛'에 목적격 조사 '을'이 결합한 것이며, '즛'은 '모습'의 옛말이다.

③ ㉢ '니저'는 '닛다'의 어간 '닛-'에 어미 '-어'가 결합한 것이며, '닛다'는 '잊다'의 옛말이다.

작자 미상, 「동동(動動)」

• 갈래: 고려 가요

• 성격: 서정적, 민요적, 송축적, 비유적

• 주제: 임에 대한 송축(頌祝)과 임에 대한 연모

• 특징
 - 전 13장의 분연체 구성
 - 각 월별로 세시 풍속 또는 계절적 특성을 소재로 시상을 전개함
 - 송축과 찬양, 떠나 버린 임에 대한 원망과 한스러움, 그리움 등을 표현함
 - 임을 향한 여인의 정서를 노래한 월령체 고려 가요

• 현대어 풀이

> 2월 보름(연등일)에 아아 높이 켠 등불 같구나
> 만인을 비추실 모습이시도다
> 3월 지나며 핀 아아 늦봄의 진달래꽃이여
> 남이 부러워할 모습을 지니고 태어나셨구나
> 4월을 아니 잊고 아아 오셨구나 꾀꼬리 새여
> 무엇 때문에 녹사(綠事)님은 옛날을 잊고 계신가

07 난도 ★★☆   정답 ②

어휘 > 한자어

[정답의 이유]

② 야박(野薄: 들 야, 얇을 박)하다(○): 야멸차고 인정이 없다.

[오답의 이유]

① 현실(現室: 나타날 현, 집 실)(×) → 현실(現實: 나타날 현, 열매 실)(○): 현재 실제로 존재하는 사실이나 상태

③ 근성(謹性: 삼갈 근, 성품 성)(×) → 근성(根性: 뿌리 근, 성품 성)(○): 뿌리가 깊게 박힌 성질

④ 채용(債用: 빚 채, 쓸 용)(×) → 채용(採用: 캘 채, 쓸 용)(○)
 • 채용(債用): 돈이나 물건 따위를 빌려서 씀
 • 채용(採用): 사람을 골라서 씀

08 난도 ★☆☆   정답 ②

비문학 > 화법

[정답의 이유]

② 사회자가 최 교수와 정 박사 간의 이견을 조정하여 의사결정을 유도하는 부분은 나타나 있지 않다. 제시된 글에서 사회자는 토의 주제와 발표자, 발표 주제를 청중에게 소개하고, 질의응답을 진행하는 역할을 하고 있다.

[오답의 이유]

① '통일 시대의 남북한 언어가 나아갈 길'이라는 학술적인 주제로 최 교수는 '남북한 언어 차이와 의사소통', 정 박사는 '남북한 언어의 동질성 회복 방안'에 대해 발표하는 형식으로 진행되고 있다.

③ 최 교수는 남북한 언어 차이에 대한 연구가 지속되어야 한다는 견해를, 정 박사는 남북한 공통 사전을 만드는 등 서로의 차이를 줄여나가기 위한 노력이 필요하다는 견해를 밝혀 청중에게 정보를 제공하고 있다.

④ 청중 A는 '남북한 언어의 차이와 이를 극복하는 방안을 말씀하셨는데요.'라며 두 발표자의 발표 내용을 확인하고 있다. 또한 '통일 시대에 대비한 언어 정책에는 무엇이 있을까요?'라며 토의 주제인 '통일 시대의 남북한 언어가 나아갈 길'과 관련된 질문을 하고 있다.

토의 과정에서 사회자의 역할
- 토의 참여자들에게 토의 문제를 명확하게 규정해 준다.
- 토의 사항에 대해 적극적이고 진지하게 의견을 교환하도록 유도한다.
- 중간 중간 내용을 요약하고 종합하여, 결론을 얻을 수 있도록 토의 방향을 유도한다.
- 발언 기회를 균등하고 공정하게 배분한다.
- 토의자들 사이의 갈등과 의견 충돌 등을 조정하고 해결한다.

09 난도 ★☆☆   정답 ③

비문학 > 화법

정답의 이유

③ '네 목소리가 작아서 내용이 잘 안 들렸다.'라고 말하는 것은 화자가 문제를 자신의 탓으로 돌려 말하는 것이 아니라 상대방의 탓으로 돌려 말하는 것이다. 따라서 상대방이 관용을 베풀 수 있도록 문제를 자신의 탓으로 돌려 말하기가 적용되지 않았음을 알 수 있다.

오답의 이유

① 상대방의 칭찬에 '아직도 여러모로 부족한 부분이 많습니다.'라고 대답함으로써 자신을 낮추어 겸손하게 말하고 있다. 이처럼 자신을 칭찬하는 표현은 최소화하고, 자신을 낮추거나 자신을 비방하는 표현은 최대화하는 것은 '겸양의 격률'과 관계가 있다.

② 약속에 늦어 미안해하는 A에게 '쇼핑하면서 기다리니 시간 가는 줄 몰랐어요.'라고 함으로써 상대방이 부담을 갖지 않도록 배려하여 말하고 있다. 상대방에게 부담이 되는 표현은 최소화하고, 상대방에게 이익이 되는 표현은 최대화하는 것은 '요령의 격률'과 관계가 있다.

④ 친구의 생일 선물로 귀걸이를 사주자고 하는 A의 제안에 '그거 좋은 생각이네.'라고 상대방의 의견에 동의한 후, '하지만 경희의 취향을 우리가 잘 모르니까 귀걸이 대신 책을 선물하는 게 어떨까?'라고 자신의 의견을 말하고 있다. 상대방의 의견과 불일치하는 표현은 최소화하고, 상대방의 의견과 일치하는 표현은 최대화하는 것은 '동의의 격률'과 관계가 있다.

대화의 원리
- 협력의 원리
  - 대화의 목적을 성공적으로 이루기 위해서는 대화 참여자들이 서로 협력해야 한다.
  - 양의 격률, 질의 격률, 관련성의 격률, 태도의 격률
- 공손성의 원리
  - 대화를 할 때 공손하지 않은 표현은 최소화하고, 공손하고 정중한 표현은 최대화한다.
  - 요령의 격률, 관용의 격률, 찬동(칭찬)의 격률, 겸양의 격률, 동의의 격률
- 순서 교대의 원리
  - 대화 참여자가 적절하게 역할을 교대해 가면서 말을 주고받아, 정보가 원활하게 순환되도록 한다.
  - 혼자서 너무 길게 말을 하거나, 대화를 독점하지 않도록 한다.

10 난도 ★★☆   정답 ④

비문학 > 추론적 읽기

정답의 이유

④ 3문단의 '하버마스에 따르면, 현대 사회에서 민주적 토론은 문화 산업의 발달과 함께 퇴보했다.'와 4문단의 '상업화된 미디어는 광고 수입에 기대어 높은 시청률과 수익을 보장하는 콘텐츠 제작만을 선호하게 되었다. 그 결과 공적 주제에 대한 시민들의 논의와 소통의 장이 줄어들어 결과적으로 공공 영역이 축소되었다.'를 볼 때, 하버마스는 미디어가 상업화될수록 민주적 토론이 이루어지는 공공 영역이 축소된다고 주장하고 있다. 따라서 ④ '수익성 위주의 미디어 플랫폼과 콘텐츠가 더 많아지면서 민주적 토론이 감소되었다.'는 이러한 하버마스의 주장에 부합하는 사례로 적절하다.

오답의 이유

① 2문단의 '적어도 살롱 문화의 원칙에서 공개적 토론을 위한 공공 영역은 각각의 참석자들에게 동등한 자격을 부여했다.'를 통해 살롱 문화에서는 공개적이고 자유로운 토론이 이루어졌음을 알 수 있다. 따라서 살롱 문화에서 특정 사회 계층에 대한 비판적인 토론이 허용되지 않았다는 것은 하버마스의 주장에 부합하지 않는다.

② 3문단의 '공공 여론은 개방적이고 합리적 토론을 통해서가 아니라 광고에서처럼 조작과 통제를 통해 형성되고 있다.'와 4문단의 '상업화된 미디어는 광고 수입에 기대어 높은 시청률과 수익을 보장하는 콘텐츠 제작만을 선호하게 되었다.', '공적 주제에 대한 시민들의 논의와 소통의 장이 줄어들어 결과적으로 공공 영역이 축소되었다.'를 통해 인터넷의 발달과 보급이 상업적 광고를 증가시켰을 것이라는 점은 추론할 수 있지만 공익 광고를 증가시켰을 것이라는 점은 추론할 수 없다.

③ 3문단의 '대중매체와 대중오락의 보급은 공공 영역이 공허해지는 원인으로 작용했다.'를 통해 글로벌 미디어가 발달하더라도 국제 사회의 공공 영역은 공허해지지 않는다는 것은 하버마스의 주장에 부합하지 않음을 알 수 있다.

11 난도 ★★☆   정답 ③

비문학 > 글의 순서 파악

정답의 이유

- ②에서는 '이때'라는 지시어를 통해 앞의 내용을 이어받아 대설 '주의보'의 기준에 대해 설명하고 있다. 제시된 글의 첫 번째 문장에서 '대설'의 정의를 제시하고 있으므로 대설의 기준에 대해 설명하는 ②이 첫 번째 문장의 뒤에 오는 것이 자연스럽다.
- ⓛ에서는 병렬의 접속어 '또한' 뒤에 '경보'의 상황을 제시하고 있으므로 ⓛ 앞에는 '경보'와 유사한 다른 개념, '주의보'가 오는 것이 자연스럽다. 따라서 ② 뒤에는 ⓛ이 위치하는 것이 적절하다.
- ⓒ에서는 '다만' 뒤에 '산지'에서는 경보 발령 상황이 다름을 제시하고 있으므로 ⓒ은 ⓛ 뒤에 오는 것이 자연스럽다.
- ㉠에서는 전환의 접속어 '그런데'가 온 뒤, 눈이 얼마나 위험한지에 대해 제시하고 있으므로 ㉠은 ⓒ 뒤에 오는 것이 자연스럽다.
- ⓜ에서는 '이뿐만 아니라' 뒤에 폭설이 미치는 영향에 대해 추가적으로 설명하고 있으므로 ⓜ은 폭설의 위력에 대해 설명한 ㉠ 뒤에 오는 것이 자연스럽다.

따라서 전개 순서로 가장 자연스러운 것은 ③ ② – ⓛ – ⓒ – ㉠ – ⓜ이다.

12 난도 ★★☆   정답 ③

문법 > 언어와 국어

정답의 이유

③ 제시된 글은 언어와 사고가 서로 깊은 관계를 맺고 상호작용을 한다는 점을 설명하고 있다. 하지만 어떤 사물의 개념이 머릿속에서 맴도는데도 그 명칭을 떠올리지 못하는 것은 언어와 사고가 상호작용을 하는 사례로 보기 어렵다.

오답의 이유

① 쌀을 주식으로 삼는 우리나라 문화권에서 '쌀'과 관련된 단어가 구체화되어 '모', '벼', '쌀', '밥' 등으로 다양하게 표현되고 있다는 것은 사회와 문화가 언어의 분화 · 발전에 영향을 준다는 것을 의미한다. 따라서 언어와 사고가 상호작용을 하는 사례로 볼 수 있다.

② '산', '물', '보행 신호의 녹색등'의 실제 색은 다르지만 모두 '파랗다'라고 표현하는 것은 색에 대해 범주된 사고가 언어로 나타난다는 것을 의미한다. 따라서 언어와 사고가 상호작용을 하는 사례로 볼 수 있다.

④ 우리나라는 수박을 '박'의 일종으로 인식하여 '수박'이라고 부르지만, 어떤 나라는 '멜론(melon)'과 유사한 것으로 인식하여 'watermelon'이라고 부른다. 이는 인간의 사고가 언어에 반영된다는 것을 보여주는 사례이다.

더 알아보기

언어와 사고

- 언어 우위설: 사고 과정 없이도 언어는 존재할 수 있지만, 언어 없이는 사고가 불가능하다.
  예 뜻도 모르는 팝송을 따라 부른다.
- 사고 우위설: 언어 없이도 사고가 가능하지만, 표현하기 어려울 뿐이다.
  예 영화를 보고 너무 좋았는데, 왜 좋았는지 말로 표현하지는 못한다.
- 상호 의존설: 언어와 사고는 서로 깊은 관계를 맺고 있으며, 서로에게 영향을 준다. 언어 없이는 사고가 불완전하고, 사고 없이는 언어를 생각할 수 없다.

13 난도 ★☆☆   정답 ③

비문학 > 글의 전개 방식

정답의 이유

③ 제시된 글은 '사람이 글을 쓰는 것은 나무에 꽃이 피는 것과 같다.'라고 하며 '글쓰기'를 '나무에 꽃이 피는 것'에 빗대어 설명하고 있다. 따라서 제시된 글의 주된 서술 방식은 '비유'이다.

오답의 이유

① '서사'는 어떤 대상이나 사건을 시간의 흐름에 따라 설명하는 서술 방식이다.

② '분류'는 유사한 특성을 지닌 대상들을 일정한 기준으로 묶어서 설명하는 서술 방식이다.

④ '대조'는 둘 이상의 대상 간에 상대적인 성질이나 차이점을 중심으로 설명하는 서술 방식이다.

14 난도 ★★☆   정답 ①

비문학 > 사실적 읽기

정답의 이유

① 1문단의 '알파벳 언어는 표기 체계에 따라 철자 읽기의 명료성 수준이 달라진다.'를 통해 철자 읽기의 명료성을 판단하는 기준이 각 소리가 지닌 특성이라는 설명이 적절하지 않음을 확인할 수 있다.

오답의 이유

② 2문단의 '영어와 이탈리아어를 읽는 사람은 동일하게 좌반구의 읽기 네트워크를 사용한다. 하지만 무의미한 단어를 읽을 때 영어를 읽는 사람은 암기된 단어의 인출과 연관된 뇌 부위에 더 의존하는 반면, 이탈리아어를 읽는 사람은 음운 처리에 연관된 뇌 부위에 더 의존한다.'를 통해 적절한 내용임을 확인할 수 있다.

③ 1문단의 '철자 읽기가 명료하다는 것은 한 글자에 대응되는 소리가 규칙적이어서 글자와 소리의 대응이 거의 일대일이라는 것을 의미한다. 그 예로 이탈리아어와 스페인어가 있다.'와 '이에 비해 영어는 철자 읽기의 명료성이 낮은 언어이다.'를 통해 적절한 내용임을 확인할 수 있다.

④ 1문단의 '영어는 철자 읽기의 명료성이 낮은 언어이다. 영어는 발음이 아예 나지 않는 묵음과 같은 예외도 많은 편이고 글자에 대응하는 소리도 매우 다양하다.'를 통해 적절한 내용임을 확인할 수 있다.

15 난도 ★★☆
정답 ④

고전 문학 > 고전 운문

정답의 이유

④ (라)는 불변하는 '자연'과 변하는 '인사(人事)'의 대조를 통해 변함없는 자연을 예찬하고 있다.

오답의 이유

① (가)는 돌아가신 부모님을 생각하고 서러워하는 마음을 노래한 박인로의 시조로, 중국 회귤 고사를 인용하여 주제를 효과적으로 드러내고 있다.

② (나)는 임을 기다리는 애틋한 마음이 잘 드러나는 황진이의 시조로, '서리서리', '구뷔구뷔' 등의 의태어를 사용하여 임에 대한 그리움과 애틋한 마음을 잘 표현하고 있다.

③ (다)는 자연을 벗 삼는 즐거움을 노래한 성혼의 시조로, '-이오, -로다'의 대구 표현을 사용하고 '업슨'을 반복함으로써 자연에 귀의하려는 의지를 드러내고 있다.

작품 해설

(가) 박인로, 「반중(盤中) 조홍(早紅)감이 ~」
• 갈래: 평시조, 연시조(전 4수)
• 성격: 사친가(思親歌)
• 주제: 효심(孝心), 풍수지탄(風樹之嘆)
• 특징
  - '조홍시가(早紅枾歌)'라고도 알려짐
  - 육적의 '회귤 고사'와 관련 있음

> [회귤 고사]
> 중국 삼국 시대 오나라에 육적이라는 자가 있었다. 여섯 살 때, 원술이라는 사람을 찾아갔다가 그가 내놓은 귤 중에서 세 개를 몰래 품속에 넣었는데, 하직 인사를 할 때 그 귤이 굴러 나와 발각이 되었다. 그때 원술이 사연을 물으니, 육적은 집에 가지고 가서 어머께 드리려 하였다고 하므로, 모두 그의 효심에 감격하였다고 한다. 이 일을 '회귤 고사' 또는 '육적 회귤'이라고 하며 '부모에 대한 효성의 뜻'으로 쓰인다.

(나) 황진이, 「동짓돌 기나긴 밤을 ~」
• 갈래: 평시조, 단시조
• 성격: 감상적, 낭만적, 연정적
• 주제: 임을 기다리는 애틋한 마음
• 특징
  - 추상적인 시간을 구체적인 사물로 형상화함
  - 참신한 비유와 의태어로 순우리말의 묘미를 잘 살림
  - 여성의 내면 심리를 섬세하게 보여줌

(다) 성혼, 「말 업슨 청산(靑山)이오 ~」
• 갈래: 평시조, 단시조
• 성격: 풍류적, 한정가
• 주제: 자연을 벗 삼는 즐거움
• 특징
  - 학문에 뜻을 두고 살아가는 옛 선비의 생활상을 그림
  - 대구법, 반복법, 의인법 등을 사용함
  - '업슨'이라는 말의 반복으로 운율감이 느껴짐

(라) 이현보, 「농암(籠巖)에 올라보니 ~」
• 갈래: 평시조, 단시조
• 성격: 자연 귀의적, 한정가
• 주제: 고향에서의 한정과 자연 귀의
• 특징
  - 작가가 만년에 고향에 돌아와 지은 '농암가(籠巖歌)'
  - 전원생활의 즐거움을 노래한 '귀거래사(歸去來辭)'

16 난도 ★★☆
정답 ①

현대 문학 > 현대 수필

정답의 이유

① 글쓴이는 반추하는 소의 행위에 대해 '식욕의 즐거움조차 냉대할 수 있는 지상 최대의 권태자다.'라고 하였으며, 자신도 사색의 반추가 가능할지에 대해 생각하고 있다. 따라서 '소'라는 대상의 행위를 통해 글쓴이의 심리가 투사되고 있다고 이해할 수 있다.

오답의 이유

② 제시된 글에 과거의 삶을 회상하거나 처지를 후회하는 내용은 나타나지 않았다.

③ 제시된 글의 공간적 배경은 풀밭이며, 공간의 이동은 나타나지 않았다.

④ 제시된 글에서 현실에 대한 불만을 반성적 어조로 드러내는 부분을 찾아볼 수 없다.

작품 해설

이상, 「권태」
• 갈래: 경수필
• 성격: 사색적, 초현실주의적
• 주제: 환경의 단조로움과 일상적인 생활의 연속 속에서 느끼는 권태로움
• 특징
  - 대상을 주관적이고 개성적으로 인식함
  - 대상을 바라보는 글쓴이의 심리가 만연체의 문장으로 드러남
  - 일상적인 생활과 단조로운 주변 환경 속에서 느끼는 심리를 묘사함

17 난도 ★★☆

정답 ②

어휘 > 한자성어

정답의 이유

② 제시된 글에서 황거칠은 식수권을 지키기 위해 저항했지만, 결국 경찰에 연행되고 가족들의 걱정에 석방을 조건으로 타협안에 도장을 찍게 된다. 이러한 황거칠의 상황에 어울리는 한자성어는 '손을 묶은 것처럼 어찌할 도리가 없어 꼼짝 못 함'을 의미하는 束手無策(속수무책)이다.
- 束手無策: 묶을 속, 손 수, 없을 무, 꾀 책

오답의 이유

① 同病相憐(동병상련): 같은 병을 앓는 사람끼리 서로 가엾게 여긴다는 뜻으로, 어려운 처지에 있는 사람끼리 서로 가엾게 여김을 이르는 말
- 同病相憐: 같을 동, 병들 병, 서로 상, 불쌍히 여길 련

③ 自家撞着(자가당착): 같은 사람의 말이나 행동이 앞뒤가 서로 맞지 아니하고 모순됨
- 自家撞着: 스스로 자, 집 가, 칠 당, 붙을 착

④ 輾轉反側(전전반측): 누워서 몸을 이리저리 뒤척이며 잠을 이루지 못함
- 輾轉反側: 돌아누울 전, 구를 전, 돌이킬 반, 곁 측

작품 해설

김정한, 「산거족」
- 갈래: 단편 소설
- 성격: 비판적
- 주제:
  - 소외된 사람들의 생존 문제
  - 서민들의 생존권을 위협하는 지배 세력에 대한 비판
- 특징
  - 전지적 작가 시점
  - 1960년대 빈민촌인 '마삿등'을 배경으로 함

18 난도 ★★☆

정답 ④

현대 문학 > 현대 시

정답의 이유

④ 제시된 시는 '살아가노라면 / 가슴 아픈 일 한두 가지겠는가', '사노라면 / 가슴 상하는 일 한두 가지겠는가'와 같은 설의적 표현을 사용함으로써 아픔이 있더라도 인내하며 소임을 다해 살아가야 한다는 깨달음을 강조하고 있다.

오답의 이유

① '살아가노라면 / 가슴 아픈 일 한두 가지겠는가', '사노라면 / 가슴 상하는 일 한두 가지겠는가'와 같은 의문형 문장을 사용하고 있지만, 이는 쉽게 판단할 수 있는 사실을 의문의 형식으로 표현하여 상대편이 스스로 판단하게 하는 설의적 표현일 뿐이다. 따라서 질문과 답을 제시하는 문답법이 사용되었다는 표현은 적절하지 않다.

② 말하고자 하는 바를 반대로 표현하는 반어적 표현은 사용되지 않았다.

③ 나무를 의인화하고는 있지만, 현실을 목가적으로 보여준다는 설명은 적절하지 않다. '목가적'은 농촌처럼 소박하고 평화로우며 서정적인 것을 의미한다.

작품 해설

조병화, 「나무의 철학」
- 갈래: 자유시, 서정시
- 성격: 사색적
- 주제: 바람직한 삶의 자세에 대한 성찰
- 특징
  - 설의적 표현을 반복적으로 사용함
  - 한결같은 모습으로 서 있는 나무를 의인화하여 표현함

19 난도 ★★☆

정답 ④

비문학 > 추론적 읽기

정답의 이유

④ 제시된 글에서는 국보 문화재를 '우리 민족의 성력(誠力)과 정혼(精魂)의 결정으로 그 우수한 질과 희귀한 양에서 무비(無比)의 보(寶)가 된 자'이자 '민족의 힘의 원천'이라고 설명하고 있으며, ㉠의 뒷부분인 '국보 문화재가 얼마나 힘 있는가를 밝힌 예증이 된다.'를 볼 때 ㉠에는 이런 존귀한 국보 문화재가 얼마나 힘이 있는지 드러내는 말이 들어가야 한다. 따라서 ㉠에는 문화의 영향과 힘을 나타내는 '그 무엇을 내놓는다고 해도 셰익스피어와는 바꾸지 않는다'는 문장이 들어가는 것이 가장 적절하다.

오답의 이유

① 구르는 돌에는 이끼가 끼지 않는다: 부지런하고 꾸준히 노력하는 사람은 침체되지 않고 계속 발전한다는 말

② 지식은 나눌 수 있지만 지혜는 나눌 수 없다: 쉽게 전달되는 지식과는 다르게 스스로 터득해야 하는 지혜의 중요성을 강조하는 말

③ 사람은 겪어 보아야 알고 물은 건너 보아야 안다: 사람의 마음이란 겉으로 언뜻 보아서는 알 수 없으며 함께 오랫동안 지내보아야 알 수 있음을 이르는 말

20 난도 ★★☆

정답 ①

비문학 > 추론적 읽기

정답의 이유

① 1문단의 '하위 개념으로 분류할수록 그 대상에 대한 정보가 더 많이 전달된다.'를 통해 하위 개념인 호랑나비는 상위 개념인 나비에 비해 정보량이 더 많다는 사실을 추론할 수 있다. 따라서 호랑나비는 나비에 비해 정보량이 적다는 설명은 적절하지 않다.

② 1문단에서 유니콘은 현실 세계에 적용 대상이 없어도 분류 개념으로 인정된다고 하였기 때문에, 용(龍) 역시 현실 세계에 적용할 수 있는 지시물이 없더라도 분류 개념으로 인정될 수 있다는 것을 추론할 수 있다.

③ 2문단을 보면, 비교 개념은 '더 무거움'이나 '더 짧음'과 같이 논리적 관계이므로 꽃이나 고양이는 비교 개념에 포함되지 않는다.

④ 3문단의 '정량 개념은 ~ 자연의 사실로부터 파악할 수 있는 물리량을 측정함으로써 만들어진다.'와 '정량 개념은 ~ 우리가 자연현상에 수를 적용하는 과정에서 생겨나는 것이다.'를 통해 물리량을 측정하는 'cm'나 'kg'과 같은 측정 단위가 자연현상에 수를 적용할 수 있게 해 주었다는 것을 추론할 수 있다.

무언가를 시작하는 방법은 말하는 것을 멈추고 행동을 하는 것이다.

– 월트 디즈니 –

PART 2

영어

영어 | 2025년 국가직 9급

한눈에 훑어보기

✔ 영역 분석

어휘   01   02   08
3문항, 15%

독해   06 07 09 10 11 14 15 16 17 18 19 20
12문항, 60%

어법   03   12   13
3문항, 15%

표현   04   05
2문항, 10%

✔ 빠른 정답

01	02	03	04	05	06	07	08	09	10
②	①	①	①	②	②	④	③	②	③
11	12	13	14	15	16	17	18	19	20
③	④	④	④	②	④	④	③	③	④

✔ 점수 체크

구분	1회독	2회독	3회독
맞힌 문항 수	/ 20	/ 20	/ 20
나의 점수	점	점	점

01 난도 ★☆☆   정답 ②

어휘 > 단어

[정답의 이유]

빈칸 다음에서 'when entering Canada(캐나다에 입국할 때)'라고 했고, 다음 문장에서 'For example, a passport is the only reliable and universally accepted document when traveling abroad(예를 들어, 여권은 해외여행 시 신뢰할 수 있고 보편적으로 인정되는 유일한 문서이다).'라고 했으므로 문맥상 빈칸에 들어갈 말로 적절한 것은 ② 'identification(신분증)'이다.

[오답의 이유]

① 통화   ③ 보험   ④ (여행용) 짐[수하물]

본문해석

모든 해외 여행객은 캐나다에 입국할 때 허용되는 <u>신분증</u>을 소지해야 한다. 예를 들어, 여권은 해외여행 시 신뢰할 수 있고 보편적으로 인정되는 유일한 문서이다.

VOCA

• international 국제적인, 국제간의
• carry 휴대하다, 가지고 다니다
• acceptable 용인되는[받아들여지는], 받아들일 수 있는
• passport 여권
• reliable 믿을[신뢰할] 수 있는
• universally 보편적으로, 어디에서나

02 난도 ★☆☆   정답 ①

어휘 > 단어

[정답의 이유]

빈칸 앞의 'thereby(그것 때문에)'로 미루어서 빈칸 앞의 'We are polluting the oceans, killing the fish(우리가 바다를 오염시키고 물고기를 죽이며)'와 빈칸 다음의 'ourselves of invaluable food supply'가 '원인과 결과'의 관계라는 것을 유추할 수 있다. 빈칸 앞 행위의 결과로 우리 자신들로부터 귀중한 식량 자원을 ~하게 되었으므로, 문맥상 빈칸에 들어갈 말로 가장 적절한 것은 ① 'depriving(빼앗는)'이다. 「deprive+A+of+B」는 'A에게서 B를 빼앗다'의 뜻이다.

[오답의 이유]

② 알리는   ③ 비난하는   ④ 치료하는

본문해석

우리는 바다를 오염시키고 물고기를 죽이고 있으며, 그것 때문에 우리 자신들에게서 귀중한 식량 공급을 빼앗고 있다.

VOCA

- pollute 오염시키다
- thereby 그렇게 함으로써, 그것 때문에
- invaluable 매우 유용한, 귀중한
- food supply 식량 공급

더 알아보기

박탈 · 제거 동사 + A of B: 'A에게서 B를 빼앗다'

deprive[rob, cure, relive, clear, strip] A of B

- deprive A of B: A에게서 B(권리, 자유 등)를 빼앗다[박탈하다]
  - 예 The war deprived the country of peace.
    (전쟁은 그 나라에게서 평화를 빼앗았다.)
- rob A of B: A에게서 B를 강탈하다
  - 예 The thief robbed her of her purse.
    (도둑이 그녀의 지갑을 강탈했다.)
- cure A of B: A에게서 B(병 등)를 고치다[제거하다]
  - 예 The treatment cured the patient of the disease.
    (그 치료는 환자의 병을 고쳤다.)
- relieve A of B: A에게서 B(고통, 책임 등)를 덜어주다[없애주다]
  - 예 The medicine relieved her of the pain.
    (약이 그녀의 고통을 덜어주었다.)
- clear A of B: A에게서 B(불필요하거나 방해되는 것)를 치우다[제거하다]
  - 예 The workers cleared the road of snow.
    (노동자들은 도로에서 눈을 치웠다.)
- strip A of B: A에게서 B(자격, 직책 등)를 박탈하다[벗기다]
  - 예 The new policy stripped citizens of their basic rights.
    (새로운 정책은 시민들의 기본 권리를 박탈했다.)

03 난도 ★★☆   정답 ①

어법 > 정문 찾기

정답의 이유

has discovered와 in recent years로 미루어, 문맥상 빈칸에는 과거에 급여를 충분히 '받지 못했을 수도 있다'라는 의미의 표현이 들어가야 함을 유추할 수 있다. 따라서 빈칸에 들어갈 말로 적절한 것은 과거에 대한 추측을 나타내는 ① 'may not have been'이다.

본문해석

온라인 식료품 쇼핑을 제공하는 소매업체인 Whitworths는 최근 몇 년 동안에 급여를 받은 일부 직원들이 충분한 급여를 받지 못했을 수도 있다는 사실을 발견했다고 말한다.

VOCA

- retailer 소매업체, 소매상
- offer 내놓다[제공하다]
- staff member 직원
- salary 급여, 월급

더 알아보기

조동사 + have p.p.: 과거에 대한 '가능성 · 추측' 또는 '후회 · 원망'

과거에 대한 가능성 · 추측: would[may/might, must] + have p.p.

- would have + p.p.: ~했을 것이다
  - 예 She would have been tired after the long trip.
    (긴 여행 후에 그녀는 분명 피곤했을 것이다.)
- may[might] have p.p.: ~했을 수도 있다[~했을지도 모른다]
  - 예 He may not have understood the instructions.
    (그가 지시사항을 이해하지 못했을 수도 있다.)
- must have + p.p.: ~했음에 틀림없다
  - 예 She must have left early.
    (그녀는 일찍 떠났음에 틀림없어.)

과거의 후회 · 원망: should[should not] + have pp, could + have p.p.

- should have + p.p.: ~했어야 했는데 (하지 않았다)
  - 예 I should have studied more.
    (나는 더 공부했어야 했어.)
- should not have + p.p.: ~하지 말았어야 했는데 (했다)
  - 예 I should not have eaten so much cake.
    (케이크를 그렇게 많이 먹지 말았어야 했는데 (많이 먹었다).)
- could have + p.p.: ~했을 수도 있었을 것이다(그렇게 하지 않았다)
  - 예 You could have told me.
    (너 나한테 말할 수도 있었잖아.)

04 난도 ★☆☆   정답 ①

표현 > 일반회화

정답의 이유

대화에서 Alex Brown이 빈칸 앞에서 'You know we don't have to go to city hall for the meeting, right(우리가 회의 때문에 시청에 가지 않아도 되는 거 알고 계시죠)?'라고 묻자, Cathy Miller가 빈칸 다음에서 'It's sometimes more convenient(때로 그게 더 편할 때도 있어요).'라고 대답했으므로, 대화의 흐름상 빈칸에 들어갈 말로 적절한 것은 ① 'Yes, it's an online meeting(네, 온라인 회의예요).'이다.

오답의 이유

② 네, 꼭 이메일에 회신해주세요.
③ 아니요, 문자 메시지를 받지 못했어요.
④ 아니요, 오늘 다른 회의는 없어요.

Alex Brown: 안녕하세요. 오늘 오후에 시청 직원들과 회의 있는 거 기억하시죠?

Cathy Miller: 오늘이에요? 내일 아닌가요?

Alex Brown: 일정표를 확인해볼게요.

Alex Brown: 죄송해요, 제가 착각했어요. 회의는 내일 오후 2시에 있어요.

Cathy Miller: 네, 맞아요.

Alex Brown: 우리가 회의 때문에 시청에 가지 않아도 되는 거 알고 계시죠?

Cathy Miller: 네, 온라인 회의예요. 때로 그게 더 편할 때도 있어요.

Alex Brown: 동의해요. 회의 URL을 공유해 주세요. 그리고 ID랑 비밀번호도 보내주시겠어요?

Cathy Miller: 물론이죠. 이메일과 문자로 공유해드릴게요.

VOCA

- city hall 시청
- mistaken 잘못 알고[판단하고] 있는
- convenient 편리한
- be sure to 반드시 ~하다

05 난도 ★☆☆   정답 ②

표현 > 일반회화

정답의 이유

대화에서 A가 빈칸 앞에서 'Who's it by(누가 쓴 책이야)?'라고 물었고, 빈칸 다음에서 'She wrote The Heroine Generation, too, didn't she(그 사람이 The Heroine Generation도 썼지, 그렇지 않니)?'라고 했으므로, 대화의 흐름상 빈칸에 들어갈 말로 적절한 것은 ② 'Lin Lee is the author(Lin Lee라는 작가야).'이다.

오답의 이유

① 나는 이미 그것을 읽었어
③ 그건 원래 내 거야
④ 그녀는 한국에 있는 내 친척들 중 한 명이야

본문해석

A: 너 점심 안 먹을 거야?

B: 응, 배 안 고파. 차라리 책을 읽으려고. *The Lucky Club*을 읽는 중이야.

A: *The Lucky Club*? 무슨 내용인데?

B: 음, 로스앤젤레스에 사는 한국 여성들에 대한 이야기야. 주인공이 한국 출신 어머니를 둔 미국에서 태어난 여성이야.

A: 재미있겠다. 누가 쓴 책이야?

B: Lin Lee가 작가야.

A: 그녀가 *The Heroine Generation*도 썼지, 그렇지 않니?

B: 아니야, 그건 May Lee가 썼어.

A: 아, 그렇구나.

VOCA

- would rather 차라리 ~하겠다
- main character 주인공
- born 태어난
- author 작가, 저자
- belong to ~의 것이다, ~에 속하다

[06~07]

본문해석

플라스틱 안 쓰기 챌린지에 참여하세요

매년 7월이 되면, 전 세계 사람들은 일상생활에서 흔한 플라스틱 폐기물을 줄이고, 그 대신 재사용 가능한 용기 또는 생분해성 소재로 만든 제품을 선택하는 것을 목표로 한다. 이것은 매우 좋은 아이디어이며, 가정과 직장에서도 1년 내내 그렇게 해보면 어떨까 생각한다. 이 비전은 2011년 서호주에서 시작되었으며, 이후 전 세계로 확산되어 이 비전을 홍보하고, 우리의 편리한 생활방식의 일부인 플라스틱 물건들로 더 이상 지구가 포화상태가 되는 것을 막는 데 기여한다.

많은 제품들이 한 번 사용한 후 폐기하도록 만들어졌다. 그것들은 가정, 학교, 직장, 거리 곳곳에서 쓰레기통을 가득 채운다.

여러분도 플라스틱 폐기물 없는 세상을 만드는 목표를 달성하는 데 도움을 줄 수 있다.

여러분이 할 활동을 선택하세요
▢ 일회용 플라스틱 포장재 피하기
▢ 바다로 흘러갈 수 있는 포장 음식용 제품을 (줄이는 것을) 목표로 하기
▢ 완전히 플라스틱 없이 생활하기
나는 참여하겠습니다
▢ 하루 동안
▢ 일주일 동안
▢ 한 달 동안
▢ 지금부터 계속

VOCA

- aim 목표로 하다
- exclude 제외[배제]하다
- item 물품[품목]
- opt for ~을 선택하다[고르다]
- reusable 재사용할 수 있는
- container 그릇, 용기
- biodegradable 생분해[자연분해]성의
- material 재료
- year-round 1년 내내
- promote 홍보하다, 촉진하다
- saturated (더 이상 담을 수 없을 만큼) 가득 찬, 포화된
- convenience 편의, 편리
- be designed to ~하도록 제작되다

- dispose of ~을 처리하다
- fill up (~으로) 가득 차다/~을 가득 채우다
- assist 돕다
- avoid 방지하다, 막다, 모면하다
- single-use 1회용의
- target 목표[표적]로 삼다, 겨냥하다
- plastic free 플라스틱이 없는
- participate 참가[참여]하다

06 난도 ★★☆   정답 ②

독해 > 대의 파악 > 제목, 주제

정답의 이유

제시문의 첫 문장에서 '매년 7월이 되면, 전 세계 사람들은 일상생활에서 흔한 플라스틱 폐기물을 줄이고, 그 대신 재사용 가능한 용기 또는 생분해성 소재로 만든 제품을 선택하는 것을 목표로 한다.'라고 한 다음에, 마지막 문장에서 'You can assist in achieving the goal of having a world without plastic waste(여러분도 플라스틱 폐기물 없는 세상을 만드는 목표를 달성하는 데 도움을 줄 수 있다).'라고 하면서 각자 할 활동과 실천 기간 항목을 선택하도록 했다. 따라서 글의 제목으로 가장 적절한 것은 ② 'Join the Plastic-Free Challenge(플라스틱 안 쓰기 챌린지에 참여하세요)'이다.

오답의 이유

① 일회용품의 개발

③ 플라스틱 제품을 버리는 방법

④ 에너지를 절약하는 간단한 방법들

07 난도 ★★☆   정답 ④

독해 > 세부 내용 찾기 > 내용 (불)일치

정답의 이유

글의 후반부에 참여 기간 선택 항목에 'from now on(지금부터 계속)'이라는 항목이 있으므로, 글의 내용과 일치하지 않는 것은 ④ '최대 한 달까지 참여할 수 있다.'이다.

오답의 이유

① 두 번째 문단의 첫 번째 문장의 전반부에서 'The vision started in Western Australia in 2011 ~'라고 했으므로, 글의 내용과 일치한다.

② 두 번째 문단의 첫 번째 문장의 후반부에서 '~ and has since moved across the world to help promote the vision and stop the earth becoming further saturated with plastic materials which are part of our convenience lifestyle.'이라고 했으므로, 글의 내용과 일치한다.

③ 제시문의 후반부의 'Choose what you will do(여러분이 할 활동을 선택하세요)'에서 활동을 선택할 수 있으므로, 글의 내용과 일치한다.

[08~09]

본문해석

영사 서비스

영국 내에서나 해외의 대사관, 고등판무관 사무소, 영사관 중 한 곳에서 우리의 영사 서비스를 이용하셨다면, 그에 대한 모든 피드백을 환영합니다. 잘못된 부분이 있다면 서비스를 평가하고 개선할 수 있도록 알려주세요.

귀하가 받은 영사 서비스에 대해 불만이 있으신 경우, 가능한 한 신속하게 해결할 수 있도록 도와드리겠습니다. 다른 사람을 대신하여 불만을 제기하는 경우, 당사자 서명이 있는 서면 동의서를 소지해야 해당 당사자의 개인 정보를 귀하와 공유하고 답변을 드릴 수 있습니다.

불만 사항에 대한 세부 사항을 피드백 접수 양식으로 보내주세요. 귀하의 불만 사항을 기록하고 검토하고 제공하신 정보를 사용하여 우리의 고객들에게 가능한 한 최상의 도움과 지원을 드리도록 하겠습니다. 관련 대사관, 고등판무관 사무소 또는 영사관에서 귀하에게 답변을 드릴 것입니다.

VOCA

- consular service 영사 서비스
- feedback 피드백
- embassy 대사관
- high commission (영연방 국가 간의) 고등판무관 사무실
- assess 평가[사정]하다
- make a complaint about ~에 관해 항의하다, 클레임을 걸다
- on behalf of ~을 대신하여
- consent 동의[허락]
- personal information 신상 정보
- examine 조사[검토]하다
- relevant 관련 있는

08 난도 ★☆☆   정답 ③

어휘 > 단어

정답의 이유

밑줄 친 assess는 '평가하다'의 뜻이므로, 의미가 가장 가까운 것은 ③ 'evaluate(평가하다)'이다.

오답의 이유

① 업그레이드하다, 향상시키다

② 연장하다, 오래 끌다

④ ~하게 만들다, 제공하다

09 난도 ★★☆　　　　　　　　　　　　　　　　정답 ②

독해 > 대의 파악 > 글의 목적

정답의 이유

첫 번째 문장에서 'We welcome all feedback about our consular services ~'라고 한 다음에, 두 번째 문단에서 영사 서비스에 대한 불만 사항 접수 방법을 설명하고 있으므로, 윗글의 목적으로 적절한 것은 ② 'to explain how to file complaints(불만 제기 방법을 설명하기 위해)'이다.

오답의 이유

① 영사관 가는 길을 안내하기 위해

③ 채용 절차를 설명하기 위해

④ 운영 시간을 알리기 위해

10 난도 ★★☆　　　　　　　　　　　　　　　　정답 ③

독해 > 대의 파악 > 제목, 주제

정답의 이유

제시문에서 젊은이들은 배우는 속도가 빠르고 자신의 성장뿐만 아니라 지역사회의 발전도 주도할 수 있지만, 반면에 농업 경력이 짧아서 토지를 소유하거나 대출을 받는 것이 어렵다고 했다. 마지막 문장에서 'It is also quite risky and uncertain, because it relies heavily on the climate~(또한 농업은 여전히 기후에 많이 의존하기 때문에 상당히 위험하고 불확실한데,~).'라고 하면서 홍수, 가뭄, 폭풍으로 인해 농작물과 가축에 피해를 입을 수 있다고 했으므로, 글의 주제로 가장 적절한 것은 ③ 'the roles of young farmers and the challenges they face(젊은 농부들의 역할과 그들이 직면한 어려움)'이다.

오답의 이유

① 농업 부문에 종사하는 것의 경제적 이점

② 현대 농업 관행에서 기술의 중요성

④ 도시 개발을 위한 청년들의 노력

본문해석

젊은이들은 배우는 속도가 빠르다. 그들은 에너지가 넘치고, 활동적이며, '할 수 있다'라는 긍정적인 사고방식을 가지고 있다. 적절한 지원과 기회가 주어진다면. 그들은 자신의 성장뿐만 아니라 지역사회의 발전도 주도할 수 있다. 많은 개발도상국에서 농업은 여전히 가장 큰 고용 분야이며, 젊은 농부들은 미래 세대를 위한 식량 안전을 보장하는 데 중요한 역할을 하고 있다. 그러나 그들은 많은 어려움에 직면해 있다. 예를 들어, 집이 없다면 토지를 소유하거나 대출을 받는 것이 매우 어렵다. 그런데, 여러분이 젊고 이제 막 경력을 시작한 경우라면 집을 소유하는 것이 아직은 어려운 일이기도 하다. 농업에 종사하는 것은 상당한 장기 투자를 요구한다. 또한 농업은 기후에 크게 의존하기 때문에 상당히 위험하고 불확실한데, 홍수, 가뭄, 폭풍은 농작물에 피해를 주거나 파괴할 수 있으며, 가축에도 영향을 미칠 수 있다.

VOCA

- fast learner　빨리 배우는 학생[사람]
- energetic　정력[활동]적인
- mentality　사고방식
- take the lead　솔선수범하다
- developing country　개발도상국
- agriculture　농업
- employer　고용주, 고용인
- play a role in　~에서 역할을 하다
- ensure　반드시 ~하게[이게] 하다, 보장하다
- food security　식량 안전 보장
- face　직면하다[닥쳐오다]
- get a loan　대출을 받다
- substantial　상당한
- risky　위험한
- uncertain　불확실한, 불안정한
- rely on　기대다, 의존하다
- damage　손상을 주다, 피해를 입히다
- affect　영향을 미치다
- livestock　가축

11 난도 ★★☆　　　　　　　　　　　　　　　　정답 ③

독해 > 대의 파악 > 글의 목적

정답의 이유

편지의 첫 문장에서 'I am writing to inform you of several issues in our community that need attention.'이라고 한 다음에, Elm Street 도로의 포트홀과 Central Park의 나쁜 조명으로 인한 문제를 나열했다. 마지막 문단에서 'I urge the Council to address these issues for the safety and well-being of our community(지역사회의 안전과 복지를 위해 시의회가 이 문제들을 신속히 해결해 주시기를 강력히 요청합니다).'라고 했으므로, 글의 목적으로 적절한 것은 ③ 'to solicit the Council to deal with the community problems(지역 사회의 문제를 해결해 달라고 시의회에 요청하기 위해)'이다.

오답의 이유

① 시의회의 노력에 감사를 표하기 위해

② 시의회가 Central Park를 방문하도록 초대하기 위해

④ 시의회에 그 지역에서 최근 이루어진 보수 작업에 대해 가장 최근 정보를 알려주기 위해

본문해석

Woodville 시의회 의원님들께,

우리 지역사회에서 관심이 필요한 몇 가지 문제에 대해 알려드리고자 이 글을 씁니다. Elm Street 123번지에 거주하는 주민 John Smith 씨가, 특히 Maple Avenue와 Oak Street 사이 Elm Street 도로의 문제점을 신고했습니다. 최근 폭우 이후 발생한 다수의 포트홀(도로 파임)과 균열로 도로 상황이 악화되었으며, 그 결과 교통 혼란과 안전상 위험을 초래하고 있습니다. 임시 보수 작업이 이루어졌지만, 문제는 여전히 계속되고 있습니다.

해당 주민은 또한 Central Park, 특히 Park Lane 주변의 나쁜 조명 상태에 대해서도 우려했는데, 가로등이 파손되거나 소실되어 경미한 사건이 발생했고, 부동산 가치도 하락했기 때문입니다. 그는 시의회에 Elm Street 도로 보수와 공원 내 조명 개선을 요청하고 있습니다.

지역사회의 안전과 복지를 위해 시의회가 이 문제들을 신속히 해결해 주시기를 강력히 요청합니다. 이 사안들에 관심을 가져주셔서 감사드립니다. 나는 우리가 함께 협력하여 이 문제들을 효과적으로 해결해 나가리라 믿습니다.

진심을 담아,

Stephen James

Woodville 시의회 의장

VOCA

- city council 시의회
- inform of ~을 알리다
- community 지역사회
- pothole 포트홀, (도로에) 움푹 패인 곳
- crack (무엇이 갈라져 생긴) 금
- worsen 악화되다, 악화시키다
- traffic disruption 교통 장애, 교통 혼란
- safety hazard 안전상 위험
- lighting 조명 (시설 · 유형)
- streetlight 가로등
- lead to ~로 이어지다
- property value 주택[부동산] 가치
- resolve 해결하다
- effectively 효과적으로

12 난도 ★★☆   정답 ④

어법 > 비문찾기

정답의 이유

밑줄 친 including은 주어 It에 연결되는 본동사로, features · monitors와 등위접속사 and로 연결되는 병렬구조이므로, including → includes가 되어야 한다.

오답의 이유

① customized는 명사 programs를 수식하는 분사인데, 의미상 프로그램이 노인에게 '맞춰진' 것이므로 수동의 의미인 과거분사 customized는 올바르게 사용되었다.

② 주어가 단수 대명사인 It이므로 features가 올바르게 사용되었다.

③ 명사 laughter가 다음에 오는 명사(therapy)와 함께 '웃음 치료'를 뜻하는 복합 명사로 올바르게 사용되었다.

본문해석

시는 노인 맞춤형 프로그램을 제공하는 여가 시설인 'Smart Senior Citizens' Center'를 개관했다. 이 센터는 실버 에어로빅과 웃음 치료와 같은 가상[온라인] 활동을 특징으로 하며, 보건소와 협력하여 건강지표를 정기적으로 모니터링하고, 실내 원예활동도 포함한다 (including → includes).

VOCA

- leisure facility 여가 시설
- offer 내놓다[제공하다]
- customized 개개인의 요구에 맞춘
- elderly 나이가 지긋한, 초로인(the elderly 노인층)
- feature 특징으로 하다, 제공하다
- virtual 가상의
- laughter therapy 웃음 치료
- monitor 모니터[감시]하다
- health metrics 건강 지표, 건강 관련 데이터
- in collaboration with …와 협력[공동, 제휴]하여
- indoor gardening activity 실내 원예 활동

13 난도 ★★☆   정답 ④

어법 > 비문찾기

정답의 이유

밑줄 친 choosing은 명사(a place)를 수식하는 분사로, 문맥상 장소를 '선택하는(choosing)' 것이 아니라 '선택된(chosen)' 것이므로, 능동 의미인 현재분사(choosing) → 수동 의미인 과거분사(chosen)가 되어야 한다.

오답의 이유

① '~외에(도)'를 뜻하는 전치사(besides) 다음에 목적어로 명사(cooking)가 올바르게 사용되었다.

② begin은 목적어로 동명사를 취할 수 있으며, 타동사 rearrange 다음에 목적어(environments)가 왔으므로, 능동형 동명사 rearranging이 올바르게 사용되었다.

③ 분사구문 'clearing land to stimulate the growth of wild foods'와 'opening landscapes to encourage the proliferation of food animals~'가 등위접속사 and로 연결된 병렬구조이므로 opening이 올바르게 사용되었다.

본문해석

불은 음식 조리 외에도 여러 방면에서 인간에게 도움이 되었다. 그것(불)을 이용해 그들은 야생 식량의 성장을 촉진하기 위해 땅을 개간하고, 식용동물의 번식을 유도하기 위해 지형을 개방해서 추후에 불을 이용해 그것들을 선택된(choosing → chosen) 장소로 몰아넣으면서, 자신들에게 맞게 환경을 재배치하기 시작할 수 있었다.

- serve 도움이 되다, 기여하다
- besides ~ 외에
- rearrange 재배치하다, 다시 배열하다
- suit 적합하다, 어울리다
- clear land 토지를 개간하다
- stimulate 자극[격려]하다, 활발하게 하다
- landscape 지형, 환경
- encourage 부추기다, 조장하다
- proliferation 확산, 번식
- food animal 식용동물
- driven by fire 불로 몰아가다
- harvest (사냥하여) 동물을 포획하다, 채집하다

14 난도 ★★☆   정답 ④

독해 > 세부 내용 찾기 > 내용 (불)일치

정답의 이유

안내문의 마지막 문장에서 'no camp the week of June 30(6월 30일 주간은 캠프 없음)'이라고 했으므로, 글의 내용과 일치하지 않는 것은 ④ 'The camp runs with no break between June 9 and July 25(캠프는 6월 9일부터 7월 25일까지 중단 없이 운영된다).'이다.

오답의 이유

① 캠프 참가자들은 학생 전시회에서 자신들의 작품을 전시할 기회를 갖게 될 것이다. → 안내문의 첫 번째 문단의 마지막 문장에서 'Campers ~ show off their own work in a student exhibition(캠프 참가자들은 ~ 그들의 작품을 학생 전시회에서 선보이게 됩니다).'라고 했으므로, 글의 내용과 일치한다.

② 캠프는 6세부터 14세 어린이를 위한 개별적인 예술 지원을 포함한다. → 안내문의 두 번째 문단에서 참가 대상은 6~14세 어린이로, 캠프에 참가하는 어린이들은 각각 자신들의 학습 스타일과 실력 수준에 따른 개별 예술 지원, 격려, 창의적인 과제를 받을 것이라고 했으므로, 글의 내용과 일치한다.

③ STEM 컨설턴트가 해석 중심의 예술과 과학 수업을 개발했다. → 안내문의 세 번째 문단의 마지막 문장에서 '~ interpretive art and science lessons created by Eddie Brown, a STEM consultant(~ STEM 컨설턴트 Eddie Brown이 기획한 해석 중심의 예술과 과학 수업)'라고 했으므로, 글의 내용과 일치한다.

2025 어린이 여름 아트 캠프

Stan José Art Museum(SJAM)에서 즐거운 1주일을 참가해 보세요! 캠프 참가자들은 전시회의 비공개 영역에 접근하고, 예술적 과정을 실험하며, 학생 전시회에서 자신들의 작품을 선보이게 됩니다.

참가 대상

6~14세 어린이

캠프에 참가하는 어린이들은 각각 자신들의 학습 스타일과 실력 수준에 따른 개별 예술 지원, 격려, 창의적인 과제를 받을 것입니다.

캠프 내용

경험이 풍부한 갤러리 교사들과 스튜디오 아트 교육자들이 이끄는 다양한 예술 재료와 표현 기법의 창의적 탐구가 결합된 SJAM 여름 아트 캠프에 참가하세요. 또한, 캠프 참가자들은 STEM 컨설턴트 Eddie Brown이 기획한 해석 중심의 예술과 과학 수업에도 참여하게 됩니다.

아트 캠프 전시회

참가 어린이들의 예술적 성장을 함께 축하하기 위해, 가족과 보호자 여러분을 매주 참가자들의 전시 감상회에 초대합니다.

일정

모든 캠프는 월요일부터 금요일까지, 오전 9시부터 오후 3시까지 운영됩니다.
캠프 기간은 6월 9일 (월)부터 7월 25일 (금)까지입니다. (6월 30일 주간은 캠프 없음)

VOCA

- get access to 접근하다, 이용하다
- behind-the-scenes 무대 뒤의, 비공식적인
- exhibition 전시회
- experiment with ~을 실험하다
- process 과정, 절차
- show off ~을 자랑하다
- challenge 도전[시험대]
- unique 고유의, 특유의
- pair 쌍을 이루다, 연결[결합]하다
- engage in ~에 관여[참여]하다
- interpretive 해석상의, 해석[설명]을 제공하는
- participant 참가자
- run (언급된 시간에) 진행되다

15 난도 ★★☆   정답 ②

독해 > 세부 내용 찾기 > 내용 (불)일치

정답의 이유

두 번째 문단의 두 번째 문장에서 'Eleven operating divisions, ~ administer HHS's programs(~ 총 11개 운영 부서에서 HHS 프로그램을 운영한다).'라고 했으므로, 글의 내용과 일치하는 것은 ② 'HHS's programs are administered by the eleven operating divisions(HHS 프로그램은 11개 운영 부서에 의해 운영된다).'이다.

① HHS는 저소득 가정의 건강과 복지 향상만을 목표로 한다. → 첫 번째 문단의 첫 번째 문장에서 'The mission of the Department of Health and Human Services (HHS) is to enhance the health and well-being of all individuals in the nation~ (HHS의 사명은 ~ 국민 모두의 건강과 복지를 증진하는 것이다).'라고 했으므로, 글의 내용과 일치하지 않는다.

③ HHS는 그 사명을 완수하기 위해 외국의 국가들과 일하지 않는다. → 두 번째 문단의 세 번째 문장에서 '~ the interconnectedness of our world requires that HHS engage globally to fulfill its mission(~ 세계가 서로 밀접하게 연결된 현실은 HHS가 그 사명을 수행하기 위해 전 세계적으로 관여하기를 요구한다).'이라고 했으므로, 글의 내용과 일치하지 않는다.

④ HHS는 목표를 달성하기 위해 다른 연방 부처 및 기관들로부터 독립적으로 활동한다. → 세 번째 문단의 마지막 문장에서 'HHS collaborates closely with other federal departments and agencies on cross-cutting topics(HHS는 공통적인 주제에 대해 다른 연방 부처 및 기관들과 긴밀하게 협력하고 있다).'라고 했으므로, 글의 내용과 일치하지 않는다.

본문해석

보건사회복지부

사명 선언문

보건사회부(HHS)의 사명은 효과적인 보건 복지 서비스를 제공하고, 의학, 공중보건, 사회복지의 기반이 되는 과학 분야에서 건전하고 지속적인 발전을 촉진함으로써, 국민 모두의 건강과 복지를 증진하는 것이다.

조직 구조

HHS는 폭넓은 활동 영역을 포함하는 다양한 프로그램과 계획을 통해 그 사명을 완수한다. 공중보건국 산하 8개 기관과 3개 복지기관을 포함한 총 11개 운영 부서에서 HHS 프로그램을 운영한다. HHS는 미국 국민의 건강과 복지를 담당하는 국내 기관이지만, 세계가 서로 밀접하게 연결된 현실은 HHS가 그 사명을 수행하기 위해 전 세계적으로 관여하기를 요구한다.

부처 간 협력

보건 복지 서비스의 성과 향상은 부서 단독으로 이루어 낼 수 없다. 우리의 목표와 과제를 달성하기 위해서는 부처 간 협력이 대단히 중요하다. HHS는 공통적인 주제에 대해 다른 연방 부처 및 기관들과 긴밀하게 협력하고 있다.

VOCA

- Department of Health and Human Services (美) 보건사회복지부
- Mission Statement 사명 선언문
- enhance 높이다[향상시키다]
- foster 조성하다, 발전시키다
- sound 건전한, 믿을 만한, 타당한
- sustained 지속된, 일관된
- underlying 기초가 되는, 근본적인[근원적인]
- accomplish 완수하다, 성취하다, 해내다

- initiative 새로운 중요 기획[계획]
- cover 다루다, 포함시키다
- spectrum 범위[영역]
- administer 관리하다[운영하다]
- interconnectedness 상호 연락[연결]됨, 상관됨
- engage 관계를 맺다
- fulfill 이행하다, 수행하다
- collaboration 협력, 합작
- objective 목적, 목표

16 난도 ★★☆   정답 ④

독해 > 글의 일관성 > 문장 삽입

정답의 이유

주어진 문장에서 '뉴스 소비나 소셜 미디어를 확인하는 것과 같은 주의를 산만하게 하는 활동은 정해진 시간으로 미루도록 일정을 잡으세요.'라고 했는데, ④ 앞문장에서 '~ I mean to recommend ordering your information intake so that extraneous stuff doesn't eat up your attention(~ 관련 없는 사소한 것들이 여러분의 주의력을 잡아먹지 않도록 정보 수용의 우선순위를 정하는 것을 권장한다는 것이다).'이라고 했고, ④ 다음 문장에서 아침에 30분 동안 뉴스를 읽고, 하루가 끝날 무렵에는 소셜 미디어를 30분 정도 가볍게 훑어보는 식으로 정할 수도 있을 것이라고 했으므로, 글의 흐름상 주어진 문장이 들어갈 위치로 가장 적절한 것은 ④이다.

본문해석

여러분이 운전을 배울 때는 문제를 예측하는 데 도움이 될 만큼 충분히 넓지만, 주의를 산만하게 할 정도는 아닌 적절한 수준의 상황 인식 수준을 유지하라고 배운다. 이것은 여러분의 프로젝트에도 해당된다. 여러분의 생활과 일에 영향을 미칠 수도 있는 주변 상황은 파악할 필요가 있지만, 무관한 정보까지 알 필요는 없다. 나는 외부 세계를 완전히 무시하는 '타조[현실 도피] 전략'을 권장하는 것이 아니다. 오히려, 관련 없는 사소한 것들이 여러분의 주의력을 잡아먹지 않도록 정보 수용의 우선순위를 정하는 것을 권장한다는 것이다. 뉴스 소비나 소셜 미디어를 확인하는 것과 같은 주의를 산만하게 하는 활동은 정해진 시간으로 미루도록 일정을 잡으세요. 어쩌면, 아침에 30분 동안 뉴스를 읽고, 하루가 끝날 무렵에는 소셜 미디어를 30분 정도 가볍게 훑어보는 식으로 정할 수도 있을 것이다.

VOCA

- schedule 일정[시간 계획]을 잡다
- relegate 격하[좌천]시키다
- distracting 집중할 수 없는
- prescribed 예정된
- maintain 유지하다[지키다]
- anticipate 예상하다
- irrelevant 무관한, 상관없는
- advocate 지지하다[옹호하다]
- full ostrich 현실 도피(현실을 회피하는 태도를 뜻하는 비유적인 표현)
- intake 섭취, 수용

- extraneous (특정 상황이나 주제와) 관련 없는
- stuff 가치없는 것, 시시한 것
- eat up 다 먹어치우다, (자원·시간·돈 등을) 잡아먹다, 소모하다

17 난도 ★★★   정답 ④

독해 > 글의 일관성 > 무관한 어휘·문장

정답의 이유

제시문은 OECD 국가들이 AI 혁명을 대비하면서 고용 환경의 중대한 변화가 일어날 것이며 이런 변화에 대응하기 위한 조치들에 대한 내용이다. ④ 앞부분에서 새로운 시대의 성공을 위해서 노동자들의 권리 보호와 폭넓은 노동시장 보장, 사회적 대화가 무엇보다도 중요하다고 했고, ④ 다음 문장에서 'Together, these actions will ensure that the AI revolution benefits all, transforming potential risks into opportunities for growth and innovation(더불어, 이러한 조치들이 잠재적인 위험 요소들을 성장과 혁신의 기회로 전환시켜서 AI 혁명이 모두를 이롭게 한다는 것을 보장할 것이다).'이라고 했다. 따라서 글의 흐름상 어색한 문장은 '많은 전문가들은 AI가 향후 10년 안에 모든 인간의 일자리를 완전히 대체할 것이라고 믿고 있다.'라고 한 ④이다.

본문해석

OECD 국가들이 생성형 AI의 급속한 발전과 AI 기술을 갖춘 이용 가능한 노동자들의 증가로 인해 강조되는 AI 혁명을 대비함에 따라, 고용 환경은 중대한 변화에 대한 태세를 갖추었다. 이러한 변화에 대응하기 위해서는 현재와 미래의 노동자들이 필요한 기술을 갖추도록 교육과 훈련을 우선적으로 처리하고, 실직한 노동자들에게 적절한 사회적 보호를 제공하는 것이 중요하다. 아울러, AI 통합에 직면하여 노동자들의 권리 보호와 폭넓은 노동시장 보장이 무엇보다도 중요해진다. 사회적 대화 역시 이 새로운 시대의 성공에 핵심적인 요소가 될 것이다. (많은 전문가들은 AI가 향후 10년 안에 모든 인간의 일자리를 완전히 대체할 것이라고 믿고 있다.) 더불어, 이러한 조치들이 잠재적인 위험 요소들을 성장과 혁신의 기회로 전환시켜서 AI 혁명이 모두에게 이익이 된다는 것을 보장할 것이다.

VOCA

- underscore ~에 밑줄을 긋다, ~을 강조하다
- advancement 발전, 진보
- generative AI 생성형 인공지능
- availability 이용 가능성
- landscape (특정 분야의) 전망, 상황, 경관
- employment 고용, 취업, 근무
- poised for ~할 태세를 갖춘
- navigate 다루다[처리하다]
- shift (위치·입장·방향의) 변화
- critical 대단히 중요한[중대한]
- prioritise 우선적으로 처리하다
- equip 준비를 갖추게 하다
- support 지원하다
- displace 대신[대체]하다, (직장 지위에서) 쫓아내다

- safeguard (분실·손상 등에 대비하여) 보호하다
- in the face of ~에도 불구하고[~에 직면하여]
- integration 통합
- ensure 반드시 ~하게[이게] 하다, 보장하다
- inclusive 폭넓은, 포괄적인
- paramount 다른 무엇보다[가장] 중요한, 최고의
- era 시대
- replace 대체하다, 교체하다
- benefit ~의 득이 되다, ~에 이익을 주다
- transform 전환하다, 변형[변태]시키다
- potential 잠재적인, 가능성 있는

18 난도 ★★☆   정답 ③

독해 > 글의 일관성 > 글의 순서

정답의 이유

주어진 글에서 '사회가 공로에 따라 경제적 보상과 책임 있는 지위를 배분해야 한다는 생각은 여러 가지 이유(several reasons)로 매력적이다.'라고 했으므로, 문맥상 주어진 글의 'several reasons'를 받는 'Two of these reasons(이러한 이유들 중 두 가지)'로 시작하는 (C)가 와야 한다. (C)의 마지막에서 '효율성과 공정성(efficiency and fairness)'을 언급했으므로, 문맥상 노력, 진취성, 재능을 보상하는 경제 시스템이 '더 생산적(효율성)'일 가능성이 크다고 한 (A)가 오고, 마지막으로 사람들을 오직 그들의 능력에 따라 보상하는 방식은 '공정성'의 미덕을 갖고 있다고 한 (B)가 와야 한다. 따라서 주어진 글 다음에 이어질 글의 순서로 적절한 것은 ③ '(C) — (A) — (B)'이다.

본문해석

사회가 공로에 따라 경제적 보상과 책임 있는 지위를 배분해야 한다는 생각은 여러 가지 이유로 매력적이다.
(C) 이러한 이유들 중 두 가지는 공로 위주 고용에 대한 일반화된 형태인 효율성과 공정성이다.
(A) 노력, 진취성, 재능을 보상하는 경제 시스템은 기여도에 상관없이 모두에게 동일한 보상을 주거나 편파적인 기준에 따라 선호하는 사회적 지위를 주는 시스템보다 더 생산적일 가능성이 크다.
(B) 또한 사람들을 오직 그들의 공로에 따라 보상하는 것은 공정성의 미덕이 있는데, 이는 성취 외의 다른 어떤 기준으로도 차별하지 않는다.

VOCA

- allocate 할당하다
- merit 공적, 공로, 장점
- appealing 매력적인, 흥미로운
- reward 보상[보답/사례]하다
- productive 결실 있는, 생산적인
- regardless of ~에 상관없이[구애받지 않고]
- contribution 기여, 이바지
- hand out 나눠주다, 배포하다
- favoritism 편애, 편파, 정실

- virtue of fairness 공정성의 미덕
- discriminate 차별하다
- achievement 성취, 달성
- generalized 일반[전반]적인
- efficiency 효율(성), 능률

19 난도 ★★☆   정답 ③

독해 > 빈칸 완성 > 단어 · 구 · 절

정답의 이유

첫 문장에서 '적극적인 경청은 예술이자 기술이며, ~ 을 요하는 훈련이다.'라고 한 다음에, 세 번째 문장에서 'This involves ignoring your own needs and focusing on the person speaking—a task made more difficult by the way the human brain works(이것은 자신의 욕구를 무시하고 말하는 사람에게 집중하는 것을 포함하는데, 이는 인간의 두뇌 작동 방식 때문에 더 어려운 과제이다.)'라고 했다. 글의 후반부에서 '스스로 경계심을 유지하도록 훈련하지 않는다면(Unless you train yourself to remain vigilant)', 뇌는 대개 결국 여러분 자신의 머릿속 소리에 더 집중하게 되기 때문에 바로 그 지점에서 적극적인 경청 기술이 중요한 역할을 하게 된다고 했다. 마지막 문장에서 '듣는 것은 상대방이 말하는 내용을 주의 깊게 집중할 때만 비로소 '경청'이 된다.'라고 했으므로, 빈칸에 들어갈 말로 적절한 것은 ③ 'a high degree of self-control(높은 수준의 자기 통제력)'이다.

오답의 이유

① 자율성의 감각
② 창의적인 사고방식
④ 외향적인 성격

본문해석

적극적인 경청은 예술이자 기술이며, 높은 수준의 자기 통제력을 요하는 훈련이다. 훌륭한 경청 능력을 기르기 위해서는 효과적인 의사소통에 포함된 것을 이해하고, 차분하게 앉아서 듣는 기술을 개발해야 한다. 이것은 자신의 욕구를 무시하고 말하는 사람에게 집중하는 것을 포함하는데, 이는 인간의 두뇌 작동 방식 때문에 더 어려운 과제이다. 누군가가 여러분에게 말을 걸면, 여러분의 뇌는 즉시 상대방의 단어 · 몸짓 · 어조 · 억양 · 의미를 처리하기 시작한다. 여러분은 하나의 소리를 듣는 게 아니라, 두 가지, 즉 상대방이 내는 소리와 여러분 머릿속의 소리를 듣는다. 스스로 경계심을 유지하도록 훈련하지 않는다면, 뇌는 대개 결국 여러분 자신의 머릿속 소리에 더 집중하게 된다. 바로 그 지점에서 적극적 경청 기술이 (중요한) 역할을 하게 된다. 듣는 것은 상대방이 말하는 내용을 주의 깊게 집중할 때만 비로소 '경청'이 된다.

VOCA

- involve 수반[포함]하다, 관련시키다
- ignore 무시하다
- focus on ~에 집중하다, ~에 중점을 두다
- process (정보 등을) 처리하다
- inflection 억양, 어조

- perceived 인지된
- remain 계속[여전히] ~이다
- vigilant 바짝 경계하는, 조금도 방심하지 않는
- end up 결국 (어떤 처지에) 처하게 되다
- pay attention to ~에 유의하다
- come into play 작동[활동]하기 시작하다

20 난도 ★★☆   정답 ④

독해 > 빈칸 완성 > 단어 · 구 · 절

정답의 이유

제시문은 사람들이 연말연시 휴일 동안 과소비하게 되는 원인을 설명하는 내용이다. 빈칸 다음에서 'because they don't want to appear cheap(그들은 인색하게 보이고 싶지 않아서)'이라고 했고, 마지막 문장에서 또한 많은 기업들도 휴일 기간에 사람들이 평소보다 더 많이 소비하도록 장려하는 판촉 활동을 한다고 했으므로, 빈칸에는 사람들이 과소비할 수밖에 없는 마음과 관련된 내용이 들어가야 함을 유추할 수 있다. 따라서 빈칸에 들어갈 말로 적절한 것은 ④ 'the social pressure to spend more than they might like(그들이 원하는 것보다 더 많이 지출하도록 하는 사회적 압박)'이다.

오답의 이유

① 외국 기업에 취업하고 싶은 욕구
② 장기적인 목표를 설정할 책임
③ 연휴 시즌 동안 지출을 줄이고 싶은 마음

본문해석

연말 시즌은 감사 인사를 전하고 한 해를 되돌아보며 가족과 친구들과 함께 시간을 보내는 시기이다. 하지만 주의하지 않으면, 휴일 쇼핑으로 과소비하는 시기가 될 수도 있다. 전문가들에 따르면, 사람들은 과소비하려는 타고난 충동을 갖고 있다. 그들은 소비자가 되도록 (본능적으로) '설계되어' 있다. 사랑하는 사람들에게 선물을 주는 즉각적인 만족감은 돈을 잘 관리하는 데 필요한 장기적인 집중력을 가릴 수 있다. 바로 그 지점이 바로 많은 사람들이 부족한 부분이다. 장기적인 목표가 훨씬 더 추상적이며, 즉각적인 만족을 미루기 위해서는 실제로 추가적인 수준의 인지적 처리를 요구하기 때문에 우리는 과소비할 수 있다. 게다가, 소비자들은 '인색하게' 보이고 싶지 않아서 그들이 원하는 것보다 더 많이 지출하도록 하는 사회적 압박을 느낄 수 있다. 또한 많은 기업들도 휴일 기간에 사람들이 평소보다 더 많이 소비하도록 장려하는 판촉 활동을 한다.

VOCA

- reflect on ~을 반성하다, 되돌아보다
- overspend (계획보다) 초과 지출하다
- innate 타고난, 선천적인
- impulse 충동
- wired 연결된, 배선된
- short-term 단기의, 단기적인
- gratification 만족감[희열](을 주는 것)
- eclipse 가리다, 빛을 잃게[무색하게] 만들다
- be good with ~을 잘 다루다, ~에 재주가 있다

- fall short 부족하다, 미치지 못하다
- abstract 추상적인
- cognitive processing 인지적 처리
- appear ～처럼 보이다
- promote 촉진[고취]하다
- deal 거래
- encourage 권장[장려]하다

- cognitive processing 인지적 처리
- appear ～처럼 보이다

영어 | 2024년 국가직 9급

한눈에 훑어보기

✔ 영역 분석

어휘 01 02 03 04 05
5문항, 25%

독해 12 13 14 15 16 17 18 19 20
9문항, 45%

어법 06 07 08
3문항, 15%

표현 09 10 11
3문항, 15%

✔ 빠른 정답

01	02	03	04	05	06	07	08	09	10
③	②	①	④	④	②	①	①	②	④
11	12	13	14	15	16	17	18	19	20
③	②	③	④	①	④	③	②	②	①

✔ 점수 체크

구분	1회독	2회독	3회독
맞힌 문항 수	/ 20	/ 20	/ 20
나의 점수	점	점	점

---

01 난도 ★☆☆　　　　　　　　　　　정답 ③

어휘 > 단어

[정답의 이유]

첫 번째 문장에서 언어 과목의 어떤 측면도 학습이나 교습에서 서로 분리되어 있지 않다고 했으므로 문맥상 밑줄에는 stands alone(분리되다)과 반대되는 뜻을 가진 단어가 와야 함을 유추할 수 있다. 따라서 밑줄 친 부분에 들어갈 말로 적절한 것은 ③ 'interrelated(서로 밀접하게 연관된)'이다.

[오답의 이유]

① 뚜렷한, 구별되는

② 왜곡된

④ 독자적인

[본문해석]

분명히, 언어 과목의 어떤 측면도 학습이나 교습에서 서로 분리되어 있지 않다. 듣기, 말하기, 읽기, 쓰기, 보기, 그리고 시각적 표현은 서로 밀접하게 연관되어 있다.

[VOCA]

· obviously 확실히[분명히]

· aspect 측면, 양상

· stand alone 독립하다, 분리되다, 혼자[따로] 떨어져 있다

· visually representing 시각적으로 나타내기

02 난도 ★☆☆　　　　　　　　　　　정답 ②

어휘 > 단어

[정답의 이유]

밑줄 친 concealed는 conceal(숨기다, 감추다)의 과거분사형으로 '숨겨진, 감춰진'이라는 뜻이다. 이와 의미가 가장 가까운 것은 ② 'hidden(숨겨진)'이다.

[오답의 이유]

① 사용된

③ 투자된

④ 배달된

[본문해석]

그 돈은 매우 교묘하게 숨겨져 있어서 우리는 그것에 대한 수색을 포기하도록 강요당했다.

[VOCA]

· be forced to ～하도록 강요 당하다

· abandon 그만두다, 포기하다

03 난도 ★☆☆   정답 ①

어휘 > 단어

정답의 이유

밑줄 친 appease는 '달래다, 진정시키다'라는 뜻으로, 이와 의미가 가장 가까운 것은 ① 'soothe(진정시키다)'이다.

오답의 이유

② 반박하다, 대응하다

③ 교화하다

④ 동화되다[시키다]

본문해석

반대자들을 달래기 위해 그 무선사업자들은 출퇴근 시간대 라디오 방송에서 1,200만 달러의 공교육 캠페인을 시작했다.

VOCA

• critic 비평가, 반대자

• launch 시작[개시/착수]하다

• public-education campaign 공교육 캠페인

• drive-time 드라이브 타임(출퇴근 시간같이 하루 중 많은 사람들이 차를 운전하는 시간대)

04 난도 ★☆☆   정답 ④

어휘 > 어구

정답의 이유

밑줄 친 play down은 '경시하다'라는 뜻으로, 이와 의미가 가장 가까운 것은 ④ 'underestimate(과소평가하다)'이다.

오답의 이유

① 식별하다, 알아차리다

② 만족시키지 않다

③ 강조하다

본문해석

센터 관계자들은, 그것들이 전형적인 신생기업의 운영 방식이라고 말하면서, 그 문제들을 경시한다.

VOCA

• typical 전형적인, 대표적인

• start-up 신생기업

05 난도 ★☆☆   정답 ④

어휘 > 어구

정답의 이유

밑줄 친 had the guts는 '~할 용기가 있었다'라는 뜻으로, 이와 의미가 가장 가까운 것은 ④ 'was courageous(용감했다)'이다.

오답의 이유

① 걱정했다

② 운이 좋았다

③ 평판이 좋았다

본문해석

그녀는 부지런히 일했고 자신이 원하는 것을 시도할 용기가 있었다.

VOCA

• diligently 부지런히, 열심히

• go for ~을 시도하다, 찬성하다

06 난도 ★☆☆   정답 ②

어법 > 비문 찾기

정답의 이유

② those 앞에 be superior to(~보다 더 뛰어나다)가 있으므로 the quality of older houses(옛날 오래된 주택의 품질)와 those of modern houses(현대의 주택들의 품질)를 비교하고 있음을 알 수 있다. 여기서 those는 단수 명사(quality)를 받고 있으므로 those → that이 되어야 한다.

오답의 이유

① 전치사 Despite 다음에 명사(구)인 the belief that the quality of older houses is superior to those of modern houses가 왔으므로 어법상 적절하게 사용되었다. the belief 다음의 that절 (that the quality of older houses is superior to those of modern houses)은 명사(the belief)를 가리키는 동격의 that절이다.

③ compared to의 비교 대상이 the foundations of most pre-20th-century houses와 today's이고, 문맥상 20세기 이전 주택의 기초는 오늘날의 주택 기초와 비교가 되는, 즉 수동의 의미이므로 과거분사(compared)가 적절하게 사용되었다.

④ their가 주절의 주어(the foundations ~ houses)를 받고 있으므로 어법상 대명사의 복수형으로 적절하게 사용되었다.

본문해석

예전의 오래된 주택의 품질이 현대 주택의 품질보다 우수하다는 믿음에도 불구하고, 대부분 20세기 이전 주택의 기초는 오늘날의 주택에 비해 기반이 극히 얕으며, 그것들의 목재 구조의 유연성이나 벽돌과 돌 사이의 석회 모르타르 덕분에 시간의 시험을 견뎌왔을 뿐이다.

VOCA

• be superior to ~보다 더 뛰어나다

• foundation (건물의) 토대[기초]

• dramatically 극적으로, 인상적으로

• shallow 얕팍한, 얕은

• stand 견디다

• flexibility 신축성, 유연성

• timber 목재

• framework (건물 등의) 뼈대[골조]

• lime mortar 석회 모르타르

양보 접속사 vs. 양보 전치사

• 양보 접속사

though[although, even if, even though]+주어+동사: 비록 ~
이지만, ~라 하더라도

예 Sometimes, even though you may want to apologize, you
just may not know how.

(때로는, 사과하고 싶을지라도 단지 방법을 모를 수도 있다.)

예 Though I loved reading about biology, I could not bring
myself to dissect a frog in lab.

(나는 생물학에 관한 책을 읽는 것을 좋아했지만, 아무리 해도
실험실에서 개구리를 해부할 수 없었다.)

• 양보 전치사

despite[in spite of]+명사[명사상당어구]: 비록 ~이지만, ~라
하더라도

예 The US government began to feed poor children during
the Great Depression despite the food shortage.

(미국 정부는 식량 부족에도 불구하고 대공황 동안 가난한 아
이들에게 급식을 시작했다.)

예 Despite the common conceptions of deserts as hot, there
are cold deserts as well.

(사막은 덥다는 일반적 개념에도 불구하고, 추운 사막도 존재
한다.)

---

07 난도 ★★☆   정답 ①

어법 > 비문 찾기

정답의 이유

① still more는 '~은 말할 것도 없이 …도 ~하다'라는 비교급 관용
구문으로, 긍정문에서는 still more를, 부정문에서는 still less를
쓴다. 제시된 문장은 부정문(are not interested in)이므로 still
more → still less가 되어야 한다.

오답의 이유

② 밑줄 친 Once confirmed 다음에 목적어가 없으므로 주어와 동사
가 생략된 분사구문이라는 것을 알 수 있다. 따라서 confirmed의
주어가 주절의 주어(the order)와 같고 수동의 의미이므로 어법
상 과거분사(confirmed)가 적절하게 사용되었다.

③ 밑줄 친 provided (that)은 '~을 조건으로, ~한다면'이라는 뜻
으로, 조건 부사절을 이끄는 분사형 접속사로 적절하게 사용되
었다.

④ news는 셀 수 없는 명사이고, much가 수식하고 있으므로 어법
상 적절하게 사용되었다.

---

① 그들은 시를 읽는 것에 관심이 없으며, 하물며 시를 쓰는 것은
더 아니다(관심이 없다).

② (주문이) 확인되면, 주문은 귀하의 주소로 발송될 것이다.

③ 페리가 정시에 출발한다면, 우리는 아침까지 항구에 도착해야
한다.

④ 외신 기자들은 단기간 수도에 체류하는 동안 가능한 한 많은 뉴
스를 취재하기를 바란다.

• still less 하물며 ~은 아니다
• confirm 확인하다
• provided that ~라면
• ferry 연락선[(카)페리]
• cover 취재[방송/보도]하다

still[much] more vs. still[much] less

• still[much] more: 하물며 ~은 말할 것도 없이

긍정의미 강화표현으로 긍정문 다음에 사용된다.

예 Everyone has a right to enjoy his liberty, much more his
life.

(누구나 자유를 누릴 권리가 있으며, 자신의 삶은 말할 것도
없다.)

• still[much] less: 하물며 ~은 아니다

부정의미 강화표현으로 부정문 다음에 사용된다.

예 I doubt Clemson will even make the finals, much less win.

(Clemson이 우승은 고사하고 하물며 결승에 진출할지도 의심
스럽다.)

예 The students are not interested in reading poetry, still less
in writing.

(학생들은 시를 쓰는 것은 고사하고, 시를 읽는 데도 관심이
없다.)

---

08 난도 ★★☆   정답 ①

어법 > 영작하기

정답의 이유

① '감정 형용사(glad)+that ~'에서 that은 감정의 이유를 보충·
설명하는 부사절을 이끄는 접속사이며, 주어(We)가 기쁜 이유
(the number of applicants is increasing)를 설명하고 있으므
로 어법상 적절하게 사용되었다. 또한 that절의 주어(the
number of applicants)는 '~의 수'라는 뜻의 'the number of+
복수명사+단수동사' 구문이므로 단수동사 is가 적절하게 사용되
었다.

오답의 이유

② 과거 부사구(two years ago)가 있으므로 I've received → I
received가 되어야 한다.

③ 관계대명사 which 다음에 불완전한 절이 와야 하는데, 1형식 완전자동사(sleep)가 왔으므로 어법상 적절하지 않다. 따라서 which → where(관계부사) 또는 on which(전치사+관계대명사)가 되어야 한다.

④ 'exchange A with B'는 'A를 B와 교환하다'라는 뜻으로, A(사람) 앞에는 전치사 with를 함께 써야 한다. 따라서 each other → with each other가 되어야 한다. each other는 '서로'라는 뜻의 대명사로, 부사처럼 단독으로 사용할 수 없다.

VOCA

• applicant 지원자

• increase 증가하다, 인상되다

• comfortable 편(안)한, 쾌적한

• exchange 교환하다[주고받다]

09 난도 ★☆☆   정답 ②

표현 > 일반회화

정답의 이유

밑줄 앞에서 Ace Tour는 'Do you have any specific questions(혹시 구체적으로 궁금한 점이 있으신가요?)'라고 물었고, 뒤에서 'It'll take you to all the major points of interest in the city(도시의 흥미로운 주요 장소들을 모두 안내해 드릴 겁니다).'라고 대답했으므로 밑줄 친 부분에 들어갈 말로 적절한 것은 ② 'What does the city tour include(시티 투어에는 무엇이 포함되어 있나요)?'이다.

오답의 이유

① 투어 기간은 얼마나 되나요?

③ 패키지여행 리스트가 있나요?

④ 좋은 여행 안내서를 추천해 주실 수 있나요?

본문해석

Brian: 안녕하세요, 시티 투어에 대한 정보를 얻을 수 있을까요?

Ace Tour: 문의주셔서 감사합니다. 혹시 구체적으로 궁금한 점이 있으신가요?

Brian: 시티 투어에는 무엇이 포함되어 있나요?

Ace Tour: 도시의 흥미로운 주요 장소들을 모두 안내해 드릴 겁니다.

Brian: 얼마인가요?

Ace Tour: 4시간 투어에 1인당 50달러입니다.

Brian: 알겠어요. 금요일 오후 티켓 4장을 예약할 수 있을까요?

Ace Tour: 물론입니다. 곧 결제정보를 보내드리겠습니다.

VOCA

• specific 구체적인

• of interest 흥미있는

• book 예약하다

• payment information 결제정보

10 난도 ★☆☆   정답 ④

표현 > 일반회화

정답의 이유

밑줄 앞에서 A가 'Air freight costs will be added on the invoice(송장에 항공운임이 추가될 겁니다).'라고 한 다음 'I am afraid the free delivery service is no longer available(죄송하지만, 무료배송 서비스는 더 이상 제공되지 않습니다).'라고 했으므로 대화의 흐름상 밑줄 친 부분에 들어갈 말로 적절한 것은 ④ 'Wait a minute. I thought the delivery costs were at your expense(잠시만요. 배송비는 귀사에서 부담하는 줄 알았어요).'이다.

오답의 이유

① 알겠습니다. 송장은 언제 받게 될까요?

② 저희 부서가 2주 안에 결제하지 못할 수도 있어요.

③ 월요일에 저희가 귀사의 법인 계좌로 결재액을 송금해도 될까요?

본문해석

A: 감사합니다. 주문해주셔서 감사합니다.

B: 천만에요. 항공화물로 물품을 보내주실 수 있나요? 저희는 빨리 물건이 필요해요.

A: 네, 지금 바로 귀하의 부서로 보내겠습니다.

B: 알겠습니다. 다음 주 초에 물건을 받을 수 있으면 좋겠어요.

A: 모든 것이 일정대로 진행된다면 월요일까지 받을 수 있을 거예요.

B: 월요일 좋아요.

A: 2주 안에 결제 부탁드립니다. 송장에 항공운임이 추가될 겁니다.

B: 잠시만요. 배송비는 귀사에서 부담하는 줄 알았어요.

A: 죄송하지만, 무료배송 서비스는 더 이상 제공되지 않습니다.

VOCA

• appreciate 고마워하다

• goods 상품, 제품

• by air freight 항공편으로

• air freight cost 항공운임

• add 합하다[더하다]

• invoice 송장

11 난도 ★☆☆   정답 ③

표현 > 일반회화

정답의 이유

밑줄 앞에서 A가 'Have you contacted the subway's lost and found office(지하철 분실물 센터에 연락해 봤어요)?'라고 물었고, 뒤에서 'If I were you, I would do that first(나라면 먼저 그렇게 하겠어요).'라고 했으므로 밑줄 친 부분에 들어갈 말로 적절한 것은 ③ 'I haven't done that yet, actually(사실, 아직 안 했어요)'이다.

오답의 이유

① 전화에 대해 문의하러 그곳에 갔어요

② 오늘 아침 사무실에 들렀어요

④ 모든 곳을 다 찾아봤어요

본문해석

A: 휴대폰을 찾았나요?

B: 유감스럽게도, 못 찾았어요. 아직 찾고 있어요.

A: 지하철 분실물 센터에 연락해 봤어요?

B: 사실, 아직 안 했어요.

A: 나라면 먼저 그렇게 하겠어요.

B: 네, 맞는 말이에요. 새 휴대폰을 사기 전에 분실물 센터에 문의해 볼게요.

VOCA

- unfortunately 유감스럽게도
- lost and found 분실물 보관소
- check with ~에 문의[조회]하다

12 난도 ★☆☆　　　　　　　　　　　　　정답 ②

독해 > 세부 내용 찾기 > 내용 (불)일치

[정답의 이유]

두 번째 문장에서 'Entry to shows and lectures are first-come, first-served.'라고 했으므로 글의 내용과 일치하는 것은 ② '공연과 강연의 입장은 선착순이다.'이다.

[오답의 이유]

① 첫 번째 문장에서 'Kids 10 and under are free(10세 이하 어린이는 무료입니다).'라고 했으므로 글의 내용과 일치하지 않는다.

③ 세 번째 문장에서 'All venues open rain or shine(모든 행사장은 날씨와 관계없이 운영합니다).'이라고 했으므로 글의 내용과 일치하지 않는다.

④ 마지막 문장에서 'NEWE organizers may discontinue in-person ticket sales should any venue reach capacity (NEWE 주최 측은 행사장이 수용 인원에 도달하면 현장 입장권 판매를 중단할 수 있습니다.)'라고 했으므로 현장 판매도 한다는 것을 유추할 수 있다.

본문해석

북동부 야생동물 박람회(NEWE)

2024년 3월 30일 토요일 입장권

- 가격: $40.00
- 개장시간: 오전 10:00 – 오후 6:00

10세 이하 어린이는 무료입니다. 공연과 강연 입장은 선착순입니다. 모든 행사장은 날씨와 관계없이 운영합니다.

3월 20일은 2024 북동부 야생동물 박람회 입장권 온라인 구매 마지막 날입니다.

참고: NEWE 입장권을 사전에 구매하는 것이 모든 전시장 입장을 보장하는 최선의 방법입니다. NEWE 주최 측은 행사장이 수용 인원에 도달하면 현장 입장권 판매를 중단할 수 있습니다.

VOCA

- admission ticket 입장권
- entry 입장
- lecture 강의, 강연
- first-come, first-served 선착순
- rain or shine 날씨에 관계 없이
- guarantee 보장[약속]하다
- discontinue 중단하다
- reach ~에 이르다[도달하다]
- capacity 용량, 수용력

13 난도 ★★☆　　　　　　　　　　　　　정답 ③

독해 > 세부 내용 찾기 > 내용 (불)일치

[정답의 이유]

네 번째 문장에서 '~ they were written and produced several years apart and out of chronological order(그것들은 몇 년 간격으로 연대순을 벗어나 집필·제작되었다).'라고 했으므로 글의 내용과 일치하지 않는 것은 ③ 'The Theban plays were created in time order(테베의 희곡들은 시대순으로 창작되었다).'이다.

[오답의 이유]

① 소포클레스는 총 123편의 비극을 썼다. → 두 번째 문장에서 'Sadly, only seven of the 123 tragedies he wrote have survived(애석하게도, 그가 쓴 123편의 비극 중 단지 7편만 남아 있지만) ~'라고 했으므로 글의 내용과 일치한다.

② Antigone도 오이디푸스 왕에 관한 것이다. → 세 번째 문장에서 'The play was one of three written by Sophocles about Oedipus, the mythical king of Thebes (the others being Antigone and Oedipus at Colonus)[그 희곡은 테베의 신화적인 오이디푸스 왕에 대해 쓴 세 편 중 하나(나머지는 Antigone와 Oedipus at Colonus이다)인데] ~'라고 했으므로 글의 내용과 일치한다.

④ Oedipus the King은 고전적인 아테네 비극을 대표한다. → 마지막 문장에서 'Oedipus the King follows the established formal structure and it is regarded as the best example of classical Athenian tragedy(Oedipus the King은 정해진 형식적 구조를 따르며, 아테네 고전 비극의 가장 좋은 예로 여겨지고 있다).'라고 했으므로 글의 내용과 일치한다.

본문해석

그리스 극작가 소포클레스의 비극은 그리스 고전극의 절정으로 여겨지게 되었다. 애석하게도, 그가 쓴 123편의 비극 중 단지 7편만 남아 있지만, 이 중에서 가장 빼어난 작품은 Oedipus the King일 것이다. 그 희곡은 테베의 신화적인 오이디푸스 왕에 대해 쓴 세 편 중 하나(나머지는 Antigone와 Oedipus at Colonus이다)인데, 일괄적으로 테베의 희곡이라고 알려져 있다. 소포클레스는 이 희곡들을 각각 별개의 작품으로 구상했고, 그것들은 몇 년 간격으로 연대순을 벗어나 집필·제작되었다. Oedipus the King은 정해진 형식적 구조를 따르며, 아테네 고전 비극의 가장 좋은 예로 여겨지고 있다.

- dramatist 극작가
- be regarded as ~로 여겨지다
- survive 살아남다, 생존[존속]하다
- mythical 신화적인, 신화[전설]상의
- collectively 전체적으로, 일괄하여
- conceive 생각해 내다, 착상하다
- separate 별개의
- entity 독립체
- chronological order 연대순

14 난도 ★★☆   정답 ④

독해 > 대의 파악 > 제목, 주제

정답의 이유

제시문은 고고학자 Arthur Evans가 크노소스 궁전의 유적과 미노스 시대의 유물을 발굴해서 신화로만 여겨졌던 미노스 문명이 사실로 드러났다는 내용이다. 세 번째 문장에서 'But as Evans proved, this realm was no myth(그러나 Evans가 증명했듯이, 이 왕국은 신화가 아니었다.)'라고 했고, 마지막 문장에서 'In a series of excavations in the early years of the 20th century, Evans found a trove of artifacts from the Minoan age(20세기 초 일련의 발굴에서, Evans는 미노스 시대의 유물들을 발견했는데) ~'라고 했으므로, 글의 주제로 적절한 것은 ④ 'Bringing the Minoan culture to the realm of reality(미노스 문명을 현실 영역으로 가져오기)'이다.

오답의 이유

① 미노스 왕의 성공적인 발굴
② 미노스 시대의 유물 감상하기
③ 크레타 섬 궁전의 웅장함

본문해석

한 사람이 전체 문명에 대한 우리의 눈을 뜨게 할 수 있다는 것은 믿기 힘든 것처럼 보이지만, 영국의 고고학자 Arthur Evans가 크레타섬에 있는 크노소스 궁전의 유적을 성공적으로 발굴하기 전까지 지중해의 위대한 미노스 문명은 사실보다는 전설에 가까웠다. 실제로 그곳의 가장 유명한 거주자는 신화에 나오는 생명체인 반인반우의 미노타우로스로, 전설적인 미노스 왕의 궁전 아래에서 살았다고 한다. 그러나 Evans가 증명했듯이, 이 왕국은 신화가 아니었다. 20세기 초 일련의 발굴에서, Evans는 기원전 1900년부터 1450년까지 최고로 번창했던 미노스 시대의 유물들을 발견했는데 보석, 조각품, 도자기, 황소 뿔 모양의 제단, 그리고 미노스 문명의 삶을 보여주는 벽화 등이었다.

VOCA

- be responsible for ~을 맡다, 담당하다
- archaeologist 고고학자
- excavate 발굴하다
- ruins 유적, 폐허
- Minoan culture 미노스 문명

- realm 왕국
- excavation 발굴
- trove 귀중한 발견물[수집품]
- reach its height 절정에 도달하다, 최고로 번창하다
- carving 조각품
- pottery 도자기
- altar 제단

15 난도 ★★☆   정답 ①

독해 > 대의 파악 > 제목, 주제

정답의 이유

첫 번째 문장에서 '나쁜 버전의 화폐에 의한 좋은 화폐의 가치 저하는 귀금속 함량이 높은 동전이 더 낮은 가치의 금속과 희석되어 낮은 함량의 금 또는 은을 함유하여 재발행되는 방식으로 일어났다.'라고 한 다음, 뒷부분에서 왕이 좋은 화폐를 나쁜 화폐로 대체하는 방법을 설명하고 있으므로 글의 제목으로 적절한 것은 ① 'How Bad Money Replaces Good(나쁜 화폐가 좋은 화폐를 대체하는 법)'이다.

오답의 이유

② 좋은 동전의 요소
③ 동전을 녹이는 게 어때?
④ 나쁜 화폐는 무엇인가?

본문해석

나쁜 버전의 화폐에 의한 좋은 화폐의 가치 저하는 귀금속 함량이 높은 동전이 더 낮은 가치의 금속과 희석되어 금이나 은 함량이 더 낮은 동전으로 재발행되는 방식으로 나타났다. 이러한 변질은 좋은 동전을 나쁜 동전으로 몰아냈다. 아무도 좋은 동전을 사용하지 않았고, 보관했으므로, 좋은 동전은 유통되지 않았고 비축되기에 이르렀다. 한편, 이러한 조치의 배후에는 발행인(대부분 왕)이 있었는데, 왕은 끝없이 계속된 전쟁과 그 밖의 다른 방탕한 생활로 국고를 탕진한 상황이었다. 그들은 모을 수 있는 모든 좋은 옛날 동전을 모았으며, 그것들을 녹여서 더 낮은 순도로 재발행하고 그 잔액을 착복했다. 오래된 동전을 계속 가지고 있는 것은 종종 불법이었지만, 사람들은 그렇게 했고, 한편 왕은 최소한 잠깐 동안은 그의 국고를 보충했다.

VOCA

- currency 화폐, 통화
- debasement 저하, 하락
- occur 일어나다, 생기다
- reissue 재발행하다
- dilute 희석하다
- adulteration 불순물 섞기, 변질
- drive out 몰아내다, 쫓아내다
- circulation 유통, 순환
- hoard 비축, 축적, 저장
- interminable 끝없는
- warfare 전쟁

- dissolute 방탕한
- purity 순도
- pocket 착복하다, 횡령하다
- balance 차액, 차감, 잔액
- replenish 다시 채우다, 보충하다
- treasury 국고

16 난도 ★★☆   정답 ④

독해 > 글의 일관성 > 무관한 어휘 · 문장

정답의 이유

제시문은 미국의 달 착륙이 미국 정부가 꾸며낸 음모론이라고 믿는 사람들의 주장에 관한 내용이다. 이런 음모론 옹호자들이 가장 결정적인 증거로 인용하는 것은 우주비행사들이 지구를 벗어나기 위해 밴 앨런 벨트를 통과하지 못했을 것이라는 주장이다. ③에서 'Crucial to their case is the claim that astronauts never could have safely passed through the Van Allen belt(그들의 논거에서 아주 중요한 것은 우주비행사들이 밴 앨런 벨트를 결코 안전하게 통과할 수 없었을 것이라는 주장이다) ~'라고 했고, 제시문의 마지막 문장에서 'If the astronauts had truly gone through the belt, say conspiracy theorists, they would have died(음모론자들은 말하기를, 만약 우주비행사들이 정말로 밴 앨런 벨트를 통과했다면 그들은 죽었을 것이라고 한다).'라고 했는데, ④에서는 우주선의 금속 덮개가 방사선을 차단하도록 설계되었다고 했으므로 글의 흐름상 어색한 문장은 ④이다.

본문해석

모든 반대되는 증거에도 불구하고, 나사의 아폴로 우주 프로그램이 실제로 사람들을 달에 착륙시킨 적이 없다고 진지하게 믿는 사람들이 있다. 이 사람들은 주장하기를 달 착륙은 러시아와의 필사적인 경쟁과 체면 깎이는 것을 염려한 미국 정부에 의해 영속된 거대한 음모에 불과했다고 했다. 이 음모론자들의 주장은 미국이 우주 경쟁에서 러시아와 경쟁할 수 없다는 것을 알았고, 그래서 일련의 성공적인 달착륙을 꾸며낼 수밖에 없었다는 것이다. 음모론 옹호자들은 자신들이 증거라고 생각하는 몇 가지를 인용한다. 그들의 논거에서 아주 중요한 것은 우주비행사들이 지구의 자기장인 밴 앨런 벨트(지구를 둘러싸고 있는 방사능을 가진 층)를 결코 안전하게 통과할 수 없었을 것이라는 주장이다. 그들은 또한 우주선의 금속 덮개가 방사선을 차단하도록 설계되었다는 사실을 지적한다. 음모론자들이 말하기를, 만약 우주비행사들이 정말로 밴 앨런 벨트를 통과했다면 그들은 죽었을 것이라고 한다.

VOCA

- claim (~이 사실이라고) 주장하다
- conspiracy 음모
- perpetuate 영속하게 하다, 불멸하게 하다
- in competition with ~와 경쟁하여
- lose face 체면을 잃다
- fake 위조[날조/조작]하다, 꾸며내다
- advocate 옹호자

- cite (이유 · 예를) 들다[끌어내다], 인용하다
- crucial to ~에 있어서 아주 중대한
- the Van Allen belt 밴 앨런 대(지구를 둘러싸고 있는 방사능을 가진 층)
- trap 가두다
- magnetic field 자기장

17 난도 ★★☆   정답 ③

독해 > 글의 일관성 > 문장 삽입

정답의 이유

주어진 문장은 '부족의 구전 역사와 전해지는 증거에 따르면 1500년에서 1700년 사이의 어느 시기에 진흙 사태가 마을을 파괴했고 그 바람에 일부 전통 가옥 내부의 물건들이 봉인되었다'는 내용이다. ③ 앞 문장에서 'Ozette 마을은 수천 년 동안 그 지역에 기반을 둔 원주민인 Makah족이 살았던 다섯 개의 주요 마을 중 하나였다.'라고 했고, ③ 다음 문장에서 '그렇지 않았다면, 남아 있지 않았을 바구니, 의복, 요, 고래잡이 도구를 포함한 수 천개의 유물들이 진흙 아래에 보존되어 있었다.'라고 했으므로 글의 흐름상 주어진 문장이 들어갈 위치로 적절한 것은 ③이다.

본문해석

워싱턴의 올림픽 반도 최서단에 위치한 Ozette 마을에서 Makah 부족민들이 고래를 사냥했다. 그들은 자신들의 어획물을 선반과 훈연실에서 훈제했으며, 주변의 Puget Sound와 인근의 Vancouver섬에서 온 이웃 부족들과 물물교환했다. Ozette 마을은 수천 년 동안 그 지역에 기반을 둔 원주민인 Makah족이 살았던 다섯 개의 주요 마을 중 하나였다. 부족의 구전 역사와 고고학적 증거는, 1500년에서 1700년 사이의 어느 시기에 진흙 사태가 마을 일부를 파괴했는데, 몇몇 전통가옥들을 뒤덮고 그 내부에 있던 것들을 봉인했다고 시사한다. 그렇지 않았다면 남아 있지 않았을 바구니, 의복, 요, 고래잡이 도구를 포함한 수 천개의 유물들이 진흙 아래에 보존되어 있었다. 1970년, 폭풍이 해안침식을 일으켰으며, 이들 전통가옥과 유물의 잔해가 드러났다.

VOCA

- westernmost 가장 서쪽의, 서단의
- smoke 훈제하다
- catch 잡은 것, 포획한 것
- rack 선반, 받침대, 시렁
- smokehouse 훈제실, 훈연장
- trade with ~와 무역[거래]하다
- neighboring 이웃의, 근처[인근]의
- inhabit 살다, 거주하다
- indigenous 토착의, 원산의
- archaeological 고고학의
- mudslide 진흙사태
- longhouse (미국에서 일부 원주민들의) 전통가옥
- seal 봉하다, 봉인하다
- preserve 보존하다
- coastal erosion 해안침식

18 난도 ★★☆   정답 ②

독해 > 글의 일관성 > 글의 순서

정답의 이유

주어진 글에서 유명 영화배우와 운동선수에 대한 관심은 그들의 영화와 경기장에서의 활약을 넘어선다고 하였다. 따라서 문맥상 주어진 글 다음에는 할리우드 영화배우들의 사생활을 취재하는 언론에 대한 내용인 (B)가 오는 것이 적절하며, 다음으로는 '마찬가지로(similarly)' 숙련된 운동선수들의 평상시 행동도 대중의 관심을 받는다는 내용인 (A)로 이어지는 것이 자연스럽다. 마지막으로, 이들 '두 산업(Both industries)'이 '그런 관심(such attention)'을 활성화하는 것은 관객을 늘리고 수입을 증대하기 위한 것이지만, 기본적으로 영화배우와 운동선수들에게는 근본적인 차이가 있다고 마무리하는 (C)가 오는 것이 적절하다. 따라서 주어진 글 다음에 이어질 글의 순서로 적절한 것은 ② '(B) – (A) – (C)'이다.

본문해석

유명 영화배우와 운동선수에 대한 관심은 영화와 경기장에서의 그들의 활약을 넘어선다.
(B) 신문 칼럼, 전문적인 잡지, 텔레비전 프로그램, 웹사이트들은 때로 유명한 할리우드 배우들의 사생활을 정확하게 기록한다.
(A) 마찬가지로, 기량이 뛰어난 야구, 축구, 농구 선수들이 유니폼을 입지 않고 하는 평상시 행동도 대중의 관심을 끈다.
(C) 두 산업 모두 적극적으로 그러한 관심을 활성화하여, 관객을 늘리고 따라서 수입을 증가시킨다. 그러나 근본적인 차이가 그들을 구분한다. 유명 운동선수들이 생계를 위해 하는 일은 허구를 연기하는 영화배우들과는 다르게 진짜라는 것이다.

VOCA

• go beyond 넘어서다
• out of uniform 평복[사복]으로
• attract 불러일으키다[끌다]
• expand 확대[확장/팽창]시키다
• revenue 수입, 수익
• fundamental 근본적인, 기본적인
• authentic 진정성 있는, 진짜인

19 난도 ★★☆   정답 ②

독해 > 빈칸 완성 > 단어 · 구 · 절

정답의 이유

밑줄 다음에는 다양한 계층의 사람들이 자신들의 이익을 위해 여러 방법으로 설득하는 사례가 나열되어 있다. 정치인들은 대중을 설득하기 위해, 사업체와 이익 단체들은 정부를 설득하기 위해, 지역사회 활동가들은 시민들을 설득하기 위해, 직장에서 일반 매니저들은 동료를 설득하기 위해 노력한다고 했으므로 밑줄 친 부분에 들어갈 말로 적절한 것은 ② 'Persuasion shows up in almost every walk of life(설득은 삶의 거의 모든 분야에서 나타난다).'이다.

오답의 이유

① 사업가는 설득력이 있어야 한다

③ 수많은 광고판과 포스터를 만나게 될 것이다
④ 대중 미디어 캠페인은 정부에 유익하다

본문해석

설득은 삶의 거의 모든 분야에서 나타난다. 거의 모든 주요 정치인들이 대중에 어필하는 법을 조언하는 미디어 컨설턴트와 정치 전문가를 고용한다. 실질적으로 모든 주요 기업과 특수 이익 집단은 로비스트를 고용하여 그 관심사를 의회 또는 주 정부와 지방 정부에 전달하기 위해 로비스트를 고용해 왔다. 거의 모든 지역 사회에서 활동가들은 중요한 정책 문제에 대해 동료 시민들을 설득하려고 노력한다. 직장도 역시 언제나 사무실 내 정치와 설득 활동을 위한 비옥한 터전이었다. 한 연구는 추정하기를, 일반 사무실 내 정치와 관리자들이 그들의 시간의 80% 이상을 언어적 의사소통에 소비하는데, 그 대부분이 동료 직원들을 설득하는 의도라고 한다. 복사기의 출현으로, 사무실에서의 설득을 위한 완전히 새로운 매체가 발명되었는데, 바로 복사된 메모다. 미국의 국방부에서만 1일 평균 35만 페이지를 복사하는데, 이것은 소설 1,000권에 해당하는 분량이다.

VOCA

• persuasion 설득
• show up 나타나다, 등장하다
• walk 영역, 부문, 분야, 사회[경제]적 지위, 직업
• appeal 호소하다, 관심을 끌다
• virtually 사실상, 실질적으로, 거의
• special-interest group 특수 이익 집단
• concern 관심사, 사건, 이해관계
• fertile 활동하기에 좋은, 비옥한
• with the intent of ～할 의도를 가지고
• with the advent of ～의 출현으로
• photocopy 복사하다
• the Pentagon 미국 국방부
• equivalent 상당하는 대등한

20 난도 ★★☆   정답 ①

독해 > 빈칸 완성 > 단어 · 구 · 절

정답의 이유

제시문은 사회적 상호작용에서 언어가 차지하는 비중이 성인과 어린아이가 서로 다르다는 내용이다. 성인의 경우 사회적 상호작용이 주로 언어를 통해서 발생하지만, 어린아이의 경우 사회적 상호작용에 언어가 그다지 필수적인 것이 아니라고 했다. 밑줄 앞 문장에서 어린아이들 사이에서 흔한 '평행 놀이'를 예로 들면서 아이들은 서로 별말 없이 혼자 놀면서 그냥 옆에 앉아만 있는 상태에도 만족할 수 있다고 했다. 또 밑줄 문장의 앞부분에서 'Adults rarely find themselves in situations where(성인들은 ～ 상황에 처하는 경우가 거의 없다) ～'라고 했으므로 밑줄에는 앞 문장의 평행 놀이 경우와는 상반되는 상황이 들어가야 함을 유추할 수 있다. 따라서 밑줄 친 부분에 들어갈 말로 적절한 것은 ① 'language does not play a crucial role in social interaction(언어가 사회적 상호작용에서 중요한 역할을 하지 않는)'이다.

오답의 이유

② 그들의 의견이 동료들에 의해 선뜻 받아들여지는

③ 그들이 다른 언어를 사용하도록 요청받는

④ 의사소통 능력이 매우 요구되는

본문해석

성인의 경우 사회적 상호작용이 주로 언어 수단을 통해 이루어진다는 데 주목하는 것이 중요하다. 성인 원어민들이 그 언어를 사용하지 않는 누군가와의 상호작용에 시간을 할애하려는 경우는 거의 없으며, 그 결과 성인 외국인은 유의미하면서 폭넓은 언어 교환에 참여할 기회가 거의 없을 것이다. 반대로, 어린아이는 종종 다른 아이들에 의해, 심지어 성인들에 의해서도 선뜻 받아들여진다. 어린아이들의 경우 언어는 사회적 상호작용에 필수적인 것이 아니다. 예를 들어, 소위 '평행 놀이'는 어린아이들 사이에서 흔하다. 그들은 가끔 말하고 혼자 놀면서도 단지 서로 옆에 앉아 있는 것만으로도 만족할 수 있다. 성인들은 <u>언어가 사회적 상호작용에서 중요한 역할을 하지 않는</u> 상황에 처하는 경우가 거의 없다.

VOCA

- interaction 상호작용
- occur 일어나다, 발생하다
- devote to ～에 전념하다
- engage in 참여하다, 관련하다
- readily 선뜻, 기꺼이
- essential 필수적인, 극히 중요한
- parallel play 평행 놀이
- crucial 중대한, 결정적인

한눈에 훑어보기

✔ 영역 분석

어휘   01   02   03   04
4문항, 20%

독해   08   09   13   14   15   16   17   18   19   20
10문항, 50%

어법   05   06   07
3문항, 15%

표현   10   11   12
3문항, 15%

✔ 빠른 정답

01	02	03	04	05	06	07	08	09	10
②	②	④	①	③	④	②	④	④	①
11	12	13	14	15	16	17	18	19	20
②	③	③	①	②	②	③	③	③	①

✔ 점수 체크

구분	1회독	2회독	3회독
맞힌 문항 수	/ 20	/ 20	/ 20
나의 점수	점	점	점

---

01   난도 ★☆☆   정답 ②

어휘 > 단어

[정답의 이유]

밑줄 친 intimate는 '친한'의 뜻으로 이와 의미가 가장 가까운 것은 ② 'close(친한)'이다.

[오답의 이유]

① 참견하기 좋아하는

③ 외향적인

④ 사려 깊은

본문해석

Jane은 화려한 결혼식보다는 작은 결혼식을 하고 싶었다. 따라서 그녀는 가족과 그녀의 친한 친구 몇 명을 초대해 맛있는 음식을 먹고 즐거운 시간을 보내려고 계획했다.

VOCA

• fancy   화려한, 값비싼

• rather than   ∼보다는

02   난도 ★☆☆   정답 ②

어휘 > 단어

[정답의 이유]

밑줄 친 incessant는 '끊임없는'의 뜻으로 이와 의미가 가장 가까운 것은 ② 'constant(끊임없는)'이다.

[오답의 이유]

① 빠른

③ 중요한

④ 간헐적인

본문해석

더 적은 비용으로 얻는 건강상 이점으로 인한 끊임없는 대중의 호기심과 소비자 수요가 기능성 식품에 대한 관심을 증가시켰다.

VOCA

• public   일반인[대중]의

• consumer demand   소비자 수요

• due to   ∼에 기인하는, ∼때문에

• benefit   혜택, 이득

• functional food   기능성[건강 보조] 식품

03 난도 ★☆☆   정답 ④

어휘 > 어구

[정답의 이유]

밑줄 친 hold off는 '미루다'의 뜻으로 이와 의미가 가장 가까운 것은 ④ 'suspend(연기하다)'이다.

[오답의 이유]

① 정교하게 만들다

② 풀어 주다, 석방[해방]하다

③ 수정하다

[본문해석]

전국적인 유행병 때문에 그 회사는 직원들에게 다양한 연수 프로그램을 제공하려는 계획을 <u>미뤄야</u> 했다.

[VOCA]

- pandemic 전국[전 세계]적인 유행병
- provide A with B A에게 B를 제공하다

04 난도 ★☆☆   정답 ①

어휘 > 어구

[정답의 이유]

밑줄 친 abide by는 '준수하다, 지키다'의 뜻으로 이와 의미가 가장 가까운 것은 ① 'accept(받아들이다, 수용하다)'이다.

[오답의 이유]

② 보고하다

③ 미루다

④ 발표하다

[본문해석]

신임 지방 주지사는 그 죄수를 석방하라는 고등법원의 결정을 <u>준수할</u> 것이라고 말했다.

[VOCA]

- Regional Governor 지방 주지사
- the High Court 고등법원
- release 풀어주다, 석방하다

05 난도 ★★★   정답 ③

어법 > 비문 찾기

[정답의 이유]

③ 밑줄 친 conceal의 주어는 단수명사(the biomedical view)이므로 3인칭 단수형 동사로 수일치해야 한다. 따라서 conceal → conceals가 되어야 한다.

[오답의 이유]

① 'make+it(가목적어)+목적격 보어+to부정사(진목적어)'는 'to부정사하는 것을 목적격 보어하게 만들다'라는 뜻이다. 이때 it은 가목적어로 진목적어(to extend the life of individuals with end-stage organ disease)를 대신하고 있으므로 올바르게 사용되었다.

② 'it(가주어)+is argued+that(진주어)' 구문에서 가주어(it)와 진주어(that 이하)가 올바르게 사용되었으며, 명사절 접속사 that 다음에 완전한 문장이 왔으므로 어법상 적절하다.

④ accurately는 동사(represents)를 수식하는 부사로 올바르게 사용되었다.

[본문해석]

이식 기술의 발전은 말기 장기(臟器) 질환 환자의 생명 연장을 가능하게 만들었지만, 장기이식을 일단 심장이나 신장을 성공적으로 교체하면 끝나는 한계성 사건으로 보는 생물의학적 견해는 장기이식 경험을 더 정확하게 보여주는 복잡하고 역동적인 과정을 숨기고 있다고 주장되고 있다.

[VOCA]

- advance 진전, 발전
- transplant 이식, 이식하다
- extend 연장하다
- end-stage 말기의
- biochemical 생물 의학적인
- organ transplantation 장기이식
- bounded 경계[한계]가 있는
- kidney 신장, 콩팥
- replace 바꾸다[교체하다]
- conceal 숨기다, 감추다
- accurately 정확하게
- represent 나타내다, 보여주다

06 난도 ★★☆   정답 ④

어법 > 비문 찾기

[정답의 이유]

④ '사역동사(have)+목적어+목적격 보어'는 '목적어를 ~하도록 하다'의 뜻으로 목적어와 목적격 보어의 관계가 능동이면 원형부정사를, 수동이면 과거분사를 목적격 보어로 취한다. had it remove에서 목적어 it이 가리키는 것은 the tip of a pencil인데, 문맥상 연필 끝은 머리에서 제거되는 수동의 관계에 있으므로 remove → removed가 되어야 한다.

[오답의 이유]

① 'be expected to+동사원형'은 '~할 것으로 기대된다'의 뜻이다. 과제(assignments)는 제출되는 수동의 대상이므로, 어법상 to be turned in이 올바르게 사용되었다.

② 'Hardly+had+주어+과거분사 ~ when+주어+과거동사'는 '~하자마자 …했다'의 뜻으로, 어법상 올바르게 사용되었다.

③ '주장·요구·명령·제안·조언·권고 동사+that절'에서 that절의 동사는 '(should)+동사원형'을 쓰므로 recommended that 다음에 should가 생략되어, 동사원형 형태인 buy가 올바르게 사용되었다.

① 모든 과제는 제시간에 제출될 것으로 예상된다.

② 나는 눈을 감자마자 그녀를 생각하기 시작했다.

③ 그 중개인은 그녀에게 즉시 주식을 사라고 권했다.

④ 머리에 연필심이 박힌 여자가 마침내 그것을 제거받았다.

VOCA

• assignment 과제, 임무

• turn in 제출하다

• broker 중개인

• stock (주로 복수로) 주식

• stick 찌르다(stick-stuck-stuck)

더 알아보기

사역동사＋목적어＋목적격 보어: '목적어를 ～하도록[당하도록] 하다'

'사역동사(have, make, let 등)＋목적어＋목적격 보어'에서 목적어와 목적격 보어가 능동 관계이면 목적격 보어로 원형부정사가 오고, 수동 관계이면 목적격 보어로 과거분사가 온다.

make	목적어를 ～하도록[당하도록] 만들다	• make/have/let＋목적어＋목적격 보어(원형부정사): 능동
have	목적어를 ～하도록[당하도록] 하다	• make/have/let＋목적어＋목적격 보어(과거분사): 수동
let	목적어를 ～하도록[당하도록] 허락하다	

예 He made his secretary fill orders and handle meetings with clients.

(그는 비서가 주문을 이행하고 고객들과의 회의를 진행하도록 했다.)

예 She refused to let her question ignored by the upper management.

(그녀는 고위 경영진들에 의해 그녀의 질문이 무시되는 것을 거부했다.)

07 난도 ★★☆

정답 ②

어법 > 영작하기

정답의 이유

② 전치사 by는 동작의 완료를, until은 동작의 지속을 나타내는 동사와 함께 사용된다. finish는 '～을 마치다'의 뜻으로 동작의 완료를 나타내는 동사이므로, until → by가 되어야 한다.

오답의 이유

① '배수사＋as＋형용사/부사＋as'의 배수사 비교 구문은 '～배만큼 …한[하게]'라는 뜻이다. '내 고양이'와 '그의 고양이'를 비교하고 있으므로, as 다음에 his cat이 소유대명사 his(그의 것=그의 고양이)가 올바르게 사용되었다.

③ 습관은 현재시제로 쓰므로 washes가 올바르게 사용되었다.

④ 'had better＋동사원형'은 '～하는 편이 낫다'의 뜻으로 동사원형 take가 올바르게 사용되었다. in case는 '～에 대비하여'의 뜻으

로 조건부사절을 이끄는 접속사구이다. 시간·조건 부사절에서 현재시제가 미래시제를 대신하므로, 어법상 현재시제 rains가 올바르게 사용되었다.

VOCA

• every other day 이틀에 한 번, 격일로

• in case ～에 대비하여

• had better ～하는 편이 낫다

더 알아보기

현재시제의 쓰임

• 현재의 사실, 동작, 상태를 나타낸다.

예 She looks very happy.

(그녀는 매우 행복해 보인다.)

• 현재의 습관, 반복적 동작을 나타낸다.

예 She washes her hair every other day.

(그녀는 이틀에 한 번 머리를 감는다.)

• 객관적인 진리, 사실, 격언, 사회적인 통념을 나타낸다.

예 The early birds catch the worm.

(일찍 일어나는 새가 벌레를 잡는다.)

• 왕래발착(go, come, arrive, leave, begin, start 등) 동사는 미래 부사구와 함께 쓰여 미래를 나타낸다.

예 The flight to Seoul arrives ten o'clock tomorrow evening.

(서울행 비행기는 내일 저녁 10시에 도착할 거야.)

• 시간·조건 부사절에서 현재시제가 미래시제를 대신한다.

예 Employees are entitled to use sick leave if an illness prevents them from performing their duties.

(직원들은 질병으로 인해 직무를 수행하지 못할 경우 병가를 사용할 권리가 있다.)

예 The bus will depart after everyone fastens their safety belts.

(버스는 모든 사람이 안전벨트를 맨 후에 출발할 것이다.)

08 난도 ★☆☆

정답 ④

독해 > 세부 내용 찾기 > 내용 (불)일치

정답의 이유

마지막 문장에서 'Taylor Wallace, who worked on a recent analysis of choline intake in the United States, says, "There isn't enough awareness about choline even among health-care professionals because our government hasn't reviewed the data or set policies around choline since the late '90s."(최근 미국의 콜린 섭취량에 대한 분석을 시행한 Taylor Wallace는 우리 정부가 90년대 후반 이후로 콜린에 관한 데이터를 검토하거나 정책을 수립하지 않았기 때문에 보건 전문가들 사이에서조차 그것에 대해 잘 모른다).'라고 했으므로, 글의 내용과 일치하지 않는 것은 ④ 'The importance of choline has been stressed since the late '90s in the U.S(미국에서 90년대 후반부터 콜린의 중요성이 강조되었다)'.이다.

오답의 이유

① 대다수 미국인들은 콜린을 충분히 섭취하고 있지 않다. → 네 번째 문장에서 'A shocking 90 percent of Americans aren't getting enough choline, according to a recent study(최근 연구에 따르면, 충격적이게도 미국인의 90%가 콜린을 충분히 섭취하고 있지 않다고 한다).'라고 했으므로 글의 내용과 일치한다.

② 콜린은 두뇌 발달에 필요한 필수 영양소이다. → 다섯 번째 문장에서 'Choline ~ is especially critical for brain development(콜린은 ~ 특히 두뇌 발달에 매우 중요하다).'라고 했으므로 글의 내용과 일치한다.

③ 간과 리마콩과 같은 음식은 콜린의 좋은 공급원이다. → 여덟 번째 문장에서 'Plus, the foods that are rich in choline aren't the most popular: think liver, egg yolks and lima beans(게다가 콜린이 풍부한 음식은 그다지 인기가 없다. 간, 달걀노른자, 리마콩을 생각해 보라).'라고 했으므로 글의 내용과 일치한다.

본문해석

당신은 콜린을 충분히 섭취하고 있는가? 아마 이 영양소는 심지어 당신의 레이더에 없을(알지도 못할) 것이다. 이제 콜린이 관심을 받을 만한 때이다. 최근 연구에 따르면, 충격적이게도 미국인의 90%가 콜린을 충분히 섭취하고 있지 않다고 한다. 콜린은 모든 연령과 (발달) 단계에서 건강에 필수적이며, 특히 두뇌 발달에 매우 중요하다. 왜 우리는 (콜린을) 충분히 섭취하고 있지 않을까? 콜린은 다양한 음식에서 발견되지만, 극소량이다. 게다가 콜린이 풍부한 음식은 그다지 인기가 없다. 간, 달걀 노른자, 리마콩을 생각해 보라. 최근 미국의 콜린 섭취량에 대한 분석을 시행한 Taylor Wallace는 "우리 정부가 90년대 후반 이후로 콜린에 관한 데이터를 검토하거나 정책을 수립하지 않았기 때문에 보건 전문가들 사이에서조차 그것에 대해 잘 모른다."라고 말한다.

VOCA

- choline 콜린(비타민 B 복합체의 하나)
- chances are 아마 ~할 것이다
- nutrient 영양소, 영양분
- radar 레이더
- deserve ~을 받을 만하다, 마땅히 ~할 만하다
- essential 필수적인
- critical for ~에 매우 중요한
- lima bean 리마콩(연녹색의 둥글납작한 콩)
- intake 섭취(량)
- awareness 의식[관심]
- set policy 정책을 설정하다

---

09 난도 ★★☆ 정답 ④

독해 > 세부 내용 찾기 > 내용 (불)일치

정답의 이유

마지막 문장에서 '~ where a man chatted with his tablemates whether he knew them or not(그곳에서 아는 사람이든 모르는 사람이든 같은 테이블에 앉은 사람들과 대화를 나눴다).'이라고 했으므로 글의 내용과 일치하는 것은 ④ 'One could converse even with unknown tablemates in a coffeehouse(커피 하우스에서 같은 테이블에 앉은 사람들은 심지어 모르는 사람과도 대화할 수 있었다).'이다.

오답의 이유

① 커피 하우스의 수는 다른 어느 사업체 수보다도 적었다. → 첫 번째 문장에서 '~ occupying more premises and paying more rent than any other trade(다른 어느 업종보다도 더 많은 부지를 점유하고 더 많은 임차료를 내고 있었다고 한다).'라고 했으므로 글의 내용과 일치하지 않는다.

② 고객들은 커피 하우스에 한 시간 이상 머무를 수 없었다. → 두 번째 문장에서 '~ because for that price one could purchase a cup of coffee and sit for hours listening to extraordinary conversations(누구나 그 가격(1페니)에 커피 한 잔을 사면 몇 시간이고 앉아 특별한 대화들을 들을 수 있었기 때문이었다).'라고 했으므로 글의 내용과 일치하지 않는다.

③ 종교인들은 잡담하기 위해 커피 하우스에 모이지 않았다. → 마지막에서 두 번째 문장에서 'Others served Protestants, Puritans, Catholics, Jews, ~ actors, lawyers, or clergy(다른 곳들은 개신교도들, 청교도들, 천주교도들, 유대인들, ~ 배우들, 변호사들, 성직자들을 대접했다).'라고 했으므로 글의 내용과 일치하지 않는다.

본문해석

일설에 의하면, 1700년경 런던에 2,000개가 넘는 커피 하우스가 있었으며, 다른 어느 업종보다도 더 많은 부지를 점유하고 더 많은 임차료를 내고 있었다고 한다. 그것들은 'penny universities'로 알려지게 되었는데, 누구나 그 가격(1페니)에 커피 한 잔을 사면 몇 시간이고 앉아 특별한 대화들을 들을 수 있었기 때문이었다. 각각의 커피 하우스는 각기 다른 유형의 고객층을 전문으로 했다. 한 곳에서는 의사들이 상담받을 수 있었다. 다른 곳들은 개신교도들, 청교도들, 천주교도들, 유대인들, 문인들, 상인들, 무역 상인들, 휘그당원들, 토리당원들, 육군 장교들, 배우들, 변호사들, 성직자들을 대접했다. 커피 하우스는 영국 최초로 평등주의적 만남의 장소를 제공했고, 그곳에서 아는 사람이든 모르는 사람이든 같은 테이블에 앉은 사람들과 대화를 나눴다.

VOCA

- by some accounts 일설에 의하면[따르면]
- occupy 차지하다
- premises 부지[지역], 구내
- specialized 전문적인, 전문화된
- clientele 모든 고객들

- clergy 성직자들
- egalitarian 평등주의(자)의
- tablemate 함께 식사하는 사람

10 난도 ★★☆   정답 ①

표현 > 일반회화

정답의 이유

A가 어제 새로 산 스킨 크림의 효능을 말하는 대화로 A가 빈칸 앞에서 'It is supposed to remove all wrinkles and make your skin look much younger(이것은 모든 주름을 없애주고 피부를 훨씬 어려 보이게 해줄 거야).'라고 말하고, 빈칸 다음에서 'Why don't you believe it(왜 안 믿는 거니)?'라고 했으므로 대화의 흐름상 B가 빈칸에서 크림의 효과를 믿지 않는다고 말했음을 유추할 수 있다. 따라서 빈칸에 들어갈 말로 알맞은 것은 ① 'I don't buy it(난 안 믿어).'이다.

오답의 이유

② 너무 비싸.
③ 난 널 도와줄 수 없어.
④ 믿거나 말거나 사실이야.

본문해석

A: 어제 약국에서 이 새 스킨 크림을 샀어. 이것은 모든 주름을 없애주고 피부를 훨씬 어려 보이게 해줄 거야.
B: 난 안 믿어.
A: 왜 안 믿는 거니? 난 블로그들에서 이 크림이 정말 효과 있다는 글도 읽었어.
B: 그 크림이 피부에는 좋겠지만, 크림 하나 쓴다고 주름이 없어지거나 마법처럼 더 어려 보이게 하는 게 가능하다고 생각하지 않아.
A: 넌 너무 비관적이야.
B: 아니야. 난 그냥 현실적인 거야. 난 네가 잘 속아 넘어가는 것 같아.

VOCA

- be supposed to ～하기로 되어 있다
- wrinkle 주름
- work 효과가 나다[있다]
- assume 추정[상정]하다
- get rid of 제거하다, 끝내다
- pessimistic 비관적인
- gullible 잘 속아 넘어가는
- pricey 돈[비용]이 드는, 비싼

11 난도 ★☆☆   정답 ②

표현 > 일반회화

정답의 이유

대화에서 시내 관광을 원하는 A가 빈칸 앞에서 'What else should I check out(또 어떤 것을 봐야 하나요)?'이라고 물었고, 빈칸 다음에서 그럴 시간이 없다고 했으므로 빈칸에는 B가 추천한 관광 장소와 그 소요 시간에 관한 내용이 와야 함을 유추할 수 있다. 따라서

빈칸에 들어갈 말로 알맞은 것은 ② 'A guided tour to the river park. It takes all afternoon(강 공원으로 가는 가이드 투어요. 오후 내내 걸려요).'이다.

오답의 이유

① 이게 당신의 고객에게 필요한 지도예요. 여기 있어요.
③ 가능한 한 빨리 그걸 봐야 해요.
④ 체크아웃 시간은 3시입니다.

본문해석

A: 시내 관광을 하고 싶어요. 제가 어디로 가야 한다고 생각해요?
B: 국립 미술관을 방문하는 것을 강력히 추천해요.
A: 아, 좋은 생각이네요. 또 어떤 것을 봐야 하나요?
B: 강 공원으로 가는 가이드 투어요. 오후 내내 걸려요.
A: 그럴 시간이 없어요. 3시에 고객을 만나야 하거든요.
B: 아, 그렇군요. 그러면 국립 공원을 방문해보는 건 어때요?
A: 좋네요. 감사합니다!

VOCA

- go sightseeing 구경을 다니다
- check out (흥미로운 것을) 살펴보다[보다]

12 난도 ★★☆   정답 ③

표현 > 일반회화

정답의 이유

A가 아이들이 생일 파티에 갈 거라고 하자 B가 'So, it was a piece of cake(그래서 그건 식은 죽 먹기였어).'라고 대답한 ③의 대화가 자연스럽지 않다.

본문해석

① A: 그가 마침내 흥행작에 출연했어!
   B: 그래, 그는 성공했구나.
② A: 나 이제 좀 피곤해.
   B: 오늘은 여기까지 하자.
③ A: 아이들이 생일 파티에 갈 거야.
   B: 그래서 그건 식은 죽 먹기였어.
④ A: 어제 그가 왜 집에 일찍 갔는지 궁금해.
   B: 내 생각엔 그가 몸이 안 좋았던 거 같아.

VOCA

- get it made 잘 풀리다, (부러울 정도로) 잘되다
- call it a day ～을 그만하기로 하다
- wonder 궁금해 하다
- under the weather 몸이 안 좋은

13 난도 ★★☆ 정답 ③

독해 > 대의 파악 > 제목, 주제

정답의 이유

주어진 글은 비언어적 신호의 중요성에 관한 내용이다. 두 번째 문장에서 'Nonverbal cues—rather than spoken words—make us feel that the person we are with is interested in, understands, and values us(비언어적인 신호는 말보다, 우리가 함께 있는 사람이 우리에게 관심을 갖고 이해하고 우리를 소중하게 여긴다는 것을 느끼게 한다).'라고 했으므로, 글의 제목으로 알맞은 것은 ③ 'Nonverbal Communication Speaks Louder than Words(비언어적 소통이 말보다 더 크게 말한다[중요하다])'이다.

오답의 이유

① 야생 동물들은 어떻게 생각하고 느낄까?

② 효과적으로 의사소통하는 것이 성공의 비결이다.

④ 언어적 신호: 감정을 표현하는 주요 도구

본문해석

사랑받는다는 느낌과 그것이 자극하는 생물학적 반응은 목소리의 톤, 얼굴 표정 혹은 딱 맞는 느낌의 손길 같은 비언어적인 신호에 의해 촉발된다. 비언어적인 신호는 말보다, 우리가 함께 있는 사람이 우리에게 관심을 갖고 이해하고 우리를 소중하게 여긴다는 것을 느끼게 한다. 우리는 그것들과 함께할 때, 안전하다고 느낀다. 우리는 심지어 야생에서도 비언어적인 신호의 힘을 본다. 포식자들의 추적을 피한 후에, 동물들은 종종 스트레스 해소의 수단으로 서로 코를 비빈다. 이러한 신체적 접촉은 안전에 대한 확신을 제공하고 스트레스를 덜어준다.

VOCA

- biological 생물체의
- stimulate 자극[격려]하다
- trigger 촉발시키다
- nonverbal 비언어적인
- cue 신호
- value 소중하게[가치 있게] 생각하다[여기다]
- evade 피하다[모면하다]
- chase 추적, 추격
- predator 포식자, 포식 동물
- nuzzle 코[입]를 비비다
- as a means of ∼의 수단으로서
- bodily 신체의
- reassurance 안심시키는 말[행동]
- relieve 없애[덜어] 주다

14 난도 ★★☆ 정답 ①

독해 > 대의 파악 > 제목, 주제

정답의 이유

제시문은 자녀에게 물건에 대한 '건강한 비의존성(healthy nondependency)'을 가르치는 방법을 설명하고 있다. 두 번째 문장

에서 'You can use these times to teach a healthy nondependency on things(당신은 이 시기를 물건에 대한 건강한 비의존성을 가르치기 위해 이용할 수 있다).'라고 하면서 당신의 자녀를 장난감들로 둘러싸지 말고 그것들을 바구니에 정돈하고 한 번에 하나의 바구니를 꺼내놓으라고 했다. 또한 당신이 소유물을 잃어버리거나 망가뜨린 경우, 자녀가 물건에 집착하지 않는 태도를 기를 수 있도록 "난 그것을 가지고 있는 동안 감사했어!"라는 좋은 태도를 모범으로 보이려고 노력하라고 했으므로, 글의 주제로 알맞은 것은 ① 'building a healthy attitude toward possessions (소유물에 대한 건강한 태도를 형성하기)'이다.

오답의 이유

② 다른 사람들과 장난감을 공유하는 것의 가치를 배우기

③ 장난감을 질서정연하게 정리하는 방법을 가르치기

④ 바람직하지 않은 방식으로 행동하는 것에 대한 책임을 받아들이기

본문해석

휴일과 생일처럼 아이의 삶에 장난감과 선물이 쌓이는 시기가 있다. 당신은 이 시기를 물건에 대한 건강한 비의존성을 가르치는 데 이용할 수 있다. 당신의 자녀를 장난감들로 둘러싸지 마라. 대신 그것들을 바구니에 정리해서 한 번에 하나의 바구니만 꺼내놓고, 가끔씩 바구니를 교체해라. 소중한 물건이 잠시 치워지면, 그것을 꺼내오는 것은 즐거운 기억과 관점의 신선함을 만들어 낸다. 가령 당신의 자녀가 한동안 치워둔 장난감을 요구한다고 가정해 보자. 당신은 이미 주위(환경)에 있는 물건이나 경험으로 관심을 이끌 수 있다. 당신이 소유물을 잃어버리거나 망가뜨린 경우, 당신의 자녀가 물건에 집착하지 않는 태도를 기를 수 있도록 "그것을 가지고 있는 동안 감사했어."라는 좋은 자세를 모범으로 보이려고 노력하라. 아이의 장난감이 망가지거나 분실된 경우, 아이가 "재미있게 가지고 놀았어."라고 말할 수 있도록 도와줘라.

VOCA

- accumulate 모으다, 축적하다
- nondependency 비의존성
- surround 둘러싸다, 에워싸다
- arrange 정리하다, 배열하다
- rotate 회전하다[시키다]
- occasionally 가끔
- cherish 소중히 여기다, 아끼다
- put away 넣다[치우다]
- bring out ∼을 꺼내다
- delightful 정말 기분 좋은[마음에 드는]
- outlook 관점, 세계관, 인생관
- suppose 가령[만약] ∼이라고 하다
- direct 안내하다, 지휘하다, 총괄하다
- possession 소유물, 소지, 보유

15 난도 ★★☆   정답 ②

독해 > 대의 파악 > 요지, 주장

정답의 이유

제시문은 부모가 자녀를 칭찬하는 방식이 아이들의 발달에 미치는 영향에 대한 내용이다. 네 번째 문장에서 노력보다 지능으로 칭찬받은 아이들은 결과에 지나치게 집착하게 된다는 사실을 발견했다고 했으며, 마지막 문장에서는 아이들의 지능을 칭찬하는 것은 그들로 하여금 어려움을 두려워하게 만드는데, 그것은 그들이 실패를 어리석음과 동일시하기 시작했기 때문이라고 했다. 따라서 글의 요지로 알맞은 것은 ② 'Compliments on intelligence bring about negative effect(지능에 대한 칭찬은 부정적인 영향을 초래한다).' 이다.

오답의 이유

① 잦은 칭찬이 아이들의 자존감을 증가시킨다.
③ 아이는 성공을 통해 실패에 대한 두려움을 극복해야 한다.
④ 부모들은 과정보다 결과에 집중해야 한다.

본문해석

많은 부모들이 '자존감 운동'에 의해 잘못된 방향으로 인도받았는데, 이 운동은 자녀들의 자존감을 키우는 방식이 자녀들이 어떤 일을 얼마나 잘하는지 말해주는 것이라고 알려준다. 안타깝게도, 당신의 자녀들에게 그들의 능력을 확신시키는 것은 실패할 가능성이 큰데, 그것은 인생이 아이들에게 성공과 실패를 통해 실제로 그들이 얼마나 유능하거나 무능한지를 명백히 알려주기 때문이다. 연구는 당신이 자녀를 칭찬하는 방식이 그들의 발달에 강력한 영향을 미친다는 것을 보여주었다. 일부 연구자들은 노력에 비해 지능에 대한 칭찬을 받은 아이들이 결과에 지나치게 집착하게 된다는 사실을 발견했다. 실패 후, 이 아이들은 끈기를 덜 보였고, 덜 즐거워했으며, 실패를 그들의 능력 부족 탓으로 돌리며, 향후 성취를 위한 노력에서 저조한 성과를 보였다. 아이들의 지능을 칭찬하는 것은 그들로 하여금 어려움을 두려워하게 만드는데, 그것은 그들이 실패를 어리석음과 동일시하기 시작했기 때문이다.

VOCA

• misguide 잘못 이끌다
• build 만들어 내다, 창조[개발]하다
• self-esteem 자부심
• convince 납득시키다, 확신시키다
• competence 능숙함, 능숙도
• unequivocally 명백히
• capable ~을 할 수 있는
• as compared to ~과 비교하여
• overly 너무, 몹시
• persist 집요하게 계속하다
• attribute ~ to ~을 …의 탓으로 돌리다
• equate 동일시하다
• stupidity 어리석음, 우둔

16 난도 ★★☆   정답 ②

독해 > 빈칸 완성 > 단어 · 구 · 절

정답의 이유

제시문은 소비자들의 온라인 활동이 활발해짐에 따라 글로벌 브랜드의 광고 표준화에 대한 필요성이 대두되고 있다는 내용이다. 세 번째 문장에서는 온라인상에서 연결된 소비자들이 인터넷과 소셜 미디어를 통해 국경을 넘나들어서 광고주들이 통제되고, 질서정연한 방식으로 캠페인을 펼치기 어렵다고 했다. 빈칸 앞 문장에서는 대부분 글로벌 브랜드들이 자신들의 디지털 사이트들을 국제적으로 대등하게 조정한다고 했고, 빈칸 다음 문장에서 친숙한 코카콜라의 붉은색과 상징적인 병 모양, 음악, 주제 등을 특징으로 한다고 했다. 따라서 빈칸에 들어갈 말로 알맞은 것은 ② 'uniform(획일적인)'이다.

오답의 이유

① 실험적인
③ 국지적인
④ 다양한

본문해석

최근 온라인 마케팅과 소셜 미디어 공유의 인기가 증가하면서 글로벌 브랜드의 광고 표준화에 대한 필요성이 커졌다. 대부분의 대형 마케팅 및 광고 캠페인은 대규모 온라인상에서의 영향력을 포함한다. (온라인상에서) 연결된 소비자들은 인터넷과 소셜 미디어를 통해 국경을 쉽게 넘나들 수 있게 되었는데, 이것은 광고주들로 하여금 통제되고 질서정연한 방식으로 맞춤화된 캠페인을 전개하는 것을 어렵게 한다. 그 결과, 대부분의 글로벌 소비자 브랜드들은 전 세계적으로 그들의 디지털 사이트를 대등하게 조정한다. 예를 들어, 코카콜라의 웹사이트와 소셜 미디어 사이트들은 호주와 아르헨티나에서부터 프랑스, 루마니아, 러시아에 이르기까지 놀랄 만큼 전 세계적으로 획일적이다. 모든 것이 친숙한 코카콜라의 붉은색, 코카콜라의 상징적인 병 모양, 코카콜라의 음악, "Taste the Feeling"이라는 주제 등을 특징으로 한다.

VOCA

• boost 신장시키다, 북돋우다
• advertising 광고
• standardization 표준화
• online presence 온라인상에서의 존재감, 영향력
• zip 쌩[획] 하고 가다[나아가게 하다]
• via 경유하여[거쳐]
• roll out 출시하다, 시작하다
• orderly 정돈된, 정연한
• coordinate ~을 대등하게 조정하다, 통합[일원화]하다
• feature 특징을 이루다

독해 > 글의 일관성 > 무관한 어휘 · 문장

정답의 이유

제시문은 하이브리드 근무 방식, 즉 사무실 출근과 재택근무를 병행하는 근무 형태가 점점 늘어나서 사무실에서 근무하는 일수가 줄어들었지만, 사무실 공간은 별로 줄지 않고 사무실 공간의 밀집도가 크게 낮아졌다는 내용이다. ③ 앞 문장에서 사무실에서의 고밀집도는 불편하고 많은 근로자들이 그들의 책상 주변이 붐비는 것을 싫어한다고 했고, ③ 다음 문장에서 밀집도로 인한 불편함은 로비, 주방, 엘리베이터까지 연장된다고 했다. 따라서 글의 흐름상 어색한 문장은 ③ 'Most employees want to work from home on Mondays and Fridays(대부분의 직원이 월요일과 금요일에 재택근무하기를 원한다).'이다.

본문해석

미국의 근로자 5,000명과 미국의 고용주 500명을 대상으로 매월 실시하는 우리의 설문조사에 따르면, 사무직 및 지식 근로자 사이에서 하이브리드 근무로의 대규모 전환이 매우 뚜렷하게 보인다. 새롭게 나타난 표준은 1주일 중 3일은 사무실에서, 2일은 집에서 근무하는 것으로 현장근무일수가 30% 이상 줄었다. 당신은 이러한 단축으로 인해 사무실 공간 수요가 크게 감소될 것이라고 생각할 수도 있다. 그러나 우리의 설문조사 데이터는 사무실 공간은 평균 1~2%의 축소를 보여주는데, 이는 공간이 아닌 밀집도의 큰 감소를 시사한다. 우리는 그 이유를 이해할 수 있다. 사무실에서의 고밀집도는 불편하며 많은 근로자가 그들의 책상 주변이 붐비는 것을 싫어한다. 대부분의 직원이 월요일과 금요일에 재택근무하기를 원한다. 밀집도로 인한 불편함은 로비, 주방, 특히 엘리베이터까지 연장된다. 밀집도를 낮출 수 있는 유일하고 확실한 방법은 (사무실의) 평방 피트를 줄이지 않고 현장근무일을 줄이는 것이다. 우리의 조사 증거에 따르면, 밀집에 대한 불편함은 앞으로도 계속될 것이다.

VOCA

• huge shift 엄청난 입장변화/전환
• hybrid 혼성체, 혼합물
• abundantly 풍부하게
• emerging 최근 생겨난
• norm 규범, 규준
• cutback 삭감, 감축
• imply 암시[시사]하다
• reduction 축소, 삭감
• density 밀도(빽빽한 정도)
• extend 연장하다
• sure-fire 확실한, 틀림없는
• reduce 줄이다[축소하다]
• square footage 평방 피트
• be here to stay 우리 생활의 일부이다

독해 > 글의 일관성 > 문장 삽입

정답의 이유

주어진 문장에서 '그들은 불법적인 국경 횡단 장소로 알려진 곳에 비디오카메라를 설치했고 실시간 비디오 자료를 웹사이트에 올렸다.'라고 했으므로 주어진 문장의 앞에는 They가 가리키는 대상이, 주어진 문장 다음에는 실시간 비디오 자료를 웹사이트에 올린 결과가 나와야 한다. They는 ③ 앞 문장의 불법 이민자들을 단속하는 Texas sheriffs를 가리키며, 새로운 인터넷 활용법(a novel use of the Internet)은 카메라를 설치하고 불법 국경 횡단자들이 찍힌 비디오 자료를 실시간으로 웹사이트에 올리는 것을 의미한다. ③ 다음 문장에서 국경 감시를 돕고자 하는 시민들은 온라인에 접속해 가상 보안관 역할을 할 수 있다고 했으므로 이것이 실시간 비디오 자료를 웹사이트에 올린 결과가 된다. 따라서 주어진 문장이 들어갈 위치로 알맞은 것은 ③이다.

본문해석

이민 개혁은 정치적 지뢰밭이다. 광범위한 정치적 지지를 받는 이민 정책의 거의 유일한 측면은 불법 이민자들의 흐름을 제한하기 위해 멕시코와 미국 사이 국경을 안전하게 지키겠다는 결의이다. 텍사스 보안관들은 최근에 그들의 국경 감시를 돕기 위해 새로운 인터넷 활용법을 개발했다. 그들은 불법적인 국경 횡단 장소로 알려진 곳에 비디오 카메라를 설치했고, 카메라의 실시간 비디오 자료를 웹사이트에 올렸다. 국경 감시를 돕고자 하는 시민들은 온라인에 접속해 '가상 텍사스 보안관' 역할을 할 수 있다. 국경을 넘으려는 사람을 발견하면 그들은 보안관 사무실에 보고서를 보내고, 이것은 때로 미국 국경 순찰대의 도움으로 추가 조사된다.

VOCA

• immigration 이민
• reform 개혁[개선]
• minefield 지뢰밭
• command (받아야 할 것을) 받다, 요구하다, 강요하다
• resolve 결심[결의]
• secure 획득[확보]하다
• illegal immigrant 불법 입국[체류]자
• sheriff 보안관
• novel 새로운, 신기한
• install 설치[설비]하다
• illegal 불법적인
• video feed 비디오 자료
• virtual 가상의
• follow up (방금 들은 내용에 대해) 더 알아보다

19 난도 ★★☆ 정답 ③

독해 > 글의 일관성 > 글의 순서

정답의 이유

주어진 글은 모든 문명(civilization)이 정부 행정에 의존하고, 고대 로마의 문명이 가장 대표적 예시라는 내용이므로, 주어진 글에서 언급된 civilization이 라틴어 *civis*에서 유래했다는 (B)로 이어지는 것이 자연스럽다. (B) 다음으로는 라틴어가 고대 로마의 언어였으며 로마의 영토에 대해 부연 설명하고 있는 (C)가 와야 한다. 마지막으로, 로마의 방대한 영토(an area that large)를 통치하기 위한 '효과적인 정부 행정 시스템(an effective system of government administration)'의 필요성을 말한 (A)로 마무리하는 것이 자연스럽다. 따라서 글의 순서로 알맞은 것은 ③ '(B) – (C) – (A)'이다.

본문해석

모든 문명은 정부 행정에 의존한다. 아마 고대 로마보다 이것을 대표적인 예시로 더 잘 보여주는 문명은 없을 것이다.
(B) 사실, '문명'이라는 단어 자체는 '시민'을 의미하는 라틴어 *civis*에서 유래했다.
(C) 라틴어는 고대 로마의 언어였으며, 로마의 영토는 지중해 유역부터 북쪽의 영국 일부와 동쪽의 흑해까지 뻗어 있었다.
(A) 그렇게 넓은 영토를 통치하기 위해, 현재의 이탈리아 중부에 기반을 두고 있었던 로마인들에겐 효과적인 정부 행정 시스템이 필요했다.

VOCA

• rely on 의존하다
• administration 관리[행정]
• exemplify 전형적인 예가 되다
• come from ~에서 나오다
• territory 지역, 영토
• stretch 뻗어 있다
• basin 유역
• rule 통치하다, 다스리다
• based in ~에 기반을 둔

20 난도 ★★★ 정답 ①

독해 > 빈칸 완성 > 단어 · 구 · 절

정답의 이유

제시문은 심리학의 하위분야들에 대한 통합의 필요성과 이 과정에서 심리 과학이 통합의 중추 역할을 할 것이라는 내용으로, 글의 세 번째 문장에서 'Science advances when distinct topics become theoretically and empirically integrated under simplifying theoretical frameworks(과학은 서로 다른 별개의 주제들이 단순화된 이론적 틀 아래에서 이론적, 경험적으로 통합될 때 발전한다).'라고 했다. 또한 빈칸 앞 문장에서 이러한 방식으로 심리 과학은 그 분야 내 모든 주요 분과/분파를 '하나의 학문하에(under one discipline)' 통합함으로써 심리학 전체에 대한 본보기 역할을 할 수 있을 것이라고 했으므로 빈칸 문장 앞부분의 'how to combine resources and study science(자료를 결합하고 과학을 연구하는

방법)'을 수식하는 빈칸에 들어갈 말로 알맞은 것은 ① 'from a unified perspective(통합된 관점에서)'임을 유추할 수 있다.

오답의 이유

② 역동적인 측면에서
③ 역사를 통틀어
④ 정확한 증거를 가지고

본문해석

지난 50년 동안 심리학의 모든 주요 하위분야는 교육이 점점 전문화되고 그 초점이 좁아짐에 따라 서로 점점 더 고립되어 왔다. 일부 심리학자들이 오랫동안 주장해 온 것처럼, 심리학 분야가 과학적으로 성숙해지고 발전하려면 그것의 이질적인 부분들 [예를 들어, 신경과학, 발달 (심리학), 인지 (심리학), 성격 (심리학), 사회 (심리학)]이 다시 하나가 되고 통합되어야 한다. 과학은 서로 다른 별개의 주제들이 단순화된 이론적 틀 아래에서 이론적, 경험적으로 통합될 때 발전한다. 과학 심리학은 여러 하위영역의 심리학자들 간의 협업을 장려하여 이 분야가 지속적인 분열보다는 일관성을 성취하도록 도울 것이다. 이러한 방식으로 과학 심리학은 그 분야 내 모든 주요 분과/분파를 하나의 학문하에 통합함으로써 심리학 전체에 대한 본보기 역할을 할 수 있을 것이다. 과학 심리학이 통합된 관점에서 자료를 결합하고 과학을 연구하는 방법에 대한 모 학문의 모범이 될 수 있다면, 이는 결코 작은 업적이 아니며 그 중요도 또한 작지 않을 것이다.

VOCA

• subdiscipline 학문분야의 하위 구분
• isolated from ~에서 고립된
• in focus 초점[핀트]이 맞아
• mature (충분히) 발달하다
• advance 증진되다[진전을 보다]
• disparate 이질적인
• neuroscience 신경 과학
• developmental 발달[개발]상의
• cognitive 인식[인지]의
• integrate 통합시키다[되다]
• theoretically 이론상
• empirically 실증적으로
• simplify 간소화[단순화]하다
• framework 체제, 체계
• encourage 권장[장려]하다
• achieve 달성하다, 성취하다
• coherence 일관성
• fragmentation 균열, 분절
• act as ~으로서의 역할을 하다[맡다]
• template 견본, 본보기
• fraction 부분, 일부
• faction 파벌, 파당
• model 모범, 귀감
• feat 위업, 개가

영어 | 2022년 국가직 9급

한눈에 훑어보기

✔ **영역 분석**

어휘 01 02 03 04 05
5문항, 25%

독해 07 09 10 15 16 17 18 19 20
9문항, 45%

어법 06 08 13 14
4문항, 20%

표현 11 12
2문항, 10%

✔ **빠른 정답**

01	02	03	04	05	06	07	08	09	10
①	②	④	②	①	①	④	②	①	③
11	12	13	14	15	16	17	18	19	20
④	③	②	④	②	④	③	④	①	③

✔ **점수 체크**

구분	1회독	2회독	3회독
맞힌 문항 수	/ 20	/ 20	/ 20
나의 점수	점	점	점

01 난도 ★☆☆ 　정답 ①

어휘 > 단어

[정답의 이유]
밑줄 친 unravel은 '(미스터리 등을) 풀다'의 뜻으로 이와 의미가 가장 가까운 것은 ① 'solve(풀다)'이다.

[오답의 이유]
② 창조하다
③ 모방하다
④ 알리다, 광고[홍보]하다

본문해석
수년 동안, 형사들은 쌍둥이 형제의 갑작스러운 실종에 대한 미스터리를 풀기 위해 애썼다.

VOCA
• detective 형사, 수사관
• mystery 수수께끼, 미스터리
• sudden 갑작스러운, 급작스러운
• disappearance 실종, 잠적

02 난도 ★☆☆ 　정답 ②

어휘 > 단어

[정답의 이유]
밑줄 친 opulent는 '호화로운'의 뜻으로 이와 의미가 가장 가까운 것은 ② 'luxurious(호화로운)'이다.

[오답의 이유]
① 숨겨진
③ 비어 있는
④ 단단한

본문해석
부부가 부모가 되기 전에는 침실 4개짜리 집이 불필요하게 호화로운 것 같았다.

VOCA
• parenthood 부모임
• seem ~인 것 같다[듯하다]
• unnecessarily 불필요하게

영어 국가직

03 난도 ★☆☆　　　　　　　　　　　　　　　정답 ④

어휘 > 어구

정답의 이유

밑줄 친 hit the roof는 '몹시 화가 나다'의 뜻으로 이와 의미가 가장 가까운 것은 ④ 'became extremely angry(매우 화가 났다)'이다.

오답의 이유

① 매우 만족했다

② 매우 놀랐다

③ 매우 침착해졌다

본문해석

사장은 우리가 그렇게 짧은 기간에 전체 예산을 이미 다 써버린 것을 보고 몹시 화를 냈다.

VOCA

• boss 사장, 상사

• entire 전체의, 온

• budget 예산, (지출 예상) 비용

• period of time 기간

04 난도 ★★☆　　　　　　　　　　　　　　　정답 ②

어휘 > 단어

정답의 이유

카우치 포테이토는 텔레비전만 보며 많은 시간을 보내는 사람을 뜻하는 말이다. 마우스 포테이토는 텔레비전의 카우치 포테이토에 상응하는 표현이므로 빈칸에 들어갈 말로 가장 적절한 것은 ② 'equivalent(상응하는 것)'이다.

오답의 이유

① 기술자

③ 망

④ 모의실험

본문해석

마우스 포테이토는 컴퓨터에서 텔레비전의 카우치 포테이토에 상응하는 것이다. 즉, 카우치 포테이토가 텔레비전 앞에서 하는 것과 같은 방식으로 컴퓨터 앞에서 많은 여가 시간을 보내는 경향이 있는 사람이다.

VOCA

• mouse potato (일·오락을 위해) 컴퓨터 앞에서 시간을 많이 보내는 사람

• couch potato 오랫동안 가만히 앉아 텔레비전만 보는 사람

• tend to (~하는) 경향이 있다

• leisure 여가

05 난도 ★☆☆　　　　　　　　　　　　　　　정답 ①

어휘 > 어구

정답의 이유

빈칸 다음에서 Spanish(스페인어)를 목적어로 취하고, 'before going to South America(남아메리카로 가기 전에)'라고 했으므로 빈칸에는 Mary가 남아메리카에 가기 전에 해야 할 행동에 관한 동사가 들어가야 함을 유추할 수 있다. 따라서 빈칸에 들어갈 말로 가장 적절한 것은 ① 'brush up on(~을 복습하다)'이다.

오답의 이유

② 끝까지 듣다

③ ~을 변호하다, 옹호하다

④ 그만하다, 해고하다

본문해석

Mary는 남아메리카로 가기 전에 스페인어를 복습하기로 결심했다.

06 난도 ★★☆　　　　　　　　　　　　　　　정답 ①

어법 > 정문 찾기

정답의 이유

① 문장의 주어가 '말(A horse)'이고 feed는 '먹이를 주다'라는 뜻의 타동사이므로 수동태(should be fed)로 올바르게 쓰였으며, 주어(A horse)와 대명사(its)의 수일치도 적절하다.

오답의 이유

② 분사구문의 주어는 주절의 주어와 동일한 경우에만 생략할 수 있다. 여기서 주절의 주어는 '나의 모자(My hat)'이고, 부사절(while walking down a narrow street)의 주어는 '나(I)'이므로 부사절의 주어와 be동사를 생략할 수 없다. 따라서 while walking → while I walked[was walking]이 되어야 한다.

③ 주어(She)가 정치 만화가(political cartoonist)로 '알려진' 것이므로 수동태로 쓰는 것이 적절하다. 따라서 She has known → She has been known이 되어야 한다.

④ good은 형용사로 '좋은'이라는 의미이고, well은 부사로 '잘'이라는 의미이다. 여기서는 과거분사인 done을 수식하므로 good(형용사) → well(부사)이 되어야 한다.

본문해석

① 말은 개별적인 필요와 일의 성질에 따라 먹이를 공급받아야 한다.

② 내가 좁은 길을 걷는 동안, 바람에 의해 모자가 날아갔다.

③ 그녀는 경력 내내 정치 만화가로 주로 알려져 왔다.

④ 어린아이들조차도 잘된 일에 대해서는 칭찬받기를 좋아한다.

VOCA

• feed 먹이를 주다

• individual 각각[개개]의

• nature 천성, 본성, 종류, 유형

• blow off (바람 입김에) 날리다; (바람 입김에) 날려 보내다

• primarily 주로

• compliment 칭찬하다

독해 > 세부 내용 찾기 > 내용 (불)일치

정답의 이유

마지막 문장에서 'He died at his Milanese home of pancreatic cancer, from which he had been suffering for two years(그는 2년간 앓았던 췌장암으로 밀라노의 자택에서 사망했다) ~'라고 했으므로 글의 내용과 일치하지 않는 것은 ④ 'Eco died in a hospital of cancer(Eco는 암으로 병원에서 죽었다).'이다.

오답의 이유

① The Name of the Rose는 역사소설이다. → 두 번째 문장에서 The Name of the Rose는 역사 미스터리 소설이라고 했으므로 내용과 일치한다.

② Eco는 책을 이탈리아어로 번역했다. → 네 번째 문장에서 Eco는 Raymond Queneau의 책 Exercices de style을 이탈리아어로 번역했다고 했으므로 글의 내용과 일치한다.

③ Eco는 대학 학부를 설립했다. → 다섯 번째 문장에서 Eco는 산 마리노 공화국 대학교의 미디어학과 설립자였다고 했으므로 글의 내용과 일치한다.

본문해석

Umberto Eco는 이탈리아의 소설가, 문화 평론가, 철학자였다. 그는 1980년 소설 The Name of the Rose로 널리 알려졌는데, 그것은 역사 미스터리로, 소설 속에서 기호학과 성서 분석, 중세 연구, 문학 이론을 결합한 작품이다. 그는 후에 Foucault's Pendulum과 The Island of the Day Before를 포함한 다른 소설들을 썼다. 번역가이기도 했던 Eco는 Raymond Queneau의 책 Exercices de style을 이탈리아어로 번역했다. 그는 산 마리노 공화국 대학교 미디어학과의 설립자였다. 그는 2016년 2월 19일 밤에 2년간 앓았던 췌장암으로 밀라노의 자택에서 사망했다.

VOCA

• novelist 소설가
• cultural critic 문화 평론가
• be widely known for ~로 널리 알려져 있다
• combine with ~와 결합되다
• semiotics 기호학
• biblical analysis 성서 분석
• translator 번역가, 통역사
• founder 창립자, 설립자
• pancreatic cancer 췌장암
• suffer from ~로 고통받다

어법 > 비문 찾기

정답의 이유

② that절의 주어가 a combination of silver, copper, and zinc로 단수명사이므로 were → was로 고쳐야 한다.

오답의 이유

① which의 선행사는 때를 나타내는 the year 1800이므로 during which가 올바르게 쓰였다. 전치사+관계대명사(during which)는 관계부사 when으로 대체할 수 있다.

③ 주어인 The enhanced design이 수식 받는 대상이므로 과거분사(called)가 올바르게 쓰였다.

④ 원인과 결과를 나타내는 'so[such] ~ that' 구문에서 형용사나 부사를 수식할 때는 so를, 명사를 수식할 때는 such를 쓴다. 지문에서 talk는 '세평, 소문'이라는 뜻의 불가산명사이므로 such가 올바르게 쓰였다.

본문해석

좋은 출발점을 찾기 위해서는 최초의 현대식 전기 배터리가 개발된 1800년으로 돌아가야 한다. 이탈리아인 Alessandro Volta는 은과 구리, 아연의 조합이 전류 생성에 이상적이라는 것을 발견했다. 볼타의 전지라고 불리는 그 향상된 디자인은 바닷물에 적신 판지 디스크 사이에 금속 디스크들을 쌓아 올림으로써 만들어졌다. Volta의 연구에 대한 소문이 자자해 그는 Napoleon 황제 앞에서 직접 시연하라는 요청을 받았다.

VOCA

• starting point 출발점[기점]
• electric battery 전지
• combination 조합[결합](물)
• copper 구리, 동
• zinc 아연
• electrical current 전류
• enhanced 향상된
• stack 쌓다[포개다]; 쌓이다, 포개지다
• soaked 흠뻑 젖은
• talk 소문[이야기]
• conduct 수행하다
• demonstration 시연

전치사+관계대명사=관계부사

- 관계부사(where, when, how, why)는 선행사를 수식하는 형용사 절을 이끌면서, 그 절에서 선행사를 대신하는 부사 역할을 한다.
- 관계부사는 '부사+접속사'의 역할을 하며, '전치사+관계대명사(which)'로 바꿀 수 있다.
- 관계부사의 종류

선행사	관계부사	전치사+which
시간(the time)	when	at which, on which, in which 등
장소(the place)	where	at which, on which, in which, to which 등
방법(the way)	how	in which 등
이유(the reason)	why	for which 등

예 I don't know *the exact time*.+The TV show will finish at *the exact time*.

= I don't know the exact time <u>which</u> the TV show will finish at. → 관계대명사

= I don't know the exact time <u>at which</u> the TV show will finish. → 전치사+관계대명사

= I don't know the exact time <u>when</u> the TV show will finish. → 관계부사 – 시간

(나는 그 TV 쇼가 끝나는 정확한 시간을 모른다.)

---

09 난도 ★★☆   정답 ①

독해 > 대의 파악 > 제목, 주제

정답의 이유

첫 번째 문장에서 'Lasers are possible because of the way light interacts with electrons(레이저는 빛이 전자와 상호작용하는 방식 때문에 발생 가능하다).'라고 레이저의 발생 원리를 제시한 후에, 구체적으로 전자의 특징과 전자가 빛에 반응하여 특정 파장을 방출하는 방식을 설명하고 있으므로 글의 제목으로 가장 적절한 것은 ① 'How Is Laser Produced(레이저는 어떻게 생성되는가)?'이다.

오답의 이유

② 레이저는 언제 발명되었는가?

③ 레이저는 어떤 전자들을 방출하는가?

④ 전자들은 왜 빛을 반사하는가?

레이저는 빛이 전자와 상호작용하는 방식 때문에 (발생이) 가능하다. 전자는 특정 원자 또는 분자의 특정한 에너지 준위 혹은 상태로 존재한다. 에너지 준위는 고리 또는 핵 주위의 궤도로 상상될 수 있다. 외부 고리의 전자는 내부 고리의 전자보다 에너지 준위가 더 높다. 전자는, 예를 들어, 섬광과 같은 에너지 주입에 의해 더 높은 에너지 준위로 상승할 수 있다. 전자가 외부에서 내부 에너지 준위로 떨어지면, '잉여' 에너지가 빛으로 발산된다. 발산된 빛의 파장 또는 색은 방출되는 에너지의 양과 정확하게 관련이 있다. 사용되는 특정 레이저 재료에 따라 (전자에 동력을 제공하거나 자극하기 위해) 특정 파장의 빛이 흡수되고, (전자가 초기 준위로 떨어질 때) 특정 파장이 방출된다.

VOCA

- interact with ~와 상호작용을 하다
- electron 전자
- energy level [물리] 에너지 준위, 맹렬히 활동하는 힘
- state 상태
- characteristic of ~에 특유한
- atom 원자
- molecule 분자
- ring 고리, 고리 모양의 것
- orbit 궤도
- nucleus 핵
- bump up 올리다, 인상하다
- injection 주입, 투여
- a flash of light 섬광
- drop from ~에서 떨어지다[떨어뜨리다]
- give off 발산하다, 방출하다, 뿜다
- wavelength 파장
- emit 발산하다, 방출하다, 내뿜다
- absorb 흡수하다
- energize 동력을 제공하다, 작동시키다
- excite 자극하다
- fall back to ~까지 후퇴하다
- initial 초기의, 처음의

---

10 난도 ★★☆   정답 ③

독해 > 글의 일관성 > 무관한 어휘 · 문장

정답의 이유

제시문은 수리권(water rights) 시장의 현황과 수리권의 중요성에 관한 내용인데, ③은 증류수의 효과에 대한 설명이므로 글의 흐름상 어색한 문장은 ③ 'Drinking distilled water can be beneficial, ~ by another source(증류수를 마시는 것은 유익할 수 있지만, ~ 최선의 선택은 아닐 수 있다).'이다.

본문해석

인구 증가가 (물) 부족으로 이어지고 기후 변화가 가뭄과 기근을 초래함에 따라 수리권 시장은 변화할 것으로 보인다. 그러나 그것은 지역적이고 윤리적인 무역 관행을 기초로 할 것이며, 대부분의 상품 거래와는 다를 것이다. 반대자들은 물 거래가 비윤리적이고 심지어 인권 침해라고 주장하지만, 이미 수리권은 오만에서 호주까지 세계의 건조 지역에서 매매된다. 증류수를 마시는 것은 유익할 수 있지만, 특히 미네랄이 다른 공급원에 의해 보충되지 않는다면, 모두에게 최선의 선택은 아닐 수 있다. Ziad Abdelnour가 말하기를 "우리는 물이 향후 10년 동안과 그 이후에 사실상 새로운 금으로 바뀔 것이라고 굳게 믿어요."라고 했다. "스마트 머니가 공격적으로 이 방향으로 움직이는 것은 놀라운 일이 아니다."

VOCA

- water rights 수리권(수자원을 독점적으로 사용할 수 있는 권리)
- evolve 변하다, 진화하다
- lead to ~로 이어지다
- drought 가뭄
- famine 기근
- ethical 윤리적인, 도덕적인
- trading practices 무역 관행
- the bulk of ~의 대부분
- commodity 상품
- detractor 비방가, 반대자
- breach 침해
- arid 건조한
- distilled water 증류수
- beneficial 이로운
- supplement 보충하다
- smart money 스마트 머니(전문적인 지식을 갖고 투자·투기한 돈)
- aggressively 공격적으로, 정력적으로

11 난도 ★☆☆　　　　　　　　　　　　정답 ④

표현 > 일반회화

[정답의 이유]

대학교의 구내식당 메뉴 변경과 새로운 음식 공급업체를 구한 것에 대해 이야기하고 있는 상황이다. 빈칸 다음에서 B가 디저트 메뉴 선택지가 많아졌고, 일부 샌드위치 메뉴가 없어졌다고 말하고 있으므로 빈칸에 들어갈 말로 가장 적절한 것은 ④ 'What's the difference from the last menu(예전 메뉴와 다른 점이 무엇인가요)'이다.

[오답의 이유]

① 가장 좋아하는 디저트는 무엇인가요
② 그들의 사무실이 어디 있는지 아시나요
③ 메뉴에 관해 내 도움이 필요한가요

본문해석

A: 대학교 구내식당 메뉴가 바뀌었다고 들었어요.
B: 맞아요, 내가 방금 확인했어요.
A: 그리고 새로운 공급업체를 구했대요.
B: 맞아요, Sam's Catering이에요.
A: 예전 메뉴와 다른 점이 무엇인가요?
B: 디저트 메뉴 선택지가 많아졌어요. 그리고 일부 샌드위치 메뉴는 없어졌어요.

VOCA

- cafeteria 구내식당, 카페테리아
- caterer 음식 공급자

12 난도 ★☆☆　　　　　　　　　　　　정답 ③

표현 > 일반회화

[정답의 이유]

빈칸 앞에서 A가 스웨터 가격이 120달러라고 하고, 빈칸 다음에서 A가 다른 스웨터를 권하면서 50달러로 세일 중이라고 했으므로 문맥상 B가 처음 제안받은 스웨터의 가격이 비싸다고 말했음을 유추할 수 있다. 따라서 빈칸에 들어갈 말로 가장 적절한 것은 ③ 'It's a little out of my price range(제가 생각한 가격대를 좀 넘네요)'이다.

[오답의 이유]

① 그것과 어울리는 바지도 한 벌 필요해요
② 그 재킷은 저를 위한 완벽한 선물이에요
④ 토요일엔 오후 7시까지 영업합니다

본문해석

A: 안녕하세요. 도와드릴까요?
B: 네, 스웨터를 찾고 있어요.
A: 음, 이게 가을 컬렉션으로 나온 최신 스타일입니다. 어떠세요?
B: 멋지네요. 얼마예요?
A: 가격 확인해드릴게요. 120달러예요.
B: 제가 생각한 가격대를 좀 넘네요.
A: 그럼 이 스웨터는 어떠세요? 지난 시즌에 나온 건데, 50달러로 세일 중이에요.
B: 완벽해요! 입어볼게요.

VOCA

- gorgeous (아주) 멋진
- try on 입어보다
- go with 어울리다
- price range 가격대, 가격폭

13 난도 ★☆☆

어법 > 영작하기

정답의 이유

② 비교급을 사용해 최상급의 뜻을 나타내는 표현으로, as 앞에 비교급 more precious가 쓰였으므로 as → than으로 고쳐야 한다.

오답의 이유

① 난이형용사(easy, difficult 등)가 'It is easy[difficult 등] to부정사' 구문으로 적절하게 쓰였으며, for us는 to부정사(to learn)의 의미상의 주어이다. 부사구 'by no means(결코 ~이 아닌)'가 삽입되었다.

③ cannot ~ too는 '아무리 ~해도 지나치지 않다'라는 뜻의 조동사 관용 표현으로 적절하게 사용되었다. 주절의 주어와 부사절의 주어가 children으로 일치하므로 부사절의 주어를 생략하고 'when+현재분사(when crossing)'로 적절하게 쓰였다.

④ 관계대명사 what은 선행사를 포함하며, 동사 believes의 목적어로 명사절을 이끌고 있다.

VOCA

• by no means 결코 ~이 아닌

• precious 소중한

• cross (가로질러) 건너다; 가로지르다, 횡단하다

더 알아보기

원급과 비교급으로 최상급 표현하기

최상급	주어+동사+the 최상급
원급	부정 주어(No one/Nothing, No other one/thing)+동사+as 원급 as+주어로 썼던 명사
비교급	• 부정 주어(No one/Nothing, No other one/thing)+동사+비교급 than+주어로 썼던 명사 • 주어로 썼던 명사+동사+비교급 than+any other+단수명사

예 Time is the most precious in our life.

(시간은 우리 삶에서 가장 중요하다.)

= *Nothing* is more precious than time in our life.

= Time is more precious than *anything else* in our life.

= *Nothing* is as precious as time in our life.

예 This is the most expensive watch in the world.

(이것은 세상에서 가장 비싼 시계이다.)

= This is more expensive than *any other watch* in the world.

= *No other watch* in the world is as expensive as this.

14 난도 ★★☆

어법 > 영작하기

정답의 이유

④ '~한 채로'의 동시 상황을 나타내는 'with+목적어+분사' 구문에서 목적어와 분사의 관계가 능동이면 현재분사, 수동이면 과거분사를 사용한다. 다리가 '꼬여지는' 것이므로 crossing → crossed가 되어야 한다.

오답의 이유

① 그녀가 커피 세 잔을 마신 시점이 잠을 이룰 수 없던 시점보다 이전이므로 완료형 분사구문(Having drunk)이 올바르게 사용되었다.

② As she is a kind person이라는 부사절의 분사구문(Being a kind person)으로 이때 Being은 생략할 수도 있다.

③ 주절의 주어(she)와 부사절의 주어(all things)가 다를 때 분사구문의 주어를 표시해 주는 독립분사구문으로, 부사절의 주어인 All things는 고려되는 대상이므로 수동형인 과거분사(considered)가 적절하게 쓰였다. 이때 All things (being) considered에서 being이 생략되었다.

VOCA

• fall asleep 잠들다

• best-qualified 가장 적임인

• position 직위, 지위

• raise 올리다[인상하다/높이다]

• blood pressure 혈압

15 난도 ★★☆

독해 > 빈칸 완성 > 연결어

정답의 이유

다양한 애도 문화에 관한 글이다. 빈칸 (A) 앞 문장에서 'Yet among the Hopi Indians of Arizona, the deceased are forgotten as quickly as possible and life goes on as usual(하지만 애리조나의 Hopi 인디언들 사이에서는 고인이 가능한 한 빨리 잊히고 삶은 평소처럼 계속된다).'이라고 한 다음에, 빈칸 (A) 뒤에서 'the Hopi funeral ritual concludes with a break-off between mortals and spirits(Hopi의 장례 의식은 인간과 영혼 사이의 단절로 끝난다).'라고 했으므로 문맥상 빈칸 (A)에는 In fact 또는 Therefore가 들어가는 것이 적절하다. 빈칸 (B) 앞에서 유족들이 슬픔에 깊이 몰입하기를 권장하는 이집트에 관해서 서술하고, 빈칸 (B) 다음에 'in Bali, bereaved Muslims are encouraged to laugh and be joyful rather than be sad(발리에서는 이슬람교 유족들이 슬퍼하기보다는 웃고 기뻐하도록 권장된다).'라고 하면서 죽음을 애도하는 이집트와 발리의 대조적인 방식을 서술하고 있으므로 문맥상 빈칸 (B)에는 By contrast가 들어가는 것이 적절하다. 따라서 (A), (B)에 들어갈 말로 가장 적절한 것은 ②이다.

망자와의 관계 유지에 대한 믿음은 문화마다 다르다. 예를 들면, 일본의 종교의식에서는 고인과의 유대를 유지하는 것이 받아들여지고 지속된다. 하지만 애리조나의 Hopi 인디언들 사이에서는 고인이 가능한 한 빨리 잊히고 삶은 평소처럼 계속된다. (A) 실제로, Hopi의 장례 의식은 인간과 영혼 사이의 단절로 마무리된다. 애도의 다양성이 두 이슬람교 사회, 즉 이집트와 발리에서보다 더 극명한 곳은 없다. 이집트의 이슬람교도 사이에서 유족들은 비극적인 이야기에 유사하게 공감하고, 그들의 슬픔을 표현하는 다른 사람들에게 둘러싸여 슬픔에 오래 잠겨있도록 권장된다. (B) 반대로, 발리에서는 이슬람교 유족들이 슬퍼하기보다는 웃고 기뻐하도록 권장된다.

• tie (강한) 유대(관계)
• vary 다르다
• the deceased 고인
• sustain 계속하다, 지속하다
• ritual 의식
• funeral 장례
• conclude with ~로 마무리짓다
• break-off 단절, 분리
• mortal (특히 아무 힘없는 일반 보통) 사람[인간]
• diversity 다양성
• grieve 비통해 하다, 애도하다
• the bereaved 유족
• dwell on ~을 곱씹다, 숙고하다
• at length 오래
• grief 슬픔
• relate to ~에 공감하다
• tragic 비극적인
• account (있었던 일에 대한) 설명[이야기/말]

16 난도 ★★☆ 　　　　　　　　　　　　　정답 ④

독해 > 빈칸 완성 > 단어 · 구 · 절

정답의 이유

세 번째 문장에서 'Warm ocean water moving underneath the vast glaciers is causing them to melt even more quickly(거대한 빙하 아래에서 움직이는 따뜻한 바닷물이 빙하를 훨씬 더 빨리 녹게 하고 있다).'라고 했으며, 뒷부분에서 이와 관련된 구체적인 연구 결과에 관해 제시하고 있으므로 빈칸에 가장 적절한 것은 빙하가 더 빨리 녹는 과정에 대한 표현인 ④ 'accelerating(가속화하는)'이다.

오답의 이유

① 분리시키는
② 지연시키는
③ 방지하는

과학자들은 더 높아진 대기 온도로 인해 그린란드 빙하의 표면이 녹고 있다는 것을 오래 전부터 알고 있었다. 하지만 새로운 연구는 아래로부터 빙하를 공격하기 시작한 또 다른 위협을 발견했는데, 거대한 빙하 아래에서 움직이는 따뜻한 바닷물이 빙하를 훨씬 더 빨리 녹게 하고 있다는 사실이다. 이 연구 결과는 그린란드 북동부에 위치한 빙하 79N(Nioghalvfjerdsfjorden Glacier)의 많은 'ice tongue' 중 하나를 연구한 연구자들에 의해 *Nature Geoscience*지에 실렸다. ice tongue은 육지의 빙하와 분리되지 않은 채로 물 위를 떠다니는 좁고 긴 얼음 조각이다. 이 과학자들이 연구한 그 거대한 ice tongue은 길이가 거의 50마일이다. 이 조사는 대서양에서 나온 따뜻한 물이 폭 1마일 이상의 수중 해류를 이루어 빙하로 직접 흘러갈 수 있으며, 많은 양의 열을 얼음과 접촉시켜 빙하가 녹는 것을 가속화하는 것을 밝혀냈다.

• contribute to ~의 원인이 되다, ~에 기여하다
• ice sheet 대륙빙하
• glacier 빙하
• finding (조사 · 연구 등의) 결과, 결론
• strip 가느다랗고 긴 조각, 좁고 기다란 육지[바다]
• massive 거대한
• reveal 밝히다, 드러내다
• current 흐름, 해류, 기류

17 난도 ★★☆   정답 ③

독해 > 대의 파악 > 제목, 주제

정답의 이유

첫 문장에서 'Do people from different cultures view the world differently(다른 문화권의 사람들은 세상을 다르게 볼까)?'라고 질문하고, 이에 대한 답변으로 한 심리학자의 실험 결과를 제시하고 있다. 일본과 미국 학생들에게 동일한 수중 물체의 애니메이션 장면을 보여주었을 때 서로 다른 것에 초점을 두었다는 예시를 들어 서로 다른 문화권의 사람들이 세상을 어떻게 다르게 보는지 설명하고 있으므로 글의 제목으로 적절한 것은 ③ 'Cultural Differences in Perception(인지에 있어서의 문화적 차이)'이다.

오답의 이유

① 일본인과 미국인 사이의 언어 장벽
② 뇌 안에서의 사물과 배경의 관련성
④ 꼼꼼한 사람들의 우수성

본문해석

다른 문화권의 사람들은 세상을 다르게 볼까? 한 심리학자가 일본과 미국 학생들에게 물고기와 다른 수중 물체의 사실적인 애니메이션 장면을 보여주며 그들이 본 것을 보고하도록 요구했다. 미국인들과 일본인들은 초점 물고기 수에 대해서는 거의 동일한 수를 언급했지만, 일본인들은 물, 바위, 거품, 그리고 비활동적인 동식물을 포함한 배경 요소에 대해 60% 이상 더 많이 언급했다. 게다가, 일본과 미국의 참가자들은 활동적인 동물을 포함한 움직임에 대해서는 거의 동일한 수를 언급했지만, 일본의 참가자들은 비활동적인 배경 물체와 관련된 관계에 대해 거의 두 배 가까이 더 많이 언급했다. 아마도 가장 인상적인 차이는, 일본인 참가자들의 첫 문장은 환경을 나타내는 문장일 가능성이 높았던 반면, 미국인 참가자들의 첫 문장은 초점 물고기를 가리키는 문장이었을 가능성이 3배 더 많았다는 점이다.

VOCA

• reference 언급
• focal 중심의, 초점의
• inert 비활성의, 비활동적인
• tellingly 강력하게
• language barrier 언어 장벽
• association 연상, 유대, 제휴

18 난도 ★★★   정답 ④

독해 > 글의 일관성 > 문장 삽입

정답의 이유

주어진 문장이 Thus(따라서)로 시작하므로 주어진 문장은 이전 문장의 결과를 설명하고 있음을 알 수 있다. 따라서, 주어진 문장 앞에는 '혈액이 뇌로 더 잘 순환될 수 있는 상황'이 제시되어야 한다. ④ 앞에서 앉거나 서 있는 대신 신체가 수평이거나 누운 상태일 때 가해지는 중력은 혈액이 다리가 아닌 등에 울혈하기 때문에 사람들이 더 잘 견딜 수 있다고 했으므로 문맥상 주어진 문장이 들어갈 위치로 가장 적절한 곳은 ④이다.

본문해석

사람들은 다양한 방식으로 중력(g-force)에 노출될 수 있다. 그것은 등을 두드릴 때처럼 신체의 한 부위에만 영향을 미치는 국부적인 것일 수 있다. 그것은 또한 자동차 충돌사고 시 겪는 강한 힘처럼 순간적일 수도 있다. 중력의 세 번째 유형은 최소 몇 초 동안 이어지는 지속적인 것이다. 전신에 걸친 지속적인 중력이 사람들에게 가장 위험하다. 신체는 보통 지속적인 중력보다 국소적이거나 순간적인 중력을 더 잘 견디는데, 지속적인 중력은 혈액이 다리로 몰려 신체 나머지 부위가 산소를 공급받지 못하게 되기 때문에 치명적일 수 있다. 앉거나 서 있는 대신 신체가 수평이거나 누운 상태일 때 가해지는 지속적인 중력은 혈액이 다리가 아닌 등에 울혈하기 때문에 사람들이 더 잘 견딜 수 있는 경향이 있다. 따라서 <u>심장이 혈액과 생명을 주는 산소를 뇌로 순환시키기 더 쉽다.</u> 우주 비행사와 전투기 조종사 같은 일부 사람들은 중력에 대한 신체 저항을 증가시키기 위해 특별한 훈련 연습을 받는다.

VOCA

• circulate 순환시키다, 보내다
• gravitational force 중력, 인력
• localize 국한시키다[국부적이 되게 하다]
• momentary 순간적인
• endure 견디다
• sustain 지속[계속]시키다
• withstand 견디다, 참다
• deadly 치명적인
• deprive 빼앗다, 부족하게 하다
• horizontal 가로의, 수평의
• tend to ~하는 경향이 있다
• tolerable 참을 수 있는, 견딜 수 있는
• pool (피가) 울혈하다
• astronaut 우주비행사
• undergo 받다, 겪다
• resistance 저항

독해 > 대의 파악 > 요지, 주장

정답의 이유

첫 문장 후반부에서 '~ you're usually better off proposing all your changes at once.'라며, 제안에 대한 협상을 한꺼번에 제시할 것을 조언하고 있다. 이어서 원하는 것을 한 가지씩 차례로 요구했을 경우 그로 인해 부정적인 결과가 야기될 수 있음을 암시하고 있다. 따라서 글의 요지로 가장 적절한 것은 ① 'Negotiate multiple issues simultaneously, not serially(여러 문제를 연속적이 아니라 동시에 협상해라).'이다.

오답의 이유

② 성공적인 협상을 위해 민감한 주제를 피하라.
③ 여러분의 협상을 위해 알맞은 시간을 선택하라.
④ 임금 협상을 할 때 너무 직설적으로 하지 마라.

본문해석

만약 누군가 여러분에게 제안하고 여러분이 그 일부에 대해 정당하게 걱정된다면, 보통 여러분의 모든 변경 요청을 한꺼번에 제안하는 것이 더 낫다. "월급이 좀 적어요. 어떻게 좀 해주시겠어요?"라고 말하고 나서 그녀가 작업을 마치면 "고맙습니다. 이제 제가 원하는 다른 두 가지가 있는데…"라고 말하지 마라. 처음에 한 가지만 요구한다면, 그녀는 그 한 가지가 해결된다면 여러분이 그 제안을 받아들일 준비가 되어 있다고 (적어도 결정을 내릴 준비가 되어 있다고) 생각할지 모른다. 만약 여러분이 계속해서 "그리고 한 가지 더…"라고 말한다면, 그녀는 관대하거나 이해심 많은 기분으로 계속 있지 않을 가능성이 높다. 게다가, 만약 여러분의 요구사항이 한 가지 이상이라면, 그 모든 것들을 A, B, C, D라고 단순히 언급하지 말고, 그것들 각각이 여러분에게 갖는 상대적 중요성에 대한 신호를 보내라. 그러지 않으면, 그녀는 여러분에게 제공하기 상당히 쉽다는 이유로 여러분이 가장 덜 중요하게 여기는 두 가지를 고르고, 여러분과 타협했다고 느낄지도 모른다.

VOCA

• legitimately 정당하게, 합법적으로
• be concerned about ~에 관심을 가지다, 걱정하다
• better off ~하는 것이 더 나은
• at once 동시에, 한번에
• initially 초기에, 처음에
• assume 추정하다, 가정하다
• relative 상대적인
• otherwise 그렇지 않으면
• meet ~ halfway ~와 타협[절충]하다
• negotiate 협상하다
• simultaneously 동시에, 일제히
• serially 연속으로

독해 > 글의 일관성 > 글의 순서

정답의 이유

주어진 글에서 두 번째 문장의 certain characteristics는 (B)의 첫 문장에서 these characteristics로 이어지고, (B)의 this idea에 관한 예시를 (C)에서 For example로 설명하고 있다. 마지막으로 획득형질 유전을 위해서는 DNA 변형이 필요하다는 (C)의 내용을 (A)에서 this로 받아 이것이 일어난다는 증거는 없지만 Lamarck의 가설이 Darwin의 장을 마련하는 데 도움이 되는 중요한 의미가 있다고 마무리 짓는 것이 자연스럽다. 따라서 글의 순서로 가장 적절한 것은 ③ '(B) − (C) − (A)'이다.

본문해석

오늘날, Lamarck는 적응이 어떻게 진화하는지에 대한 잘못된 설명으로 대부분 부당하게 기억된다. 그는 특정 신체 부위를 사용하든 사용하지 않은 유기체가 특정 형질을 발달시킨다고 제안했다.
(B) Lamarck는 이러한 형질이 자손에게 전해질 것이라고 생각했다. Lamarck는 이 발상을 '획득형질 유전'이라고 불렀다.
(C) 예를 들어, Lamarck는 캥거루의 강력한 뒷다리는 그 조상들이 점프로 그들의 다리를 강화시키고, 그 획득된 다리 힘을 자손에게 전한 결과라고 설명할 수 있다. 그러나 획득된 형질이 유전되려면 특정 유전자의 DNA를 어떻게든 변형시켜야 할 것이다.
(A) 이것이 일어난다는 증거는 없다. 그럼에도 불구하고, 유기체가 자신의 환경에 적응할 때 진화가 일어난다고 한 Lamarck의 제안에 주목하는 것은 중요하다. 이 발상은 Darwin을 위한 장을 마련하는 데 도움이 되었다.

VOCA

• unfairly 부당하게, 불공평하게
• adaptation 적응, 순응
• organism 유기체, 생물
• adapt to ~에 적응하다
• set the stage for ~을 위한 장을 마련하다
• pass on 넘겨주다, 물려주다, 전달하다
• offspring 자식, 자손, 새끼
• inheritance 유전
• acquire 획득하다, 얻다
• ancestor 조상
• somehow 어떻게든
• modify 변형하다, 수정하다
• gene 유전자

영어 | 2021년 국가직 9급

한눈에 훑어보기

✓ 영역 분석

어휘   01   02   03   04
4문항, 20%

독해   05   07   09   10   13   16   17   18   19   20
10문항, 50%

어법   06   08   14   15
4문항, 20%

표현   11   12
2문항, 10%

✓ 빠른 정답

01	02	03	04	05	06	07	08	09	10
①	②	②	④	④	②	③	③	④	④
11	12	13	14	15	16	17	18	19	20
①	②	④	④	②	①	②	③	④	①

✓ 점수 체크

구분	1회독	2회독	3회독
맞힌 문항 수	/ 20	/ 20	/ 20
나의 점수	점	점	점

---

01 난도 ★★☆   정답 ①

어휘 > 어구

[정답의 이유]
밑줄 친 in conjunction with는 '~와 함께'의 뜻으로 이와 의미가 가장 가까운 것은 ① 'in combination with(~와 결합하여)'이다.

[오답의 이유]
② ~에 비해서
③ ~ 대신에
④ ~의 경우

본문해석
사회적 관행으로서의 사생활은 다른 사회적 관행과 함께 개인의 행위를 형성하므로 사회생활의 중심이 된다.

VOCA
- shape   형성하다, 형태를 주다
- privacy   사생활
- practice   관행
- be central to   ~의 중심이 되다

02 난도 ★☆☆   정답 ②

어휘 > 단어

[정답의 이유]
밑줄 친 pervasive는 '만연하는, 널리 퍼지는'의 뜻으로 이와 의미가 가장 가까운 것은 ② 'ubiquitous(어디에나 있는, 아주 흔한)'이다.

[오답의 이유]
① 기만적인, 현혹하는
③ 설득력 있는
④ 처참한

본문해석
재즈의 영향은 너무 만연해서 대부분의 대중음악은 재즈에 그 양식의 뿌리를 두고 있다.

VOCA
- owe A to B   A는 B 덕분이다, A를 B에게 빚지다
- stylistic   양식의

03 난도 ★★☆ 정답 ②

어휘 > 단어

정답의 이유

밑줄 친 vexed는 '짜증 난, 화난'의 뜻으로 이와 의미가 가장 가까운 것은 ② 'annoyed(짜증 난, 약이 오른)'이다.

오답의 이유

① 냉담한, 무정한
③ 평판이 좋은
④ 자신감 있는

본문해석

이 소설은 사업을 시작하기 위해 학교를 그만 둔 다루기 힘든 한 10대 청소년의 짜증 난 부모에 관한 것이다.

VOCA

• vexed 화가 난, 짜증 난, 골치 아픈
• unruly 제멋대로 구는, 다루기 힘든
• quit 그만두다

04 난도 ★★☆ 정답 ④

어휘 > 어구

정답의 이유

밑줄 친 부분 다음의 the police station으로 미루어 문맥상 시위자들의 행위로 가장 적절한 표현은 ④ 'break into(침입하다, 난입하다)'이다.

오답의 이유

① ~줄을 서다
② ~을 나눠 주다
③ 계속하다[가다]

본문해석

한 무리의 젊은 시위자들이 경찰서에 난입하려고 시도했다.

VOCA

• demonstrator 시위 참가자, 논쟁자
• attempt 시도하다

05 난도 ★★☆ 정답 ④

독해 > 세부 내용 찾기 > 내용 (불)일치

정답의 이유

마지막 문장에서 '~ and slavery was also an institution in many African nations(또한 노예제도는 다수의 아프리카 국가들에서는 하나의 관행이었다)'라고 했으므로 글의 내용과 일치하는 것은 ④ 'Slavery existed even in African countries(노예제도는 심지어 아프리카 국가들에도 존재했다).'이다.

오답의 이유

① 아프리카 노동자들이 자발적으로 아메리카 대륙으로 이주했다.
→ 첫 번째 문장에서 'The most notorious case of imported labor is of course the Atlantic slave trade(수입 노동의 가장 악명 높은 사례는 당연히 대서양 노예매매인데) ~'라고 했으므로 글의 내용과 일치하지 않는다.

② 유럽인들은 노예 노동을 이용한 최초의 사람들이었다. → 두 번째 문장에서 '~ earlier, the ancient Egyptians used slave labor to build their pyramids, early Arab explorers were often also slave traders(일찍이 고대 이집트인들은 그들의 피라미드 건설에 노예 노동을 이용했고, 초기 아랍의 탐험가들은 종종 노예 상인이었으며) ~'라고 했으므로 글의 내용과 일치하지 않는다.

③ 아랍의 노예제도는 더 이상 어떠한 형태로도 존재하지 않는다.
→ 두 번째 문장의 마지막 부분에서 '~ and Arabic slavery continued into the twentieth century and indeed still continues in a few places(아랍의 노예제도는 20세기까지 계속되었고, 실제로 몇몇 지역에서는 여전히 지속되고 있다).'라고 했으므로 글의 내용과 일치하지 않는다.

본문해석

수입 노동의 가장 악명 높은 사례는 당연히 대서양 노예매매인데, 이것은 대규모 농장을 운영하기 위해 천만 명에 달하는 아프리카인 노예들을 아메리카 대륙으로 이주시켰다. 그러나 유럽인들이 노예제도를 가장 대규모로 실행하기는 했지만, 그들이 노예를 자신들의 지역사회로 데려온 유일한 사람들이 결코 아니었다. 일찍이 고대 이집트인들은 그들의 피라미드 건설에 노예 노동을 이용했고, 초기 아랍의 탐험가들은 종종 노예 상인이었으며, 아랍의 노예제도는 20세기까지 계속되었고, 실제로 몇몇 지역에서는 여전히 지속되고 있다. 아메리카 대륙에서 일부 원주민 부족들은 다른 부족의 원주민들을 노예로 삼았으며, 또한 노예제도는 특히 식민지 시대 이전에 다수의 아프리카 국가들에서는 하나의 관습이었다.

VOCA

• notorious 악명 높은
• enslave 노예로 만들다
• plantation 대규모 농장
• slavery 노예제도
• by no means 결코 ~이 아닌
• tribe 부족
• institution 관습, 제도
• colonial 식민지의
• voluntarily 자발적으로

06 난도 ★★☆   정답 ②

어법 > 정문 찾기

<u>정답의 이유</u>

② since는 '~ 이래로'의 뜻으로 since가 포함된 전명구 또는 시간 부사절의 시제는 과거이며, 주절의 시제는 '기간'을 나타내는 현재완료 또는 현재완료진행이 사용된다. 따라서 have lived의 현재완료시제와 since I started의 과거시제가 모두 바르게 사용되었다.

<u>오답의 이유</u>

① 간접의문문의 어순은 '의문사 + 주어 + 동사'가 되어야 하므로 where should you visit → where you should visit가 되어야 한다.

③ 감정유발동사(excite)는 주어가 감정의 원인일 경우 현재분사 (-ing)를 쓰고, 주어가 감정을 느끼는 경우 과거분사(-ed)를 쓴다. 소설이 흥미진진한 감정을 일으키는 것이므로 excited → exciting이 되어야 한다.

④ 부가의문문에서 주절이 부정문일 때 긍정부가의문문을 사용하고, 긍정문일 때 부정부가의문문을 사용한다. 동사가 be동사의 부정(is not)이므로 doesn't it → is it이 되어야 한다.

본문해석

① 이 안내책자는 여러분이 홍콩에서 어디를 방문해야 하는지를 알려준다.

② 나는 대만에서 태어났지만, 일을 시작한 이래로 나는 한국에서 살고 있다.

③ 그 소설은 너무 재미있어서 나는 시간 가는 줄 몰랐고 버스를 놓쳤다.

④ 서점들이 더 이상 신문을 취급하지 않는 것은 놀랍지 않다. 그렇지요?

VOCA

• lose track of time 시간 가는 줄 모르다

• carry (가게에서 품목을) 취급하다

07 난도 ★★☆   정답 ③

독해 > 대의 파악 > 제목, 주제

<u>정답의 이유</u>

제시문은 기후 변화와 물고기의 크기 감소에 관한 내용으로, 주제문은 따뜻한 수온과 바닷물 속의 산소 감소가 물고기의 크기를 줄어들게 할 것이라는 연구 결과를 언급하고 있는 첫 번째 문장이다. 그 이후에 구체적인 연구 내용에 대해 제시하고 있으므로 글의 제목으로 가장 적절한 것은 글의 중심 소재인 climate change, shrink, fish가 모두 포함된 ③ 'Climate Change May Shrink the World's Fish(기후 변화가 세계의 물고기 크기를 줄어들게 할 수 있다)'이다.

<u>오답의 이유</u>

① 현재 어류는 이전보다 더 빨리 성장한다

② 해양 온도에 미치는 산소의 영향

④ 해양생물이 낮은 신진대사로 생존하는 법

본문해석

따뜻해지는 기온과 바닷물 속 산소의 감소는 참치와 그루퍼부터 연어, 진환도상어, 해덕, 대구에 이르기까지 수백 종의 어종을 이전에 생각했던 것보다 더 많이 줄어들게 할 것이라고 새로운 연구는 결론이었다. 더 따뜻해진 바다는 신진대사를 활성화하기 때문에, 물고기와 오징어, 다른 수중 호흡 생물들은 바다에서 더 많은 산소를 흡수해야 할 것이다. 동시에, 온도가 상승하는 바다는 이미 해양의 많은 곳에서 산소 이용 가능성을 감소시키고 있다. University of British Columbia의 과학자 두 명은 주장하기를, 물고기의 몸통이 그들의 아가미보다 더 빠르게 자라기 때문에, 이 동물들은 결국 정상적으로 성장을 지속할 수 있을 만큼의 충분한 산소를 얻지 못하게 될 것이라고 한다. 저자 William Cheung은 말하기를, "우리가 발견한 것은 수온이 1도 상승할 때마다 물고기의 크기가 20~30퍼센트 줄어든다는 것이다."라고 한다.

VOCA

• shrink 줄어들게[오그라지게] 하다

• grouper 그루퍼(농엇과(科)의 식용어)

• thresher shark 진환도상어

• haddock 해덕(대구와 비슷하나 그보다 작은 바다고기)

• cod 대구

• metabolism 신진대사

• draw (연기나 공기를) 들이마시다[빨아들이다]

• argue 주장하다

• gill 아가미

08 난도 ★★☆   정답 ③

어법 > 비문 찾기

<u>정답의 이유</u>

③ which 앞에 선행사가 없고, which 다음 문장이 목적어가 없는 불완전한 문장이다. Contrary to(전치사) 다음에는 명사 또는 명사구[절]가 와야 하므로, which → what이 되어야 한다. 이때 what은 동사(believe)의 목적어 역할을 하며, 명사절을 이끈다.

<u>오답의 이유</u>

① 타동사 realize의 뒤에 목적어가 없고, 주어 its potential은 '인식되는' 대상이므로 to부정사의 수동 형태(to be realized)가 올바르게 사용되었다.

② involve는 동명사를 목적어로 취하는 완전타동사로, creating은 타동사 involve의 목적어로 쓰였으므로 동명사 creating이 올바르게 사용되었다.

④ made 앞에 is가 생략된 수동태이다. 단수 주어(Valuable vacant land)에 맞춰 be동사가 is로 수일치되어 (is) made가 되었으며, 목적격 보어로 형용사 productive가 올바르게 사용되었다.

도시 농업(UA)은 오랫동안 도시에서는 마땅한 장소가 없는 비주류 활동이라고 무시되어 왔다. 그러나, 그것의 잠재력이 인식되기 시작하고 있다. 사실, 도시 농업(UA)은 식량 자립에 관한 것이다. 그것은 일자리 창출을 포함하며, 특히 가난한 사람들을 위한 식량 불안정에 대한 반응이다. 많은 사람들이 믿는 것과는 반대로, 도시 농업(UA)은 모든 도시에서 발견되는데, 그곳에서 이것은 때로 숨겨져 있거나, 때로는 확연히 보인다. 주의 깊게 살펴보면, 대도시에서는 사용되지 않는 공간이 거의 없다. 귀중한 공터는 방치된 곳이 거의 없고, 공식적으로든 비공식적으로든 종종 점유되어 있으며, 생산적이다.

VOCA

- dismiss 묵살하다, 일축하다, 치부하다
- fringe 비주류, 주변, 변두리
- self-reliance 자립, 자기 의존
- insecurity 불안정
- obvious 명백한, 분명한
- vacant 빈
- idle 사용되지 않고 있는, 노는
- take over 차지하다, 인수하다

더 알아보기

관계대명사 vs. what

- 선행사가 있으면 관계대명사가, 선행사가 없으면 what이 온다.

선행사	접속사	관계절 형태
있다	관계대명사 (that/ which / who/ whom)	주어+동사 동사+목적어
없다	what	불완전한 절(주어 또는 목적어가 없음)

- 관계대명사절은 선행사를 수식하는 형용사절이며, 불완전 문장이 이어진다.
- what절은 선행사가 없고 명사절(주어, 목적어, 보어 역할)이며, 불완전한 문장이 이어진다.

예 I don't want to remember what they did to me.
→ what they did to me=to remember의 목적어
(난 그들이 내게 한 짓을 기억하고 싶지 않다.)

예 What is a medium size in Japan is a small size in here.
→ What is a medium size in Japan=문장의 주어
(일본에서 중 사이즈는 여기서 소 사이즈이다.)

예 That is what I mean.
→ what I mean=문장의 보어
(그것이 내가 의미하는 것이다.)

- what=선행사+관계대명사

예 She didn't understand what I said.
=She didn't understand the fact that I said.
(그녀는 내가 한 말을 이해하지 못했다.)

09 난도 ★★☆ 정답 ④

독해 > 글의 일관성 > 문장 삽입

정답의 이유

For example(예를 들어)로 시작하는 주어진 문장에서 '다수의 자료를 보관하고 있는 뉴저지주의 기록보관소'의 예시를 구체적으로 제시하고 있으므로 주어진 문장 이전에는 '기록보관소의 다양한 자료 보관'에 대한 일반적인 내용이 제시되어야 한다. ④ 앞의 문장에서 'Many state and local archives ~ an amazing, diverse resource(대다수 주 정부 기록보관소와 지역 기록보관소는 ~ 놀랍도록 다양한 자료들이다).'라고 한 다음에, 'For example, the state archives of New Jersey(예를 들어, 뉴저지의 주 기록보관소는) ~'로 이어지는 것이 자연럽다. 따라서 주어진 문장이 들어갈 위치로 가장 적절한 곳은 ④이다.

본문해석

기록보관소는 오디오에서 비디오, 신문, 잡지, 인쇄물들까지 자료들의 귀중한 발굴물이다. 이것이 그것들을 어떠한 역사 탐지 조사에서도 필수적으로 만든다. 도서관과 기록보관소가 동일하게 보일 수 있지만, 그 차이는 중요하다. 기록보관소의 수집품들은 거의 항상 1차 자료들로 구성되어 있지만, 도서관은 2차 자료들을 보유한다. 한국 전쟁에 대해 좀 더 배우기 위해, 여러분은 역사책을 보러 도서관에 갈 것이다. 정부 문서나 한국 전쟁 당시 군인들이 쓴 편지를 읽고 싶다면, 여러분은 기록보관소로 갈 것이다. 만약 정보를 찾고 있다면, 여러분을 위한 기록보관소에 있을 가능성이 있다. 대다수 주 정부 기록보관소와 지역 기록보관소는 공적인 기록을 저장하는데, 그것들은 놀랍도록 다양한 자료들이다. 예를 들어, 뉴저지의 주 기록보관소는 30,000입방 피트 이상의 문서와 25,000릴 이상의 마이크로 필름을 보유하고 있다. 주 정부 기록물을 온라인으로 검색하면, 입법부의 회의록보다 훨씬 더 많은 내용이 포함되어 있음을 즉시 보여줄 것이다. 정부 무상 불하지에 대한 자세한 정보가 발견될 수 있으며, 옛 마을지도, 범죄 기록 그리고 행상인 면허 신청서같이 특이한 것들도 발견된다.

VOCA

- archive 기록[공문서]보관소
- cubic feet 입방 피트
- reel (실 · 밧줄 · 녹음테이프 · 호스 등을 감는) 릴, 감는 틀
- treasure trove 보고, 매장물, 귀중한 발견
- indispensable 불가결의, 필수적인
- investigation 조사, 연구
- be made up of ~로 구성되다
- primary source (연구 · 조사 등의) 1차 자료
- secondary source 2차 자료(집필자가 원저작물이 아닌 다른 저작물을 통해 정보를 얻은 자료)
- chances are 아마 ~일 것이다, ~할 가능성이 충분하다
- diverse 다양한
- minutes 회의록
- legislature 입법부, 입법 기관
- land grant (대학 · 철도의 부지로서) 정부가 주는 땅, 무상 불하지

- oddity 괴짜, 괴상한 사람, 이상한 물건
- peddler 행상인

10 난도 ★★☆   정답 ④

독해 > 글의 일관성 > 무관한 어휘·문장

정답의 이유

제시문은 번아웃의 개념을 설명하는 글로, 번아웃이라는 용어의 개념을 감정의 소진, 개인적 성취감의 결여, 비인격화라는 세 가지 측면으로 나누어 설명하고 있다. ④는 번아웃과 반대되는 동기부여에 관한 내용이므로 글의 흐름상 가장 어색한 문장이다.

본문해석

번아웃(burnout)이라는 용어는 업무 압박으로부터 '소진되는[지치는]' 것을 의미한다. 번아웃은 일상의 업무 스트레스 요인이 직원들에게 피해를 준 결과 생기는 만성적인 질환이다. 가장 널리 채택된 번아웃에 대한 개념화는 사회복지 노동자들에 대한 연구에서 Maslach와 그녀의 동료들에 의해 개발되었다. Maslach는 번아웃이 세 가지 상호 관련된 측면으로 구성되어 있다고 보았다. 첫 번째 측면인 '감정의 소진'은 사실상 번아웃 현상의 핵심이다. 근로자들은 피곤하고, 좌절하고, 기진맥진하거나 직장에서 더 이상 일할 수 없다고 느낄 때 '감정의 소진'을 겪는다. 번아웃의 두 번째 측면은 개인적 성취감의 결여이다. 이러한 번아웃 현상의 측면은 자신을 실패자로 보면서 효과적으로 직무요건을 달성할 수 없다고 여기는 근로자들을 가리킨다. 감정 노동자들은 신체적으로 지쳤지만 매우 의욕적으로 그들의 일을 시작한다. 번아웃의 세 번째 측면은 비인격화이다. 이러한 측면은 일의 일부로 타인들(예를 들면, 고객, 환자, 학생들)과 대면하여 의사소통해야 하는 근로자들만 해당된다.

VOCA

- burnout 극도의 피로
- wear out 지치다
- chronic condition 만성질환
- take a[its] toll on ~에 큰 피해[타격]를 주다
- dimension 규모, 차원, 관점
- used up 몹시 지친
- depersonalization 몰개인화, 비인격화
- relevant 관련 있는, 적절한

11 난도 ★☆☆   정답 ①

표현 > 일반회화

정답의 이유

부엌의 위생 상태를 지적한 A가 빈칸 앞에서 'You know how important a clean kitchen is(깨끗한 주방이 얼마나 중요한지 알잖아요).'라고 했고, B가 빈칸 앞에서 'I'm sorry(죄송합니다).'라고 했으므로 빈칸에 들어갈 B의 답변으로 가장 적절한 것은 ① 'I won't let it happen again(다시는 이런 일이 일어나지 않게 할게요).'이다.

오답의 이유

② 계산서를 지금 드릴까요?
③ 그게 제가 어제 그것을 잊어버린 이유예요.
④ 주문한 음식이 제대로 나오도록 할게요.

본문해석

A: 어젯밤에 여기 있었나요?
B: 네. 마감 교대조로 일했어요. 왜 그러세요?
A: 오늘 아침에 주방이 엉망인 상태였어요. 스토브에 음식이 튀어 있었고, 제빙그릇은 냉장고에 있지 않았어요.
B: 제가 청소 체크리스트 점검을 잊어버린 것 같아요.
A: 깨끗한 주방이 얼마나 중요한지 알잖아요.
B: 죄송합니다. 다시는 이런 일이 일어나지 않게 할게요.

VOCA

- shift 교대 조
- mess 엉망인 상태
- spatter 튀기다
- ice tray 제빙그릇
- freezer 냉장고
- go over ~을 점검하다

12 난도 ★☆☆   정답 ②

표현 > 일반회화

정답의 이유

A가 감기에 걸린 B에게 비강 스프레이를 추천하는 상황의 대화문이다. 빈칸 앞에서 A가 비강 스프레이를 써봤는지 물었고, 대화의 마지막에 B가 'I don't like to put anything in my nose, so I've never used it(나는 코에 무엇이든 넣는 걸 싫어해서 사용해 본 적이 없어).'이라고 했으므로 B는 비강 스프레이 종류를 좋아하지 않아서 사용하지 않았다는 것을 알 수 있다. 따라서 빈칸에 적절한 것은 ② 'No, I don't like nose spray(아니, 난 비강 스프레이를 싫어해).'이다.

오답의 이유

① 응, 근데 도움이 되지 않았어.
③ 아니, 약국이 닫았어.
④ 응, 얼마나 써야 해?

본문해석

A : 감기를 낫게 하기 위해 무엇을 좀 먹었니?

B : 아니, 나는 그냥 코를 많이 풀어.

A : 비강 스프레이 써봤어?

B : 아니, 난 비강 스프레이를 싫어해.

A : 그거 효과가 좋아.

B : 아니, 괜찮아. 나는 코에 무엇이든 넣는 걸 싫어해서 사용해 본 적이 없어.

VOCA

- pharmacy 약국
- take (약을) 먹다
- blow one's nose 코를 풀다
- nose spray 비강 스프레이

13 난도 ★☆☆   정답 ④

독해 > 세부 내용 찾기 > 내용 (불)일치

정답의 이유

열 번째 문장에서 'The driest deserts, such as Chile's Atacama Desert, have parts(칠레의 Atacama 사막 같은 가장 건조한 사막에는 ~ 지역들이 있다)~'라고 했으므로 글의 내용과 일치하지 않는 것은 ④ 'The Atacama Desert is one of the rainiest deserts (Atacama 사막은 비가 가장 많이 내리는 사막 중 하나이다).'이다. Atacama 사막은 연간 강수량이 2mm 미만인 가장 건조한 사막 중 하나이다.

오답의 이유

① 각 대륙에 적어도 하나의 사막이 있다. → 첫 번째 문장에서 '~ they are found on every continent(그것들은 모든 대륙에서 찾아볼 수 있다).'라고 했으므로 글의 내용과 일치한다.

② Sahara는 세계에서 가장 큰 뜨거운 사막이다. → 여섯 번째 문장에서 'The largest hot desert in the world, northern Africa's Sahara, reaches temperatures of up to 50 degree Celsius(세계에서 가장 큰 뜨거운 사막인 북아프리카의 Sahara는 최대 섭씨 50도의 온도에 도달한다) ~'라고 했으므로 글의 내용과 일치한다.

③ Gobi 사막은 추운 사막으로 분류된다. → 일곱 번째 문장에서 'But some deserts are always cold, like the Gobi Desert in Asia(그러나 아시아의 Gobi 사막 같은 일부 사막은 항상 춥고) ~'라고 했으므로 글의 내용과 일치한다.

본문해석

사막은 지구 육지의 1/5 이상을 덮고 있으며, 모든 대륙에서 발견된다. 일 년에 25센티미터(10인치) 미만의 비가 오는 장소는 사막으로 여겨진다. 사막은 건조 지역이라고 불리는 광범위한 지역의 일부이다. 이러한 지역들은 '수분 부족'인 상태인데, 그것은 이 지역들이 연간 강수량보다 증발을 통해서 수분을 더 많이 잃을 수 있다는 것을 의미한다. 사막은 덥다는 일반적 개념에도 불구하고, 추운 사막도 있다. 세계에서 가장 큰 더운 사막인 북아프리카의 Sahara 사막

은 낮 동안 섭씨 50도(화씨 122도)의 온도에 도달한다. 하지만 아시아의 Gobi 사막과 세계에서 가장 큰 남극과 북극의 극지방 사막 같은 일부 사막은 항상 춥다. 다른 사막들에는 산이 많다. 오직 20퍼센트의 사막들만이 모래로 뒤덮여 있다. 칠레의 Atacama 사막 같은 가장 건조한 사막에는 1년에 강수량이 2mm(0.08인치) 미만인 지역들이 있다. 그러한 환경은 너무 황량하고 비현실적이어서 심지어 과학자들은 화성의 생명체에 대한 단서를 찾기 위해 그것들을 연구해 왔다. 반면에, 몇 년마다, 유난히 비가 많이 오는 시기는 'super blooms'를 만들어낼 수 있는데, 심지어 Atacama 사막조차도 야생화들로 뒤덮이게 된다.

VOCA

- continent 대륙
- moisture deficit 수분 부족
- evaporation 증발
- precipitation 강수, 강수량
- conception 이해, 개념
- antarctic 남극
- arctic 북극
- mountainous 산이 많은, 산지의
- harsh 혹독한
- otherworldly 비현실적인, 초자연적인
- super bloom 슈퍼 블룸(사막에 일시적으로 들꽃이 많이 피는 현상)

14 난도 ★☆☆   정답 ④

어법 > 영작하기

정답의 이유

④ '~도 역시 그렇다'는 표현은 긍정문의 경우는 so를 사용하며, so 다음에서 주어와 동사가 도치된다. 이때 동사가 일반 동사이면 do를 대신 써서 도치해야 하는데, 주어가 her son이고 동사가 일반 동사의 과거형인 loved이므로 did를 사용하여 'so did her son'이 올바르게 쓰였다.

오답의 이유

① 'look forward to -ing'는 '~하기를 고대하다'의 뜻으로 이때 to는 전치사이다. 따라서 목적어로 동명사가 와야 하므로 to receive → to receiving이 되어야 한다.

② rise는 자동사로 목적어를 가질 수 없는데, rise 다음에 목적어(my salary)가 있으므로 rise → raise가 되어야 한다.

③ '~할 만한 가치가 있다'는 'be worth -ing'를 써야 하므로 worth considered → worth considering이 되어야 한다.

15 난도 ★☆☆   정답 ②

어법 > 영작하기

정답의 이유

② '너무 ~해서 …하다'라는 표현은 'so[such] ~ that'의 부사절 접속사 구문으로 쓴다. 'such ~ that' 표현의 경우 such 다음에 관사가 바로 오는 어순에 주의해야 한다. 'such+a[an]+형용사+명사'의 어순으로 바르게 사용되었다.

오답의 이유

① 'as if'는 '마치 ~인 것처럼'이라는 뜻의 접속사이므로 우리말 해석과 일치하지 않는다. '~일지라도'라는 양보의 의미가 되려면 '형용사[명사]+as+주어+동사'의 어순이 되어야 하므로 as if → as가 되어야 한다.

③ 'keep A -ing'는 'A가 계속 ~하게 하다'라는 의미이므로 우리말과 일치하지 않는 문장이다. 'A가 B 하는 것을 방해하다'라는 표현은 'keep A from B(-ing)'로 해야 한다. 따라서 kept her advancing → kept her from advancing으로 고쳐야 한다.

④ if는 바로 다음에 or not과 함께 쓸 수 없으므로 if가 whether로 바뀌거나 or not을 문장 끝으로 이동시켜야 한다.

VOCA

• sincere 진실한

• advance 전진하다, 나아가다, 진보[향상]하다

• meteor 유성

• abolish 폐지하다

16 난도 ★☆☆   정답 ①

독해 > 빈칸 완성 > 단어 · 구 · 절

정답의 이유

제시문은 영국인들의 온라인 쇼핑을 통한 소비 행태를 설명하는 내용으로, 두 번째 문장에서 소비자들은 온라인 쇼핑으로 고민 없이 옷을 사고 주요 의류 브랜드들이 저가의 옷들을 공급하기 때문에 소비자들은 그것들을 사서 두세 번 입고 버리는 일회용품 취급한다는 온라인 쇼핑의 문제점을 설명하고 있다. 빈칸 앞에서 '~ they're using it to buy things(그들은 ~한 물건을 사기 위해서도 돈을 쓴다) ~'라고 했고, 빈칸 다음 문장에서 영국은 1년에 30만 톤의 의류를 버리는데, 그것의 대부분이 쓰레기 매립지로 간다고 했으므로 문맥상 빈칸에는 ① 'they don't need(그들이 필요하지 않은)' 물건을 구입하는 데 돈을 쓰고 있다는 내용이 들어가는 것이 적절하다.

오답의 이유

② 생활필수품인

③ 곧 재활용될

④ 그들이 다른 사람들에게 물려줄 수 있는

본문해석

소셜 미디어, 잡지 그리고 상점 진열장은 사람들에게 사야 할 것을 매일 쏟아내고, 영국 소비자들은 과거 어느 때보다 더 많은 옷과 신발을 구매하고 있다. 온라인 쇼핑은 소비자들이 고민하지 않고 쉽게 구매할 수 있으며 동시에 주요 브랜드들이 그러한 저가의 옷들을 공급하고 있기 때문에, 그 옷들은 두세 번 정도 입고 버려지는 일회용품처럼 취급될 수도 있다는 것을 의미한다. 영국에서, 일반 사람들은 매년 1000파운드 이상을 새로운 의류 구입에 할애하며, 이는 그들의 수입 중 약 4%에 해당한다. 그것은 많은 것처럼 들리지 않을지도 모르지만, 그 수치에는 사회와 환경에 있어 훨씬 더 우려되는 두 가지 추세(경향)가 숨어 있다. 첫째, 소비자 지출의 많은 부분이 신용카드를 통해 이루어진다. 영국인들은 현재 신용카드 회사에 성인 1인당 거의 670파운드의 빚을 지고 있다. 이것은 평균 의류구입비 예산의 66%이다. 또한, 사람들은 가지고 있지 않은 돈을 소비할 뿐만 아니라, 필요하지 않은 물건을 사기 위해서도 돈을 쓰고 있다. 영국은 1년에 30만 톤의 의류를 버리는데, 그것의 대부분이 쓰레기 매립지로 간다.

VOCA

• bombard 퍼붓다[쏟아 붓다]

• disposable 일회용의, 처분할 수 있는, 마음대로 쓸 수 있는

• income 소득, 수입

• figure 수치

• via (특정한 사람 · 시스템 등을) 통하여

• approximately 거의, 대략, 대체로

• wardrobe 옷장, 옷

• budget 예산

• landfill 쓰레기 매립지

• necessity(necessities) 필요(성), 필수품, 불가피한 일

• recycle 재활용하다

• hand down to ~로 전하다, 물려주다

독해 > 빈칸 완성 > 단어 · 구 · 절

정답의 이유

빈칸 앞부분의 'Thus, only moderate savings are possible through improved efficiency, ~'에서 향상된 효율성을 통해서는 단지 중간 정도의 비용 절감만 가능하다고 했고, 그것은 가격상승을 ~하게 만든다고 했으므로 서비스의 향상(세심한 개인적 서비스)을 위해서 가격 상승이 불가피한 것을 유추할 수 있다. 빈칸 다음에서 'Thus, the clientele of the fine-dining restaurant expects, ~'라고 탁월함을 위해 지불할 준비가 되어 있다고 언급하고 있으므로 밑줄 친 부분에 들어갈 말로 가장 적절한 것은 ② 'inevitable(불가피한)'이다.

오답의 이유

① 터무니없는

③ 엉뚱한

④ 상상도 할 수 없는

본문해석

탁월함은 고급 레스토랑에서는 절대적인 전제 조건인데, 그 이유는 청구되는 가격이 필연적으로 높기 때문이다. 운영자는 식당을 효율적으로 만들기 위해 가능한 할 수 있는 모든 것을 하겠지만, 손님들은 여전히 세심한 개인적 서비스, 즉 고도로 숙련된 주방장에 의해 (손님들의) 주문대로 음식이 준비되고 숙련된 서버가 서빙하는 것을 기대한다. 이 서비스는, 말 그대로, 육체노동이기 때문에, 오직 미미한 생산성 향상만이 가능하다. 예를 들어, 요리사, 서버 또는 바텐더는 인간 수행의 한계에 도달하기까지 단지 조금만 더 빨리 움직일 수 있다. 따라서 향상된 효율성을 통해 약간의 절약만이 가능하여 가격 상승이 불가피하다. (가격 상승에 따라 소비자들이 더 안목 있게 된다는 것은 경제학의 자명한 이치이다.) 따라서 고급 레스토랑의 고객은 탁월함을 기대하고, 요구하며, 기꺼이 탁월함에 대한 비용을 지불한다.

VOCA

• excellence 뛰어남, 탁월함

• absolute 절대적인

• prerequisite 전제 조건

• skilled 숙련된

• manual labor 수공일, 육체노동

• marginal 미미한

• only so much 제한된, 고작 이 정도까지인, 한계가 있는

• moderate 적절한, 적당한

• escalation 상승

• axiom 자명한 이치, 공리, 격언

• discriminating 안목 있는

• clientele (어떤 기관 · 상점 등의) 모든 의뢰인들[고객들]

독해 > 글의 일관성 > 글의 순서

정답의 이유

주어진 글은 인간의 언어가 다른 동물들의 의사소통 체계와 비교하여 정교하다고 설명하고 있으므로 (C)의 영장류들조차도 기초적인 의사소통 체계 이상을 갖지 못한다는 내용으로 연결될 수 있다. 이어서 (A)에서 That said와 nevertheless를 사용해서 인간 외의 다른 많은 종들도 자연 환경에서 복잡한 의사소통을 한다는 내용으로 이어지는 게 자연스럽다. 결론적으로 (A)의 many species를 (B)에서 they로 받고, (A)의 '자연적 환경(natural settings)'과 대치되는 표현으로 (B)의 '인위적인 상황(artificial contexts)'을 제시하고 있다. 따라서 주어진 글 다음에 이어지는 글의 순서로 적절한 것은 ③ '(C) - (A) - (B)'이다.

본문해석

분명히, 인간의 언어는 원숭이나 유인원들의 명백히 제한된 발성보다 뛰어나다. 게다가 그것은 다른 형태 동물의 의사소통을 훨씬 능가하는 정교함을 보여준다.

(C) 심지어 우리와 가장 가까운 영장류 사촌들조차 수년 동안 집중적인 훈련을 거친 이후에도 기초적인 수준 이상의 의사소통 체계는 습득하지 못하는 것처럼 보인다. 언어의 복잡성은 확실히 한 종에만 국한된 고유한 특성이다.

(A) 그렇긴 해도, 인간의 언어에는 훨씬 못 미치지만, 그럼에도 불구하고 많은 종들이 자연환경에서 인상적으로 복잡한 의사소통 체계를 보인다.

(B) 그리고 그것들은 인간과 함께 키워질 때처럼, 인위적인 환경에서 훨씬 더 복잡한 체계를 배울 수 있다.

VOCA

• decidedly 확실히, 분명히, 단호히

• vocalization 발성(된 단어 · 소리), 발성(하기)

• ape 유인원

• sophistication 교양, 세련

• exhibit 드러내다, 보여주다

• artificial 인위적인, 인공적인

• context 상황, 환경

• primate 영장류

• incapable of ~할 수 없는

• rudimentary 가장 기본[기초]적인

• communicative 의사 전달의

• complexity 복잡성, 복잡함

• species-specific 한 종에만 국한된

• trait 특성

19 난도 ★★★　　　　　　　　　　　　　　　정답 ④

독해 > 대의 파악 > 제목, 주제

[정답의 이유]

제시문은 세계 자본주의의 영향과 반응에 관한 내용의 글이다. 세계화가 좋은 결과를 가지고 오긴 했지만, 저임금 노동자들을 착취하고 독점적 형태의 자본주의가 되었다고 비판하고, 이로 인해 자발적으로 민간단체 등에 가입하거나, 국제적 연합 세력 등이 생겨나는 등 여러 사회적 반응들이 나타났다고 기술하고 있으므로 글의 주제로 가장 적절한 것은 ④ 'The exploitative characteristics of global capitalism and diverse social reactions against it(세계 자본주의의 착취적인 성격과 그에 대한 다양한 사회적 반응들)'이다.

[오답의 이유]

① 과거 개발도상국에서 세계화에 대한 긍정적인 현상들
② 20세기의 사회주의의 쇠퇴와 자본주의의 출현
③ 세계 자본 시장과 좌익 정치 조직 간의 갈등

본문해석

20세기 후반에 사회주의는 서양과 개발도상국의 넓은 지역에서 후퇴하고 있었다. 시장 자본주의의 발전이라는 새로운 국면 동안, 세계의 무역 거래 형태는 점점 상호 연결되었고, 정보 기술의 발달은 규제가 해제된 금융 시장이 순식간에 국가 경계를 초월하여 거대한 자본의 흐름을 바꿀 수 있었다는 것을 의미했다. '세계화'는 무역을 활성화하고, 생산성 향상을 고취하고, 가격을 낮췄지만, 비평가들은 그것이 저임금 노동자들을 착취했고 환경 문제에 무관심하며, 제3세계 자본주의라는 독점적인 형태의 지배를 받게 했다고 주장했다. 이러한 과정에 대해 항의하고 싶었던 서양 사회의 많은 급진주의자들은 소외된 좌파 정당보다는 자발적인 단체들, 자선 단체 그리고 다른 비정부 단체들에 가입했다. 환경 운동 자체는 세계가 서로 연결되어 있다는 인식에서 성장했으며, 만약 확산된다면 분노한 국제 이익 연합세력들이 출현했다.

VOCA

• retreat 후퇴, 철수
• interlink 연결하다
• deregulate 규제를 철폐하다
• boundary 경계
• allege 주장하다
• indifferent 무관심한
• subject A to B A를 B에 복종[종속]시키다
• monopolistic 독점적인
• marginalize (특히 사회의 진보에서) 처지다, 사회에서 소외되다
• interconnect 연결하다
• diffuse 분산되다, 확산되다
• coalition 연합(체)
• exploitative 착취적인

20 난도 ★☆☆　　　　　　　　　　　　　　　정답 ①

독해 > 대의 파악 > 분위기, 어조, 심경

[정답의 이유]

제시문은 우연히 특이한 돌을 발견한 어린 광부 Johnbull이 그것을 다른 광부에게 보여준 다음에 그 광부가 보인 반응을 보고 마음속으로 그 돌이 정말 보석일 수도 있다고 기대한다는 내용이다. 마지막 문장 'Could it be(과연 그럴까)?'로 미루어 그 돌이 진짜 다이아몬드일지도 모른다는 기대감을 지니고 있음을 유추할 수 있으므로 Johnbull의 심경으로 가장 적절한 것은 ① 'thrilled and excited(신나고 흥분한)'이다.

[오답의 이유]

② 고통스럽고 낙담한
③ 거만하고 확신에 찬
④ 무심하고 무관심한

본문해석

이글거리는 한낮의 태양 아래, 최근에 캐낸 자갈 더미에서 노란 달걀 모양의 돌멩이가 눈에 띄었다. 16살의 광부 Komba Johnbull은 호기심에 그것을 집어 들고 피라미드 모양의 납작한 면을 만지작거렸다. Johnbull은 다이아몬드를 본 적이 없었지만, 아무리 큰 발견물이라고 해도 그의 엄지손가락보다 크지 않을 거라는 사실 정도는 충분히 알고 있었다. 그럼에도 불구하고, 그 돌멩이는 다른 사람의 의견을 들어볼 만큼 충분히 특이했다. 그는 조심스럽게 정글 깊숙한 곳에서 진흙투성이 틈을 작업하고 있는 더 경험이 많은 광부들 중 한 명에게 그것을 가지고 갔다. 현장 감독은 그 돌을 보고 눈이 휘둥그레졌다. "그것을 주머니에 넣어라," 그가 속삭였다. "계속해서 캐라." 그 나이 많은 광부는 누군가가 그들이 뭔가 대단한 것을 발견했다고 생각한다면 위험해질 수 있다고 그에게 경고했다. 그래서 Johnbull은 해질 때까지 계속해서 삽질하면서, 가끔 멈춰서 그의 주먹에 있는 무거운 돌을 움켜잡았다. 과연 그럴까?

VOCA

• blazing 불타는 듯한
• stand out 눈에 띄다, 두드러지다
• unearth 파다
• gravel 자갈
• merit 받을 만하다[자격/가치가 있다]
• second opinion 다른 사람의 의견
• sheepishly 소심하게
• gash (바위 등의) 갈라진 금[틈]
• pit boss (광산의) 현장 감독
• dig 파다
• shovel 삽, 부삽, 삽으로 푸다

PART 3

한국사

한눈에 훑어보기

✅ 빠른 정답

01	02	03	04	05	06	07	08	09	10
④	①	④	③	②	②	④	①	②	①
11	12	13	14	15	16	17	18	19	20
②	③	④	③	②	③	④	②	③	③

✅ 점수 체크

구분	1회독	2회독	3회독
맞힌 문항 수	/ 20	/ 20	/ 20
나의 점수	점	점	점

---

01 난도 ★☆☆   정답 ④

선사 시대와 국가의 형성 > 선사 시대

자료해설

바위에 '고래 잡는 사람', '호랑이', '사슴', '물을 뿜고 있는 고래', '작살이 꽂혀 있는 고래' 등 여러 동물과 사냥하는 모습이 묘사됐다는 내용으로 보아 제시된 자료가 가리키는 문화유산은 울주 대곡리 반구대 암각화임을 알 수 있다.

정답의 이유

④ 울주 대곡리 반구대 암각화는 선사 시대에 만들어졌으며, 바위 면에 고래, 거북, 사슴, 호랑이 등의 동물들과 배를 타고 고래를 사냥하는 장면 등이 새겨져 있다. 이는 사냥과 고기잡이의 성공과 풍성한 수확을 비는 것으로 보인다.

오답의 이유

① 경북 고령 장기리 암각화에는 동심원, 십자형, 가면 모양 등 기하학무늬 모양의 그림이 새겨져 있으며, 청동기 후기의 암각화로 추정한다.

② 황해 안악 3호분은 북한 황해도 안악군에 위치한 고구려의 굴식 돌방무덤으로, 널방의 벽면에는 250여 명에 달하는 사람들로 구성된 행렬도가 그려져 있다.

③ 경주 천마총은 신라의 대표적인 돌무지덧널무덤으로, 내부에서 말의 안장 양쪽에 달아 늘어뜨리는 부속품인 장니에 그려진 천마도(장니 천마도)가 출토되었다.

02 난도 ★★☆   정답 ①

근세 > 정치사

자료해설

제시된 자료에서 '여진족과 왜구의 침입에 대비하기 위해 만든 임시 회의 기구', '임진왜란 이후 국정 전반을 다루었다', '의정부와 6조의 기능이 축소' 등의 내용으로 보아 (가)에 해당하는 기구는 비변사임을 알 수 있다.

정답의 이유

① 비변사는 중종 때 왜구와 여진족의 침입에 대비하기 위한 임시 기구로 설치되었으며, 을묘왜변(1555)을 계기로 상설 기구가 되었다. 이후 임진왜란을 거치면서 구성원이 3정승을 비롯한 고위 관원으로 확대되었으며 그 기능도 군사 문제뿐 아니라 외교, 재정 등 거의 모든 정무를 총괄하였다. 이와 같이 비변사의 기능이 강화되자 의정부와 6조 중심의 행정 체계는 유명무실해졌고, 고종 초 흥선대원군이 의정부의 실권을 회복하고 행정체계를 바로잡기 위해 축소, 폐지하였다.

② 삼군부는 조선 초기 군무를 총괄하던 관청이다. 고종 즉위 이후 정치적 실권을 잡은 흥선대원군이 비변사를 폐지하여 의정부의 권한을 강화하고 삼군부를 부활시켜 군사 및 국방 문제를 전담하게 하였다.

③ 고려의 정치 중심 기구는 국정 총괄과 정책 결정을 담당하는 최고 중앙 관서인 중서문하성과 6부를 관리하는 상서성의 2성으로 이루어졌다. 상서성은 고려 시대 중앙 관제 중 하나로 6부(이·호·예·병·형·공)의 행정업무를 집행하고 관리하였다.

④ 집사부는 통일 신라의 최고 행정 기구로, 중앙 행정 기구인 집사부를 중심으로 그 아래 13개 관부가 병렬적으로 위치하여 행정 업무를 분담하였다.

03 난도 ★★☆　　　　　　　　　　　정답 ④

고대 > 정치사

자료해설

제시문의 '고구려의 옛 땅', '백성은 말갈이 많고 토인(土人)이 적은데, 모두 토인을 촌장으로 삼는다' 등의 내용을 통해 밑줄 친 '이 나라'는 발해임을 알 수 있다. '토인(土人)'은 토착 원주민으로 발해의 토착 원주민인 고구려계 사람을 의미하며, 말갈이 많고 토인(土人)이 적지만 촌장은 모두 토인으로 임명한다는 내용으로 보아 발해의 인구 구성 중 말갈인이 큰 비중을 차지하나 지배층은 고구려인임을 알 수 있다.

정답의 이유

④ 발해 선왕은 지방 행정 체제를 5경 15부 62주로 정비하고 주현에 지방관을 파견하였다.

오답의 이유

① 신라는 골품제라는 특수한 신분 제도를 운영하여, 개인이 승진할 수 있는 관등 승진의 상한을 골품으로 정하고 관직을 맡을 수 있는 관등의 범위를 한정하였다.

② 통일 신라 신문왕은 중앙군을 9서당, 지방군을 10정으로 편성하여 군사조직을 정비하였다.

③ 고구려 광개토대왕은 즉위 후 영락이라는 독자적인 연호를 사용하여 왕권을 강화하였다.

04 난도 ★☆☆　　　　　　　　　　　정답 ③

근세 > 정치사

자료해설

『농사직설』과 '4군 6진 개척'을 통해 제시된 자료의 업적이 있는 왕은 세종대왕임을 알 수 있다. 조선 세종은 정초, 변효문 등을 시켜 우리 풍토에 맞는 농법을 기술한 『농사직설』을 간행하였다. 또한 세종 때 여진을 몰아낸 뒤 최윤덕이 압록강 상류 지역에 4군을 설치하고, 김종서가 두만강 하류 지역에 6진을 설치하여 영토를 확장하였다.

정답의 이유

③ 조선 전기 세종은 전세 제도인 공법을 제정하고 이를 실시하기 위해 전제상정소를 설립하여 토지의 등급을 매기도록 하였다.

이를 통해 풍흉과 토지 비옥도에 따라 전세를 차등 징수하는 연분9등법과 전분6등법을 전라도부터 시행하였다.

오답의 이유

① 조선 후기 상업이 발달하면서 담배, 인삼, 면화 등 상품 작물의 재배가 활발해졌다. 송파장은 전국의 온갖 산물이 모이는 중심지로, 조선 시대 15대 장터 중 하나였다.

② 조선 정조는 채제공의 건의에 따라 신해통공을 시행하여 육의전을 제외한 시전 상인들의 금난전권을 폐지하고 일반 상인들의 자유로운 상업 활동을 도모하였다.

④ 조선 정조 때 진산의 양반 윤지충은 모친상을 당하여 신주를 불사르고 천주교 의식으로 상을 치르자 강상죄를 저지른 죄인으로 비난을 받았다. 이때 천주교인이었던 권상연이 이를 옹호하자 모두 사형에 처해졌다(신해박해).

05 난도 ★★☆　　　　　　　　　　　정답 ②

중세 > 정치사

자료해설

제시문의 '왕이 신돈에게 국정을 맡겼다'는 내용으로 보아 밑줄 친 '왕'은 공민왕이다. 공민왕은 신돈을 등용하고 전민변정도감을 설치하여 권문세족에 의해 점탈된 토지를 본래 주인에게 돌려주고 억울하게 노비가 된 자를 풀어주는 등 개혁을 단행하였다.

정답의 이유

② 공민왕은 원의 내정 간섭을 배제하기 위하여 정동행성 이문소를 폐지하였다.

오답의 이유

① 고려 태조는 지방 호족을 견제하고 지방 통치를 원활하게 하기 위해 중앙의 고관을 자기 출신지의 사심관으로 임명하는 사심관 제도를 시행하였다.

③ 고려 광종은 공신과 호족의 세력을 약화시키고 왕권을 강화하고자 국왕을 황제라 칭하고 광덕, 준풍 등의 독자적 연호를 사용하였다.

④ 고려 성종은 유학자인 최승로가 건의한 시무 28조 개혁안을 받아들여 유교 정치를 구현하였다.

06 난도 ★★☆　　　　　　　　　　　정답 ②

시대 통합 > 지역사

자료해설

자료의 '고인돌 유적'과 '고려 정부가 천도하여 몽골의 침략에 대항'으로 보아 밑줄 친 '이곳'은 강화도이다. 강화도 부근리, 삼거리, 오상리 등의 지역에는 청동기 시대 지배층 군장의 무덤인 고인돌 160여 기가 분포되어 있으며, 고창·화순·강화 고인돌 유적이 함께 유네스코 세계 유산으로도 등재되어 있다. 또한 고려 최씨 무신 정권 시기 최우는 몽골의 침입에 장기적으로 대항하기 위해 강화도로 천도하였다.

정답의 이유

② 인조의 친명배금 정책으로 후금이 조선을 침략하는 정묘호란이 발생하였다. 후금이 의주를 함락시킨 뒤 평산까지 남진하자 인조는 강화도로 피난하였다.

① 통일 신라 때 장보고는 완도에 청해진을 설치하여 해적들을 소탕하고 해상 무역권을 장악하면서 당, 신라, 일본을 잇는 국제 무역을 주도하였다.

③ 원나라는 고려 충렬왕 때 제주도에 탐라총관부를 설치하여 직할령으로 삼았다.

④ 조선 고종 때 영국은 조선에 대한 러시아의 세력 확장을 저지하기 위해 남해의 전략 요충지인 거문도를 불법으로 점령하였다.

강화도에서 일어난 역사적 주요 사건

구분	사건	내용
청동기 시대	고인돌 축조	강화도 부근리, 삼거리, 오상리 등에 탁자식 등 다양한 고인돌 분포(유네스코 세계 유산)
고려	최우의 강화도 천도 (1232)	최우 집권 시기 몽골의 침입에 대응하기 위해 강화도로 천도
	대장도감 (大藏都監) 설치 (1236)	• 고려 고종 때 강화도에 대장도감을 설치하고 재조(팔만)대장경 조성 (1236~1251) • 대장도감에서 현전하는 우리나라 최고(最古)의 의학 서적인 『향약구급방』 간행
	삼별초의 대몽항쟁 (1270~1273)	• 고려 정부가 강화도에서 개경으로 환도 → 배중손, 김통정을 중심으로 한 삼별초가 반대하여 대몽항쟁 전개 • 강화도, 진도, 제주도(탐라)로 이동
조선	정묘호란 (1627)	후금의 침략으로 인조가 강화도로 피란
	강화학파 (18C 초)	정제두가 양명학을 연구하고 강화도에서 강화학파 형성
	병인양요 (1866)	병인박해를 구실로 프랑스군이 강화도에 침략하여 외규장각 의궤 등 약탈
	신미양요 (1871)	제너럴 셔먼호 사건을 구실로 미군이 강화도 침략
	강화도 조약 (1876)	우리나라 최초의 근대적 조약이자 불평등 조약으로 강화도 연무당에서 체결

07 난도 ★★☆　　　　　　　　　　　　　정답 ④

근대 > 정치사

'개항 이후 ~ 개혁을 추진하기 위해 설립된 기구', '외교, 군사 등 개화와 관련된 정책을 총괄', '그 아래 12사를 두어 실무를 담당' 등의 내용을 통해 제시된 기구가 '통리기무아문'임을 알 수 있다.

④ 고종은 강화도 조약 이후 국내외 정세에 대응하기 위해 국내외의 군국 기무와 개화 정책을 총괄하는 업무를 맡은 관청인 통리기무아문을 설치하고 그 아래 12사(司)를 두어 행정 업무를 맡게 하였다(1880).

①·③ 동학 농민 운동 당시 농민군은 황토현 전투에서 관군에 승리하고 전주성을 점령하여 전라도 일대를 장악하였으며 이후 청과 일본의 군대 개입을 우려한 조선 정부와 동학 농민군은 전주 화약을 체결하였다. 전주 화약 체결 후 조선 정부는 교정청을 설치하여 자주적인 내정 개혁을 시도하였으나, 일본군이 경복궁을 포위하고 고종을 협박하여 내정 개혁 기구인 군국기무처를 설치하고 교정청을 폐지하였다(1894).

② 임술 농민 봉기를 수습하기 위해 안핵사로 파견된 박규수는 민란의 원인이 삼정의 문란에 있다고 보고 삼정이정청을 설치하였으나 근본적인 문제를 해결하지는 못하였다(1862).

08 난도 ★★☆　　　　　　　　　　　　　정답 ①

중세 > 정치사

'노비 만적', '공노비와 사노비들을 불러 모의', '장상의 씨가 따로 있으랴' 등을 통해 제시문의 사건이 '만적의 난'임을 알 수 있다. 최씨 무신 정권 시기 최충헌의 사노비 만적은 개성에서 노비들을 규합하여 신분 차별에 항거하는 반란을 도모하였으나 사전에 발각되어 실패하였다(1198).

① 고려 무신 정권 시기 최충헌의 뒤를 이어 집권한 최우는 자신의 집에 정방을 설치하고 이를 인사 행정을 담당하는 기관으로 삼아 인사권을 완전히 장악하였다(1225).

② 고려 예종 때 윤관은 별무반을 이끌고 여진족을 토벌하여 함주, 길주 등에 동북 9성을 설치하였다(1107).

③ 고려 광종은 노비안검법을 실시하여 억울하게 노비가 된 사람들을 구제하고, 호족 세력의 경제적·군사적 기반을 약화시키고자 하였다(956).

④ 통일 신라 때 지방 세력을 견제하기 위해 지방 호족의 자제 1명을 뽑아 중앙에 머물게 하는 상수리 제도를 실시하였다.

시대별 노비 해방 노력

노비안검법(956) 실시	• 고려 광종 때 억울하게 노비가 된 사람들을 구제하기 위해 실시 • 국가 재정 확충, 호족 세력 약화 도모
만적의 난(1198)	최충헌의 사노비 만적이 신분 차별에 항거하여 개경에서 반란 도모, 사전 발각되며 실패
공노비 해방(1801)	조선 순조 때 각 궁방과 중앙 관서의 공노비를 해방시켜 양민으로 삼음
제1차 갑오개혁(1894)	군국기무처 주도로 진행된 제1차 갑오개혁으로 공사 노비법 혁파(사노비도 해방)

09 난도 ★★☆　　　　　　　　　　　　　　정답 ②

근대 태동기 > 문화사

자료해설

제시문의 『양반전』, '수레와 선박의 이용 등에 대해서도 주목' 등의 내용을 통해 밑줄 친 '그'가 박지원임을 알 수 있다. 박지원은 『양반전』, 『허생전』, 『호질』 등의 소설을 통해 양반의 무능과 허례를 풍자하고 비판하였고, 청에 다녀온 뒤 견문록인 『열하일기』를 저술하여 청 문물을 소개하며 상공업 진흥과 화폐 유통, 수레 사용의 필요성을 주장하였다.

정답의 이유

② 박지원은 『과농소초』를 저술하여 중국 농법 도입과 재래 농사 기술의 개량을 주장하였으며, 농업 정책으로 토지 소유 상한선을 규정하는 한전론을 제안하여 심각한 토지 소유 불균형을 해소하고자 하였다.

오답의 이유

① 송시열은 노론의 영수로, 명에 대한 의리를 지키고 청에게 당한 수모를 갚자는 북벌론을 주장하며 효종에게 『기축봉사』를 올려 북벌 계획의 핵심 인물이 되었다.

③ 조선 정조 때 정약용은 서양 서적인 『기기도설』을 참고하여 거중기를 제작하였고, 이는 수원 화성을 축조할 때 사용되면서 공사 기간과 비용을 줄이는 데 큰 역할을 하였다.

④ 조선 정조 때 안정복은 역사서인 『동사강목』을 편찬하여 고조선부터 고려 말까지의 역사를 정리하였으며, '단군 – 기자 – 마한 – 삼국 – 통일 신라 – 고려'로 이어지는 독자적 정통론을 확립하였다.

10 난도 ★☆☆　　　　　　　　　　　　　　정답 ①

고대 > 정치사

자료해설

제시문의 '김흠돌의 난', '녹읍을 폐지' 등을 통해 통일 신라 신문왕 때임을 알 수 있다. 신문왕은 장인이었던 김흠돌의 난을 진압한 뒤 왕권 강화를 위해 진골 귀족 세력을 숙청하였으며, 녹읍을 폐지하고 관료전을 지급하여 귀족의 경제 기반을 약화시키고자 하였다.

정답의 이유

① 신문왕은 유학 교육 기관인 국학을 설립하여 유교 정치 이념을 확립하고 왕권을 강화하려 하였다.

오답의 이유

② 신라 법흥왕은 이차돈의 순교를 계기로 불교를 국교로 공인하였다.

③ 통일 신라 원성왕은 국학의 학생들을 대상으로 독서삼품과를 실시하여 유교 경전의 이해 수준에 따라 관리를 채용하였다.

④ 신라 지증왕은 이사부를 시켜 우산국(울릉도)과 우산도(독도)를 복속하고 그를 실직주의 군주로 삼았다.

11 난도 ★★☆　　　　　　　　　　　　　　정답 ②

고대 > 정치사

자료해설

(가) '왕이 보병과 기병 5만 명을 보내 신라를 구원'과 '왜군이 퇴각'을 통해 고구려 광개토대왕이 신라의 원군 요청을 받고 군대를 보내 신라에 침입한 왜를 격퇴한 사건임을 알 수 있다. 광개토대왕은 백제·가야·왜 연합군의 침략으로 신라 내물왕이 원군을 요청하자 병력 5만 명을 신라에 보내 연합군을 낙동강 유역까지 추격하여 물리쳤다(400). 이로 인해 금관가야를 중심으로 하는 전기 가야 연맹이 쇠퇴하기 시작했다.

(나) '백제 왕이 가야와 함께 관산성을 공격', '비장인 도도가 백제 왕을 죽였다'를 통해 백제 성왕이 전사한 관산성 전투임을 알 수 있다. 백제 성왕은 신라의 진흥왕이 나·제 동맹을 깨고 백제가 차지한 지역을 점령하자 신라를 공격하였으나 관산성 전투에서 전사하였다(554).

정답의 이유

② 신라 법흥왕 때 신라가 금관가야를 병합하였다(532).

오답의 이유

① 고구려 미천왕은 낙랑군을 축출(313)하고 한의 군현을 모두 몰아내어 영토를 확장하였다.

③ 당은 연개소문의 정변을 구실로 고구려를 공격하여 요동성, 백암성 등을 함락시키고 안시성을 공격하였다. 이에 고구려는 안시성 성주 양만춘을 중심으로 저항하여 당군을 물리쳤다(645).

④ 백제 근초고왕이 고구려의 평양성을 공격하자 고국원왕이 이에 항전하다가 전사하였다(371).

12 난도 ★★★　　　　　　　　　　　　　　정답 ③

일제 강점기 > 정치사

자료해설

'남만주로 집단 이주하려고 기도', '토지를 사들이고 촌락을 세워', '학교를 세워 민족 교육을 실시', '무관학교를 설립', '105인 사건 판결문' 등의 내용으로 보아 제시문에서 말하는 단체는 신민회임을 알 수 있다. 105인 사건은 조선 총독부가 데라우치 총독 암살 미수를 조작해 많은 민족 운동가들이 체포된 사건으로, 이로 인해 신민회가 와해되었다.

정답의 이유

③ 신민회는 공화정체의 근대 국가 수립을 목표로 결성된 비밀 결사 단체(1907)로 오산 학교와 대성 학교를 세워 민족 교육을 실시하였으며, 서간도(남만주) 삼원보 지역에 독립 운동 기지로 신한민촌을 건설하고 독립군 양성 학교인 신흥 강습소(이후 신흥 무관 학교)를 설립하였다.

오답의 이유

① 독립협회는 만민공동회를 개최하여 러시아 내정 간섭을 규탄하고 러시아의 절영도 조차 요구를 저지하는 등 반러 운동을 전개하였다(1898).

② 1920년대 이상재, 이승훈, 윤치호 등의 주도로 한국인을 위한 고등 교육 기관인 민립대학 설립 운동이 시작되어 조선민립대학 기성회가 조직되었다(1923).

④ 한국인 학생과 일본인 학생 간의 충돌 사건을 계기로 조선인 학생에 대한 차별과 식민지 교육에 저항한 광주 학생 항일 운동이 발생하였다(1929). 이에 당시 신간회 중앙 본부는 진상조사단을 파견하여 지원하였다.

13 난도 ★★☆　　　　　　　　　　　　　　　　정답 ④

근대 태동기 > 경제사

자료해설

'영의정 이원익', '공물 제도가 방납인에 의한 폐단이 크며', '경기도', '백성들에게 ~ 토지 1결마다 8두씩 쌀로 거두고' 등을 통해 제시문의 내용이 대동법이며, 밑줄 친 왕은 대동법을 처음 시행한 '광해군'임을 알 수 있다. 광해군 때 공납의 폐단을 해결하기 위해 경기도부터 대동법을 실시하여 공납을 전세화하고 공물 대신 쌀을 납부하도록 하였다(1608). 이로 인해 국가에 필요한 물품을 공인이 조달하게 되면서 상품 화폐 경제가 발달하게 되었다.

정답의 이유

④ 기유약조는 1609년 광해군 때 일본과의 통교를 허용하기 위해 대마도주와 맺은 강화 조약이다. 이 약조의 체결로 임진왜란으로 끊겼던 일본과의 국교가 재개되고 부산에 왜관이 설치되었다.

오답의 이유

① 선조 때 유성룡의 건의에 따라 포수, 사수, 살수의 삼수병으로 편제된 훈련도감을 창설하였다(1593).

② 중종은 반정으로 왕위에 오른 뒤 훈구파를 견제하기 위해 사림을 중용하여 유교 정치를 발전시키고자 하였다. 이에 따라 등용된 조광조는 천거제의 일종인 현량과를 실시하여 사림이 대거 등용될 수 있는 발판을 마련하였으며 소격서 폐지, 위훈 삭제 등의 급진적인 개혁을 실시하며 훈구파의 반발을 불러왔다.

③ 정조는 새롭게 관직에 오른 자 또는 기존 관리 중 능력 있는 관리들을 규장각에서 재교육시키는 초계문신제를 시행하였다.

14 난도 ★★☆　　　　　　　　　　　　　　　　정답 ③

근대 > 정치사

자료해설

제시문의 '의정부를 내각으로, 8아문을 7부로 고쳤다', '지방 8도는 23부로 개편' 등을 통해 밑줄 친 개혁은 고종 때 김홍집 내각에 의해 추진된 제2차 갑오개혁임을 알 수 있다. 제2차 갑오개혁을 통해 중앙 행정 기구인 의정부와 8아문을 각각 내각과 7부로, 지방 행정 구역을 8도에서 23부로 개편하였다(1895).

정답의 이유

③ 제2차 갑오개혁 때 고종은 교육 입국 조서를 발표하고 교육의 중요성을 강조하면서 교사 양성을 위한 한성 사범 학교를 세웠다(1895).

오답의 이유

① 조선 정부는 외국어 통역관을 양성하기 위한 외국어 교육 기관으로 동문학을 설립하여 영어 교육을 실시하였다(1883).

② 육영공원은 최초의 관립 학교로 미국인 헐버트와 길모어를 초빙하여 상류층 자제들에게 영어, 수학, 지리, 정치 등 근대 학문을 교육하였다(1886).

④ 광무개혁 때 새로운 기술자와 경영인의 양성을 위해 상공학교(1899), 광무학교(1900) 등의 실업학교와 의학교 등 각종 학교를 설립하였다.

15 난도 ★★☆　　　　　　　　　　　　　　　　정답 ②

고대 > 문화사

자료해설

제시문의 '백제는 5세기 고구려의 공격으로 한강 유역을 상실', '수도가 함락', '도읍을 옮겼다'는 내용을 통해 밑줄 친 지역이 웅진(공주)임을 알 수 있다. 백제는 고구려 장수왕의 남진 정책으로 수도 한성이 함락되고 개로왕이 전사하자, 이후 즉위한 문주왕이 웅진(공주)으로 천도하였다.

정답의 이유

② 공주 송산리 고분군 내에 있는 무령왕릉은 웅진 시기에 재위하였던 무령왕의 무덤으로, 중국 남조의 영향을 받아 널길과 널방을 벽돌로 쌓은 벽돌무덤 양식으로 만들어졌다.

오답의 이유

① 몽촌토성은 서울 송파구 방이동에 위치한 토성터로, 백제 초기 한성 시대에 도성이자 왕성의 역할을 한 것으로 추정된다.

③ 전북 익산시에 위치한 익산 미륵사지 석탑은 백제 무왕 때 미륵사에 건립된 석탑으로, 목조건축의 기법을 사용하여 만들어졌으며 현존하는 삼국 시대의 석탑 중 가장 크다.

④ 서산 용현리 마애여래삼존상은 충남 서산시 가야산의 층암절벽에 조각된 거대한 백제의 화강석 불상으로, '백제의 미소'로도 알려져 있다.

16 난도 ★★★　　　　　　　　　　　　　　　　정답 ③

일제 강점기 > 정치사

자료해설

제시문의 '권업회', '대한 광복군 정부' 등을 통해 밑줄 친 이 지역이 연해주임을 파악할 수 있다. 이상설은 국권 상실 후 연해주 지역에서 한인 자치 단체인 권업회를 조직(1911)하고 권업신문을 발행하였다. 이후 연해주의 블라디보스토크에서 이상설을 정통령, 이동휘를 부통령으로 하는 대한 광복군 정부가 수립되어(1914), 만주와 시베리아 지역의 독립운동을 주도하면서 독립 전쟁을 준비하였다.

정답의 이유

③ 일제 강점기 당시 우리 민족은 러시아 연해주의 블라디보스토크로 이주하여 한인 집단 거주지인 신한촌을 형성하였다.

오답의 이유

① 동제사는 중국 상하이에서 신규식, 박은식 등이 조직한 항일 민족운동 단체이다(1912).

② 신민회의 이회영, 이상룡 등은 남만주 삼원보에 최초의 한인 자치 단체인 경학사를 조직(1911)하여 한인의 이주와 정착, 항일 의식 고취 등을 위해 노력하였다.

④ 박용만은 하와이에 대조선 국민 군단을 조직하여 독립군 사관 양성을 바탕으로 한 무장 투쟁을 준비하였다(1914).

17 난도 ★★☆　　　　　　　　　　　　　　　　정답 ④

중세 > 문화사

자료해설

제시문의 '문종의 넷째 아들', '송나라로 유학', '천태종을 창립' 등을 통하여 밑줄 친 '그'가 의천임을 알 수 있다. 의천은 고려 문종의 넷째 아들로 태어나 11세에 출가하였다. 이후 조정의 반대를 무릅쓰고 송에 유학하여 화엄종과 천태종의 교리를 배웠으며, 귀국 후 개경(개성) 흥왕사에서 교종과 선종의 불교 통합 운동을 전개하였다. 또한 국청사를 중심으로 해동 천태종을 개창하였으며, 이후 숙종 때 대각국사로 책봉되었다.

정답의 이유

④ 『신편제종교장총록』은 의천이 교장을 조판하기 전에 고려와 송·요·일본 등에서 불교 자료를 수집하여 편찬한 목록집으로, 흥왕사에 교장도감을 두어 이 목록에 따라 교장을 조판하였다.

오답의 이유

① 고려 승려 혜심은 유교와 불교가 다르지 않다는 유·불 일치설을 주장하여 장차 성리학을 수용할 수 있는 사상적인 토대를 마련하였다.

② 고려 후기 요세는 참회와 수행에 중점을 둔 법화 신앙을 설파하고 강진의 만덕사(백련사)에서 백련결사를 조직하였다.

③ 고려의 승려 지눌은 정혜쌍수를 사상적 바탕으로 하여 철저한 수행을 강조하였으며, 내가 곧 부처라는 깨달음을 위한 노력과 함께 꾸준한 수행으로 이를 확인하는 돈오점수를 강조하였다.

18 난도 ★★☆　　　　　　　　　　　　　　　　정답 ②

근대 > 정치사

자료해설

제시문의 '우리나라가 아시아의 중립국이 된다면 러시아를 방어하는 큰 기틀이 될 것이고', '중국의 이익도 될 것이고, 여러 나라가 서로 보전하는 계책도 될 것이니'를 통해 제시된 글을 쓴 인물이 유길준임을 알 수 있다. 유길준은 영국이 러시아의 남하를 저지하기 위해 거문도를 점령하는 등 한반도에 대한 열강들의 침략 야욕으로 인해 국제 분쟁의 조짐이 보이자 조선 중립화론을 주장하였다.

정답의 이유

② 유길준은 조·미 수호 통상 조약 체결 후 미국 공사가 부임하자 조선 정부가 이에 답하여 미국에 파견한 보빙사의 일원이었다.

오답의 이유

① 김홍집이 『조선책략』을 들여온 이후 미국과 외교 관계를 맺어야 한다는 여론이 형성되자 이만손을 중심으로 한 영남 유생들이 만인소를 올려 이를 반대하였다.

③ 김홍집은 제2차 수신사로 일본에 파견되어 청나라 외교관인 황쭌셴의 『조선책략』을 가지고 돌아왔다. 『조선책략』은 러시아의 남하 정책에 대비하기 위한 조선, 일본, 중국 등 동양 3국의 외교 정책 방향과 미국과의 수교 필요성을 저술한 책이다.

④ 최익현은 일본이 강화도 조약 체결을 요구하자, 일본과 화의를 맺는 것은 서양과 화친을 맺는 것과 다름없다는 왜양일체론에 입각한 논리를 담은 상소를 올리며 반대하였다.

19 난도 ★★★　　　　　　　　　　　　　　　　정답 ③

일제 강점기 > 정치사

자료해설

'일본인이 불법 징수하는 세금을 압수하여 무장을 준비', '행형부', '무력이 완비되는 대로 일본인 섬멸전을 단행' 등의 내용을 통해 제시문의 단체가 대한 광복회임을 알 수 있다. 대한 광복회는 경상북도 대구에서 대한 광복단(풍기 광복단)과 조선 국권 회복단의 일부 인사가 중심이 되어 창립되었다(1915). 박상진이 총사령, 김좌진이 부사령으로 구성되는 등 군대식 조직을 갖추었으며 독립군 양성과 군자금 조달, 친일파 처단 활동도 전개하였다.

정답의 이유

③ 박상진은 공화정체의 근대 국민 국가의 수립을 지향하는 대한 광복회의 초대 총사령으로 활동하면서 독립군 양성에 힘쓰는 한편, 친일 세력들을 처단하는 의협 투쟁도 전개하였다.

오답의 이유

① 의열단은 김원봉 등을 중심으로 만주 길림에서 조직되었으며(1919), 신채호가 작성한 「조선 혁명 선언」을 기본 행동 강령으로 삼고 직접적인 투쟁 방법인 암살, 파괴, 테러 등을 통해 독립 운동을 전개하였다.

② 독립 의군부는 임병찬이 고종의 밀지를 받고 국내 잔여 의병 세력과 유생을 규합하여 조직한 단체(1912)로, 조선 총독부에 국권 반환 요구서를 보내고 복벽주의를 내세워 의병 전쟁을 준비하였다.

④ 한인애국단은 김구가 당시 대한민국 임시정부의 침체를 극복하고 적극적인 의열 투쟁 활동을 전개하고자 상하이에서 조직한 단체이다(1931).

더 알아보기

대한 광복회 7대 강령

1. 부호의 의연금 및 일본인이 불법 징수하는 세금을 압수하여 무장을 준비한다.
2. 남북 만주에 군관학교를 세워 독립전사를 양성한다.
3. 기존의 의병 및 해산군인과 만주 이주민을 소집하여 훈련한다.
4. 중국·러시아 등 여러 나라에 의뢰하여 무기를 구입한다.
5. 본회의 군사행동·집회·왕래 등 모든 연락기관의 본부를 상덕 태상회에 두고, 한만(韓滿) 각 요지와 북경·상해에 그 지점 또는 여관·광무소(鑛務所) 등을 두어 연락기관으로 한다.
6. 일본인 고관 및 한인 반역자를 수시 수처에서 처단하는 행형부(行刑部)를 둔다.
7. 무력이 완비되는 대로 일본인 섬멸전을 단행하여 최후 목적의 달성을 기한다.

현대 > 정치사

자료해설

제시문은 대한민국 제헌 헌법의 전문(前文)으로, 헌법의 제정 이유 및 나아가야 할 방향을 제시하고 있다. 1948년 치러진 5·10 총선거를 통해 구성된 제헌 국회는 대통령 중심제의 단원제 국회, 임기 4년의 대통령 간선제 등을 내용으로 하는 제헌 헌법을 제정 (1948.7.)하였다.

정답의 이유

③ 제헌 국회는 친일파 청산을 목적으로 하는 반민족 행위 처벌법을 제정 및 공포하였다(1948.9.).

오답의 이유

① 광복 이후 38도 이남 지역에 미군정 실시가 선포되면서 미군정청이 설치되었다(1945.9.).

② 유엔 총회에서 결의한 남북한 총선거가 무산되자 유엔 소총회에서 가능한 지역에서만 선거를 실시하라는 결정이 내려졌고, 남한에서 우리나라 최초의 보통선거인 5·10 총선거가 실시되었다(1948.5.)

④ 대한민국 임시정부 주석 김구와 외무부장 조소앙은 장제스를 찾아가 제2차 세계 대전 종전을 앞두고 개최될 카이로 회담에서 한국의 독립이 다루어지도록 요청하였다. 이후 열린 카이로 회담의 결과 한국 독립을 명기한 카이로 선언이 발표되었다(1943.11.).

한국사 | 2024년 국가직 9급

한눈에 훑어보기

✓ **영역 분석**

고대   01   08   12
3문항, 15%

중세   02   05   16   19
4문항, 20%

근세   07   13
2문항, 10%

근대 태동기   09
1문항, 5%

근대   03   04   06
3문항, 15%

일제 강점기   14   15   17   18   20
5문항, 25%

현대   11
1문항, 5%

시대 통합   10
1문항, 5%

✓ **빠른 정답**

01	02	03	04	05	06	07	08	09	10
①	②	③	④	④	④	③	③	①	②
11	12	13	14	15	16	17	18	19	20
③	①	④	③	③	④	①	②	②	④

✓ **점수 체크**

구분	1회독	2회독	3회독
맞힌 문항 수	/ 20	/ 20	/ 20
나의 점수	점	점	점

01 난도 ★☆☆   정답 ①

고대 > 정치사

[자료해설]

밑줄 친 '이 나라'는 대가야이다. 경상북도 고령 지역의 대가야는 전기 가야 연맹의 중심지였던 금관가야가 고구려 광개토대왕의 진출로 쇠퇴하자 낙동강 유역이라는 지리적 이점과 풍부한 철을 활용하여 5세기 이후 후기 가야 연맹의 중심지가 되었다.

[정답의 이유]

① 대가야는 진흥왕에 의해 신라에 복속되었고, 이로 인해 후기 가야 연맹이 해체되었다.

[오답의 이유]

② 백제 성왕은 웅진(공주)에서 사비(부여)로 천도하고 국호를 남부여로 고쳐 새롭게 중흥을 도모하였다.

③ 발해 선왕은 지방 행정 체제를 5경 15부 62주로 정비하였고, 주현에 지방관을 파견하였다.

④ 고구려 장수왕은 수도를 국내성에서 평양성으로 옮기고 남진 정책을 추진하였다.

02 난도 ★☆☆   정답 ②

중세 > 경제사

[정답의 이유]

② 고려 성종 때 우리나라 최초의 화폐이자 철전인 건원중보를 주조해 전국적으로 사용하게 하려 했으나 성공하지 못하였다.

[오답의 이유]

① 고구려 고국천왕은 국상인 을파소의 건의에 따라 먹을거리가 부족한 봄에 곡식을 빌려주고 추수 이후에 곡식을 갚도록 하는 진대법을 실시하였다.

③ 조선 후기에 광산 개발이 활성화되면서 물주로부터 자금을 지원받아 전문적으로 광산을 경영하는 덕대가 등장하였고, 광산 경영 방식인 덕대제가 유행하였다.

④ 조선 세종 때 정초, 변효문 등을 시켜 우리 풍토에 맞는 농법을 소개한 『농사직설』을 간행하였다.

근대 > 정치사

자료해설

제시된 자료는 『조선책략』의 일부이다. 조선 고종 때 제2차 수신사로 일본에 파견되었던 김홍집은 당시 청국 주일 공사관 황쭌셴이 지은 『조선책략』을 국내에 소개하였다(1880). 『조선책략』은 러시아의 남하 정책에 대비해 청·미·일과 친하게 지내야 한다는 내용으로, 조·미 수호 통상 조약 체결의 배경이 되었다.

정답의 이유

③ 김홍집이 『조선책략』을 들여온 이후 미국과 외교 관계를 맺어야 한다는 여론이 형성되자 이만손을 중심으로 한 영남 유생들이 만인소를 올려 이를 반대하였다.

오답의 이유

① 강화도 조약은 1876년에 체결된 우리나라 최초의 근대적 조약이자 일본인에 대한 치외 법권과 해안 측량권을 포함한 불평등 조약으로, 일본의 요구에 따라 부산, 원산, 인천을 개항하였다.

② 병인양요(1866)와 신미양요(1871)를 극복한 흥선대원군이 외세의 침입을 경계하고 서양과의 통상 수교 반대 의지를 알리기 위해 종로와 전국 각지에 척화비를 건립하였다.

④ 1881년 김윤식을 중심으로 청에 파견된 영선사는 톈진에서 근대 무기 제조 기술과 군사 훈련법을 배워 돌아왔다.

더 알아보기

개항 이후 사절단

구분	내용
수신사 (일본)	• 강화도 조약 체결 후 근대 문물 시찰(1차 수신사) • 김홍집이 『조선책략』 유입(2차 수신사)
조사 시찰단 (일본)	• 국내 위정척사파의 반대로 암행어사로 위장해 일본에 파견 • 근대 시설 시찰
영선사 (청)	• 김윤식을 중심으로 청 톈진 일대에서 무기 공장 시찰 및 견습 • 임오군란과 풍토병으로 1년 만에 조기 귀국 • 근대식 무기 제조 공장인 기기창 설립
보빙사 (미국)	• 조·미 수호 통상 조약 체결 • 미국 공사 부임에 답하여 민영익, 서광범, 홍영식 등 파견

근대 > 정치사

자료해설

'정부의 개화 정책이 추진되면서 구식 군인과 도시 하층민이 반발', '구식 군인들이 난을 일으키고 도시 하층민이 여기에 합세하였으나 청군에 의해 진압' 등으로 보아 제시된 자료는 임오군란에 대한 내용이다. 조선 고종 때 신식 군대인 별기군과 차별 대우를 받던 구식 군대가 선혜청과 일본 공사관을 습격하면서 임오군란이 발생하였고(1882), 이 사태를 수습하기 위해 흥선대원군이 다시 집권하였다. 반면, 조정의 민씨 세력들은 청에 군대 파견을 요청하였는데, 청의 군대는 군란을 진압하고 사건의 책임을 물어 흥선대원군을 본국으로 납치해 갔다. 이후 청의 내정 간섭이 심화되었고, 조선과 청은 조선이 청의 속방임을 명문화하고 청 상인의 내륙 진출을 인정하는 내용을 포함한 조청상민수륙무역장정을 체결하였다.

정답의 이유

④ 임오군란 진압 이후 청의 내정 간섭이 심화되었고, 청은 조청상민수륙무역장정을 체결하여 치외 법권과 함께 양화진에 점포 개설권, 내륙 통상권, 연안 무역권을 인정받았다(1882).

오답의 이유

① 한성 조약은 일본이 갑신정변 때 사망한 일본인에 대한 배상금과 일본 공사관 신축 부지 및 비용을 지급할 것을 조선에 요구하며 체결된 조약이다(1884).

② 톈진 조약은 갑신정변 이후 청과 일본이 향후 조선에 군대를 파견할 때 상호 통보하고 한쪽이라도 조선에 군대를 파견하면 다른 쪽도 바로 군대를 파견할 수 있도록 규정한 조약이다(1885).

③ 제물포 조약은 일본이 임오군란 직후 군란으로 인한 일본 공사관의 피해와 일본인 교관 피살에 대한 사과 사절단 파견, 주모자 처벌, 배상금 지불, 공사관 경비병 주둔 등을 조선에 요구하며 체결된 조약이다(1882).

중세 > 정치사

정답의 이유

고려 말 우왕 때 명이 원에서 관리한 철령 이북의 땅을 반환하라고 요구하자 최영을 중심으로 요동 정벌을 추진하게 되었다. 이성계는 4불가론을 제시하며 반대하였으나 왕명에 따라 출정하게 되었고, 결국 압록강 위화도에서 말을 돌려 개경으로 회군(1388)하였다. 이성계는 위화도 회군 이후 신진 사대부 세력과 결탁하여 실권을 장악하였다.

④ 황산 대첩(1380)은 고려 말 도순찰사였던 이성계가 황산에서 왜구를 크게 물리친 전투로, 위화도 회군 이전의 일이다.

오답의 이유

① 고려 말 공양왕 때 신진 사대부 조준 등의 건의로 실시된 토지 개혁법인 과전법은 지급 대상 토지를 원칙적으로 경기 지역에 한정하였다(1391).

② 고려 말 온건 개혁파인 정몽주는 이성계 세력을 숙청하려 하였
　으나 오히려 이성계의 아들인 이방원 세력에게 피살되었다
　(1392).
③ 한양으로 도읍을 이전한 때는 조선 태조 2년인 1394년이다. 한
　양은 나라의 중앙에 위치하여 통치에 유리하고 한강을 끼고 있
　어 교통이 편리하고 물자가 풍부하였다.

06　난도 ★★☆　　　　　　　　　　　　　　정답 ④

근대 > 정치사

자료해설

제시된 사료는 일제의 침략과 매국노 규탄, 을사늑약에 대한 굴욕
적인 내용을 폭로한 항일 논설 「시일야방성대곡」의 일부이다. 을사
늑약이 체결되자 『황성신문』은 장지연의 논설 「시일야방성대곡」을
게재하여 조약의 부당성을 비판하였다(1905).

정답의 이유

④ 을사늑약 체결 당시 「시일야방성대곡」을 작성한 인물은 『황성신
　문』의 주필이었던 장지연이다.

오답의 이유

① 『한성순보』는 박문국에서 발행한 최초의 근대적 신문으로, 개화
　정책의 취지를 설명하고 국내외 정세를 소개하는 관보적 성격을
　띠었다.
② 박은식은 『한국통사』에 고종 즉위 다음 해부터 국권 피탈 직후까
　지의 역사를 기록하였다.
③ 신채호는 『대한매일신보』에 「독사신론」을 발표하여 민족을 역사
　서술의 중심에 두었으며, 민족주의 사학의 기반을 마련하였다.

07　난도 ★★☆　　　　　　　　　　　　　　정답 ③

근세 > 정치사

자료해설

'집현전을 계승한 홍문관', '훈구 세력을 견제하기 위해 사림 세력
등용'을 통해 밑줄 친 '왕'은 조선 성종임을 알 수 있다. 조선 성종
때 왕의 자문과 경연, 경서, 궁중 서적 및 문서 관리 등의 업무를 담
당한 홍문관을 설치하였으며(1478), 중앙 정계를 장악하고 있던 훈
구 세력들을 견제하기 위해 김종직을 비롯한 영남 지방의 사림 세
력을 등용하였다.

정답의 이유

③ 조선 성종 때 노사신, 양성지, 강희맹 등이 각 도의 지리, 풍속,
　인물 등을 기록한 관찬 지리지인 『동국여지승람』을 편찬하였다
　(1481).

오답의 이유

① 조선 정조 때 문물제도 및 통치 체제를 정리한 『대전통편』을 편
　찬하여 왕조의 통치 규범을 재정비하였다(1785).
② 『동사강목』은 안정복이 조선 정조 때 완성한 역사서로, 단군 조
　선부터 고려 공양왕까지의 역사를 정리하였다(1778).
④ 『훈민정음운해』는 조선 영조 때 여암 신경준이 저술한 한글 문자
　론 연구서이다(1750).

08　난도 ★★☆　　　　　　　　　　　　　　정답 ③

고대 > 정치사

자료해설

'웅천주(공주) 도독 헌창'을 통해 밑줄 친 '반란'은 김헌창의 난(822)
임을 알 수 있다. 김헌창의 난은 통일 신라 헌덕왕 때 신라 무열왕
계의 유력한 귀족이었던 김헌창이 자신의 부임지였던 웅천주에서
일으킨 대규모 반란이다. 반란군은 무진주·완산주·청주·사벌주
의 도독과 국원경·서원경·금관경의 사신 및 여러 군현의 수령들
을 위협하여 자신의 아래에 예속시키려 하였으나 결국 진압되었고
김헌창은 자결하였다.

정답의 이유

ㄴ. 김헌창의 난 당시 반란 세력은 '장안'이라는 국호를 내세우고
　'경운'이라는 연호를 사용하였다.
ㄷ. 웅천주 도독 김헌창이 난을 일으킨 명목은 아버지인 김주원이
　왕위를 계승하지 못한 불만 때문이었다.

오답의 이유

ㄱ. 신분 해방 운동의 성격을 가진 것은 고려 무신 정권 시기 최충
　헌의 사노비였던 만적이 일으킨 '만적의 난'이다. 만적은 신분
　차별에 항거하여 개경(개성)에서 반란을 도모하였으나 사전에
　발각되어 실패하였다.
ㄹ. 무열왕부터 혜공왕에 이르기까지 무열왕계가 왕위를 이었으나,
　'김지정의 난'으로 혜공왕이 피살된 후 난을 진압한 김양상이 선
　덕왕으로 즉위(780)하면서 무열왕 직계가 단절되고 내물왕계가
　다시 왕위를 차지하게 되었다.

09　난도 ★★☆　　　　　　　　　　　　　　정답 ①

근대 태동기 > 정치사

자료해설

'홍서봉', '한(汗)', '대청국의 황제' 등으로 보아 제시된 자료는 병자
호란에 대한 내용임을 알 수 있다. 후금이 국호를 청으로 고치고 조
선에 군신 관계를 강요하자 조선에서는 척화론과 주화론이 첨예하
게 대립하였고, 결국 조선이 사대 요청을 거부하여 병자호란이 일
어났다(1636). 홍서봉은 병자호란이 일어나자 화의를 주장한 인물
이다.

정답의 이유

① 병자호란이 발발하여 남한산성으로 피란하였던 인조는 강화도
　로 보낸 왕족과 신하들이 인질로 잡히자 삼전도에서 굴욕적인
　항복을 하였고(1637), 청 태종은 귀환하면서 삼전도비를 건립할
　것을 명하였다.

오답의 이유

② 인조반정 때 큰 공을 세웠던 이괄은 공신 책봉 과정에서 2등 공
　신을 받은 것에 불만을 품었다. 이에 이괄이 반역을 일으킬지도
　모른다는 구실로 아들인 이전을 잡아오라는 명까지 떨어지자 이
　괄은 반란을 일으켜 도성을 장악하였다(1624).
③·④ 후금이 조선을 침략하여 의주를 함락시킨 뒤 평산까지 남진
　하자 인조는 강화도로 피난하였고, 정봉수와 이립은 용골산성에
　서 의병을 이끌며 후금에 항전하였다. 이에 후금은 조선에 강화
　를 제의하여 형제의 맹약을 맺었다(정묘호란, 1627).

10 난도 ★★☆ 정답 ②

시대 통합 > 정치사

정답의 이유

(나) 통일 신라 신문왕은 중앙군을 9서당, 지방군을 10정으로 편성하여 군사 조직을 정비하였다.

(라) 고려의 중앙군은 국왕 친위대인 2군과 수도 및 변경의 방비를 담당하는 6위로 구성되었다.

(다) 조선 정조는 왕권을 뒷받침하는 군사적 기반을 갖추기 위해 친위 부대인 장용영을 설치하였다.

(가) 1907년 정미의병 때 유생 의병장들은 13도 창의군을 결성하고 이인영을 총대장, 허위를 군사장으로 추대하여 서울 진공 작전을 추진하였다.

11 난도 ★★☆ 정답 ③

현대 > 정치사

자료해설

'미국, 영국, 소련 3국의 외무장관', '미 · 소공동위원회의 설치', '최대 5년간의 신탁통치 방안 결정' 등으로 보아 밑줄 친 '이 회의'는 1945년 12월에 결성된 모스크바 3국 외상 회의임을 알 수 있다.

정답의 이유

③ 조선 건국 동맹의 여운형은 안재홍과 함께 일본인의 안전한 귀국을 보장하는 조건으로 조선 총독부로부터 행정권의 일부를 이양받아 조선 건국 준비 위원회를 결성하였다(1945.8.).

오답의 이유

① 유엔 한국 임시 위원단의 입북이 거부당하자 유엔 총회는 가능한 지역에서만 선거를 실시하고 임시 위원단이 선거를 감시하라는 결정을 내렸다. 이에 따라 남한에서만 우리나라 최초의 보통 선거인 5 · 10 총선거가 실시되었다(1948).

② 광복 이후 좌우 대립이 격화되면서 분단의 위기를 느낀 중도파 세력들은 여운형, 김규식을 중심으로 좌우 합작 위원회를 수립하였다. 이후 중도적 사상의 통일 정부를 수립하는 것을 목적으로 좌우 합작 7원칙을 합의하여 제정하였다(1946).

④ 제헌 국회는 일제의 잔재를 청산하고 민족정기를 바로잡기 위해 반민족 행위 처벌법을 제정하고 반민족 행위 특별 조사위원회를 구성하였다(1948).

12 난도 ★★☆ 정답 ①

고대 > 문화사

자료해설

제시된 자료는 미륵사지 석탑의 조성 내력을 적은 금판인 금제 사리봉안기의 일부이다. 미륵사지 서탑의 보수 정비를 위한 해체 조사 중 석탑 1층 사리공에서 금제 사리호와 금제 사리봉안기 등 유물 500여 점이 발견되었다. 금제 사리봉안기에는 백제 왕후가 재물을 희사하여 가람(미륵사)을 창건하고 639년(무왕 40년)에 사리를 봉안하여 왕실의 안녕을 기원했다는 내용을 담고 있다.

정답의 이유

① 백제 무왕 때 미륵사에 건립된 익산 미륵사지 석탑은 목탑의 형태로 만들어진 석탑이며, 현존하는 삼국 시대의 석탑 중 가장 크다.

오답의 이유

② 대리석으로 만든 10층 석탑으로는 원의 영향을 받아 제작된 고려의 개성 경천사지 10층 석탑과 조선 세조 때 제작된 서울 원각사지 10층 석탑이 있다.

③ 낭혜 화상의 탑비는 9산선문 중 하나인 성주산문을 개창한 낭혜 화상의 공덕을 기리기 위해 세워진 통일 신라 시대 탑비로, 충청남도 보령에 위치해 있다.

④ 돌을 벽돌 모양으로 만들어 쌓은 모전 석탑은 경주 분황사 모전 석탑으로, 신라 석탑 중 가장 오래되었다.

13 난도 ★☆☆ 정답 ④

근세 > 정치사

정답의 이유

ㄴ. 조선 세조는 단종 복위 운동을 계기로 집현전을 폐지하였다.

ㄹ. 조선 세조는 왕권을 강화하기 위해 6조 직계제를 부활시켜 의정부를 거치지 않고 국왕이 바로 재가를 내리게 하였다.

오답의 이유

ㄱ. 조선 태종은 국왕권을 강화하고 군신 간의 엄격한 위계질서를 확립하고자 권근 등의 의견을 받아들여 사병을 혁파하였다.

ㄷ. 조선 성종은 세조 때 편찬되기 시작한 조선의 기본 법전인 『경국대전』을 완성하고 반포하였다.

14 난도 ★★☆ 정답 ③

일제 강점기 > 정치사

정답의 이유

(다) 독립운동 단체 대표들이 침체된 임시정부의 활로를 모색하기 위해 중국 상하이에 모여 국민대표회의를 개최하였다(1923).

(가) 김구는 대한민국 임시정부의 곤경을 타개하고자 상하이에서 한인애국단을 결성하여 적극적인 투쟁 활동을 전개하였다(1931).

(나) 한국광복군은 충칭에서 대한민국 임시정부의 직할 부대로 창설되었다(1940).

(라) 대한민국 임시정부가 주석 · 부주석제로 개헌하여 주석에 김구, 부주석에 김규식을 임명하였다(1944).

더 알아보기

대한민국 임시정부(1919)

수립	• 최초의 민주 공화정 • 대통령 이승만, 국무총리 이동휘 • 3 · 1 운동 이후 독립을 체계적으로 준비
초기 활동	• 군자금 모집: 연통제와 교통국(비밀 행정 조직), 독립 공채, 이륭양행, 백산 상회 • 외교 활동: 파리 강화 회의에 대표(김규식) 파견, 구미 위원부 설치 • 문화 활동: 『독립신문』, 임시 사료 편찬 위원회 설치 → 『한일 관계 사료집』 간행
분열 및 변화	• 국민대표회의 개최(1923): 창조파와 개조파 대립 • 2차 개헌(1925): 이승만 탄핵, 제2대 대통령 박은식 선출, 의원 내각제 채택
1930년대 이후 활동	• 한인애국단 조직(1931) • 충칭으로 근거지 이동(1940) • 한국광복군 창설(1940) • 건국 강령 발표(1941): 조소앙의 삼균주의 • 주석 · 부주석제로 개헌(1944): 김구를 주석, 김규식을 부주석으로 임명

15 난도 ★★☆   정답 ③

일제 강점기 > 정치사

자료해설

1911년 일제는 제1차 조선교육령을 발표하여 보통 · 실업 · 전문 기술 교육과 일본어 학습을 강요하고 보통 교육의 수업 연한을 4년으로 단축하였다. 이후 1922년 일제는 문화 통치를 표방하며 조선인에게 일본인과 동등한 교육을 실시한다는 명목으로 제2차 조선교육령을 실시하였다. 제2차 조선교육령은 제1차 조선교육령을 수정하여 조선어를 필수 과목으로 지정하고 보통 학교의 수업 연한을 6년으로 연장하였다.

정답의 이유

③ 일본 도쿄 유학생들이 중심이 되어 결성된 조선 청년 독립단은 도쿄에서 2 · 8 독립선언서를 발표하였다(1919).

오답의 이유

① 일제는 민립대학 설립 운동 전개를 저지하고자 경성제국대학을 설립하였다(1924).

② 육영공원은 최초의 관립 학교로 헐버트와 길모어를 초빙하여 상류층 자제들에게 영어, 수학, 지리, 정치 등 근대 학문을 교육하였다(1886).

④ 대한제국 때 일본은 한일의정서를 체결하고 군사 전략상 필요한 지역을 차지하기 위해 황무지 개간권을 요구하였다. 이에 보안회는 전국에 통문을 돌리며 황무지 개간권 요구 반대 운동을 전개하여 저지에 성공하였다(1904).

16 난도 ★★☆   정답 ④

중세 > 정치사

자료해설

'강조의 군사', '목종을 폐위', '김치양 부자와 유행간 등 7인을 죽였다' 등으로 보아 고려 중기 목종 때의 강조의 정변(1009)에 대한 내용임을 알 수 있다. 고려 목종 때 강조는 천추태후와 그의 정부 김치양으로 인한 국가의 혼란을 바로잡기 위해 정변을 일으켜 목종을 폐위시키고 현종을 즉위시켰다. 이를 통해 (가)는 현종(1009~1031)임을 알 수 있다.

정답의 이유

④ 고려 현종 때 거란이 강조의 정변을 구실로 2차 침입을 단행하였고, 개경이 함락되자 현종은 나주까지 피란을 갔다. 거란의 2, 3차 침입 이후 현종은 거란의 침입을 불력으로 물리치고자 초조대장경을 제작하기 시작하였다.

오답의 이유

① 고려 숙종 때 부족을 통일한 여진이 고려의 국경을 자주 침입하자 윤관이 왕에게 건의하여 별무반을 조직하였다.

② 고려 공민왕은 홍건적이 침입하자 방어하기 좋은 분지 지형인 복주(안동)로 피란하였다.

③ 고려 성종 때 거란이 침략하여 고려가 차지하고 있는 옛 고구려 땅을 내놓고 송과 교류를 끊을 것을 요구하였으나 서희가 소손녕과의 외교 담판을 통해 이를 해결하고 강동 6주를 획득하였다.

17 난도 ★★☆   정답 ①

일제 강점기 > 정치사

자료해설

(가) 6 · 10 만세 운동에 대한 내용이다. 학생들이 중심이 되어 순종의 인산일에 맞추어 서울 종로 일대에서 6 · 10 만세 운동을 전개하였다(1926).

(나) 광주 학생 항일 운동에 대한 내용이다. 광주 학생 항일 운동은 한일 학생 간의 우발적 충돌 사건을 계기로 발생하였으나, 한국인 학생에 대한 차별과 식민지 교육에 저항하는 항일 운동으로 발전하였다(1929).

정답의 이유

① 조선 공산당을 중심으로 한 사회주의 세력과 천도교를 중심으로 한 민족주의 세력이 연대하여 6 · 10 만세 운동을 준비하는 과정에서 민족유일당을 결성할 수 있다는 공감대가 형성되면서 좌우 합작 조직인 신간회가 결성되었다(1927).

오답의 이유

② 이병도, 손진태 등은 진단학회를 조직하고 『진단학보』를 발간하여 문헌 고증을 중시하는 실증주의 사학을 발전시켰다(1934).

③ 갑오개혁 이후 공사 노비법이 혁파되어 법적으로는 신분제가 폐지되었으나 일제 강점기 때 백정에 대한 사회적 차별은 더욱 심해졌다. 백정들은 이러한 차별을 철폐하기 위해 진주에서 조선 형평사 창립 대회를 개최하고 형평운동을 전개하였다(1923).

④ 일본의 차관 강요로 대한제국의 빚이 1,300만 원에 달하자 서상돈, 김광제 등이 대구에서 국채보상운동을 전개하였다(1907).

18 난도 ★★☆ 　　　　　　　　　　　　　　　정답 ②

일제 강점기 > 정치사

정답의 이유

② 조선의용대는 1938년 김원봉의 주도로 중국 국민당의 지원을 받아 중국 관내에서 결성된 최초의 한인 무장 부대이다.

오답의 이유

① 조선건국동맹은 1944년 여운형이 일제의 패망에 대비하여 광복 이후 민주주의 국가 건설을 목표로 결성한 조직이다.

③ 1914년 이동휘, 이상설 등은 연해주 지역에서 대한 광복군 정부를 조직하고 무장 투쟁을 준비하였다.

④ 대한독립군단은 1920년 독립군들을 통합하여 서일을 총재로 조직되었으며, 러시아의 지원을 기대하고 자유시로 근거지를 옮겼으나 자유시 참변(1921.6.)으로 큰 타격을 입었다.

19 난도 ★☆☆ 　　　　　　　　　　　　　　　정답 ②

중세 > 문화사

자료해설

제시된 자료는 고려 때 송나라 사신 서긍이 청자의 색이 비색이며 매우 뛰어난 솜씨로 만들어졌다고 품평한 내용이다. 서긍은 고려를 방문한 뒤 저술한 『고려도경』에서 그림과 해설로 청자를 칭찬하면서 이를 비색이라 표현하였다. 따라서 밑줄 친 '이 나라'는 고려이다.

정답의 이유

② 구례 화엄사 각황전은 전남 구례군 화엄사에 있으며 국보 제67호로 지정되어 있다. 조선 숙종 때 창건되었고 정면 7칸, 측면 5칸의 다포계 중층 팔작지붕 건물로 내부 공간이 통층으로 구성되어 있다.

오답의 이유

① 안동 봉정사 극락전은 고려 시대의 건축물로 국보 제15호로 지정되어 있다. 통일 신라 시대 건축 양식을 띠고 있으며, 우리나라의 목조 건물 중 가장 오래되었다.

③ 예산 수덕사 대웅전은 고려 충렬왕 때 충남 덕숭산에 지은 불교 건축물로, 맞배지붕과 건물 옆면의 장식 요소가 특징적이다.

④ 영주 부석사 무량수전은 현재 남아 있는 고려 시대 목조 건물 중 하나로, 기둥 중간이 굵은 배흘림기둥이 사용되었으며, 공포를 기둥 위에만 짜 올린 주심포 양식으로 축조되었다.

20 난도 ★☆☆ 　　　　　　　　　　　　　　　정답 ④

일제 강점기 > 정치사

정답의 이유

④ 조선어연구회는 주시경을 중심으로 조선어의 정확한 법리를 연구하고자 결성(1921)되어, 가갸날을 제정하고 기관지인 『한글』을 간행하였다. 이후, 조선어학회로 개편(1931)되어 한글 맞춤법 통일안과 표준어를 제정하고 『조선말 큰사전』 편찬을 시작하였으나 일제에 의해 강제 해산되었다(조선어 학회 사건, 1942).

오답의 이유

① 국문연구소는 1907년 학부대신 이재곤의 건의로 학부 안에 설치되었으며, 지석영과 주시경을 중심으로 한글의 정리와 이해 체계 확립에 힘썼다.

② 조선광문회는 1910년 최남선, 박은식 등이 조직하여 실학자의 저서를 비롯한 고전을 다시 간행하여 보급하였다.

③ 대한자강회는 1906년 조직된 애국 계몽 단체로 교육과 산업 활동을 바탕으로 한 국권 회복을 목표로 활동하였으며, 고종의 강제 퇴위 반대 운동을 전개하다가 1907년 일제의 탄압으로 해산되었다.

한국사 | 2023년 국가직 9급

한눈에 훑어보기

✔ 영역 분석

선사 시대와 국가의 형성   01
1문항, 5%

고대   02 06 07
3문항, 15%

중세   03 04 08
3문항, 15%

근세   09 15
2문항, 10%

근대 태동기   10 14
2문항, 10%

근대   11 18 19
3문항, 15%

일제 강점기   12 16 20
3문항, 15%

현대   13 17
2문항, 10%

시대 통합   05
1문항, 5%

✔ 빠른 정답

01	02	03	04	05	06	07	08	09	10
①	②	③	④	③	③	③	②	②	②

11	12	13	14	15	16	17	18	19	20
③	④	④	②	①	④	②	①	①	③

✔ 점수 체크

구분	1회독	2회독	3회독
맞힌 문항 수	/ 20	/ 20	/ 20
나의 점수	점	점	점

---

01 난도 ★☆☆   정답 ①

선사 시대와 국가의 형성 > 선사 시대

[자료해설]

제시된 자료는 청동기 시대의 유물이다. 청동기 시대에는 미송리식 토기, 민무늬 토기, 붉은 간 토기, 팽이형 토기 등을 사용하였다.

[정답의 이유]

① 비파형 동검은 청동기 시대에 사용된 동검으로 고인돌, 미송리식 토기와 함께 고조선의 세력 범위를 짐작할 수 있다.

[오답의 이유]

② 오수전은 명도전, 반량전과 함께 철기 시대에 사용된 화폐로 당시 중국과의 교류가 활발하였음을 짐작할 수 있다.

③ 아슐리안형 주먹도끼는 구석기 시대 유물로 경기도 연천군 전곡리에서 동아시아 최초로 출토되었다.

④ 삼한 중 변한은 철이 풍부하게 생산되어 낙랑과 왜에 수출하였다.

---

02 난도 ★☆☆   정답 ②

고대 > 정치사

[자료해설]

밑줄 친 '왕'은 고구려 고국천왕으로, 제시된 자료는 진대법을 실시하게 된 배경을 보여 준다.

[정답의 이유]

② 고구려 고국천왕은 국상인 을파소의 건의에 따라 먹을 거리가 부족한 봄에 곡식을 빌려주고 추수 이후에 곡식을 갚도록 하는 진대법을 실시하였다(194).

[오답의 이유]

① 고구려 미천왕은 낙랑군(313)과 대방군(314)을 축출하고 한의 군현을 모두 몰아내어 영토를 확장하였다.

③ 고구려 고국원왕은 백제 근초고왕이 평양성을 침략하자 이에 항전하다가 전사하였다(371).

④ 고구려 광개토대왕은 즉위 후 영락이라는 연호를 사용하여 왕권을 강화하였다.

[더 알아보기]

진대법

• 개념
- 고구려의 빈민 구제 제도로 봄에 농민들에게 곡식을 빌려주고 가을에 갚도록 함
- '진'은 흉년에 기아민에게 곡식을 나누어준다는 뜻이고, '대'는 봄에 미곡을 대여하였다가 가을에 추수 뒤 회수한다는 뜻으로 '진대'는 흉년이나 춘궁기에 농민에게 양곡을 대여하는 것을 말함

- 특징
  - 194년 고국천왕 때 왕권 강화와 재정 확충을 위해 을파소의 건의를 받아들여 실시함
  - 고리대를 갚지 못한 농민들이 노비가 되는 것을 방지하기 위해 국가에서 봄에 쌀을 빌려주었다가 가을에 갚는 춘대추납(春貸秋納)의 빈민 구제책을 시행함
  - 같은 성격의 빈민 구제 제도로는 고려의 의창, 조선 시대의 의창(15세기), 환곡(16세기), 사창(19세기)이 있음

03 난도 ★☆☆   정답 ③

중세 > 정치사

자료해설

'신돈이 설치하자고 요청하였다'는 내용과 '전민을 빼앗은 자들이 그 주인에게 많이 돌려주었다'는 내용으로 보아 (가)는 고려 공민왕 때 설치된 전민변정도감임을 알 수 있다. 공민왕은 승려 신돈을 등용하여 민생 안정과 국가 재정 확보, 권문세족의 경제 기반을 약화시킬 목적으로 전민변정도감을 설치하였다.

정답의 이유

③ 전민변정도감은 권문세족이 부당하게 뺏은 토지를 본래 소유주에게 돌려주고 권세가의 압박에 의해 노비가 된 사람들을 양인으로 해방시켰다.

오답의 이유

① 고려 문종 때 경시서를 두어 시전을 관리하고 감독하도록 하였다.
② 고려의 삼사는 화폐와 곡식의 출납에 대한 회계를 맡았다.
④ 몽골의 침입 이후 국가 재정난으로 인한 관료들의 녹봉 부족 현상을 해결하기 위해 원종은 녹과전을 지급하였다.

04 난도 ★☆☆   정답 ④

중세 > 정치사

자료해설

제시된 자료는 고려 성종 때 거란의 소손녕이 80만 대군을 이끌고 침략해 오자, 서희가 소손녕을 찾아가 고구려의 후예임을 내세워 현재 거란이 가진 땅이 고려의 영토임을 주장하는 내용이다.

정답의 이유

④ 서희는 거란의 제1차 침입 때 적장인 소손녕과 외교 담판을 벌여 송나라와 단교하고 거란과 교류하는 것을 조건으로 강동 6주를 확보하였다(993).

오답의 이유

① 고려의 무신 강조는 천추태후와 그의 정부 김치양으로 인한 국가의 혼란을 바로잡기 위해 정변을 일으켜 목종을 폐위시키고 현종을 즉위시켰다(1009).
② 고려 현종 때 거란의 소배압이 이끄는 10만 대군이 침입하였으나(3차 침입), 강감찬이 이에 맞서 귀주에서 대승을 거두었다(귀주대첩, 1019).
③ 고려 예종 때 윤관은 별무반을 이끌고 여진을 몰아내어 동북 9성을 축조하였다(1107).

05 난도 ★★☆   정답 ③

시대 통합 > 정치사

자료해설

밑줄 친 '이곳'은 평양이다. 고구려 장수왕은 남진 정책을 추진하면서 평양으로 수도를 천도(427)하여 신라와 백제를 압박하였다. 묘청은 풍수지리설을 내세워 수도를 서경(평양)으로 천도하여 서경에 대화궁을 짓고, 황제를 칭하며 연호를 사용하는 등 자주적인 개혁을 시행하였다.

정답의 이유

③ 미국 상선인 제너럴 셔먼호의 선원들은 평양에서 통상을 요구하며 평양 주민을 약탈하였고, 이에 분노한 평양 주민들은 당시 평안도의 관찰사였던 박규수의 지휘하에 제너럴 셔먼호를 불태워 버렸다(1866).

오답의 이유

① 고려 고종 때 조휘와 탁청은 동북면 병마사 등을 죽이고 반란을 일으킨 뒤 옛 화주 땅에 주둔하고 있던 몽골에 투항하였다. 이에 몽골은 화주 이북의 땅을 편입하여 쌍성총관부를 설치하고 조휘를 총관, 탁청을 천호로 삼았다(1258).
② 고려 정중부 집권기에 공주 명학소에서 망이·망소이 형제가 신분 해방을 외치며 봉기하였다(1176).
④ 일제 강점기 때 경남 진주에서 백정에 대한 사회적 차별 철폐를 위한 형평사가 조직되어 형평 운동이 펼쳐졌다(1923).

06 난도 ★★☆   정답 ③

고대 > 정치사

자료해설

제시된 자료는 매소성 전투(675)에 대한 내용이다. 신라 문무왕(661~681) 때 남침해 오던 당나라 이근행의 20만 대군을 매소성에서 격파하여 나·당 전쟁의 주도권을 장악하였다.

정답의 이유

ⓒ 김흠돌이 반란을 일으킨 시기는 통일 신라 신라 신문왕 때이다. 신문왕은 장인이었던 김흠돌의 난을 진압한 뒤 진골 귀족 세력을 숙청하여 왕권을 강화하였다(681).
ⓒ 신문왕은 유교 정치를 확립시키기 위해 유학 교육 기관인 국학을 설립하였다(682).

오답의 이유

ㄱ 당나라는 백제와 고구려를 멸망시킨 후 공주에 웅진도독부(660), 평양에 안동도호부(668), 경주에 계림도독부(663)를 설치하여 한반도를 지배하고자 하였다.
ㄹ 사비성 함락(660)으로 백제가 멸망한 이후, 복신과 도침 등이 부여풍을 왕으로 추대하여 주류성을 중심으로 백제 부흥 운동을 전개하였으나 나·당 연합군에 의해 실패하였다(663).

07 난도 ★★☆　　　　　　　　　　　　　　　정답 ③

정답의 이유

(나) 고구려 미천왕 때 서안평을 점령(311)하고 낙랑군(313)과 대 방군(314)을 축출하였다.

(가) 신라 지증왕 때 이사부는 왕의 명령으로 우산국(울릉도)을 정 복하였다(512).

(라) 신라 법흥왕 때 신라가 금관가야를 병합하였다(532).

(다) 백제 의자왕은 활발한 정복 활동을 전개하여 신라의 대야성을 비롯한 40여개 성을 함락시켰다(642).

※ 오타로 인해 '복수 정답' 처리된 문항으로, 선지를 교체하여 수록함

08 난도 ★★☆　　　　　　　　　　　　　　　정답 ②

중세 > 문화사

정답의 이유

② 월정사 팔각 9층 석탑은 고려 전기의 석탑으로 송의 영향을 받 았다.

오답의 이유

① 황해도 사리원 성불사 응진전은 고려 후기 다포 양식의 목조 건 축물이다. 다포 양식은 고려 후기에 유행한 건축 양식으로 나무 장식이 기둥은 물론 기둥 사이 벽면에도 놓여 있다.

③ 여주 고달사지 승탑은 통일 신라 승탑의 전형적인 형태인 팔각 원당형 양식을 계승하였다.

④ 『직지심체요절』은 1377년 충북 청주시의 흥덕사에서 간행한 현 존하는 세계 최고(最古)의 금속활자본으로, 현재 프랑스 국립 도 서관에 소장되어 있다.

더 알아보기

고려 시대 석탑

• 대표 석탑: 개성 불일사 5층 석탑, 평창 월정사 8각 9층 석탑

• 원의 영향: 개성 경천사지 10층 석탑

• 삼국 양식 계승: 부여 무량사 5층 석탑

• 승탑과 탑비: 여주 고달사지 승탑(팔각원당형), 원주 법천사 지광 국사 탑비(특이한 형태, 뛰어난 조형미)

09 난도 ★★☆　　　　　　　　　　　　　　　정답 ②

근세 > 문화사

정답의 이유

② 혼일강리역대국도지도는 조선 전기 태종 때 편찬된 현존하는 동 양 최고의 세계 지도이다(1402). 반면, 곤여만국전도는 조선 후 기 청에서 활동한 서양인 선교사 마테오 리치(Matteo Ricci)가 제작한 세계 지도이다(1603).

오답의 이유

① 대동여지도는 조선 후기 김정호가 10리마다 눈금을 표시하여 거 리를 알 수 있게 제작한 전국 지도첩이다. 개별 산봉우리를 그리 지 않고 산줄기를 연결하여 그렸으며 굵기에 따라 산세를 표현 하였다.

③ 천상열차분야지도는 조선 태조 때 제작된 것으로 하늘을 여러 구역으로 나누고 별자리를 돌에 표시한 천문도이다. 조선 숙종 때 태조 때 제작한 것이 닳아 잘 보이지 않게 되자 다시 새겼다.

④ 동국지도는 조선 영조 때 정상기가 실제 거리 100리를 1척으로 줄인 100리 척을 적용하여 제작한 것이다.

10 난도 ★★☆　　　　　　　　　　　　　　　정답 ②

근대 태동기 > 경제사

자료해설

제시된 자료의 (가)는 대동법이다. 대동법은 조선 광해군 때 좌의정 이원익이 건의하여 1608년에 처음 실시되었다. 당시에는 경기도에 한하여 실시하였으며, 점차 시행 지역이 확대되면서 숙종 때에 이 르러서야 전국적으로 시행되었다(1708).

정답의 이유

② 군역의 폐단을 바로잡기 위해 영조 때 균역법을 실시하였고 이 로 인해 줄어든 재정을 보충하고자 지주에게 토지 1결당 쌀 2두 를 결작으로 부과하였다.

오답의 이유

① 대동법 실시로 관청에 물품을 납품하는 공인이 성장하였고, 농 민도 세금 납부를 위해 특산물을 시장에 내다 팔면서 장시가 점 차 발전하였다. 이에 따라 상품 화폐 경제가 크게 발달하였다.

③ 조선 광해군 때 공납의 폐단을 해결하기 위해 공납을 전세화하 여 공물 대신 쌀을 납부하도록 하는 대동법을 경기도부터 실시 하였다.

④ 대동법 실시로 선혜청에서는 공인이라는 특허 상인에게 비용을 미리 지급하고 필요한 물품을 독점적으로 조달하도록 하였다.

11 난도 ★☆☆　　　　　　　　　　　　　　　정답 ③

근대 > 정치사

자료해설

'천여 곳의 서원을 철폐했다'는 내용을 통해 (가) 인물이 흥선대원군 임을 알 수 있다. 흥선대원군은 세도 정치로 인해 혼란에 빠진 국가 체제를 복구하고 왕권을 회복하기 위해 대내외적으로 각종 개혁 정 책을 실행하였다. 지방의 서원이 면세 등의 혜택으로 국가 재정을 악화시키고 백성을 수탈하는 폐해를 저지르자 47개소를 제외한 모 든 서원을 철폐하였고, 조선 숙종 때 명 황제인 신종과 의종의 제사 를 지내기 위해 만들어진 만동묘가 유생들의 집합 장소가 되어 경 제적·사회적 폐단이 심해지자 이를 철폐하였다.

정답의 이유

③ 흥선대원군은 세도 가문이 장악하고 있던 비변사를 축소·폐지 하고 의정부의 권한을 강화하였다.

오답의 이유

① 흥선대원군은 문란해진 환곡제를 개선하여 마을 단위로 공동 운 영하는 사창제를 전국적으로 시행하였다.

② 흥선대원군은 정조 때 편찬된 『대전통편』을 보완하고 각종 조례를 정리한 법전인 『대전회통』을 편찬하여 통치 체제를 정비하였다.

④ 흥선대원군은 외세의 침입을 경계하고 서양과의 통상 수교를 반대하는 정책을 추진하였으며, 통상 수교 반대 의지를 알리기 위해 전국 각지에 척화비를 세웠다.

> **더 알아보기**
>
> **흥선대원군의 서원 철폐**
> • 목적: 붕당의 폐해 근절로 왕권 강화와 국가 재정 확충, 민생 안정 추구
> • 과정: 만동묘를 비롯하여 많은 서원 중에서 47개만 제외하고 모두 정리함
> • 결과
>   – 서원이 가지고 있던 토지와 노비를 환수하여 재정을 확충함
>   – 유생들이 반대하며 흥선대원군의 입지가 좁아짐

12 난도 ★★☆   정답 ④

일제 강점기 > 정치사

자료해설

제시된 자료는 1919년 4월 11일 대한민국 임시의정원에서 발표한 대한민국 임시 헌장의 일부이다.

정답의 이유

④ 전환국은 조선이 개항 이후 설치(1883)한 상설 화폐 발행 기관으로 상평통보 대신 새로운 화폐인 백동화를 주조·발행하였다.

오답의 이유

① 대한민국 임시정부는 국외 거주 동포들에게 독립 공채(애국 공채)를 발행하여 독립운동 자금을 마련하였다.

② 대한민국 임시정부는 기관지 『독립신문』을 발행하여 독립운동 소식을 전했다.

③ 대한민국 임시정부는 독립운동 자금을 안정적으로 확보하고 국내외의 항일 세력과 연락하기 위해 연통부와 교통국을 조직하였다.

> **더 알아보기**
>
> **대한민국 임시 헌장**
> 제1조 대한민국은 민주공화제로 한다.
> 제2조 대한민국은 임시정부가 임시의정원의 결의에 따라 이를 통치한다.
> 제3조 대한민국의 인민은 남녀의 귀천(貴賤) 및 빈부의 계급(階級)이 없고, 일체 평등해야 한다.
> 제4조 대한민국의 인민은 종교, 언론, 저작, 출판, 결사, 집회, 신서(信書), 주소, 이전, 신체 및 소유의 자유를 향유한다.
> 제5조 대한민국의 인민으로 공민(公民) 자격이 있는 사람은 선거권 및 피선거권이 있다.
> 제6조 대한민국의 인민은 교육, 납세 및 병역의 의무가 있다.
> 제7조 대한민국은 신(神)의 의사에 따라서 건국한 정신을 세계에 발휘하며 나아가 인류의 문화 및 평화에 공헌하기 위해서 국제연맹에 가입한다.
> 제8조 대한민국은 구황실을 우대한다.
> 제9조 생명형, 신체형 및 공창제를 모두 폐지한다.
> 제10조 임시정부는 국토 회복 후 만 1년 안에 국회를 소집한다.

13 난도 ★★★   정답 ④

현대 > 경제사

자료해설

'수출의 날'을 통해 박정희 정부에 대한 설명임을 알 수 있다. 1960년대에 들어서면서 박정희 정부는 강력한 수출드라이브 정책을 추진했으며, 1964년 8월 26일 국무회의에서 수출 실적이 1억 달러에 이르는 날을 '수출의 날'로 정하기로 의결했다. 이에 따라 '수출 1억 달러'를 돌파한 11월 30일을 기념일로 선포하고 12월 5일 제1회 수출의 날 기념식을 열었다.

정답의 이유

④ 1966년 박정희 정부는 국군을 베트남에 파견하는 대가로 미국으로부터 한국군 현대화를 위한 장비와 경제 원조를 제공받기로 한 '브라운 각서'를 체결하였다.

오답의 이유

① 박정희 군정 시기인 제5차 개헌에서 대통령 직선제로의 개헌이 이루어졌지만 1963년을 박정희 정부의 시작으로 보는 것이 타당하다고 판단하여 정답에서 제외하였다. 우리나라 대통령 직선제 개헌은 제1차 개헌(발췌 개헌, 1952), 제5차 개헌(1962), 제9차 개헌(1987)에서 이루어졌다.

② 유신 체제에 대한 저항으로, 명동 성당에 모인 윤보선, 김대중 등 재야인사들이 긴급 조치의 철폐, 박정희 정권의 퇴진 등을 요구하는 '3·1 민주 구국 선언'을 발표하였다(1976).

③ 이승만 정부 시기 제헌 국회는 친일파 청산을 위해 반민족 행위 처벌법을 제정하고, 반민족 행위 특별 위원회를 설치하였다(1948).

14 난도 ★★★   정답 ②

근대 태동기 > 정치사

자료해설

자료는 현종 때 발생한 기해예송(1659) 당시의 상황을 나타낸 것이다. 현종 때 효종의 왕위 계승에 대한 정통성과 관련하여 자의대비의 복상 문제를 놓고 서인과 남인 사이에 예송 논쟁이 발생하였다. 기해예송 당시 서인은 효종이 둘째 아들이므로 자의대비의 복상 기간을 1년으로 주장하였고, 남인은 효종을 장자로 대우하여 3년 복상을 주장하였으나 서인 세력이 승리하였다. 따라서 자료에서 상소한 인물이 속한 붕당은 남인이다.

정답의 이유

㉠ 숙종 때 희빈 장씨 소생의 원자 책봉을 반대하는 송시열의 관작을 삭탈하고 제주도로 유배시켜 사사(賜死)하였으며, 송시열을 비롯한 서인 세력이 대거 축출되고 남인이 집권하는 기사환국이 발생하였다.

㉢ 정조는 붕당을 가리지 않고 인재를 등용하였으므로 그동안 권력에서 배제되었던 소론과 남인 계열도 기용되면서 탕평정치의 한 축을 이루었다.

오답의 이유

ⓒ 서인 세력은 광해군의 중립 외교 정책과 영창 대군 사사 사건, 인목 대비 유폐 문제를 빌미로 인조반정을 일으켰다. 광해군이 폐위되고 인조가 왕위에 올랐으며 북인 세력인 이이첨, 정인홍 등은 처형되었다.

ⓔ 서인은 이이 · 성혼의 학문을 계승하였고, 동인은 서경덕 · 조식 · 이황의 학문을 계승하였다.

더 알아보기

사림의 분당(동인과 서인)

- 동인
  - 서경덕, 조식(북인), 이황(남인)의 학문 계승
  - 사족의 수기(修己; 자신의 몸과 마음을 닦는 것) 강조, 지배층의 도덕성 중시
- 서인
  - 이이, 성혼의 학문 계승
  - 치인(治人; 남을 교화하여 덕으로 이끄는 것) 강조, 개혁을 통한 부국안민 중시

15 난도 ★☆☆ 정답 ①

근세 > 정치사

자료해설

삼포왜란은 1510년 조선 중종 때 일어났으며 임진왜란은 1592년 조선 선조 때 신식 무기로 무장한 20만 왜군이 부산포를 시작으로 하여 조선을 침략하면서 발발하였다.

정답의 이유

① 인종의 뒤를 이어 명종이 어린 나이로 즉위하자 명종의 어머니인 문정왕후가 수렴청정을 하였다. 이후 인종의 외척 세력인 대윤(윤임)과 명종의 외척 세력인 소윤(윤원형)의 대립이 심화되어 을사사화가 발생하였고, 이때 윤임을 비롯한 대윤 세력과 사림들이 큰 피해를 입었다(1545).

오답의 이유

② 조선 세조 때 편찬되기 시작한 『경국대전』은 조선의 기본 법전으로 성종 때 완성되어 반포되었다(1485).

③ 조선 세종 때 우리 풍토에 맞는 약재와 치료 방법을 개발하여 정리한 의학서인 『향약집성방』을 편찬하였다(1433).

④ 조선 세종 때 주자소에서 조선의 활자 인쇄술을 한층 더 발전시킨 갑인자가 주조되었다(1434).

16 난도 ★★☆ 정답 ④

일제 강점기 > 정치사

자료해설

제시된 법령은 일제가 제정한 회사령이다. 무단 통치 시기 일제는 민족 기업과 민족 자본의 성장을 억제하기 위해 회사 설립 시 총독의 허가를 받도록 하는 회사령을 제정하였다(1910). 이후 일본의 자본 진출을 위해 총독부가 1920년에 회사령을 허가제에서 신고제로 바꾸었다.

정답의 이유

④ 일제는 1911년 식민지 교육 방침을 규정한 제1차 조선교육령을 통해 보통 · 실업 · 전문 기술 교육과 일본어 학습을 강요하면서 보통 교육의 수업 연한을 4년으로 단축하였다.

오답의 이유

① 일제는 1920년부터 산미 증식 계획을 시행하였으나, 1934년 일본에서 식량 생산이 늘어나 쌀값이 하락하자, 쌀을 들여오는 데 반대하는 목소리가 커지면서 중단되었다. 이후 중 · 일 전쟁으로 군량미 확보가 시급해지고 대가뭄으로 식량이 부족해지자 1940년에 다시 재개하였다.

② 1930년대 중 · 일 전쟁과 태평양 전쟁이 일어나자 일제는 우리 민족을 전쟁에 동원하기 위해 국가 총동원법을 제정(1938)하여 인력과 물자 등을 수탈하였다.

③ 남면북양 정책은 만주 사변(1931) 이후 일제가 한반도를 공업 원료의 공급지로 이용하기 위해 시행한 경제 침탈 정책으로 남부 지방 농민들에게 면화의 재배를, 북부 지방 농민들에게 면양의 사육을 강요하였다.

더 알아보기

산미 증식 계획(1920~1934)

- 배경: 일제의 자본주의가 발전하면서 인구가 급증하고 도시화가 진행되어 쌀값이 폭등하는 등 식량 부족 문제가 발생함
- 실시: 1920년 일제가 부족한 쌀을 조선에서 수탈하기 위해 실시함
- 내용: 수리 시설 확충, 품종 개량, 개간 및 비료 사용 확대 등
- 결과: 증산량은 계획에 미치지 못하였고, 증산량보다 많은 양의 쌀을 일본으로 보내면서 조선 농민들의 경제 상황이 매우 악화됨

17 난도 ★★★ 정답 ②

현대 > 정치사

자료해설

제시된 자료는 1948년 2월에 발표된 유엔 소총회의 결의문이다. 1947년 유엔 총회는 남북한 인구 비례에 따른 총선거를 실시하기로 하고 선거 감독을 위해 유엔 한국 임시 위원단을 파견하려 했으나, 소련이 38선 이북 지역의 입북을 거부하였다. 이에 유엔 소총회는 선거 실시가 가능한 남한만의 단독 선거를 지시하고 임시 위원단을 파견하여 선거를 감시하라는 결정을 내렸다.

정답의 이유

② 김구 등이 남한만의 단독 선거를 반대하며 남북 협상까지 시도했으나 결국 유엔 소총회의 결의에 따라 1948년 5월 10일 남한만 총선거가 시행되었다.

오답의 이유

① 광복 이후 38도 이남 지역에 미군정 실시가 선포되면서 미군정청이 설치되었다(1945.9.).

③ 제1차 미 · 소 공동 위원회가 결렬된 후 이승만이 단독 정부 수립을 주장하자 여운형, 김규식 등 중도 세력이 좌우 합작 위원회를 결성하였다(1946.7.). 이들은 좌우 합작 7원칙을 발표하고 좌우 합작 운동을 전개하였다.

④ 모스크바 3국 외상 회의의 결정에 따라 임시정부 수립을 위해 서울에서 제1차, 제2차 미·소 공동 위원회가 개최되었다(1946, 1947).

18 난도 ★★★   정답 ①

근대 > 정치사

자료해설

(가) 1876년 2월에 체결된 강화도 조약의 치외 법권(영사 재판권)에 대한 내용이다. 강화도 조약은 우리나라 최초의 근대적 조약이자 일본인에 대한 치외 법권과 해안 측량권을 포함한 불평등 조약으로, 일본의 요구에 따라 부산, 원산, 인천을 개항하였다.

(나) 1882년 8월에 체결된 조·청 상민 수륙 무역 장정의 내용이다. 임오군란 이후 청은 조선과 조·청 상민 수륙 무역 장정을 체결하여 치외 법권과 함께 양화진에 점포 개설권, 내륙 통상권, 연안 무역권을 인정받았다.

정답의 이유

① 1876년 7월에 체결된 조·일 수호 조규 부록에 따라 개항장에서 일본 화폐의 유통을 허용하였으며, 일본 상인의 거류지를 설정하였다.

오답의 이유

② 1896년 러시아는 압록강 연안, 울릉도에 대한 삼림 채벌권을 획득하였다.

③ 1898년 조·청 상민 수륙 무역 장정의 체결로 어려움에 빠진 서울 도성 시전 상인들이 황국 중앙 총상회를 조직하여 상권 수호 운동을 전개하였다.

④ 1889년 조선은 흉년으로 곡물이 부족해지자 일본으로 곡물이 유출되는 것을 막기 위해 방곡령을 선포하였다. 그러나 일본은 시행 1개월 전에 일본 공사에 미리 알려야 한다는 조항 내용을 근거로 방곡령 철회를 요구하였고, 결국 조선은 방곡령을 철회하고 일본 상인에 배상금까지 지불하게 되었다.

19 난도 ★★☆   정답 ①

근대 > 정치사

자료해설

밑줄 친 '14개 조목'은 홍범 14조이다. 고종은 제1차 갑오개혁 추진 이후 종묘에서 홍범 14조를 발표하였다. 이는 청의 종주권 배제, 탁지아문으로 재정 일원화, 왕실과 국정 사무 분리 등의 내용을 담아 제1차 갑오개혁의 내용을 재확인하고, 제2차 갑오개혁의 방향성을 설정하여 강령으로 선언한 것이다(1895.1.).

정답의 이유

㉠ 조세의 징수와 경비 지출은 모두 탁지아문에서 관할한다.

㉡ 왕실 사무와 국정 사무를 나누어 서로 혼동하지 않는다.

오답의 이유

㉢ 1901년 대한제국은 지계아문을 설치하고 토지 소유 문서인 지계를 발급하여 근대적 토지 소유권을 확립하고자 하였다.

㉣ 강화도 조약 이후 일본 금융업계 진출로 인한 일본 자본의 시장 잠식 문제 및 갑오개혁 이후 조세의 금납화 실시로 금융기관 설

립 필요성이 대두하자 정부와 왕실의 적극적인 지원으로 민족계 은행인 대한 천일 은행이 설립되었다(1899).

더 알아보기

홍범 14조

1. 청나라에 의존하는 생각을 끊어 버리고 자주독립의 기초를 튼튼히 세운다.
2. 왕실 규범을 제정하여 왕위 계승 및 종친(宗親)과 외척(外戚)의 본분과 의리를 밝힌다.
3. 대군주는 정전(正殿)에 나와서 일을 보되 정무는 직접 대신들과 의논하여 재결하며, 왕비나 후궁, 종친이나 외척은 정사에 관여하지 못한다.
4. 왕실 사무와 국정 사무를 나누어 서로 혼동하지 않는다.
5. 의정부와 각 아문(衙門)의 직무와 권한을 명백히 제정한다.
6. 인민의 조세는 모두 법령으로 정한 비율에 따르고, 함부로 명목을 더 만들어 과도하게 징수할 수 없다.
7. 조세의 징수와 경비 지출은 모두 탁지아문(度支衙門)에서 관할한다.
8. 왕실 비용을 솔선하여 절약함으로써 각 아문과 지방 관청의 모범이 되도록 한다.
9. 왕실 비용과 각 관청 비용은 1년 예산을 미리 정하여 재정 기초를 튼튼히 세운다.
10. 지방 관제를 서둘러 개정하여 지방 관리의 권한을 한정한다.
11. 나라 안의 총명하고 재주 있는 젊은이들을 널리 파견하여 외국의 학술과 기예를 전수받아 익힌다.
12. 장관(將官)을 교육하고 징병법을 적용하여 군사 제도의 기초를 확립한다.
13. 민법과 형법을 엄격하고 명백히 제정하여 함부로 감금하거나 징벌하지 못하게 하여 인민의 생명과 재산을 보호한다.
14. 인재를 등용함에 있어 문벌에 구애되지 말고, 관리를 구함에 있어서 조정과 민간에 두루 걸침으로써 인재 등용의 길을 넓힌다.

20 난도 ★☆☆   정답 ③

일제 강점기 > 정치사

자료해설

만주 사변은 1931년 일본이 류타오후 사건을 조작하여 만주를 병참 기지로 만들고 식민지화할 목적으로 일으킨 전쟁으로 후일 중·일 전쟁의 발단이 되었다. 태평양 전쟁은 1941년부터 1945년까지 일본과 연합국 사이에 벌어진 전쟁으로 일본군의 진주만 기습 공격으로 발발하였다.

정답의 이유

③ 1898년 순한글 신문인 『제국신문』을 창간하여 일반 서민층과 부녀자들을 대상으로 민중 계몽과 자주독립 의식 고취에 힘썼다.

오답의 이유

① 일제는 제3차 조선교육령을 발표(1938)하여 학교명을 보통학교에서 (심상) 소학교로 바꾸고 수업 연한은 6년으로 정했으나 지방의 형편에 따라 4년을 그대로 존속하게 하기도 하였다.

② 일제는 민족의 정체성을 말살하기 위해 내선일체의 구호를 내세워 황국 신민 서사 암송을 강요하였다(1937).

④ 지청천을 중심으로 북만주에서 결성된 한국 독립군은 중국 호로군과 연합하여 쌍성보 전투(1932), 사도하자 전투(1933), 대전자령 전투(1933)에서 일본군에 승리하였다.

더 알아보기

조선교육령

• 개념: 일제 강점기 조선인에 대한 일제의 식민화 교육 정책
• 내용
  – 1910년 초대 총독 데라우치 마사타케가 처음으로 공포함
  – 통감부 시기: 일제는 갑오개혁(1차)의 소학교령을 폐지하고 보통학교령(1907)을 내려 수업연한을 6년에서 4년으로 개정함
  – 시기별 주요 정책

제1차 조선교육령 (1911~1922)	• 보통학교 수업 연한 축소(6년 → 4년) • 실업 교육 위주 • 조선어 교육 축소
제2차 조선교육령 (1922~1938)	• 보통학교 수업 연한 확대(4년 → 6년) • 고등 교육 가능(일본과 동일 학제) • 조선어 필수 과목
제3차 조선교육령 (1938~1943)	• 보통학교 → (심상) 소학교 • 조선어 선택 과목 • 국민학교령(1941): (심상) 소학교 → 국민학교
제4차 조선교육령 (1943~1945)	• 국민학교 수업 연한 축소(6년 → 4년) • 조선어 금지 • 전시 동원 교육

한국사 | 2022년 국가직 9급

한눈에 훑어보기

✓ 영역 분석

선사 시대와 국가의 형성   01
1문항, 5%

고대   05   06   15
3문항, 15%

중세   18   19
2문항, 10%

근세   03   08
2문항, 10%

근대 태동기   10
1문항, 5%

근대   14   17   20
3문항, 15%

일제 강점기   04   11
2문항, 10%

현대   12   13
2문항, 10%

시대 통합   02   07   09   16
4문항, 20%

✓ 빠른 정답

01	02	03	04	05	06	07	08	09	10
①	③	④	①	②	③	④	②	③	③
11	12	13	14	15	16	17	18	19	20
①	④	①	②	①	②	②	③	②	④

✓ 점수 체크

구분	1회독	2회독	3회독
맞힌 문항 수	/ 20	/ 20	/ 20
나의 점수	점	점	점

---

01 난도 ★☆☆   정답 ①

선사 시대와 국가의 형성 > 국가의 형성

자료해설

'가매장', '가족 공동 무덤'을 통해 옥저에 대한 내용임을 알 수 있다.

정답의 이유

① 옥저에는 여자가 어렸을 때 혼인할 남자의 집에서 생활하다가 성인이 된 후에 혼인을 하는 민며느리제의 풍습이 있었다.

오답의 이유

② 부여는 왕 아래 마가, 우가, 저가, 구가의 제가들이 각자의 행정 구역인 사출도를 다스렸으며, 왕이 통치하는 중앙과 합쳐 5부를 구성하는 연맹 왕국이었다.

③ 삼한은 소도라는 신성 구역을 따로 두어 제사장인 천군이 이를 관리하는 제정 분리 사회였다.

④ 동예는 매년 10월에는 무천이라는 제천 행사를 열었으며, 단궁, 과하마, 반어피 등의 특산물이 유명하여 이를 낙랑과 왜에 수출하기도 하였다.

더 알아보기

옥저와 동예

옥저와 동예의 발전	• 위치: 함경도 및 강원도 북부의 동해안에 위치 → 선진 문화의 수용이 늦음 • 발전: 고구려 압박과 수탈로 정치적으로 발전하지 못함 • 군장 국가: 옥저와 동예의 읍락은 읍군이나 삼로 등 군장이 지배
옥저의 사회상	• 경제: 토지 비옥(농경 발달), 해산물 풍부, 고구려에 공납 • 풍습: 가족 공동묘(가족이 죽으면 가매장 후 목곽에 안치), 민며느리제(혼인 풍습)
동예의 사회상	• 경제: 해산물 풍부, 토지 비옥(농경 발달), 방직 기술 발달, 특산물로는 단궁, 과하마, 반어피 등 • 풍습: 10월 무천(제천 행사), 책화(다른 부족 영역 침범 시 소와 말로 변상, 부족의 영역 중시), 족외혼

---

02 난도 ★★☆   정답 ③

시대 통합 > 문화사

정답의 이유

③ 유네스코 세계 유산인 백제 역사 유적 지구에 속해 있는 부여 능산리 고분은 규모가 작은 굴식 돌방 무덤으로 되어 있으며, 계단식 돌무지 무덤은 서울 석촌동에 위치하고 있는 백제 초기 한성 시대의 고분이다.

---

① 유네스코 세계 유산인 백제 역사 유적 지구에 속해 있는 익산 미륵사지 석탑은 백제 무왕 때 건립된 것으로 추정되며, 국보 제11호로 지정되어 있다. 목탑의 형태로 만들어진 석탑으로, 현존하는 삼국 시대의 석탑 중 가장 크며 당시 백제의 건축 기술을 확인할 수 있다.

② 유네스코 세계 유산인 백제 역사 유적 지구에 속해 있는 부여 정림사지 5층 석탑은 목탑의 구조와 비슷하지만 돌의 특성을 잘 살린 백제의 대표적인 석탑으로, 국보 제9호로 지정되어 있다.

④ 유네스코 세계 유산인 백제 역사 유적 지구에 속해 있는 무령왕릉은 널길과 널방을 벽돌로 쌓은 벽돌 무덤으로 중국 남조의 영향을 받았다. 현재 무령왕릉은 송산리 고분군 내 제7호분으로 분류되어 있으나, 무덤의 주인이 무령왕임을 알 수 있는 묘지석이 출토되었으므로 무령왕릉이라고 부른다.

더 알아보기

백제 역사 유적 지구(2015년 유네스코 세계 유산 등재)

- 대한민국 중서부 산지에 위치한 백제의 옛 수도였던 3개 도시에 남아 있는 유적은 이웃한 지역과의 빈번한 교류를 통하여 문화적 전성기를 구가하였던 고대 백제 왕국의 후기 시대를 대표한다.
- 백제 역사 유적 지구는 공주시, 부여군, 익산시 3개 지역에 분포된 8개 고고학 유적지로 이루어져 있다.
- 공주 웅진성과 연관된 공산성과 송산리 고분군, 부여 사비성과 관련된 관북리 유적(관북리 왕궁지) 및 부소산성, 정림사지, 능산리 고분군, 부여 나성, 사비 시대 백제의 두 번째 수도였던 익산시 지역의 왕궁리 유적, 미륵사지 등이 있다.
- 이들 유적은 475~660년 사이의 백제 왕국의 역사를 보여주고 있다.
- 백제 역사 유적은 세련된 백제의 문화를 일본 및 동아시아로 전파한 사실을 증언하고 있다.

03 난도 ★★☆　　　　　　　　　　　　　　　정답 ④

근세 > 정치사

정답의 이유

④ 조선 정종 때 창설된 승정원은 왕명 출납을 담당하고 모든 기밀을 취급하던 국왕의 비서 기관으로 정원(政院), 후원(喉院), 은대(銀臺), 대언사(代言司) 등으로 불리기도 하였다.

오답의 이유

① 사간원은 홍문관, 사헌부와 함께 3사를 구성하였고, 정책에 대한 간쟁과 논박을 담당하는 관청이었다. 교지를 작성·관리하는 곳은 예문관이었다.

② 춘추관의 사관들은 각 관청의 업무 기록을 종합한 시정기를 편찬하였으며, 한성부는 조선의 수도 한성의 치안과 행정을 담당하였다.

③ 춘추관은 조선 시대에 역사서를 보관하고 관리하는 관청이었으며, 이곳에 설치된 실록청에서 실록 편찬을 담당하였다. 조선 시대의 외교 문서를 작성한 곳은 승문원으로 이곳의 관원은 모두 문관으로만 임용하였는데, 주로 연소하고 총민한 자를 배치하였다.

더 알아보기

조선의 중앙 통치 조직

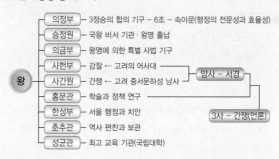

04 난도 ★★☆　　　　　　　　　　　　　　　정답 ①

일제 강점기 > 정치사

자료해설

'3·1 운동 직후 만들어진', '연통제라는 비밀 행정 조직', '교통국' 등으로 보아 (가)는 대한민국 임시정부임을 알 수 있다. 대한민국 임시정부는 '교통국'과 '연통제'라는 비밀 연락 조직을 설치하고 독립운동 자금을 모았으나 일제의 탄압으로 성과는 미흡하였으며, 독립운동 방법을 둘러싼 갈등이 발생하기도 하였다.

정답의 이유

① 대한민국 임시정부는 비밀 행정 조직으로 연통제와 교통국을 이용하여 국내와의 연락망을 확보하고 대미 외교 업무를 수행하기 위해 미국에 구미 위원부를 두었다(1919).

오답의 이유

② 독립 의군부는 고종의 밀지를 받아 임병찬을 중심으로 전라도 지방에서 조직된 비밀 독립운동 단체이다(1912).

③ 정미의병의 유생 의병장들은 13도 창의군을 결성하고 이인영을 총대장, 허위를 군사장으로 추대하여 서울 진공 작전을 전개하였다(1908).

④ 『대한매일신보』는 1904년 영국인 베델과 양기탁을 중심으로 창간되었으며, 국채 보상 운동 등 항일 민족 운동을 적극적으로 지원하였다.

더 알아보기

대한민국 임시정부의 활동

비밀 조직 운영	연통제(비밀 행정 조직), 교통국(통신 기관) 조직 → 독립운동 자금 확보, 정보 수집
자금 모금	독립 공채 발행, 국민 의연금 모금
외교 활동	• 김규식을 전권대사로 임명, 파리 강화 회의에 대표 파견 → 독립 청원서 제출 • 미국에 구미 위원부 설치(1919): 한국의 독립 문제 국제 여론화 노력
무장 투쟁	군무부를 설치하고 직할 부대로 광복군 사령부, 광복군 총영, 육군 주만 참의부 편성
문화 활동	기관지로 『독립신문』 간행, 외교 선전 책자 발행, 임시 사료 편찬 위원회에서 『한·일 관계 사료집』 간행

05 난도 ★★☆   정답 ②

고대 > 문화사

자료해설

(가) 신라 승려인 의상은 영주 부석사를 창건하여 많은 제자를 양성하였으며, 문무왕이 재위 말기에 경주 도성 주위에 대대적인 토목 공사인 성벽을 쌓으려고 하자 만류를 간언하여 왕이 그만둔 일화로도 유명하다.

(나) 신라 선덕여왕 때 승려 자장이 주변 9개 민족의 침략을 부처의 힘으로 막기 위한 목탑 건립을 건의하여 황룡사 9층 목탑을 건립하였다.

정답의 이유

② 의상은 당에 가서 지엄으로부터 화엄에 대한 가르침을 받고 돌아와 신라에서 화엄 사상을 펼쳤으며 『화엄일승법계도』를 만들어 화엄 교단을 세웠다.

오답의 이유

① 원효는 일심사상을 바탕으로 종파 간의 사상적 대립·분파의 의식을 극복하려는 노력에서 『십문화쟁론』을 저술하고 화쟁사상을 주장하였다.

③ 신라의 승려 혜초는 인도와 중앙 아시아 지역을 답사한 뒤 『왕오천축국전』을 지었다.

④ 의천은 교종과 선종의 통합 운동을 뒷받침하기 위한 사상적 바탕으로 이론의 연마와 실천을 강조하는 교관겸수를 제시하였다.

06 난도 ★★☆   정답 ③

고대 > 정치사

자료해설

(가)는 대조영의 뒤를 이은 제2대 발해 무왕으로 '아들이 뒤이어 왕위에 올라', '인안'이라는 연호를 통해 유추할 수 있다.

정답의 이유

③ 발해 무왕은 영토 확장을 통해 동북방의 여러 세력을 복속하고 북만주 지역을 장악하였다. 그중 장문휴의 수군은 당의 등주를 선제공격하여 당군을 격파하였다(732).

오답의 이유

① 발해 문왕은 확대된 영토를 효과적으로 다스리고자 수도를 중경 현덕부에서 상경 용천부로 천도하였다.

② 발해 선왕은 영토를 크게 확장하여 지방 행정 체제를 5경 15부 62주로 정비하였고, 이후 전성기를 누리면서 해동성국이라 불렸다.

④ 고구려 출신 대조영은 유민들을 이끌고 지린성 동모산에서 발해를 건국하였다(698).

더 알아보기

발해의 건국과 발전

대조영 (698~719)	지린성 동모산에서 발해 건국(698)
무왕 (719~737)	연호 사용(인안), 영토 확장, 당의 산둥반도 공격(장문휴의 수군), 신라 견제, 일본과 친교
문왕 (737~793)	당·신라와 친선 관계, 3성 6부 정비, 주자감 설치, 연호 사용(대흥), 신라도를 통해 신라와 교류, 상경 용천부 천도
선왕 (818~830)	지방 행정 5경 15부 62주로 정비, 연호 사용(건흥), 대부분 말갈족 복속과 요동 진출, 최대 영토 확보 → '해동성국'이라 불림

07 난도 ★★☆   정답 ④

시대 통합 > 문화사

자료해설

(가)의 『경국대전』 완성은 성종, (나)의 『속대전』 편찬은 영조, (다)의 『대전통편』 편찬은 정조, (라)의 『대전회통』 편찬은 고종(흥선대원군) 때의 일이다.

정답의 이유

④ 철종 때 발생한 임술 농민 봉기에 안핵사로 파견된 박규수는 삼정이정청을 설치하여 삼정의 문란을 해결하고자 하였다(1862).

오답의 이유

① 성종 때 설치된 홍문관은 집현전을 계승한 기구로 왕의 자문 역할과 경연, 경서, 사적 관리 등의 업무를 담당하였다.

② 영조는 탕평책을 통한 왕권 강화를 위해 붕당의 지지 기반이던 서원을 대폭 정리하였으며, 각 붕당의 사상적 지주였던 산림의 존재를 부정하였다.

③ 정조는 수원에 화성을 축조하여 사도세자의 묘를 옮기고 국왕 친위 부대인 장용영의 외영을 설치하는 등 화성에 정치적·군사적 기능을 부여하였다. 또한 수원성의 동서남북에 네 개의 호수와 축만제 등의 저수지를 축조하고 농업용수를 공급할 수 있도록 하였다.

08 난도 ★☆☆　　　　　　　　　　　　　　정답 ②

근세 > 정치사

[자료해설]

개혁 추진과 위훈 삭제 등으로 인한 반발로 조광조 등 사림이 큰 피해를 입었다는 내용을 통해 밑줄 친 '사건'은 중종 때 일어난 기묘사화(1519)임을 알 수 있다.

[정답의 이유]

② 중종은 반정으로 왕위에 오른 뒤 훈구파를 견제하기 위해 사림을 중용하여 유교 정치를 발전시키고자 하였다. 이에 따라 등용된 조광조는 천거제의 일종인 현량과 실시를 건의하여 사림이 대거 등용될 수 있는 발판을 마련하였다. 또한 반정 공신들의 위훈 삭제, 소격서 폐지, 향약 시행, 소학 보급 등을 주장하였으나 이에 반발한 훈구 세력이 주초위왕 사건을 일으켜 기묘사화(1519)가 발생하면서 조광조를 비롯한 사림들이 큰 피해를 입었다.

[오답의 이유]

① 연산군이 생모인 폐비 윤씨 사건의 전말을 알게 되면서 갑자사화(1504)가 발생하였다. 이로 인해 김굉필 등 당시 폐비 윤씨 사건에 관련된 인물들과 무오사화 때 피해를 면했던 사림들까지 큰 화를 입었다.

③ 연산군 때 사관 김일손이 영남 사림파의 영수인 김종직의 조의제문을 실록에 기록하였는데, 사림 세력과 대립 관계였던 유자광, 이극돈 등의 훈구 세력이 이를 문제 삼아 연산군에게 알리면서 무오사화(1498)가 발생하였다.

④ 인종의 뒤를 이어 명종이 어린 나이로 즉위하자 명종의 어머니 문정왕후가 수렴청정을 하였다. 인종의 외척인 윤임을 중심으로 한 대윤 세력과 명종의 외척인 윤원형을 중심으로 한 소윤 세력의 대립으로 을사사화(1545)가 발생하여 윤임을 비롯한 대윤 세력과 사림들이 큰 피해를 입었다.

09 난도 ★★☆　　　　　　　　　　　　　　정답 ③

시대 통합 > 문화사

[자료해설]

(가)는 고려 인종 때 김부식이 집필한 『삼국사기』이고, (나)는 조선 후기 유득공이 집필한 『발해고』이다.

[정답의 이유]

③ 정조 때 서얼 출신 유득공이 『발해고』를 통해 발해를 우리나라의 역사로 인식하면서 신라와 발해가 있던 시기를 남북국 시대라고 부를 것을 처음으로 제안하였다. 유득공은 발해사 연구의 시야를 만주 지방까지 확대하여 한반도 중심의 협소한 사관을 극복하려 하였다.

[오답의 이유]

① 고려 무신 정권기의 문인 이규보는 『동국이상국집』을 저술하였다. 여기에 수록된 「동명왕편」은 한국 문학 최초의 서사시로, 고구려를 건국한 동명왕의 업적을 칭송하고 고려가 고구려를 계승하였다는 고려인의 자부심을 표현하였다.

② 충렬왕 때 승려 일연이 저술한 『삼국유사』에는 불교사를 중심으로 왕력과 함께 「기이(紀異)편」을 통해 전래 기록이 수록되어 있으며, 특히 단군을 우리 민족의 시초로 여겨 고조선 건국 설화를 수록하였다.

④ 조선 성종의 명을 받아 서거정이 집필한 『동국통감』과 조선 후기 안정복의 『동사강목』 등은 고조선부터 고려 말까지의 역사를 정리하여 편찬한 역사서이다.

10 난도 ★★★　　　　　　　　　　　　　　정답 ③

근대 태동기 > 경제사

[자료해설]

제시문은 박지원의 『한민명전의』에 실린 한전론에 대한 내용이다. 박지원은 『과농소초』에서 중국 농법 도입과 재래 농사 기술의 개량을 주장하였고, 『한민명전의』에서는 토지 소유의 상한선을 설정하는 한전론을 제안하여 심각한 토지 소유 불균형을 해소하려고 하였다.

[정답의 이유]

③ 박지원은 청에 다녀온 뒤 『열하일기』를 저술하여 상공업 진흥과 화폐 유통, 수레 사용의 필요성을 주장하였다. 또한 『양반전』, 「허생전」, 「호질」 등을 통해 양반의 무능과 허례를 풍자하고 비판하였다.

[오답의 이유]

① 유형원은 『반계수록』에서 토지는 국가가 공유하며 신분에 따라 토지를 차등 분배하고, 자영농을 육성하여 민생의 안정과 국가 경제를 바로잡아야 한다는 내용의 균전론을 주장하였다. 그 외에도 부병제를 주장하며 병농일치를 강조하였다.

② 이익은 『성호사설』을 통해 한 가정의 생활을 유지하는 데 필요한 규모의 토지를 영업전으로 정하고, 영업전의 매매를 금지하는 한전론을 주장하였다. 또한 나라를 좀먹는 6가지의 폐단(노비제, 과거제, 양반 문벌제, 사치와 미신, 승려, 게으름)에 대해 비판하였다.

④ 정약용은 유배 생활 중에 『목민심서』를 저술하여 지방 행정 개혁 방향을 제시하였다.

더 알아보기

조선 후기 대표적 실학자와 저서

중농 학파	유형원	『반계수록』
	이익	『성호사설』, 『곽우록』
	정약용	『목민심서』, 『경세유표』, 『흠흠신서』
중상 학파	유수원	『우서』
	홍대용	『의산문답』, 『임하경륜』
	박지원	『열하일기』, 『과농소초』, 『한민명전의』
	박제가	『북학의』

11 난도 ★★☆　　　　　　　　　　정답 ①

일제 강점기 > 정치사

[자료해설]

(가)는 1910년대의 무단 통치 시기에 대한 내용이다. 이 시기에는 조선 총독부의 설치, 헌병 경찰제, 조선 태형령 등이 자행되었으며, 토지 조사 사업, 회사령 실시 등의 경제적인 침탈이 있었다.

[정답의 이유]

① 조선 총독부는 토지 조사국을 설치하고 토지 조사령을 발표하여 일정 기간 내 토지를 신고하도록 하는 토지 조사 사업을 실시하였다(1912).

[오답의 이유]

② 1939년 일제는 우리의 성과 이름을 일본식 성명으로 바꾸는 창씨 개명령을 공포하고, 1940년 창씨 개명을 실시하였다.

③ 일제는 제3차 조선교육령을 공포하여 일왕의 칙령에 따라 소학교를 '황국 신민의 학교'라는 의미인 국민학교로 개칭하였다(1941).

④ 1930년대 중 · 일 전쟁과 태평양 전쟁이 일어나자 일제는 우리 민족을 전쟁에 동원하기 위해 국가 총동원법을 제정(1938)하여 인력과 물자 등을 수탈하였다.

[더 알아보기]

일제 강점기 시기별 식민 통치 방식

구분 시기	통치 내용	경제 침탈
무단 통치 (1910~1919)	• 조선 총독부 설치 • 헌병 경찰제 • 조선 태형령	• 토지 조사 사업 • 회사령 실시
기만적 문화 통치 (1919~1931)	• 3 · 1 운동(1919)을 계기로 통치 체제 변화 • 보통 경찰제 • 경성 제국 대학 설립	• 산미 증식 계획 시행: 일본 본토로 식량 반출 • 회사령 폐지: 일본 자본 유입
민족 말살 통치 (1931~1945)	• 황국 신민화 정책 • 신사 참배, 황국 신민 서사 암송, 창씨 개명 강요 • 조선어 교육 및 조선 역사 과목 폐지	• 국가 총동원령 시행 • 병참 기지화 정책 • 남면북양 정책

12 난도 ★★☆　　　　　　　　　　정답 ④

현대 > 정치사

[자료해설]

한국 국민당을 이끌고 한국 독립당을 결성하였으며 남북 협상을 위한 평양 방문을 한 사실을 통해 제시문의 밑줄 친 '그'가 백범 김구임을 알 수 있다. 김구는 광복 이후 모스크바 3국 외상 회의 결정에 따른 신탁 통치를 이승만과 함께 반대하였으며, 남한만의 단독 정부를 추진한 이승만과 달리 통일 정부 수립을 위해 평양으로 가서 남북 협상까지 시도하였으나 결국 실패하였다(1948.4.).

[정답의 이유]

④ 모스크바 3국 외상 회의의 신탁 통치 결정이 알려지자 김구는 '신탁 통치 반대 국민 총동원 위원회'를 결성(1945.12.)하여 신탁 통치 반대 운동을 전개하였다.

[오답의 이유]

① 광복 이후 좌우 대립이 격화되면서 분단의 위기감을 느낀 중도파 세력들은 여운형, 김규식이 중심이 되어 1946년 7월 좌우 합작 위원회를 수립하였다. 이 위원회는 모든 조직이 하나로 통합되어, 중도적 사상의 통일 정부를 수립하는 것을 목표로 삼고 1946년 10월 좌우 합작 7원칙을 합의하여 제정하였다.

② 조선 건국 동맹의 여운형은 안재홍과 함께 일본인의 안전한 귀국을 보장하는 조건으로 조선 총독부로부터 행정권의 일부를 이양 받아 조선 건국 준비 위원회를 결성하였다(1945).

③ 박용만은 하와이에 대조선 국민 군단을 조직하여 독립군 사관 양성을 바탕으로 한 무장 투쟁을 준비하였다(1914).

13 난도 ★★☆　　　　　　　　　　정답 ①

현대 > 정치사

[정답의 이유]

① 제헌 국회는 일제의 잔재를 청산하고 민족정기를 바로잡기 위해 반민족 행위 처벌법을 제정(1948)하여 반민족 행위 특별 조사 위원회를 조직하였다.

[오답의 이유]

② 1965년 6월 한 · 일 기본 조약(한 · 일 협정)이 정식으로 조인되자 전국 각 대학 및 고교 학생들의 한 · 일 협정 조인 무효화 시위와 시민 각계에서 회담 반대 성명이 전개되었다.

③ 박정희 정부 시기 서울과 평양에서 7 · 4 남북 공동 성명을 발표하고, 남북 조절 위원회를 설치하였다(1972).

④ 박정희 정부는 유신 헌법을 발표하여 대통령 임기 6년과 중임 제한 조항 삭제 및 통일 주체 국민 회의를 통한 대통령 간접 선거의 내용을 담은 제7차 헌법 개정을 단행하였다(1972).

[더 알아보기]

반민족 행위 처벌법 및 위원회

반민족 행위 처벌법	배경	친일파 청산으로 민족 정기 확립 요구, 미군정의 친일 관료 유지 정책
	과정	일제 강점기 반민족 행위자 처벌 및 재산 몰수 → 반민족 행위 특별 조사 위원회(반민 특위) 설치
반민족 행위 특별 조사 위원회 (반민 특위)	개념	친일파 청산을 목적으로 반민족 행위 처벌법을 기준으로 국회에서 구성된 특별 위원회
	활동	1949년 1월부터 시작, 이광수 · 박흥식 · 노덕술 · 최린 · 최남선 등 친일 혐의자 체포 · 조사
	위기	이승만 정부의 비협조와 방해, 일부 경찰의 반민 특위 습격, 국회 프락치 사건 등으로 활동 제약

14 난도 ★☆☆　　　　　　　　　　　　　　　정답 ②

근대 > 정치사

【 자료해설 】

'고종이 즉위한 직후에 실권을 장악', '병인박해', '고종의 친정이 시작됨에 따라 물러남', '임오군란이 일어났을 때 잠시 권력을 장악', '청군의 개입으로 물러났다'를 통해 밑줄 친 '그'는 흥선대원군임을 알 수 있다.

【 정답의 이유 】

② 병인양요와 신미양요를 극복한 흥선대원군은 외세의 침입을 경계하고 서양과의 통상 수교 반대 의지를 알리기 위해 전국 각지에 척화비를 세웠다(1871).

【 오답의 이유 】

① 조 · 미 수호 통상 조약이 체결된 후 조선 주재 미국 공사가 파견되자 조선 정부는 답례로 미국에 보빙사를 파견하였다(1883). 민영익, 홍영식, 서광범을 중심으로 한 보빙사는 서양 국가에 파견된 최초의 사절단으로 40여 일간 미국 대통령을 만나고 다양한 기관들을 시찰하였다.

③ 숙종 때 간도 지역을 두고 청과 국경 분쟁이 발생하자 두 나라 대표가 백두산 일대를 답사하고 국경을 확정하여 백두산정계비를 세웠다(1712).

④ 고종은 국내외의 군국 기무와 개화 정책을 총괄하는 업무를 맡은 관청인 통리기무아문을 설치하고 그 아래 12사(司)를 두어 행정 업무를 맡게 하였다(1880). 통리기무아문은 기존 5군영을 무위영과 장어영의 2군영으로 개편하고 신식 군대인 별기군을 설치하였다(1881).

【 더 알아보기 】

흥선대원군의 정책

대내적	국왕 중심 통치 체제	• 세도 정치 타파 • 비변사 철폐: 의정부와 삼군부 부활 • 경복궁 중건 • 『대전회통』, 『육전조례』 편찬
	민생 안정과 국가 재정 강화	• 호포제 실시 • 사창제 실시 • 서원 정리(47개 제외)
대외적	통상 수교 거부 정책	• 프랑스군과 미국군의 침입 격퇴 • 척화비 건립 • 군비 강화

15 난도 ★★☆　　　　　　　　　　　　　　　정답 ①

고대 > 정치사

【 자료해설 】

제시된 자료는 '백제 개로왕이 고구려 장수왕의 밀사인 도림의 건의에 따라 성을 쌓고 궁을 화려하게 하는 등 대규모 토목 공사를 단행했지만 이로 인해 백성이 곤궁하고 나라가 위태롭게 되었다. 이때 도림이 고구려 장수왕에게 이 내용을 전달하니, 장수왕이 기뻐하며 백제를 치려고 장수에게 군사를 나누어 주었다'는 내용이다. 따라서 밑줄 친 '이 왕'은 백제 한성을 점령한 고구려 장수왕이다.

【 정답의 이유 】

① 고구려 장수왕은 수도를 국내성에서 평양성으로 옮기면서 적극적인 남진 정책을 추진하였다(427).

【 오답의 이유 】

② 고구려 고국천왕은 국상 을파소의 건의에 따라 봄에 곡식을 빌려주고 겨울에 갚게 하는 진대법을 시행(194)하여 빈민을 구제하였다.

③ 고구려 미천왕은 낙랑군을 축출(313)하고 한의 군현을 모두 몰아내어 영토를 확장하였다.

④ 고구려 광개토대왕은 신라의 원군 요청을 받고 군대를 보내 신라에 침입한 왜를 낙동강 유역에서 격퇴(400)함으로써 한반도 남부의 세력 균형에도 영향을 미쳤다.

16 난도 ★★☆　　　　　　　　　　　　　　　정답 ②

시대 통합 > 문화사

【 자료해설 】

제시된 문화 유산은 고려 시대의 건축물인 안동 봉정사 극락전이다.

【 정답의 이유 】

② 안동 봉정사 극락전은 고려 시대의 건물로 국보 제15호로 지정되어 있다. 통일 신라 시대 건축 양식을 띠고 있으며, 우리나라의 목조 건물 중 가장 오래된 건물이다.

【 오답의 이유 】

① 서울 흥인지문(興仁之門)은 동대문이라고도 하며, 한성부를 보호하기 위한 서울 도성의 사대문 가운데 동쪽에 위치한 대문이다.

③ 영주 부석사 무량수전은 부석사의 중심 건물로 고려 시대 목조 건축물이다. 기둥 중간이 굵은 배흘림기둥이 사용되었으며, 지붕 처마를 받치기 위한 구조인 공포를 기둥 위에서만 짜 올린 주심포 양식으로 축조되었다.

④ 합천 해인사 장경판전은 고려 팔만대장경을 보존하기 위해 15세기에 건축된 조선 전기 건축물로 한국에 현존하는 가장 오래된 도서관이기도 하다.

【 더 알아보기 】

고려 시대 건축과 조각

건축	주심포(안동 봉정사 극락전, 영주 부석사 무량수전, 예산 수덕사 대웅전), 다포(성불사 응진전)
탑	월정사 팔각 9층 석탑, 경천사지 10층 석탑(원의 양식)
불상	부석사 소조여래 좌상, 관촉사 석조 미륵보살 입상

17 난도 ★★☆　　　　　　　　　　　　　　　정답 ②

근대 > 정치사

【 자료해설 】

'서재필', '만민 공동회 개최' 등으로 보아 (가)는 1896년에 창립된 독립 협회임을 알 수 있다. 갑신정변 이후 미국에서 돌아온 서재필은 남궁억, 이상재, 윤치호 등과 함께 독립 협회를 창립하고 만민 공동회와 관민 공동회를 개최하여 국권 · 민권 신장 운동을 전개하였다. 독립 협회는 중추원 개편을 통한 의회 설립 방안이 담겨 있는 헌의 6조를 건의하였으며, 고종이 이를 채택하였다.

② 독립 협회는 청의 사신을 맞던 영은문을 헐고 그 자리 부근에 독립문을 건립하였다(1897).

① 갑오개혁 이후 고종은 「교육 입국 조서」를 발표하고 교육의 중요성을 강조하면서 교사 양성을 위해 한성 사범 학교를 세웠다(1895).

③ 고종은 제1차 갑오개혁 추진 이후 종묘에서 「홍범 14조」를 발표하였다(1895). 이는 청의 종주권 배제, 탁지아문으로 재정 일원화, 왕실과 국정 사무 분리 등의 내용을 담아 제1차 갑오개혁의 내용을 재확인하고 제2차 갑오개혁의 방향성을 설정하여 강령으로 선언한 것이다.

④ 국채 보상 운동은 김광제, 서상돈 등의 제안으로 대구에서 시작되었다. 이후 서울에서 조직된 국채 보상 기성회를 중심으로 전국적으로 확산되어 일본에서 도입한 차관 1,300만 원을 갚아 주권을 회복하고자 하였다(1907).

더 알아보기

독립 협회 창립과 활동

창립	배경	아관파천 이후 열강의 이권 침탈 심화, 자유 민주주의적 개혁 사상 보급, 자주독립 국가 건설 목표
	구성	서재필, 윤치호, 이상재, 남궁억 등의 지도부와 광범위한 사회 계층(학생, 노동자, 여성, 천민 등) 참여
	과정	서재필 등이 자유민주주의 개혁 사상을 보급, 「독립신문」 창간 이후 독립 협회 창립
활동	민중 계몽 운동	「대조선 독립 협회 회보」 간행, 독립관에서 토론회 개최
	자주 국권 운동	• 독립문 건립 • 만민 공동회 개최 → 러시아의 절영도 조차 요구 저지
	자유 민권 운동	국민의 신체와 재산권의 자유, 언론 · 출판 · 집회 · 결사의 자유 등 요구
	의회 설립 운동	관민 공동회를 개최하여 헌의 6조 채택 → 고종의 수락, 중추원 관제 반포

헌의 6조

1. 외국인에게 의지하지 말고 관민이 한마음으로 힘을 합하여 전제 황권을 공고히 할 것
2. 외국과의 이권에 관한 계약과 조약은 각 대신과 중추원 의장이 합동 날인하여 시행할 것
3. 국가 재정은 탁지부에서 전관하고, 예산과 결산을 국민에게 공포할 것
4. 중대 범죄를 공판하되, 피고의 인권을 존중할 것
5. 칙임관을 임명할 때에는 황제가 정부에 그 뜻을 물어서 중의에 따를 것
6. 정해진 규정을 실천할 것

---

18 난도 ★★☆　　　　　　　　　　　정답 ③

중세 > 정치사

제시된 자료의 '무신 정권 몰락(1270)'과 '공민왕 즉위(1351)'로 보아 (가)는 원 간섭기의 사실임을 알 수 있다.

③ 공민왕은 개혁 정치를 실시하면서 반원 자주 정책의 일환으로 쌍성총관부를 공격하여 철령 이북 지역의 영토를 수복하였다(1356).

① 충선왕은 왕위를 물려준 뒤 원의 연경에 만권당을 세우고(1314) 고려에서 이제현 등의 성리학자들을 데려와 원의 학자들과 교류하게 하였다.

② 충렬왕 때 일본 원정을 위해 원에서 설치한 정동행성(1280)은 내정 간섭 기구로 이용되었으며, 당시 지배층을 중심으로 몽골의 풍습인 변발과 호복이 유행하였다.

④ 원 간섭기인 충렬왕 때 이승휴가 저술한 「제왕운기」(1287)는 단군의 고조선 건국 이야기를 수록하여 고조선을 한국사에 포함시켰으며 이러한 역사의식은 고려 말 신진 사대부에게 전승되었다.

더 알아보기

공민왕의 정책

반원 자주 정책	• 기철 등 친원파 제거, 정동행성 이문소 폐지 • 왕실 칭호와 관제 복구, 몽골풍 금지 • 쌍성총관부 공격 → 철령 이북 지역 수복
왕권 강화 정책	• 정방 폐지: 인사권 장악 • 신진 사대부 등용 • 신돈 등용(전민변정도감 설치)

---

19 난도 ★★☆　　　　　　　　　　　정답 ②

중세 > 경제사

'전시과 제도', '2년 3작의 윤작법 보급', '남부 지방에 이앙법 보급' 등을 통해 밑줄 친 '이 나라'는 고려임을 알 수 있다.

② 공물의 부과 기준이 가호에서 토지로 바뀐 것은 조선 시대의 대동법에 대한 내용이다. 조선 광해군 때 공납의 폐단을 해결하기 위해 공납을 전세화하여 공물 대신 쌀을 납부하도록 하는 대동법을 경기도부터 실시하였다.

① 고려 시대의 삼사는 곡식의 출납과 회계 관련 사무 등 재정 관련 사무를 담당하였다.

③ 고려 시대에는 논과 밭을 비옥도에 따라 3등급으로 나누어 생산량의 1/10을 조세로 납부하게 하였다.

④ 고려 시대 소(所) 지역의 주민들은 수공업이나 광업에 종사하였고, 지방 특산물을 생산하여 공물로 바쳤다.

20 난도 ★★☆   정답 ④

근대 > 정치사

【 자료해설 】

미국이 강화도를 침략한 사건인 '신미양요'는 1871년의 일이고, 군
국기무처를 통해 실시된 '갑오개혁'은 1894년의 일이다.

【 정답의 이유 】

④ 조 · 미 수호 통상 조약은 조선이 서양 국가와 맺은 최초의 조약
으로, 청이 러시아와 일본을 견제하고 조선에 대한 청의 종주권
을 확인할 목적으로 체결을 알선하였다. 이는 최혜국 대우, 거중
조정, 치외 법권, 관세 규정 등의 조항이 포함된 불평등 조약이
었다(1882).

【 오답의 이유 】

① 일본의 강압으로 을사늑약이 체결(1905)되어 대한제국의 외교
권이 박탈되고 통감부가 설치되었다. 이후 이토 히로부미가 초
대 통감으로 부임하면서 일제의 내정 간섭이 공식화되었다.

② 정미의병은 일제가 한 · 일 신협약으로 대한제국의 군대를 강제
해산시키자 해산된 군인들이 의병 활동에 가담하면서 의병 부대
가 조직화되었다(1907).

③ 오페르트를 비롯한 서양인들이 덕산에 위치한 흥선대원군의 아
버지 남연군의 묘를 도굴하려다가 실패하였다(1868).

【 더 알아보기 】

조 · 미 수호 통상 조약

배경	황쭌셴의 『조선책략』 유포 → 미국과의 수교 주장 → 청의 알선(러시아와 일본 견제 의도)
내용	• 거중 조정, 관세 조항 규정 • 치외 법권, 최혜국 대우 인정
성격	서양과 맺은 최초의 근대적 조약, 불평등 조약

한눈에 훑어보기

✓ 영역 분석

선사 시대와 국가의 형성　05
1문항, 5%

고대　　01 06 09
3문항, 15%

중세　　02 10 14
3문항, 15%

근세　　03 04
2문항, 10%

근대 태동기　15
1문항, 5%

근대　　13 19 20
3문항, 15%

일제 강점기　12 17 18
3문항, 15%

현대　　11 16
2문항, 10%

시대 통합　07 08
2문항, 10%

✓ 빠른 정답

01	02	03	04	05	06	07	08	09	10
③	②	③	①	①	④	④	③	③	①
11	**12**	**13**	**14**	**15**	**16**	**17**	**18**	**19**	**20**
④	③	②	④	②	①	④	②	②	③

✓ 점수 체크

구분	1회독	2회독	3회독
맞힌 문항 수	/ 20	/ 20	/ 20
나의 점수	점	점	점

01　난도 ★★☆　　　　　　　　　　정답 ③

고대 > 정치사

자료해설

제시문은 고구려 제2대 유리왕이 지은 「황조가」이다. 이 노래는 정답게 노는 꾀꼬리의 모습과 작가의 처지를 대비하여 외로움의 정서를 우의적으로 표현하였다.

정답의 이유

③ 고구려 주몽은 압록강 중류의 졸본 지역을 첫 도읍으로 정하고 나라를 세웠다. 이후 유리왕 때 중국 지린성 지안 지역의 국내성으로 수도를 옮겼다.

오답의 이유

① 고구려 고국천왕은 국상 을파소의 건의에 따라 빈민을 구제하기 위해 먹을거리가 부족한 봄에 곡식을 빌려주고 겨울에 갚게 하는 진대법을 실시하였다.

② 고구려 미천왕은 낙랑군을 축출하고 한의 군현을 모두 몰아내어 영토를 확장하였다.

④ 고구려 소수림왕은 중국 전진으로부터 불교를 수용하고 이를 통해 왕실의 권위를 높이고자 하였으며, 율령을 반포하여 국가 조직을 정비하였다.

더 알아보기

고구려 주요 왕의 업적

	태조왕	정복 활동 활발 → 옥저 정복, 요동 진출
1~2세기	유리왕	국내성 수도 천도
	고국천왕	왕위 부자 세습, 진대법 실시(을파소 건의)
4세기	미천왕	낙랑군 축출 → 대동강 유역 확보
	소수림왕	불교 수용, 태학 설립, 율령 반포
5세기	광개토대왕	만주 일대 장악, 신라에 침입한 왜 격퇴, 금관가야 공격, 한강 이북 차지
	장수왕	평양 천도, 남진 정책, 한강 유역 장악
6세기	영류왕	천리장성 축조
	보장왕	연개소문 집권, 고구려 멸망(668)

02 난도 ★☆☆   정답 ②

중세 > 문화사

자료해설

밑줄 친 '유학자'는 안향이다. 조선 중종 때 풍기 군수 주세붕은 고려 말 성리학을 전래시킨 안향을 기리고 유생들을 교육하기 위해 최초의 서원인 백운동 서원을 건립하였다. 이후 백운동 서원은 이황의 건의로 최초의 사액 서원인 소수 서원으로 공인되었다.

정답의 이유

② 안향은 원 간섭기인 고려 충렬왕 때 성리학을 국내에 처음으로 소개하였다.

오답의 이유

① 이이는 정계 은퇴 후 우리나라의 지방 행정 조직 실정에 맞는 향약인 해주향약을 만들기도 하였다.

③ 『성학십도』를 저술한 인물은 퇴계 이황이다. 이황은 『성학십도』에서 10개의 도식을 통해 군주 스스로 성학을 따를 것을 강조하였다.

④ 『해동제국기』는 통신사로 일본에 다녀온 신숙주가 일본의 지리, 사회, 정치 등에 대한 관찰을 종합적으로 기록한 책으로 성종 때 편찬되었다.

03 난도 ★★☆   정답 ③

근세 > 정치사

자료해설

밑줄 친 '왕'은 원각사지 10층 석탑을 세운 인물로 조선 세조이다. 원각사지 10층 석탑은 고려의 개성 경천사지 10층 석탑을 본떠 만든 것으로 대리석을 재료로 하였으며 국보 제2호로 지정되어 있다.

정답의 이유

③ 세조는 왕권 강화를 위해 의정부 서사제를 폐지하고 6조에서 의정부를 거치지 않고 국왕이 바로 재가를 내리는 6조 직계제를 실시하였다.

오답의 이유

① 『동국병감』은 조선 문종 대에 이민족과의 전란·전쟁사를 정리하여 편찬한 책이다.

② 『동문선』은 조선 성종 대에 서거정이 삼국 시대부터 조선 초까지의 뛰어난 시문들을 모아 편찬한 시문집이다.

④ 경복궁의 이궁인 창덕궁이 건립된 것은 조선 태종 5년 시기의 일이다.

더 알아보기

6조 직계제 관련 사료

상왕(단종)이 어려서 무릇 조치하는 바는 모두 대신에게 맡겨 논의, 시행하였다. 지금 내(세조)가 명을 받아 왕통을 계승하여 군국 서무를 아울러 모두 처리하며 조종의 옛 제도를 모두 복구한다. 지금부터 형조의 사형수를 제외한 모든 서무는 6조가 각각 그 직무를 담당하여 직계한다.

— 『세조실록』 —

04 난도 ★★☆   정답 ①

근세 > 정치사

자료해설

현량과 실시를 건의한 내용을 통해 (가) 인물이 조광조라는 것을 알 수 있다.

정답의 이유

① 중종 때 등용된 조광조는 현량과 실시, 소격서 폐지, 위훈 삭제 등의 급진적인 개혁을 실시하였다. 이에 반발한 훈구 세력들이 주초위왕 사건을 일으켜 기묘사화가 발생하면서 조광조를 비롯한 사림들이 피해를 입었다.

오답의 이유

② 연산군 때 사관 김일손이 영남 사림과 스승인 김종직의 조의제문을 사초에 기록하였다. 그러자 사림 세력과 대립 관계였던 유자광, 이극돈 등의 훈구 세력이 이를 문제 삼아 연산군에게 알리면서 무오사화가 발생하였다.

③ 인종의 뒤를 이어 명종이 어린 나이로 즉위하자, 명종의 어머니인 문정왕후가 수렴청정을 하였다. 이후 인종의 외척 세력인 대윤(윤임)과 명종의 외척 세력인 소윤(윤원형)의 대립이 심화되어 을사사화가 발생하였다.

④ 연산군이 생모인 폐비 윤씨 사건의 전말을 알게 되면서 갑자사화가 발생하였다. 이로 인해 연산군의 생모 윤씨를 폐비하는 데 동조한 김굉필 등의 사림파와 이미 죽은 훈구파 한명회 등을 부관참시하였다.

더 알아보기

조선 시대 사화

무오사화 (1498)	• 배경: 김일손이 스승 김종직의 「조의제문」을 사초에 기록한 사건 • 훈구파(유자광, 이극돈)와 사림파(김일손)의 대립
갑자사화 (1504)	• 배경: 폐비 윤씨 사사 사건 • 무오사화 때 피해를 면한 사림과 일부 훈구 세력까지 피해
기묘사화 (1519)	• 배경: 조광조의 개혁 정치 • 위훈 삭제로 인한 훈구 공신 세력의 반발 → 주초위왕 사건으로 조광조 축출
을사사화 (1545)	• 배경: 인종의 외척 윤임(대윤)과 명종의 외척 윤원형(소윤) 간 대립 심화 • 명종 즉위, 문정왕후 수렴청정 → 집권한 소윤이 대윤 공격

05 난도 ★★☆   정답 ①

선사 시대와 국가의 형성 > 선사 시대

정답의 이유

㉠ 강원 양양 오산리 유적은 신석기 시대의 유적지로 덧무늬 토기, 흙으로 빚어 구운 사람의 얼굴, 흑요석기 등이 발견되었다.

㉡ 서울 암사동 유적은 신석기 시대의 대표 유적지로, 빗살무늬 토기, 돌도끼, 움집터 등이 발견되었다.

오답의 이유

㉢ 공주 석장리 유적은 구석기 시대의 대표 유적지이고, 미송리식 토기는 청동기 시대의 대표적인 유물이다.

㉣ 부산 동삼동 유적은 신석기 시대 유적지이고, 아슐리안형 주먹도 끼는 연천 전곡리에서 발견된 구석기 시대의 대표적인 유물이다.

더 알아보기

구석기와 신석기 시대 유적지

구석기	• 연천 전곡리: 아슐리안형 주먹도끼 • 상원 검은모루 동굴: 동물화석, 주먹도끼 • 청원 두루봉 동굴: 어린아이 유골(흥수아이) • 충북 단양 금굴: 한반도에서 가장 오래된 유물(70만 년 전) 발굴 • 공주 석장리: 남한에서 최초 발굴 조사 • 함경북도 종성군 동관진: 한반도 최초 구석기 유물 석기와 골각기 발견 • 웅기 굴포리: 북한에서 최초 발굴
신석기	• 황해 봉산 지탑리: 탄화된 좁쌀 발견 • 강원 양양 오산리: 한반도에서 가장 오래된 신석기 집터 발견 • 부산 동삼동: 조개껍데기 가면, 빗살무늬 토기 출토 • 서울 암사동: 집터와 취락 유적, 빗살무늬 토기 출토 • 제주 한경 고산리: 이른 민무늬 토기, 덧무늬 토기 출토

06 난도 ★★☆   정답 ④

고대 > 정치사

자료해설

고구려 장수왕의 공격으로 한성이 함락되자(475), 백제 문주왕은 웅진으로 천도하였다(475). 이후 백제 성왕은 웅진에서 사비로 천도(538)하고 국호를 남부여로 고쳐 새롭게 중흥을 도모하였다.

정답의 이유

④ 신라 법흥왕은 이차돈의 순교를 계기로 불교를 국교로 공인하였다(527).

오답의 이유

① 신라 진흥왕은 고구려가 차지하고 있던 한강 유역을 빼앗고 대가야를 병합하여 영토를 확장하였다(562).

② 신라 진흥왕은 새롭게 편입한 영토를 순시한 후 이를 기념하여 순수비를 세웠으며, 현재까지 황초령 순수비(568)를 포함하여 총 4개의 순수비가 발견되었다.

③ 신라 진흥왕은 거칠부에게 역사서인 『국사』를 편찬하게 하였다(545).

07 난도 ★★☆   정답 ④

시대 통합 > 경제사

정답의 이유

④ 조선 후기 청과의 무역이 활발하였던 국경 지역을 중심으로 공적으로 허용된 개시 무역과 사적 무역인 후시 무역이 이루어졌는데 대표적인 예로 중강 개시, 책문 후시가 있다.

오답의 이유

① 노리사치계는 백제 성왕 시기에 일본으로 건너가 불경과 불상을 전하였다.

② 통일 신라 장보고는 완도에 청해진을 설치하여 해적들을 소탕하고 해상 무역권을 장악하면서 당, 신라, 일본을 잇는 국제 무역을 주도하였다.

③ 고려의 국제 무역항인 벽란도는 예성강 하구에 위치하였고 이곳을 통해 송, 아라비아 상인들과도 교역을 전개하였다.

08 난도 ★★☆   정답 ③

시대 통합 > 문화사

정답의 이유

㉠ 공주 송산리 고분군에 있는 송산리 6호분과 무령왕릉은 중국 남조의 영향을 받은 벽돌 무덤(전축분)이다. 2015년 유네스코 세계 문화 유산으로 선정되었다.

㉡ 양산 통도사는 자장이 창건한 절로, 우리나라의 삼보 사찰 중 하나이다. 자장이 중국 유학을 마치고 귀국할 때 가져온 불경과 불사리를 봉안하기 위해 통도사에 금강계단을 조성하였다. 2018년 영주 부석사, 보은 법주사 등과 함께 유네스코 세계 문화 유산으로 선정되었다.

㉢ 남한산성은 2014년 유네스코 세계 문화 유산으로 선정된 곳이다. 병자호란 때 인조가 남한산성으로 피신하여 항전하였으나 강화도로 보낸 왕족과 신하들이 인질로 잡히자 삼전도에서 굴욕적으로 항복하였다(1637).

오답의 이유

㉣ 왕의 업적을 『실록』에서 뽑아 만든 것은 『국조보감』이다. 『승정원일기』는 조선 시대의 왕명 출납 기관인 승정원에서 취급 문서 및 사건을 매일 기록한 일기로 2001년에 유네스코 세계 기록 유산으로 등재되었다.

더 알아보기

유네스코 지정 세계 유산(2023년 5월 기준)

세계 문화·자연 유산	해인사 장경판전(1995), 종묘(1995), 석굴암과 불국사(1995), 창덕궁(1997), 수원 화성(1997), 경주 역사 유적 지구(2000), 고창·화순·강화의 고인돌 유적(2000), 제주 화산섬과 용암 동굴(2007), 조선 왕릉(2009), 한국의 역사 마을(2010, 하회와 양동), 남한산성(2014), 백제 역사 유적 지구(2015), 산사, 한국의 산지 승원(2018, 통도사, 부석사, 봉정사, 법주사, 마곡사, 선암사, 대흥사), 한국의 서원(2019, 소수 서원, 남계 서원, 옥산 서원, 도산 서원, 필암 서원, 도동 서원, 병산 서원, 무성 서원, 돈암 서원), 한국의 갯벌(2021), 가야 고분군(2023)

| 세계 기록 유산 | 『조선왕조실록』(1997), 『훈민정음』(해례본)(1997), 『직지심체요절』 하권(2001), 『승정원 일기』(2001), 해인사 대장경판 및 제경판(2007), 조선 왕조 의궤(2007), 『동의보감』(2009), 『일성록』(2011), 5 · 18 광주 민주화 운동 기록물(2011), 새마을 운동 기록물(2013), 『난중일기』(2013), 한국의 유교책판(2015), KBS 특별생방송 '이산가족을 찾습니다' 기록물(2015), 국채 보상 운동 기록물(2017), 조선 통신사 기록물(2017), 조선 왕실 어보와 어책(2017), 4 · 19 혁명 기록물(2023), 동학 농민 혁명 기록물(2023) |

09 난도 ★★★   정답 ③

고대 > 문화사

자료해설

제시된 지도에 표기된 장소는 ㉠ 돈화시 동모산, ㉡ 화룡 용두산 고분군(중경), ㉢ 영안 동경성(상경 용천부), ㉣ 훈춘 동경 용원부를 나타낸다.

정답의 이유

㉡ 중경 인근 용두산 고분군에 위치한 정효공주 묘는 벽돌 무덤 양식이다.

㉢ 오봉루는 상경성의 정문이다. 발해의 수도인 상경성은 당의 수도인 장안성을 본떠 만들었다.

오답의 이유

㉠ 정효공주 묘는 중경 인근 용두산 고분군에서 발견되었으며, 인물 벽화가 포함되어 있다.

㉣ 정혜공주 묘는 돈화시 동모산 인근 육정산 고분군에서 발견되었다.

더 알아보기

발해의 문화 유산

발해 석등	영광탑 (발해 오층 전탑)	발해 이불병좌상
발해 치미	정효공주 고분 벽화	발해 귀면와

10 난도 ★★☆   정답 ①

중세 > 정치사

자료해설

제시문은 고려 성종에게 최승로가 건의한 '시무 28조'의 일부이다.

정답의 이유

① 상평창은 물가 조절 기관으로, 고려 성종 때 개경 · 서경 · 12목에 설치되었다.

오답의 이유

② 고려 광종은 왕권을 강화하기 위해 개경에 화엄종 계열의 귀법사를 창건하고 균여를 주지로 삼은 뒤 제위보를 설치하여 민심을 수습하는 등 불교 정책을 펼쳤다.

③ 고려 중기에 최충의 문헌공도를 대표로 하는 사학 12도의 발전으로 관학이 위축되자 예종은 국자감을 재정비하여 전문 강좌인 7재를 설치하였다.

④ 문종은 현직 관리에게만 전지와 시지를 지급하는 경정 전시과를 실시하였다.

더 알아보기

고려의 국가 기틀 확립

태조	• 호족 통합 정책: 유력 호족과 혼인, 성씨 하사, 사심관 제도와 기인 제도 실시 • 민생 안정: 조세 부담 축소 • 북진 정책: 고구려 계승 의식, 서경(평양) 중시
광종	노비안검법 실시(호족, 공신의 경제력 약화), 과거제 실시, 관리 공복 제정, 황제 칭호와 독자적 연호 '준풍' 사용
성종	• 유교 정치: 최승로의 시무 28조 수용, 불교 행사 억제, 국자감 설치 • 통치 체제: 중앙 관제 2성 6부제 구성, 12목에 지방관 파견, 향리제 정비

11 난도 ★★☆   정답 ④

현대 > 경제사

정답의 이유

④ 제1차 경제 개발 5개년 계획은 박정희 정부 시기인 1962년부터 추진되었다.

오답의 이유

① 한 · 미 원조 협정은 미국 정부의 한국 정부에 대한 원조를 규정한 협정으로, 이승만 정부 시기인 1948년에 체결되었다.

② 이승만 정부는 3정보를 상한으로 하고 이를 초과하여 지주가 소유한 농지는 국가가 유상 매입하고 지주에게 지가 증권을 발행해주는 '농지 개혁'을 실시하였다.

③ 이승만 정부 시기인 1950년대에는 미국의 원조로 제분, 제당, 면방직 등 삼백 산업이 성장하였다.

12 난도 ★★☆ 정답 ③

일제 강점기 > 정치사

정답의 이유

③ 남면북양 정책은 만주 사변(1931) 이후 일제가 한반도를 공업 원료의 공급지로 이용하기 위해 시행한 경제 침탈 정책이다. 남부 지방 농민들에게 면화의 재배를, 북부 지방 농민들에게 면양의 사육을 강요하였다.

오답의 이유

①·② 일제는 1937년 발발한 중·일 전쟁 이후 궁성요배, 황국 신민 서사 암송, 창씨 개명 등의 민족 말살 정책을 자행하였다.

④ 1941년 국민학교령의 제정에 따라 소학교가 국민학교로 개칭되었다.

더 알아보기

황국 신민화 정책(민족 말살 통치)

내선 일체 강요	황국 신민 서사 암송, 궁성 요배, 신사 참배, 창씨 개명 강요
교육·언론 통제	소학교 명칭을 국민학교로 변경, 우리말 사용 및 교육 금지, 한글 신문·잡지 폐간
사상 탄압	조선 사상범 예방 구금령(1941): 독립운동가들을 재판 없이 구금

13 난도 ★★☆ 정답 ②

근대 > 정치사

자료해설

'1882년에 맺은'과 '거중 조정 조항'을 통해 밑줄 친 '조약'은 조·미 수호 통상 조약이라는 것을 알 수 있다. 미국과 맺은 조·미 수호 통상 조약은 조선이 서양 국가와 맺은 최초의 조약으로, 청이 러시아와 일본을 견제하고 조선에 대한 청의 종주권을 확인할 목적으로 체결을 알선하였다.

정답의 이유

② 조·미 수호 통상 조약은 1882년 6월 임오군란이 발생하기 전인 1882년 4월에 체결되었다. 임오군란을 계기로 체결된 조약은 '제물포 조약', '조·청 상민 수륙 무역 장정'이다.

오답의 이유

① 조·미 수호 통상 조약 제4관에는 미국 국민이 조선에서 죄를 저지른 경우 미국 영사나 그 권한을 가진 관리가 미국 법률에 따라 처벌하는 영사재판권(치외 법권)이 포함되어 있다.

③ 조·미 수호 통상 조약은 최혜국 대우 조항을 처음 규정하였다.

④ 제2차 수신사 김홍집이 황쭌셴의 『조선책략』을 가져오면서 러시아의 남하 정책에 대비하여 미국과 외교관계를 맺어야 한다는 여론이 형성되기 시작하였고, 이후 청의 알선으로 조·미 수호 통상 조약이 체결되었다.

더 알아보기

열강과 체결한 조약 및 주요 내용

국가	조약	주요 내용
일본	강화도 조약 (조·일 수호 조규, 1876)	• 청의 종주권 부인 • 치외 법권, 해안 측량권 • 부산, 원산, 인천 개항
미국	조·미 수호 통상 조약 (1882)	• 서양과 맺은 최초의 조약 • 치외 법권, 최혜국 대우 • 거중 조정
청	조·청 상민 수륙 무역 장정(1882)	• 치외 법권, 최혜국 대우 • 청 상인에 대한 통상 특권
러시아	조·러 수호 통상 조약 (1884)	최혜국 대우
프랑스	조·불 수호 통상 조약 (1886)	• 천주교 신앙의 자유 • 포교 허용

14 난도 ★★☆ 정답 ④

중세 > 사회사

정답의 이유

㉠ 사심관 제도는 중앙의 고관을 자기 출신지의 사심관으로 임명하는 제도이다. 이를 통해 사심관은 부호장 이하의 향리를 임명하고 감독할 수 있었으며, 풍속 교정뿐만 아니라 지방 치안에 대한 연대 책임 등의 임무도 맡았다.

㉡ 고려 시대의 상층 향리는 호족 출신으로, 지방의 실제 지배층이었으며 과거로 중앙 관직에 진출할 수 있었다.

㉢ 고려 시대의 기인 제도는 지방 향리의 자제를 수도인 개경에 인질로 잡아 두어 지방 세력을 견제하기 위한 제도이다.

㉣ 고려 시대의 향리는 속현과 특수 행정 구역의 실질적인 운영을 담당하였다.

15 난도 ★★★ 정답 ②

근대 태동기 > 경제

자료해설

'옛 흙을 떠나 새 흙으로 가서', '논에는 물을 끌어들일 수 있는 하천이나 물을 댈 수 있는 저수지가 꼭 필요' 등으로 볼 때 밑줄 친 '이 농법'은 서유구의 『임원경제지』에 실린 이앙법(모내기법)이다.

정답의 이유

㉠ 세종 때 편찬된 『농사직설』(1429)에는 모내기법, 우리나라 풍토에 맞는 씨앗의 저장법 등이 실려 있다.

㉣ 모내기법은 직파법보다 제초 노동력을 절약할 수 있었으므로, 농민들은 경작지의 규모를 확대할 수 있었다.

오답의 이유

㉡ 밭고랑에 씨를 뿌려 작물을 심도록 한 농법은 견종법이다.

㉢ 수령칠사는 수령이 힘써야 할 일곱 가지 임무에 관한 것으로, 그 내용에는 이앙법이 들어가 있지 않다.

더 알아보기

수령칠사

1. 농상성(農桑盛): 농업과 양잠 장려
2. 호구증(戶口增): 호구의 증가
3. 학교흥(學校興): 학교 교육의 진흥
4. 군정수(軍政修): 군정의 바른 처리
5. 부역균(賦役均): 부역의 균등 부과
6. 사송간(詞訟簡): 소송의 간명한 처리
7. 간활식(奸猾息): 간교한 풍속을 없앰

16 난도 ★★☆   정답 ①

현대 > 정치사

자료해설

제시문의 밑줄 친 '헌법'은 유신 헌법이다. 박정희 정부는 유신 헌법을 발표하여 대통령 임기 6년과 중임 제한 조항 삭제 및 통일 주체 국민 회의를 통한 대통령 간선제의 내용을 담은 제7차 헌법 개정을 단행하였다. 유신 헌법은 1972년 12월에 공포되어 8차 개헌(1980. 10.) 전까지 유지되었다.

정답의 이유

① 부·마 민주 항쟁은 유신 헌법이 시행되던 중인 1979년 10월에 일어났다. 부·마 민주 항쟁 진압 문제를 두고 집권층이 대립하던 도중 10·26 사태로 박정희 대통령이 피살되면서 유신 체제가 붕괴되었다.

오답의 이유

② 국민 교육 헌장의 선포는 제3공화국 시기의 일이다(1968). 박정희 정부는 국민 교육 헌장을 제정하여 우리나라 교육이 지향해야 할 이념과 근본 목표를 세우고자 하였다.

③ 7·4 남북 공동 성명은 제3공화국 시기로 박정희 정부가 유신 헌법을 공포하기 직전 서울과 평양에서 공동으로 발표되었고, 이때 남북 조절 위원회 설치에 합의하였다(1972.7.).

④ 6·3 시위는 제3공화국 시기로 박정희 정부가 한·일 회담 진행 과정에서 추진한 한·일 국교 정상화에 대한 협정 내용이 공개되자 학생과 야당을 주축으로 굴욕적 대일 외교에 반대하여 일어난 시위이다(1964).

17 난도 ★★★   정답 ④

일제 강점기 > 정치사

자료해설

제시문은 '국민대표회의 선언서'의 일부로 밑줄 친 '회의'는 1923년 개최된 국민대표회의이다.

정답의 이유

④ 국민대표회의는 대한민국 임시정부의 활동과 독립운동의 방법을 놓고 격론을 벌인 회의로 임시정부를 유지·개편하자는 개조파와 임시정부를 해체하고 새로운 정부를 만들자는 창조파가 분열되면서 눈에 띄는 성과를 거두지는 못하였다.

오답의 이유

① 대한민국 건국 강령은 충칭 임시정부 시기인 1941년에 반포되었다.

② 박은식은 이승만의 탄핵 이후인 1925년 임시 대통령으로 선출되었다.

③ 1935년에 의열단(김원봉)을 중심으로 한국 독립당(조소앙), 조선 혁명당(지청천) 등 여러 단체들이 민족 유일당 운동을 목표로 민족 혁명당을 창건하였다.

더 알아보기

국민대표회의(1923)

배경	일제의 탄압으로 임시정부의 연통제·교통국 마비, 외교 활동 성과 미약, 이승만의 위임 통치 청원서 제출 → 독립운동의 노선을 둘러싼 논쟁 발생(외교 독립론, 무장 투쟁론, 실력 양성론 등)
전개	독립운동의 새로운 활로를 모색할 목적으로 개최 → 창조파(임시정부 해산 후 새 정부 수립 주장)와 개조파(임시 정부 유지)로 대립 → 결렬
결과	많은 독립운동가들이 임시정부에서 이탈 → 임시정부의 세력 약화

18 난도 ★★☆   정답 ②

일제 강점기 > 정치사

자료해설

제시문은 1912년 공포된 '토지 조사령'으로, 이 법령에 따라 토지 조사 사업이 시행되었다.

정답의 이유

② 토지 조사 사업을 통해 조선 총독부는 역둔토(역에 주둔하는 군대의 둔전), 궁장토(궁에 지급된 토지), 공공 기관이 소유한 토지, 소유권이 불분명한 토지 등을 무상으로 점유하였다.

오답의 이유

① 토지 조사 사업은 조선 총독부 안의 임시 토지 조사국에서 실시되었다. 농상공부는 제2차 갑오개혁(1894) 때 농상아문과 공무아문이 통합된 관청이다.

③ 동양 척식 주식 회사는 토지 조사 사업 시행 이전인 1908년 설립되었다.

④ 춘궁 퇴치, 농가 부채 근절을 목표로 내세운 것은 1932년부터 실시된 농촌 진흥 운동이다.

19 난도 ★★★   정답 ②

근대 > 경제사

정답의 이유

② 조·청 상민 수륙 무역 장정의 체결로 청과 일본 상인들의 경쟁이 치열해졌다. 하지만 일본이 개항 후 6년간 대조선 무역을 독점하다시피 하여 조선은 완전히 일본의 독점적 경제 침투 체제에 놓여 있었으므로 청이 일본의 수입액을 앞서지는 못하였다.

① 개항 초기 일본 상인의 활동 범위가 개항장으로부터 10리 이내로 제한되었기 때문에 조선 상인(객주·여각·보부상 등)을 매개로 무역활동을 하였다.
③ 일본 상인들은 중계 무역을 통하여 주로 영국산 면제품을 가지고 와서 팔고, 쇠가죽·쌀·콩 등을 수입해 갔다.
④ 조선은 일본과의 무역에 대한 관세권을 회복하기 위해 조·일 통상 장정을 체결하였다(1883). 조항 중에 천재·변란 등에 의한 식량 부족의 우려가 있을 때 방곡령을 선포하는 조항이 포함되어 있었다.

20 난도 ★★☆   정답 ③

근대 > 정치사

자료해설

밑줄 친 '그'는 호포제를 실시했던 흥선대원군이다.

정답의 이유

③ 흥선대원군은 임오군란 때 일시적으로 재집권하여 통리기무아문을 폐지하고 5군영을 부활시켰다.

오답의 이유

① 만동묘는 숙종 때 송시열의 건의에 따라 명나라 신종의 제사를 지내기 위해 건립한 사당이다. 흥선대원군은 만동묘를 철폐하였다.
② 군국기무처 총재를 역임한 인물은 김홍집이다. 군국기무처는 1894년 6월에 설치되어 김홍집과 박정양 등을 중심으로 갑오개혁을 추진하였다.
④ 『만기요람』은 서영보, 심상규 등이 순조의 명에 따라 편찬한 국가 재정 및 군정에 관한 책이다(1808).

PART 4

교정학개론

한눈에 훑어보기

✔ 영역 분석

형사정책 01 06 10 17
4문항, 20%

교정학 02 03 04 05 07 08 09 11 12 13 14 15
16문항, 80% 16 18 19 20

✔ 빠른 정답

01	02	03	04	05	06	07	08	09	10
①	①	②	③	②	③	①	②	④	①
11	12	13	14	15	16	17	18	19	20
③	②	④	③	①	①	④	④	③	③

✔ 점수 체크

구분	1회독	2회독	3회독
맞힌 문항 수	/ 20	/ 20	/ 20
나의 점수	점	점	점

---

01 난도 ★★★   정답 ①

형사정책 > 소년범죄론

[정답의 이유]

① 손베리(Thornberry)는 상호작용이론(interactional theory)을 사회통제이론과 사회학습이론을 결합한 이론으로 보고, 비행은 행위자와 환경이 상호작용하는 과정에서 발생한다고 주장하였다.

[오답의 이유]

② 패터슨(Patterson)이 주장한 내용이다. 패터슨(Patterson)은 비행 청소년이 되어가는 경로를 조기 개시형(early starters)과 만기 개시형(late starters)으로 구분하였다.

③ 낙인이론에 대한 설명이다. 일탈은 사회적 반응과 분리해서 개념화할 수 없으므로, 사회적 반응이 일탈의 특성과 강도를 결정하는 요인이라고 볼 수 있다.

④ 에이커스(Akers)의 사회학습이론에 관한 내용이다. 에이커스(Akers)는 비행이나 일탈이 사회 구성원들 간의 상호작용을 통해 학습된다고 보았으며, 주요 개념으로 차별적 접촉, 차별적 강화, 정의, 모방을 제시하였다.

---

02 난도 ★★☆   정답 ①

교정학 > 시설내 처우

[정답의 이유]

① 미결수용자와 변호인 간의 접견은 시간과 횟수를 제한하지 아니한다(형의 집행 및 수용자의 처우에 관한 법률 제84조 제2항).

[오답의 이유]

② 형의 집행 및 수용자의 처우에 관한 법률 제82조

③ 형의 집행 및 수용자의 처우에 관한 법률 제83조

④ 형의 집행 및 수용자의 처우에 관한 법률 제84조 제1항

---

03 난도 ★★☆   정답 ②

교정학 > 시설내 처우

[정답의 이유]

② 교도작업의 운영 및 특별회계에 관한 법률 제11조의2

[오답의 이유]

① 특별회계는 법무부장관이 운용·관리한다(교도작업의 운영 및 특별회계에 관한 법률 제8조 제2항).

③ 교도작업으로 생산된 제품은 민간기업 등에 직접 판매하거나 위탁하여 판매할 수 있다(교도작업의 운영 및 특별회계에 관한 법률 제7조).

④ 법무부장관은 교도작업으로 생산되는 제품의 종류와 수량을 회계연도 개시 1개월 전까지 공고하여야 한다(교도작업의 운영 및 특별회계에 관한 법률 제4조).

교정학 > 수용자의 법적 지위와 처우

정답의 이유

③ 조정된 처우등급에 따른 처우는 그 조정이 확정된 다음 날부터 한다(형의 집행 및 수용자의 처우에 관한 법률 시행규칙 제82조 제1항).

오답의 이유

① 형의 집행 및 수용자의 처우에 관한 법률 시행규칙 제81조 제1호
② 형의 집행 및 수용자의 처우에 관한 법률 시행규칙 제81조 제2호
④ 형의 집행 및 수용자의 처우에 관한 법률 시행규칙 제82조 제2항

교정학 > 수용자의 법적 지위와 처우

정답의 이유

② 수용자는 「공공기관의 정보공개에 관한 법률」에 따라 법무부장관, 지방교정청장 또는 소장에게 정보의 공개를 청구할 수 있다(형의 집행 및 수용자의 처우에 관한 법률 제117조의2 제1항).

형사정책 > 형벌과 보안처분론

정답의 이유

③ 치료감호와 형(刑)이 병과(倂科)된 경우에는 치료감호를 먼저 집행한다. 이 경우 치료감호의 집행기간은 형 집행기간에 포함한다(치료감호 등에 관한 법률 제18조).

오답의 이유

① 치료감호 등에 관한 법률 제16조 제2항 제2호
② 치료감호 등에 관한 법률 제32조 제1항 제1호·제2항
④ 치료감호 등에 관한 법률 제31조

교정학 > 교정학의 이해(교정사)

정답의 이유

① 감옥규칙은 1894년 12월 25일에 제정되었으며, 근대적 형집행법의 효시이다. 사법권이 행정권으로부터 독립된 것은 1895년 3월 25일에 제정된 「재판소구성법(裁判所構成法)」 때이다. 1895년 갑오개혁 법령 중에서 법률 제1호인 「재판소구성법」에 따라 재판 사무를 행정사무로부터 독립하여 재판 사무 전담 기관인 재판소를 창설하였다.

오답의 이유

② 일반 형법으로서의 『형법대전』은 1905년(광무 9년) 4월 29일 공포된 근대적 형식을 갖춘 최초의 형법전이다.
③ 기유각서(己酉覺書)는 1909년(융희 3년) 대한제국과 일본 제국이 체결한 조약으로, 대한제국의 사법권과 감옥사무(교도행정)에 관한 업무를 일본 통감부에 넘겨준다는 내용을 담고 있다.
④ 미군정기(1945~1948년)에 재소자(수용자)석방청원제, 선시 제도인 우량수형자 석방령 등이 실시되었다.

교정학 > 시설내 처우

정답의 이유

② 형의 집행 및 수용자의 처우에 관한 법률 시행규칙 제18조

오답의 이유

① 소장은 감염병(「감염병의 예방 및 관리에 관한 법률」에 따른 감염병)의 유행 또는 수용자의 징벌 집행 등으로 자비 구매 물품의 사용이 중지된 경우에는 구매신청을 제한할 수 있다(형의 집행 및 수용자의 처우에 관한 법률 시행규칙 제17조 제2항).
③ 법무부장관은 자비구매물품 공급의 교정시설 간 균형 및 교정시설의 안전과 질서유지를 위하여 공급물품의 품목 및 규격 등에 대한 통일된 기준을 제시할 수 있다(형의 집행 및 수용자의 처우에 관한 법률 시행규칙 제16조 제3항).
④ 검수관은 공급제품이 부패, 파손, 규격미달, 그 밖의 사유로 수용자에게 공급하기에 부적당하다고 인정하는 경우에는 소장에게 이를 보고하고 필요한 조치를 하여야 한다(형의 집행 및 수용자의 처우에 관한 법률 시행규칙 제19조 제2항).

교정학 > 시설내 처우

정답의 이유

④ 취사·청소·간병 등 교정시설의 운영과 관리에 필요한 작업의 1일 작업시간은 12시간 이내로 한다(형의 집행 및 수용자의 처우에 관한 법률 제71조 제2항).

오답의 이유

① 형의 집행 및 수용자의 처우에 관한 법률 제71조 제1항
② 형의 집행 및 수용자의 처우에 관한 법률 제71조 제5항 제2호
③ 형의 집행 및 수용자의 처우에 관한 법률 제71조 제4항

형사정책 > 범죄원인론

정답의 이유

① 억제이론은 인간은 합리적이고 경제적 선택을 하는 존재임을 전제로 한다. 범죄로 인한 이익이 처벌로 인한 고통보다 클 때 범죄가 발생하고, 반대로 처벌의 고통이 범죄의 이익보다 크면 범죄가 발생하지 않는다는 이론이다.

오답의 이유

② 처벌의 엄중성은 강한 처벌을 통한 범죄억제를 의미한다.
③ 처벌의 확실성은 처벌받을 가능성을 의미한다.
④ 초기 고전주의 범죄학자들이 범죄억제에 있어 가장 강조한 핵심 요소는 처벌의 확실성이다. 처벌의 신속성은 즉각적인 처벌을 의미한다.

억제이론의 처벌 요소

엄격성 (엄중성)	처벌의 강도나 가혹성을 의미하며, 범죄를 억제하려면 처벌 역시 엄격해야 한다는 것을 나타낸다. 일반적으 로 처벌이 엄할수록 범죄 발생률은 낮다.
확실성	범죄자가 체포되고 처벌받을 가능성을 의미하며, 범죄 억제 효과 면에서 엄격성보다 더 중요하게 작용한다.
신속성	범행 후에 형사제재가 얼마나 빠르게 이루어지는지를 의미하며, 범죄자가 체포된 후 처벌이 신속하게 이루 어질수록 그 처벌의 정당성은 높아진다.

11 난도 ★★★   정답 ③

교정학 > 수용자의 법적 지위와 처우

정답의 이유

③ 분류심사업무 교도관은 수형자가 교정성적이 우수하고 재범의
   우려가 없는 등 가석방 요건을 갖추었다고 인정되는 경우에는
   상관에게 보고하는 등 적절한 조치를 하여야 한다(교도관직무규
   칙 제73조).

오답의 이유

① 교도관직무규칙 제60조

② 교도관직무규칙 제64조

④ 교도관직무규칙 제63조 제3항

12 난도 ★★☆   정답 ②

교정학 > 수용자의 법적 지위와 처우

정답의 이유

② 소장은 분류심사를 위하여 수형자를 대상으로 상담 등을 통한
   신상에 관한 개별사안의 조사, 심리 · 지능 · 적성 검사, 그밖에
   필요한 검사를 할 수 있다(형의 집행 및 수용자의 처우에 관한
   법률 제59조 제3항).

오답의 이유

① 형의 집행 및 수용자의 처우에 관한 법률 제59조 제2항

③ 형의 집행 및 수용자의 처우에 관한 법률 제59조 제4항

④ 형의 집행 및 수용자의 처우에 관한 법률 제61조

13 난도 ★★☆   정답 ④

교정학 > 시설내 처우

정답의 이유

④ 법무부장관은 교정시설의 설치 및 운영에 관한 업무의 일부를
   법인 또는 개인에게 위탁할 수 있으며 위탁을 받을 수 있는 법인
   또는 개인의 자격요건, 교정시설의 시설기준, 수용대상자의 선
   정기준, 수용자 처우의 기준, 위탁절차, 국가의 감독, 그밖에 필
   요한 사항은 따로 법률(민영교도소법)로 정한다(형의 집행 및 수
   용자의 처우에 관한 법률 제7조).

오답의 이유

① 형의 집행 및 수용자의 처우에 관한 법률 제6조 제1항

② 형의 집행 및 수용자의 처우에 관한 법률 제6조 제2항

③ 형의 집행 및 수용자의 처우에 관한 법률 제8조

14 난도 ★★★   정답 ③

교정학 > 사회적 처우와 사회 내 처우

정답의 이유

③ 소장은 6개월 이상 형을 집행 받은 수형자로서 그 형기의 3분의
   1(21년 이상의 유기형 또는 무기형의 경우에는 7년)이 지나고
   교정성적이 우수한 사람이 해당 사유에 해당하면 1년 중 20일
   이내의 귀휴를 허가할 수 있다(형의 집행 및 수용자의 처우에 관
   한 법률 제77조 제1항). 따라서 본인의 회갑 잔치 참석은 일반
   귀휴의 사유에 해당되지만, 개방처우급 수형자 C는 2년 징역형
   형기의 3분의 1이 지나지 않았기 때문에 귀휴를 허가할 수 없다.

제77조(귀휴)

① 소장은 6개월 이상 형을 집행받은 수형자로서 그 형기의 3분의
   1(21년 이상의 유기형 또는 무기형의 경우에는 7년)이 지나고 교정
   성적이 우수한 사람이 다음 각 호의 어느 하나에 해당하면 1년 중
   20일 이내의 귀휴를 허가할 수 있다.
   1. 가족 또는 배우자의 직계존속이 위독한 때
   2. 질병이나 사고로 외부의료시설에의 입원이 필요한 때
   3. 천재지변이나 그 밖의 재해로 가족, 배우자의 직계존속 또는
      수형자 본인에게 회복할 수 없는 중대한 재산상의 손해가 발
      생하였거나 발생할 우려가 있는 때
   4. 그 밖에 교화 또는 건전한 사회복귀를 위하여 법무부령으로
      정하는 사유가 있는 때

오답의 이유

① · ② 소장은 가족 또는 배우자의 직계존속이 사망한 때, 직계비
   속의 혼례가 있는 때에 해당하는 사유가 있는 수형자에 대하여
   는 5일 이내의 특별귀휴를 허가할 수 있다(형의 집행 및 수용자
   의 처우에 관한 법률 제77조 제2항).

④ 직계비속이 입대하거나 해외유학을 위하여 출국하게 된 때에는
   귀휴를 허가할 수 있다(형의 집행 및 수용자의 처우에 관한 법률
   시행규칙 제129조 제3항 제3호). 2개 이상의 징역형을 선고받
   은 수형자의 경우에는 그 형기를 합산한다(동법 시행규칙 제130
   조 제1항). D는 완화경비처우급이고, 두 범죄의 형기 합산 기간
   인 8년(3년 + 5년)의 3분의 1이 지났으므로 귀휴를 허가할 수
   있다.

제129조(귀휴 허가)

① 소장은 귀휴를 허가하는 경우에는 귀휴심사위원회의 심사를 거쳐야 한다.

② 소장은 개방처우급 · 완화경비처우급 수형자에게 귀휴를 허가할 수 있다. 다만, 교화 또는 사회복귀 준비 등을 위하여 특히 필요한 경우에는 일반경비처우급 수형자에게도 이를 허가할 수 있다.

③ 일반귀휴 사유는 다음과 같다.

　　1. 직계존속, 배우자, 배우자의 직계존속 또는 본인의 회갑일이나 고희일인 때

　　2. 본인 또는 형제자매의 혼례가 있는 때

　　3. 직계비속이 입대하거나 해외유학을 위하여 출국하게 된 때

　　4. 직업훈련을 위하여 필요한 때

　　5. 「숙련기술장려법」 제20조 제2항에 따른 국내기능경기대회의 준비 및 참가를 위하여 필요한 때

　　6. 출소 전 취업 또는 창업 등 사회복귀 준비를 위하여 필요한 때

　　7. 입학식 · 졸업식 또는 시상식에 참석하기 위하여 필요한 때

　　8. 출석수업을 위하여 필요한 때

　　9. 각종 시험에 응시하기 위하여 필요한 때

　　10. 그 밖에 가족과의 유대강화 또는 사회적응능력 향상을 위하여 특히 필요한 때

15　난도 ★★★　　　　　　　　　　정답 ①

교정학 > 수용자의 법적 지위와 처우

[정답의 이유]

① 소장은 개방처우급 · 완화경비처우급 수형자에 대하여 가족 만남의 날 행사에 참여하게 하거나 가족 만남의 집을 이용하게 할 수 있다(형의 집행 및 수용자의 처우에 관한 법률 시행규칙 제89조 제1항). 따라서 중경비처우급 수형자는 가족 만남의 집을 이용할 수 없다.

[오답의 이유]

② 소장은 개방처우급 · 완화경비처우급 또는 자치생활 수형자에 대하여 월 2회 이내에서 경기 또는 오락회를 개최하게 할 수 있다(형의 집행 및 수용자의 처우에 관한 법률 시행규칙 제91조 제1항). 따라서 일반경비처우급 수형자는 경기 또는 오락회에 참여할 수 없다.

③ · ④ 소장은 개방처우급 · 완화경비처우급 수형자에 대하여 교정시설 밖에서 이루어지는 사회견학, 사회봉사, 자신이 신봉하는 종교행사 참석, 연극, 영화, 그 밖의 문화 공연 관람에 해당하는 활동을 허가할 수 있다. 다만, 처우상 특히 필요한 경우에는 일반경비처우급 수형자에게도 이를 허가할 수 있다(형의 집행 및 수용자의 처우에 관한 법률 시행규칙 제92조 제1항).

16　난도 ★★☆　　　　　　　　　　정답 ①

교정학 > 사회적 처우와 사회 내 처우

[정답의 이유]

① 사회봉사명령이란 유죄가 인정된 범죄인이나 보호소년들을 교도소나 소년원에 구금하는 대신, 정상적인 사회생활을 유지하면서 일정한 기간 내 지정된 시간 동안 무보수로 근로하도록 명하는 것을 말한다.

17　난도 ★★★　　　　　　　　　　정답 ④

형사정책 > 형벌과 보안처분론

[정답의 이유]

④ 갱생보호사업의 허가를 받은 자 또는 공단은 갱생보호 대상자의 적절한 보호를 위하여 필요한 경우 갱생보호 대상자의 동의를 받아 수용기관의 장에게 수용기간, 가족 관계 및 보호자 관계, 직업경력 및 학력, 생활환경, 성장과정, 심리적 특성, 범행내용 및 범죄횟수 사항을 통보하여 줄 것을 요청할 수 있다(보호관찰 등에 관한 법률 시행령 제46조의2 제1항).

[오답의 이유]

① 보호관찰 등에 관한 법률 제14조 제1항

② 보호관찰 등에 관한 법률 제3조 제3항

③ 보호관찰 등에 관한 법률 제97조 제1항 · 제2항

18　난도 ★★☆　　　　　　　　　　정답 ④

교정학 > 사회적 처우와 사회 내 처우

[정답의 이유]

ㄴ. 전환제도는 범죄인에게 유죄판결을 피할 수 있도록 하여 낙인효과를 방지함으로써 범죄자에게 범죄를 중단할 수 있는 변화의 기회를 제공한다.

ㄷ. 전환제도는 형사사법기관의 업무량을 감소시키며, 교도소 건축비나 시설관리 유지비 등의 자원을 최적 수준으로 배치하는 효과가 있다.

ㄹ. 전환제도는 사회복귀와 재범 방지를 목적으로 처벌 대신 선도를 조건으로 훈방하는 회복적 사법 조치로, 범죄자에 대한 보다 인도적인 사회 내 처우 방법이다.

[오답의 이유]

ㄱ. 경미한 범죄자가 사회 내 형사사법의 대상이 됨으로써 형사사법망이 확대되는 것은 전환제도의 단점에 해당한다.

19　난도 ★☆☆　　　　　　　　　　정답 ③

교정학 > 시설내 처우

[정답의 이유]

③ 소장은 노인수용자가 작업을 원하는 경우에는 나이 · 건강상태 등을 고려하여 해당 수용자가 감당할 수 있는 정도의 작업을 부과한다. 이 경우 의무관의 의견을 들어야 한다(형의 집행 및 수용자의 처우에 관한 법률 시행규칙 제48조 제2항).

① 형의 집행 및 수용자의 처우에 관한 법률 시행규칙 제52조

② 형의 집행 및 수용자의 처우에 관한 법률 시행규칙 제53조

④ 형의 집행 및 수용자의 처우에 관한 법률 시행규칙 제46조 제1항

20 난도 ★★☆   정답 ③

교정학 > 교정학의 이해

정답의 이유

③ 주어진 제시문은 소년법 제25조의3(화해 권고)에 관한 내용으로
써 그 제정 배경이 되는 회복적 사법(Restorative Justice)에 관
련된 문제이다. 회복적 사법은 범죄로 인한 손해의 복구를 위해
중재, 협상, 화합의 방법을 강조하여 관련 당사자들의 재통합을
추구하는 일체의 범죄 대응 형식으로 사회적 무질서를 바로잡는
것과 관련이 있다.

오답의 이유

① 회복적 사법은 피해자가 입은 피해를 보상하고, 가해자에게 그
의 행동에 대한 책임을 지우며, 갈등의 해결 과정에 지역사회가
참여하도록 하는 데 초점을 둔다. 이를 통해 가해자의 낙인효과
를 줄이고 사회 통합을 촉진할 수 있다.

② 회복적 사법은 범죄의 정황과 가해자와 피해자 등 사건과 관련
된 요소를 개별적으로 고려할 수 있는 유연한 반응의 특성을 가
진다.

④ 회복적 사법은 피해자가 입은 상처를 진단하고 그 욕구를 반영
하며, 가해자가 자신의 행동의 원인과 결과를 직시하고 이에 대
해 진정으로 책임을 지도록 돕는 접근 방법이다.

교정학개론 | 2024년 국가직 9급

한눈에 훑어보기

✓ 영역 분석

형사정책　01　02　06　08　09　15
6문항, 30%

교정학　03　04　05　07　10　11　12　13　14　16　17　18
14문항, 70%　19　20

✓ 빠른 정답

01	02	03	04	05	06	07	08	09	10
④	③	③	③	②	④	②	③	②	①
11	12	13	14	15	16	17	18	19	20
③	①	③	④	②	②	①	②	①	④

✓ 점수 체크

구분	1회독	2회독	3회독
맞힌 문항 수	/ 20	/ 20	/ 20
나의 점수	점	점	점

---

01 난도 ★☆☆　　　　　　　　　정답 ④

형사정책 > 범죄원인론

[정답의 이유]

④ 적법절차모델은 실증주의가 아닌 고전주의에 기반을 두고 있다. 적법절차모델은 공정한 처벌을 통해 사법 정의를 확보하고 범죄자의 인권보호를 위해 적법절차를 중시하는 정의모델에 속한다.

02 난도 ★☆☆　　　　　　　　　정답 ③

형사정책 > 형벌과 보안처분론

[정답의 이유]

③ 벌금과 과료는 판결확정일로부터 30일 내에 납입하여야 한다. 단, 벌금을 선고할 때에는 동시에 그 금액을 완납할 때까지 노역장에 유치할 것을 명할 수 있다(형법 제69조 제1항).

[오답의 이유]

① 형법 제67조

② 형법 제44조 제2항

④ 형법 제71조

03 난도 ★★★　　　　　　　　　정답 ③

교정학 > 사회적 처우와 사회 내 처우

[정답의 이유]

③ 지역사회 교정은 범죄자가 구금시설에서 일정한 제재를 받은 후, 가석방이나 보호관찰에 처해지면 그에 상응한 처벌적 성격을 지닌 다양한 교정프로그램을 연속적으로 제공하여 빠른 사회복귀와 재통합을 실현하고자 한다.

[오답의 이유]

① 지역사회 교정은 비구금을 통한 처벌 프로그램이므로 과밀수용 문제를 해소하기 위한 방안 중 하나로 볼 수 있다.

② 지역사회 교정은 범죄자에게 사회적 관계의 단절을 막고 낙인효과를 최소화하며, 보다 인도주의적인 처우가 가능하다.

④ 지역사회 교정은 범죄통제의 대상이 아니었던 경범죄까지도 통제대상에 포함하여 실제로 범죄자에 대한 통제를 증대시켰다는 비판이 있다.

04 난도 ★★☆   정답 ③

교정학 > 시설내 처우

정답의 이유

③ 형의 집행 및 수용자의 처우에 관한 법률 시행령 제66조 제1항 제3호

> 제66조(편지 내용의 검열)
> ① 소장은 법 제43조 제4항 제4호에 따라 다음 각 호의 어느 하나에 해당하는 수용자가 다른 수용자와 편지를 주고받는 때에는 그 내용을 검열할 수 있다.
> 1. 법 제104조 제1항에 따른 마약류사범·조직폭력사범 등 법무부령으로 정하는 수용자인 때
> 2. 편지를 주고받으려는 수용자와 같은 교정시설에 수용 중인 때
> 3. 규율위반으로 조사 중이거나 징벌집행 중인 때
> 4. 범죄의 증거를 인멸할 우려가 있는 때

오답의 이유

① 형의 집행 및 수용자의 처우에 관한 법률 제43조 제1항 제3호

> 제43조(편지수수)
> ① 수용자는 다른 사람과 편지를 주고받을 수 있다. 다만, 다음 각 호의 어느 하나에 해당하는 사유가 있으면 그러하지 아니하다.
> 1. 「형사소송법」이나 그 밖의 법률에 따른 편지의 수수금지 및 압수의 결정이 있는 때
> 2. 수형자의 교화 또는 건전한 사회복귀를 해칠 우려가 있는 때
> 3. 시설의 안전 또는 질서를 해칠 우려가 있는 때

② 형의 집행 및 수용자의 처우에 관한 법률 시행령 제64조

④ 형의 집행 및 수용자의 처우에 관한 법률 시행령 제67조

05 난도 ★★☆   정답 ②

교정학 > 시설내 처우

정답의 이유

② 형의 집행 및 수용자의 처우에 관한 법률 제96조 제2항

오답의 이유

① 의무관의 의견을 듣지 않고 진정실에 수용할 수 있다(형의 집행 및 수용자의 처우에 관한 법률 제96조 제1항 제1호).

> 제96조(진정실 수용)
> ① 소장은 수용자가 다음 각 호의 어느 하나에 해당하는 경우로서 강제력을 행사하거나 제98조의 보호장비를 사용하여도 그 목적을 달성할 수 없는 경우에만 진정실(일반 수용거실로부터 격리되어 있고 방음설비 등을 갖춘 거실을 말한다. 이하 같다)에 수용할 수 있다.
> 1. 교정시설의 설비 또는 기구 등을 손괴하거나 손괴하려고 하는 때
> 2. 교도관의 제지에도 불구하고 소란행위를 계속하여 다른 수용자의 평온한 수용생활을 방해하는 때

③ 수용자를 진정실에 수용할 수 있는 기간은 계속하여 3일을 초과할 수 없다(형의 집행 및 수용자의 처우에 관한 법률 제96조 제3항).

④ 소장은 수용자를 진정실에 수용하거나 수용기간을 연장하는 경우에는 그 사유를 본인에게 알려 주어야 한다(형의 집행 및 수용자의 처우에 관한 법률 제96조 제4항).

더 알아보기

보호실과 진정실

구분		보호실	진정실
정의		자살 및 자해 방지 등의 설비를 갖춘 거실	일반 수용거실로부터 격리되어 있고, 방음설비 등을 갖춘 거실
수용요건		• 자살 또는 자해의 우려가 있는 때 • 신체적·정신적 질병으로 인하여 특별한 보호가 필요한 때	• 교정시설의 설비 또는 기구 등을 손괴하거나 손괴하려고 하는 때 • 교도관의 제지에도 불구하고 소란행위를 계속하여 다른 수용자의 평온한 수용생활을 방해하는 때
사유의 고지		○	○
기간	수용	15일 이내	24시간 이내
	연장	1회당 7일 이내	1회당 12시간 이내
	최대연장	3개월	3일

06 난도 ★★☆   정답 ④

형사정책 > 범죄원인론

정답의 이유

④ 제시문은 코헨과 펠슨의 일상활동이론에 대한 설명이다. 일상활동이론은 사회구성원의 일상활동의 변화가 범죄율의 변화에 영향을 준다는 것으로, '동기부여된 범죄자, 적당한 범행대상, 감시의 부재'라는 세 가지 조건이 충족되었을 때 범죄가 일어난다고 본다. 따라서 일상활동이론은 범죄예방의 중점을 범죄자의 성향이나 동기의 감소보다는 환경이나 상황적 요인에 둔다.

07 난도 ★★★   정답 ②

교정학 > 수용자의 법적 지위와 처우

정답의 이유

② 개방처우급 혹은 완화경비처우급 수형자가 중간처우 대상자의 선발절차, 교정시설 또는 지역사회에 설치하는 개방시설의 종류 및 기준, 그 밖에 필요한 사항은 법무부장관이 정한다(형의 집행 및 수용자의 처우에 관한 법률 시행규칙 제93조 제3항).

오답의 이유

① 소장은 개방처우급·완화경비처우급 또는 자치생활 수형자에 대하여 월 2회 이내에서 경기 또는 오락회를 개최하게 할 수 있다. 다만, 소년수형자에 대하여는 그 횟수를 늘릴 수 있다(형의 집행 및 수용자의 처우에 관한 법률 시행규칙 제91조 제1항).

③ 소장은 교화를 위하여 특히 필요한 경우에는 일반경비처우급 수형자에 대하여도 가족 만남의 날 행사 참여 또는 가족 만남의 집 이용을 허가할 수 있다(형의 집행 및 수용자의 처우에 관한 법률 시행규칙 제89조 제3항).

④ 중(重)경비처우급 수형자에 대해서는 처우상 특히 필요한 경우 월 2회 이내 전화통화를 허용할 수 있다(형의 집행 및 수용자의 처우에 관한 법률 시행규칙 제90조 제1항 제4호).

> **제90조(전화통화의 허용횟수)**
> ① 수형자의 경비처우급별 전화통화의 허용횟수는 다음 각 호와 같다.
> 1. 개방처우급: 월 20회 이내
> 2. 완화경비처우급: 월 10회 이내
> 3. 일반경비처우급: 월 5회 이내
> 4. 중(重)경비처우급: 처우상 특히 필요한 경우 월 2회 이내

08 난도 ★★★　　　　　　　　　　　　　　정답 ③

형사정책 > 형벌과 보안처분론

정답의 이유

③ 징역 또는 금고의 집행을 종료하거나 집행이 면제된 자가 피해자의 손해를 보상하고 자격정지 이상의 형을 받음이 없이 7년을 경과한 때에는 본인 또는 검사의 신청에 의하여 그 재판의 실효를 선고할 수 있다(형법 제81조).

오답의 이유

① 형의 실효 등에 관한 법률 제7조 제1항 제3호

> **제7조(형의 실효)**
> ① 수형인이 자격정지 이상의 형을 받지 아니하고 형의 집행을 종료하거나 그 집행이 면제된 날부터 다음 각 호의 구분에 따른 기간이 경과한 때에 그 형은 실효된다. 다만, 구류(拘留)와 과료(科料)는 형의 집행을 종료하거나 그 집행이 면제된 때에 그 형이 실효된다.
> 1. 3년을 초과하는 징역 · 금고: 10년
> 2. 3년 이하의 징역 · 금고: 5년
> 3. 벌금: 2년

② 형법 제82조

④ 형의 실효 등에 관한 법률 제8조 제1항 제1호

> **제8조(수형인명부 및 수형인명표의 정리)**
> ① 다음 각 호의 어느 하나에 해당하는 경우에는 수형인명부의 해당란을 삭제하고 수형인명표를 폐기한다.
> 1. 제7조 또는 「형법」 제81조에 따라 형이 실효되었을 때
> 2. 형의 집행유예기간이 경과한 때
> 3. 자격정지기간이 경과한 때
> 4. 일반사면이나 형의 선고의 효력을 상실하게 하는 특별사면 또는 복권이 있을 때

09 난도 ★★☆　　　　　　　　　　　　　　정답 ②

형사정책 > 형사정책의 개관

오답의 이유

ㄴ. 절대적 암수범죄는 실제로 발생했지만 수사기관에서 인지하지 못한 범죄로 피해자와 가해자의 구별이 어려운 범죄, 즉 매춘, 마약, 도박, 낙태 등에서 발생한다.

ㄷ. 상대적 암수범죄는 범죄가 인지는 되었지만 해결되지 않아 범죄통계에 나타나지 않은 범죄이다.

10 난도 ★★★　　　　　　　　　　　　　　정답 ①

교정학 > 시설내 처우

정답의 이유

① 소장은 수형자가 개방처우급 또는 완화경비처우급으로서 작업기술이 탁월하고 작업성적이 우수한 경우에는 수형자 자신을 위한 개인작업을 하게 할 수 있다(형의 집행 및 수용자의 처우에 관한 법률 시행규칙 제95조 제1항).

오답의 이유

② 형의 집행 및 수용자의 처우에 관한 법률 시행규칙 제95조 제1항

③ 형의 집행 및 수용자의 처우에 관한 법률 시행규칙 제95조 제2항

④ 형의 집행 및 수용자의 처우에 관한 법률 시행규칙 제95조 제3항

11 난도 ★★☆　　　　　　　　　　　　　　정답 ③

교정학 > 시설내 처우

정답의 이유

③ 소장은 징벌대상자의 질병이나 그 밖의 특별한 사정으로 인하여 조사를 계속하기 어려운 경우에는 조사를 일시 정지할 수 있다. 이 경우 조사가 정지된 다음 날부터 정지사유가 소멸한 전날까지의 기간은 조사기간에 포함되지 아니한다(형의 집행 및 수용자의 처우에 관한 법률 시행규칙 제221조).

오답의 이유

① 형의 집행 및 수용자의 처우에 관한 법률 제112조 제5항

② 형의 집행 및 수용자의 처우에 관한 법률 시행규칙 제220조 제1항

④ 형의 집행 및 수용자의 처우에 관한 법률 제115조 제2항

12 난도 ★☆☆　　　　　　　　　　　　　　정답 ①

교정학 > 시설내 처우

정답의 이유

① 천재지변 등에 의해 일시 석방된 사람은 석방 후 24시간 이내에 교정시설 또는 경찰관서에 출석하여야 한다(형의 집행 및 수용자의 처우에 관한 법률 제102조 제4항).

오답의 이유

② 교도관은 수용자가 도주 등을 한 경우에는 도주 후 또는 출석기한이 지난 후 72시간 이내에만 그를 체포할 수 있다(형의 집행 및 수용자의 처우에 관한 법률 제103조 제1항).

③ 교도관은 도주한 수용자의 체포를 위하여 긴급히 필요하면 도주 등을 하였다고 의심할 만한 상당한 이유가 있는 사람 또는 도주 등을 한 사람의 이동경로나 소재를 안다고 인정되는 사람을 정지시켜 질문할 수 있다(형의 집행 및 수용자의 처우에 관한 법률 제103조 제2항).

④ 형의 집행 및 수용자의 처우에 관한 법률 제103조 제4항

13 난도 ★★☆　　　　　　　　　　　　정답 ③

교정학 > 시설내 처우

정답의 이유

③ 오스본(T. Osborne)은 조지소년공화국 제도를 오번(Auburn) 교도소에 도입하였는데, 이를 바탕으로 수형자들의 상호부조연맹이라는 자치제를 조직한 것이 행형시설 최초의 수형자자치제(1914)이다.

오답의 이유

① 수형자자치제는 악풍 감염이 없는 자를 과학적 분류기법을 통해 선정하며 수형자의 개선 정도에 따라 부정기형 제도와 가석방제도를 적극 활용한다.

② 수형자자치제는 훈련을 통해 수형자의 자기통제력과 자기조절력, 사회적응능력을 키워 조기에 사회로 복귀시키려는 제도이다.

④ 수형시설 내에서 무분별한 자유의 허용과 무통제는 오히려 수형자의 범죄상태를 연장시킬 수 있으며, 엄격한 형벌집행을 무산시키고 교도관의 권위를 무너뜨릴 수 있다는 단점이 있다.

14 난도 ★★☆　　　　　　　　　　　　정답 ④

교정학 > 교정학의 이해

정답의 이유

ㄱ. 정의모델은 개선모델이나 의료모델을 비판하면서 등장한 모델로, 범죄자를 공정하게 취급하는 것에 중점을 두어 범죄의 갱생보다는 교정제도의 개선을 강조한다.

ㄴ. 의료모델은 범죄행위를 범죄자의 인격이나 사회화과정의 결함으로 간주하여 치료나 교화를 위한 처우 프로그램의 중요성을 강조하는 모델로 가석방제도를 중요시한다.

ㄹ. 재통합모델은 수형자의 주체성과 자율성을 인정하고 수형자에게 사회복귀에 필요한 처우를 부과하여 공동체에 재편입시키는 것에 초점을 둔 모델이다. 범죄자 개인뿐만 아니라 지역사회도 변화되어야 하며, 사회에 범죄자가 통합되어야 범죄문제가 해결될 수 있다고 본다.

오답의 이유

ㄷ. 적응모델은 1960년대에 의료모델에 대한 비판·보완을 위해 등장한 것으로, 교정처우기법으로 현실요법과 교류분석을 중요시한다.

15 난도 ★★☆　　　　　　　　　　　　정답 ②

형사정책 > 범죄원인론

정답의 이유

② 소년부 판사는 보조인이 심리절차를 고의로 지연시키는 등 심리 진행을 방해하거나 소년의 이익에 반하는 행위를 할 우려가 있다고 판단하는 경우에는 보조인 선임의 허가를 취소할 수 있다(소년법 제17조 제4항).

오답의 이유

① 소년법 제17조의2 제2항 제1호

> **제17조의2(국선보조인)**
> ② 소년이 소년분류심사원에 위탁되지 아니하였을 때에도 다음의 경우 법원은 직권에 의하거나 소년 또는 보호자의 신청에 따라 보조인을 선정할 수 있다.
> 　1. 소년에게 신체적·정신적 장애가 의심되는 경우
> 　2. 빈곤이나 그 밖의 사유로 보조인을 선임할 수 없는 경우
> 　3. 그 밖에 소년부 판사가 보조인이 필요하다고 인정하는 경우

③ 소년법 제19조 제2항

④ 소년법 제21조 제1항

16 난도 ★★★　　　　　　　　　　　　정답 ②

교정학 > 시설내 처우

정답의 이유

② 형의 집행 및 수용자의 처우에 관한 법률 제28조 제1항

오답의 이유

① 소장은 수용자가 석방될 때 보관하고 있던 수용자의 휴대금품을 본인에게 돌려주어야 한다. 다만, 보관품을 한꺼번에 가져가기 어려운 경우 등 특별한 사정이 있어 수용자가 석방 시 소장에게 일정 기간 동안(1개월 이내의 범위로 한정한다) 보관품을 보관하여 줄 것을 신청하는 경우에는 그러하지 아니하다(형의 집행 및 수용자의 처우에 관한 법률 제29조 제1항).

③ 소장은 법 제27조 제1항에 따라 수용자에 대한 금품의 전달을 허가한 경우에는 그 금품을 보관한 후 해당 수용자가 사용하게 할 수 있다(형의 집행 및 수용자의 처우에 관한 법률 시행령 제42조 제1항).

④ 소장은 사망자의 유류품을 건네받을 사람이 원거리에 있는 등 특별한 사정이 있는 경우에는 유류품을 받을 사람의 청구에 따라 유류품을 팔아 그 대금을 보낼 수 있다(형의 집행 및 수용자의 처우에 관한 법률 시행령 제45조 제1항).

17 난도 ★★★   정답 ①

정답의 이유

① 처우상 독거수용이란 주간에는 교육·작업 등의 처우를 위하여 일과(日課)에 따른 공동생활을 하게 하고 휴업일과 야간에만 독거수용하는 것을 말한다(형의 집행 및 수용자의 처우에 관한 법률 시행령 제5조 제1호).

오답의 이유

② 형의 집행 및 수용자의 처우에 관한 법률 시행령 제5조 제2호
③ 형의 집행 및 수용자의 처우에 관한 법률 시행령 제6조 제1항·제2항
④ 형의 집행 및 수용자의 처우에 관한 법률 시행령 제6조 제4항

18 난도 ★☆☆   정답 ②

교정학 > 사회적 처우와 사회 내 처우

정답의 이유

② 소장은 가석방 적격심사신청을 위한 사전조사에서 신원에 관한 사항에 대한 조사는 수형자를 수용한 날부터 1개월 이내에 하고, 그 후 변경할 필요가 있는 사항이 발견되거나 가석방 적격심사신청을 위하여 필요한 경우에 한다(형의 집행 및 수용자의 처우에 관한 법률 시행규칙 제249조 제1항).

오답의 이유

① 형의 집행 및 수용자의 처우에 관한 법률 시행규칙 제245조 제1항
③ 형의 집행 및 수용자의 처우에 관한 법률 시행규칙 제248조 제1항·제2항
④ 형의 집행 및 수용자의 처우에 관한 법률 시행규칙 제251조

19 난도 ★★★   정답 ①

교정학 > 사회적 처우와 사회 내 처우

정답의 이유

ㄱ. 직수아문(直囚衙門)은 인신을 구금할 수 있는 권한이 부여된 기관으로, 형조·병조·한성부·사헌부·승정원·장례원·종부시 등의 중앙관서와 관찰사나 지방 수령이 관장하는 지방 관청에서만 죄인을 직접 구금할 수 있었다.

ㄴ. 휼형제도(恤刑制度)는 옥에 갇힌 죄수를 구제하는 정책으로 조선시대에 들어와서 더욱 폭넓게 사용되었다. 이 중 감강종경(減降從輕)은 사형(死刑)은 유형(流刑)으로, 유형(流刑)은 도형(徒刑)으로, 도형(徒刑)은 장형(杖刑)으로 형을 감형하는 제도이며, 보방제도(保放制度)는 구금 중인 죄인의 건강상태가 좋지 않거나 부모상을 당하면 옥에서 석방하여 불구속 상태로 재판을 받게 하거나 상을 치르고 다시 구금하는 제도이다.

오답의 이유

ㄷ. 도형(徒刑)은 비교적 중한 죄를 범한 자에 대해 군역에 복무하게 하거나 힘든 노역을 하게 하는 것인데, 일반적으로 장형(杖刑)을 함께 부과하였다. 도형의 일종인 충군(充軍)은 노역 대신에 군역에 복무시키는 형벌이다.

ㄹ. 1895년 5월 2일 법률 제6호로 제정된 「징역처단례」를 통해 장형을 폐지하고, 종전의 유형과 도형을 징역형으로 바꾸었다.

20 난도 ★★☆   정답 ④

교정학 > 교정의 민영화

정답의 이유

④ 법무부장관은 「민영교도소 등의 설치·운영에 관한 법률」에 따른 권한의 일부를 관할 지방교정청장에게 위임할 수 있다(민영교도소 등의 설치·운영에 관한 법률 제39조).

오답의 이유

① 민영교도소 등의 설치·운영에 관한 법률 제11조 제1항·제2항
② 민영교도소 등의 설치·운영에 관한 법률 제23조 제1항
③ 민영교도소 등의 설치·운영에 관한 법률 제29조 제2항

교정학개론 | 2023년 국가직 9급

한눈에 훑어보기

✓ 빠른 정답

01	02	03	04	05	06	07	08	09	10
④	①	③	③	④	③	③	③	④	④
11	**12**	**13**	**14**	**15**	**16**	**17**	**18**	**19**	**20**
②	④	①	②	②	④	①	④	②	②

✓ 점수 체크

구분	1회독	2회독	3회독
맞힌 문항 수	/ 20	/ 20	/ 20
나의 점수	점	점	점

---

01 난도 ★★☆   정답 ④

형사정책 > 범죄원인론

정답의 이유

④ 클라워드와 올린은 기회구조의 통합정도를 기준으로 비행 하위문화를 범죄 하위문화(criminal subculture), 갈등 하위문화(conflict subculture), 도피 하위문화(retreatist subculture)로 분류하였다.

오답의 이유

① 차별기회이론은 문화적 목표를 달성하기 위한 수단으로 합법적·비합법적 사회구조가 있다고 전제하고 사회에는 제도화된 합법적 수단뿐만 아니라 범죄를 저지르는 비합법적 수단도 차등적으로 분배되어 있다고 보았다.

② 도피 하위문화는 범죄의 학습기회와 수행기회가 제한된 곳에서 주로 발생하며 합법적·비합법적 기회 모두가 단절되어 있기 때문에 술·마약 등의 획득·소비에 몰두하는 활동을 한다.

③ 차별기회이론은 쇼와 맥케이의 문화전달이론 및 이를 체계화한 서덜랜드의 차별적 접촉이론과 머튼의 아노미이론을 종합하여 범죄 내지 비행문제를 설명하였다.

더 알아보기

클라워드와 올린의 비행 하위문화 구분

범죄 하위문화	범죄의 학습기회와 수행기회가 많은 지역에서 발생하며 하위문화권의 청소년은 관습적·비행적 가치를 내면화하므로 경제적인 지위 향상을 위하여 절도·강도 등 범죄 및 비행을 일상적으로 수행한다.
갈등 하위문화	조직적인 범죄의 학습기회는 없지만 사회통제가 취약하여 폭력의 수행기회가 있는 곳에서 발생한다. 비행기술을 배울 기회가 많지 않고 비행의 실행기회도 적기 때문에 비행의 성공 가능성이 상대적으로 낮다.
도피 하위문화	범죄의 학습기회와 수행기회가 제한된 곳에서 발생하며 합법적·비합법적 기회 모두가 단절되어 있기 때문에 이중실패자라고 부른다. 이중실패자는 술·마약 등의 획득·소비에 몰두하는 활동을 하게 된다.

02 난도 ★☆☆   정답 ①

형사정책 > 형벌과 보안처분론

정답의 이유

① 전자감독제도는 대상자의 신체에 송신기를 부착해 위치가 실시간으로 파악되기 때문에, 범죄자의 감시나 행정편의를 위하여 감시대상자의 사생활을 지나치게 침해할 우려가 있다는 비판이 있다.

오답의 이유

② 교정시설 수용인구의 과밀을 줄일 수 있고, 구금에 필요한 경비를 절감할 수 있다.

③ 사회통제망의 확대 및 형사사법대상자의 단순 증가를 초래한다는 비판이 제기되고 있다.

④ 감시장치를 통해 얻는 정보는 소재만 파악할 수 있을 뿐 감시구역 내에서 대상자가 어떤 행동을 하고 있는지에 대한 파악이 곤란하다.

03 난도 ★☆☆   정답 ③

형사정책 > 형벌과 보안처분론

정답의 이유

③ 주거를 이전(移轉)하거나 1개월 이상 국내외 여행을 할 때에는 미리 보호관찰관에게 신고를 해야 한다(보호관찰 등에 관한 법률 제32조 제2항 제4호).

오답의 이유

① 보호관찰 등에 관한 법률 제32조 제2항 제1호

② 보호관찰 등에 관한 법률 제32조 제2항 제3호

④ 보호관찰 등에 관한 법률 제32조 제2항 제2호

04 난도 ★☆☆   정답 ③

교정학 > 수용자의 법적 지위와 처우

정답의 이유

③ 형의 집행 및 수용자의 처우에 관한 법률 시행규칙 제74조 제1항 제3호

오답의 이유

① 개방처우급: 개방시설에 수용되어 가장 높은 수준의 처우가 필요한 수형자를 개방처우급으로 구분한다(형의 집행 및 수용자의 처우에 관한 법률 시행규칙 제74조 제1항 제1호).

② 완화경비처우급: 완화경비시설에 수용되어 통상적인 수준보다 높은 수준의 처우가 필요한 수형자를 완화경비처우급으로 구분한다(형의 집행 및 수용자의 처우에 관한 법률 시행규칙 제74조 제1항 제2호).

③ 중(重)경비처우급: 중(重)경비시설에 수용되어 기본적인 처우가 필요한 수형자를 중(重)경비처우급으로 구분한다(형의 집행 및 수용자의 처우에 관한 법률 시행규칙 제74조 제1항 제4호).

05 난도 ★★☆   정답 ④

형사정책 > 범죄원인론

정답의 이유

④ 제시문은 메스너와 로젠펠드의 제도적 아노미이론에 대한 설명으로, 머튼의 아노미이론을 계승하였다.

오답의 이유

① 머튼은 목표성취를 위한 사회문화구조의 긴장상태가 범죄의 원인이라고 보는 아노미이론을 주장하였으며, 사회해체 등으로 문화적 목표가 과잉 강조되거나 제도적 수단에 대한 접근 기회가 차단될 때 범죄가 발생한다고 보았다. 머튼의 아노미이론은 기회구조가 차단된 하류계층의 범죄를 설명하는 데에는 유용하지만, 중산층이나 상류층의 범죄를 설명하는 데에는 한계가 있다.

② 코헨과 펠슨은 일상활동의 구조적 변화가 동기부여된 범죄자, 적절한 범행대상 및 보호의 부재라는 세 가지 요소에 대해 시간적·공간적으로 영향을 미친다고 주장하였다.

③ 코니쉬와 클라크는 경제이론에서 기대효용의 법칙에 기초하여 인간은 범죄로 인하여 얻게 될 효용(이익)과 손실의 크기를 비교하여 범행여부를 결정한다고 주장하였다.

06 난도 ★★☆   정답 ③

교정학 > 교정학의 이해

정답의 이유

③ 회복적 사법에서는 범죄를 가해자, 피해자 등 범죄사건 당사자들의 피해자에 대한 인간관계 또는 신뢰관계의 위반으로 파악한다. 따라서 가해자의 사적 잘못(private wrong)에 초점을 맞추어 공식적인 처벌을 내리기보다 피해자가 입은 개인적 피해의 회복을 중요시한다. 이와 달리, 공익에 초점을 맞춰 국가가 공익을 위하여 범죄자를 처벌하도록 강조하는 것은 응보적 사법이다.

오답의 이유

① 처벌보다는 범죄로 인해 손상된 관계를 회복하는 것을 목표로 하는 인본주의적인 전략이다.

② 가해자를 변화시키고 이들을 지역사회에 재통합시켜 재범률을 줄이는 것을 목표로 하므로 구금 위주 형벌정책의 대안이 될 수 있다.

④ 범죄를 개인 간의 갈등으로 보고 지역사회 및 피해자와 가해자의 입장을 모두 고려하여 범죄 행동에 의한 피해를 바로잡는 것에 중점을 둔다.

07 난도 ★★★   정답 ③

형사정책 > 형벌과 보안처분론

정답의 이유

ㄱ, ㄷ, ㄹ. 베카리아, 리프만, 캘버트가 사형폐지론을 주장하였다.

오답의 이유

ㄴ. 루소는 사형존치론자로 시민이 국가에 자신의 생명권을 양도하였기 때문에 국가에 의한 사형제도를 시민들이 인정한 것이라고 보았다.

사형존폐론 입장에 따른 학자

사형폐지론자	베카리아(C. Beccaria), 리프만(M. Liepmann), 캘버트(E. Calvert), 존 하워드(J. Howard), 서덜랜드(E. H. Sutherland), 페스탈로치(Pestalozzi), 나탈레(Natale), 라드부르흐(Radbruch)
사형존치론자	루소(J. Rousseau), 칸트(I. Kant), 비르크마이어(Birkmeyer), 로크(Locke), 롬브로조(Lombroso)

08 난도 ★★☆　　　　　　　　　　　정답 ③

형사정책 > 소년범죄론

정답의 이유

ㄱ. 보호소년 등의 처우에 관한 법률 제14조의2 제6항

ㄴ. 보호소년 등의 처우에 관한 법률 제14조의2 제3항 제3호 · 제4항

ㄷ. 보호소년 등의 처우에 관한 법률 제14조의2 제5항

오답의 이유

ㄹ. 원장은 법원 또는 검찰의 조사 · 심리, 이송, 그 밖의 사유로 호송하는 경우에는 소속 공무원으로 하여금 보호소년 등에 대하여 수갑, 포승 또는 보호대를 사용하게 할 수 있으나, 가스총이나 전자충격기는 사용하게 할 수 없다(보호소년 등의 처우에 관한 법률 제14조의2 제2항 제2호 · 제3항).

제14조의2(보호장비의 사용)

② 원장은 다음 각 호의 어느 하나에 해당하는 경우에는 소속 공무원으로 하여금 보호소년 등에 대하여 수갑, 포승 또는 보호대를 사용하게 할 수 있다.

1. 이탈 · 난동 · 폭행 · 자해 · 자살을 방지하기 위하여 필요한 경우

2. 법원 또는 검찰의 조사 · 심리, 이송, 그 밖의 사유로 호송하는 경우

3. 그 밖에 소년원 · 소년분류심사원의 안전이나 질서를 해칠 우려가 현저한 경우

③ 원장은 다음 각 호의 어느 하나에 해당하는 경우에는 소속 공무원으로 하여금 보호소년 등에 대하여 수갑, 포승 또는 보호대 외에 가스총이나 전자충격기를 사용하게 할 수 있다.

1. 이탈, 자살, 자해하거나 이탈, 자살, 자해하려고 하는 때

2. 다른 사람에게 위해를 가하거나 가하려고 하는 때

3. 위력으로 소속 공무원의 정당한 직무집행을 방해하는 때

4. 소년원 · 소년분류심사원의 설비 · 기구 등을 손괴하거나 손괴하려고 하는 때

5. 그 밖에 시설의 안전 또는 질서를 크게 해치는 행위를 하거나 하려고 하는 때

09 난도 ★★★　　　　　　　　　　　정답 ④

형사정책 > 소년범죄론

정답의 이유

④ 소년부는 조사 또는 심리를 할 때에 정신건강의학과의사 · 심리학자 · 사회사업가 · 교육자나 그 밖의 전문가의 진단, 소년분류심사원의 분류심사 결과와 의견, 보호관찰소의 조사결과와 의견 등을 고려하여야 한다(소년법 제12조).

오답의 이유

① 소년법 제11조 제1항

② 소년법 제17조의2 제1항

③ 소년법 제16조 제2항

10 난도 ★★☆　　　　　　　　　　　정답 ④

형사정책 > 형사정책의 개관

정답의 이유

④ 법률상 비범죄화란 범죄였던 행위를 범죄의 폐지 또는 변경으로 더 이상 범죄로 보지 않는 경우를 말한다. 법률상 비범죄화에는 법률의 개정 등 입법에 의한 경우와 헌법재판소의 위헌결정에 의한 경우가 있다. 반면, 사실상 비범죄화(행정상 · 수사상 · 단속상)는 형벌법규가 존재함에도 수사기관이 사실상 수사를 하지 않거나 법원이 더 이상 범죄로 판단하지 않는 경우이다.

오답의 이유

① 비범죄화의 예시로는 경미한 범죄, 피해자 없는 범죄(매춘 · 도박 · 낙태 등), 윤리에 맡겨도 될 행위나 공공질서와 관련된 범죄(간통, 혼인빙자간음죄 등) 등을 들 수 있다.

② 비범죄화는 형법에서 범죄로 규정하고 있던 행위 규정을 삭제하거나 특정 범죄에 대한 형사처벌의 범위를 축소하는 것을 의미한다.

③ 비범죄화는 불필요한 형사처벌 대상을 감소시켜 형사사법기관의 과중한 업무부담 경감 등의 결과를 가져오며, 이에 따라 형사사법기관의 자원을 보다 효율적으로 활용할 수 있게 된다는 점에서 경미범죄에 대한 비범죄화의 필요성이 주장된다.

11 난도 ★★☆　　　　　　　　　　　정답 ②

교정학 > 시설내 처우

정답의 이유

② 소장이 수용자의 처우를 위하여 허가하는 경우에는 제92조 제1항 제2호의 물품(무인비행장치, 전자 · 통신기기, 그 밖에 도주나 다른 사람과의 연락에 이용될 우려가 있는 물품)을 지닐 수 있다(형의 집행 및 수용자의 처우에 관한 법률 제92조 제2항).

제92조(금지물품)

① 수용자는 다음 각 호의 물품을 지녀서는 아니 된다.

1. 마약·총기·도검·폭발물·흉기·독극물, 그 밖에 범죄의 도구로 이용될 우려가 있는 물품

2. 무인비행장치, 전자·통신기기, 그 밖에 도주나 다른 사람과의 연락에 이용될 우려가 있는 물품

3. 주류·담배·화기·현금·수표, 그 밖에 시설의 안전 또는 질서를 해칠 우려가 있는 물품

4. 음란물, 사행행위에 사용되는 물품, 그 밖에 수형자의 교화 또는 건전한 사회복귀를 해칠 우려가 있는 물품

② 제1항에도 불구하고 소장이 수용자의 처우를 위하여 허가하는 경우에는 제1항 제2호의 물품을 지닐 수 있다.

오답의 이유

①·③·④ 수용자가 지녀서는 안 되는 물품들이다(형의 집행 및 수용자의 처우에 관한 법률 제92조 제2항 제1호·제3호·제4호).

12 난도 ★★☆   정답 ④

교정학 > 교정시설과 수용제도론

정답의 이유

④ 소장은 특별한 사정이 있으면 제11조의 구분수용 기준에 따라 다른 교정시설로 이송하여야 할 수형자를 6개월을 초과하지 아니하는 기간 동안 계속하여 수용할 수 있다(형의 집행 및 수용자의 처우에 관한 법률 제12조 제4항).

오답의 이유

① 형의 집행 및 수용자의 처우에 관한 법률 제14조 제2호

② 형의 집행 및 수용자의 처우에 관한 법률 제12조 제1항 제2호

③ 형의 집행 및 수용자의 처우에 관한 법률 제12조 제3항

13 난도 ★★☆   정답 ①

교정학 > 교정시설과 수용제도론

정답의 이유

① 소장은 감염병이 유행하는 경우에는 수용자가 자비로 구매하는 음식물의 공급을 중지할 수 있다(형의 집행 및 수용자의 처우에 관한 법률 시행령 제53조 제2항).

오답의 이유

② 형의 집행 및 수용자의 처우에 관한 법률 시행령 제53조 제1항

③ 형의 집행 및 수용자의 처우에 관한 법률 제35조

④ 형의 집행 및 수용자의 처우에 관한 법률 시행령 제53조 제3항·제4항

14 난도 ★★★   정답 ②

교정학 > 교정학의 이해

정답의 이유

② 옴부즈맨은 1809년에서 1810년 사이에 스웨덴에서 창설되어 스칸디나비아로 확대되고, 뉴질랜드·영국·독일·이스라엘·미국·오스트레일리아 및 캐나다 등에서 유사한 제도가 시행되었다. 옴부즈맨은 보통 의회에서 임명되지만 의회의 간섭을 전혀 받지 않는다. 또한 특정 사건을 다룰 권한이 있고, 정부와 개인 사이에서 독립적이고도 공정한 중재자로 활동한다. 따라서 옴부즈맨의 성공 여부는 독립성, 비당파성 및 전문성에 달려 있어 교정당국이 임명한다면 독립성과 전문성을 확보하기 어렵다.

오답의 이유

① 재소자 권리구제 제도로서 옴부즈맨은 재소자가 제기하는 행정상의 부정의와 오류에 대한 시정을 요구하므로, 자율적으로 기능해야 하고 행정부뿐 아니라 입법부로부터도 독립되어 있어야 하며, 전문성을 갖추어야 한다.

③ 옴부즈맨은 본래 중재자로서 행정기관이 침해한 시민의 자유와 권리를 공정하게 조사하여 해결해 주는 보충적 국민권리 구제제도이므로, 재소자의 불평을 수리하여 조사하고 보고서를 작성하여 적절한 대안을 제시해야 한다.

④ 옴부즈맨은 스웨덴 공무원제도에서 유래하였으며, 스웨덴어로 '대표자·대리인·변호인·후견인' 등을 의미한다는 사실에서 알 수 있듯이, 본래 시민들이 제기하는 행정상의 불편 사항을 조사하여 해결해 주는 제도이다.

15 난도 ★★☆   정답 ②

교정학 > 시설내 처우

정답의 이유

② '징벌대상행위의 혐의가 있어 조사 중이거나 징벌집행 중인 경우'이다. 징벌집행을 마친 경우는 직업훈련 대상자 선정의 제한 사항에 해당하지 않는다(형의 집행 및 수용자의 처우에 관한 법률 시행규칙 제126조 제3호).

제126조(직업훈련 대상자 선정의 제한)

소장은 제125조에도 불구하고 수형자가 다음 각 호의 어느 하나에 해당하는 경우에는 직업훈련 대상자로 선정해서는 아니 된다.

1. 15세 미만인 경우

2. 교육과정을 수행할 문자해독능력 및 강의 이해능력이 부족한 경우

3. 징벌대상행위의 혐의가 있어 조사 중이거나 징벌집행 중인 경우

4. 작업, 교육·교화프로그램 시행으로 인하여 직업훈련의 실시가 곤란하다고 인정되는 경우

5. 질병·신체조건 등으로 인하여 직업훈련을 감당할 수 없다고 인정되는 경우

① 형의 집행 및 수용자의 처우에 관한 법률 시행규칙 제126조 제1호

③ 형의 집행 및 수용자의 처우에 관한 법률 시행규칙 제126조 제2호

④ 형의 집행 및 수용자의 처우에 관한 법률 시행규칙 제126조 제4호

16 난도 ★★☆　　　　　　　　　　　　　　정답 ④

교정학 > 수용자의 법적 지위와 처우

정답의 이유

④ 형의 집행 및 수용자의 처우에 관한 법률 시행규칙 제95조 제1항

오답의 이유

① 소장은 수형자의 가족 또는 배우자의 직계존속이 사망하면 2일간, 부모 또는 배우자의 제삿날에는 1일간 해당 수형자의 작업을 면제한다. 다만, 수형자가 작업을 계속하기를 원하는 경우는 예외로 한다(형의 집행 및 수용자의 처우에 관한 법률 제72조 제1항).

② 소장은 금고형 또는 구류형의 집행 중에 있는 사람에 대하여는 신청에 따라 작업을 부과할 수 있다(형의 집행 및 수용자의 처우에 관한 법률 제67조).

③ 소장은 수형자의 신청에 따라 제68조의 작업(외부통근작업), 제69조 제2항의 훈련(외부직업훈련), 그 밖에 집중적인 근로가 필요한 작업을 부과하는 경우에는 접견·전화통화·교육·공동행사 참가 등의 처우를 제한할 수 있다(형의 집행 및 수용자의 처우에 관한 법률 제70조 제1항).

17 난도 ★☆☆　　　　　　　　　　　　　　정답 ①

교정학 > 교정시설과 수용제도론

정답의 이유

① 서덜랜드와 크레시는 수형자들이 지향하는 가치를 기준으로 하위문화를 범죄 지향적 부문화, 수형 지향적 부문화, 합법 지향적 부문화로 구분했다.

오답의 이유

② 범죄 지향적 하위문화를 수용하는 수형자들은 자신이 가지고 있던 반사회적 범죄자 문화를 고집하고 출소 후에도 계속 범죄생활을 할 것을 지향한다. 그렇기 때문에 교도소 내에서의 지위에는 관심이 없으며 반교도소적인 경향이 많으며 범죄생활이 일상화돼 있다.

③ 수형 지향적 하위문화를 수용하는 수형자들은 수용생활을 보다 쉽고 편하게 보내기 위해 교도소 내의 모든 생활방식을 수용하고 적응하려 한다. 교도소 내에서의 이점, 지위획득에만 몰두하며 출소 후의 생활에 대해서는 관심을 두지 않는다. 이들은 가장 쉽게 교도소화되지만 출소 후 재입소율도 가장 높다.

④ 합법 지향적 하위문화를 수용하는 수형자들은 준법적인 성향을 가진 자들로 수용생활을 하는 동안 범죄자문화에 가담하지 않고 교정시설의 규율에 따른다. 또한 교도관과도 긍정적인 관계를 유지하며 재범률이 가장 낮다. 슈랙(Schrag)이 분류한 수형자의 역할유형 중 친사회적 고지식자(Prosocial square johns)에 가깝다. 반사회적 정의한(Antisocial right guys)에 가까운 것은 범죄 지향적 하위문화를 수용하는 수형자이다.

18 난도 ★☆☆　　　　　　　　　　　　　　정답 ④

교정학 > 사회적 처우와 사회 내 처우

정답의 이유

④ 회의록은 해당 가석방 결정 등을 한 후 5년이 경과한 때부터 공개하나, 심의서는 해당 가석방 결정 등을 한 후부터 즉시 공개한다(형의 집행 및 수용자의 처우에 관한 법률 제120조 제3항 제2호·제3호).

제120조(위원회의 구성)

③ 위원회의 심사과정 및 심사내용의 공개범위와 공개시기는 다음 각 호와 같다. 다만, 제2호 및 제3호의 내용 중 개인의 신상을 특정할 수 있는 부분은 삭제하고 공개하되, 국민의 알권리를 충족할 필요가 있는 등의 사유가 있는 경우에는 위원회가 달리 의결할 수 있다.

　　1. 위원의 명단과 경력사항은 임명 또는 위촉한 즉시

　　2. 심의서는 해당 가석방 결정 등을 한 후부터 즉시

　　3. 회의록은 해당 가석방 결정 등을 한 후 5년이 경과한 때부터

오답의 이유

① 형의 집행 및 수용자의 처우에 관한 법률 제119조

② 형의 집행 및 수용자의 처우에 관한 법률 제120조 제1항·제2항

③ 형의 집행 및 수용자의 처우에 관한 법률 제122조 제1항

19 난도 ★★☆　　　　　　　　　　　　　　정답 ②

형사정책 > 형벌과 보안처분론

정답의 이유

② 판결 전 조사 요구를 받은 보호관찰소의 장은 지체 없이 이를 조사하여 서면으로 해당 법원에 알려야 한다(보호관찰 등에 관한 법률 제19조 제2항).

오답의 이유

① 보호관찰 등에 관한 법률 제19조 제3항

③ 법원은 피고인에 대하여 형법 제59조의2 및 제62조의2에 따른 보호관찰, 사회봉사 또는 수강을 명하기 위하여 필요하다고 인정하면 그 법원의 소재지(所在地) 또는 피고인의 주거지를 관할하는 보호관찰소의 장에게 범행 동기, 직업, 생활환경, 교우관계, 가족상황, 피해회복 여부 등 피고인에 관한 사항의 조사를 요구할 수 있다(보호관찰 등에 관한 법률 제19조 제1항).

④ 보호관찰 등에 관한 법률 제19조의2 제1항

20 난도 ★☆☆　　　　　　　　　　　　　　정답 ②

교정학 > 수용자의 법적 지위와 처우

정답의 이유

② 분류처우위원회는 위원장을 포함한 5명 이상 7명 이하의 위원으로 구성하고, 위원장은 소장이 된다(형의 집행 및 수용자의 처우에 관한 법률 제62조 제2항 전단).

오답의 이유

① 형의 집행 및 수용자의 처우에 관한 법률 제62조 제3항

③ 형의 집행 및 수용자의 처우에 관한 법률 제62조 제2항 후단

④ 형의 집행 및 수용자의 처우에 관한 법률 제62조 제1항

교정학개론 | 2022년 국가직 9급

한눈에 훑어보기

✅ **영역 분석**

형사정책 01 03 11 12 13 18
6문항, 30%

교정학 02 04 05 06 07 08 09 10 14 15 16 17
14문항, 70% 19 20

✅ **빠른 정답**

01	02	03	04	05	06	07	08	09	10
④	②	②	③	①	①	②	①	③	②

11	12	13	14	15	16	17	18	19	20
②	④	②	①	④	③	④	③	④	①

✅ **점수 체크**

구분	1회독	2회독	3회독
맞힌 문항 수	/ 20	/ 20	/ 20
나의 점수	점	점	점

01 난도 ★☆☆ 정답 ④

형사정책 > 범죄원인론

정답의 이유

④ 머튼의 아노미이론은 부의 성취를 달성하기 위한 합법적인 수단이 제한된 하류계층 재산 범죄행위의 원인을 설명하는 데 유용하지만, 합법적인 기회가 충분히 부여되는 상류계층의 범죄를 설명하는 데에는 한계가 있다.

02 난도 ★☆☆ 정답 ②

교정학 > 교정학의 이해

정답의 이유

② 제시문은 의료모형에 대한 설명이다. 범죄자는 스스로를 통제할 수 없어서 범죄를 저지른다고 본다. 따라서 범죄자를 치료의 대상으로 파악하여 처벌하기보다는 치료를 위한 프로그램 개발과 적용을 추구한다.

오답의 이유

① 적응모형은 개선모형이라고도 하며, 범죄자 스스로 책임 있는 선택과 합법적 결정을 할 수 있는 존재로 본다. 현실요법, 환경요법, 직업훈련 등의 방법이 처우에 널리 이용되고 있다.

③ 재통합모형은 범죄자의 사회재통합을 위해서 지역사회와의 의미 있는 접촉과 유대관계를 중시하므로 지역사회 교정을 강조한다.

④ 무력화모형은 교정이 사회보호의 목적으로 존재하며, 범죄자를 가둬놓는 동안에는 범죄가 불가능하므로 범죄자를 무력화한다고 본다.

03 난도 ★☆☆ 정답 ②

형사정책 > 소년범죄론

정답의 이유

② 비시설수용이란 구금시설에 수용하지 않는 것으로, 성인교도소나 소년 전담시설은 시설수용에 해당하기 때문에 해당 설명은 옳지 않다. 비시설수용은 구금으로 인한 폐해를 막기 위해 소년범에 대해서 가급적 시설수용이 아닌 사회 내 처우를 확대·활용하는 것을 의미한다.

교정학 > 시설내 처우

정답의 이유

③ 징벌위원회는 징벌을 의결하는 때에 행위의 동기 및 정황, 교정 성적, 뉘우치는 정도 등 그 사정을 고려할 만한 사유가 있는 수용자에 대하여 2개월 이상 6개월 이하의 기간 내에서 징벌의 집행을 유예할 것을 의결할 수 있다(형의 집행 및 수용자의 처우에 관한 법률 제114조 제1항).

오답의 이유

① 징벌은 동일한 행위에 관하여 거듭하여 부과할 수 없으며, 행위의 동기 및 경중, 행위 후의 정황, 그 밖의 사정을 고려하여 수용목적을 달성하는 데에 필요한 최소한도에 그쳐야 한다(형의 집행 및 수용자의 처우에 관한 법률 제109조 제3항).

② 징벌사유가 발생한 날부터 2년이 지나면 이를 이유로 징벌을 부과하지 못한다(형의 집행 및 수용자의 처우에 관한 법률 제109조 제4항).

④ 소장은 질병이나 그 밖의 사유로 징벌집행이 곤란하면 그 사유가 해소될 때까지 그 집행을 일시 정지할 수 있으며, 징벌집행 중인 사람이 뉘우치는 빛이 뚜렷한 경우에는 그 징벌을 감경하거나 남은 기간의 징벌집행을 면제할 수 있다(형의 집행 및 수용자의 처우에 관한 법률 제113조 제1항 · 제2항).

05 난도 ★☆☆　　　　　　　　　　　　　　　　　정답 ①

교정학 > 수용자의 법적 지위와 처우

정답의 이유

① 고사제는 기간제로, 일정한 기간이 지난 후 교도관의 심사를 통해 진급을 결정하는 방식이다.

오답의 이유

② · ③ · ④ 잉글랜드제, 아일랜드제, 엘마이라제는 점수제로 책임점수를 소득점수로 소각하여 진급을 결정하는 방식이다.

06 난도 ★☆☆　　　　　　　　　　　　　　　　　정답 ①

교정학 > 교정학의 이해

정답의 이유

① 다이버전은 보호관찰, 사회봉사명령, 수강명령 등의 사회 내 처우를 대표적인 예로 들 수 있는데, 형벌 이외의 사회통제망 확대를 가져온다는 부작용이 있다.

07 난도 ★★☆　　　　　　　　　　　　　　　　　정답 ②

교정학 > 시설내 처우

정답의 이유

② 블럼스타인의 과밀수용 해소방안 중에서 구금인구 감소전략은 형벌의 제지효과가 형벌의 엄중성보다 확실성에 더 크게 좌우된다는 논리에 근거하고 있으므로 교정시설 입소를 억제하거나 출소를 촉진하는 전략이다. 즉, 구금형이 아닌 벌금이나 사회 내 처우로 대응하는 것이 범죄예방에 더 효과적이라는 것이다.

08 난도 ★★☆　　　　　　　　　　　　　　　　　정답 ①

교정학 > 시설내 처우

정답의 이유

① 노무작업은 일정 시기에 수용자의 노무만 제공하면 되는 파종이나 추수 등의 작업이 주를 이루어, 경기변동에 큰 영향을 받지 않고 제품판로에 대한 부담도 없다.

오답의 이유

② 노무작업은 설비투자 없이 시행이 가능하지만 단기 작업이 많고 소수의 수용자가 작업을 진행하여 행형상 통일성을 기하기 어렵다.

③ 도급작업은 대규모 공사 시 불취업자 해소에 유리하지만 작업수준에 맞는 기술자 확보에 어려움이 있다.

④ 도급작업은 구외작업으로 인한 계호부담이 크고 가격 경쟁으로 인한 민간기업의 압박 가능성이 높다.

> **더 알아보기**
>
> 노무작업과 도급작업의 비교
>
> | 구분 | 장점 | 단점 |
> | --- | --- | --- |
> | 노무작업 | • 경기변동에 영향을 받지 않으므로 손실에 대한 부담이 없음
• 노무만을 제공하면 되므로 물적 자본이 없이도 가능
• 제품의 판로에 대한 부담이 없음 | • 작업의 통일 곤란
• 단순노동인 경우 기술 습득 및 직업훈련에 부적합
• 작업운영에 외부민간단체의 관여가 가장 심하여 교도작업 본래의 취지가 퇴색될 수 있으며, 외부 부정의 개입 가능성 존재 |
> | 도급작업 | • 작업규모가 대형인 경우가 많으므로 높은 수익이 보장
• 대규모 작업으로 불취업자 해소에 유리
• 수형자의 전문기술 습득에 용이
• 수형자와 교도관 간의 인간적인 신뢰로 인한 반사회성 교정 및 갱생의욕 고취 | • 대부분 구외작업인 경우가 많아 계호상 부담
• 사업이 대규모인 관계로 실패할 경우 손실이 막대 |

09 난도 ★☆☆　　　　　　　　　　　　　　　　　정답 ③

교정학 > 수용자의 법적 지위와 처우

정답의 이유

③ 부정기형의 정기재심사 시기는 단기형을 기준으로 한다(형의 집행 및 수용자의 처우에 관한 법률 시행규칙 제66조 제2항).

오답의 이유

① 형의 집행 및 수용자의 처우에 관한 법률 시행규칙 제62조 제1항 제2호

② 형의 집행 및 수용자의 처우에 관한 법률 시행규칙 제66조 제3항

④ 형의 집행 및 수용자의 처우에 관한 법률 시행규칙 제62조 제3항

10 난도 ★☆☆   정답 ②

교정학 > 수용자의 법적 지위와 처우

정답의 이유

② 소장은 사형확정자의 자살·도주 등의 사고를 방지하기 위하여 필요한 경우에는 사형확정자와 미결수용자를 혼거수용할 수 있고, 사형확정자의 교육·교화프로그램, 작업 등의 적절한 처우를 위하여 필요한 경우에는 사형확정자와 수형자를 혼거수용할 수 있다(형의 집행 및 수용자의 처우에 관한 법률 시행규칙 제150조 제4항).

오답의 이유

① 형의 집행 및 수용자의 처우에 관한 법률 제81조

③ 형의 집행 및 수용자의 처우에 관한 법률 시행령 제101조

④ 형의 집행 및 수용자의 처우에 관한 법률 시행령 제109조·제59조 제3항 제3호

11 난도 ★★☆   정답 ②

형사정책 > 범죄원인론

정답의 이유

ㄴ, ㄹ. 나이는 사회통제이론을, 라이스는 개인통제력 중심의 통제이론을 주장하였다.

오답의 이유

ㄱ. 서덜랜드는 미국 범죄학의 아버지로 불리며, 차별적 접촉이론을 통해 화이트칼라범죄의 개념을 제시하였다.

ㄷ. 애그뉴는 스트레스와 긴장을 느끼는 개인이 범죄를 저지르기 쉬운 이유를 설명(긴장의 개인적 영향을 밝히는 데 도움을 줌)한 일반긴장이론을 주장하였다.

ㅁ. 베커는 일탈은 사람이 저지르는 행위의 특성이 아니라 오히려 다른 사람이 범인에게 법과 제재를 적용한 결과 일탈행동으로 규정하거나 낙인찍는 것이 사회적 지위와 같은 효과를 준다는 낙인이론을 주장하였다.

12 난도 ★★☆   정답 ④

형사정책 > 소년범죄론

정답의 이유

④ 검사가 소년부에 송치한 사건을 소년부가 다시 해당 검찰청 검사에게 송치할 수 있는 경우는, 조사 또는 심리한 결과 그 동기와 죄질이 금고 이상의 형사처분을 할 필요가 있다고 인정할 때이다. 이때 검사는 소년부에 사건을 다시 송치할 수 없다(소년법 제49조 제2항).

제49조(검사의 송치)

① 검사는 소년에 대한 피의사건을 수사한 결과 보호처분에 해당하는 사유가 있다고 인정한 경우에는 사건을 관할 소년부에 송치하여야 한다.

② 소년부는 제1항에 따라 송치된 사건을 조사 또는 심리한 결과 그 동기와 죄질이 금고 이상의 형사처분을 할 필요가 있다고 인정할 때에는 결정으로써 해당 검찰청 검사에게 송치할 수 있다.

③ 제2항에 따라 송치한 사건은 다시 소년부에 송치할 수 없다.

오답의 이유

① 소년법 제55조 제1항

② 소년법 제65조 제3호

③ 소년법 제60조 제1항

13 난도 ★★☆   정답 ②

형사정책 > 범죄원인론

정답의 이유

② 허쉬는 사회통제이론을 통해 개인이 범죄를 범하지 않고 정상적인 생활을 하는 것은 개인이 가지고 있는 사회와의 유대관계 때문이라고 설명하였다. 법집행기관의 통제가 범죄를 야기하는 과정을 설명하는 것은 낙인이론이다.

14 난도 ★☆☆   정답 ①

교정학 > 수용자의 법적 지위와 처우

정답의 이유

① 소장은 금고형 또는 구류형의 집행 중에 있는 사람에 대하여는 신청에 따라 작업을 부과할 수 있다(형의 집행 및 수용자의 처우에 관한 법률 제67조).

오답의 이유

② 형의 집행 및 수용자의 처우에 관한 법률 시행규칙 제126조 제1호

제126조(직업훈련 대상자 선정의 제한)

소장은 제125조에도 불구하고 수형자가 다음 각 호의 어느 하나에 해당하는 경우에는 직업훈련 대상자로 선정해서는 아니 된다.

1. 15세 미만인 경우
2. 교육과정을 수행할 문자해독능력 및 강의 이해능력이 부족한 경우
3. 징벌대상행위의 혐의가 있어 조사 중이거나 징벌집행 중인 경우
4. 작업, 교육·교화프로그램 시행으로 인하여 직업훈련의 실시가 곤란하다고 인정되는 경우
5. 질병·신체조건 등으로 인하여 직업훈련을 감당할 수 없다고 인정되는 경우

③ 형의 집행 및 수용자의 처우에 관한 법률 시행규칙 제128조 제1항 제2호

제128조(직업훈련의 보류 및 취소 등)

① 소장은 직업훈련 대상자가 다음 각 호의 어느 하나에 해당하는 경우에는 직업훈련을 보류할 수 있다.

1. 징벌대상행위의 혐의가 있어 조사를 받게 된 경우
2. 심신이 허약하거나 질병 등으로 훈련을 감당할 수 없는 경우
3. 소질·적성·훈련성적 등을 종합적으로 고려한 결과 직업훈련을 계속할 수 없다고 인정되는 경우
4. 그 밖에 직업훈련을 계속할 수 없다고 인정되는 경우

④ 형의 집행 및 수용자의 처우에 관한 법률 시행규칙 제127조 제1항

15 난도 ★☆☆

교정학 > 시설내 처우

정답의 이유

④ 도주하는 수용자에게 교도관이 정지할 것을 명령하였음에도 계속하여 도주하는 때 무기를 사용할 수 있다(형의 집행 및 수용자의 처우에 관한 법률 제101조 제1항 제4호).

제101조(무기의 사용)

① 교도관은 다음 각 호의 어느 하나에 해당하는 사유가 있으면 수용자에 대하여 무기를 사용할 수 있다.

　1. 수용자가 다른 사람에게 중대한 위해를 끼치거나 끼치려고 하여 그 사태가 위급한 때

　2. 수용자가 폭행 또는 협박에 사용할 위험물을 지니고 있어 교도관이 버릴 것을 명령하였음에도 이에 따르지 아니하는 때

　3. 수용자가 폭동을 일으키거나 일으키려고 하여 신속하게 제지하지 아니하면 그 확산을 방지하기 어렵다고 인정되는 때

　4. 도주하는 수용자에게 교도관이 정지할 것을 명령하였음에도 계속하여 도주하는 때

　5. 수용자가 교도관의 무기를 탈취하거나 탈취하려고 하는 때

　6. 그 밖에 사람의 생명·신체 및 설비에 대한 중대하고도 뚜렷한 위험을 방지하기 위하여 무기의 사용을 피할 수 없는 때

오답의 이유

①·②·③ 교도관이 수용자에 대하여 보안장비를 사용할 수 있는 경우에 해당한다(형의 집행 및 수용자의 처우에 관한 법률 제100조 제1항·제3항).

제100조(강제력의 행사)

① 교도관은 수용자가 다음 각 호의 어느 하나에 해당하면 강제력을 행사할 수 있다.

　1. 도주하거나 도주하려고 하는 때

　2. 자살하려고 하는 때

　3. 자해하거나 자해하려고 하는 때

　4. 다른 사람에게 위해를 끼치거나 끼치려고 하는 때

　5. 위력으로 교도관의 정당한 직무집행을 방해하는 때

　6. 교정시설의 설비·기구 등을 손괴하거나 손괴하려고 하는 때

　7. 그 밖에 시설의 안전 또는 질서를 크게 해치는 행위를 하거나 하려고 하는 때

③ 제1항 및 제2항에 따라 강제력을 행사하는 경우에는 보안장비를 사용할 수 있다.

---

16 난도 ★★☆

교정학 > 시설내 처우

정답의 이유

③ 소장은 관심대상수용자로 지정할 필요가 있다고 인정되는 미결수용자에 대하여는 교도관회의의 심의를 거쳐 관심대상수용자로 지정할 수 있는데, 이는 미결수용자는 분류심사위원회의 의

결대상이 되지 않기 때문이다(형의 집행 및 수용자의 처우에 관한 법률 시행규칙 제211조 제1항).

제211조(지정 및 해제)

① 소장은 제210조 각 호의 어느 하나에 해당하는 수용자에 대하여는 분류처우위원회의 의결을 거쳐 관심대상수용자로 지정한다. 다만, 미결수용자 등 분류처우위원회의 의결 대상자가 아닌 경우에도 관심대상수용자로 지정할 필요가 있다고 인정되는 수용자에 대하여는 교도관회의의 심의를 거쳐 관심대상수용자로 지정할 수 있다.

오답의 이유

① 소장은 교정시설에 마약류를 반입하는 것을 방지하기 위하여 필요하면 강제에 의하지 아니하는 범위에서 수용자의 소변을 채취하여 마약반응검사를 할 수 있다(형의 집행 및 수용자의 처우에 관한 법률 시행규칙 제206조 제2항).

② 소장은 엄중관리대상자 중 지속적인 상담이 필요하다고 인정되는 사람에 대하여는 상담책임자를 지정하는데, 상담대상자는 상담책임자 1명당 10명 이내로 하여야 한다(형의 집행 및 수용자의 처우에 관한 법률 시행규칙 제196조 제1항·제2항).

④ 소장은 조직폭력수용자에게 거실 및 작업장 등의 봉사원, 반장, 조장, 분임장, 그 밖에 수용자를 대표하는 직책을 부여해서는 아니 된다(형의 집행 및 수용자의 처우에 관한 법률 시행규칙 제200조).

17 난도 ★★★

교정학 > 수용자의 법적 지위와 처우

정답의 이유

④ 소장은 교정시설 안에 설치된 외부기업체 작업장에 통근하며 작업하는 대상자를 선정할 때, 개방처우급·완화경비처우급을 비롯해 일반경비처우급에 해당하는 수형자도 포함한다(형의 집행 및 수용자의 처우에 관한 법률 시행규칙 제120조 제2항).

제120조(선정기준)

① 외부기업체에 통근하며 작업하는 수형자는 다음 각 호의 요건을 갖춘 수형자 중에서 선정한다.

　1. 18세 이상 65세 미만일 것

　2. 해당 작업 수행에 건강상 장애가 없을 것

　3. 개방처우급·완화경비처우급에 해당할 것

　4. 가족·친지 또는 법 제130조의 교정위원(이하 "교정위원"이라 한다) 등과 접견·편지수수·전화통화 등으로 연락하고 있을 것

　5. 집행할 형기가 7년 미만이고 가석방이 제한되지 아니할 것

② 교정시설 안에 설치된 외부기업체의 작업장에 통근하며 작업하는 수형자는 제1항 제1호부터 제4호까지의 요건(같은 항 제3호의 요건의 경우에는 일반경비처우급에 해당하는 수형자도 포함한다)을 갖춘 수형자로서 집행할 형기가 10년 미만이거나 형기기산일부터 10년 이상이 지난 수형자 중에서 선정한다.

---

18 난도 ★★★   정답 ③

형사정책 > 소년범죄론

정답의 이유

③ 보호소년 등의 처우에 관한 법률 제14조의2 제7항

오답의 이유

① 보호소년 등은 남성과 여성, 보호소년과 위탁소년 및 유치소년의 기준에 따라 분리 수용한다. 16세 미만인 자와 16세 이상인 자는 분리 수용 기준이 아니다(보호소년 등의 처우에 관한 법률 제8조 제2항).

> **제8조(분류처우)**
> ① 원장은 보호소년 등의 정신적 · 신체적 상황 등 개별적 특성을 고려하여 생활실을 구분하는 등 적합한 처우를 하여야 한다.
> ② 보호소년 등은 다음 각 호의 기준에 따라 분리 수용한다.
>   1. 남성과 여성
>   2. 보호소년, 위탁소년 및 유치소년

② 보호소년 등이 규율 위반행위를 하여 20일 이내의 기간 동안 지정된 실 안에서 근신하는 징계를 받은 경우에는 20일 이내의 텔레비전 시청 제한, 20일 이내의 단체 체육활동 정지, 20일 이내의 공동행사 참가 정지가 함께 부과된다. 따라서 원내 봉사활동은 해당되지 않는다(보호소년 등의 처우에 관한 법률 제15조 제1항 제7호 · 제5항).

> **제15조(징계)**
> ① 원장은 보호소년 등이 제14조의4 각 호의 어느 하나에 해당하는 행위를 하면 제15조의2 제1항에 따른 보호소년 등 처우 · 징계위원회의 의결에 따라 다음 각 호의 어느 하나에 해당하는 징계를 할 수 있다.
>   1. 훈계
>   2. 원내 봉사활동
>   3. 서면 사과
>   4. 20일 이내의 텔레비전 시청 제한
>   5. 20일 이내의 단체 체육활동 정지
>   6. 20일 이내의 공동행사 참가 정지
>   7. 20일 이내의 기간 동안 지정된 실(室) 안에서 근신하게 하는 것
> ⑤ 제1항 제7호의 처분을 받은 보호소년 등에게는 그 기간 중 같은 항 제4호부터 제6호까지의 처우 제한이 함께 부과된다. 다만, 원장은 보호소년 등의 교화 또는 건전한 사회복귀를 위하여 특히 필요하다고 인정하면 텔레비전 시청, 단체 체육활동 또는 공동행사 참가를 허가할 수 있다.

④ 소년원 및 소년분류심사원에서 보호소년 등이 사용하는 목욕탕, 세면실 및 화장실에 전자영상장비를 설치하여 운영하는 것은 자해 등의 생명 · 신체를 해치거나 시설의 안전 또는 질서를 해칠 우려가 큰 때에만 할 수 있다(보호소년 등의 처우에 관한 법률 제14조의3 제1항 · 제2항).

> **제14조의3(전자장비의 설치 · 운영)**
> ① 소년원 및 소년분류심사원에는 보호소년 등의 이탈 · 난동 · 폭행 · 자해 · 자살, 그 밖에 보호소년 등의 생명 · 신체를 해치거나 시설의 안전 또는 질서를 해치는 행위(이하 이 조에서 "자해 등"이라 한다)를 방지하기 위하여 필요한 최소한의 범위에서 전자장비를 설치하여 운영할 수 있다.
> ② 보호소년 등이 사용하는 목욕탕, 세면실 및 화장실에 전자영상장비를 설치하여 운영하는 것은 자해 등의 우려가 큰 때에만 할 수 있다. 이 경우 전자영상장비로 보호소년 등을 감호할 때에는 여성인 보호소년 등에 대해서는 여성인 소속 공무원만, 남성인 보호소년 등에 대해서는 남성인 소속 공무원만이 참여하여야 한다.

19 난도 ★★☆   정답 ④

교정학 > 시설내 처우

정답의 이유

ㄷ · ㄹ · ㅁ. 수형자를 징벌하기로 의결한 때, 분류심사에 오류가 있음이 발견된 때, 수형자가 학사 이상의 학위를 취득한 때는 부정기재심사 사유에 해당하는 내용들이다(형의 집행 및 수용자의 처우에 관한 법률 시행규칙 제67조).

오답의 이유

ㄱ. 지방기능경기대회가 아니라 전국기능경기대회에서 입상한 때이다(형의 집행 및 수용자의 처우에 관한 법률 시행규칙 제67조 제5호).

ㄴ. 벌금형이 아니라 수형자가 현재 수용의 근거가 된 사건 외의 추가적 형사사건으로 인하여 금고 이상의 형이 확정된 때이다(형의 집행 및 수용자의 처우에 관한 법률 시행규칙 제67조 제4호).

> **제67조(부정기재심사)**
> 부정기재심사는 다음 각 호의 어느 하나에 해당하는 경우에 할 수 있다.
>   1. 분류심사에 오류가 있음이 발견된 때
>   2. 수형자가 교정사고(교정시설에서 발생하는 화재, 수용자의 자살 · 도주 · 폭행 · 소란, 그 밖에 사람의 생명 · 신체를 해치거나 교정시설의 안전과 질서를 위태롭게 하는 사고를 말한다. 이하 같다)의 예방에 뚜렷한 공로가 있는 때
>   3. 수형자를 징벌하기로 의결한 때
>   4. 수형자가 집행유예의 실효 또는 추가사건(현재 수용의 근거가 된 사건 외의 형사사건을 말한다. 이하 같다)으로 금고이상의 형이 확정된 때

5. 수형자가 숙련기술장려법 제20조 제2항에 따른 전국기능경기대회 입상, 기사 이상의 자격취득, 학사 이상의 학위를 취득한 때
6. 삭제
7. 그 밖에 수형자의 수용 또는 처우의 조정이 필요한 때

20 난도 ★★☆   정답 ①

교정학 > 수용자의 법적 지위와 처우

정답의 이유

① 개방처우급 또는 완화경비처우급의 수형자에 대하여 직업능력 향상을 위하여 특히 필요하다고 인정되는 경우에는 교정시설 외부의 공공기관 또는 기업체 등에서 운영하는 직업훈련을 받게 할 수 있다(형의 집행 및 수용자의 처우에 관한 법률 시행규칙 제96조 제1항).

> **제96조(외부 직업훈련)**
> ① 소장은 수형자가 개방처우급 또는 완화경비처우급으로서 직업능력 향상을 위하여 특히 필요한 경우에는 교정시설 외부의 공공기관 또는 기업체 등에서 운영하는 직업훈련을 받게 할 수 있다.

오답의 이유

② 소장은 수형자의 가족 또는 배우자의 직계존속이 사망하면 2일간, 부모 또는 배우자의 제삿날에는 1일간 해당 수형자의 작업을 면제한다(형의 집행 및 수용자의 처우에 관한 법률 제72조 제1항).

③ 작업장려금은 석방할 때에 본인에게 지급한다. 다만, 본인의 가족생활 부조, 교화 또는 건전한 사회복귀를 위하여 특히 필요하면 석방 전이라도 그 전부 또는 일부를 지급할 수 있다(형의 집행 및 수용자의 처우에 관한 법률 제73조 제3항).

④ 소장은 직업훈련 직종 선정 및 훈련과정별 인원을 법무부장관의 승인을 받아 정한다(형의 집행 및 수용자의 처우에 관한 법률 시행규칙 제124조 제1항).

교정학개론 | 2021년 국가직 9급

한눈에 훑어보기

영역 분석

형사정책 01 02 03 07 11 12 13 16 17 19 20
11문항, 55%

교정학 04 05 06 08 09 10 14 15 18
9문항, 45%

빠른 정답

01	02	03	04	05	06	07	08	09	10
①	②	③	①	④	②	①	③	①	④
11	12	13	14	15	16	17	18	19	20
①	③	④	②	②	②	③	④	③	②

점수 체크

구분	1회독	2회독	3회독
맞힌 문항 수	/ 20	/ 20	/ 20
나의 점수	점	점	점

01 난도 ★☆☆   정답 ①

형사정책 > 소년범죄론

[정답의 이유]

① 소년법 제32조 제3항

[오답의 이유]

② 수강명령과 장기 소년원 송치는 12세 이상의 소년에게만 할 수 있다(소년법 제32조 제4항).

제32조(보호처분의 결정)

① 소년부 판사는 심리 결과 보호처분을 할 필요가 있다고 인정하면 결정으로써 다음 각 호의 어느 하나에 해당하는 처분을 하여야 한다.

　1. 보호자 또는 보호자를 대신하여 소년을 보호할 수 있는 자에게 감호 위탁

　2. 수강명령

　3. 사회봉사명령

　4. 보호관찰관의 단기(短期) 보호관찰

　5. 보호관찰관의 장기(長期) 보호관찰

　6. 「아동복지법」에 따른 아동복지시설이나 그 밖의 소년보호시설에 감호 위탁

　7. 병원, 요양소 또는 「보호소년 등의 처우에 관한 법률」에 따른 의료재활소년원에 위탁

　8. 1개월 이내의 소년원 송치

　9. 단기 소년원 송치

　10. 장기 소년원 송치

④ 제1항 제2호 및 제10호의 처분은 12세 이상의 소년에게만 할 수 있다.

---

③ 1년 이내의 기간을 정하여 야간 등 특정 시간대의 외출을 제한하는 명령을 보호관찰대상자의 준수 사항으로 부과할 수 있다(소년법 제32조의2 제2항).

제32조의2(보호관찰처분에 따른 부가처분 등)

② 제32조 제1항 제4호 또는 제5호의 처분을 할 때에 1년 이내의 기간을 정하여 야간 등 특정 시간대의 외출을 제한하는 명령을 보호관찰대상자의 준수 사항으로 부과할 수 있다.

교정학개론

교정직

④ 수강명령은 100시간을, 사회봉사명령은 200시간을 초과할 수 없다(소년법 제33조 제4항).

> 제33조(보호처분의 기간)
> ④ 제32조 제1항 제2호의 수강명령은 100시간을, 제32조 제1항 제3호의 사회봉사명령은 200시간을 초과할 수 없으며, 보호관찰관이 그 명령을 집행할 때에는 사건 본인의 정상적인 생활을 방해하지 아니하도록 하여야 한다.

02 난도 ★☆☆   정답 ②

형사정책 > 형벌과 보안처분론

정답의 이유

② 치료명령을 받은 사람은 형의 집행이 종료되거나 면제 · 가석방 또는 치료감호의 집행이 종료 · 가종료 또는 치료위탁되는 날부터 10일 이내에 주거지를 관할하는 보호관찰소에 출석하여 서면으로 신고하여야 한다(성폭력범죄자의 성충동 약물치료에 관한 법률 제15조 제2항).

오답의 이유

① 성폭력범죄자의 성충동 약물치료에 관한 법률 제13조 제1항

③ 성폭력범죄자의 성충동 약물치료에 관한 법률 제14조 제4항 제1호

④ 성폭력범죄자의 성충동 약물치료에 관한 법률 제16조 제1항

> 제16조(치료기간의 연장 등)
> ① 치료 경과 등에 비추어 치료명령을 받은 사람에 대한 약물치료를 계속 하여야 할 상당한 이유가 있거나 다음 각 호의 어느 하나에 해당하는 사유가 있으면 법원은 보호관찰소의 장의 신청에 따른 검사의 청구로 치료기간을 결정으로 연장할 수 있다. 다만, 종전의 치료기간을 합산하여 15년을 초과할 수 없다.
>
>   1. 정당한 사유 없이 「보호관찰 등에 관한 법률」 제32조 제2항(제4호는 제외한다) 또는 제3항에 따른 준수사항을 위반한 경우
>   2. 정당한 사유 없이 제15조 제2항을 위반하여 신고하지 아니한 경우
>   3. 거짓으로 제15조 제3항의 허가를 받거나, 정당한 사유 없이 제15조 제3항을 위반하여 허가를 받지 아니하고 주거 이전, 국내여행 또는 출국을 하거나 허가기간 내에 귀국하지 아니한 경우

03 난도 ★★☆   정답 ③

형사정책 > 범죄원인론

정답의 이유

③ 달가드와 크링그렌은 일란성쌍생아의 높은 범죄 일치율은 조사대상자들이 비슷한 양육과정에 있었기 때문이고 실제 양육과정을 달리했을 때에는 큰 차이가 없다고 주장하였으며 결국 범죄발생에서 유전적 요소의 중요성이란 존재하지 않는다고 주장하였다.

오답의 이유

① 덕데일은 주크가(家) 연구를 통해 '범죄는 유전의 결과'라는 견해를 밝힌 가장 대표적인 학자이다.

② 랑게는 저서 「운명으로서의 범죄」에서 일란성쌍생아의 범죄성 일치비율이 높은 이유가 유전의 영향이라는 주장을 발표하였다.

④ 허칭스와 메드닉은 양부모의 범죄성은 생부모의 범죄성보다 영향력이 약하다고 보았다.

04 난도 ★★☆   정답 ①

교정학 > 시설내 처우

정답의 이유

① 피호송자가 도주한 때에는 서류와 금품은 발송관서에 반환하여야 한다(수형자 등 호송 규정 제10조 제1항 · 제2항).

> 제10조(피호송자의 도주 등)
> ① 피호송자가 도주한 때에는 호송관은 즉시 그 지방 및 인근 경찰관서와 호송관서에 통지하여야 하며, 호송관서는 관할 지방검찰청, 사건소관 검찰청, 호송을 명령한 관서, 발송관서 및 수송관서에 통지하여야 한다.
> ② 제1항의 경우에는 서류와 금품은 발송관서에 반환하여야 한다.

오답의 이유

② 수형자 등 호송 규정 제2조

③ 수형자 등 호송 규정 제6조 제4호

④ 수형자 등 호송 규정 제13조 제1항

05 난도 ★★☆   정답 ④

교정학 > 시설내 처우

정답의 이유

④ 형의 집행 및 수용자의 처우에 관한 법률 시행규칙 제265조 제2항

오답의 이유

① 수용자의 관리 · 교정교화 등 사무에 관한 지방교정청장의 자문에 응하기 위하여 지방교정청에 교정자문위원회를 둔다(형의 집행 및 수용자의 처우에 관한 법률 제129조 제1항).

② 교정자문위원회는 10명 이상 15명 이하의 위원으로 성별을 고려하여 구성하고, 위원장은 위원 중에서 호선하며, 위원은 교정에 관한 학식과 경험이 풍부한 외부인사 중에서 지방교정청장의 추천을 받아 법무부장관이 위촉한다(형의 집행 및 수용자의 처우에 관한 법률 제129조 제2항).

③ 위원장이 부득이한 사유로 직무를 수행할 수 없을 때에는 부위원장이 그 직무를 대행하고, 부위원장도 부득이한 사유로 직무를 수행할 수 없을 때에는 위원장이 미리 지명한 위원이 그 직무를 대행한다(형의 집행 및 수용자의 처우에 관한 법률 시행규칙 제267조 제2항).

06 난도 ★★☆   정답 ②

교정학 > 시설내 처우

정답의 이유

② 증거를 인멸할 우려가 있는 때뿐만 아니라 다른 사람에게 위해를 끼칠 우려가 있거나 다른 수용자의 위해로부터 보호할 필요가 있을 때 조사기간 중 분리하여 수용할 수 있다(형의 집행 및 수용자의 처우에 관한 법률 제110조 제1항).

> 제110조(징벌대상자의 조사)
> ① 소장은 징벌사유에 해당하는 행위를 하였다고 의심할 만한 상당한 이유가 있는 수용자(이하 "징벌대상자"라 한다)가 다음 각 호의 어느 하나에 해당하면 조사기간 중 분리하여 수용할 수 있다.
> 1. 증거를 인멸할 우려가 있는 때
> 2. 다른 사람에게 위해를 끼칠 우려가 있거나 다른 수용자의 위해로부터 보호할 필요가 있는 때

오답의 이유

① 형의 집행 및 수용자의 처우에 관한 법률 제109조 제2항

> 제109조(징벌의 부과)
> ② 수용자가 다음 각 호의 어느 하나에 해당하면 제108조 제2호부터 제14호까지의 규정에서 정한 징벌의 장기의 2분의 1까지 가중할 수 있다.
> 1. 2 이상의 징벌사유가 경합하는 때
> 2. 징벌이 집행 중에 있거나 징벌의 집행이 끝난 후 또는 집행이 면제된 후 6개월 내에 다시 징벌사유에 해당하는 행위를 한 때

③ 형의 집행 및 수용자의 처우에 관한 법률 제114조 제1항
④ 형의 집행 및 수용자의 처우에 관한 법률 제111조 제2항

07 난도 ★★★   정답 ①

형사정책 > 형벌과 보안처분론

정답의 이유

① 형법 제7조는 '죄를 지어 외국에서 형의 전부 또는 일부가 집행된 사람에 대해서는 그 집행된 형의 전부 또는 일부를 선고하는 형에 산입한다.'라고 규정하고 있다. 이 규정의 취지는, 형사판결은 국가주권의 일부분인 형벌권 행사에 기초한 것이어서 피고인이 외국에서 형사처벌을 과하는 확정판결을 받았더라도 그 외국 판결은 우리나라 법원을 기속할 수 없고 우리나라에서는 기판력도 없어 일사부재리의 원칙이 적용되지 아니므로, 피고인이 동일한 행위에 관하여 우리나라 형벌법규에 따라 다시 처벌받는 경우에 생길 수 있는 실질적인 불이익을 완화하려는 것이다. 그런데 여기서 '외국에서 형의 전부 또는 일부가 집행된 사람'이란 문언과 취지에 비추어 '외국법원의 유죄판결에 의하여 자유형이나 벌금형 등 형의 전부 또는 일부가 실제로 집행된 사람'을 말한다고 해석하여야 한다. 따라서 형사사건으로 외국법원에 기소되었다가 무죄판결을 받은 사람은, 설령 그가 무죄판결을 받기까지 상당 기간 미결구금되었더라도 이를 유죄판결에 의하여 형

이 실제로 집행된 것으로 볼 수는 없으므로, '외국에서 형의 전부 또는 일부가 집행된 사람'에 해당한다고 볼 수 없고, 그 미결구금 기간은 형법 제7조에 의한 산입의 대상이 될 수 없다(대판 2017.8.24. 2017도5977 전합).

오답의 이유

② 대판 2019.4.18. 2017도14609 전합
③ 대결 2017.11.28. 2017모1990
④ 형사소송법 제471조의2 제2항

08 난도 ★★☆   정답 ③

교정학 > 시설내 처우

정답의 이유

③ 형의 집행 및 수용자의 처우에 관한 법률 제37조 제2항

오답의 이유

① 법무부장관은 이송승인에 관한 권한을 대통령령으로 정하는 바에 따라 지방교정청장에게 위임할 수 있다(형의 집행 및 수용자의 처우에 관한 법률 제20조 제2항).
② 소장은 수용자를 다른 교정시설에 이송하는 경우에 의무관으로부터 수용자가 건강상 감당하기 어렵다는 보고를 받으면 이송을 중지하고 그 사실을 이송받을 소장에게 알려야 한다(형의 집행 및 수용자의 처우에 관한 법률 시행령 제23조).
④ 수용자가 이송 중에 징벌대상 행위를 하거나 다른 교정시설에서 징벌대상 행위를 한 사실이 이송된 후에 발각된 경우에는 그 수용자를 인수한 소장이 징벌을 부과한다(형의 집행 및 수용자의 처우에 관한 법률 시행령 제136조).

09 난도 ★★☆   정답 ①

교정학 > 시설내 처우

정답의 이유

ㄴ·ㄹ. 형의 집행 및 수용자의 처우에 관한 법률 시행규칙 제120조 제1항

오답의 이유

ㄱ. 19세 이상 65세 미만이 아니라 18세 이상 65세 미만이다.
ㄷ. 일반경비처우급이 아니라 개방처우급·완화경비처우급이다.
ㅁ. 직업훈련이 아니라 가석방이 제한되지 않는 경우이다.

> 제120조(선정기준)
> ① 외부기업체에 통근하며 작업하는 수형자는 다음 각 호의 요건을 갖춘 수형자 중에서 선정한다.
> 1. 18세 이상 65세 미만일 것
> 2. 해당 작업 수행에 건강상 장애가 없을 것
> 3. 개방처우급·완화경비처우급에 해당할 것
> 4. 가족·친지 또는 법 제130조의 교정위원(이하 "교정위원"이라 한다) 등과 접견·편지수수·전화통화 등으로 연락하고 있을 것
> 5. 집행할 형기가 7년 미만이고 가석방이 제한되지 아니할 것

교정학개론
교정직

PART 4 | 2021년 국가직 9급   **147**

교정학 > 시설내 처우

정답의 이유

④ 형의 집행 및 수용자의 처우에 관한 법률 시행규칙 제46조 제2항

오답의 이유

① 소장은 임산부인 수용자 및 법 제53조에 따라 유아의 양육을 허가받은 수용자에 대하여 필요하다고 인정하는 경우에는 교정시설에 근무하는 의사(공중보건의사를 포함한다. 이하 "의무관"이라 한다)의 의견을 들어 필요한 양의 죽 등의 주식과 별도로 마련된 부식을 지급할 수 있으며, 양육유아에 대하여는 분유 등의 대체식품을 지급할 수 있다(형의 집행 및 수용자의 처우에 관한 법률 시행규칙 제42조).

② 소장은 소년수형자 등의 나이 · 적성 등을 고려하여 필요하다고 인정하면 제87조 및 제90조에 따른 접견 및 전화통화 횟수를 늘릴 수 있다(형의 집행 및 수용자의 처우에 관한 법률 시행규칙 제59조의5).

③ 소장은 외국인수용자가 질병 등으로 위독하거나 사망한 경우에는 그의 국적이나 시민권이 속하는 나라의 외교공관 또는 영사관의 장이나 그 관원 또는 가족에게 이를 즉시 알려야 한다(형의 집행 및 수용자의 처우에 관한 법률 시행규칙 제59조).

---

11 난도 ★★☆ 　　　　　　　　　　　　　　　정답 ①

형사정책 > 소년범죄론

정답의 이유

① 촉법소년(형벌법령에 저촉되는 행위를 한 10세 이상 14세 미만의 소년)이 있을 때에는 경찰서장은 직접 관할 소년부에 송치(送致)하여야 한다(소년법 제4조 제2항).

> **제4조(보호의 대상과 송치 및 통고)**
> ① 다음 각 호의 어느 하나에 해당하는 소년은 소년부의 보호사건으로 심리한다.
> 　　1. 죄를 범한 소년
> 　　2. 형벌 법령에 저촉되는 행위를 한 10세 이상 14세 미만인 소년
> 　　3. 다음 각 목에 해당하는 사유가 있고 그의 성격이나 환경에 비추어 앞으로 형벌 법령에 저촉되는 행위를 할 우려가 있는 10세 이상인 소년
> 　　　가. 집단적으로 몰려다니며 주위 사람들에게 불안감을 조성하는 성벽(性癖)이 있는 것
> 　　　나. 정당한 이유 없이 가출하는 것
> 　　　다. 술을 마시고 소란을 피우거나 유해환경에 접하는 성벽이 있는 것
> ② 제1항 제2호 및 제3호에 해당하는 소년이 있을 때에는 경찰서장은 직접 관할 소년부에 송치(送致)하여야 한다.

오답의 이유

② 소년법 제6조 제1항

③ 소년법 제13조 제1항

④ 소년법 제29조 제1항

---

12 난도 ★★☆ 　　　　　　　　　　　　　　　정답 ③

형사정책 > 범죄원인론

정답의 이유

③ 인간이 동물과는 달리 지능과 합리적 판단능력을 가지고 본인의 이익을 증진시키는 방향으로 행위를 할 수 있는 능력을 가졌으며, 사회질서나 법도 결국은 사람들이 자기의 이익을 충족하기 위하여 만들어졌다. 따라서 인간은 자기운명의 지배자이며 자기의 자유로운 의사에 따라 자기 생활을 영위한다는 입장은 고전주의에 해당한다.

오답의 이유

① 페리는 인간행위는 환경에 의해 영향을 받을 수밖에 없다는 결정론을 취하여 도덕적 책임을 부정하고 사회적 책임론을 제창하였다.

② 실증주의 학파는 범죄연구에 있어 경험적이고 과학적인 접근을 강조했으며 과학적 분석을 통한 범죄원인규명을 시도하였다.

④ 실증주의 학파는 범죄는 인간이 어찌할 수 없는 환경과 요인에 의해 결정된 결과로 보았다.

---

13 난도 ★★★ 　　　　　　　　　　　　　　　정답 ④

형사정책 > 소년범죄론

정답의 이유

④ 우리나라의 경우 소년법원은 소년분류심사원에 위탁하여 소년에 대한 분류심사를 할 수 있도록 하고 있다. 소년분류심사원은 미래의 주인공이 될 청소년 가운데 한순간의 잘못으로 국가의 특별한 보호조치가 필요한 청소년들을 법원소년부로부터 위탁받아 이들을 보호 · (인성)교육하여 건전한 청소년으로의 변화를 유도한다. 또한 이들의 비행원인과 문제행동을 진단하여 법원소년부에 심리자료로 제공하고 소년원, 보호관찰소, 가정, 학교 등에는 지도방향을 제시하는 역할의 국가기관이다.

오답의 이유

① 소년법원은 반사회성(反社會性)이 있는 소년의 환경 조정과 품행 교정(矯正)을 위한 보호처분 등의 필요한 조치를 하고, 형사처분에 관한 특별조치를 함으로써 소년이 건전하게 성장하도록 돕는 것을 목적으로 한다(소년법 제1조).

② 소년법 제4조는 보호의 대상을 '죄를 범한 소년', '형벌 법령에 저촉되는 행위를 한 10세 이상 14세 미만인 소년', '다음 각 목에 해당하는 사유가 있고 그의 성격이나 환경에 비추어 앞으로 형벌 법령에 저촉되는 행위를 할 우려가 있는 10세 이상인 소년'으로 규정하고 있어 범죄소년뿐 아니라 다양한 유형의 문제에 대처하고 있다.

③ 소년법원 재판은 기본적으로 비공개로 진행되므로, 일반법원에 비해 비공식적이고 융통성이 있다고 할 수 있다.

14 난도 ★☆☆   정답 ②

교정학 > 시설내 처우

[정답의 이유]

② 형의 집행 및 수용자의 처우에 관한 법률 제95조 제2항

[오답의 이유]

① 소장은 수용자가 교도관의 제지에도 불구하고 소란행위를 계속하여 다른 수용자의 평온한 수용생활을 방해하는 때에 강제력을 행사하거나 보호장비를 사용하여도 그 목적을 달성할 수 없는 경우에만 진정실에 수용할 수 있다(형의 집행 및 수용자의 처우에 관한 법률 제96조 제1항 제2호).

> **제96조(진정실 수용)**
> ① 소장은 수용자가 다음 각 호의 어느 하나에 해당하는 경우로서 강제력을 행사하거나 제98조의 보호장비를 사용하여도 그 목적을 달성할 수 없는 경우에만 진정실(일반 수용거실로부터 격리되어 있고 방음설비 등을 갖춘 거실을 말한다. 이하 같다)에 수용할 수 있다.
> 1. 교정시설의 설비 또는 기구 등을 손괴하거나 손괴하려고 하는 때
> 2. 교도관의 제지에도 불구하고 소란행위를 계속하여 다른 수용자의 평온한 수용생활을 방해하는 때

③ 소장은 수용자를 보호실에 수용하거나 수용기간을 연장하는 경우에는 그 사유를 가족이 아니라 본인에게 알려 주어야 한다(형의 집행 및 수용자의 처우에 관한 법률 제95조 제4항).

④ 수용자를 보호실에 수용할 수 있는 기간은 계속하여 3개월을 초과할 수 없다(형의 집행 및 수용자의 처우에 관한 법률 제95조 제3항).

15 난도 ★★☆   정답 ②

교정학 > 시설내 처우

[정답의 이유]

② 상소권회복 또는 재심 청구사건의 대리인이 되려는 변호사와의 접견가능 횟수는 사건당 2회이다(형의 집행 및 수용자의 처우에 관한 법률 시행령 제59조의2 제2항 제2호).

> **제59조의2(변호사와의 접견)**
> ② 수용자가 제1항 각 호의 변호사와 접견하는 횟수는 다음 각 호의 구분에 따르되, 이를 제58조 제3항, 제101조 및 제109조의 접견 횟수에 포함시키지 아니한다.
> 1. 소송사건의 대리인인 변호사: 월 4회
> 2. 「형사소송법」에 따른 상소권회복 또는 재심 청구사건의 대리인이 되려는 변호사: 사건당 2회

[오답의 이유]

① 형의 집행 및 수용자의 처우에 관한 법률 제41조 제2항 제2호
③ 형의 집행 및 수용자의 처우에 관한 법률 제41조 제4항 제1호
④ 형의 집행 및 수용자의 처우에 관한 법률 제41조 제3항 제1호

> **제41조(접견)**
> ① 수용자는 교정시설의 외부에 있는 사람과 접견할 수 있다. 다만, 다음 각 호의 어느 하나에 해당하는 사유가 있으면 그러하지 아니하다.
> 1. 형사 법령에 저촉되는 행위를 할 우려가 있는 때
> 2. 「형사소송법」이나 그 밖의 법률에 따른 접견금지의 결정이 있는 때
> 3. 수형자의 교화 또는 건전한 사회복귀를 해칠 우려가 있는 때
> 4. 시설의 안전 또는 질서를 해칠 우려가 있는 때
> ② 수용자의 접견은 접촉차단시설이 설치된 장소에서 하게 한다. 다만, 다음 각 호의 어느 하나에 해당하는 경우에는 접촉차단시설이 설치되지 아니한 장소에서 접견하게 한다.
> 1. 미결수용자(형사사건으로 수사 또는 재판을 받고 있는 수형자와 사형확정자를 포함한다)가 변호인(변호인이 되려는 사람을 포함한다. 이하 같다)과 접견하는 경우
> 2. 수용자가 소송사건의 대리인인 변호사와 접견하는 경우 등 수용자의 재판청구권 등을 실질적으로 보장하기 위하여 대통령령으로 정하는 경우로서 교정시설의 안전 또는 질서를 해칠 우려가 없는 경우
> ③ 제2항에도 불구하고 다음 각 호의 어느 하나에 해당하는 경우에는 접촉차단시설이 설치되지 아니한 장소에서 접견하게 할 수 있다.
> 1. 수용자가 미성년자인 자녀와 접견하는 경우
> 2. 그 밖에 대통령령으로 정하는 경우
> ④ 소장은 다음 각 호의 어느 하나에 해당하는 사유가 있으면 교도관으로 하여금 수용자의 접견내용을 청취·기록·녹음 또는 녹화하게 할 수 있다.
> 1. 범죄의 증거를 인멸하거나 형사 법령에 저촉되는 행위를 할 우려가 있는 때
> 2. 수형자의 교화 또는 건전한 사회복귀를 위하여 필요한 때
> 3. 시설의 안전과 질서유지를 위하여 필요한 때

16 난도 ★☆☆   정답 ②

형사정책 > 범죄피해자론

[정답의 이유]

② 기소유예처분의 사유에 해당하는 경우는 형사조정에 회부할 수 있다(범죄피해자 보호법 제41조 제2항 제3호).

> **제41조(형사조정 회부)**
> ② 형사조정에 회부할 수 있는 형사사건의 구체적인 범위는 대통령령으로 정한다. 다만, 다음 각 호의 어느 하나에 해당하는 경우에는 형사조정에 회부하여서는 아니 된다.
> 1. 피의자가 도주하거나 증거를 인멸할 염려가 있는 경우
> 2. 공소시효의 완성이 임박한 경우
> 3. 불기소처분의 사유에 해당함이 명백한 경우(다만, 기소유예처분의 사유에 해당하는 경우는 제외한다)

① · ④ 범죄피해자 보호법 제41조 제2항 제1호
③ 범죄피해자 보호법 제41조 제2항 제2호

17 난도 ★★☆ 정답 ③

형사정책 > 형벌과 보안처분론

③ 보호관찰 등에 관한 법률상 법원의 직권에 의한 갱생보호는 명시적으로 규정되어 있지 않으며, 갱생보호의 대상자나 대상자를 수용하고 있는 기관의 신청에 의한 갱생보호만 규정되어 있다(보호관찰 등에 관한 법률 제66조 제1항).

제66조(갱생보호의 신청 및 조치)
① 갱생보호 대상자와 관계 기관은 보호관찰소의 장, 제67조 제1항에 따라 갱생보호사업 허가를 받은 자 또는 제71조에 따른 한국법무보호복지공단에 갱생보호 신청을 할 수 있다.
② 제1항의 신청을 받은 자는 지체 없이 보호가 필요한지 결정하고 보호하기로 한 경우에는 그 방법을 결정하여야 한다.
③ 제1항의 신청을 받은 자가 제2항에 따라 보호결정을 한 경우에는 지체 없이 갱생보호에 필요한 조치를 하여야 한다.

---

① 보호관찰 등에 관한 법률 제70조의2
② 보호관찰 등에 관한 법률 제70조 제4호

제70조(갱생보호사업의 허가 취소 등)
법무부장관은 사업자가 다음 각 호의 어느 하나에 해당할 때에는 그 허가를 취소하거나 6개월 이내의 기간을 정하여 그 사업의 전부 또는 일부의 정지를 명할 수 있다. 다만, 제1호 또는 제4호에 해당하는 때에는 그 허가를 취소하여야 한다.
1. 부정한 방법으로 갱생보호사업의 허가를 받은 경우
2. 갱생보호사업의 허가 조건을 위반한 경우
3. 목적사업 외의 사업을 한 경우
4. 정당한 이유 없이 갱생보호사업의 허가를 받은 후 6개월 이내에 갱생보호사업을 시작하지 아니하거나 1년 이상 갱생보호사업의 실적이 없는 경우
5. 제69조에 따른 보고를 거짓으로 한 경우
6. 이 법 또는 이 법에 따른 명령을 위반한 경우

---

④ 보호관찰 등에 관한 법률 제71조

18 난도 ★★☆ 정답 ④

교정학 > 사회적 처우와 사회 내 처우

④ 지역사회 교정에는 전환, 재판 전 석방, 벌금, 배상명령, 지역사회봉사, 보호관찰, 집중감시프로그램, 가택구금, 전자감시, 주간출근소(day reporting center), 병영식 캠프(boot camp), 거주센터(residential centers), 일시석방(temporary release), 가석방 등이 있다. 범죄자의 선별적 무력화(selective incapacitation)는 소수의 중 · 누범죄자를 장기구금하여 범죄의 감소를 추구하는 방안으로 지역사회 교정의 형태는 아니다.

19 난도 ★★☆ 정답 ③

형사정책 > 형벌과 보안처분론

③ 19세 미만의 사람에 대해서 성폭력범죄를 저지른 사람에 대해 전자장치 부착명령을 선고하는 경우에는 '야간, 아동 · 청소년의 통학시간 등 특정 시간대의 외출제한', '피해자 등 특정인에의 접근금지'를 포함하여 준수사항을 부과하여야 한다(전자장치 부착 등에 관한 법률 제9조의2 제1항 제3호).

제9조의2(준수사항)
① 법원은 제9조 제1항에 따라 부착명령을 선고하는 경우 부착기간의 범위에서 준수기간을 정하여 다음 각 호의 준수사항 중 하나 이상을 부과할 수 있다. 다만, 제4호의 준수사항은 500시간의 범위에서 그 기간을 정하여야 한다.
　1. 야간, 아동 · 청소년의 통학시간 등 특정 시간대의 외출제한
　2. 어린이 보호구역 등 특정지역 · 장소에의 출입금지 및 접근금지
　2의2. 주거지역의 제한
　3. 피해자 등 특정인에의 접근금지
　4. 특정범죄 치료 프로그램의 이수
　5. 마약 등 중독성 있는 물질의 사용금지
　6. 그 밖에 부착명령을 선고받는 사람의 재범방지와 성행교정을 위하여 필요한 사항
③ 제1항에도 불구하고 법원은 성폭력범죄를 저지른 사람(19세 미만의 사람을 대상으로 성폭력범죄를 저지른 사람으로 한정한다) 또는 스토킹범죄를 저지른 사람에 대해서 제9조 제1항에 따라 부착명령을 선고하는 경우에는 다음 각 호의 구분에 따라 제1항의 준수사항을 부과하여야 한다.
　1. 19세 미만의 사람을 대상으로 성폭력범죄를 저지른 사람: 제1항 제1호 및 제3호의 준수사항을 포함할 것. 다만, 제1항 제1호의 준수사항을 부과하여서는 아니 될 특별한 사정이 있다고 판단하는 경우에는 해당 준수사항을 포함하지 아니할 수 있다.
　2. 스토킹범죄를 저지른 사람: 제1항 제3호의 준수사항을 포함할 것

형사정책 > 형벌과 보안처분론

정답의 이유

② 치료감호 등에 관한 법률 제16조 제2항

제16조(치료감호의 내용)

① 치료감호를 선고받은 자(이하 "피치료감호자"라 한다)에 대하여는 치료감호시설에 수용하여 치료를 위한 조치를 한다.

② 피치료감호자를 치료감호시설에 수용하는 기간은 다음 각 호의 구분에 따른 기간을 초과할 수 없다.

  1. 제2조 제1항 제1호 및 제3호에 해당하는 자: 15년

  2. 제2조 제1항 제2호에 해당하는 자: 2년

제2조(치료감호대상자)

① 이 법에서 "치료감호대상자"란 다음 각 호의 어느 하나에 해당하는 자로서 치료감호시설에서 치료를 받을 필요가 있고 재범의 위험성이 있는 자를 말한다.

  1. 「형법」 제10조 제1항에 따라 벌하지 아니하거나 같은 조 제2항에 따라 형을 감경할 수 있는 심신장애인으로서 금고 이상의 형에 해당하는 죄를 지은 자

  2. 마약 · 향정신성의약품 · 대마, 그 밖에 남용되거나 해독(害毒)을 끼칠 우려가 있는 물질이나 알코올을 식음(食飮) · 섭취 · 흡입 · 흡연 또는 주입받는 습벽이 있거나 그에 중독된 자로서 금고 이상의 형에 해당하는 죄를 지은 자

  3. 소아성기호증(小兒性嗜好症), 성적가학증(性的加虐症) 등 성적 성벽(性癖)이 있는 정신성적 장애인으로서 금고 이상의 형에 해당하는 성폭력범죄를 지은 자

오답의 이유

① 심신장애인으로서 금고 이상의 형에 해당하는 죄를 지은 자가 치료감호 대상자이다(치료감호 등에 관한 법률 제2조 제1항 제1호).

③ 치료감호가 가종료되었을 때 시작되는 보호관찰의 기간은 3년으로 한다(치료감호 등에 관한 법률 제32조 제1항 제1호 · 제2항).

④ 가종료 또는 치료위탁의 경우에 보호관찰 기간이 끝나면 치료감호가 끝난다(치료감호 등에 관한 법률 제35조 제1항).

인생이란 결코 공평하지 않다. 이 사실에 익숙해져라.

- 빌 게이츠 -

PART 5

형사소송법개론

형사소송법개론 │ 2025년 국가직 9급

✓ 빠른 정답

01	02	03	04	05	06	07	08	09	10
④	①	③	②	④	①	②	③	②	③
11	12	13	14	15	16	17	18	19	20
④	④	③	②	③	③	④	③	①	④

✓ 점수 체크

구분	1회독	2회독	3회독
맞힌 문항 수	/ 20	/ 20	/ 20
나의 점수	점	점	점

01 난도 ★☆☆   정답 ④

공판 > 재판

[정답의 이유]

④ 형벌에 관한 법령이 헌법재판소의 위헌결정으로 인하여 소급하여 그 효력을 상실하였거나 법원에서 위헌·무효로 선언된 경우, 당해 법령을 적용하여 공소가 제기된 피고사건에 대하여는 형사소송법 제325조에 따라 무죄를 선고하여야 한다. 나아가 재심이 개시된 사건에서 형벌에 관한 법령이 재심판결 당시 폐지되었다 하더라도 그 폐지가 당초부터 헌법에 위배되어 효력이 없는 법령에 대한 것이었다면 형사소송법 제325조 전단이 규정하는 '범죄로 되지 아니한 때'의 무죄사유에 해당하는 것이지, 형사소송법 제326조 제4호에서 정한 면소사유에 해당한다고 할 수 없다(대판 2013.5.16. 2011도2631 전합).

[오답의 이유]

① 대판 2014.5.16. 2012도12867
② 대판 2014.11.13. 2014도6341
③ 대판 2017.8.24. 2017도5977 전합

02 난도 ★★☆   정답 ①

수사와 공소 > 강제처분과 강제수사

[정답의 이유]

① 유류물 압수·수색에 대해서는 원칙적으로 영장에 의한 압수·수색·검증에 관하여 적용되는 형사소송법 제215조 제1항이나 임의제출물 압수에 관하여 적용되는 형사소송법 제219조에 의하여 준용되는 제106조 제1항, 제3항, 제4항에 따른 관련성의 제한이 적용된다고 보기 어려우며, 피의자 기타 사람이 유류한 정보저장매체를 영장 없이 압수할 때 해당 사건과 관계가 있다고 인정할 수 있는 것에 압수의 대상이나 범위가 한정된다거나, 참여권자의 참여가 필수적이라고 볼 수는 없다(대판 2024.7.25. 2021도1181).

[오답의 이유]

② 임의제출에 따른 압수(형사소송법 제218조)의 경우에도 압수물에 대한 수사기관의 점유 취득이 제출자의 의사에 따라 이루어진다는 점에서만 차이가 있을 뿐 범죄혐의를 전제로 한 수사 목적이나 압수의 효력은 영장에 의한 압수의 경우와 동일하므로, 헌법상 기본권에 관한 수사기관의 부당한 침해로부터 신속하게 권리를 구제받을 수 있도록 수사기관은 영장에 의한 압수와 마찬가지로 객관적·구체적인 압수목록을 신속하게 작성·교부할 의무를 부담한다(대결 2024.1.5. 2021모385).

③ 형사소송법 제123조 제2항과 제3항은 주거주, 간수자 또는 이에 준하는 사람(이하 '주거주 등'이라고 한다)이나 이웃 사람 또는 지방공공단체의 직원(이하 '이웃 등'이라고 한다)의 참여에 관하여 그 참여 없이 압수·수색영장을 집행할 수 있는 예외를 인정하지 않고 있다. 이는 형사소송법 제121조, 제122조에서 압수·수색영장의 집행에 대한 검사, 피의자, 변호인의 참여에 대하여 급속을 요하는 등의 경우 집행의 일시와 장소의 통지 없이 압수·수색영장을 집행할 수 있다고 한 것과 다른 점이다. 따라서 형사소송법 제123조 제2항에서 정한 타인의 주거, 간수자 있는 가옥, 건조물, 항공기 또는 선박·차량 안에 대한 압수·수색영장의 집행이 주거주 등이나 이웃 등의 참여 없이 이루어진 경우 특별한 사정이 없는 한 그러한 압수·수색영장의 집행은 위법하다고 보아야 한다. 나아가 주거주 등 또는 이웃 등이 참여하였다고 하더라도 그 참여자에게 최소한 압수·수색절차의 의미를 이해할 수 있는 정도의 능력(참여능력)이 없거나 부족한 경우에는, 주거주 등이나 이웃 등의 참여 없이 이루어진 것과 마찬가지로 형사소송법 제123조 제2항, 제3항에서 정한 압수·수색절차의 적법요건이 갖추어졌다고 볼 수 없으므로 그러한 압수·수색영장의 집행도 위법하다(대판 2024.10.8, 2020도11223).

④ 대결 2024. 1. 5, 2021모385

03 난도 ★★☆   정답 ③

공판 > 공판절차

정답의 이유

③ 헌법 제27조 제3항 후문은 "형사피고인은 상당한 이유가 없는 한 지체 없이 공개재판을 받을 권리를 가진다."고 규정하여 공개재판을 받을 권리가 형사피고인의 기본적 인권임을 선언하고 있고, 이에 따라 헌법 제109조는 "재판의 심리와 판결은 공개한다. 다만, 심리는 국가의 안정보장 또는 안녕질서를 방해하거나 선량한 풍속을 해할 염려가 있을 때에는 법원의 결정으로 공개하지 아니할 수 있다."고 규정하고, 법원조직법 제57조 제1항도 "재판의 심리와 판결은 공개한다. 다만, 심리는 국가의 안전보장·안녕질서 또는 선량한 풍속을 해할 우려가 있는 때에는 결정으로 이를 공개하지 아니할 수 있다."고 규정하여 심리의 공개금지사유를 엄격하게 제한하고 있는바, 원심이 공소외인에 대한 증인신문절차의 공개금지사유로 삼은 위와 같은 사정이 '국가의 안녕질서를 방해할 우려가 있는 때'에 해당하지 아니함은 명백하고, 달리 기록상 헌법 제109조, 법원조직법 제57조 제1항이 정한 공개금지사유를 찾아볼 수도 없으므로, 원심의 위와 같은 공개금지결정은 피고인의 공개재판을 받을 권리를 침해한 것으로서 그 절차에 의하여 이루어진 공소외인의 증언은 증거능력이 없다고 할 것이고, 변호인의 반대신문권이 보장되었다 하더라도 달리 볼 수 없다(대판 2005.10.28, 2005도5854).

오답의 이유

① 헌법 제109조

> **대한민국 헌법 제109조**
> 재판의 심리와 판결은 공개한다. 다만, 심리는 국가의 안전보장 또는 안녕질서를 방해하거나 선량한 풍속을 해할 염려가 있을 때에는 법원의 결정으로 공개하지 아니할 수 있다.

② 법정 방청 및 촬영 등에 관한 규칙 제4조 제2항

> **제4조(촬영등의 제한)**
> ① 법원조직법 제59조의 규정에 의한 재판장의 허가를 받고자 하는 자는 촬영 등 행위의 목적, 종류, 대상, 시간 및 소속기관명 또는 성명을 명시한 신청서를 재판기일 전날까지 제출하여야 한다.
> ② 재판장은 피고인(또는 법정에 출석하는 원, 피고)의 동의가 있는 때에 한하여 전항의 신청에 대한 허가를 할 수 있다. 다만, 피고인(또는 법정에 출석하는 원, 피고)의 동의 여부에 불구하고 촬영 등 행위를 허가함이 공공의 이익을 위하여 상당하다고 인정되는 경우에는 그러하지 아니하다.

④ 형사소송법은 형사사건의 실체에 대한 유죄·무죄의 심증 형성은 법정에서의 심리에 의하여야 한다는 공판중심주의의 한 요소로서 실질적 직접심리주의를 채택하고 있다. 이는 법관이 법정에서 직접 원본 증거를 조사하는 방법을 통하여 사건에 대한 정확한 심증을 형성할 수 있고 피고인에게 원본 증거에 관한 직접적인 의견진술의 기회를 부여함으로써 실체적 진실을 발견하고 공정한 재판을 실현할 수 있기 때문이다(대판 2019.7.24, 2018도17748).

04 난도 ★★☆   정답 ②

종합

정답의 이유

② 공소는 제1심판결의 선고 전까지 취소할 수 있다(형사소송법 제255조 제1항). 따라서 공소장 부본이 피고인 또는 변호인에게 송달된 후에도 제1심 판결의 선고 전이라면 공소를 취소할 수 있다.

오답의 이유

① 탄핵주의는 재판기관과 소추기관을 분리하여 소추기관의 공소제기에 의하여 법원이 절차를 개시하는 주의이며, 불고불리의 원칙을 강조한다.

③ 형사소송법 제18조 제2항

제18조(기피의 원인과 신청권자)
① 검사 또는 피고인은 다음 경우에 법관의 기피를 신청할 수 있다.
  1. 법관이 전조 각 호의 사유에 해당되는 때
  2. 법관이 불공평한 재판을 할 염려가 있는 때
② 변호인은 피고인의 명시한 의사에 반하지 아니하는 때에 한하여 법관에 대한 기피를 신청할 수 있다.

④ 독점규제 및 공정거래에 관한 법률 제71조 제1항은 "제66조 제1항 제9호 소정의 부당한 공동행위를 한 죄는 공정거래위원회의 고발이 있어야 공소를 제기할 수 있다."고 규정함으로써 그 소추조건을 명시하고 있다. 반면에 위 법은 공정거래위원회가 같은 법 위반행위자 중 일부에 대하여만 고발을 한 경우에 그 고발의 효력이 나머지 위반행위자에게도 미치는지 여부 즉, 고발의 주관적 불가분원칙의 적용 여부에 관하여는 명시적으로 규정하고 있지 아니하고, 형사소송법도 제233조에서 친고죄에 관한 고소의 주관적 불가분원칙을 규정하고 있을 뿐 고발에 대하여 그 주관적 불가분의 원칙에 관한 규정을 두고 있지 않고, 또한 형사소송법 제233조를 준용하고 있지도 아니하다. 이와 같이 명문의 근거 규정이 없을 뿐만 아니라 소추요건이라는 성질상의 공통점 외에 그 고소·고발의 주체와 제도적 취지 등이 상이함에도, 친고죄에 관한 고소의 주관적 불가분원칙을 규정하고 있는 형사소송법 제233조가 공정거래위원회의 고발에도 유추적용된다고 해석한다면 이는 공정거래위원회의 고발이 없는 행위자에 대해서까지 형사처벌의 범위를 확장하는 것으로서, 결국 피고인에게 불리하게 형벌법규의 문언을 유추해석한 경우에 해당하므로 죄형법정주의에 반하여 허용될 수 없다(대판 2010.9.30. 2008도4762).

공판 > 공판절차

정답의 이유

④ 공소사실의 동일성이 인정되지 않는 등의 사유로 공소장변경허가결정에 위법사유가 있는 경우에는 공소장변경허가를 한 법원이 스스로 이를 취소할 수 있다(대판 2001.3.27. 2001도116).

오답의 이유

① 대판 2001.8.24. 2001도2902

② 법원은 공소사실의 동일성이 인정되는 범위 내에서 공소가 제기된 범죄사실에 포함된 보다 가벼운 범죄사실이 인정되는 경우에 심리의 경과에 비추어 피고인의 방어권행사에 실질적 불이익을 초래할 염려가 없다고 인정되는 때에는 공소장이 변경되지 않았더라도 직권으로 공소장에 기재된 공소사실과 다른 범죄사실을 인정할 수 있다(대판 1993.12.28. 93도3058).

③ 대판 1999.5.14. 98도1438

상소와 비상구제절차 > 상소

정답의 이유

① 피고인만이 항소한 사건에서 항소심이 피고인에 대하여 제1심이 인정한 범죄사실의 일부를 무죄로 인정하면서도 제1심과 동일한 형을 선고하였다 하여 그것이 형사소송법 제368조 소정의 불이익변경금지 원칙에 위배된다고 볼 수 없다(대판 2003.2.11. 2002도5679).

오답의 이유

② 상고심으로부터 사건을 환송받은 법원은 그 사건을 재판함에 있어 상고법원이 파기이유로 한 사실상 및 법률상의 판단에 대하여 환송 후의 심리과정에서 새로운 주장이나 입증이 제출되어 기속적 판단의 기초가 된 사실관계에 변동이 생기지 아니하는 한 이에 기속을 받는다(대판 1991.4.12. 91다2113).

③ 항소심판결이 선고된 사건에 대하여 제기된 항소권회복청구는 항소권회복청구의 원인에 대한 판단에 나아갈 필요 없이 형사소송법 제347조 제1항에 따라 결정으로 이를 기각하여야 한다(대판 2023.4.27. 2023모350).

④ 피고인에 대하여 공시송달의 방법에 의하여 공소장 등이 송달되고 피고인이 불출석한 가운데 판결이 선고되어 확정된 후 검거되어 수용된 경우에는, 특별한 사정이 없는 한 그 판결에 의한 형의 집행으로 수용된 날 상소권회복청구의 대상판결이 선고된 사실을 알았다 할 것이고, 그로써 상소를 하지 못한 책임질 수 없는 사유가 종지하였다고 보아야 한다(대법원 2016. 7. 29.자 2015모1991 결정 참조). 따라서 그날부터 상소제기기간 내에 상소권회복청구와 상소를 하지 않았다면 그 상소권회복청구는 방식을 위배한 것으로서 허가될 수 없다(대결 2017.9.22. 2017모2521).

07 난도 ★★☆ 정답 ②

상소와 비상구제절차 > 비상구제절차

정답의 이유

② 당사자가 재심청구의 이유에 관한 사실조사신청을 한 경우에도 이는 단지 법원의 직권발동을 촉구하는 의미밖에 없는 것이므로, 법원은 이 신청에 대하여는 재판을 할 필요가 없고, 설령 법원이 이 신청을 배척하였다고 하여도 당사자에게 이를 고지할 필요가 없다(대결 2021.3.12. 2019모3554).

오답의 이유

① 형사소송법이나 형사소송규칙에는 재심청구인이 재심의 청구를 한 후 청구에 대한 결정이 확정되기 전에 사망한 경우에 재심청구인의 배우자나 친족 등에 의한 재심청구인 지위의 승계를 인정하거나 형사소송법 제438조와 같이 재심청구인이 사망한 경우에도 절차를 속행할 수 있는 규정이 없으므로, 재심청구절차는 재심청구인의 사망으로 당연히 종료하게 된다(대결 2014.5.30. 2014모739).

③ 형사소송법 제420조 제5호는 유죄의 선고를 받은 자에 대하여 무죄 또는 면소를, 형의 선고를 받은 자에 대하여 형의 면제 또는 원판결이 인정한 죄보다 경한 죄를 인정할 명백한 증거가 발견된 때에는 재심을 청구할 수 있다고 규정하고 있고, 위 법조 소정의 '원판결이 인정한 죄보다 경한 죄'라 함은 원판결이 인정한 죄와는 별개의 죄로서 그 법정형이 가벼운 죄를 말하는 것이므로, 동일한 죄에 대하여 공소기각을 선고받을 수 있는 경우는 여기에서의 경한 죄에 해당하지 않는다(대결 1997.1.13. 96모51).

④ 형사소송법 제420조가 유죄의 확정판결에 대하여 선고를 받은 자의 이익을 위하여 재심을 청구할 수 있다고 규정하고 있는 것은 유죄의 확정판결에 중대한 사실인정의 오류가 있는 경우 이를 바로잡아 무고하고 죄 없는 피고인의 인권침해를 구제하기 위한 것인데, 만일 특별사면으로 형 선고의 효력이 상실된 유죄판결이 재심청구의 대상이 될 수 없다고 한다면, 이는 특별사면이 있었다는 사정만으로 재심청구권을 박탈하여 명예를 회복하고 형사보상을 받을 기회 등을 원천적으로 봉쇄하는 것과 다를 바 없어서 재심제도의 취지에 반하게 된다. 따라서 특별사면으로 형 선고의 효력이 상실된 유죄의 확정판결도 형사소송법 제420조의 '유죄의 확정판결'에 해당하여 재심청구의 대상이 될 수 있다(대판 2015.5.21. 2011도1932 전합).

08 난도 ★★☆ 정답 ③

수사와 공조 > 수사

정답의 이유

ㄴ. 대판 2012.10.25. 2012도4644

ㄹ. 수사기관에 의한 진술거부권 고지의 대상이 되는 피의자의 지위는 수사기관이 범죄인지서를 작성하는 등의 형식적인 사건수리 절차를 거치기 전이라도 조사대상자에 대하여 범죄의 혐의가 있다고 보아 실질적으로 수사를 개시하는 행위를 한 때에 인정되는 것으로 봄이 상당하다(대판 2013.7.25. 2012도8698).

오답의 이유

ㄱ. 구속영장 발부에 의하여 적법하게 구금된 피의자가 피의자신문을 위한 출석요구에 응하지 아니하면서 수사기관 조사실에 출석을 거부한다면 수사기관은 그 구속영장의 효력에 의하여 피의자를 조사실로 구인할 수 있다고 보아야 한다(대결 2013.7.1. 2013모160).

ㄷ. 검사 또는 사법경찰관은 제1항 또는 제216조 제1항 제2호에 따라 압수한 물건을 계속 압수할 필요가 있는 경우에는 지체 없이 압수수색영장을 청구하여야 한다. 이 경우 압수수색영장의 청구는 체포한 때부터 48시간 이내에 하여야 한다(형사소송법 제217조 제2항).

더 알아보기

수사의 조건

구분	내용	관련문제
범죄의 혐의	구체적 사실근거로 한 주관적 혐의	–
수사의 필요성	공소제기의 가능성	친고죄의 고소전 수사
수사의 상당성	신의칙+비례원칙	함정수사의 허용여부

09 난도 ★★★ 정답 ②

종합

정답의 이유

② 법정기간 준수에 대하여 도달주의 원칙을 정하고 재소자 피고인 특칙의 예외를 개별적으로 인정한 형사소송법의 규정 내용과 입법 취지, 재정신청절차가 형사재판절차와 구별되는 특수성, 법정기간 내의 도달주의를 보완할 수 있는 여러 형사소송법상의 제도 및 신속한 특급우편제도의 이용 가능성 등을 종합하여 보면 재정신청 기각결정에 대한 재항고나 그 재항고 기각결정에 대한 즉시항고로서의 재항고에 대한 법정기간의 준수 여부는 도달주의 원칙에 따라 재항고장이나 즉시항고장이 법원에 도달한 시점을 기준으로 판단하여야 하고, 거기에 재소자 피고인 특칙은 준용되지 아니한다(대결 2015.7.16. 2013모2347 전합).

오답의 이유

① 형사소송법 제18조 제1항 제2호의 "불공평한 재판을 할 염려가 있는 때"라 함은 당사자가 불공평한 재판이 될지도 모른다고 추측할 만한 주관적 사정이 있는 때를 의미하는 것이 아니고 법관과 사건과의 관계상 불공평한 재판을 할 것이라는 의혹을 갖는 것이 합리적이라고 인정할 만한 객관적인 사정이 있는 때를 말하는 것이므로, 재판부가 당사자의 증거신청을 채택하지 아니하였다는 사정만으로는 재판의 공평을 기대하기 어려운 객관적인 사유가 있다 할 수 없다(대결 1991.12.7. 91모79).

③ 경합범으로 동시에 기소된 사건에 대하여 일부 유죄, 일부 무죄를 선고하는 등 판결주문이 수개일 때에는 그 1개의 주문에 포함된 부분을 다른 부분과 분리하여 일부상소를 할 수 있고 당사자 쌍방이 상소하지 아니한 부분은 분리 확정되므로, 경합범 중 일부에 대하여 무죄, 일부에 대하여 유죄를 선고한 제1심판결에

대하여 검사만이 무죄 부분에 대하여 항소를 한 경우, 피고인과 검사가 항소하지 아니한 유죄판결 부분은 항소기간이 지남으로써 확정되어 항소심에 계속된 사건은 무죄판결 부분에 대한 공소뿐이며, 그에 따라 항소심에서 이를 파기할 때에는 무죄 부분만을 파기하여야 한다(대판 2010.11.25. 2010도10985).

④ 형사소송법 제366조는 "공소기각 또는 관할위반의 재판이 법률에 위반됨을 이유로 원심판결을 파기하는 때에는 판결로써 사건을 원심법원에 환송하여야 한다."라고 규정하고 있으므로, 원심으로서는 위와 같이 제1심의 공소기각 판결이 법률에 위반된다고 판단한 이상 본안에 들어가 심리할 것이 아니라 제1심판결을 파기하고 사건을 제1심법원에 환송하여야 한다(대판 2020.7.29. 2017도1430).

10 난도 ★★☆   정답 ③

공판 > 증거

정답의 이유

ㄴ. 대판 2004.3.11. 2003도171
ㄹ. 대판 2019.11.21. 2018도13945 전합

오답의 이유

ㄱ. 타인의 진술을 내용으로 하는 진술이 전문증거인지는 요증사실과 관계에서 정하여지는데, <u>원진술의 내용인 사실이 요증사실인 경우에는 전문증거이나, 원진술의 존재 자체가 요증사실인 경우에는 본래증거이지 전문증거가 아니다</u>(대판 2012.7.26. 2012도2937).

ㄷ. 법원 또는 합의부원, 검사, 변호인, 청구인이 구속된 피의자를 심문하고 그에 대한 피의자의 진술 등을 기재한 <u>구속적부심문조서는 형사소송법 제311조가 규정한 문서에는 해당하지 않는다</u>(대판 2004.1.16. 2003도5693).

더 알아보기

전문법칙의 예외와 근거

전문법칙의 예외		• 전문법칙이 적용되어 원칙적으로 증거능력이 없는 전문증거가 예외적으로 증거능력이 인정되는 경우 • 제310조의2는 형사소송법 제311조 내지 제316조를 전문법칙의 예외로 규정
예외인정의 근거	필요성	• 원진술자를 공판정에 출석케 하여 진술시키는 것이 불가능하거나 곤란하기 때문에 부득이 전문증거를 증거로 사용할 필요가 있는 경우 • 사망·질병·외국거주·소재불명, 그 밖에 이에 준하는 사유로 진술할 수 없는 때(제314조, 제316조 제2항)
	신용성의 정황적 보장 (특신상태)	• 진술내용의 진실성을 의미하는 것이 아니라 진술이 이루어진 상황이 임의성과 신빙성을 담보할 만한 구체적이고 외부적 정황 • '부지불각 중에 한 말', '사람이 죽음에 임해서 하는 말', '경험상 앞뒤가 맞고 논리정연한 말' 또는 '범행에 접착하여 범행은폐에 시간적 여유가 없을 때 한 말' 등
	필요성과 신용성의 관계	필요성과 신용성이 동시에 인정되는 경우는 드물고 보통 반비례관계인 경우가 많음

11 난도 ★★★   정답 ④

종합

정답의 이유

④ 검사가 공소를 제기한 후 참고인을 소환하여 피고인에게 불리한 진술을 기재한 진술조서를 작성하여 이를 공판절차에 증거로 제출할 수 있게 한다면, 피고인과 대등한 당사자의 지위에 있는 검사가 수사기관으로서의 권한을 이용하여 일방적으로 법정 밖에서 유리한 증거를 만들 수 있게 하는 것이므로 당사자주의·공판중심주의·직접심리주의에 반하고 피고인의 공정한 재판을 받을 권리를 침해하기 때문이다(대판 2019.11.28. 2013도6825).

오답의 이유

① 공소장에는 제1항(변호인선임서, 보조인신고서, 특별대리인 선임결정등본, 체포영장, 긴급체포서, 구속영장 기타 구속에 관한 서류)에 규정한 서류 외에 사건에 관하여 법원에 예단이 생기게 할 수 있는 서류 기타 물건을 첨부하거나 그 내용을 인용하여서는 아니되며(형사소송규칙 제118조 제2항), 이 조항에 근거한 공소장일본주의는 법원이 제3자의 입장에서 공정한 재판을 하도록 하는 당사자주의 소송구조의 전형적인 표지가 된다(서울고법 2009.7.23. 2008노3355 참조).

② 법원은 공소제기된 사건의 심리 결과 치료감호를 할 필요가 있다고 인정할 때에는 검사에게 치료감호청구를 요구할 수 있다고 규정한다(치료감호 등에 관한 법률 제4조 제7항). 이는 검사가 공소제기 당시 피고인의 치료감호 사유에 대한 의견을 달리하거나 그 판단에 필요한 고려요소를 간과하고 치료감호를 청구하지 않았으나 공소제기 후 재판과정에서 치료감호의 필요성이 충분히 드러나게 된 경우, 법원으로 하여금 검사에게 치료감호청구를 요구할 수 있도록 함으로써 검사가 치료감호청구 권한을 독점함에 따라 나타날 수 있는 폐해를 보완하고 치료감호대상자의 재범 방지를 위한 실질적인 조치가 가능할 수 있도록 직권주의적 요소를 가미한 것이다(대판 2024.12.26. 2024도9537).

③ 형사소송의 구조를 당사자주의와 직권주의 중 어느 것으로 할 것인가의 문제는 입법정책의 문제로서 우리나라 형사소송법은 그 해석상 소송절차의 전반에 걸쳐 기본적으로 당사자주의 소송구조를 취하고 있는 것으로 이해되는바, 당사자주의에 충실하려면 제1심 법원에서 항소법원으로 소송기록을 바로 송부함이 바람직하다(헌재 1995.11.30. 92헌마44).

서론 > 소송주체와 소송관계인

정답의 이유

ㄴ. 형사소송법 제33조 제2항

> **제33조(국선변호인)**
> ① 다음 각 호의 어느 하나에 해당하는 경우에 변호인이 없는 때에는 법원은 직권으로 변호인을 선정하여야 한다.
>
>   2. 피고인이 미성년자인 때
>
>   3. 피고인이 70세 이상인 때
>
>   4. 피고인이 듣거나 말하는 데 모두 장애가 있는 사람인 때
>
>   5. 피고인이 심신장애가 있는 것으로 의심되는 때
>
>   6. 피고인이 사형, 무기 또는 단기 3년 이상의 징역이나 금고에 해당하는 사건으로 기소된 때
>
> ② 법원은 피고인이 빈곤이나 그 밖의 사유로 변호인을 선임할 수 없는 경우에 피고인이 청구하면 변호인을 선정하여야 한다.
>
> ③ 법원은 피고인의 나이 · 지능 및 교육 정도 등을 참작하여 권리 보호를 위하여 필요하다고 인정하면 피고인의 명시적 의사에 반하지 아니하는 범위에서 변호인을 선정하여야 한다.

ㄷ. 심문할 피의자에게 변호인이 없는 때에는 지방법원판사는 직권으로 변호인을 선정하여야 한다. 이 경우 변호인의 선정은 피의자에 대한 구속영장 청구가 기각되어 효력이 소멸한 경우를 제외하고는 제1심까지 효력이 있다(형사소송법 제201조의2 제8항).

ㄹ. 공소사실 기재 자체로 보아 어느 피고인에 대한 유리한 변론이 다른 피고인에게는 불리한 결과를 초래하는 경우 공동피고인들 사이에 이해가 상반된다. 이해가 상반된 피고인들 중 어느 피고인이 법무법인을 변호인으로 선임하고, 법무법인이 담당변호사를 지정하였을 때, 법원이 담당변호사 중 1인 또는 수인을 다른 피고인을 위한 국선변호인으로 선정한다면, 국선변호인으로 선정된 변호사는 이해가 상반된 피고인들 모두에게 유리한 변론을 하기 어렵다. 결국 이로 인하여 다른 피고인은 국선변호인의 실질적 조력을 받을 수 없게 되고, 따라서 국선변호인 선정은 국선변호인의 조력을 받을 피고인의 권리를 침해하는 것이다(대판 2015.12.23. 2015도9951).

오답의 이유

ㄱ. 피고인이 사형, 무기 또는 단기 3년 이상의 징역이나 금고에 해당하는 사건으로 기소된 경우 변호인이 없는 때에 법원은 국선변호인을 선정해야 하며(형사소송법 제33조 제1항 제6호), 이에 따라 변호인이 선정된 사건에 관하여는 변호인 없이 개정하지 못한다. 단, 판결만을 선고할 경우에는 예외로 한다(형사소송법 제282조).

서론 > 소송주체와 소송관계인

정답의 이유

③ 제1심에서 합의부 관할사건에 관하여 단독판사 관할사건으로 죄명, 적용법조를 변경하는 공소장변경허가신청서가 제출되자, 합의부가 사건을 단독판사에게 재배당한 사안에서, 사건을 배당받은 합의부는 사건의 실체에 들어가 심판하였어야 하고 사건을 단독판사에게 재배당할 수 없다(대판 2013.4.25. 2013도1658).

오답의 이유

① 관할법원이 법률상의 이유 또는 특별한 사정으로 재판권을 행할 수 없는 때에는 피고인도 직근 상급법원에 관할이전을 신청할 수 있다(형사소송법 제15조 제1호). 그러나 항소심에서 유죄판결을 선고받고 이에 불복하여 상고를 제기한 피고인을 교도소 소장이 검사의 이송지휘도 없이 다른 교도소로 이송처분한 경우 피고인은 이에 대하여 형사소송법 제15조 제1호 소정의 관할이전신청이나 동법 제489조 소정의 이의신청을 할 수 없다(대결 1983.7.5. 83초20).

② 항소심에서 공소장변경에 의하여 단독판사의 관할사건이 합의부 관할사건으로 된 경우에도 법원은 사건을 관할권이 있는 법원에 이송하여야 하고, 항소심에서 변경된 위 합의부 관할사건에 대한 관할권이 있는 법원은 고등법원이라고 봄이 상당하다(대판 1997.12.12. 97도2463).

④ 토지관할을 달리하는 수개의 사건이 관련된 때에는 1개의 사건에 관하여 관할권 있는 법원은 다른 사건까지 관할할 수 있는바(형사소송법 제5조 참조). 이에 따른 관련 사건의 관할은, 이른바 고유관할사건 및 그 관련 사건이 반드시 병합기소되거나 병합되어 심리될 것을 전제요건으로 하는 것은 아니고, 고유관할 사건 계속 중 고유관할 법원에 관련 사건이 계속된 이상 그 후 양 사건이 병합되어 심리되지 아니한 채 고유사건에 대한 심리가 먼저 종결되었다 하더라도 관련 사건에 대한 관할권은 여전히 유지된다(대판 2008.6.12. 2006도8568).

더 알아보기

재판권과 관할권

구분	재판권	관할권
성질	대한민국의 법원이 특정사건에 대하여 심판을 행할 수 있는가 하는 일반적 · 추상적인 권리(국법상의 개념)	재판권이 인정됨을 전제로, 그 사건을 국내의 법원 중 어느 법원에서 심판할 것인가의 문제(소송법상의 개념)
불비시 효과	재판권이 없으면 공소기각 판결(형사소송법 제327조 제1호)	관할권이 없으면 관할위반의 판결(형사소송법 제319조)
양자의 관계	법원에 재판권이 있는 경우에 한하여 관할권이 문제되는 바, 재판권이 없는 경우에는 관할권의 문제는 발생하지 않는다.	

형사소송법개론

교정직

14 난도 ★★★

서론 > 소송주체와 소송관계인

정답의 이유

② 피의자가 다른 사람의 성명을 모용한 탓으로 공소장에 피모용자가 피고인으로 표시되었다 하더라도 이는 당사자의 표시상의 착오일 뿐이고 검사는 모용자에 대하여 공소를 제기한 것이므로 모용자가 피고인이 되고 피모용자에게 공소의 효력이 미친다고 할 수 없다(대판 1993.1.19. 92도2554).

오답의 이유

① 피고인들에 대한 각각의 피고사건은 다른 공동피고인의 소송절차와 분리되었으므로, 공범인 공동피고인의 지위에 있는 피고인은 다른 공동피고인에 대하여 증인적격이 있다. 소송절차가 분리된 상태에서 피고인들이 증언거부권을 고지받았음에도 불구하고 증언거부권을 행사하지 아니한 채 허위의 진술을 하였다면, 자신의 범죄사실에 대하여 증인으로서 신문을 받았더라도 피고인으로서의 진술거부권 내지 자기부죄거부특권 등이 침해되었다고 할 수 없고, 위증죄가 성립한다고 봄이 타당하다(대판 2024.2.29. 2023도7528).

③ 피모용자가 약식명령에 대하여 정식재판을 청구하여 피모용자를 상대로 심리를 하는 과정에서 성명모용사실이 발각되어 검사가 공소장을 정정하는 등 사실상의 소송계속이 발생하고 형식상 또는 외관상 피고인의 지위를 갖게 된 경우에 법원으로서는 피모용자에게 적법한 공소의 제기가 없었음을 밝혀 주는 의미에서 형사소송법 제327조 제2호를 유추적용하여 공소기각의 판결을 함으로써 피모용자의 불안정한 지위를 명확히 해소해 주어야 하고, 피모용자가 정식재판을 청구하였다 하여도 모용자에게는 아직 약식명령의 송달이 없었다 할 것이어서 검사는 공소장에 기재된 피고인의 표시를 정정할 수 있으며, 법원은 이에 따라 약식명령의 피고인 표시를 경정할 수 있고, 본래의 약식명령정본과 함께 이 경정결정을 모용자에게 송달하면 이때에 약식명령의 적법한 송달이 있다고 볼 것이며, 이에 대하여 소정의 기간 내에 정식재판의 청구가 없으면 약식명령은 확정된다(대판 1993.1.19. 92도2554).

④ 법인은 그 청산종결의 등기가 경료되었다면 특단의 사정이 없는 한 법인격이 상실되어 법인의 당사자능력 및 권리능력이 상실되었다고 추정할 것이나 법인세체납 등으로 공소제기되어 그 피고사건의 공판계속 중에 그 법인의 청산종결의 등기가 경료되었다고 하더라도 동 사건이 종결되지 아니하는 동안법인의 청산사무는 종료된 것이라 할 수 없고 형사소송법상 법인의 당사자능력도 그대로 존속한다(대판 1986.10.28. 84도693).

15 난도 ★★☆

정답 ③

공판 > 공판절차

정답의 이유

③ 형사소송법에서 위와 같이 증언거부권의 대상으로 규정한 '공소제기를 당하거나 유죄판결을 받을 사실이 발로될 염려 있는 증언'에는 자신이 범행을 한 사실뿐 아니라 범행을 한 것으로 오인되어 유죄판결을 받을 우려가 있는 사실 등도 포함된다고 할 것이다(대판 2012.12.13. 2010도10028).

오답의 이유

① 대판 2010.1.14. 2009도9344

② 형사소송법 제147조

> **제147조(공무상 비밀과 증인자격)**
> ① 공무원 또는 공무원이었던 자가 그 직무에 관하여 알게 된 사실에 관하여 본인 또는 당해 공무소가 직무상 비밀에 속한 사항임을 신고한 때에는 그 소속공무소 또는 감독관공서의 승낙 없이는 증인으로 신문하지 못한다.
> ② 그 소속공무소 또는 당해 감독관공서는 국가에 중대한 이익을 해하는 경우를 제외하고는 승낙을 거부하지 못한다.

④ 대판 2011.12.8. 2010도2816

16 난도 ★★☆

정답 ③

공판 > 공판절차

정답의 이유

③ 형사소송법 제301조의2

> **제301조의2(간이공판절차결정의 취소와 공판절차의 갱신)**
> 제286조의2의 결정이 취소된 때에는 공판절차를 갱신하여야 한다. 단, 검사, 피고인 또는 변호인이 이의가 없는 때에는 그러하지 아니하다.
> **제286조의2(간이공판절차의 결정)**
> 피고인이 공판정에서 공소사실에 대하여 자백한 때에는 법원은 그 공소사실에 한하여 간이공판절차에 의하여 심판할 것을 결정할 수 있다.

오답의 이유

① 법원은 간이공판절차의 결정을 한 사건에 대하여 피고인의 자백이 신빙할 수 없다고 인정되거나 간이공판절차로 심판하는 것이 현저히 부당하다고 인정할 때에는 검사의 의견을 들어 그 결정을 취소하여야 한다(형사소송법 제286조의3).

② 피고인이 제1심법원에서 공소사실에 대하여 자백하여 제1심법원이 이에 대하여 간이공판절차에 의하여 심판할 것을 결정하고, 이에 따라 제1심법원이 제1심판결 명시의 증거들을 증거로 함에 피고인 또는 변호인의 이의가 없어 형사소송법 제318조의3의 규정에 따라 증거능력이 있다고 보고, 상당하다고 인정하는 방법으로 증거조사를 한 이상, 가사 항소심에 이르러 범행을 부인하였다고 하더라도 제1심법원에서 증거로 할 수 있었던 증거

160 시대에듀 | 교정직 공무원

는 항소법원에서도 증거로 할 수 있는 것이므로 제1심법원에서 이미 증거능력이 있었던 증거는 항소심에서도 증거능력이 그대로 유지되어 심판의 기초가 될 수 있고 다시 증거조사를 할 필요가 없다(대판1998.2.27. 97도3421).

④ 피고인이 공소사실에 대하여 검사가 신문을 할 때에는 공소사실을 모두 사실과 다름없다고 진술하였으나 변호인이 신문을 할 때에는 범의나 공소사실을 부인하였다면 그 공소사실은 간이공판절차에 의하여 심판할 대상이 아니고, 따라서 피고인의 법정에서의 진술을 제외한 나머지 증거들은 간이공판절차가 아닌 일반절차에 의한 적법한 증거조사를 거쳐 그에 관한 증거능력이 부여되지 아니하는 한 그 공소사실에 대한 유죄의 증거로 삼을 수 없다(대판 1998.2.27. 97도3421).

17 난도 ★★☆ 정답 ④

공판 > 증거

정답의 이유

④ 임의제출물을 압수한 경우 압수물이 형사소송법 제218조에 따라 실제로 임의제출된 것인지에 관하여 다툼이 있을 때에는 임의제출의 임의성을 의심할 만한 합리적이고 구체적인 사실을 피고인이 증명할 것이 아니라 검사가 그 임의성의 의문점을 없애는 증명을 해야 한다(대판 2022.8.31. 2019도15178).

오답의 이유

① 공연히 사실을 적시하여 사람의 명예를 훼손한 행위가 형법 제310조의 규정에 따라서 위법성이 조각되어 처벌대상이 되지 않기 위하여는 그것이 진실한 사실로서 오로지 공공의 이익에 관한 때에 해당된다는 점을 행위자가 증명하여야 하는 것이나, 그 증명은 유죄의 인정에 있어 요구되는 것과 같이 법관으로 하여금 의심할 여지가 없을 정도의 확신을 가지게 하는 증명력을 가진 엄격한 증거에 의하여야 하는 것은 아니므로, 이 때에는 전문증거에 대한 증거능력의 제한을 규정한 형사소송법 제310조의2는 적용될 여지가 없다(대판 1996.10.25. 95도1473).

② 기록상 진술증거의 임의성에 관하여 의심할 만한 사정이 나타나 있는 경우에는 법원은 직권으로 그 임의성 여부에 관하여 조사를 하여야 하고, 임의성이 인정되지 아니하여 증거능력이 없는 진술증거는 피고인이 증거로 함에 동의하더라도 증거로 삼을 수 없다. 기록에 의하면 참고인에 대한 검찰 진술조서가 강압상태 내지 강압수사로 인한 정신적 강압상태가 계속된 상태에서 작성된 것으로 의심되어 그 임의성을 의심할 만한 사정이 있는데도, 검사가 그 임의성의 의문점을 없애는 증명을 하지 못하였으므로 증거능력이 없다(대판 2006.11.23. 2004도7900).

③ 대판 2010.11.25. 2009도12132

18 난도 ★★★ 정답 ③

공판 > 증거

정답의 이유

③ 살인죄와 같이 법정형이 무거운 범죄의 경우에도 직접증거 없이 간접증거만으로 유죄를 인정할 수 있으나, 그러한 유죄 인정에는 공소사실과 관련성이 깊은 간접증거들에 의하여 신중한 판단이 요구되므로, 주요사실의 전제가 되는 간접사실의 인정은 합리적인 의심을 허용하지 않을 정도의 증명이 있어야 하고, 그 하나하나의 간접사실이 상호 모순, 저촉되지 않아야 함은 물론 논리와 경험칙, 과학법칙에 의하여 뒷받침되어야 한다(대판 2023.7.27. 2023도3477).

오답의 이유

① 자유심증주의를 규정한 형사소송법 제308조가 증거의 증명력을 법관의 자유판단에 의하도록 한 것은 그것이 실체적 진실발견에 적합하기 때문이라 할 것이므로, 증거판단에 관한 전권을 가지고 있는 사실심 법관은 사실인정에 있어 공판절차에서 획득된 인식과 조사된 증거를 남김없이 고려하여야 한다(대판 2004.6.25. 2004도2221).

② 대판 1995.12.8. 95도2043

④ 경찰에서의 진술조서의 기재와 당해사건의 공판정에서의 같은 사람의 증인으로서의 진술이 상반되는 경우 반드시 공판정에서의 증언에 따라야 한다는 법칙은 없고 그중 어느 것을 채용하여 사실인정의 자료로 할 것인가는 오로지 사실심법원의 자유심증에 속하는 것이다(대판 1987.6.9. 87도691, 87감도63).

더 알아보기

자유심증주의의 예외

• 자백의 보강법칙: 법관이 피고인의 자백만으로 충분한 유죄의 심증을 얻었더라도 이를 보강하는 다른 증거가 없는 한 유죄를 선고할 수 없다(형사소송법 제310조).

• 공판조서의 배타적 증명력: 공판기일의 소송절차에 관해서는 공판조서에 기재된 것은 법관의 심증 여하를 불문하고 그 기재된 대로 인정해야 한다(형사소송법 제56조).

• 진술거부권·증언거부권의 행사: 진술거부권의 행사나 근친자의 형사책임에 대한 증언거부권의 행사를 피고인에게 불리한 심증형성의 자료로 사용할 수 없는 것이 원칙이다.

19 난도 ★☆☆

정답 ①

수사와 공소 > 수사의 종결과 공소의 제기

정답의 이유

① 정보통신망을 이용한 명예훼손의 경우에도 게재행위의 종료만으로 범죄행위가 종료하는 것이 아니고 원래 게시물이 삭제되어 정보의 송수신이 불가능해지는 시점을 범죄의 종료시기로 보아서 이 때부터 공소시효를 기산하여야 한다는 검사의 주장을 배척하고, 이 경우도 게재행위 즉시 범죄가 성립하고 종료한다고 판단하였다(대판 2007.10.25. 2006도346).

오답의 이유

② 대판 2017.7.11. 2016도14820

③ 대판 2012.3.29. 2011도15137

④ 공범의 1인에 대한 공소시효의 정지는 다른 공범자에 대하여 효력이 미치고 당해 사건의 재판이 확정된 때로부터 진행한다고 규정하고 있다(형사소송법 제253조 제2항).

형사소송법 제253조(시효와 정지와 효력)

① 시효는 공소의 제기로 진행이 정지되고 공소기각 또는 관할위반의 재판이 확정된 때로부터 진행한다.

② 공범의 1인에 대한 전항의 시효정지는 다른 공범자에게 대하여 효력이 미치고 당해 사건의 재판이 확정된 때로부터 진행한다.

③ 범인이 형사처분을 면할 목적으로 국외에 있는 경우 그 기간 동안 공소시효는 정지된다.

④ 피고인이 형사처분을 면할 목적으로 국외에 있는 경우 그 기간 동안 제249조 제2항에 따른 기간의 진행은 정지된다.

---

20 난도 ★★☆

정답 ④

수사와 공소 > 강제처분과 강제수사

정답의 이유

④ 수사기관이 압수·수색에 착수하면서 그 장소의 관리책임자에게 영장을 제시하였다고 하더라도, 물건을 소지하고 있는 다른 사람으로부터 이를 압수하고자 하는 때에는 그 사람에게 따로 영장을 제시하여야 한다(대판 2009.3.12. 2008도763).

오답의 이유

① 대판 2018.7.12. 2018도6219

② 형사소송법 제218조는 '사법경찰관은 소유자, 소지자 또는 보관자가 임의로 제출한 물건을 영장없이 압수할 수 있다'고 규정하고 있는바, 위 규정을 위반하여 소유자, 소지자 또는 보관자가 아닌 자로부터 제출받은 물건을 영장 없이 압수한 경우 그 압수물 및 압수물을 찍은 사진은 이를 유죄 인정의 증거로 사용할 수 없다(대판 2010.1.28. 2009도10092).

③ 대결 2017.9.29. 2017모236

한눈에 훑어보기

영역 분석

공판 02 05 07 08 09 13 17 18 19 20
10문항, 50%

수사와 공소 03 04 15 16
4문항, 20%

상소와 비상구제절차 10 11
2문항, 10%

서론 01 06 14
3문항, 15%

종합 12
1문항, 5%

빠른 정답

01	02	03	04	05	06	07	08	09	10
①	④	③	④	①	④	①	④	④	②

11	12	13	14	15	16	17	18	19	20
③	②	③	②	④	①	②	③	②	②

점수 체크

구분	1회독	2회독	3회독
맞힌 문항 수	/ 20	/ 20	/ 20
나의 점수	점	점	점

---

01 난도 ★☆☆ 정답 ①

서론 > 소송주체와 소송관계인

[정답의 이유]

① 공소제기 전에 검사의 증거보전 청구에 의하여 증인신문을 한 법관은 형사소송법 제17조 제7호에 이른바 전심재판 또는 기초되는 조사, 심리에 관여한 법관이라고 할 수 없다(대판 1971.7.6. 71도974).

> **형사소송법 제17조(제척의 원인)**
> 법관은 다음 경우에는 직무집행에서 제척된다.
> 1. 법관이 피해자인 때
> 2. 법관이 피고인 또는 피해자의 친족 또는 친족관계가 있었던 자인 때
> 3. 법관이 피고인 또는 피해자의 법정대리인, 후견감독인인 때
> 4. 법관이 사건에 관하여 증인, 감정인, 피해자의 대리인으로 된 때
> 5. 법관이 사건에 관하여 피고인의 대리인, 변호인, 보조인으로 된 때
> 6. 법관이 사건에 관하여 검사 또는 사법경찰관의 직무를 행한 때
> 7. 법관이 사건에 관하여 전심재판 또는 그 기초되는 조사, 심리에 관여한 때
> 8. 법관이 사건에 관하여 피고인의 변호인이거나 피고인 · 피해자의 대리인인 법무법인, 법무법인(유한), 법무조합, 법률사무소, 「외국법자문사법」 제2조 제9호에 따른 합작법무법인에서 퇴직한 날부터 2년이 지나지 아니한 때
> 9. 법관이 피고인인 법인 · 기관 · 단체에서 임원 또는 직원으로 퇴직한 날부터 2년이 지나지 아니한 때

[오답의 이유]

② 약식명령을 한 판사가 그 정식재판 절차의 항소심판결에 관여함은 형사소송법 제17조 제7호 소정의 "법관이 사건에 관하여 전심재판 또는 그 기초되는 조사, 심리에 관여한 때"에 해당하여 제척의 원인이 된다(대판 2011.4.28. 2011도17).

③ 대결 2001.3.21. 2001모2

④ 대판 2019.5.30. 2018도19051

02 난도 ★☆☆　　　　　　　　　　　　정답 ④

공판 > 재판

정답의 이유

④ 형사소송법 제253조 제3항은 "범인이 형사처분을 면할 목적으로 국외에 있는 경우 그 기간 동안 공소시효는 정지된다."라고 규정하고 있다. 위 규정의 입법 취지는 범인이 우리나라의 사법권이 실질적으로 미치지 못하는 국외에 체류한 것이 도피의 수단으로 이용된 경우에 체류기간 동안은 공소시효가 진행되는 것을 저지하여 범인을 처벌할 수 있도록 하여 형벌권을 적정하게 실현하고자 하는 데 있다. 따라서 위 규정이 정한 '범인이 형사처분을 면할 목적으로 국외에 있는 경우'는 범인이 국내에서 범죄를 저지르고 형사처분을 면할 목적으로 국외로 도피한 경우에 한정되지 아니하고, 범인이 국외에서 범죄를 저지르고 형사처분을 면할 목적으로 국외에서 체류를 계속하는 경우도 포함된다(대판 2015.6.24. 2015도5916).

오답의 이유

① 대판 2001.8.24. 2001도2902

② 1개의 행위가 여러 개의 죄에 해당하는 경우 형법 제40조는 이를 과형상 일죄로 처벌한다는 것에 지나지 아니하고, 공소시효를 적용함에 있어서는 각 죄마다 따로 따져야 할 것인바, 공무원이 취급하는 사건에 관하여 청탁 또는 알선을 할 의사와 능력이 없음에도 청탁 또는 알선을 한다고 기망하여 금품을 교부받은 경우에 성립하는 사기죄와 변호사법 위반죄는 상상적 경합의 관계에 있으므로, 변호사법 위반죄의 공소시효가 완성되었다고 하여 그 죄와 상상적 경합관계에 있는 사기죄의 공소시효까지 완성되는 것은 아니다(대판 2006.12.8. 2006도6356).

③ 형사소송법 제253조 제2항의 공범을 해석할 때에는 공범 사이의 처벌의 형평이라는 위 조항의 입법 취지, 국가형벌권의 적정한 실현이라는 형사소송법의 기본이념, 국가형벌권 행사의 대상을 규정한 형법 등 실체법과의 체계적 조화 등의 관점을 종합적으로 고려하여야 하고, 특히 위 조항이 공소제기 효력의 인적 범위를 확장하는 예외를 마련하여 놓은 것이므로 원칙적으로 엄격하게 해석하여야 하고 피고인에게 불리한 방향으로 확장하여 해석해서는 아니 된다(대판 2015.2.12. 2012도4842).

03 난도 ★★☆　　　　　　　　　　　　정답 ③

수사와 공소 > 강제처분과 강제수사

정답의 이유

③ 심문할 피의자에게 변호인이 없는 때에는 지방법원판사는 직권으로 변호인을 선정하여야 한다. 이 경우 변호인의 선정은 피의자에 대한 구속영장 청구가 기각되어 효력이 소멸한 경우를 제외하고는 제1심까지 효력이 있다(형사소송법 제201조의2 제8항).

오답의 이유

① 항소법원은 항소피고사건의 심리중 또는 판결선고후 상고제기 또는 판결확정에 이르기까지 수소법원으로서 형사소송법 제70조 제1항 각호의 사유있는 불구속 피고인을 구속할 수 있고 또 수소법원의 구속에 관하여는 검사 또는 사법경찰관이 피의자를

구속함을 규율하는 형사소송법 제208조의 규정은 적용되지 아니하므로 구속기간의 만료로 피고인에 대한 구속의 효력이 상실된 후 항소법원이 피고인에 대한 판결을 선고하면서 피고인을 구속하였다 하여 위 법 제208조의 규정에 위배되는 재구속 또는 이중구속이라 할 수 없다(대결 1985.7.23. 85모12).

② 형사소송법 제75조 제1항은, "구속영장에는 피고인의 성명, 주거, 죄명, 공소사실의 요지, 인치구금할 장소, 발부연월일, 그 유효기간과 그 기간을 경과하면 집행에 착수하지 못하며 영장을 반환하여야 할 취지를 기재하고 재판장 또는 수명법관이 서명날인하여야 한다."고 규정하고 있는바, 구속의 효력은 원칙적으로 위 방식에 따라 작성된 구속영장에 기재된 범죄사실에만 미치는 것이므로, 구속기간이 만료될 무렵에 종전 구속영장에 기재된 범죄사실과 다른 범죄사실로 피고인을 구속하였다는 사정만으로는 피고인에 대한 구속이 위법하다고 할 수 없다(대결 2000.11.10. 2000모134).

④ 형사소송법 제70조 제2항은 제70조 제1항에서 정한 구속사유에 새로운 구속사유를 추가한 것이 아니라 구속사유를 심사할 때 고려해야 할 사항에 대해 규정하고 있다.

형사소송법 제70조(구속의 사유)

① 법원은 피고인이 죄를 범하였다고 의심할 만한 상당한 이유가 있고 다음 각 호의 1에 해당하는 사유가 있는 경우에는 피고인을 구속할 수 있다.

　　1. 피고인이 일정한 주거가 없는 때
　　2. 피고인이 증거를 인멸할 염려가 있는 때
　　3. 피고인이 도망하거나 도망할 염려가 있는 때

② 법원은 제1항의 구속사유를 심사함에 있어서 범죄의 중대성, 재범의 위험성, 피해자 및 중요 참고인 등에 대한 위해우려 등을 고려하여야 한다.

---

04 난도 ★★☆　　　　　　　　　　　　정답 ④

수사와 공소 > 수사

정답의 이유

④ 형사소송법이 고소와 고소취소에 관한 규정을 하면서 제232조 제1항, 제2항에서 고소취소의 시한과 재고소의 금지를 규정하고 제3항에서는 반의사불벌죄에 제1항, 제2항의 규정을 준용하는 규정을 두면서도, 제233조에서 고소와 고소취소의 불가분에 관한 규정을 함에 있어서는 반의사불벌죄에 이를 준용하는 규정을 두지 아니한 것은 처벌을 희망하지 아니하는 의사표시나 처벌을 희망하는 의사표시의 철회에 관하여 친고죄와는 달리 공범자 간에 불가분의 원칙을 적용하지 아니하고자 함에 있다고 볼 것이지, 입법의 불비로 볼 것은 아니다(대판 1994.4.26. 93도1689).

오답의 이유

① 대판 2008.11.27. 2007도4977

② 대판 2011.5.13. 2011도2233

③ 대판 1985.11.12. 85도1940

공판 > 공판절차

정답의 이유

① 국민의 형사재판 참여에 관한 법률 제43조

제43조(간이공판절차 규정의 배제)
국민참여재판에는 「형사소송법」 제286조의2를 적용하지 아니한다.

형사소송법 제286조의2(간이공판절차의 결정)
피고인이 공판정에서 공소사실에 대하여 자백한 때에는 법원은 그 공소사실에 한하여 간이공판절차에 의하여 심판할 것을 결정할 수 있다.

오답의 이유

② 법원에서 피고인이 국민참여재판을 원하는지에 관한 의사의 확인절차를 거치지 아니한 채 통상의 공판절차로 재판을 진행하였다면, 이는 피고인의 국민참여재판을 받을 권리에 대한 중대한 침해로서 그 절차는 위법하고 이러한 위법한 공판절차에서 이루어진 소송행위도 무효라고 보아야 한다. 그러나 국민참여재판은 피고인의 희망 의사의 번복에 관한 일정한 제한(법 제8조 제4항)이 있는 외에는 피고인의 의사에 반하여 할 수 없는 것이므로, 제1심법원이 국민참여재판의 대상이 되는 사건임을 간과하여 이에 관한 피고인의 의사를 확인하지 아니한 채 통상의 공판절차로 재판을 진행하였더라도, 피고인이 항소심에서 국민참여재판을 원하지 아니한다고 하면서 위와 같은 제1심의 절차적 위법을 문제삼지 아니할 의사를 명백히 표시하는 경우에는 그 하자가 치유되어 제1심 공판절차는 전체로서 적법하게 된다고 봄이 상당하다(대판 2013.1.31. 2012도13896).

③ 법원은 국민참여재판 배제결정을 하기 전에 검사·피고인 또는 변호인에게 배제결정에 대한 의견을 들어야 하며, 피고인은 국민참여재판 배제결정에 대하여 즉시항고할 수 있다(국민의 형사재판 참여에 관한 법률 제9조 제2항·제3항).

④ 성폭력범죄의 처벌 등에 관한 특례법 제2조의 범죄로 인한 피해자 또는 법정대리인이 국민참여재판을 원하지 아니하는 경우 법원은 공소제기 후부터 공판준비기일이 종결된 다음 날까지 국민참여재판을 하지 아니하기로 하는 결정을 할 수 있다(국민의 형사재판 참여에 관한 법률 제9조 제1항).

제9조(배제결정)
① 법원은 공소제기 후부터 공판준비기일이 종결된 다음날까지 다음 각 호의 어느 하나에 해당하는 경우 국민참여재판을 하지 아니하기로 하는 결정을 할 수 있다.
  1. 배심원·예비배심원·배심원후보자 또는 그 친족의 생명·신체·재산에 대한 침해 또는 침해의 우려가 있어서 출석의 어려움이 있거나 이 법에 따른 직무를 공정하게 수행하지 못할 염려가 있다고 인정되는 경우
  2. 공범 관계에 있는 피고인들 중 일부가 국민참여재판을 원하지 아니하여 국민참여재판의 진행에 어려움이 있다고 인정되는 경우
  3. 「성폭력범죄의 처벌 등에 관한 특례법」 제2조의 범죄로 인한 피해자(이하 "성폭력범죄 피해자"라 한다) 또는 법정대리인이 국민참여재판을 원하지 아니하는 경우
  4. 그 밖에 국민참여재판으로 진행하는 것이 적절하지 아니하다고 인정되는 경우
② 법원은 제1항의 결정을 하기 전에 검사·피고인 또는 변호인의 의견을 들어야 한다.
③ 제1항의 결정에 대하여는 즉시항고를 할 수 있다.

서론 > 소송주체와 소송관계인

정답의 이유

④ 법무부장관이 형사사건으로 공소가 제기된 변호사에 대하여 그 판결이 확정될 때까지 업무정지를 명할 수 있도록 하는 구 변호사법 제15조는 직업선택의 자유를 규정한 헌법 제15조, 무죄추정의 원칙을 규정한 동 제27조 제4항에 위반된 것이 명백하다(헌재 1990.11.19. 90헌가48 전원).

오답의 이유

① 헌재 2006.5.25. 2004헌바12 전원

② 헌재 1992.4.14. 90헌마82 전원

③ '형의 집행 및 수용자의 처우에 관한 법률'(2007. 12. 21. 법률 제8728호로 개정된 것, 이하 '법'이라 한다) 제104조 제1항 중 마약류사범에 관한 부분은 마약류사범인 수용자에 대하여서는 그가 미결수용자인지 또는 수형자인지 여부를 불문하고 마약류에 대한 중독성 및 높은 재범률 등 마약류사범의 특성을 고려한 처우를 할 수 있음을 규정한 것일 뿐, 마약류사범인 미결수용자에 대하여 범죄사실의 인정 또는 유죄판결을 전제로 불이익을 가하는 것이 아니므로 무죄추정원칙에 위반되지 아니한다(헌재 2013.7.25. 2012헌바63 전원).

공판 > 공판절차

정답의 이유

① 피고인의 출정없이 증거조사를 할 수 있는 경우에 피고인이 출정하지 아니하였다면 증거로 할 수 있음에 동의가 있는 것으로 간주한다. 단, 대리인 또는 변호인이 출정한 때에는 예외로 한다(형사소송법 제318조 제2항).

제318조(당사자의 동의와 증거능력)
① 검사와 피고인이 증거로 할 수 있음을 동의한 서류 또는 물건은 진정한 것으로 인정한 때에는 증거로 할 수 있다.
② 피고인의 출정없이 증거조사를 할 수 있는 경우에 피고인이 출정하지 아니한 때에는 전항의 동의가 있는 것으로 간주한다. 단, 대리인 또는 변호인이 출정한 때에는 예외로 한다.

형사소송법개론

교정직

② 형사소송법 제276조
③ 형사소송법 제277조 제1호

제277조(경미사건 등과 피고인의 불출석)
다음 각 호의 어느 하나에 해당하는 사건에 관하여는 피고인의 출석을 요하지 아니한다. 이 경우 피고인은 대리인을 출석하게 할 수 있다.

1. 다액 500만 원 이하의 벌금 또는 과료에 해당하는 사건
2. 공소기각 또는 면소의 재판을 할 것이 명백한 사건
3. 장기 3년 이하의 징역 또는 금고, 다액 500만 원을 초과하는 벌금 또는 구류에 해당하는 사건에서 피고인의 불출석허가신청이 있고 법원이 피고인의 불출석이 그의 권리를 보호함에 지장이 없다고 인정하여 이를 허가한 사건. 다만, 제284조에 따른 절차를 진행하거나 판결을 선고하는 공판기일에는 출석하여야 한다.
4. 제453조 제1항에 따라 피고인만이 정식재판의 청구를 하여 판결을 선고하는 사건

④ 형사소송법 제306조 제4항

제306조(공판절차의 정지)
① 피고인이 사물의 변별 또는 의사의 결정을 할 능력이 없는 상태에 있는 때에는 법원은 검사와 변호인의 의견을 들어서 결정으로 그 상태가 계속하는 기간 공판절차를 정지하여야 한다.
② 피고인이 질병으로 인하여 출정할 수 없는 때에는 법원은 검사와 변호인의 의견을 들어서 결정으로 출정할 수 있을 때까지 공판절차를 정지하여야 한다.
③ 전2항의 규정에 의하여 공판절차를 정지함에는 의사의 의견을 들어야 한다.
④ 피고사건에 대하여 무죄, 면소, 형의 면제 또는 공소기각의 재판을 할 것으로 명백한 때에는 제1항, 제2항의 사유있는 경우에도 피고인의 출정없이 재판할 수 있다.

08 난도 ★★★ 정답 ④

공판 > 공판절차

정답의 이유

④ 형사소송법 제312조 제1항에서 정한 '검사가 작성한 피의자신문조서'란 당해 피고인에 대한 피의자신문조서만이 아니라 당해 피고인과 공범관계에 있는 다른 피고인이나 피의자에 대하여 검사가 작성한 피의자신문조서도 포함되고, 여기서 말하는 '공범'에는 형법 총칙의 공범 이외에도 서로 대향된 행위의 존재를 필요로 할 뿐 각자의 구성요건을 실현하고 별도의 형벌 규정에 따라 처벌되는 강학상 필요적 공범 또는 대향범까지 포함한다. 따라서 피고인이 자신과 공범관계에 있는 다른 피고인이나 피의자에 대하여 검사가 작성한 피의자신문조서의 내용을 부인하는 경우에는 형사소송법 제312조 제1항에 따라 유죄의 증거로 쓸 수 없다(대판 2023.6.1. 2023도3741).

① 형사소송법 제312조 제3항은 검사 이외의 수사기관이 작성한 해당 피고인에 대한 피의자신문조서를 유죄의 증거로 하는 경우뿐만 아니라 검사 이외의 수사기관이 작성한 해당 피고인과 공범관계에 있는 다른 피고인이나 피의자에 대한 피의자신문조서를 해당 피고인에 대한 유죄의 증거로 채택할 경우에도 적용된다. 그리고 이러한 법리는 공동정범이나 교사범, 방조범 등 공범관계에 있는 자들 사이에서뿐만 아니라, 법인의 대표자나 법인 또는 개인의 대리인, 사용인, 그 밖의 종업원 등 행위자의 위반행위에 대하여 행위자가 아닌 법인 또는 개인이 양벌규정에 따라 기소된 경우, 이러한 법인 또는 개인과 행위자 사이의 관계에서도 마찬가지로 적용된다고 보아야 한다(대판 2020.6.11. 2016도9367).

② 조서말미에 피고인의 서명만이 있고, 그 날인(무인 포함)이나 간인이 없는 검사 작성의 피고인에 대한 피의자신문조서는 증거능력이 없다고 할 것이고, 그 날인이나 간인이 없는 것이 피고인이 그 날인이나 간인을 거부하였기 때문이어서 그러한 취지가 조서말미에 기재되었다거나, 피고인이 법정에서 그 피의자신문조서의 임의성을 인정하였다고 하여 달리 볼 것은 아니다. 원심이, 검사 작성의 피고인에 대한 각 피의자신문조서는 그 말미에 피고인의 서명만이 있고, 그 날인이나 무인이 되어 있지 아니하였으며, 피고인은 원심에서 그 진정성립을 부인하였다는 이유로, 위 각 피의자신문조서의 형식적 진정성립을 부정하여 그 증거능력이 없다고 판단한 조치는 위와 같은 법리에 따른 것으로 정당하다(대판 1999.4.13. 99도237).

③ 2020. 2. 4. 법률 제16924호로 개정되어 2022. 1. 1.부터 시행된 형사소송법 제312조 제1항은 검사가 작성한 피의자신문조서는 공판준비, 공판기일에 그 피의자였던 피고인 또는 변호인이 그 내용을 인정할 때에 한정하여 증거로 할 수 있다고 규정하고 있다. 여기서 '그 내용을 인정할 때'라 함은 피의자신문조서의 기재 내용이 진술 내용대로 기재되어 있다는 의미가 아니고 그와 같이 진술한 내용이 실제 사실과 부합한다는 것을 의미한다. 따라서 피고인이 공소사실을 부인하는 경우 검사가 작성한 피의자신문조서 중 공소사실을 인정하는 취지의 진술 부분은 그 내용을 인정하지 않았다고 보아야 한다(대판 2023.4.27. 2023도2102).

09 난도 ★☆☆ 정답 ④

공판 > 증거

정답의 이유

④ 제3자가 권한 없이 비밀보호조치를 해제하는 방법으로 피고인이 공공업무용 전자문서관리시스템을 이용하여 발송한 전자우편을 수집한 행위는 정보통신망 이용촉진 및 정보보호 등에 관한 법률 제71조 제11호, 제49조 소정의 '정보통신망에 의하여 처리·보관 또는 전송되는 타인의 비밀을 침해 또는 누설하는 행위'로서 형사처벌되는 범죄행위에 해당할 수 있을 뿐만 아니라, 이 사건 전자우편을 발송한 피고인의 사생활의 비밀 내지 통신의 자유 등의 기본권을 침해하는 행위에 해당한다는 점에서 일응 그 증거능력을 부인하여야 할 측면도 있어 보인다. 그러나 이 사건

전자우편은 ○○시청의 업무상 필요에 의하여 설치된 전자관리 시스템에 의하여 전송·보관되는 것으로서 그 공공적 성격을 완전히 배제할 수는 없다고 할 것이다. 또한 이 사건 형사소추의 대상이 된 행위는 구 공직선거법(2010. 1. 25. 법률 제9974호로 개정되기 전의 것, 이하 '구 공직선거법'이라 한다) 제255조 제3항, 제85조 제1항에 의하여 처벌되는 공무원의 지위를 이용한 선거운동행위로서 공무원의 정치적 중립의무를 정면으로 위반하고 이른바 관권선거를 조장할 우려가 있는 중대한 범죄에 해당한다. 여기에 피고인이 제1심에서 이 사건 전자우편을 이 사건 공소사실에 대한 증거로 함에 동의한 점 등을 종합하면, 이 사건 전자우편을 이 사건 공소사실에 대한 증거로 제출하는 것은 허용되어야 할 것이고, 이로 말미암아 피고인의 사생활의 비밀이나 통신의 자유가 일정 정도 침해되는 결과를 초래한다 하더라도 이는 피고인이 수인하여야 할 기본권의 제한에 해당한다고 보아야 할 것이다(대판 2013.11.28. 2010도12244).

[오답의 이유]

① 대판 2013.11.28. 2010도12244

② 택시 운전기사인 피고인이 자신의 택시에 승차한 피해자들에게 질문하여 피해자들의 지속적인 답변을 유도하는 등의 방법으로 피해자들과의 대화를 이어나가면서 그 대화 내용을 공개하였다는 것인데, 피고인이 피해자들 사이의 대화에서 완전히 벗어나 있었다는 사정을 찾아볼 수 없고, 기록에 의하면 피해자들이 피고인의 질문에 응하여 답변하면서 자신들의 신상에 관련된 내용을 적극적으로 이야기한 사실을 알 수 있다. 위 사실관계를 앞서 본 법리에 비추어 살펴보면, 피고인 역시 피해자들과 함께 3인 사이에 이루어진 대화의 한 당사자로 보일 뿐 그 대화에 참여하지 않은 제3자라고 하기는 어려울 것이고, 피고인이 주로 질문을 하면서 듣는 등으로 그 발언 분량이 적었다거나 대화의 주제가 피해자들과 관련된 내용이고 피고인이 대화 내용을 공개할 의도가 있었다고 하여 달리 볼 것은 아니다. 따라서 피해자들의 발언은 피고인에 대한 관계에서 통신비밀보호법 제3조 제1항에서 정한 '타인 간의 대화'에 해당한다고 할 수 없다(대판 2014.5.16. 2013도16404).

③ 사문서위조·위조사문서행사 및 소송사기로 이어지는 일련의 범행에 대하여 피고인을 형사소추하기 위해서는 이 사건 업무일지가 반드시 필요한 증거로 보이므로, 설령 그것이 제3자에 의하여 절취된 것으로서 위 소송사기 등의 피해자측이 이를 수사기관에 증거자료로 제출하기 위하여 대가를 지급하였다 하더라도, 공익의 실현을 위하여는 이 사건 업무일지를 범죄의 증거로 제출하는 것이 허용되어야 하고, 이로 말미암아 피고인의 사생활 영역을 침해하는 결과가 초래된다 하더라도 이는 피고인이 수인하여야 할 기본권의 제한에 해당된다(대판 2008.6.26. 2008도1584).

상소와 비상구제절차 > 상소

[정답의 이유]

② 피고인이 재판이 계속 중인 사실을 알면서도 새로운 주소지 등을 법원에 신고하는 등 조치를 하지 않아 소환장이 송달불능되었더라도, 법원은 기록에 주민등록지 이외의 주소가 나타나 있고 피고인의 집 전화번호 또는 휴대전화번호 등이 나타나 있는 경우에는 위 주소지 및 전화번호로 연락하여 송달받을 장소를 확인하여 보는 등의 시도를 해 보아야 하고, 그러한 조치 없이 곧바로 공시송달 방법으로 송달하는 것은 형사소송법 제63조 제1항, 소송촉진 등에 관한 특례법 제23조에 위배되어 허용되지 아니하는데, 이처럼 허용되지 아니하는 잘못된 공시송달에 터잡아 피고인의 진술 없이 공판이 진행되고 피고인이 출석하지 않은 기일에 판결이 선고된 경우에는, 피고인은 자기 또는 대리인이 책임질 수 없는 사유로 상소 제기기간 내에 상소를 하지 못한 것으로 봄이 타당하다(대결 2022.5.26. 2022모439).

[오답의 이유]

① 형사소송법 제345조에서 말하는 대리인중에는 본인의 보조인으로서 본인의 부탁을 받아 상소에 관한 서면을 작성하여 이를 제출하는 등 본인의 상소에 필요한 사실행위를 대행하는 사람을 포함하며, 책임질 수 없는 사유란 상소를 하지 못한 사유가 상소권자 본인 또는 대리인의 고의 또는 과실에 기하지 아니함을 말한다 할 것이므로 상소권자 또는 대리인이 단순히 질병으로 입원하였다거나 기거불능하였기 때문에 상소를 하지 못하였다는 것은 상소권회복의 사유에 해당하지 아니한다(대결 1986.9.17. 86모46).

③ 상소권회복청구는 오로지 상소할 수 있는 자가 자기의사에 따라 그것을 할 것인지의 여부를 결정할 일이어서 교도소담당직원이 재항고인에게 상소권회복청구를 할 수 없다고 하면서 형사소송규칙 제177조에 따른 편의를 제공해 주지 아니하였다 하더라도 위 사유는 상소권회복청구를 이유있게 할 사유가 될 수 없다(대결 1986.9.27. 86모47).

④ 상소권 포기가 비록 기망에 의한 것이라도 형사소송법 제354조에 의하여 다시 상소를 할 수 없으며, 상소권 회복은 자기가 책임질 수 없는 사유로 인하여 상소제기 기간내에 상소를 하지 못한 사람이 이를 청구하는 것이므로 재항고인이 상피고인의 기망에 의하여 항소권을 포기하였음을 항소제기 기간이 도과한 뒤에야 비로소 알게 되었다 하더라도 이러한 사정은 재항고인이 책임질 수 없는 사유에 해당한다고 볼 수 없다(대결 1984.7.11. 84모40).

상소와 비상구제절차 > 상소

[정답의 이유]

③ 환송 전 항소심에서 포괄일죄의 일부만이 유죄로 인정된 경우 그 유죄부분에 대하여 피고인만이 상고하였을 뿐 무죄부분에 대하여 검사가 상고를 하지 않았다면 상소불가분의 원칙에 의하여

무죄부분도 상고심에 이심되기는 하나 그 부분은 이미 당사자 간의 공격방어의 대상으로부터 벗어나 사실상 심판대상에서부터도 벗어나게 되어 상고심으로서도 그 무죄부분에까지 나아가 판단할 수 없는 것이고, 따라서 상고심으로부터 위 유죄부분에 대한 항소심판결이 잘못되었다는 이유로 사건을 파기환송받은 항소심은 그 무죄부분에 대하여 다시 심리판단하여 유죄를 선고할 수 없다(대판 1991.3.12. 90도2820).

오답의 이유
① 형사소송법 제342조 제1항·제2항

제342조(일부상소)
① 상소는 재판의 일부에 대하여 할 수 있다.
② 일부에 대한 상소는 그 일부와 불가분의 관계에 있는 부분에 대하여도 효력이 미친다.

② 포괄적 일죄의 관계에 있는 공소사실 중 일부 유죄, 나머지 무죄의 판결에 대하여 검사만이 무죄부분에 대한 상고를 하고 피고인은 상고하지 아니하더라도 상소불가분의 원칙상 검사의 상고는 그 판결의 유죄부분과 무죄부분 전부에 미치는 것이므로 유죄부분도 상고심에 이전되어 그 심판대상이 된다(대판 1989.4.11. 86도1629).

④ 형법 제37조 전단의 경합범으로 같은 법 제38조 제1항 제2호에 해당하는 경우 하나의 형으로 처벌하여야 함은 물론이지만 위 규정은 이를 동시에 심판하는 경우에 관한 규정인 것이고 경합범으로 동시에 기소된 사건에 대하여 일부 유죄, 일부 무죄의 선고를 하거나 일부의 죄에 대하여 징역형을, 다른 죄에 대하여 벌금형을 선고하는 등 판결주문이 수개일 때에는 그 1개의 주문에 포함된 부분을 다른 부분과 분리하여 일부상소를 할 수 있는 것이고 당사자 쌍방이 상소하지 아니한 부분은 분리 확정된다고 볼 것이므로, 경합범 중 일부에 대하여 무죄, 일부에 대하여 유죄를 선고한 제1심판결에 대하여 검사만이 무죄 부분에 대하여 항소를 한 경우 피고인과 검사가 항소하지 아니한 유죄판결 부분은 항소기간이 지남으로써 확정되어 항소심에 계속된 사건은 무죄판결 부분에 대한 공소뿐이라 할 것이고, 그에 따라 항소심에서 이를 파기할 때에는 무죄 부분만을 파기할 수밖에 없다(대판 2000.2.11. 99도4840).

12 난도 ★★★   정답 ②

종합

정답의 이유
② 상습범으로 유죄의 확정판결(이하 앞서 저질러 재심의 대상이 된 범죄를 '선행범죄'라 한다)을 받은 사람이 그 후 동일한 습벽에 의해 범행을 저질렀는데(이하 뒤에 저지른 범죄를 '후행범죄'라 한다) 유죄의 확정판결에 대하여 재심이 개시된 경우, 동일한 습벽에 의한 후행범죄가 재심대상판결에 대한 재심판결 선고 전에 저질러진 범죄라 하더라도 재심판결의 기판력이 후행범죄에 미치지 않는다(대판 2019.6.20. 2018도20698 전원).

오답의 이유
① 형사소송법 제329조
③ 대판 2022.3.17. 2016도17054
④ 대판 2021.4.29. 2021도26

13 난도 ★★★   정답 ③

공판 > 공판절차

정답의 이유
③ 경합범 관계에 있는 수개의 범죄사실을 유죄로 인정하여 한 개의 형을 선고한 불가분의 확정판결에서 그 중 일부의 범죄사실에 대하여만 재심청구의 이유가 있는 것으로 인정된 경우에는 형식적으로는 1개의 형이 선고된 판결에 대한 것이어서 그 판결 전부에 대하여 재심개시의 결정을 할 수밖에 없지만, 비상구제 수단인 재심제도의 본질상 재심사유가 없는 범죄사실에 대하여는 재심개시결정의 효력이 그 부분을 형식적으로 심판의 대상에 포함시키는데 그치므로 재심법원은 그 부분에 대하여는 이를 다시 심리하여 유죄인정을 파기할 수 없고 다만 그 부분에 관하여 새로이 양형을 하여야 하므로 양형을 위하여 필요한 범위에 한하여만 심리를 할 수 있을 뿐이다(대판 1996.6.14. 96도477).

오답의 이유
① 공소장일본주의에 위배된 공소제기라고 인정되는 때에는, 그 절차가 법률의 규정에 위반하여 무효인 때에 해당하는 것으로 보아 공소기각의 판결을 선고하는 것이 원칙이다(형사소송법 제327조 제2호). 다만 공소장 기재의 방식에 관하여 피고인 측으로부터 아무런 이의가 제기되지 아니하였고 법원 역시 범죄사실의 실체를 파악하는 데 지장이 없다고 판단하여 그대로 공판절차를 진행한 결과 증거조사절차가 마무리되어 법관의 심증형성이 이루어진 단계에 이른 경우에는 소송절차의 동적 안정성 및 소송경제의 이념 등에 비추어 볼 때 더 이상 공소장일본주의 위배를 주장하여 이미 진행된 소송절차의 효력을 다툴 수 없다고 보아야 하나, 피고인 측으로부터 이의가 유효하게 제기되어 있는 이상 공판절차가 진행되어 법관의 심증형성의 단계에 이르렀다고 하여 공소장일본주의 위배의 하자가 치유된다고 볼 수 없다(대판 2015.1.29. 2012도2957).

② 항소법원은 항소이유에 포함된 사유에 관하여 심판하여야 하므로 항소법원은 판결에 영향을 미친 사유에 관하여는 항소이유서에 포함되지 아니한 경우에도 직권으로 심판할 수 있다(형사소송법 제364조 제1항·제2항).

④ 원래 주위적·예비적 공소사실의 일부에 대한 상소제기의 효력은 나머지 공소사실 부분에 대하여도 미치는 것이고, 동일한 사실관계에 대하여 서로 양립할 수 없는 적용법조의 적용을 주위적·예비적으로 구하는 경우에는 예비적 공소사실만 유죄로 인정되고 그 부분에 대하여 피고인만 상소하였다고 하더라도 주위적 공소사실까지 함께 상소심의 심판대상에 포함된다(대판 2006.5.25. 2006도1146).

14 난도 ★☆☆　　　　　　　정답 ②

서론 > 소송주체와 소송관계인

정답의 이유

② 피고인은 증인신문에 참여할 수 있으며, 직접 신문할 수 있다(형사소송법 163조 제1항·제161조의2 제1항 참고).

> **제163조(당사자의 참여권, 신문권)**
> ① 검사, 피고인 또는 변호인은 증인신문에 참여할 수 있다.
>
> **제161조의2(증인신문의 방식)**
> ① 증인은 신청한 검사, 변호인 또는 피고인이 먼저 이를 신문하고 다음에 다른 검사, 변호인 또는 피고인이 신문한다.

오답의 이유

① 형사소송법 제35조 제1항
③ 형사소송법 제296조 제1항·제293조, 형사소송규칙 제135조의2

> **제296조(증거조사에 대한 이의신청)**
> ① 검사, 피고인 또는 변호인은 증거조사에 관하여 이의신청을 할 수 있다.
>
> **제293조(증거조사 결과와 피고인의 의견)**
> 재판장은 피고인에게 각 증거조사의 결과에 대한 의견을 묻고 권리를 보호함에 필요한 증거조사를 신청할 수 있음을 고지하여야 한다.
>
> **형사소송규칙 제135조의2(증거조사에 관한 이의신청의 사유)**
> 법 제296조 제1항의 규정에 의한 이의신청은 법령의 위반이 있거나 상당하지 아니함을 이유로 하여 이를 할 수 있다.

④ 형사소송법 제283조의2 제1항

15 난도 ★★☆　　　　　　　정답 ④

수사와 공소 > 수사 총론

정답의 이유

ㄷ. 경찰관 직무집행법 제3조 제2항·제6항

> **제3조(불심검문)**
> ① 경찰관은 다음 각 호의 어느 하나에 해당하는 사람을 정지시켜 질문할 수 있다.
>   1. 수상한 행동이나 그 밖의 주위 사정을 합리적으로 판단하여 볼 때 어떠한 죄를 범하였거나 범하려 하고 있다고 의심할 만한 상당한 이유가 있는 사람
>   2. 이미 행하여진 범죄나 행하여지려고 하는 범죄행위에 관한 사실을 안다고 인정되는 사람
> ② 경찰관은 제1항에 따라 같은 항 각 호의 사람을 정지시킨 장소에서 질문을 하는 것이 그 사람에게 불리하거나 교통에 방해가 된다고 인정될 때에는 질문을 하기 위하여 가까운 경찰서·지구대·파출소 또는 출장소(지방해양경찰관서를 포함하며, 이하 "경찰관서"라 한다)로 동행할 것을 요구할 수 있다. 이 경우 동행을 요구받은 사람은 그 요구를 거절할 수 있다.
> ⑥ 경찰관은 제2항에 따라 동행한 사람을 6시간을 초과하여 경찰관서에 머물게 할 수 없다.

ㄹ. 대판 2014.2.27. 2011도13999

오답의 이유

ㄱ. 경찰관직무집행법(이하 '법'이라고 한다)의 목적, 법 제1조 제1항, 제2항, 제3조 제1항, 제2항, 제3항, 제7항의 내용 및 체계 등을 종합하면, 경찰관이 법 제3조 제1항에 규정된 대상자(이하 '불심검문 대상자'라 한다) 해당 여부를 판단할 때에는 불심검문 당시의 구체적 상황은 물론 사전에 얻은 정보나 전문적 지식 등에 기초하여 불심검문 대상자인지를 객관적·합리적인 기준에 따라 판단하여야 하나, 반드시 불심검문 대상자에게 형사소송법상 체포나 구속에 이를 정도의 혐의가 있을 것을 요한다고 할 수는 없다(대판 2014.2.27. 2011도13999).

ㄴ. 검문하는 사람이 경찰관이고 검문하는 이유가 범죄행위에 관한 것임을 피고인이 충분히 알고 있었다고 보이는 경우에는 신분증을 제시하지 않았다고 하여 그 불심검문이 위법한 공무집행이라고 할 수 없다(대판 2014.12.11. 2014도7976).

16 난도 ★★☆　　　　　　　정답 ③

수사와 공소 > 강제처분과 강제수사

정답의 이유

③ 수사기관이 압수·수색영장에 적힌 '수색할 장소'에 있는 컴퓨터 등 정보처리장치에 저장된 전자정보 외에 원격지 서버에 저장된 전자정보를 압수·수색하기 위해서는 압수·수색영장에 적힌 '압수할 물건'에 별도로 원격지 서버 저장 전자정보가 특정되어 있어야 한다. 압수·수색영장에 적힌 '압수할 물건'에 컴퓨터 등 정보처리장치 저장 전자정보만 기재되어 있다면 컴퓨터 등 정보처리장치를 이용하여 원격지 서버 저장 전자정보를 압수할 수는 없다(대판 2022.6.30. 2022도1452).

오답의 이유

① 검사 또는 사법경찰관은 수사 또는 형의 집행을 위하여 필요한 경우 전기통신사업법에 의한 전기통신사업자에게 통신사실 확인자료의 열람이나 제출을 요청할 수 있다(통신비밀보호법 제13조 제1항).

> **통신비밀보호법 제2조(정의)**
> 11. "통신사실확인자료"라 함은 다음 각목의 어느 하나에 해당하는 전기통신사실에 관한 자료를 말한다.
>   가. 가입자의 전기통신일시
>   나. 전기통신개시·종료시간
>   다. 발·착신 통신번호 등 상대방의 가입자번호
>   라. 사용도수
>   마. 컴퓨터통신 또는 인터넷의 사용자가 전기통신역무를 이용한 사실에 관한 컴퓨터통신 또는 인터넷의 로그기록자료
>   바. 정보통신망에 접속된 정보통신기기의 위치를 확인할 수 있는 발신기지국의 위치추적자료

사. 컴퓨터통신 또는 인터넷의 사용자가 정보통신망에 접속하기 위하여 사용하는 정보통신기기의 위치를 확인할 수 있는 접속지의 추적자료

② 전자정보가 담긴 저장매체 또는 하드카피나 이미징 등 형태를 수사기관 사무실 등으로 옮겨 복제 · 탐색 · 출력하는 경우에도, 그와 같은 일련의 과정에서 형사소송법 제219조, 제121조에서 규정하는 피압수 · 수색 당사자나 변호인에게 참여의 기회를 보장하고 혐의사실과 무관한 전자정보의 임의적인 복제 등을 막기 위한 적절한 조치를 취하는 등 영장주의 원칙과 적법절차를 준수하여야 한다(대결 2015.7.16. 2011모1839 전합).
④ 대판 2023.9.18. 2022도7453

17 난도 ★★☆　　　　　　　　　　　　　　　　정답 ②

공판 > 재판

정답의 이유

② 검사, 피고인 또는 변호인이 증거신청을 함에 있어서는 그 증거와 증명하고자 하는 사실과의 관계를 구체적으로 명시하여야 한다(형사소송규칙 제132조의2 제1항).

오답의 이유

① 형사소송법 제294조 제1항
③ 대판 2011.1.27. 2010도7947
④ 형사소송규칙 제134조 제4항

18 난도 ★☆☆　　　　　　　　　　　　　　　　정답 ③

공판 > 공판절차

정답의 이유

③ 법원은 공판준비기일이 지정된 사건에 관하여 변호인이 없는 때에는 직권으로 변호인을 선정하여야 한다(형사소송법 제266조의8 제4항).

오답의 이유

① 공판준비기일이 일반형사재판과 달리 국민참여재판에서는 필수적 절차이다(국민의 형사재판 참여에 관한 법률 제37조 제1항).

제37조(공판준비기일)
① 법원은 주장과 증거를 정리하고 심리계획을 수립하기 위하여 공판준비기일을 지정하여야 한다.

형사소송법 제266조의5(공판준비절차)
② 공판준비절차는 주장 및 입증계획 등을 서면으로 준비하게 하거나 공판준비기일을 열어 진행한다.

② 법원은 필요하다고 인정하는 때에는 피고인을 소환할 수 있으며, 피고인은 법원의 소환이 없는 때에도 공판준비기일에 출석할 수 있다(형사소송법 제266조의8 제5항).
④ 재판장은 출석한 피고인에게 진술을 거부할 수 있음을 알려주어야 한다(형사소송법 제266조의8 제6항).

19 난도 ★★☆　　　　　　　　　　　　　　　　정답 ②

공판 > 증거

정답의 이유

② 공판조서의 기재가 명백한 오기인 경우를 제외하고는, 공판기일의 소송절차로서 공판조서에 기재된 것은 조서만으로써 증명하여야 하고 그 증명력은 공판조서 이외의 자료에 의한 반증이 허용되지 않는 절대적인 것이다(대판 1996.4.9. 96도173).

오답의 이유

① 동일한 사항에 관하여 두 개의 서로 다른 내용이 기재된 공판조서가 병존하는 경우 양자는 동일한 증명력을 가지는 것으로서 그 증명력에 우열이 있을 수 없다고 보아야 할 것이므로 그 중 어느 쪽이 진실한 것으로 볼 것인지는 공판조서의 증명력을 판단하는 문제로서 법관의 자유로운 심증에 따를 수 밖에 없다(대판 1988.11.8. 86도1646).
③ 대판 1995.4.14. 95도110
④ 대판 2023.6.15. 2023도3038

20 난도 ★★★　　　　　　　　　　　　　　　　정답 ②

공판 > 재판

정답의 이유

② 교통사고처리특례법 제3조 제1항, 제2항 단서, 형법 제268조를 적용하여 공소가 제기된 사건에서, 심리 결과 교통사고처리특례법 제3조 제2항 단서에서 정한 사유가 없고 같은 법 제3조 제2항 본문이나 제4조 제1항 본문의 사유로 공소를 제기할 수 없는 경우에 해당하면 공소기각의 판결을 하는 것이 원칙이다. 그런데 사건의 실체에 관한 심리가 이미 완료되어 교통사고처리특례법 제3조 제2항 단서에서 정한 사유가 없는 것으로 판명되고 달리 피고인이 같은 법 제3조 제1항의 죄를 범하였다고 인정되지 않는 경우, 설령 같은 법 제3조 제2항 본문이나 제4조 제1항 본문의 사유가 있더라도, 사실심법원이 피고인의 이익을 위하여 교통사고처리특례법 위반의 공소사실에 대하여 무죄의 실체판결을 선고하였다면, 이를 위법이라고 볼 수는 없다고 할 것이다(대판 2015.5.28. 2013도10958).

오답의 이유

① 검사가 전자문서나 저장매체를 이용하여 공소를 제기한 경우, 법원은 저장매체에 저장된 전자문서 부분을 제외하고 서면인 공소장에 기재된 부분만으로 공소사실을 판단하여야 한다. 만일 그 기재 내용만으로는 공소사실이 특정되지 않은 부분이 있다면 검사에게 특정을 요구하여야 하고, 그런데도 검사가 특정하지 않는다면 그 부분에 대해서는 공소를 기각할 수밖에 없다(대판 2017.2.15. 2016도19027).
③ 피고인이 공소를 기각한 제1심판결에 대해 무죄를 주장하며 항소하자, 원심이 항소를 기각하지 않고 제1심판결을 파기하여 제1심법원으로 환송한 사안에서, 공소기각 판결에 대하여 피고인에게 상소권이 인정되지 않으므로 위 항소는 법률상의 방식에 위반한 것이 명백한 때에 해당한다(대판 2008.5.15. 2007도6793).
④ 대판 1989.2.14. 85도1435

형사소송법개론 | 2023년 국가직 9급

한눈에 훑어보기

✅ **영역 분석**

공판
9문항, 45%
01 06 07 09 13 14 15 18 19

수사와 공소
4문항, 20%
03 10 12 16

상소와 비상구제절차
2문항, 10%
04 20

서론
5문항, 25%
02 05 08 11 17

✅ **빠른 정답**

01	02	03	04	05	06	07	08	09	10
③	①	④	②	④	②	②	②	④	③
11	12	13	14	15	16	17	18	19	20
④	②	③	④	①	①	③	①	④	②

✅ **점수 체크**

구분	1회독	2회독	3회독
맞힌 문항 수	/ 20	/ 20	/ 20
나의 점수	점	점	점

01 난도 ★☆☆　　　　　　　　　　　　정답 ③

공판 > 증거

[정답의 이유]

③ 범죄의 피해자인 검사가 그 사건의 수사에 관여하거나, 압수·수색영장의 집행에 참여한 검사가 다시 수사에 관여하였다는 이유만으로 바로 그 수사가 위법하다거나 그에 따른 참고인이나 피의자의 진술에 임의성이 없다고 볼 수는 없다(대판 2013.9.12. 2011도12918).

[오답의 이유]

① 대판 2010.7.22. 2009도14376

② 대결 2022.7.14. 2019모2584

④ 대판 2010.10.14. 2010도9016

02 난도 ★☆☆　　　　　　　　　　　　정답 ①

서론 > 소송주체와 소송관계인

[정답의 이유]

① 피의자가 다른 사람의 성명을 모용한 탓으로 공소장에 피모용자기 피고인으로 표시되었다 하더라도 이는 당사자의 표시상의 착오일 뿐이고 검사는 모용자에 대하여 공소를 제기한 것이므로 모용자가 피고인이 되고 피모용자에게 공소의 효력이 미친다고 할 수 없고, 이와 같은 경우 검사는 공소장의 인적 사항의 기재를 정정하여 피고인의 표시를 바로잡아야 하는 것인바, 이는 피고인의 표시상의 착오를 정정하는 것이지 공소장을 변경하는 것이 아니므로 형사소송법 제298조에 따른 공소장변경의 절차를 밟을 필요가 없고 법원의 허가도 필요로 하지 아니한다(대판 1993.1.19. 92도2554).

[오답의 이유]

② 대판 1993.1.19. 92도2554

③·④ 대판 1997.11.28. 97도2215

03 난도 ★★☆   정답 ④

수사와 공소 > 수사

[정답의 이유]

④ 대판 2010.5.27. 2010도2680

[오답의 이유]

① 반의사불벌죄의 피해자는 피의자나 피고인 및 그들의 변호인에게 자신을 대리하여 수사기관이나 법원에 자신의 처벌불원 의사를 표시할 수 있는 권한을 수여할 수 있다(대판 2017.9.7. 2017도8989).

② 형사소송법 제232조 제1항, 제3항의 취지는 국가형벌권의 행사가 피해자의 의사에 의하여 좌우되는 현상을 장기간 방치할 것이 아니라 제1심판결 선고 이전까지로 제한하자는데 그 목적이 있다 할 것이므로 비록 항소심에 이르러 비로소 반의사불벌죄가 아닌 죄에서 반의사불벌죄로 공소장변경이 있었다 하여 항소심인 제2심을 제1심으로 볼 수는 없다(대판 1988.3.8. 85도2518).

③ 반의사불벌죄에서 피고인 또는 피의자의 처벌을 희망하지 않는다는 의사표시 또는 처벌희망 의사표시 철회의 유무나 그 효력 여부에 관한 사실은 엄격한 증명의 대상이 아니라 증거능력이 없는 증거나 법률이 규정한 증거조사 방법을 거치지 아니한 증거에 의한 증명, 이른바 자유로운 증명의 대상이다(대판 2010.10.14. 2010도5610, 2010전도31).

04 난도 ★★☆   정답 ②

상소와 비상구제절차 > 상소

[정답의 이유]

② 대판 2006.10.13. 2006오2

[오답의 이유]

① 형사소송법 제420조 본문은 재심은 유죄의 확정판결에 대하여 그 선고를 받은 자의 이익을 위하여 청구할 수 있도록 하고, 같은 법 제456조는 약식명령은 정식재판의 청구에 의한 판결이 있는 때에는 그 효력을 잃도록 규정하고 있다. 위 각 규정에 의하면, 약식명령에 대하여 정식재판 청구가 이루어지고 그 후 진행된 정식재판 절차에서 유죄판결이 선고되어 확정된 경우, 재심사유가 존재한다고 주장하는 피고인 등은 효력을 잃은 약식명령이 아니라 유죄의 확정판결을 대상으로 재심을 청구하여야 한다(대판 2013.4.11. 2011도10626).

③ 원심판결이 인정한 사실에 대하여 법령을 적용하지 아니하였거나 법령의 적용에 착오가 있는 때, 원심판결이 있은 후 형의 폐지나 변경 또는 사면이 있는 때에는 제1심판결에 대하여 항소를 제기하지 아니하고 상고를 할 수 있다(형사소송법 제372조).

④ 약식명령을 한 판사가 그 정식재판 절차의 항소심 판결에 관여함은 형사소송법 제17조 제7호 소정의 "법관이 사건에 관하여 전심재판 또는 그 기초되는 조사, 심리에 관여한 때"에 해당하여 제척의 원인이 된다(대판 2011.4.28. 2011도17).

05 난도 ★★☆   정답 ④

서론 > 소송주체와 소송관계인

[정답의 이유]

④ 대결 1990.11.2. 90모44

[오답의 이유]

① 기피원인에 관한 형사소송법 제18조 제1항 제2호 소정의 '불공평한 재판을 할 염려가 있는 때'라 함은 당사자가 불공평한 재판이 될지도 모른다고 추측할 만한 주관적인 사정이 있는 때를 말하는 것이 아니라, 통상인의 판단으로서 법관과 사건과의 관계상 불공평한 재판을 할 것이라는 의혹을 갖는 것이 합리적이라고 인정할 만한 객관적인 사정이 있는 때를 말하는 것이다(대결 1996.2.9. 95모93).

② 재판부가 당사자의 증거신청을 채택하지 아니하거나 이미 한 증거결정을 취소하였다 하더라도 그러한 사유만으로는 재판의 공평을 기대하기 어려운 객관적인 사정이 있다고 할 수 없다(대결 1995.4.3. 95모10).

③ 형사소송법 제299조 규정상 재판장이 피고인의 증인신문권의 본질적인 부분을 침해하였다고 볼 만한 아무런 소명자료가 없다면, 재판장이 피고인의 증인에 대한 신문을 제지한 사실이 있다는 것만으로는 법관과 사건과의 관계상 불공평한 재판을 할 것이라는 의혹을 갖는 것이 합리적이라고 인정할 만한 객관적인 사정이 있는 경우에 해당한다고 볼 수 없다(대결 1995.4.3. 95모10).

06 난도 ★☆☆   정답 ②

공판 > 공판절차

[정답의 이유]

② 형사소송법 제304조 제1항의 규정에 의한 이의신청은 법령의 위반이 있음을 이유로 하여서만 이를 할 수 있다(형사소송규칙 제136조).

> **형사소송법 제304조(재판장의 처분에 대한 이의)**
> ① 검사, 피고인 또는 변호인은 재판장의 처분에 대하여 이의신청을 할 수 있다.

[오답의 이유]

① 대판 2008.12.11. 2008도7112
③ 대판 2012.6.14. 2011도15653
④ 대판 2009.10.22. 2009도7436 전합

07 난도 ★★☆   정답 ②

공판 > 공판절차

정답의 이유

② 포괄일죄인 영업범에서 공소제기의 효력은 공소가 제기된 범죄사실과 동일성이 인정되는 범죄사실의 전체에 미치므로, 공판심리 중에 그 범죄사실과 동일성이 인정되는 범죄사실이 추가로 발견된 경우에 검사는 공소장변경절차에 의하여 그 범죄사실을 공소사실로 추가할 수 있다. 그러나 공소제기된 범죄사실과 추가로 발견된 범죄사실 사이에 그 범죄사실들과 동일성이 인정되는 또 다른 범죄사실에 대한 유죄의 확정판결이 있는 때에는, 추가로 발견된 확정판결 후의 범죄사실은 공소제기된 범죄사실과 분단되어 동일성이 없는 별개의 범죄가 된다. 따라서 이때 검사는 공소장변경절차에 의하여 확정판결 후의 범죄사실을 공소사실로 추가할 수는 없고 별개의 독립된 범죄로 공소를 제기하여야 한다(대판 2017.4.28. 2016도21342).

오답의 이유

① 대판 2009.6.11. 2009도1830

③ 대판 2004.7.22. 2003도8153

④ 형사소송규칙 제142조 제5항

08 난도 ★★☆   정답 ②

서론 > 소송주체와 소송관계인

정답의 이유

② 법원은 상당한 이유가 있는 때에는 결정으로 구속된 피고인을 친족·보호단체 기타 적당한 자에게 부탁하거나 피고인의 주거를 제한하여 구속을 집행을 정지할 수 있다(형사소송법 제101조 제1항).

오답의 이유

① 구속의 사유가 없거나 소멸된 때에는 법원은 직권 또는 검사, 피고인, 변호인과 제30조 제2항에 규정한 자의 청구에 의하여 결정으로 구속을 취소하여야 한다(형사소송법 제93조).

③ 검사는 제221조의 규정에 의하여 감정을 위촉하는 경우에 제172조 제3항의 유치처분이 필요할 때에는 판사에게 이를 청구하여야 한다(형사소송법 제221조의3 제1항).

④ 검사, 유죄의 선고를 받은 자, 유죄의 선고를 받은 자의 법정대리인, 유죄의 선고를 받은 자가 사망하거나 심신장애가 있는 경우에는 그 배우자·직계친족 또는 형제자매는 재심의 청구를 할 수 있다(형사소송법 제424조).

09 난도 ★☆☆   정답 ④

공판 > 재판

정답의 이유

④ 형사소송법 제312조 제3항은 검사 이외의 수사기관이 작성한 당해 피고인에 대한 피의자신문조서를 유죄의 증거로 하는 경우뿐만 아니라 검사 이외의 수사기관이 작성한 당해 피고인과 공범관계에 있는 다른 피고인이나 피의자에 대한 피의자신문조서를 당해 피고인에 대한 유죄의 증거로 채택할 경우에도 적용된

다. 따라서 당해 피고인과 공범관계가 있는 다른 피의자에 대하여 검사 이외의 수사기관이 작성한 피의자신문조서는, 그 피의자의 법정진술에 의하여 그 성립의 진정이 인정되는 등 형사소송법 제312조 제4항의 요건을 갖춘 경우라고 하더라도 당해 피고인이 공판기일에서 그 조서의 내용을 부인한 이상 이를 유죄 인정의 증거로 사용할 수 없다(대판 2009.7.9. 2009도2865).

오답의 이유

① 공소는 제1심판결의 선고 전까지 취소할 수 있다(형사소송법 제255조 제1항).

② 재판이 확정되면 그 재판의 본래적 효력으로서 재판의 확정력이 발생한다. 이에 따라 종국재판이 외부적으로 성립한 경우 종국재판을 한 법원은 그 재판을 철회하거나 변경할 수 없다.

③ 형사소송법 제416조 제3항

> **제416조(준항고)**
> ① 재판장 또는 수명법관이 다음 각 호의 1에 해당한 재판을 고지한 경우에 불복이 있으면 그 법관소속의 법원에 재판의 취소 또는 변경을 청구할 수 있다.
>   1. 기피신청을 기각한 재판
>   2. 구금, 보석, 압수 또는 압수물환부에 관한 재판
>   3. 감정하기 위하여 피고인의 유치를 명한 재판
>   4. 증인, 감정인, 통역인 또는 번역인에 대하여 과태료 또는 비용의 배상을 명한 재판
> ③ 제1항의 청구는 재판의 고지있는 날로부터 7일 이내에 하여야 한다.

10 난도 ★★☆   정답 ③

수사와 공소 > 수사의 종결과 공소의 제기

정답의 이유

③ 대결 2015.7.16. 2013모2347 전합

오답의 이유

① 법원은 재정신청서를 송부받은 때에는 송부받은 날부터 10일 이내에 피의자에게 그 사실을 통지하여야 한다(형사소송법 제262조 제1항).

② 대통령에게 제출한 청원서를 대통령비서실로부터 이관받은 검사가 진정사건으로 내사 후 내사종결 처리한 경우, 위 내사종결 처리는 고소 또는 고발사건에 대한 불기소처분이라고 볼 수 없어 재정신청의 대상이 되지 아니한다(대결 1991.11.5. 91모68).

④ 재정신청 기각결정에 대한 재항고나 그 재항고 기각결정에 대한 즉시항고로서의 재항고에 대한 법정기간의 준수 여부는 도달주의 원칙에 따라 재항고장이나 즉시항고장이 법원에 도달한 시점을 기준으로 판단하여야 하고, 거기에 재소자 피고인 특칙은 준용되지 아니한다(대결 2015.7.16. 2013모2347 전합).

11 난도 ★★☆　　　　　　　　　　　　　정답 ④

서론 > 소송주체와 소송관계인

정답의 이유

④ 대결 2007.1.31. 2006모657

오답의 이유

① 형사소송에 있어서 변호인을 선임할 수 있는 자는 피고인 및 피의자와 형사소송법 제30조 제2항에 규정된 자에 한정되는 것이고, 피고인 및 피의자로부터 그 선임권을 위임받은 자가 피고인이나 피의자를 대리하여 변호인을 선임할 수는 없는 것이므로, 피고인이 법인인 경우에는 형사소송법 제27조 제1항 소정의 대표자가 피고인인 당해 법인을 대표하여 피고인을 위한 변호인을 선임하여야 하며, 대표자가 제3자에게 변호인 선임을 위임하여 제3자로 하여금 변호인을 선임하도록 할 수는 없다(대결 1994. 10.28. 94모25).

② 변호인의 선임은 심급마다 변호인과 연명날인한 서면으로 제출하여야 한다(형사소송법 제32조 제1항). 따라서 변호인 선임서를 제출하지 않은 채 상고이유서만을 제출하고 상고이유서 제출기간이 지난 후에 변호인 선임서를 제출하였다면 그 상고이유서는 적법·유효한 변호인의 상고이유서가 될 수 없다(대판 2015. 2.26. 2014도12737).

③ 필요적 변호사건에서 변호인 없이 개정하여 심리를 진행하고 판결한 것은 소송절차의 법령위반에 해당하지만 피고인의 이익을 위하여 만들어진 필요적 변호의 규정 때문에 피고인에게 불리한 결과를 가져오게 할 수는 없으므로 그와 같은 법령위반은 무죄판결에 영향을 미친 것으로는 되지 아니한다(대판 2003.3.25. 2002도5748).

12 난도 ★★★　　　　　　　　　　　　　정답 ②

수사와 공소 > 강제처분과 강제수사

정답의 이유

ㄱ. 현행범인 체포의 요건을 갖추었는지 여부는 체포 당시의 상황을 기초로 판단하여야 하고, 이에 관한 검사나 사법경찰관 등 수사주체의 판단에는 상당한 재량의 여지가 있다고 할 것이나, 체포 당시의 상황으로 보아서도 그 요건의 충족 여부에 관한 검사나 사법경찰관 등의 판단이 경험칙에 비추어 현저히 합리성을 잃은 경우에는 그 체포는 위법하다고 보아야 한다(대판 2011.5.26. 2011도3682).

ㄹ. 수사기관이 압수·수색영장에 적힌 '수색할 장소'에 있는 컴퓨터 등 정보처리장치에 저장된 전자정보 외에 원격지 서버에 저장된 전자정보를 압수·수색하기 위해서는 압수·수색영장에 적힌 '압수할 물건'에 별도로 원격지 서버저장 전자정보가 특정되어 있어야 한다. 압수·수색영장에 적힌 '압수할 물건'에 컴퓨터 등 정보처리장치 저장 전자정보만 기재되어 있다면 컴퓨터 등 정보처리장치를 이용하여 원격지 서버저장 전자정보를 압수할 수는 없다(대결 2022.6.30. 2020모735).

오답의 이유

ㄴ. 구속기간연장허가결정이 있는 경우에 그 연장기간은 형사소송법 제203조의 규정에 의한 구속기간만료 다음날로부터 기산한다(형사소송규칙 제98조).

ㄷ. 피고인, 피고인의 변호인·법정대리인·배우자·직계친족·형제자매·가족·동거인 또는 고용주는 법원에 구속된 피고인의 보석을 청구할 수 있다(형사소송법 제94조).

13 난도 ★★☆　　　　　　　　　　　　　정답 ③

공판 > 재판

정답의 이유

③ [다수의견] 상습범으로서 포괄적 일죄의 관계에 있는 여러 개의 범죄사실 중 일부에 대하여 유죄판결이 확정된 경우에, 그 확정판결의 사실심판결 선고 전에 저질러진 나머지 범죄에 대하여 새로이 공소가 제기되었다면 그 새로운 공소는 확정판결이 있었던 사건과 동일한 사건에 대하여 다시 제기된 데 해당하므로 이에 대하여는 판결로써 면소의 선고를 하여야 하는 것인바(형사소송법 제326조 제1호), 다만 이러한 법리가 적용되기 위해서는 전의 확정판결에서 당해 피고인이 상습범으로 기소되어 처단되었을 것을 필요로 하는 것이고, 상습범 아닌 기본 구성요건의 범죄로 처단되는 데 그친 경우에는, 가사 뒤에 기소된 사건에서 비로소 드러났거나 새로 저질러진 범죄사실과 전의 판결에서 이미 유죄로 확정된 범죄사실 등을 종합하여 비로소 그 모두가 상습범으로서의 포괄적 일죄에 해당하는 것으로 판단된다 하더라도 뒤늦게 앞서의 확정판결을 상습범의 일부에 대한 확정판결이라고 보아 그 기판력이 그 사실심판결 선고 전의 나머지 범죄에 미친다고 보아서는 아니 된다(대판 2004.9.16. 2001도3206 전합).

14 난도 ★★☆　　　　　　　　　　　　　정답 ④

공판 > 공판절차

정답의 이유

④ 형사소송법 제221조의2 제5항에 의하면 증인신문절차에 있어서는 피고인 및 변호인의 참여는 필요적 요건이 아니라고 할 것이어서 피고인이나 변호인에게 참여의 기회를 부여하지 아니하였다고 하여 위법하다고 할 수 없다(대판 1991.12.27. 91도2527).

오답의 이유

① 대판 2020.12.10. 2020도2623

② 대판 2000.10.13. 2000도3265

③ 대판 2015.5.28. 2014도18006

15 난도 ★★☆ 정답 ①

공판 > 공판절차

정답의 이유

① 전문심리위원은 기일(공판준비 및 공판기일)에 재판장의 허가를 받아 피고인 또는 변호인, 증인 또는 감정인 등 소송관계인에게 소송관계를 분명하게 하기 위하여 필요한 사항에 관하여 직접 질문할 수 있다(형사소송법 제279조의2 제3항).

오답의 이유

② 형사소송법 제279조의2 제4항

③ 형사소송법 제279조의5 제2항

④ 대판 2019.5.30. 2018도19051

16 난도 ★★☆ 정답 ①

수사와 공소 > 강제처분과 강제수사

정답의 이유

① 형사소송법 제214조의3 제2항

오답의 이유

② 형사소송법 제214조의2 제4항에 따른 체포 또는 구속 적부심사 결정에 의하여 석방된 피의자가 도망하거나 범죄의 증거를 인멸하는 경우를 제외하고는 동일한 범죄사실로 재차 체포하거나 구속할 수 없다(형사소송법 제214조의3 제1항).

③ 보증금납입조건부 피의자석방의 제외사유에 해당한다(형사소송법 제214조의2 제5항 제2호).

> **제214조의2(체포와 구속의 적부심사)**
> ⑤ 법원은 구속된 피의자(심사청구 후 공소제기된 사람을 포함한다)에 대하여 피의자의 출석을 보증할 만한 보증금의 납입을 조건으로 하여 결정으로 제4항의 석방을 명할 수 있다. 다만, 다음 각 호에 해당하는 경우에는 그러하지 아니하다.
> 1. 범죄의 증거를 인멸할 염려가 있다고 믿을 만한 충분한 이유가 있는 때
> 2. 피해자, 당해 사건의 재판에 필요한 사실을 알고 있다고 인정되는 사람 또는 그 친족의 생명·신체나 재산에 해를 가하거나 가할 염려가 있다고 믿을 만한 충분한 이유가 있는 때

④ 영장에 의해 체포된 피의자가 석방된 경우에 재체포 제한 규정은 없다.

17 난도 ★★☆ 정답 ③

서론 > 소송주체와 소송관계인

정답의 이유

③ 제1심 형사사건에 관하여 지방법원 본원과 지방법원 지원은 소송법상 별개의 법원이자 각각 일정한 토지관할 구역을 나누어 가지는 대등한 관계에 있으므로, 지방법원 본원과 지방법원 지원 사이의 관할의 분배도 지방법원 내부의 사법행정사무로서 행해진 지방법원 본원과 지원 사이의 단순한 사무분배에 그치는 것이 아니라 소송법상 토지관할의 분배에 해당한다. 그러므로

형사소송법 제4조에 의하여 지방법원 본원에 제1심 토지관할이 인정된다고 볼 특별한 사정이 없는 한, 지방법원 지원에 제1심 토지관할이 인정된다는 사정만으로 당연히 지방법원 본원에도 제1심 토지관할이 인정된다고 볼 수는 없다(대판 2015.10.15. 2015도1803).

오답의 이유

① 무죄추정의 원칙을 규정하고 있는 헌법 제27조 제4항을 종합하면, 형사피고인은 형사소송절차에서 단순한 처벌대상이 아니라 절차를 형성·유지하는 절차의 당사자로서, 검사에 대하여 "무기대등의 원칙"이 보장되는 절차를 향유할 헌법적 권리를 가진다(헌재 2012.5.31. 2010헌바403 전원).

> **헌법 제27조**
> ④ 형사피고인은 유죄의 판결이 확정될 때까지는 무죄로 추정된다.

② 검찰사건사무규칙은 검찰청법 제11조의 규정에 따라 각급 검찰청의 사건의 수리·수사·처리 및 공판수행 등에 관한 사항을 정함으로써 사건사무의 적정한 운영을 기함을 목적으로 하여 제정된 것으로서 그 실질은 검찰 내부의 업무처리지침으로서의 성격을 가지는 것이므로 이를 형사소송법 제57조의 적용을 배제하기 위한 '법률의 다른 규정'으로 볼 수 없다(대판 2007.10.25. 2007도4961).

④ 군사법원법 제2조 제2항 제1호

> **제2조(신분적 재판권)**
> ② 제1항에도 불구하고 법원은 다음 각 호에 해당하는 범죄 및 그 경합범 관계에 있는 죄에 대하여 재판권을 가진다. 다만, 전시·사변 또는 이에 준하는 국가비상사태 시에는 그러하지 아니하나.
> 1. 「군형법」 제1조 제1항부터 제3항까지에 규정된 사람이 범한 「성폭력범죄의 처벌 등에 관한 특례법」 제2조의 성폭력범죄 및 같은 법 제15조의2의 죄, 「아동·청소년의 성보호에 관한 법률」 제2조 제2호의 죄
> 2. 「군형법」 제1조 제1항부터 제3항까지에 규정된 사람이 사망하거나 사망에 이른 경우 그 원인이 되는 범죄
> 3. 「군형법」 제1조 제1항부터 제3항까지에 규정된 사람이 그 신분취득 전에 범한 죄

18 난도 ★★☆ 정답 ①

공판 > 증거

정답의 이유

① 대판 2021.2.25. 2020도17109

오답의 이유

② 검사작성의 피고인 아닌 자에 대한 진술조서에 관하여 피고인이 공판정 진술과 배치되는 부분은 부동의한다고 진술한 것은 조서 내용의 특정부분에 대하여 증거로 함에 동의한다는 특별한 사정이 있는 때와는 달리 그 조서를 증거로 함에 동의하지 아니한다는 취지로 해석하여야 한다(대판 1984.10.10. 84도1552).

③ [다수의견] 법정에 출석한 증인이 형사소송법 제148조, 제149조 등에서 정한 바에 따라 정당하게 증언거부권을 행사하여 증언을 거부한 경우는 형사소송법 제314조의 '그 밖에 이에 준하는 사유로 인하여 진술할 수 없는 때'에 해당하지 아니한다(대판 2012.5.17. 2009도6788 전합).

④ 조사자의 증언에 증거능력이 인정되기 위해서는 원진술자가 사망, 질병, 외국거주, 소재불명, 그 밖에 이에 준하는 사유로 인하여 진술할 수 없어야 하는 것이라서, 원진술자가 법정에 출석하여 수사기관에서 한 진술을 부인하는 취지로 증언한 이상 원진술자의 진술을 내용으로 하는 조사자의 증언은 증거능력이 없다(대판 2008.9.25. 2008도6985).

19 난도 ★★☆   정답 ④

공판 > 재판

정답의 이유

④ 피고인이 간통죄로 유죄의 확정판결을 받은 후 헌법재판소가 구 형법(2016.1.6. 법률 제13719호로 개정되기 전의 것) 제241조에 대하여 2008.10.30. 합헌결정(이하 '종전 합헌결정'이라 한다)을 하였다가 2015.2.26. 위헌결정을 하게 되자 재심을 청구하였는데, 제1심이 재심개시결정을 한 후 심급에 따라 다시 심리하여 면소판결을 선고하고, 원심이 피고인의 항소를 기각하자, 구 형법 제241조에 대한 위 위헌결정의 효력이 공소사실에 미쳐 무죄가 선고되어야 한다는 취지로 상고한 사안에서, 구 헌법재판소법(2014.5.20. 법률 제12597호로 개정되기 전의 것) 제47조 제2항 단서는 위헌으로 결정된 형벌에 관한 법률 또는 법률의 조항은 소급하여 그 효력을 상실한다고 정하면서 소급효를 제한하지 않았으나, 위와 같이 개정된 헌법재판소법 제47조 제3항 단서는 형벌에 관한 해당 법률 또는 법률의 조항에 대하여 종전에 합헌으로 결정한 사건이 있는 경우에는 그 결정이 있는 날의 다음 날로 소급하여 효력을 상실한다고 정하여 소급효를 제한하고 있고, 한편 형사소송법 제326조 제4호는 '범죄 후의 법령개폐로 형이 폐지되었을 때'를 면소판결을 선고하여야 하는 경우로 정하고 있으므로, 종전 합헌결정일 이전의 범죄행위에 대하여 재심개시결정이 확정되었는데 그 범죄행위에 적용될 법률 또는 법률의 조항이 위헌결정으로 헌법재판소법 제47조 제3항 단서에 의하여 종전 합헌결정일의 다음 날로 소급하여 효력을 상실하였다면 범죄행위 당시 유효한 법률 또는 법률의 조항이 그 이후 폐지된 경우와 마찬가지이므로 법원은 형사소송법 제326조 제4호에 해당하는 것으로 보아 면소판결을 선고하여야 하는 점에 비추어 보면, 공소사실 기재 범행일이 종전 합헌결정일 이전이고, 구 형법 제241조가 위 위헌결정으로 인하여 종전 합헌결정일의 다음 날인 2008.10.31.로 소급하여 효력을 상실하므로 공소사실을 심판하는 제1심은 형사소송법 제326조 제4호에 따라 면소판결을 선고하여야 한다는 이유로, 공소사실에 대하여 면소판결을 선고한 제1심 및 이를 유지한 원심의 조치가 타당하다고 한 사례(대판 2019.12.24. 2019도15167).

오답의 이유

① 대판 2017.8.23. 2016도5423
② 대판 2021.1.28. 2017도18536
③ 형사소송법 제249조 제2항

20 난도 ★★☆   정답 ②

상소와 비상구제절차 > 비상구제절차

정답의 이유

② 대판 2019.6.20. 2018도20698 전합

오답의 이유

① [다수의견] 형사소송법 제420조 제5호에 정한 '무죄 등을 인정할 명백한 증거'에 해당하는지 여부를 판단할 때에는 법원으로서는 새로 발견된 증거만을 독립적·고립적으로 고찰하여 그 증거가치만으로 재심의 개시 여부를 판단할 것이 아니라, 재심대상이 되는 확정판결을 선고한 법원이 사실인정의 기초로 삼은 증거들 가운데 새로 발견된 증거와 유기적으로 밀접하게 관련되고 모순되는 것들은 함께 고려하여 평가하여야 하고, 그 결과 단순히 재심대상이 되는 유죄의 확정판결에 대하여 그 정당성이 의심되는 수준을 넘어 그 판결을 그대로 유지할 수 없을 정도로 고도의 개연성이 인정되는 경우라면 그 새로운 증거는 위 조항의 '명백한 증거'에 해당한다(대결 2009.7.16. 2005모472 전합).

③ 면소판결 사유인 형사소송법 제326조 제2호의 '사면이 있는 때'에서 말하는 '사면'이란 일반사면을 의미할 뿐, 형을 선고받아 확정된 자를 상대로 이루어지는 특별사면은 여기에 해당하지 않으므로, 재심대상판결 확정 후에 형 선고의 효력을 상실케 하는 특별사면이 있었다고 하더라도, 재심개시결정이 확정되어 재심심판절차를 진행하는 법원은 그 심급에 따라 다시 심판하여 실체에 관한 유·무죄 등의 판단을 해야지, 특별사면이 있음을 들어 면소판결을 하여서는 아니 된다(대판 2015.5.21. 2011도1932 전합).

④ 경합범 관계에 있는 수 개의 범죄사실을 유죄로 인정하여 1개의 형을 선고한 불가분의 확정판결에서 그중 일부의 범죄사실에 대하여만 재심청구의 이유가 있는 것으로 인정된 경우에는 형식적으로는 1개의 형이 선고된 판결에 대한 것이어서 그 판결 전부에 대하여 재심개시의 결정을 할 수밖에 없지만, 비상구제수단인 재심제도의 본질상 재심사유가 없는 범죄사실에 대하여는 재심개시결정의 효력이 그 부분을 형식적으로 심판의 대상에 포함시키는 데에 그칠 뿐이므로, 재심법원은 그 부분에 대하여는 이를 다시 심리하여 유죄인정을 파기할 수 없고, 다만 그 부분에 관하여 새로이 양형을 하여야 하므로 양형을 위하여 필요한 범위에 한하여만 심리할 수 있을 뿐이다(대판 1996.6.14. 96도477).

형사소송법개론 | 2022년 국가직 9급

한눈에 훑어보기

✓ 영역 분석

공판
10문항, 50%
04 05 06 08 11 12 13 15 18 19

수사와 공소
5문항, 25%
03 07 10 17 20

상소와 비상구제절차
2문항, 10%
09 16

서론
1문항, 5%
02

종합
2문항, 10%
01 14

✓ 빠른 정답

01	02	03	04	05	06	07	08	09	10
②	③	①	④	④	③	④	②	③	③
11	12	13	14	15	16	17	18	19	20
②	②	①	①	③	①	④	④	②	②

✓ 점수 체크

구분	1회독	2회독	3회독
맞힌 문항 수	/ 20	/ 20	/ 20
나의 점수	점	점	점

---

01 난도 ★★☆ 정답 ②

종합

[정답의 이유]

② 검사와 피고인 쌍방이 항소한 경우에 제1심 선고형기 경과 후 제2심 공판이 개정되었다면 이는 위법이라고 할 수 없고, 신속한 재판을 받을 권리를 박탈한 것이라고 할 수 없다(대판 1972. 5. 23. 72도840).

[오답의 이유]

① 형사소송법 제308조의2에서는 '적법한 절차에 따르지 아니하고 수집한 증거는 증거로 할 수 없다.'라고 규정하고 있으며, 수집한 증거는 물론 2차적 증거 역시 원칙적으로 유죄 인정의 증거로 삼을 수 없다. 다만, 수사기관의 절차 위반 행위가 적법절차의 실질적인 내용을 침해하는 경우에 해당하지 아니하고, 오히려 그 증거의 증거능력을 배제하는 것이 헌법과 형사소송법이 형사소송에 관한 절차 조항을 마련하여 적법절차의 원칙과 실체적 진실 규명의 조화를 도모하고 이를 통하여 형사 사법 정의를 실현하려 한 취지에 반하는 결과를 초래하는 것으로 평가되는 예외적인 경우라면, 법원은 그 증거를 유죄 인정의 증거로 사용할 수 있다(대판 2009. 3. 12. 2008도11437).

③ 신속한 재판을 받을 권리는 주로 피고인의 이익을 보호하기 위하여 인정된 기본권이지만 동시에 실체적 진실 발견, 소송경제, 재판에 대한 국민의 신뢰와 형벌목적의 달성과 같은 공공의 이익에도 근거가 있기 때문에 어느 면에서는 이중적인 성격을 갖고 있다고 할 수 있어, 형사사법체제 자체를 위하여서도 아주 중요한 의미를 갖는 기본권이다(헌재 1995. 11. 30. 92헌마44).

④ 실체진실주의는 수사절차 공판절차에 모두 적용되는 최고의 이념이며 이를 구현하기 위하여, 형사소송법 제295조에서는 '법원은 제294조 및 제294조의2의 증거신청에 대하여 결정을 하여야 하며 직권으로 증거조사를 할 수 있다.'라고 규정하고 있다.

02 난도 ★★☆ 정답 ③

서론 > 소송주체와 소송관계인

[정답의 이유]

ㄴ. 헌법과 달리 형사소송법에서는 불리한 진술 외에도 '일체의 진술을 하지 아니하거나 개개의 질문에 대하여 진술을 하지 아니할 수 있다.'라고 하여 내용의 유·불리와 상관없이 진술을 거부할 수 있다(형사소송법 제283조의2 제1항·제244조의3 제1항).

제283조의2(피고인의 진술거부권)

① 피고인은 진술하지 아니하거나 개개의 질문에 대하여 진술을 거부할 수 있다.

제244조의3(진술거부권 등의 고지)

① 검사 또는 사법경찰관은 피의자를 신문하기 전에 다음 각 호의 사항을 알려주어야 한다.

  1. 일체의 진술을 하지 아니하거나 개개의 질문에 대하여 진술을 하지 아니할 수 있다는 것

  2. 진술을 하지 아니하더라도 불이익을 받지 아니한다는 것

  3. 진술을 거부할 권리를 포기하고 행한 진술은 법정에서 유죄의 증거로 사용될 수 있다는 것

  4. 신문을 받을 때에는 변호인을 참여하게 하는 등 변호인의 조력을 받을 수 있다는 것

ㄹ. 형사소송규칙 제127조·제144조 제1항 제1호

제127조(피고인에 대한 진술거부권 등의 고지)

재판장은 법 제284조에 따른 인정신문을 하기 전에 피고인에게 진술을 하지 아니하거나 개개의 질문에 대하여 진술을 거부할 수 있고, 이익 되는 사실을 진술할 수 있음을 알려 주어야 한다.

제144조(공판절차의 갱신절차)

① 법 제301조, 법 제301조의2 또는 제143조에 따른 공판절차의 갱신은 다음 각 호의 규정에 의한다.

  1. 재판장은 제127조의 규정에 따라 피고인에게 진술거부권 등을 고지한 후 법 제284조에 따른 인정신문을 하여 피고인임에 틀림없음을 확인하여야 한다.

오답의 이유

ㄱ. 진술거부권은 형사절차뿐만 아니라 행정절차나 국회에서의 조사절차 등에서도 보장되며, 현재 피의자나 피고인으로서 수사 또는 공판절차에 계속 중인 자뿐만 아니라 장차 피의자나 피고인이 될 자에게도 보장된다. 또한 진술거부권은 고문 등 폭행에 의한 강요는 물론 법률로써도 진술을 강요당하지 아니함을 의미한다(헌재 2005.12.22. 2004헌바25).

ㄷ. 불리한 진술을 거부할 권리에 대한 진술거부권 고지의무는 피의자에 대해서 규정하고 있지만, 헌법상 피내사자나 참고인에게도 인정되는 권리이다(헌법 제12조 제2항 참조).

헌법 제12조

② 모든 국민은 고문을 받지 아니하며, 형사상 자기에게 불리한 진술을 강요당하지 아니한다.

ㅁ. 헌법 제12조 제2항에서 진술거부권을 국민의 기본적 권리도 보장하고 있다. 그러나 진술거부권이 보장되는 절차에서 진술거부권을 고지받을 권리가 헌법 제12조 제2항에 의하여 바로 도출된다고 할 수는 없고, 이를 인정하기 위해서는 입법적 뒷받침이 필요하다(대판 2014.1.16. 2013도5441).

---

03 난도 ★★☆   정답 ①

수사와 공소 > 수사

정답의 이유

① 친고죄에 있어서의 고소는 고소권 있는 자가 수사기관에 대하여 범죄사실을 신고하고 범인의 처벌을 구하는 의사표시로서 서면뿐만 아니라 구술로도 할 수 있고, 다만 구술에 의한 고소를 받은 검사 또는 사법경찰관은 조서를 작성하여야 하지만 그 조서가 독립된 조서일 필요는 없으며, 수사기관이 고소권자를 증인 또는 피해자로서 신문한 경우에 그 진술에 범인의 처벌을 요구하는 의사표시가 포함되어 있고 그 의사표시가 조서에 기재되면 고소는 적법하다(대판 2011.6.24. 2011도4451, 2011전도76).

오답의 이유

② 고소인과 피고인 사이에 작성된, "상호간에 원만히 해결되었으므로 이후에 민·형사간 어떠한 이의도 제기하지 아니할 것을 합의한다"는 취지의 합의서가 제1심법원에 제출되었으나 고소인이 제1심에서 고소취소의 의사가 없다고 증언하였다면 위 합의서의 제출로 고소취소의 효력이 발생하지 아니한다(대판 1981.10.6. 81도1968).

③ 친고죄에서 적법한 고소가 있었는지는 자유로운 증명의 대상이 되고, 일죄의 관계에 있는 범죄사실 일부에 대한 고소의 효력은 일죄 전부에 대하여 미친다(대판 2011.6.24. 2011도4451, 2011전도76).

④ 상소심에서 형사소송법 제366조 또는 제393조 등에 의하여 법률 위반을 이유로 제1심 공소기각판결을 파기하고 사건을 제1심법원에 환송함에 따라 다시 제1심 절차가 진행된 경우, 종전의 제1심판결은 이미 파기되어 효력을 상실하였으므로 환송 후의 제1심판결 선고전에는 고소취소의 제한사유가 되는 제1심판결 선고가 없는 경우에 해당한다. 따라서 환송 후의 제1심판결 선고 전에 친고죄의 고소가 취소되면 형사소송법 제327조 제5호에 의하여 판결로써 공소를 기각하여야 한다(대판 2011.8.25. 2009도9112).

---

04 난도 ★★☆   정답 ④

공판 > 공판절차

정답의 이유

④ 배심원은 만 20세 이상의 대한민국 국민 중에서 선정된다(국민의 형사재판 참여에 관한 법률 제16조).

오답의 이유

① 국민의 형사재판 참여에 관한 법률 제46조 제5항

② 국민의 형사재판 참여에 관한 법률 제7조

③ 국민의 형사재판 참여에 관한 법률에 비추어 보면, 피고인이 법원에 국민참여재판을 신청하였는데도 법원이 이에 대한 배제결정도 하지 않은 채 통상의 공판절차로 재판을 진행하는 것은 피고인의 국민참여재판을 받을 권리 및 법원의 배제결정에 대한 항고권 등의 중대한 절차적 권리를 침해한 것으로서 위법하고, 이러한 제1심법원의 소송절차상의 하자는 직권조사사유에 해당하므로 비록 피고인이 이러한 점을 항소사유로 삼고 있지 않다

하더라도 항소심 법원은 직권으로 제1심판결을 파기하여야 한다(대판 2011.9.8. 2011도7106).

05 난도 ★★★ 　　　　　　　　　　　　　　　　　정답 ④

공판 > 증거

[정답의 이유]

④ 형사소송법 제402조는 "법원의 결정에 대하여 불복이 있으면 항고를 할 수 있다. 단, 이 법률에 특별한 규정이 있는 경우에는 예외로 한다."고 규정하고, 제403조 제1항은 "법원의 관할 또는 판결 전의 소송절차에 관한 결정에 대하여는 특히 즉시항고를 할 수 있는 경우 외에는 항고하지 못한다."고 규정하고 있다. 그런데 형사소송법 제266조의4에 따라 법원이 검사에게 수사서류 등의 열람·등사 또는 서면의 교부를 허용할 것을 명한 결정은 피고사건 소송절차에서의 증거개시(開示)와 관련된 것으로서 제403조에서 말하는 '판결 전의 소송절차에 관한 결정'에 해당한다 할 것인데, 위 결정에 대하여는 형사소송법에서 별도로 즉시항고에 관한 규정을 두고 있지 않으므로 제402조에 의한 항고의 방법으로 불복할 수 없다고 보아야 한다(대결 2013.1.24. 2012모1393).

[오답의 이유]

① 형사소송법 제266조의3 제1항·제266조의11 제1항

제266조의3(공소제기 후 검사가 보관하고 있는 서류 등의 열람·등사)

① 피고인 또는 변호인은 검사에게 공소제기된 사건에 관한 서류 또는 물건(이하 "서류 등"이라 한다)의 목록과 공소사실의 인정 또는 양형에 영향을 미칠 수 있는 다음 서류 등의 열람·등사 또는 서면의 교부를 신청할 수 있다. 다만, 피고인에게 변호인이 있는 경우에는 피고인은 열람만을 신청할 수 있다.

　1. 검사가 증거로 신청할 서류 등
　2. 검사가 증인으로 신청할 사람의 성명·사건과의 관계 등을 기재한 서면 또는 그 사람이 공판기일 전에 행한 진술을 기재한 서류 등
　3. 제1호 또는 제2호의 서면 또는 서류 등의 증명력과 관련된 서류 등
　4. 피고인 또는 변호인이 행한 법률상·사실상 주장과 관련된 서류 등(관련 형사재판확정기록, 불기소처분기록 등을 포함한다)

제266조의11(피고인 또는 변호인이 보관하고 있는 서류 등의 열람·등사)

① 검사는 피고인 또는 변호인이 공판기일 또는 공판준비절차에서 현장부재·심신상실 또는 심신미약 등 법률상·사실상의 주장을 한 때에는 피고인 또는 변호인에게 다음 서류 등의 열람·등사 또는 서면의 교부를 요구할 수 있다.

　1. 피고인 또는 변호인이 증거로 신청할 서류 등
　2. 피고인 또는 변호인이 증인으로 신청할 사람의 성명, 사건과의 관계 등을 기재한 서면

---

　3. 제1호의 서류 등 또는 제2호의 서면의 증명력과 관련된 서류 등
　4. 피고인 또는 변호인이 행한 법률상·사실상의 주장과 관련된 서류 등

② 형사소송법 제266조의3 제1항

③ 형사소송법 제266조의4 제1항

06 난도 ★★☆ 　　　　　　　　　　　　　　　　　정답 ③

공판 > 증거

[정답의 이유]

③ 현행 형사소송법 제314조의 문언과 개정 취지, 증언거부권 관련 규정의 내용 등에 비추어 보면, 법정에 출석한 증인이 형사소송법 제148조, 제149조 등에서 정한 바에 따라 정당하게 증언거부권을 행사하여 증언을 거부한 경우는 형사소송법 제314조의 '그 밖에 이에 준하는 사유로 인하여 진술할 수 없는 때'에 해당하지 아니한다고 할 것이다(대판 2012.5.17. 2009도6788 전합).

형사소송법 제314조(증거능력에 대한 예외)

제312조 또는 제313조의 경우에 공판준비 또는 공판기일에 진술을 요하는 자가 사망·질병·외국거주·소재불명 그 밖에 이에 준하는 사유로 인하여 진술할 수 없는 때에는 그 조서 및 그 밖의 서류(피고인 또는 피고인 아닌 자가 작성하였거나 진술한 내용이 포함된 문자·사진·영상 등의 정보로서 컴퓨터용디스크, 그 밖에 이와 비슷한 정보저장매체에 저장된 것을 포함한다)를 증거로 할 수 있다. 다만, 그 진술 또는 작성이 특히 신빙할 수 있는 상태하에서 행하여졌음이 증명된 때에 한한다.

[오답의 이유]

① 형사소송법 제312조 제1항

② 형사소송법 제315조 제2호

제315조(당연히 증거능력이 있는 서류)

다음에 게기한 서류는 증거로 할 수 있다.

1. 가족관계기록사항에 관한 증명서, 공정증서등본 기타 공무원 또는 외국공무원의 직무상 증명할 수 있는 사항에 관하여 작성한 문서
2. 상업장부, 항해일지 기타 업무상 필요로 작성한 통상문서
3. 기타 특히 신용할 만한 정황에 의하여 작성된 문서

---

④ 대판 2007.7.27. 2007도3798

07 난도 ★★☆   정답 ④

수사와 공소 > 수사

정답의 이유

④ 경찰관이 간호사로부터 진료 목적으로 이미 채혈되어 있던 피고인의 혈액 중 일부를 주취운전 여부에 대한 감정을 목적으로 임의로 제출받아 한 경우, 당시 간호사에게 병원 등을 대리하여 혈액을 제출할 권한이 없었다는 특별한 사정이 없는 한 압수절차가 피의자 또는 피의자 가족의 동의 및 영장 없이 이루어졌다는 사실 때문에 적법절차에 위배된다고 볼 수는 없다(대판 1999. 9.3. 98도968).

오답의 이유

① 수사기관이 범죄 증거를 수집할 목적으로 피의자의 동의 없이 피의자의 혈액을 취득·보관하는 행위는 법원으로부터 감정처분허가장을 받아 형사소송법 제221조의4 제1항, 제173조 제1항에 의한 '감정에 필요한 처분'으로도 할 수 있지만, 형사소송법 제219조, 제106조 제1항에 정한 압수의 방법으로도 할 수 있고, 압수의 방법에 의하는 경우 혈액의 취득을 위하여 피의자의 신체로부터 혈액을 채취하는 행위는 혈액의 압수를 위한 것으로서 형사소송법 제219조, 제120조 제1항에 정한 '압수영장의 집행에 있어 필요한 처분'에 해당한다(대판 2012.11.15. 2011도15258).

② 음주운전과 관련한 도로교통법 위반죄의 범죄수사를 위하여 미성년자인 피의자의 혈액채취가 필요한 경우에도 피의자에게 의사능력이 있다면 피의자 본인만이 혈액채취에 관한 유효한 동의를 할 수 있고, 피의자에게 의사능력이 없는 경우에도 명문의 규정이 없는 이상 법정대리인이 피의자를 대리하여 동의할 수는 없다(대판 2014.11.13. 2013도1228).

③ 피의자의 생명·신체를 구조하기 위하여 사고현장으로부터 곧바로 후송된 병원 응급실 등의 장소는 형사소송법 제216조 제3항의 범죄장소에 준한다. 따라서 수사기관(검사 또는 사법경찰관)은 피의자의 혈중알코올농도 등 증거의 수집을 위하여 의료법상 의료인의 자격이 있는 자로 하여금 의료용 기구로 의학적인 방법에 따라 필요최소한의 한도 내에서 피의자의 혈액을 채취하게 한 후 그 혈액을 영장 없이 압수할 수 있다(대판 2012.11.15. 2011도15258).

08 난도 ★★☆   정답 ②

공판 > 증거

정답의 이유

② 범죄사실의 증명은 반드시 직접증거만으로 이루어져야 하는 것은 아니고 논리와 경험칙에 합치되는 한 간접증거로도 할 수 있으며, 간접증거가 개별적으로는 범죄사실에 대한 완전한 증명력을 가지지 못하더라도 전체 증거를 상호관련하에 종합적으로 고찰할 경우 그 단독으로는 가지지 못하는 종합적 증명력이 있는 것으로 판단되면 그에 의하여도 범죄사실을 인정할 수가 있다(대판 1998.11.13. 96도1783).

오답의 이유

① 형사소송규칙 제135조의2

> **제135조의2(증거조사에 관한 이의신청의 사유)**
> 형사소송법 제296조 제1항의 규정에 의한 이의신청은 법령의 위반이 있거나 상당하지 아니함을 이유로 하여 이를 할 수 있다. 다만, 형사소송법 제295조의 규정에 의한 결정에 대한 이의신청은 법령의 위반이 있음을 이유로 하여서만 이를 할 수 있다.
>
> **형사소송법 제296조(증거조사에 대한 이의신청)**
> ① 검사, 피고인 또는 변호인은 증거조사에 관하여 이의신청을 할 수 있다.

③ 형사소송법 제266조의13 제1항·제2항

> **제266조의13(공판준비기일 종결의 효과)**
> ① 공판준비기일에서 신청하지 못한 증거는 다음 각 호의 어느 하나에 해당하는 경우에 한하여 공판기일에 신청할 수 있다.
> 1. 그 신청으로 인하여 소송을 현저히 지연시키지 아니하는 때
> 2. 중대한 과실 없이 공판준비기일에 제출하지 못하는 등 부득이한 사유를 소명한 때
> ② 제1항에도 불구하고 법원은 직권으로 증거를 조사할 수 있다.

④ 형사소송법 제292조 제1항

> **제292조(증거서류에 대한 조사방식)**
> ① 검사, 피고인 또는 변호인의 신청에 따라 증거서류를 조사하는 때에는 신청인이 이를 낭독하여야 한다.

09 난도 ★★☆   정답 ③

상소와 비상구제절차 > 비상구제절차

정답의 이유

③ 유죄의 확정판결에 대하여 재심개시결정이 확정되어 법원이 그 사건에 대하여 다시 심판을 한 후 재심의 판결을 선고하고 그 재심판결이 확정된 때에는 종전의 확정판결은 당연히 효력을 상실한다(대판 2017.9.21. 2017도4019).

오답의 이유

① 대판 2010.12.16. 2010도5986 전합

② 대판 2019.6.20. 2018도20698 전합

④ 대결 2008.4.24. 2008모77

10 난도 ★★☆　　　　　　　　　　　　　　정답 ③

수사와 공소 > 수사의 종결과 공소의 제기

[정답의 이유]

③ 과실로 교통사고를 발생시켰다는 각 '교통사고처리 특례법 위반죄'와 고의로 교통사고를 낸 뒤 보험금을 청구하여 수령하거나 미수에 그쳤다는 '사기 및 사기미수죄'는 서로 행위 태양이 전혀 다르고, 각 교통사고처리 특례법 위반죄의 피해자는 교통사고로 사망한 사람들이나, 사기 및 사기미수죄의 피해자는 피고인과 운전자보험계약을 체결한 보험회사들로서 역시 서로 다르며, 따라서 위 각 교통사고처리 특례법 위반죄와 사기 및 사기미수죄는 그 기본적 사실관계가 동일하다고 볼 수 없다(대판 2010.2.25. 2009도14263).

[오답의 이유]

① 공소사실이나 범죄사실의 동일성은 형사소송법상의 개념이므로 이것이 형사소송절차에서 가지는 의의나 소송법적 기능을 고려하여야 할 것이고, 따라서 두 죄의 기본적 사실관계가 동일한가의 여부는 그 규범적 요소를 전적으로 배제한 채 순수하게 사회적, 전법률적인 관점에서만 파악할 수는 없고, 그 자연적, 사회적 사실관계나 피고인의 행위가 동일한 것인가 외에 그 규범적 요소도 기본적 사실관계 동일성의 실질적 내용의 일부를 이루는 것이라고 보는 것이 상당하다(대판 1994.3.22. 93도2080 전합).

② 강도가 한 개의 강도범행을 하는 기회에 수명의 피해자에게 각 폭행을 가하여 각 상해를 입힌 경우에는 각 피해자별로 수개의 강도상해죄가 성립하며, 이들은 실체적 경합범의 관계에 있다고 보아야 할 것이므로, 같은 견해에서 피고인을 강도상해죄의 경합범으로 처단한 원심판결은 정당하다(대판 1987.5.26. 87도527).

④ 검사가 당초 '피고인이 갑에게 필로폰 약 0.3g을 교부하였다'고 하여 마약류관리에 관한 법률 위반(향정)으로 공소를 제기하였다가 '피고인이 갑에게 필로폰을 구해주겠다고 속여 갑 등에게서 필로폰 대금 등을 편취하였다'는 사기 범죄사실을 예비적으로 추가하는 공소장변경을 신청한 사안에서, 위 두 범죄사실은 기본적인 사실관계가 동일하다고 볼 수 없다(대판 2012.4.13. 2010도16659).

11 난도 ★★☆　　　　　　　　　　　　　　정답 ②

공판 > 공판절차

[정답의 이유]

② 사법경찰관 및 검사 작성의 갑에 대한 각 피의자신문조서는 제1심 공판기일에서 피고인이 증거로 함에 동의하였다면 제2심 공판기일에서 피고인이 이를 번복하여 증거로 함에 부동의하였더라도 이미 적법하게 부여된 위 조서들의 증거능력이 상실되지는 않는다(대판 1991.1.11. 90도2525).

[오답의 이유]

① 증거로 함에 대한 동의의 주체는 소송주체인 당사자라 할 것이지만 변호인은 피고인의 명시한 의사에 반하지 아니하는 한 피고인을 대리하여 이를 할 수 있음은 물론이므로 피고인이 증거로 함에 동의하지 아니한다고 명시적인 의사표시를 한 경우 이외에는 변호인은 서류나 물건에 대하여 증거로 함에 동의할 수 있고 이 경우 변호인의 동의에 대하여 피고인이 즉시 이의하지 아니하는 경우에는 변호인의 동의로 증거능력이 인정되고 증거조사 완료 전까지 앞서의 동의가 취소 또는 철회하지 아니한 이상 일단 부여된 증거능력은 그대로 존속한다(대판 1999.8.20. 99도2029).

③ 동의의 효력은 원칙적으로 동의의 대상으로 특정된 서류 또는 물건의 전체에 미치며, 일부에 대한 동의는 허용되지 않는다. 다만 동의한 서류 또는 물건의 내용이 가분인 때에는 그 일부에 대하여도 동의할 수 있다.

④ 필요적 변호사건이라 하여도 피고인이 재판거부의 의사를 표시하고 재판장의 허가 없이 퇴정하고 변호인마저 이에 동조하여 퇴정해 버린 것은 모두 피고인측의 방어권의 남용 내지 변호권의 포기로 볼 수밖에 없는 것이므로 수소법원으로서는 형사소송법 제330조에 의하여 피고인이나 변호인의 재정 없이도 심리판결할 수 있고, 피고인과 변호인들이 출석하지 않은 상태에서 증거조사를 할 수밖에 없는 경우에는 형사소송법 제318조 제2항의 규정상 피고인의 진의와는 관계없이 형사소송법 제318조 제1항의 동의가 있는 것으로 간주하게 되어 있다(대판 1991.6.28. 91도865).

12 난도 ★★☆　　　　　　　　　　　　　　정답 ②

공판 > 재판

[정답의 이유]

② 피고인의 지위에 있는 공동피고인은 다른 공동피고인에 대한 공소사실에 관하여 증인이 될 수 없으나, 소송절차가 분리되어 피고인의 지위에서 벗어나게 되면 다른 공동피고인에 대한 공소사실에 관하여 증인이 될 수 있고, 이는 대향범인 공동피고인의 경우에도 다르지 않다(대판 2012.3.29. 2009도11249).

[오답의 이유]

① 공범인 공동피고인은 당해 소송절차에서는 피고인의 지위에 있으므로 다른 공동피고인에 대한 공소사실에 관하여 증인이 될 수 없으나, 소송절차가 분리되어 피고인의 지위에서 벗어나게 되면 다른 공동피고인에 대한 공소사실에 관하여 증인이 될 수 있다(대판 2008.6.26. 2008도3300).

③ 피고인과 별개의 범죄사실로 기소되어 병합심리 중인 공동피고인은 피고인의 범죄사실에 관하여는 증인의 지위에 있다 할 것이므로 선서없이 한 공동피고인의 법정진술이나 피고인이 증거로 함에 동의한 바 없는 공동피고인에 대한 피의자신문조서는 피고인의 공소 범죄사실을 인정하는 증거로 할 수 없다(대판 1982.9.14. 82도1000).

④ 형사소송법 제310조 소정의 "피고인의 자백"에 공범인 공동피고인의 진술은 포함되지 아니하므로 공범인 공동피고인의 진술은 다른 공동피고인에 대한 범죄사실을 인정하는 증거로 할 수 있는 것일 뿐만 아니라 공범인 공동피고인들의 각 진술은 상호간에 서로 보강증거가 될 수 있다(대판 1990.10.30. 90도1939).

13 난도 ★★☆ 정답 ①

정답의 이유

① 공판준비 또는 공판기일에서 이미 증언을 마친 증인을 검사가 소환한 후 피고인에게 유리한 그 증언 내용을 추궁하여 이를 일방적으로 번복시키는 방식으로 작성한 진술조서를 유죄의 증거로 삼는 것은 당사자주의·공판중심주의·직접주의를 지향하는 현행 형사소송법의 소송구조에 어긋나는 것일 뿐만 아니라, 헌법 제27조가 보장하는 기본권, 즉 법관의 면전에서 모든 증거자료가 조사·진술되고 이에 대하여 피고인이 공격·방어할 수 있는 기회가 실질적으로 부여되는 재판을 받을 권리를 침해하는 것이므로, 이러한 진술조서는 피고인이 증거로 할 수 있음에 동의하지 아니하는 한 그 증거능력이 없다(대판 2000.6.15. 99도1108 전합).

오답의 이유

② 일사부재리의 효력은 확정재판이 있을 때에 발생하는 것이고 검사의 불기소처분에는 확정재판에 있어서의 확정력과 같은 효력이 없으므로 검사가 일차 무혐의 결정을 하였다가 다시 공소를 제기한 것이 일사부재리의 원칙에 위배되는 것은 아니다(대판 1988.3.22. 87도2678).

③ 공소제기의 결정이 있는 때에는 공소시효에 관하여 그 결정이 있는 날에 공소가 제기된 것으로 본다(형사소송법 제262조의4 제2항).

④ 공소장에 적용법조를 기재하는 이유는 공소사실의 법률적 평가를 명확히 하여 피고인의 방어권을 보장하고자 함에 있으므로, 적용법조의 기재에 오기나 누락이 있는 경우라 할지라도 이로 인하여 피고인의 방어에 실질적인 불이익을 주지 않는 한 공소제기의 효력에는 영향이 없고, 법원으로서도 공소장 변경의 절차를 거치지 않고 곧바로 공소장에 기재되어 있지 않은 법조를 적용할 수 있다(대판 2012.11.15. 2010도11382).

14 난도 ★★☆ 정답 ①

정답의 이유

① 사법경찰관이 작성한 피의자신문조서라면 당해 피고인이 된 피의자에 관한 것이든 당해 피고인과 공범관계에 있는 다른 피의자에 대한 것이든지 불문하고 제312조 제3항의 취지상 제314조는 적용되지 않는다(대판 2004.7.15. 2003도7185 전합).

오답의 이유

② 대판 2010.6.24. 2010도5040

③ 대판 2020.6.11. 2016도9367

④ 양벌규정에 따라 처벌되는 행위자와 행위자가 아닌 법인 또는 개인 간의 관계는, 행위자가 저지른 법규위반행위가 사업주의 법규위반행위와 사실관계가 동일하거나 적어도 중요 부분을 공유한다는 점에서 내용상 불가분적 관련성을 지닌다고 보아야 하고, 따라서 형법 총칙의 공범관계 등과 마찬가지로 인권보장적인 요청에 따라 형사소송법 제312조 제3항이 이들 사이에서도 적용된다고 보는 것이 타당하다(대판 2020.6.11. 2016도9367).

형사소송법 제312조(검사 또는 사법경찰관의 조서 등)
③ 검사 이외의 수사기관이 작성한 피의자신문조서는 적법한 절차와 방식에 따라 작성된 것으로서 공판준비 또는 공판기일에 그 피의자였던 피고인 또는 변호인이 그 내용을 인정할 때에 한하여 증거로 할 수 있다.

15 난도 ★★☆ 정답 ③

정답의 이유

③ 전기통신의 감청은 제3자가 전기통신의 당사자인 송신인과 수신인의 동의를 받지 아니하고 전기통신 내용을 녹음하는 등의 행위를 하는 것만을 말한다고 해석함이 타당하므로, 전기통신에 해당하는 전화통화 당사자의 일방이 상대방 모르게 통화 내용을 녹음하는 것은 여기의 감청에 해당하지 않는다(대판 2019.3.14. 2015도1900).

오답의 이유

① 통신비밀보호법 제1조, 제3조 제1항 본문, 제4조, 제14조 제1항, 제2항의 문언, 내용, 체계와 입법 취지 등에 비추어 보면, 통신비밀보호법에서 보호하는 타인 간의 '대화'는 원칙적으로 현장에 있는 당사자들이 육성으로 말을 주고받는 의사소통행위를 가리킨다. 따라서 사람의 육성이 아닌 사물에서 발생하는 음향은 타인 간의 '대화'에 해당하지 않는다. 또한 사람의 목소리라고 하더라도 상대방에게 의사를 전달하는 말이 아닌 단순한 비명소리나 탄식 등은 타인과 의사소통을 하기 위한 것이 아니라면 특별한 사정이 없는 한 타인 간의 '대화'에 해당한다고 볼 수 없다(대판 2017.3.15. 2016도19843).

② 통신비밀보호법 제2조 제3호 및 제7호에 의하면 같은 법상 '감청'은 전자적 방식에 의하여 모든 종류의 음향·문언·부호 또는 영상을 송신하거나 수신하는 전기통신에 대하여 당사자의 동의 없이 전자장치·기계장치 등을 사용하여 통신의 음향·문언·부호·영상을 청취·공독하여 그 내용을 지득 또는 채록하거나 전기통신의 송·수신을 방해하는 것을 말한다. 즉 통신비밀보호법상 '감청'이란 대상이 되는 전기통신의 송·수신과 동시에 이루어지는 경우만을 의미하고, 이미 수신이 완료된 전기통신의 내용을 지득하는 등의 행위는 포함되지 않는다(대판 2012.10.25. 2012도4644).

④ 통신비밀보호법 제12조의2 제2항

제12조의2(범죄수사를 위하여 인터넷 회선에 대한 통신제한조치로 취득한 자료의 관리)
② 사법경찰관은 인터넷 회선을 통하여 송신·수신하는 전기통신을 대상으로 제6조 또는 제8조(제5조 제1항의 요건에 해당하는 사람에 대한 긴급통신제한조치에 한정한다)에 따른 통신제한조치를 집행한 경우 그 전기통신의 보관 등을 하고자 하는 때에는 집행종료일부터 14일 이내에 보관 등이 필요한 전기통신을 선별하여 검사에게 보관 등의 승인을 신청하고, 검사는 신청일부터 7일 이내에 통신제한조치를 허가한법원에 그 승인을 청구할 수 있다.

16 난도 ★★☆   정답 ①

상소와 비상구제절차 > 비상구제절차

정답의 이유

① 피의자가 소유·관리하는 정보저장매체를 피의자 아닌 피해자 등 제3자가 임의제출하는 경우에는, 그 임의제출 및 그에 따른 수사기관의 압수가 적법하더라도 임의제출의 동기가 된 범죄혐의사실과 구체적·개별적 연관관계가 있는 전자정보에 한하여 압수의 대상이 되는 것으로 더욱 제한적으로 해석하여야 한다. 피의자 개인이 소유·관리하는 정보저장매체에는 그의 사생활의 비밀과 자유, 정보에 대한 자기결정권 등 인격적 법익에 관한 모든 것이 저장되어 있어 제한 없이 압수·수색이 허용될 경우 피의자의 인격적 법익이 현저히 침해될 우려가 있기 때문이다(대판 2021.11.18. 2016도348 전합).

오답의 이유

② 임의제출된 정보저장매체에서 압수의 대상이 되는 전자정보의 범위를 넘어서는 전자정보에 대해 수사기관이 영장 없이 압수·수색하여 취득한 증거는 위법수집증거에 해당하고, 사후에 법원으로부터 영장이 발부되었다거나 피고인이나 변호인이 이를 증거로 함에 동의하였다고 하여 그 위법성이 치유되는 것도 아니다(대판 2021.11.18. 2016도348 전합).

③ 정보저장매체를 임의제출한 피압수자에 더하여 임의제출자 아닌 피의자에게도 참여권이 보장되어야 하는 '피의자의 소유·관리에 속하는 정보저장매체'라 함은, 피의자가 압수·수색 당시 또는 이와 시간적으로 근접한 시기까지 해당 정보저장매체를 현실적으로 지배·관리하면서 그 정보저장매채 내 전자정보 전반에 관한 전속적인 관리처분권을 보유·행사하고, 달리 이를 자신의 의사에 따라 제3자에게 양도하거나 포기하지 아니한 경우로써, 피의자를 그 정보저장매체에 저장된 전자정보에 대하여 실질적인 압수·수색 당사자로 평가할 수 있는 경우를 말하는 것이다. 이에 해당하는지 여부는 민사법상 권리의 귀속에 따른 법률적·사후적 판단이 아니라 압수·수색 당시 외형적·객관적으로 인식 가능한 사실상의 상태를 기준으로 판단하여야 한다. 이러한 정보저장매체의 외형적·객관적 지배·관리 등 상태와 별도로 단지 피의자나 그 밖의 제3자가 과거 그 정보저장매체의 이용 내지 개별 전자정보의 생성·이용 등에 관여한 사실이 있다거나 그 과정에서 생성된 전자정보에 의해 식별되는 정보주체에 해당한다는 사정만으로 그들을 실질적으로 압수·수

색을 받는 당사자로 취급하여야 하는 것은 아니다(대판 2022. 1.27. 2021도11170).

④ 임의제출된 정보저장매체에서 압수의 대상이 되는 전자정보의 범위를 초과하여 수사기관이 임의로 전자정보를 탐색·복제·출력하는 것은 원칙적으로 위법한 압수·수색에 해당하므로 허용될 수 없다. 만약 전자정보에 대한 압수·수색이 종료되기 전에 범죄혐의사실과 관련된 전자정보를 적법하게 탐색하는 과정에서 별도의 범죄혐의와 관련된 전자정보를 우연히 발견한 경우라면, 수사기관은 더 이상의 추가 탐색을 중단하고 법원으로부터 별도의 범죄혐의에 대한 압수·수색영장을 발부받은 경우에 한하여 그러한 정보에 대하여도 적법하게 압수·수색을 할 수 있다(대판 2021.11.18. 2016도348 전합).

17 난도 ★★☆   정답 ④

수사와 공소 > 강제처분과 강제수사

정답의 이유

④ 여자의 신체에 대하여 수색할 때 의사와 성년 여자가 모두 참여하지는 않아도 된다(형사소송법 제124조·제141조 제3항).

제124조(여자의 수색과 참여)
여자의 신체에 대하여 수색할 때에는 성년의 여자를 참여하게 하여야 한다.

제141조(신체검사에 관한 주의)
③ 여자의 신체를 검사하는 경우에는 의사나 성년 여자를 참여하게 하여야 한다.

오답의 이유

① 대판 2009.3.12. 2008도763
② 대판 2013.9.26. 2013도7718
③ 대판 2015.1.22. 2014도10978 전합

18 난도 ★★☆   정답 ④

공판 > 증거

정답의 이유

④ 자동차등록증에 차량의 소유자가 피고인으로 등록·기재된 것이 피고인이 그 차량을 운전하였다는 사실의 자백 부분에 대한 보강증거가 될 수 있고 결과적으로 피고인의 무면허운전이라는 전체 범죄사실의 보강증거로 충분하다(대판 2000.9.26. 2000도2365).

오답의 이유

① 피고인이 지하철역 에스컬레이터에서 휴대전화기의 카메라를 이용하여 성명불상 여성 피해자의 치마 속을 몰래 촬영하다가 현행범으로 체포되어 성폭력범죄의 처벌 등에 관한 특례법 위반(카메라 등 이용촬영)으로 기소된 사안에서, 피고인은 공소사실에 대해 자백하고 검사가 제출한 모든 서류에 대하여 증거로 함에 동의하였는데, 그 서류들 중 체포 당시 임의제출 방식으로 압수된 피고인 소유 휴대전화기에 대한 압수조서의 '압수경위'란에 기재된 내용은 피고인이 범행을 저지르는 현장을 직접 목격한

사람의 진술이 담긴 것으로서 형사소송법 제312조 제5항에서 정한 '피고인이 아닌 자가 수사과정에서 작성한 진술서'에 준하는 것으로 볼 수 있고, 이에 따라 휴대전화기에 대한 임의제출절차가 적법하였는지에 영향을 받지 않는 별개의 독립적인 증거에 해당하여, 피고인이 증거로 함에 동의한 이상 유죄를 인정하기 위한 증거로 사용할 수 있을 뿐 아니라 피고인의 자백을 보강하는 증거가 된다(대판 2019. 11. 14. 2019도13290).

② 검사가 보강증거로서 제출한 증거의 내용이 피고인과 공소외 갑(甲)이 현대자동차 춘천영업소를 점거했다가 갑(甲)이 처벌받았다는 것이고, 피고인의 자백내용은 현대자동차 점거로 갑(甲)이 처벌받은 것은 학교 측의 제보 때문이라 하여 피고인이 그 보복목적으로 학교 총장실을 침입·점거했다는 것이라면, 위 증거는 공소사실의 객관적 부분인 주거침입, 점거 사실과는 관련이 없는 범행의 침입동기에 관한 정황증거에 지나지 않으므로 위 증거와 피고인의 자백을 합쳐보아도 자백사실이 가공적인 것이 아니고 진실한 것이라 인정하기에 족하다고 볼 수 없으므로 검사제출의 위 증거는 자백에 대한 보강증거가 될 수 없다(대판 1990. 12. 7. 90도2010).

③ 피고인이 甲과 합동하여 乙의 재물을 절취하려다가 미수에 그쳤다는 내용의 공소사실을 자백한 사안에서, 피고인을 현행범으로 체포한 乙의 수사기관에서의 진술과 현장사진이 첨부된 수사보고서가 피고인 자백의 진실성을 담보하기에 충분한 보강증거가 된다(대판 2011. 9. 29. 2011도8015).

19 난도 ★★☆   정답 ②

공판 > 공판절차

[정답의 이유]

② 검사는 송치사건의 공소제기 여부 결정 또는 공소의 유지에 관하여 필요한 경우 사법경찰관에게 <u>보완수사를 요구</u>할 수 있다(형사소송법 제197조의2 제1항).

제197조의2(보완수사요구)
① 검사는 다음 각 호의 어느 하나에 해당하는 경우에 사법경찰관에게 보완수사를 요구할 수 있다.
　1. 송치사건의 공소제기 여부 결정 또는 공소의 유지에 관하여 필요한 경우
　2. 사법경찰관이 신청한 영장의 청구 여부 결정에 관하여 필요한 경우

[오답의 이유]

① 형사소송법 제262조 제2항 제1호 · 제4항

제262조(심리와 결정)
② 법원은 재정신청서를 송부받은 날부터 3개월 이내에 항고의 절차에 준하여 다음 각 호의 구분에 따라 결정한다. 이 경우 필요한 때에는 증거를 조사할 수 있다.
　1. 신청이 법률상의 방식에 위배되거나 이유 없는 때에는 신청을 기각한다.
　2. 신청이 이유 있는 때에는 사건에 대한 공소제기를 결정한다.
④ 제2항 제1호의 결정에 대하여는 제415조에 따른 즉시항고를 할 수 있고, 제2항 제2호의 결정에 대하여는 불복할 수 없다. 제2항 제1호의 결정이 확정된 사건에 대하여는 다른 중요한 증거를 발견한 경우를 제외하고는 소추할 수 없다.

---

③ 형사소송법 제405조

④ 형사소송법 제440조

제440조(무죄판결의 공시)
재심에서 무죄의 선고를 한 때에는 그 판결을 관보와 그 법원소재지의 신문지에 기재하여 공고하여야 한다. 다만, 다음 각 호의 어느 하나에 해당하는 사람이 이를 원하지 아니하는 의사를 표시한 경우에는 그러하지 아니하다.
1. 제424조 제1호부터 제3호까지의 어느 하나에 해당하는 사람이 재심을 청구한 때에는 재심에서 무죄의 선고를 받은 사람
2. 제424조 제4호에 해당하는 사람이 재심을 청구한 때에는 재심을 청구한 그 사람

---

20 난도 ★★☆   정답 ②

수사와 공소 > 수사

[정답의 이유]

② 벌금 또는 과료를 선고하는 경우에는 직권으로 피고인이 출석하지 아니하더라도 심판할 수 있다(즉결심판에 관한 절차법 제8조의2 제1항).

[오답의 이유]

① 즉결심판에 관한 절차법 제2조

③ 즉결심판에 관한 절차법 제14조 제1항

④ 즉결심판에 관한 절차법 제16조

형사소송법개론 | 2021년 국가직 9급

한눈에 훑어보기

✔ 영역 분석

공판
7문항, 35%
01 06 08 09 15 18 19

수사와 공소
8문항, 40%
03 05 07 11 12 13 16 17

상소와 비상구제절차
3문항, 15%
10 14 20

서론
1문항, 5%
04

종합
1문항, 5%
02

✔ 빠른 정답

01	02	03	04	05	06	07	08	09	10
①	②	④	④	③	②	③	③	④	①
11	12	13	14	15	16	17	18	19	20
②	①	④	④	③	④	③	④	②	③

✔ 점수 체크

구분	1회독	2회독	3회독
맞힌 문항 수	/ 20	/ 20	/ 20
나의 점수	점	점	점

---

01 난도 ★☆☆   정답 ①

공판 > 공판절차

[정답의 이유]

① 피고인이 출석하지 아니하면 개정하지 못하는 경우에 구속된 피고인이 정당한 사유 없이 출석을 거부하고, 교도관에 의한 인치가 불가능하거나 현저히 곤란하다고 인정되는 때에는 <u>피고인의 출석 없이 공판절차를 진행할 수 있다</u>(형사소송법 제277조의2 제1항).

[오답의 이유]

② 재판장은 변호인이 피고인을 신문하겠다는 의사를 표시한 때에는 피고인을 신문할 수 있도록 조치하여야 하고, 변호인이 피고인을 신문하겠다는 의사를 표시하였음에도 변호인에게 일체의 피고인신문을 허용하지 않은 것은 변호인의 피고인신문권에 관한 본질적 권리를 해하는 것으로서 소송절차의 법령위반에 해당한다(대판 2020.12.24. 2020도10778).

③ 형사소송법 제278조

④ 형사소송법 제266조

02 난도 ★★☆   정답 ②

종합

[정답의 이유]

ㄱ. 헌법 제12조 제6항

ㄷ. 헌법 제28조

ㄹ. 헌법 제12조 제7항

[오답의 이유]

ㄴ. 형사소송법 제308조의2

> **제308조의2(위법수집증거의 배제)**
> 적법한 절차에 따르지 아니하고 수집한 증거는 증거로 할 수 없다.

ㅁ. 형사소송법 제201조의2 제1항

> **제201조의2(구속영장 청구와 피의자 심문)**
> ① 제200조의2·제200조의3 또는 제212조에 따라 체포된 피의자에 대하여 구속영장을 청구받은 판사는 지체 없이 피의자를 심문하여야 한다. 이 경우 특별한 사정이 없는 한 구속영장이 청구된 날의 다음날까지 심문하여야 한다.

03 난도 ★★☆　　　　　　　　　　　　　　　정답 ④

수사와 공소 > 수사의 종결과 공소의 제기

정답의 이유

④ 공소장 변경이 있는 경우 공소시효의 완성 여부는 <u>당초의 공소 제기가 있었던 시점을 기준</u>으로 판단할 것이고 공소장변경시를 기준으로 삼을 것이 아니다(대판 2004.7.22. 2003도8153).

오답의 이유

① 형사소송법 제250조

> **제250조(두 개 이상의 형과 시효기간)**
> 두 개 이상의 형을 병과(倂科)하거나 두 개 이상의 형에서 한 개를 과(科)할 범죄에 대해서는 무거운 형에 의하여 제249조를 적용한다.

② 형사소송법 제253조 제3항이 정한 '범인이 형사처분을 면할 목적으로 국외에 있는 경우'는 범인이 국내에서 범죄를 저지르고 형사처분을 면할 목적으로 국외로 도피한 경우에 한정되지 아니하고, 범인이 국외에서 범죄를 저지르고 형사처분을 면할 목적으로 국외에서 체류를 계속하는 경우도 포함된다(대판 2015.6.24. 2015도5916).

③ 공범 중 1인에 대해 약식명령이 확정되고 그 후 정식재판청구권이 회복되었다고 하는 것만으로는, 그 사이에 검사가 다른 공범자에 대한 공소를 제기하지 못할 법률상 장애사유가 있다고 볼 수 없을 뿐만 아니라, 그 기간 동안 다른 공범자에 대한 공소시효가 정지된다고 볼 아무런 근거도 찾을 수 없다. 더욱이 정식재판청구권이 회복되었다는 사정이 약식명령의 확정으로 인해 다시 진행된 공소시효기간을 소급하여 무효로 만드는 사유가 된다고 볼 수도 없다. 또한 형사소송법이 공범 중 1인에 대한 공소의 제기로 다른 공범자에 대하여도 공소시효가 정지되도록 한 것은 공소제기 효력의 인적 범위를 확장하는 예외를 마련하여 놓은 것이므로, 이는 엄격하게 해석하여야 하고 피고인에게 불리한 방향으로 확장하거나 축소하여 해석해서는 아니 된다. 그렇다면 공범 중 1인에 대해 약식명령이 확정된 후 그에 대한 정식재판청구권회복결정이 있었다고 하더라도 그 사이의 기간 동안에는, 특별한 사정이 없는 한, 다른 공범자에 대한 공소시효는 정지함이 없이 계속 진행한다고 보아야 할 것이다(대판 2012.3.29. 2011도15137).

04 난도 ★★☆　　　　　　　　　　　　　　　정답 ④

서론 > 소송주체와 소송관계인

정답의 이유

④ 반의사불벌죄의 피해자는 피의자나 피고인 및 그들의 변호인에게 자신을 대리하여 수사기관이나 법원에 자신의 처벌불원의사를 표시할 수 있는 권한을 수여할 수 있다(대판 2001.12.14. 2001도4283).

오답의 이유

① 형사소송법 제8조 제2항

② 형사소송법 제32조

③ 검찰청법 제4조 제1항 제1호

> **제4조(검사의 직무)**
> ① 검사는 공익의 대표자로서 다음 각 호의 직무와 권한이 있다.
> 　　1. 범죄수사, 공소의 제기 및 그 유지에 필요한 사항. 다만, 검사가 수사를 개시할 수 있는 범죄의 범위는 다음 각 목과 같다.
> 　　　가. 부패범죄, 경제범죄 등 대통령령으로 정하는 중요 범죄
> 　　　나. 경찰공무원(다른 법률에 따라 사법경찰관리의 직무를 행하는 자를 포함한다) 및 고위공직자범죄수사처 소속 공무원(「고위공직자범죄수사처 설치 및 운영에 관한 법률」에 따른 파견공무원을 포함한다)이 범한 범죄
> 　　　다. 가목·나목의 범죄 및 사법경찰관이 송치한 범죄와 관련하여 인지한 각 해당 범죄와 직접 관련성이 있는 범죄
> 　　2. 범죄수사에 관한 특별사법경찰관리 지휘·감독
> 　　3. 법원에 대한 법령의 정당한 적용 청구
> 　　4. 재판 집행 지휘·감독
> 　　5. 국가를 당사자 또는 참가인으로 하는 소송과 행정소송 수행 또는 그 수행에 관한 지휘·감독
> 　　6. 다른 법령에 따라 그 권한에 속하는 사항

05 난도 ★★☆　　　　　　　　　　　　　　　정답 ③

수사와 공소 > 강제처분과 강제수사

정답의 이유

③ 검사 또는 사법경찰관은 범죄수사에 필요한 때에는 피의자가 죄를 범하였다고 의심할 만한 정황이 있는 경우에 판사로부터 발부받은 영장에 의하여 압수·수색을 할 수 있으나, 압수·수색은 영장 발부의 사유로 된 범죄 혐의사실과 관련된 증거에 한하여 할 수 있으므로, 영장 발부의 사유로 된 범죄 혐의사실과 무관한 별개의 증거를 압수하였을 경우 이는 원칙적으로 유죄 인정의 증거로 사용할 수 없다.
다만 수사기관이 별개의 증거를 피압수자 등에게 환부하고 후에 임의제출받아 다시 압수하였다면 증거를 압수한 최초의 절차 위반행위와 최종적인 증거수집 사이의 인과관계가 단절되었다고 평가할 수 있으나, 환부 후 다시 제출하는 과정에서 수사기관의 우월적 지위에 의하여 임의제출 명목으로 실질적으로 강제적인 압수가 행하여질 수 있으므로, 제출에 임의성이 있다는 점에 관하여는 검사가 합리적 의심을 배제할 수 있을 정도로 증명하여야 하고, 임의로 제출된 것이라고 볼 수 없는 경우에는 증거능력을 인정할 수 없다(대판 2016.3.10. 2013도11233).

오답의 이유

① 형사소송법 제128조

> **제128조(증명서의 교부)**
> 수색한 경우에 증거물 또는 몰취할 물건이 없는 때에는 <u>그 취지의 증명서를 교부하여야 한다.</u>

② 동일한 장소 또는 목적물에 대하여 다시 압수·수색할 필요가 있는 경우라면 <u>그 필요성을 소명하여 법원으로부터 새로운 압수·수색영장을 발부 받아야 하는 것이지</u>, 앞서 발부 받은 압

수·수색영장의 유효기간이 남아있다고 하여 이를 제시하고 다시 압수·수색을 할 수는 없다(대결 1992.12.1. 99모161).

④ 수사기관이 인터넷서비스이용자인 피의자를 상대로 피의자의 컴퓨터 등 정보처리장치 내에 저장되어 있는 이메일 등 전자정보를 압수·수색하는 것은 전자정보의 소유자 내지 소지자를 상대로 해당 전자정보를 압수·수색하는 대물적 강제처분으로 형사소송법의 해석상 허용된다. 나아가 압수·수색할 전자정보가 압수·수색영장에 기재된 수색장소에 있는 컴퓨터 등 정보처리장치 내에 있지 아니하고 그 정보처리장치와 정보통신망으로 연결되어 제3자가 관리하는 원격지의 서버 등 저장매체에 저장되어 있는 경우에도, 수사기관이 피의자의 이메일 계정에 대한 접근권한에 갈음하여 발부받은 영장에 따라 영장 기재 수색장소에 있는 컴퓨터 등 정보처리장치를 이용하여 적법하게 취득한 피의자의 이메일 계정 아이디와 비밀번호를 입력하는 등 피의자가 접근하는 통상적인 방법에 따라 원격지의 저장매체에 접속하고 그곳에 저장되어 있는 피의자의 이메일 관련 전자정보를 수색장소의 정보처리장치로 내려받거나 그 화면에 현출시키는 것 역시 피의자의 소유에 속하거나 소지하는 전자정보를 대상으로 이루어지는 것이므로 그 전자정보에 대한 압수·수색을 위와 달리 볼 필요가 없다(대판 2017.11.29. 2017도9747).

06 난도 ★★☆   정답 ②

공판 > 증거

[정답의 이유]

② 형사소송법 제313조 제1항 본문에도 불구하고 진술서의 작성자가 공판준비나 공판기일에서 그 성립의 진정을 부인하는 경우에는 과학적 분석결과에 기초한 디지털포렌식 자료, 감정 등 객관적 방법으로 성립의 진정함이 증명되는 때에는 증거로 할 수 있다. 다만, 피고인 아닌 자가 작성한 진술서는 피고인 또는 변호인이 공판준비 또는 공판기일에 그 기재 내용에 관하여 작성자를 신문할 수 있었을 것을 요한다(형사소송법 제313조 제2항).

[오답의 이유]

① 형사소송법 제312조 제4항은 검사 또는 사법경찰관이 피고인이 아닌 자의 진술을 기재한 조서의 증거능력이 인정되려면 '적법한 절차와 방식에 따라 작성된 것'이어야 한다고 규정하고 있다. 여기서 적법한 절차와 방식이라 함은 피의자 또는 제3자에 대한 조서 작성 과정에서 지켜야 할 진술거부권의 고지 등 형사소송법이 정한 제반 절차를 준수하고 조서의 작성방식에도 어긋남이 없어야 한다는 것을 의미한다(대판 2012.5.24. 2011도7757).

③ 형사소송법 제314조에 의하여 같은 법 제312조의 조서나 같은 법 제313조의 진술서, 서류 등을 증거로 하기 위하여는 진술을 요할 자가 사망, 질병, 외국거주 기타 사유로 인하여 공판정에 출석하여 진술을 할 수 없는 경우이어야 하고, 그 진술 또는 서류의 작성이 특히 신빙할 수 있는 상태하에서 행하여진 것이라야 한다는 두 가지 요건이 갖추어져야 할 것인 바, 첫째 요건과 관련하여 '외국거주'라고 함은 진술을 요할 자가 외국에 있다는 것만으로는 부족하고, 가능하고 상당한 수단을 다하더라도 그 진술을 요할 자를 법정에 출석하게 할 수 없는 사정이 있어야 예

외적으로 그 적용이 있다고 할 것인데, 통상적으로 그 요건의 충족 여부는 소재의 확인, 소환장의 발송과 같은 절차를 거쳐 확정되는 것이기는 하지만 항상 그와 같은 절차를 거쳐야만 위 요건이 충족될 수 있는 것은 아니고, 경우에 따라서는 비록 그와 같은 절차를 거치지 않더라도 법원이 그 진술을 요할 자를 법정에서 신문할 것을 기대하기 어려운 사정이 있다고 인정할 수 있다면, 이로써 그 요건은 충족된다고 보아야 한다(대판 2002.3.26. 2001도5666).

④ 전문진술이나 재전문진술을 기재한 조서는 형사소송법 제310조의2의 규정에 의하여 원칙적으로 증거능력이 없는 것인데, 다만 전문진술은 형사소송법 제316조 제2항의 규정에 따라 원진술자가 사망, 질병, 외국거주 기타 사유로 인하여 진술할 수 없고 그 진술이 특히 신빙할 수 있는 상태하에서 행하여진 때에 한하여 예외적으로 증거능력이 있다고 할 것이고, 전문진술이 기재된 조서는 형사소송법 제312조 또는 제314조의 규정에 의하여 각 그 증거능력이 인정될 수 있는 경우에 해당하여야 함은 물론 나아가 형사소송법 제316조 제2항의 규정에 따른 위와 같은 요건을 갖추어야 예외적으로 증거능력이 있다고 할 것인바, 여기서 그 진술이 특히 신빙할 수 있는 상태하에서 행하여진 때라 함은 그 진술을 하였다는 것에 허위개입의 여지가 거의 없고, 그 진술내용의 신빙성이나 임의성을 담보할 구체적이고 외부적인 정황이 있는 경우를 가리킨다 할 것이다(대판 2000.3.10. 2000도159).

07 난도 ★★☆   정답 ③

수사와 공소 > 강제처분과 강제수사

[정답의 이유]

③ 전자정보에 대한 압수·수색이 종료되기 전에 혐의사실과 관련된 전자정보를 적법하게 탐색하는 과정에서 별도의 범죄혐의와 관련된 전자정보를 우연히 발견한 경우라면, 수사기관은 더 이상의 추가 탐색을 중단하고 법원에서 별도의 범죄혐의에 대한 압수·수색영장을 발부받은 경우에 한하여 그러한 정보에 대하여도 적법하게 압수·수색을 할 수 있다. 나아가 이러한 경우에도 별도의 압수·수색 절차는 최초의 압수·수색 절차와 구별되는 별개의 절차이고, 별도 범죄혐의와 관련된 전자정보는 최초의 압수·수색영장에 의한 압수·수색의 대상이 아니어서 저장매체의 원래 소재지에서 별도의 압수·수색영장에 기해 압수·수색을 진행하는 경우와 마찬가지로 피압수·수색 당사자(이하 '피압수자'라 한다)는 최초의 압수·수색 이전부터 해당 전자정보를 관리하고 있던 자라 할 것이므로, 특별한 사정이 없는 한 피압수자에게 형사소송법 제219조, 제121조, 제129조에 따라 참여권을 보장하고 압수한 전자정보목록을 교부하는 등 피압수자의 이익을 보호하기 위한 적절한 조치가 이루어져야 한다(대결 2015.7.16. 2011모1839 전합).

[오답의 이유]

① 국민의 인간으로서의 존엄과 가치를 보장하는 것은 국가기관의 기본적인 의무에 속하는 것이고 이는 형사절차에서도 당연히 구현되어야 하는 것이지만, 국민의 사생활 영역에 관계된 모든 증거의 제출이 곧바로 금지되는 것으로 볼 수는 없으므로 법원으

로서는 효과적인 형사소추 및 형사소송에서의 진실발견이라는 공익과 개인의 인격적 이익 등의 보호이익을 비교형량하여 그 허용 여부를 결정하여야 한다(대판 2013.11.28. 2010도12244).

② 통신비밀보호법에서 보호하는 타인 간의 '대화'는 원칙적으로 현장에 있는 당사자들이 육성으로 말을 주고받는 의사소통행위를 가리킨다. 따라서 사람의 육성이 아닌 사물에서 발생하는 음향은 타인 간의 '대화'에 해당하지 않는다. 또한 사람의 목소리라고 하더라도 상대방에게 의사를 전달하는 말이 아닌 단순한 비명소리나 탄식 등은 타인과 의사소통을 하기 위한 것이 아니라면 특별한 사정이 없는 한 타인 간의 '대화'에 해당한다고 볼 수 없다. 한편 통신비밀보호법에서 말하는 타인 간의 '대화'에는 해당하지 않더라도, 형사절차에서 그러한 증거를 사용할 수 있는지 여부는 개별적인 사안에서 효과적인 형사소추와 형사절차상 진실발견이라는 공익과 개인의 인격적 이익 등의 보호이익을 비교형량하여 결정하여야 한다. 대화에 속하지 않는 사람의 목소리를 녹음하거나 청취하는 행위가 개인의 사생활의 비밀과 자유 또는 인격권을 중대하게 침해하여 사회통념상 허용되는 한도를 벗어난 것이 아니라면 위와 같은 목소리를 들었다는 진술을 형사절차에서 증거로 사용할 수 있다(대법 2017.3.15. 2016도19843).

④ 수사기관의 절차 위반행위에도 불구하고 이를 유죄인정의 증거로 사용할 수 있는 예외적인 경우에 해당한다고 볼 수 있으려면, 그러한 예외적인 경우에 해당한다고 볼 만한 구체적이고 특별한 사정이 존재한다는 것을 검사가 증명하여야 한다(대판 2011.4.28. 2009도10412).

08 난도 ★★☆ 정답 ③

공판 > 증거

정답의 이유

③ 과학적 증거방법이 사실인정에 있어서 상당한 정도로 구속력을 갖기 위해서는 감정인이 전문적인 지식·기술·경험을 가지고 공인된 표준 검사기법으로 분석한 후 법원에 제출하였다는 것만으로는 부족하고, 시료의 채취·보관·분석 등 모든 과정에서 시료의 동일성이 인정되고 인위적인 조작·훼손·첨가가 없었음이 담보되어야 하며 각 단계에서 시료에 대한 정확한 인수·인계 절차를 확인할 수 있는 기록이 유지되어야 한다(대판 2018.2.8. 2017도14222).

오답의 이유

① 범죄구성요건사실의 존부를 알아내기 위해 과학공식 등의 경험칙을 이용하는 경우에 그 법칙 적용의 전제가 되는 개별적이고 구체적인 사실에 대하여는 엄격한 증명을 요하는바, 위드마크 공식의 경우 그 적용을 위한 자료로 섭취한 알코올의 양, 음주시각, 체중 등이 필요하므로 그런 전제사실에 대한 엄격한 증명이 요구된다(대판 2008.8.21. 2008도5531).

② 유전자검사나 혈액형검사 등 과학적 증거방법은 그 전제로 하는 사실이 모두 진실임이 입증되고 그 추론의 방법이 과학적으로 정당하여 오류의 가능성이 전무하거나 무시할 정도로 극소한 것으로 인정되는 경우에는 법관이 사실인정을 함에 있어 상당한 정도로 구속력을 가지므로, 비록 사실의 인정이 사실심의 전권

이라 하더라도 아무런 합리적 근거 없이 함부로 이를 배척하는 것은 자유심증주의의 한계를 벗어나는 것으로서 허용될 수 없다. 과학적 증거방법이 당해 범죄에 관한 적극적 사실과 이에 반하는 소극적 사실 모두에 존재하는 경우에는 각 증거방법에 의한 분석결과에 발생할 수 있는 오류 가능성 및 그 정도, 그 증거방법에 의하여 증명되는 사실의 내용 등을 종합적으로 고려하여 범죄의 유무 등을 판단하여야 하고, 여러 가지 변수로 인하여 반증의 여지가 있는 소극적 사실에 관한 증거로써 과학적 증거방법에 의하여 증명되는 적극적 사실을 쉽사리 뒤집어서는 안 된다(대판 2009.3.12. 2008도8486).

④ 컴퓨터 디스켓에 담긴 문건이 증거로 사용되는 경우 그 기재 내용의 진실성에 관하여는 전문법칙이 적용된다 할 것이고, 따라서 피고인 또는 피고인 아닌 자가 작성하거나 또는 그 진술을 기재한 문건의 경우 원칙적으로 형사소송법 제313조 제1항 본문에 의하여 그 작성자 또는 진술자의 진술에 의하여 그 성립의 진정함이 인정된 때에 이를 증거로 사용할 수 있다(대판 2001.3.23. 2000도486).

09 난도 ★☆☆ 정답 ④

공판 > 공판절차

정답의 이유

④ 증인은 신청한 검사, 변호인 또는 피고인이 먼저 이를 신문하고 다음에 다른 검사, 변호인 또는 피고인이 신문한다. 재판장은 앞의 신문이 끝난 뒤에 신문할 수 있다(형사소송법 제161조의2).

오답의 이유

① 형사소송법 제150조
② 형사소송규칙 제73조
③ 형사소송법 제162조 제3항

10 난도 ★☆☆ 정답 ①

상소와 비상구제절차 > 상소

정답의 이유

① 형사소송법 제186조 제1항은 "형의 선고를 하는 때에는 피고인에게 소송비용의 전부 또는 일부를 부담하게 하여야 한다."라고 규정하고 있고, 같은 법 제191조 제1항은 "재판으로 소송절차가 종료되는 경우에 피고인에게 소송비용을 부담하게 하는 때에는 직권으로 재판하여야 한다."라고 규정하고 있는 바, 소송비용의 부담은 형이 아니고 실질적인 의미에서 형에 준하여 평가되어야 할 것도 아니므로 불이익변경금지원칙의 적용이 없다(대판 2001. 4.24. 2001도872).

오답의 이유

② 경합범 관계에 있는 수 개의 범죄사실을 유죄로 인정하여 1개의 형을 선고한 불가분의 확정판결에서 그중 일부의 범죄사실에 대하여만 재심청구의 이유가 있는 것으로 인정되었으나 형식적으로는 1개의 형이 선고된 판결에 대한 것이어서 판결 전부에 대하여 재심개시의 결정을 한 경우, 재심법원은 재심사유가 없는 범죄에 대하여는 새로이 양형을 하여야 하는 것이므로 이를 헌법상

이중처벌금지의 원칙을 위반한 것이라고 할 수 없고, 다만 재심 사건에는 불이익변경의 금지 원칙이 적용되어 원판결의 형보다 중한 형을 선고하지 못하는 것이다(대판 2014.11.13. 2014도10193).

③ 대판 2020.10.22. 2020도4140 전합
④ 대판 1980.5.13. 80도765

11 난도 ★☆☆
정답 ②

수사와 공소 > 수사의 종결과 공소의 제기

[정답의 이유]
② 대판 1984.9.25. 84도1646

[오답의 이유]
① 공소가 제기된 후에는 그 피고사건에 관한 형사절차의 모든 권한이 사건을 주재하는 수소법원의 권한에 속하게 되며, 수사의 대상이던 피의자는 검사와 대등한 당사자인 피고인으로서의 지위에서 방어권을 행사하게 되므로, 공소제기 후 구속·압수·수색 등 피고인의 기본적 인권에 직접 영향을 미치는 강제처분은 원칙적으로 수소법원의 판단에 의하여 이루어지지 않으면 안 된다(대판 2011.4.28. 2009도10412).
③ 일단 공소가 제기된 후에는 그 피고사건에 관하여 검사로서는 법 제215조에 의하여 압수·수색을 할 수 없다고 보아야 하며, 그럼에도 검사가 공소제기 후 법 제215조에 따라 수소법원 이외의 지방법원 판사에게 청구하여 발부받은 영장에 의하여 압수·수색을 하였다면, 그와 같이 수집된 증거는 기본적 인권 보장을 위해 마련된 적법한 절차에 따르지 않은 것으로서 원칙적으로 유죄의 증거로 삼을 수 없다(대판 2011.4.28. 2009도10412).
④ 형사소송법 제216조 제2항

제216조(영장에 의하지 아니한 강제처분)
① 검사 또는 사법경찰관은 제200조의2·제200조의3·제201조 또는 제212조의 규정에 의하여 피의자를 체포 또는 구속하는 경우에 필요한 때에는 영장없이 다음 처분을 할 수 있다.
 1. 타인의 주거나 타인이 간수하는 가옥, 건조물, 항공기, 선차 내에서의 피의자 수색. 다만, 제200조의2 또는 제201조에 따라 피의자를 체포 또는 구속하는 경우의 피의자 수색은 미리 수색영장을 발부받기 어려운 긴급한 사정이 있는 때에 한정한다.
 2. 체포현장에서의 압수, 수색, 검증
② 전항 제2호의 규정은 검사 또는 사법경찰관이 피고인에 대한 구속영장의 집행의 경우에 준용한다.

---

12 난도 ★☆☆
정답 ①

수사와 공소 > 수사의 종결과 공소의 제기

[정답의 이유]
① 약식명령에 대하여 피고인만이 정식재판을 청구하였는데, 검사가 당초 사문서위조 및 위조사문서행사의 공소사실로 공소제기하였다가 제1심에서 사서명위조 및 위조사서명행사의 공소사실을 예비적으로 추가하는 내용의 공소장변경을 신청한 사안에서, 두 공소사실은 기초가 되는 사회적 사실관계가 범행의 일시와 장소, 상대방, 행위 태양, 수단과 방법 등 기본적인 점에서 동일할 뿐만 아니라, 주위적 공소사실이 유죄로 되면 예비적 공소사실은 주위적 공소사실에 흡수되고 주위적 공소사실이 무죄로 될 경우에만 예비적 공소사실의 범죄가 성립할 수 있는 관계에 있어 규범적으로 보아 공소사실의 동일성이 있다고 보이고, 나아가 피고인에 대하여 사서명위조와 위조사서명행사의 범죄사실이 인정되는 경우에는 비록 사서명위조죄와 위조사서명행사죄의 법정형에 유기징역형만 있다 하더라도 형사소송법 제457조의2에서 규정한 불이익변경금지 원칙이 적용되어 벌금형을 선고할 수 있으므로, 위와 같은 불이익변경금지 원칙 등을 이유로 공소장변경을 불허할 것은 아니다(대판 2013.2.28. 2011도14986).

[오답의 이유]
② 대판 2004.6.24. 2002도995
③ 대판 2001.3.27. 2001도116
④ 대판 2010.4.29. 2007도6553

13 난도 ★★☆
정답 ④

수사와 공소 > 수사

[정답의 이유]
④ 수사기관이 관할 지방법원 판사가 발부한 구속영장에 의하여 피의자를 구속하는 경우, 그 구속영장은 기본적으로 장차 공판정에의 출석이나 형의 집행을 담보하기 위한 것이지만, 이와 함께 법 제202조, 제203조에서 정하는 구속기간의 범위 내에서 수사기관이 법 제200조, 제241조 내지 제244조의5에 규정된 피의자신문의 방식으로 구속된 피의자를 조사하는 등 적정한 방법으로 범죄를 수사하는 것도 예정하고 있다고 할 것이다. 따라서 구속영장 발부에 의하여 적법하게 구금된 피의자가 피의자신문을 위한 출석요구에 응하지 아니하면서 수사기관 조사실에 출석을 거부한다면 수사기관은 그 구속영장의 효력에 의하여 피의자를 조사실로 구인할 수 있다고 보아야 한다. 다만 이러한 경우에도 그 피의자신문절차는 어디까지나 법 제199조 제1항 본문, 제200조의 규정에 따른 임의수사의 한 방법으로 진행되어야 하므로, 피의자는 헌법 제12조 제2항과 법 제244조의3에 따라 일체의 진술을 하지 아니하거나 개개의 질문에 대하여 진술을 거부할 수 있고, 수사기관은 피의자를 신문하기 전에 그와 같은 권리를 알려주어야 한다(대결 2013.7.1. 2013모160).

① 법원은 구속사유를 심사함에 있어서 범죄의 중대성, 재범의 위험성, 피해자 및 중요 참고인 등에 대한 위해우려 등을 고려하여야 한다(형사소송법 제70조 제2항).

> **제70조(구속의 사유)**
> ① 법원은 피고인이 죄를 범하였다고 의심할 만한 상당한 이유가 있고 다음 각 호의 1에 해당하는 사유가 있는 경우에는 피고인을 구속할 수 있다.
> 　1. 피고인이 일정한 주거가 없는 때
> 　2. 피고인이 증거를 인멸할 염려가 있는 때
> 　3. 피고인이 도망하거나 도망할 염려가 있는 때
> ② 법원은 제1항의 구속사유를 심사함에 있어서 범죄의 중대성, 재범의 위험성, 피해자 및 중요 참고인 등에 대한 위해 우려 등을 고려하여야 한다.

② 검사의 체포영장 또는 구속영장 청구에 대한 지방법원판사의 재판은 형사소송법 제402조의 규정에 의하여 항고의 대상이 되는 '법원의 결정'에 해당하지 아니하고, 제416조 제1항의 규정에 의하여 준항고의 대상이 되는 '재판장 또는 수명법관의 구금 등에 관한 재판'에도 해당하지 아니한다(대결 2006.12.18. 2006모646).

③ 형사소송법 제203조의2 · 제214조의2 제13항

> **제203조의2(구속기간에의 산입)**
> 피의자가 제200조의2 · 제200조의3 · 제201조의2 제2항 또는 제212조의 규정에 의하여 체포 또는 구인된 경우에는 제202조 또는 제203조의 구속기간은 피의자를 체포 또는 구인한 날부터 기산한다.
>
> **제214조의2(체포와 구속의 적부심사)**
> ⑬ 법원이 수사 관계 서류와 증거물을 접수한 때부터 결정 후 검찰청에 반환된 때까지의 기간은 제200조의2 제5항(제213조의2에 따라 준용되는 경우를 포함한다) 및 제200조의4 제1항을 적용할 때에는 그 제한기간에 산입하지 아니하고, 제202조 · 제203조 및 제205조를 적용할 때에는 그 구속기간에 산입하지 아니한다.

14 난도 ★☆☆　　　　　　　　　　　　　　　　정답 ④

상소와 비상구제절차 > 항고

④ 항고는 즉시항고 외에는 재판의 집행을 정지하는 효력이 없다. 단, 원심법원 또는 항고법원은 결정으로 항고에 대한 결정이 있을 때까지 집행을 정지할 수 있다(형사소송법 제409조).

① 형사소송법 제405조
② 형사소송법 제359조
③ 대결 2002.9.27. 2002모6

15 난도 ★☆☆　　　　　　　　　　　　　　　　정답 ③

공판 > 공판절차

③ 제286조의2의 결정이 있는 사건의 증거에 관하여는 제310조의2, 제312조 내지 제314조 및 제316조의 규정에 의한 증거에 대하여 형사소송법 제318조 제1항의 동의가 있는 것으로 간주한다. 단, 검사, 피고인 또는 변호인이 증거로 함에 이의가 있는 때에는 그러하지 아니하다(형사소송법 제318조의3).

① 형사소송법 제286조의2
② 형사소송법 제286조의2 · 제286조의3
④ 형사소송법 제301조의2

16 난도 ★★☆　　　　　　　　　　　　　　　　정답 ④

수사와 공소 > 수사

④ 형사소송법 제232조 제1항은 고소를 제1심판결 선고 전까지 취소할 수 있도록 규정하여 친고죄에서 고소취소의 시한을 한정하고 있다. 그런데 상소심에서 형사소송법 제366조 또는 제393조 등에 의하여 법률 위반을 이유로 제1심 공소기각판결을 파기하고 사건을 제1심법원에 환송함에 따라 다시 제1심 절차가 진행된 경우, 종전의 제1심판결은 이미 파기되어 효력을 상실하였으므로 환송 후의 제1심판결 선고 전에는 고소취소의 제한사유가 되는 제1심판결 선고가 없는 경우에 해당한다. 뿐만 아니라 특히 간통죄 고소는 제1심판결 선고 후 이혼소송이 취하된 경우 또는 피고인과 고소인이 다시 혼인한 경우에도 소급적으로 효력을 상실하게 되는 점까지 감안하면, 환송 후의 제1심판결 선고 전에 간통죄의 고소가 취소되면 형사소송법 제327조 제5호에 의하여 판결로써 공소를 기각하여야 한다(대판 2011.8.25. 2009도9112).

① 대판 2012.2.23. 2011도17264
② 대판 1999.4.23. 99도576
③ 대판 1985.11.12. 85도1940

17 난도 ★★☆　　　　　　　　정답 ③

수사와 공소 > 강제처분과 강제수사

정답의 이유

③ 수사기관의 강제처분에 관하여 상세한 절차조항을 규정하고 있는 형사소송법의 취지에 비추어 볼 때, 수사기관이 법원으로부터 영장 또는 감정처분허가장을 발부받지 아니한 채 피의자의 동의 없이 피의자의 신체로부터 혈액을 채취하고 사후에도 지체 없이 영장을 발부받지 아니한 채 그 혈액 중 알코올농도에 관한 감정을 의뢰하였다면, 이러한 과정을 거쳐 얻은 감정의뢰회보 등은 형사소송법상 영장주의 원칙을 위반하여 수집하거나 그에 기초하여 획득한 증거로서, 그 절차위반행위가 적법절차의 실질적인 내용을 침해하여 피고인이나 변호인의 동의가 있더라도 유죄의 증거로 사용할 수 없다(대판 2014.11.13. 2013도1228).

오답의 이유

① 체포 · 구속적부심사청구에 대한 법원의 기각결정과 석방결정에 대하여는 항고할 수 없다(형사소송법 제214조의2 제8항). 다만 기소 후 보석결정에 대하여 항고가 인정되는 점에 비추어 그 보석결정과 성질 및 내용이 유사한 기소 전 보증금납입조건부석방결정에 대하여도 항고할 수 있도록 하는 것이 균형에 맞는 측면도 있다 할 것이므로, 형사소송법 제214조의2 제4항의 석방결정에 대하여는 피의자나 검사가 그 취소의 실익이 있는 한 같은 법 제402조에 의하여 항고할 수 있다(대결 1997.8.27. 97모21).

② 형사소송법 제102조 제2항 · 제403조

제102조(보석조건의 변경과 취소 등)

② 법원은 피고인이 다음 각 호의 어느 하나에 해당하는 경우에는 직권 또는 검사의 청구에 따라 결정으로 보석 또는 구속의 집행정지를 취소할 수 있다. 다만, 제101조 제4항에 따른 구속영장의 집행정지는 그 회기 중 취소하지 못한다.

1. 도망한 때
2. 도망하거나 죄증을 인멸할 염려가 있다고 믿을 만한 충분한 이유가 있는 때
3. 소환을 받고 정당한 사유 없이 출석하지 아니한 때
4. 피해자, 당해 사건의 재판에 필요한 사실을 알고 있다고 인정되는 자 또는 그 친족의 생명 · 신체 · 재산에 해를 가하거나 가할 염려가 있다고 믿을 만한 충분한 이유가 있는 때
5. 법원이 정한 조건을 위반한 때

제403조(판결 전의 결정에 대한 항고)

① 법원의 관할 또는 판결 전의 소송절차에 관한 결정에 대하여는 특히 즉시항고를 할 수 있는 경우 외에는 항고를 하지 못한다.
② 전항의 규정은 구금, 보석, 압수나 압수물의 환부에 관한 결정 또는 감정하기 위한 피고인의 유치에 관한 결정에 적용하지 아니한다.

---

④ 대판 2018.7.12. 2018도6219

18 난도 ★★☆　　　　　　　　정답 ④

공판 > 재판

정답의 이유

④ 상습범으로서 포괄적 일죄의 관계에 있는 여러 개의 범죄사실 중 일부에 대하여 유죄판결이 확정된 경우에, 그 확정판결의 사실심판결 선고 전에 저질러진 나머지 범죄에 대하여 새로이 공소가 제기되었다면 그 새로운 공소는 확정판결이 있었던 사건과 동일한 사건에 대하여 다시 제기된 데 해당하므로 이에 대하여는 판결로써 면소의 선고를 하여야 한다(대판 2004.9.16. 2001도3206).

오답의 이유

① 형사소송법 제328조 제1항 제1호
② 형사소송법 제407조 제1항
③ 대판 2009.12.10. 2009도11448

19 난도 ★★☆　　　　　　　　정답 ②

공판 > 재판

정답의 이유

ㄴ. 검사는 공소장에 의하여 공소사실 · 죄명 및 적용법조를 낭독하여야 한다. 다만, 재판장은 필요하다고 인정하는 때에는 검사에게 공소의 요지를 진술하게 할 수 있다(형사소송법 제285조).

ㄹ. 검사, 피고인 또는 변호인은 법원에 대하여 공판준비기일의 지정을 신청할 수 있다. 이 경우 당해 신청에 관한 법원의 결정에 대하여는 불복할 수 없다(형사소송법 제266조의7 제2항).

오답의 이유

ㄱ. 형사소송법 제312조 제3항
ㄷ. 형사소송법 제324조
ㅁ. 형사소송법 제279조의2 제1항 · 제3항

20 난도 ★☆☆　　　　　　　　정답 ③

상소와 비상구제절차 > 재판의 집행과 형사보상

정답의 이유

③ 이 법은 보상을 받을 자가 다른 법률에 따라 손해배상을 청구하는 것을 금지하지 아니한다(형사보상 및 명예회복에 관한 법률 제6조 제1항).

오답의 이유

① 형사보상 및 명예회복에 관한 법률 제3조 제1항
② 형사보상 및 명예회복에 관한 법률 제4조 제3호
④ 형사보상 및 명예회복에 관한 법률 제20조 제1항

형사소송법개론

교정직

좋은 책을 만드는 길, 독자님과 함께하겠습니다.

2026 시대에듀 기출이 답이다 9급 공무원 교정직 전과목 5개년 기출문제집

개정4판1쇄 발행	2025년 07월 25일 (인쇄 2025년 05월 29일)
초 판 발 행	2021년 01월 05일 (인쇄 2020년 11월 26일)
발 행 인	박영일
책 임 편 집	이해욱
편 저	시대공무원시험연구소
편 집 진 행	박종옥 · 김연지
표지디자인	박종우
편집디자인	김예슬 · 임창규
발 행 처	(주)시대고시기획
출 판 등 록	제10-1521호
주 소	서울시 마포구 큰우물로 75 [도화동 538 성지 B/D] 9F
전 화	1600-3600
팩 스	02-701-8823
홈 페 이 지	www.sdedu.co.kr

I S B N	979-11-383-9335-5 (13350)
정 가	26,000원

시대에듀 의
지텔프 최강 라인업

1주일 만에 끝내는
지텔프 문법

10회 만에 끝내는
지텔프 문법 모의고사

답이 보이는 지텔프 독해

스피드 지텔프 레벨2